CLASSIQUES EN POCHE

Collection
dirigée
par
Hélène Monsacré

Dans la même collection

1. Aristophane, *Lysistrata*
2. Aristote, *Constitution d'Athènes*
3. Cicéron, *L'Amitié*
4. Platon, *Alcibiade*
5. Suétone, *Vies des douze Césars, Claude ~ Néron*
6. Plotin, *Première Ennéade*
7. Eschyle, *Les Sept contre Thèbes*
8. Platon, *Critias*
9. Aristote, *La Poétique*
10. Horace, *Odes*
11. Pline l'Ancien, *Histoire Naturelle, XXXV, la peinture*
12. Virgile, *Bucoliques*
13. Platon, *Ménexène*
14. Tacite, *Vie d'Agricola ~ La Germanie*
15. Platon, *Protagoras*
16. Sophocle, *Antigone*
17. Sénèque, *La Vie heureuse ~ La Providence*
18. Cicéron, *Le Bien et le Mal, De finibus, III*
19. Platon, *Gorgias*
20. Hérodote, *L'Égypte, Histoires, II*
21. César, *Guerre des Gaules, I-II*
22. Ovide, *Les Amours*
23. Plotin, *Deuxième Ennéade*
24. Sophocle, *Œdipe Roi*
25. Tite-Live, *Histoire romaine, I, La Fondation de Rome*
26. Virgile, *Géorgiques*
27. Pseudo-Sénèque, *Octavie.*
28. Catulle, *Poésies*
29. Aristote, *Politique II*
30. Aristophane, *Les Guêpes*
31. Homère, *Iliade, chants I à VIII*
32. Euripide, *Les Bacchantes*
33. Plaute, *Pseudolus*
34. Tertullien, *Apologétique*
35. Homère, *Iliade, chants IX à XVI*
36. Platon, *Phèdre*
37. Homère, *Iliade, chants XVII à XXIV*
38. Salluste, *La Conjuration de Catilina*
39. Cicéron, *Pro Milone*
40. Platon, *Lysis*
41. Plotin, *Troisième Ennéade*
42. Diogène Laërce, *Vie de Platon*
43. Pline l'Ancien, *Histoire naturelle, XXXIII, Nature des métaux*
44. Pétrone, *Satiricon*
45. Apulée, *Apologie*
46. Lucien, *Alexandre ou le faux prophète*
47. Plutarque, *Les Vies parallèles. Alcibiade ~ Coriolan*
48. Démosthène, *Sur la Couronne*
49. Euripide, *Hécube*
50. Mamertin, *Panégyriques de Maximien (289 et 291)*
51. Platon, *Hippias mineur*
52. Xénophon, *Anabase, I-II*
53. Suétone, *Vies des douze Césars, Tibère ~ Caligula*
54. Salluste, *La Guerre de Jugurtha*
55. Eschyle, *Les Perses*
56. Sophocle, *Ajax*
57. Horace, *Satires*
58. Homère, *Odyssée, chants I à VII*
59. Homère, *Odyssée, chants VIII à XV*
60. Homère, *Odyssée, chants XVI à XXIV*
61. Juvénal, *Satires*
62. Cicéron, *De la vieillesse* (*Caton l'Ancien*)
63. Julien, *Misopogon*
64. Aristote, *Économique*
65. Pline l'Ancien, *Histoire naturelle, XXX, Magie et pharmacopée*
66. Platon, *Apologie de Socrate*
67. Eschyle, *Les Suppliantes*
68. Christopher Marlowe, *La Tragique Histoire du Docteur Faust*
69. *La Bhagavad-Gîtâ*
70. Ben Jonson, *Volpone ou le Renard*
71. William Shakespeare, *Richard II*
72. William Shakespeare, *Les Joyeuses Commères de Windsor*
73. Pierre Gassendi, *Vie et mœurs d'Épicure, vol. I*
74. Pierre Gassendi, *Vie et mœurs d'Épicure, vol. II*
75. John Marston, *La Tragédie de Sophonisbe.*

ACHILLE TATIUS

LE ROMAN DE LEUCIPPÉ ET CLITOPHON

Texte établi et traduit
par
Jean-Philippe Garnaud

Revu par Françoise Frazier

Introduction, notes et annexes
par
Françoise Frazier

LES BELLES LETTRES

2013

76. John Webster, *La Duchesse d'Amalfi.*
77. Jean Second, *Les Baisers* - Michel Marulle, *Épigrammes*
78. Plutarque, *Sur les oracles de la Pythie*
79. Euripide, *Hélène*
80. Hérodote, *Marathon, Histoires, VI*
81. Sénèque, *Lettres à Lucilius, livres III et IV*
82. Apulée, *Les Métamorphoses ou L'Âne d'or*
83. Suétone, *Vies des douze Césars, César ~ Auguste*
84. Aristophane, *Ploutos*
85. Plutarque, *Érotikos. Dialogue sur l'amour*
86. Xénophon, *Économique*
87. Julien, *Lettres*
88. Hésiode, *Théogonie*
89. Lucien, *Portraits de philosophes*
90. Lucien, *Voyages extraordinaires*
91. Aristophane, *Nuées*
92. Théocrite, *Idylles*
93. Ovide, *Les Métamorphoses*
94. Mullâ Sadrâ Shîrâzî, *Le verset de la lumière. Commentaire*
95. Thucydide, *La Guerre du Péloponnèse*, livres I, II
96. Thucydide, *La Guerre du Péloponnèse*, livres III, IV, V
97. Thucydide, *La Guerre du Péloponnèse*, livres VI, VII, VIII
98. Cicéron, *Pour Sextus Roscius*
99. Lucrèce, *De la Nature*
100. Platon, le *Banquet*
101. Lysias, *Contre Ératosthène*
102. Lucien, *Comédies humaines*
103. Plutarque, *Sur les délais de la justice divine*
104. Sénèque, *Tragédies*
105. Basile de Césarée, *Aux jeunes gens*
106. Sophocle, *Philoctète*
107. Aristophane, *Les Grenouilles*
108. Euripide, *Médée*
109. Cicéron, *Les Catilinaires*

Le texte et la traduction sont repris du volume correspondant dans la Collection des Universités de France (C.U.F.), toujours disponible avec apparat critique et scientifique. (Œuvres complètes)

www.lesbelleslettres.com
Retrouvez Les Belles Lettres sur Facebook et Twitter

ISBN : 978-2-251-80226-8

INTRODUCTION

Eros sophistès ou une *paidia* pour *pepaideumenoi*

*par Françoise Frazier**

Eros sophistès : c'est le titre que G. Anderson donna à la monographie qu'il consacra, il y a trente ans déjà, au roman antique[1]. Il s'agissait alors de réhabiliter un genre catalogué tardif, médiocre et sérieux depuis les travaux de E. Rohde[2], et dont les travaux de B. Perry[3] n'avaient remis en cause que les deux premiers qualificatifs. Pour cette réhabilitation, G. Anderson, laissant de côté la question infinie des origines, choisit donc de se concentrer sur le « degré de sérieux des produits romanesques » : il attirait ainsi l'attention sur l'humour qui, à une exception près[4] et à des degrés divers, anime les cinq romans complets que nous avons conservés et que l'opposition, classique, entre le roman latin, « réaliste » et caustique, et le roman

* Professeur de langue et littérature grecques à Paris Ouest-Nanterre La Défense.

1. G. ANDERSON, 1982.

2. E. ROHDE, *Der griechische Roman und seine Verläufer*, Leipzig, 1876 (repr. de la 3ᵉ éd. de 1914, Olms, 1974).

3. B. PERRY, 1967.

4. Celle de Xénophon d'Éphèse – même si l'état du texte, probablement un épitomé, a pu accentuer le caractère sérieux.

d'amour grec « idéaliste » avait offusqué. Sans doute l'intrigue du roman d'amour est-elle des plus stéréotypées, avec un couple de jeunes amoureux fidèles, mariés ou non, qui se retrouvent séparés et se cherchent à travers le Bassin méditerranéen, en proie aux tempêtes, aux guerres, aux brigands et aux avances d'amoureux variés, fascinés par leur beauté exceptionnelle, jusqu'au triomphe final de leur amour. Mais cette identité des données, source de bien des doutes sur la valeur d'un genre qui n'a jamais accédé au statut de genre « officiel » et théorisé[5], peut aussi constituer la meilleure base à un jeu sophistiqué de variations, et les dénominations que l'on trouve pour le désigner, comme πλάσμα ou δρᾶμα[6], attirent l'attention sur la *fiction*, qui est aussi façonnement, réécriture du patrimoine littéraire et plaisir du texte. Aussi bien sont-ce là des traits saillants de l'époque hellénistique, qui vit la naissance de ce type d'œuvres, comme ont permis de l'établir les découvertes papyrologiques[7] : ce n'est d'ailleurs pas le roman seulement, mais toutes les œuvres de ce temps qui se nourrissent du patrimoine littéraire, cultivant emprunts, réminiscences et décalages[8]. Il en résulte, dans le genre qui nous intéresse, des effets de superpositions, ou mieux de « surdétermination », qui prennent appui sur la culture du lecteur, éveillant en lui plus ou moins d'échos, selon l'ampleur de cette *paideia*, et utilisant, dans la forme,

5. Voir, en dernier lieu, la synthèse de C. Ruiz Montero, 1996.

6. Sur la possible prédominance de ce dernier terme, et un accent ainsi mis sur la « théâtralité », voir N. Marini, 1991.

7. Pour les hypothèses chronologiques les plus récentes, voir l'introduction de H. Morales à la traduction de T. Whitmarsh, 2001 et l'article de E. L. Bowie, 2002.

8. Voir sur ce point le bref, mais excellent article de A. Bulloch, « Commentary. Difference and Dissonance in Hellenistic Poetry », *TAPhA*, 122 (1992), 331-334.

la « polyphonie[9] » littéraire d'Éros, et, sur le fond, l'habileté sophistique légendaire de celui-ci. N'est-ce pas Platon lui-même qui, dans le *Banquet*, fit d'Éros, fils de Poros et Pénia, à l'affût, comme son père, de tout ce qui est beau et bon, un « chasseur hors ligne sans cesse en train de tramer quelque ruse, passionné d'inventions et fertile en expédient, employant à philosopher toute sa vie ; incomparable sorcier, magicien, *sophiste* » (*Symp.*, 203 d6-8) ? Sans doute ce texte fondateur sur l'amour, pensant et imageant en termes érotiques le désir philosophe, s'était-il affaibli en passant dans le bagage culturel du *pepaideumenos* – comme le déploiement hégélien de l'être en thèse, antithèse et synthèse n'a pas gagné en profondeur en devenant le schéma obligé de la dissertation académique –, de même que la mise en scène du *Phèdre* avec ruisseau, ombre, gattilier et gazon s'était réduite à un *topos* littéraire[10], mais il n'en dégageait pas moins un certain parfum platonicien, d'autant plus piquant qu'Achille Tatius s'écartait plus du roman « idéaliste », et *a fortiori* de l'amour philosophe. Ainsi, si, dans tous les romans, le type d'aventures auxquelles sont confrontés les amoureux exige quelque habileté

9. Selon le titre italien de l'importante étude de M. FUSILLO, 1991 (1989 en italien).

10. Voir le début du *Dialogue sur l'Amour* de Plutarque, 749 A, où Flavien prie Autoboulos de « supprimer de (son) récit, pour cette fois, les prairies et les ombrages des poètes et aussi leurs entrelacs de lierre ou de liseron, *enfin toutes ces descriptions de paysages par lesquelles certains auteurs, avec plus de zèle que de bonheur, s'efforcent d'emprunter à Platon et de s'approprier son Ilissos, son fameux agnus-castus et ce gazon qui pousse sur une pente doucement inclinée* », et l'étude de M. TRAPP, « Plato's *Phaedrus* in Second-Century Greek Literature », in D.A. Russell (éd.), *Antonine Literature*, Oxford, 1990, 141-173.

qu'exprime à l'occasion le verbe *sophizomai*[11], seuls les romans marqués par la Seconde Sophistique[12] que sont *Daphnis et Chloé*, qui joue de la bucolique théocritéenne, et notre *Leucippé et Clitophon* insistent sur les liens d'Éros et des sophistes : c'est Éros qui fait les sophistes, selon le premier (IV, 18, 1), tandis qu'il est lui-même un grand sophiste (I, 10, 1 et V, 27, 4) et inspire les discours d'après notre texte[13].

Plus largement, ce ne sont pas seulement les *logoi* persuasifs des uns et des autres que suscite Éros, mais le roman tout entier, ouvert sur l'*ekphrasis* emblématique de l'enlèvement d'Europe, dans un *leimôn* en bord de mer, qui « double » la cité « réelle » de Sidon, d'emblée présentée comme « une cité sur la mer » ; c'est dans ce cadre où se mêlent art et nature que se déroule une scène dont l'organisateur n'apparaît qu'*in extremis* : « Éros (qui) tirait le taureau, [...] et, retourné vers Zeus, souriait doucement, comme par moquerie, parce que c'était à cause de lui qu'il était devenu taureau » (I, 1, 13). Peints d'abord, le pouvoir d'Éros et les souffrances qu'il inflige deviennent sujet de conversation entre le narrateur premier anonyme (« Achille Tatius » ?), qui se présente lui-même comme un *erotikos*, un homme voué à l'amour (I, 2, 1), et un jeune homme, en train de regarder à côté de lui, et qui n'est lui-même

11.Voir Chariton, VIII, 7, 11 (Callirhoé) ; Héliodore, II, 16, 6 ; V, 14, 4 ; IX, 15, 1 ; X, 5, 2 et 31, 5 ; Longus, I, 11, 2 et III, 3, 3 ; AT, V, 16, 3 (Clitophon) et VI, 15, 2 (Sosthénès) ; seul Xénophon d'Éphèse ne comporte pas ce verbe.

12. Les papyrus ont permis de situer *Leucippé et Clitophon* dans la deuxième moitié (le troisième quart ?) du IIe s. apr. J.-C. *Daphnis et Chloé* se situe sensiblement dans la même période.

13. On constate en V 27, 1 (Τοιαῦτα φιλοσοφήσασα – διδάσκει γὰρ ὁ Ἔρως καὶ λόγους), un malicieux échange entre philosophie et sophismes, qui, à l'instar des *logoi* et des *mythoi*, tendent à s'équivaloir dans un univers de fiction plus soucieux d'ingéniosité que de vérité.

« pas loin de l'initiation du dieu » (I, 2, 2). Telle est la mise en œuvre compliquée, où réel et création, *ekphrasis* et narration s'unissent étroitement, à l'instar de textes sophistiques plus réduits comme la *Salle* de Lucien, par exemple, par laquelle le romancier ouvre un texte complexe et original, ou plutôt cultivant originalité et surprises, dans lequel vont s'associer tout au long habileté rhétorique, « vulgate » platonicienne et veine érotique.

Construction d'ensemble : rhétorique, « platonisme » et conte phénicien

Si l'on considère d'abord l'énonciation, la substitution des narrateurs déjà n'est pas sans précédent platonicien : il n'est que de songer au modèle même du dialogue narratif à plusieurs degrés qui est donné par le *Banquet*, où Apollodore (le narrateur du dialogue) refait à des amis anonymes le récit du banquet donné par Agathon des années plus tôt qu'il tient d'Aristodème, témoin de l'événement et « narrateur premier »[14]. L'emboîtement savant qui permet à Platon d'unir dans une même admiration deux amoureux de Socrate, le plus ancien, Aristodème, témoin du banquet, et le plus jeune, Apollodore, relais du récit, devient chez ses imitateurs simple récit second : ce que l'on trouve, par exemple, dans le *Dialogue sur l'Amour* de Plutarque, où Autoboulos, fils de Plutarque, rapporte ce que lui a raconté son père. L'affadissement (ou le

14. Je réduis aux deux narrateurs un schéma plus compliqué, puisqu'Apollodore s'estime bien préparé, pour avoir déjà expliqué ce qu'il en était à Glaucon, insatisfait du récit fait par des amis, qui le tenaient eux-mêmes de Phénix, renseigné par Aristodème. On trouve un schéma figuré de cet emboîtement dans l'introduction de M. Trédé (p. 13) à la traduction de Ph. Jaccottet, Livre de Poche, 1991. Pour sa reprise par Achille Tatius, T. Whitmarsh, 2003, 193.

décalage) est encore plus grand ici, car, s'il y a bien un narrateur premier et un narrateur second, il n'y a pas, à proprement parler, d'emboîtement : c'est le protagoniste de l'histoire, Clitophon, qui raconte, mais la substitution permet de créer un effet de surprise et manifeste d'entrée le goût de l'inattendu cultivé par notre auteur. Ainsi, au lieu d'apparaître d'emblée, le narrateur de l'histoire surgit tout à coup aux côtés d'un narrateur premier des plus flous et qui disparaît comme par enchantement, pour ne plus revenir. Son dernier acte (et quasiment le seul, à vrai dire) est d'emmener dans un cadre ostensiblement inspiré du *Phèdre* (I, 2, 3) le jeune homme qui vient de se dire victime de l'amour. Celui-ci porte le nom de Clitophon – qui se trouve être aussi le titre d'un dialogue (apocryphe) de Platon –, a pour cousin Clinias – le nom du père et du frère d'Alcibiade –, pour bien-aimée « Leucippé », « Blanche cavale », qui peut évoquer le cheval blanc du char du *Phèdre*, et pour rivaux un stratège nommé Charmide – encore un interlocuteur de Socrate, et oncle de Platon – ainsi qu'un Égyptien féru de magie nommé Gorgias, comme l'illustre sophiste qui s'attacha à la magie du verbe : l'onomastique, on le voit, joue avec la référence platonicienne.

La narration qui se déploie dans les huit livres qui suivent est comme rythmée, dans le goût rhétorique du temps, par une alternance d'*ekphraseis* et de récits. Après le tableau de l'enlèvement d'Europe[15], qui peut aussi pré-

15. On trouve un procédé voisin dans *Daphnis et Chloé*, où le récit se présente comme le commentaire même du tableau contemplé à Lesbos par le narrateur en train de chasser dans le bois sacré des Nymphes (« l'envie me prit de donner, avec ma plume, un récit rivalisant avec ce tableau. Je trouvai quelqu'un qui m'expliqua tous les détails de l'image et je composai quatre livres…», trad. P. Grimal). Si l'on n'a pas ici à proprement parler de commentaire, prendre pour

figurer l'enlèvement, consenti, de Leucippé, à la fin du livre II[16], les deux premiers livres s'étendent longuement sur l'*innamoramento* et la cour de Clitophon à sa belle ; puis, les amoureux en fuite, une nouvelle *ekphrasis*, d'un diptyque cette fois, représentant les corps torturés d'Andromède et Prométhée, ouvre, au début du livre III, les aventures égyptiennes. Le style érotique, déjà latent pour Europe, mais qui se double ici d'un goût un peu trouble pour la beauté souffrante, met en lumière une autre composante[17], qui n'est sans doute pas sans rapport avec la représentation que les Grecs se faisaient des Phéniciens[18], pratiquant à la fois sacrifices humains et prostitution sacrée[19]. Le rêve prémonitoire de la mère de Leucippé, à la fin du livre II (II, 23, 4-5), en avait déjà donné un avant-goût[20] : elle avait vu un brigand ouvrir le ventre de sa fille, allusion transparente à l'union amoureuse que Clitophon s'apprêtait à consommer et que son irruption soudaine dans la chambre devait empêcher. La même tonalité domine encore dans

---

tremplin la représentation d'un enlèvement mythique peut apparaître comme un autre « décalage » platonicien, puisque, de la sorte, le roman développe complaisamment l'enlèvement d'Europe, là où Socrate se refuse à commenter celui d'Orythie (*Phaedr.*, 229 c sqq.).

16. Cette valeur proleptique est soulignée par S. BARTSCH, 1989.

17. C'est ce que Photius (cité en Appendice II) dénonce sans ambages comme l'obscénité du texte.

18. Cette origine phénicienne est la première chose que dit Clitophon (I, 3, 1). Nous avons conservé des fragments d'un roman à peu près contemporain, les *Phoinikika* de Lollianus, qui présente des points de contacts avec notre texte et donne une idée de ce que les Grecs associaient à la veine phénicienne.

19. H. MORALES, 2004, 48-49 (« Phoenician tales ») renvoie aussi à Fr. BRIQUEL-CHATONNET, 1992 ; sur le sens érotique de φοινικίζειν, voir *D.E.L.G.*, *sv* 2 Φοῖνιξ.

20. Le premier rêve de Clitophon aussi était sanglant (I, 3, 4-5) et annonçait sa séparation d'avec Calligoné, mais le démarquage littéraire du mythe de l'Hermaphrodite développé par l'Aristophane du *Banquet* y est peut-être plus évident que les suggestions érotiques.

la première mort apparente de Leucippé, dont l'éventrement feint est complaisamment détaillé (III, 15). Comme l'enlèvement d'Europe, le diptyque d'Andromède et Prométhée ouvre les deux livres suivants, dominés cette fois par l'aventure, une tempête ayant séparé les personnages avant qu'une seconde attaque, de brigands cette fois, les Bouviers, les plonge au cœur des affrontements entre ceux-ci et l'armée. Sans entrer pour l'instant dans le détail de cette séquence, mais en en restant toujours aux éléments « rythmiques », pauses, « digressions » ou thèmes récurrents, on notera qu'une suspension des combats est suscitée par l'arrivée du phénix, oiseau mythique dont Hérodote fait déjà état dans son livre II consacré à l'Égypte : occasion pour l'auteur d'exploiter l'homonymie entre le nom de l'oiseau et celui des Phéniciens et d'intégrer, dans la veine « phénicienne » obscène déjà relevée, un détail scabreux évidemment inconnu des autres auteurs, le dévoilement par l'oiseau de ses *aidoia* pour prouver qu'il n'est pas un faux phénix[21]. Cette partie se conclut, au début du livre V, par un nouvel enlèvement de Leucippé, et une deuxième fausse mort, les brigands poursuivis jetant du bateau qui les emporte un corps sans tête, pris à tort pour le sien (V, 7) : nouvelle énigme qui ne sera résolue qu'au moment des retrouvailles générales et des récits du banquet final (VIII, 16). Derechef, l'événement a été précédé d'une *ekphrasis* artistique[22] (V, 3), doublée cette fois d'un récit (V, 5) : il

21. Une histoire de « faux phénix », qui aurait été exposé au Comitium sous la censure de l'empereur Claude, est rapportée par Pline, *HN,* 10, 2, 5. Il est possible qu'Achille Tatius soit inspiré par des récits de ce genre, mais le détail s'inscrit aussi dans le brouillage du vrai et du faux qui domine le roman.

22. Cette *ekphrasis* succède à une description rapide d'Alexandrie, qui constitue comme le point d'orgue des aventures égyptiennes ; voir *infra*, p. XLV.

s'agissait du mythe de Philomèle et de Procné, histoire sanglante de viol où la broderie remplace la parole interdite à la malheureuse victime[23]. Tout cela, dit un des compagnons, présage « un amour illégitime, un adultère éhonté, des malheurs de femmes » (V, 4, 2) : c'est en effet le contenu de la grande « comédie d'Éphèse » (on change à nouveau de lieu), qui va remplir non plus deux, mais quatre livres – les quatre derniers –, en une sorte de quadrille amoureux qui « croise » deux couples, Leucippé et Clitophon d'une part, Mélité et Thersandre de l'autre. Plus précisément, Mélité et Clitophon, se croyant veuve et « veuf », s'épousent et voient ressurgir chacun les prétendus défunts : Thersandre s'amourache alors de Leucippé, de nouveau exposée aux pires traitements, coups de fouet et chevelure rasée, par les intrigues du mauvais esclave Sosthénès. L'amoureux rebuté devient dès lors l'adversaire le plus acharné des héros, tandis que Mélité, en butte aussi à la vindicte de son irascible époux, s'en fait l'aide la plus efficace. Et si les *ekphraseis* disparaissent de ces quatre livres, écrits dans une tonalité de nouveau plus théâtrale, où, du côté de la rhétorique, un dernier genre, l'éloquence « judiciaire », prend une large place, l'on peut observer, en conclusion, un retour de mythes, simplement narrés cette fois, pour expliquer les ordalies auxquelles vont être soumises les deux femmes, poursuivies en justice par Thersandre.

Cette trame esquissée à grands traits, regardons de plus près comment les tonalités contrastées, « platoniciennes » et « phéniciennes », si l'on simplifie ainsi les deux « modes » amoureux, ne cessent de s'entrelacer et

23. L'auteur le souligne lui-même et rappelle que Térée, après le viol, lui a coupé la langue pour ne pas être dénoncé (V, 1, 4).

de se superposer en une piquante dysharmonie. Aux exemples de subversion de l'idéal amoureux déjà notés on peut ajouter le goût des contre-emplois, avec l'homosexuel Clinias, qui, juste après avoir fulminé contre les femmes, se transforme à vue en *praeceptor amoris* de Clitophon (I, 7-11), ou le digne prêtre de la chaste Artémis, chargé de la protection des amoureux, présenté comme un émule d'Aristophane, dont le discours multiplie les sous-entendus obscènes (VIII, 9), sans oublier toutes les libertés prises avec les idéaux de pudeur et de chasteté, *aidôs* et *sôphrosynè*, par Leucippé et Clitophon d'abord, puis surtout par Mélité et Clitophon. D'entrée, en effet, les tentatives de séduction de Clitophon et la bonne grâce de Leucippé sont tout sauf fidèles à la chasteté romanesque – et ce d'autant plus qu'ils persistent dans leurs intentions lors même que la demi-sœur de Clitophon, qu'il devait épouser, a été enlevée et qu'ils pourraient parfaitement convoler. Dans cette perspective, le grand débat sur les deux amours, qui constitue le point d'orgue de l'intrigue des deux premiers livres, apparaît comme une sorte de climax. Thème à la mode, dont on trouve des traces dans l'épigramme[24] et plus encore dans le *Dialogue sur l'Amour* de Plutarque et dans le texte des *Amours* transmis sous le nom de Lucien, il est présenté comme une sorte de « propos de table », que Clitophon suggère pour distraire de leur affliction ses deux compagnons, qui ont perdu leurs aimés dans des circonstances tragiques qu'ils se reprochent. Une telle introduction ne peut qu'éveiller dans la mémoire du lecteur cultivé des échos, ô combien déformés, du banquet platonicien[25]. Sont exploités d'abord, dans une veine rhé-

24. Par ex. *AP*, V, 277, XII, 7 ou 192, cités en appendice, p. 412-413.

25. Ménélas les appuie en reprenant la distinction, devenue banale, mais platonicienne d'origine, entre beauté céleste et beauté vulgaire (II,

torique traditionnelle, les exemples mythiques tirés des amours de Zeus opposant le sort de Ganymède à celui d'Alcmène, Danaé ou Sémélé, mais, très vite, lorsque Clitophon quitte la *mythologia* pour passer aux *realia* (II, 37, 5[26]), l'exposé prend des allures de conte phénicien (ou milésien, au choix), et nulle part ailleurs on ne trouve ce luxe de détails sur le plaisir charnel, ni surtout cette attention exclusive au plaisir, aussi antiplatonicienne que possible[27]. L'atmosphère de sensualité qui a marqué les deux premiers livres culmine ainsi dans cette prose lascive[28], substitut verbal de la scène d'amour entre les héros qu'Achille Tatius ne pouvait décemment décrire directement, quelle que fût sa désinvolture vis-à-vis des conventions.

Au livre IV, Leucippé a été brusquement frappée par la grâce d'Artémis et elle se comporte désormais en

36, 3) ; de plus, la conversation est soigneusement située après le dîner (II, 33, 1), au moment donc qui correspondrait au *symposion* – avec une Leucippé qui s'est retirée, peut-être pour permettre une discussion plus libre, mais d'une manière qui peut aussi rappeler l'éviction de la flûtiste chez Agathon, laissant les interlocuteurs entre soi.

26. *Realia* traduit ici τὴν ἐν τοῖς ἔργοις ἡδονήν : la notion mise immédiatement en avant est le plaisir et les ἔργα désignent à la fois la réalité en général (par opposition aux *logoi* de la *mythologia*) et l'acte d'amour en particulier ; or cette concrétisation a bien été le souci constant de Clitophon dès le moment où il a sollicité les conseils de Clinias – le mot apparaît en I, 9, 4 et 5 et, avec un anticlimax comique, Clinias, qui vient de proclamer que le baiser vaut plus encore que l'acte, repasse néanmoins à celui-ci et développe en I, 10, 4-6 la manière de l'obtenir ; ce à quoi s'efforce Clitophon en II, 4, 2 et 10, 3 –effort qu'il reprendra à la première occasion, en IV, 1.

27. Dans tous les autres textes, le but reste la *philia*, et Plutarque, tout en proclamant qu'il n'y a pas d'amour sans Aphrodite, fait de ce que, suivant la tradition poétique, il appelle la *charis*, un accès à la *philia,* proclamant sans ambiguïté μικρὸν τὸ τῆς ἡδονῆς (769 A).

28. Avec un reste de pudibonderie victorienne, S. GASELEE, au début du XXe s., traduisait encore le passage dans la Loeb avec des pincettes, en latin !

parangon héroïque de chasteté (IV, 1[29]) : c'est donc Mélité qui prend le relais et son union avec Clitophon qui finira par être véritablement consommée[30]. Dès l'abord cette union suscite une ingénieuse joute verbale marine, où chacun multiplie les rapprochements rhétoriques pour démontrer à l'autre que la mer est ou n'est pas le lieu idéal pour célébrer des noces (V, 15-16), mais c'est surtout pour convaincre Thersandre d'une fidélité qui n'existe plus qu'elle multiplie les prestiges rhétoriques[31]. Proclamant d'entrée que « ce jeune homme n'était ni (son) mari, ni (son) amant » (VI, 9, 2), ce qui, pris à la lettre, est vrai, puisque, *à l'époque à laquelle elle se réfère*, le mariage n'étant pas consommé, il n'était pas vraiment son mari, et, comme ils étaient mariés, il ne pouvait de toute façon être son amant, elle conclut, dans le même style, par une corrélation qui est aussi un chef-d'œuvre d'impudence : « Si j'ai fait un mensonge, alors je suis adultère ». La corrélation est vraie si Mélité n'a commis ni l'un ni l'autre

29. On atteint le sommet de l'héroïsme – qu'on peut admirer comme Léon le Philosophe (épigramme citée en appendice, p. 415) ou trouver, comme beaucoup de critiques modernes, d'une telle outrance qu'il en devient un contrepoint comique de la sensualité prévalant dans l'intrigue de Mélité – dans la grande tirade sur la liberté de VI, 21-22, laquelle répond au grand discours d'Éros, d'une tonalité tout opposée, tenu par Mélité à la fin du livre précédent (V, 26).

30. Clitophon n'a pas l'excuse d'avoir à être initié, comme Daphnis, qui ne sait comment s'y prendre avant que Lycénion le lui apprenne (III, 17-18).

31. Les « didascalies » qui ouvrent chacun de ses deux discours sont sans ambiguïté et soulignent, la première le mélange de mensonge et de vérité (VI, 8, 4 : τέχνην λόγων ἐπενόησεν, ἥτις μεμιγμένην εἶχε τῷ σοφίσματι τὴν ἀλήθειαν), la seconde la part de jeu théâtral que peut comporter son intervention, au travers du participe ὑποκριναμένη (VI, 10, 2), qui exprime à la fois « réponse » et « jeu » – *actio* de l'orateur comme interprétation du comédien –, en parfait accord avec la comédie que joue Mélité dans sa tirade.

– et c'est évidemment cette interprétation qu'elle veut faire accroire –, mais elle l'est aussi si elle est coupable des deux, comme elle l'est en effet, le mensonge servant précisément à dissimuler l'adultère. Si elle doit mentir, c'est que, depuis le retour de Thersandre, cette même éloquence lui a permis d'inspirer à Clitophon « quelque sentiment humain », en même temps que la crainte du ressentiment d'Éros (V, 27, 2[32]), et de le convaincre ainsi de la « guérir », comme il le dit lui-même avec un premier euphémisme, qui exploite l'image traditionnelle de la « maladie d'amour » (VI, 1, 1)[33]. Il en résulte donc que Mélité et Clitophon n'ont pas consommé leur mariage à un moment où l'un et l'autre se croyaient libres et qu'ils s'unissent au contraire au moment où ils n'ont pas de doute sur la nature adultère de leur relation[34]. D'où la nécessité d'ultimes acrobaties : le sophisme qui permet à Mélité de sortir triomphante de l'ordalie finale, grâce au même jeu sur la période temporelle considérée (VIII, 11, 2-3[35]), et surtout, dans le récit de Clitophon, les retouches « dans le sens de la chasteté » (πρὸς σωφροσύνην, VIII, 5, 2), et le silence pudiquement gardé sur « l'*aidôs*

32. C'est évidemment Clitophon qui parle et sa bonne foi est plus que sujette à caution – si l'on veut considérer que sa naïveté n'est pas feinte, alors c'est le romancier qui, derrière son personnage, fait signe au lecteur, invité, dans l'une et l'autre hypothèses, à en sourire.

33. On peut rapprocher le commentaire de Clitophon (V, 27, 4, en particulier αὐτοφυῆ γὰρ ἔχει τὴν ἡδονήν) et ses considérations sur le plaisir et son naturel dans le débat du livre II.

34. Là encore on peut faire le parallèle avec Leucippé et Clitophon persistant au livre II dans leur intrigue amoureuse alors que l'enlèvement de Calligonè rend le mariage possible.

35. Il n'est question que « du temps pendant lequel (Thersandre) a été absent » (VIII, 11, 2) : si bien que, paradoxe qui est aussi le sommet de l'immoralité, c'est pour l'avoir trompé en le sachant vivant que les amants se sortent d'affaire !

qu'il avait, par la suite, manifestée à Mélité » (VIII, 5, 3). Après la « guérison », la « pudeur et revérence » que marque *aidôs* est un nouvel euphémisme à la limite de l'antiphrase ! Clitophon (et Achille Tatius) joue(nt) sur les mots, comme n'est encore que jeu l'exaltation de la pureté de ses rapports avec Leucippé, de leur « philosophie » durant le voyage (VIII, 5, 7) et de la virginité qu'il a gardée πρὸς Λευκίππην, « *pour* Leucippé », c'est-à-dire « vis-à-vis de Leucippé » (et par force, puisque sa réserve n'a tenu qu'au refus opposé par la jeune fille), mais non pas du tout « pour l'usage exclusif de Leucippé », comme les auditeurs sont censés le comprendre. Roué ici, naïf ailleurs, le personnage de Clitophon mérite un examen plus approfondi, qui permet de regarder de plus près une des originalités majeures du roman : la narration à la première personne par le protagoniste.

Clitophon, narrateur et anti-héros

Aucun autre roman d'amour grec n'est ainsi raconté par le héros à la première personne, même s'il peut y avoir à l'occasion des récits secondaires de cet ordre, et cette originalité a été abondamment glosée[36]. Nouvel Ulysse – mais qui derechef peut rappeler Socrate, par exemple dans la *République*, car le corpus platonicien n'ignore pas le récit à la première personne –, Clitophon ressemble encore aux narrateurs de récits de voyage, « l'autre type » de roman, où la première personne permet d'authentifier le récit. Mais elle permet aussi, à l'inverse, tout un jeu sur la focalisation, maintenue strictement ou transgressée

36. Voir en dernier lieu B. P. Reardon, 1994, et T. Whitmarsh, 2003.

selon l'effet littéraire recherché, où le romancier se dessine malicieusement derrière son personnage[37] : d'où le jeu entre naïveté et rouerie mis au jour dans l'analyse d'ensemble. Le parti que tire Achille Tatius de son choix narratif éclate d'entrée, dès l'histoire d'amour des deux premiers livres, qu'il faut considérer d'un peu plus près.

Dans un roman d'amour, ordinairement, les deux protagonistes s'éprennent l'un de l'autre au premier regard. Il n'y a pas d'entreprise de conquête, ni même de récit à la première personne détaillant « la surprise de l'amour ». Narrateur au contraire, Clitophon se retrouve, *mutatis mutandis*, dans la position des auteurs d'élégies ou d'épigrammes s'efforçant de séduire l'aimé(e), au cœur d'une relation asymétrique[38], qui accuse et ses affres et sa maladresse. Inhabile et cherchant conseil de toute part, auprès de son cousin d'abord, qui l'aide à développer de grands discours amoureux, puis auprès du *servus callidus* qu'est Satyros, qui l'engage à concrétiser ses avantages, il est aussi dans une situation qui rappelle les intrigues de la *Nea*, plein de la naïveté du jeune premier. Ainsi on le voit s'enthousiasmer lorsque son père l'assied au banquet à une place d'où il peut dévorer sa belle des yeux (I, 5, 2), se faire gentiment moquer par Leucippé, qui feint de ne pas comprendre son compliment (I, 6, 2), se féliciter hautement de son habileté (I, 19, 3) ou au contraire, se lamenter

37. M. FUSILLO, 1996 parle d'« identification ironique » (un quasi-oxymore ?) en renvoyant aux travaux de Jauss ; pour les jeux permis par la première personne, voir aussi les excellentes remarques, suscitées par l'illustre *Idylle* 7 de Théocrite et son autobiographie en trompe-l'œil, de H. BERGER Jr, « The Origins of Bucolic Representation: Disenchantment and Revision in Theocritus' Seventh Idyll », *Cl. Ant.*, 3 (1984), 1-39.

38. Je reprends l'expression à Cl. CALAME, *L'Éros dans la Grèce antique*, Paris, 1996, 35-40 (« L'asymétrie constitutive »).

bruyamment des contretemps (I, 6, 5, II, 8, 1 et 10, 3). Le tout culmine avec sa piteuse tentative dans la chambre de Leucippé. Encouragé par Satyros à « être un homme », vaillant et viril à la fois (II, 10, 1), à se montrer un « courageux Ulysse » (II, 23, 3) entrant dans la chambre de Leucippé comme dans l'antre du Cyclope, il en ressort d'un bond, tremblant et bouleversé à l'irruption de Panthéa sans avoir rien obtenu. Peurs, déconvenues et lamentations ne vont plus guère cesser d'être son lot tout au long du roman, avec tous les effets comiques, ou, si l'on préfère, ironiques, qui s'y attachent.

Affolé par la tempête et bizarrement grandiloquent dans son vœu qu'« un seul poisson (les) fasse périr, qu'un seul ventre (les) contienne », sa bien-aimée et lui (III, 5, 4), il n'est guère plus efficace pour la défendre lorsque les bouviers attaquent ; et le style même, dans son dépouillement schématique, accuse le côté comique : « parmi les brigands, certains tiraient, d'autres frappaient : c'est Leucippé qu'ils tiraient, c'est moi qu'ils frappaient » (III, 12,2). Témoin impuissant de la première mort apparente, il est ensuite le jouet de Ménélas, qui se moque de lui au moment de « ressusciter » celle qui n'est jamais morte et l'effraie avec de prétendues cérémonies magiques d'Hécate (III, 18, 4-5) : résultat facilement obtenu quand on a face à soi un personnage aussi impressionnable et crédule. Pour créer cette impression aussi, l'emploi de la première personne et de la focalisation est à n'en pas douter d'une aide précieuse, qui livre les réactions (prétendument) « brutes » et « spontanées ». De même, les plaintes, qui n'ont pourtant rien d'extraordinaire dans le roman[39], prennent une couleur

39. Voir A. Billault, 1991, p 152 : « Les héros n'ont rien d'adamantin. Dans les souffrances, ils crient et pleurent ; dans

un peu particulière, où tendance à l'hyperbole et goût de l'anticlimax s'associent curieusement. Enfin, dans l'action même, là où Chairéas, le héros de Chariton, se couvre de gloire comme général des Égyptiens en révolte (VII, 2) et montre devant les prisonnières une continence digne d'Alexandre[40], Clitophon, « soldat de l'amour » déjà peu convaincant, demeurera toujours d'une inefficacité que renforce peut-être encore sa position de narrateur. C'est ainsi qu'il vient s'embrocher sur l'épée de l'ennemi lors du second enlèvement (V, 7, 2), laisse « philosophiquement » Thersandre le bourrer de coups une première fois (V, 23, 6-7) et s'en remet, la seconde fois, à ses dents pour venger son nez (VIII, 1, 4[41]). Son rôle se limite alors à une grande tirade tragique[42], par laquelle il rameute la foule et la monte contre le brutal. Un peu plus haut, en Égypte, sa participation aux campagnes avait été de même des plus réduites, se limitant à une parade équestre avec démonstration de figures d'école *après la bataille*[43]. L'ensemble dessine un personnage de parole plus que d'action, un « anti-héros[44] » plus qu'un héros. Le confirmerait encore la référence à Achille, un autre classique

l'infortune, ils se lamentent. Ils sont les premiers interprètes du pathétique de leurs aventures. »

40. VII, 7 et, pour Alexandre, Plutarque, *Alex.*, 21 et 30 ; sur ce thème, J. de Romilly, « Le conquérant et la belle captive », *B.A.G.B.*, XLVII (1988), 3-15.

41. Cette manière de se défendre est celle des femmes (voir Plutarque, *Alc.*, 2, 2-3). Stylistiquement, la disparition du personnage comme sujet est significative ; voir aussi I, 4, 5, où ce sont ses yeux qui triomphent de lui.

42. VIII, 1, 5 : τοῦτο (la blessure qu'il a infligée) μὲν οὐ **προσεποιησάμην**, ἐφ' οἷς δὲ ἐτυραννήθην **ἐτραγῴδουν.**

43. III, 14, 2 : περιάγων τὸν ἵππον **ἐπεδεικνύμην** ἐν ῥυθμῷ τὰ τῶν πολεμούντων σχήματα ; les figures sont celles des combattants, mais Clitophon n'en est pas un.

44. Ce point de vue est développé par R. Brethes, 2001.

du roman[45] : là où Chariton est présenté d'entrée comme « un adolescent d'une grande beauté, qui surpassait tous les autres et tels que les artistes représentent Achille, Nirée, Hippolyte et Alcibiade » (I, 1[46]), Achille n'apparaît ici qu'au livre VI, lorsque Mélité, ayant pris la direction des opérations, fait évader Clitophon et s'extasie après l'avoir déguisé : « C'est ainsi que j'ai vu un jour Achille sur un tableau » (VI, 1, 3). Repassant toujours par la médiation de l'image picturale, ce n'est pas le vaillant héros de l'*Iliade* qu'elle évoque, mais le jeune Achille, à Scyros, caché par ses parents parmi les *filles* du roi *pour le dérober au combat*.

Or ce caractère juvénile (et plus ou moins plaintif), Clitophon le possède toujours lorsqu'il rencontre « Achille Tatius » au début du roman, comme si le temps n'avait pas de prise sur lui, pas plus que ses aventures ne semblent avoir eu la moindre valeur formatrice[47]. Nulle part en tout cas la première personne n'est exploitée pour esquisser un caractère ou dessiner un itinéraire personnel : elle réduirait plutôt la part de l'action au profit du regard.

45. Le héros d'Héliodore, Théagène, se flatte même d'être un descendant d'Achille (II, 34).

46. La narration à la première personne interdit un portrait en forme et un éloge de soi, exaltant sa beauté, comme ailleurs ses exploits, ainsi que le souligne G. Most, 1989, mais l'antihéroïsme de Clitophon qui en résulte, loin d'être une conséquence *subie*, est le fruit voulu d'un choix narratif délibéré.

47. Le problème du roman de formation est examiné par J. R. Morgan, 1996 ; l'accession à l'âge adulte est exploitée *cum grano salis* dans *Daphnis et Chloé*, où les héros découvrent l'amour ; mais les « progrès » du jaloux qu'était Chairéas sont déjà fort discutables, tandis que la question ne se pose même pas pour Clitophon (p. 179) : « Its story is suspended between a fist-person narrator of dubious reliability and a mischievously subversive implied author. I think Achilleus plays a devious game with the possibilities of a *Bildungsroman*, only to foreclose them as a means of characterising his narrator, Klitophon. »

Clitophon narrateur, c'est un certain point de vue sur l'action, et la relative inconsistance psychologique du personnage – en dépit ou à cause des interminables considérations *générales* sur la valeur du baiser, le conflit des émotions ou autres sujets psychologiques qui émaillent le récit – s'accuse encore dans la fin abrupte du roman, qui laisse dans l'inconnu la raison qui l'a ramené à Sidon sans Leucippé, et qui le fait reprendre, quasiment inchangé, le rôle de narrateur déjà endossé à la fin de l'histoire, lorsque, enfin réunis au banquet à Éphèse, les amoureux et le père de Leucippé ont narré les diverses aventures du roman, ainsi récapitulé et anticipé à la fois[48]. On a rarement remarqué qu'une telle fin pouvait s'autoriser du modèle platonicien, où les interlocuteurs qui ont ouvert un dialogue narratif ne réapparaissent jamais. C'est un élément, je crois, à ne pas négliger, même si ce constat, nécessaire, ne résout pas entièrement le problème et ne dispense évidemment pas de considérer le parti qu'en a tiré le romancier. Mais il me semble oiseux de chercher à remplir le blanc du roman : l'auteur était assez grand pour le faire s'il l'avait voulu. Ce qu'il a voulu, ou du moins, ce qu'il a obtenu, c'est un accent mis sur le caractère littéraire, imaginaire, de son récit : Clitophon, être de fiction, n'a d'existence que comme protagoniste du roman – lequel s'achève avec ses noces – et comme source de la narration – laquelle commence à Sidon ; entre les deux, il peut retourner aux limbes littéraires dont il appartient à chaque lecteur de venir le tirer lorsqu'il désire entendre la « polyphonie d'Éros[49] ».

48. Sur l'importance de la récapitulation, voir M. Fusillo, 1996 – en part. p. 57-60 pour *Leucippé et Clitophon*.

49. *Contra*, A. Billault, 1991 (p. 185-186), qui, sur des prémisses assez comparables à celles de ma propre interprétation – ce blanc

Un dernier élément important de cette « polyphonie » pour le personnage de Clitophon doit encore être mentionné : c'est l'histoire de Callisthénès et Calligoné, qui apparaît, à bien des égards, comme un « anti-*Leucippé et Clitophon* ». Dramatiquement justifiée par la nécessité d'écarter la demi-sœur et fiancée de Clitophon, elle se transforme en un « autre roman », contrepoint à l'histoire rien moins qu'édifiante de Clitophon. Ainsi au départ, Callisthénès, jeune homme de bonne famille lui aussi, mais de mauvaise réputation, souffre pour cette raison de problèmes matrimoniaux inverses de ceux de Clitophon : alors que le père de celui-ci prépare son union avec sa sœur, le père de Leucippé refuse au premier la main de sa fille[50]. L'opposition se poursuit dans leur *innamoramento*, provoqué chez Callisthénès non par la vue de l'aimée, mais par la simple évocation verbale de sa beauté, « car l'emportement est si grand chez les licencieux qu'ils tombent amoureux même par les oreilles » (II 13, 1), et, tel un brigand, le voilà qui décide d'enlever sa belle. Comme

témoigne d'une certaine autonomie de la création –, aboutit au résultat à peu près inverse d'ancrage du récit dans la réalité : « Clitophon semble un initié du dieu Amour, un homme qui a fait l'expérience des épreuves qu'il impose. Le roman les raconte, mais les raconte-t-il toutes ? [...] *N'a-t-il rien pu arriver après la dernière page* et qui expliquerait l'attitude et le ton de Clitophon ? Pourquoi tout le temps de sa vie devrait-il être contenu dans le livre ? Clitophon a pu s'en absenter, puis y revenir. Cette absence, ce blanc de la continuité narrative contribue plus sûrement encore que la rencontre initiale du créateur et de son personnage à *enraciner le récit dans la réalité* [...]. L'absence du héros entre la fin de ses aventures et le moment où il commence à les raconter situe le roman *dans un temps plus vaste, qu'il lui permet de faire entrevoir un instant, celui de la vie, dont l'absence de Leucippé suggère l'étendue illimitée*. Leucippé et Clitophon sont les auxiliaires d'Achille Tatius et de son ambition de romancier » (c'est moi qui souligne les points majeurs de divergence).

50. Comparer I, 3, 1 et II, 13, 1.

dans les romans plus traditionnels, il la voit (ou croit la voir, puisqu'il se trompe de fille) à une fête religieuse mais, après cet acte de violence, comme on l'apprend bien plus tard du père de Leucippé, voilà que se produit un « merveilleux changement », qui accuse l'antithèse entre Clitophon et Callisthénès, mais en l'inversant au profit du second. Non seulement, l'ancien débauché a scrupuleusement respecté sa belle et réussi à la conquérir par sa réserve et ses attentions, mais, s'attachant au père de Leucippé[51], qui va jusqu'à le comparer à Thémistocle (VIII, 17, 7), il est devenu un citoyen accompli et tient désormais rang d'évergète et de stratège, ayant intégré le monde de la cité et des adultes, là où la place de Clitophon demeure toujours incertaine. Jouant ainsi du modèle idéal et des « possibles » romanesques, ce roman « supplémentaire » n'est cependant qu'une des multiples arabesques d'un roman où, de même que le protagoniste est davantage narrateur qu'acteur, l'étoffe, selon une expression heureuse d'A. Billault, est « verbale autant que dramatique[52] ».

La prolifération des logoi *et* mythoi *et le plaisir du récit*

Pour le dire un peu autrement, cette feinte autobiographie, qu'on pourrait rapprocher des romans latins comme le *Satiricon* ou l'*Âne d'or*, ou encore de *l'Histoire vraie* de Lucien, cultive, comme eux, récits enchâssés,

51. S'attacher à un de ses aînés est en effet ce que conseille Plutarque dans les *Préceptes politiques* à un jeune homme qui veut s'occuper des affaires de la cité et débute dans la carrière.

52. A. Billault, 2006, 86 ; il en tire l'idée d'une priorité du rhétorique et d'« un roman bipolaire qui raconte une histoire en même temps qu'il discourt sur elle ».

« digression[53] » et goût de la fiction, se déployant dans un imaginaire tout nourri de réminiscences littéraires[54]. À cet égard, l'échange liminaire entre les deux « narrateurs » successifs est emblématique, qui met en avant, *pour l'annuler*, la distinction, chère à Platon, et reprise, dans un sens tout différent, par les théoriciens antiques[55], des *logoi* et des *mythoi*. Alors que, dans *Phèdre*, Socrate repousse les seconds pour privilégier les premiers[56], les deux semblent ici quasi interchangeables : ainsi Clitophon, paraphrasant Platon, évoque d'emblée « l'essaim de

53. Sur le problème de la « digression », nécessairement définie par rapport à une hypothétique « voie droite », qui n'est rien d'autre qu'une pétition de principe *moderne* – laquelle n'a pas plus cours dans le dialogue philosophique, où V. Goldschmidt a finement analysé les « détours essentiels » de la pensée qu'en littérature –, voir, par ex., Fr. Desbordes, « De la littérature comme digression. Notes sur les *Métamorphoses* d'Apulée », *Questions de sens. Études de littérature ancienne* 2 (1982), PENS, 31-51.

54. Ce que l'on voit mieux par la comparaison avec Lucien, puisqu'ils partagent la même culture grecque.

55. Très précisément, les récits sont classés en fonction de leur degré de vérité ou de vraisemblance et l'on distingue ἱστορία, l'histoire, vraie, de πλάσμα, la fiction vraisemblable, et μῦθος, l'invention fausse. Mais cette tripartition est surtout technique (voir, par ex., Sextus Empiricus, *Adv. gramm.*, I 263-264) et les textes littéraires (ou philosophiques, comme le *De audiendis poetis* de Plutarque où *mythos* et *plasma* sont sensiblement identiques) jouent essentiellement de l'opposition entre *mythos* et *logos* (avec, parfois, *Gorgias* ou *République* en arrière-plan).

56. Plus précisément, Phèdre, interrogeant Socrate sur Borée et Orythie, emploie le mot μυθολόγημα (*Phaedr.*, 229 c5) et Socrate repousse ce genre de sujet (χαίρειν ἐάσας ταῦτα, 230 a1-2) pour s'attacher à la connaissance de soi, selon la prescription delphique (229 e5-6). Le mot *logos* n'est pas employé, mais il est peu douteux qu'il soit le moyen par lequel Socrate envisage sa démarche (σκοπῶ οὐ ταῦτα, ἀλλ' ἐμαυτόν, 230 a3) ; et, comme il le dit un peu plus loin, si Phèdre a réussi à l'attirer loin de la ville, c'est **λόγους** οὕτω προτείνων ἐν βιϐλίοις (230 d9).

logoi[57] » suscité par la question de son interlocuteur et justifie aussitôt son assertion d'un τὰ γὰρ ἐμὰ **μύθοις** ἔοικε (« car mes aventures ressemblent à des contes », I, 2, 2) ; symétriquement, « Achille Tatius », en conclusion, lui indique que l'heure est venue τῆς τῶν λόγων ἀκροάσεως, « de l'exposé de ses *logoi* », avant d'jouter que le lieu où ils se sont installés est μύθων ἄξιος ἐρωτικῶν, « digne de contes amoureux » (I, 2, 3). Peu importe la qualification, l'essentiel est le plaisir, comme l'a suggéré « Achille Tatius » en encourageant Clitophon à parler et à lui « donner ainsi un plus grand plaisir si vraiment (son histoire) ressemble à des contes » (μᾶλλον **ἥσειν** εἰ καὶ **μύθοις** ἔοικε, I, 2, 2). Et ce plaisir qui est plaisir de la fiction, plaisir de parler, s'accorde au cadre, non seulement « digne de contes amoureux », mais aussi ἡδύς[58].

Sur le thème amoureux, le jeu de variations est infini, et l'histoire d'amour des héros, dans les deux premiers livres, constitue comme la matrice de toutes les passions qu'ils susciteront eux-mêmes, posant à peu près tous les thèmes sur lesquels brodent les aventures amoureuses ultérieures. Dans ce grand jeu fugué où se multiplient échos et anticipations, intervient d'abord le stratège Charmidès, dont l'expérience rappelle d'assez près celle de Clitophon. Comme le héros, il tombe amoureux quand son regard se pose sur Leucippé (IV, 2, 1 et 3, 1) et, comme lui, « tresse » des discours pour conserver la belle sous ses yeux (IV, 3, 2 à comparer à II, 6, 3), mais aux arabesques rhétoriques du jardin se substituent alors, en une sorte de dégradation comique, des développements exotiques sur

57. I 2, 2 : Σμῆνος ἀνεγείρεις, εἶπε, λόγων, à comparer à *Rep.*, V 450 b2 (avec un substantif différent) : οὐκ ἴστε ὅσον ἑσμὸν λόγων ἐπεγείρετε.

58. Sur le lien entre parole et lieu de parole, voir R. MARTIN, 2002.

l'hippopotame et l'éléphant d'une séduction plus que contestable. Sollicitant Ménélas – comme Clitophon a recouru à Clinias, puis Satyros –, il reprend alors, « en situation », l'image du dieu martial, qui fait la guerre au guerrier qu'il est[59] ; comme Clitophon pressait Leucippé de profiter du répit laissé par la Fortune (IV, 1, 3), lui aussi voit sa passion s'exacerber à l'approche d'un combat à l'issue incertaine et prétend la satisfaire au plus vite (IV, 7, 3)[60] ; il désire la présence de l'aimée, veut l'entendre, la toucher, et, à défaut de pouvoir faire plus pour le moment, lui donner des baisers, ce qui provoque l'indignation de Clitophon et un éloge du baiser (IV, 8, 1-4) qui fait écho au commentaire réservé à son propre premier baiser à Leucippé (II, 8). Pour s'en tenir à ce seul thème, abondamment traité par l'épigramme, et, singulièrement par une épigramme attribuée à Platon, dont on peut trouver des échos en II, 8, 2[61], il apparaît dès les leçons de Clinias (I, 10), et Clitophon parvient à ses fins en prétendant avoir été piqué par une abeille et avoir besoin de l'incantation de Leucippé (II, 7) : première réalisation de l'image de la « magie de l'amour », qui en trouve une seconde en Égypte, lorsque Gorgias fait droguer Leucippé, et préfiguration du recours aux philtres envisagé à Éphèse par Mélité comme « le refuge des malheureux en amour » (V, 26, 12). Avec Charmidès affleure aussi le thème, absent des deux premiers livres, de la jalousie, qui s'épanouira à Éphèse : là où Mélité réussira à la surmonter (V, 24, 3), Thersandre y succombera entièrement (VI, 19)[62]. Enfin,

59. Comparer IV, 7, 4 et II, 5, 2.

60. La même idée sera encore reprise dans l'histoire de Callisthénès, en VIII, 18, 2.

61. *AP*, V, 78, cité en appendice, p. 412.

62. Pour plus de détails, voir Fr. Frazier, 2001, en part. p. 25-27.

dernière variation marquante, l'héroïne ne connaît pas moins de trois fausses morts, dont les deux premières sont traitées en forme d'énigme à résoudre : comment peut-elle être vivante quand Clitophon l'a vue éventrée ou jetée à la mer ? Quant à la troisième, dont on sait d'entrée – autre variation – que c'est une fausse mort, elle se présente sous la forme d'un récit mensonger qui donne lieu à la consolation du plus haut comique de Clinias à son cousin : « N'est-elle donc pas souvent morte ? N'a-t-elle donc pas souvent ressuscité ? » (VII, 6, 1).

Si l'on passe de l'intrigue principale et de ses motifs récurrents aux « amours secondaires », la variation la plus marquante concerne sans doute Callisthénès et Calligoné, dont l'histoire, à y regarder de plus près, constitue une sorte de « roman total » en réduction, dont l'écriture même multiplie échos et digressions sur le modèle de l'histoire principale[63]. Mais la prolifération des histoires d'amour est loin de se limiter à eux, ou même aux rivaux de Clitophon, et elle touche là encore la forme autant que le fond : aux *ekphraseis* mythiques, aux récits étiologiques,

63. Par exemple, l'oracle rendu à Byzance, qui provoque l'ambassade dont Callisthénès prend prétexte pour venir à Tyr, donne matière à une longue exégèse de la part du père de Leucippé, où l'on retrouve curieusement des échos du discours amoureux de Clitophon (comparer II, 14, 6 à I, 17, 5 ou 18, 1) ; la longue description du sacrifice fait à Tyr s'attarde sur le taureau égyptien, roi des autres bêtes à cornes, et, après avoir évoqué Homère, conclut : « Et si le mythe d'Europe est véridique, c'est d'un taureau égyptien que Zeus prit la forme » (II, 15, 4), ce qui évoque l'*ekphrasis* initiale et insère l'enlèvement projeté dans le cadre dessiné par celle-ci, illustration aussi valable que l'histoire de Clitophon de la toute-puissance de l'Amour. Enfin, il faut ajouter, dans les développements « gratuits », la réponse du stratège de Byzance à l'exégèse de Sostratos, exposé paradoxologique sur des sources extraordinaires (II, 14, 6) qui ressemble beaucoup à ce que l'on trouvera dans la partie égyptienne du récit, avec l'hippopotame, le crocodile ou l'eau du Nil.

s'ajoutent le chant de Daphné et d'Apollon, que Clitophon, à l'instar des sophistes, interprète comme une invitation à céder à son désir, les *exempla* multipliés par lui dans sa « conférence amoureuse » au jardin, conformément aux prescriptions des rhéteurs pour le discours de mariage[64] – amours de plantes ou noces d'Alphée et d'Aréthuse (I, 18) –, ou encore l'union d'Amphitrite et Poséidon mise en avant par Mélité (V, 16, 5), pour ne pas parler de la version, hautement hétérodoxe, de celle d'Athéna et d'Héphaïstos (II, 14, 4-5). Nouvelle marque que le désir mène le monde, comme le petit Éros menait le taureau jovien… Enfin, la « prolifération » des *logoi* et *mythoi* ne se limite pas à la thématique amoureuse, et l'on a une sorte d'illustrations avant la lettre de la théorie de Bakhtine faisant du roman une « encyclopédie des genres », encyclopédie ici devenue comme folle[65] : à la *Nea* ou l'épigramme, base des deux premiers livres, viennent s'ajouter la fable[66], la légende étiologique, l'épistolographie, la paradoxographie[67], qui s'épanouit dans les livres « égyptiens » sur le terreau d'Hérodote, et toutes les formes de discours, tirades paratragiques, *logos gamèlios*, jusqu'au procès final où passent les fantômes d'Eschine et Démosthène, sans oublier Socrate et sa ciguë ou encore Aristophane[68].

64. Voir Ménandre le Rhéteur, cité en appendice, p. 409-410.

65. Je reprends l'idée et l'expression à E. Mignona, 1995, 24, qui parle de « toll gewordene Realenzyclopädie ».

66. Très bonne étude de C. Delhay, 1990.

67. Sur ce type d'énoncé, voir H. Morales, 1995.

68. Pour la ciguë, VIII, 8, 5 ; les joutes de l'ambassade infidèle sont suggérées par les imputations de débauche, comme dans le *C. Timarque*, et l'insistance sur un prétendu enjeu politique (conserver l'autorité des juges comme Dém., *S. l'amb. inf.*, 2) ; on peut même trouver un écho direct dans la peinture du dernier avocat (comparer VIII, 10, 2 et Esch., *S. l'amb. inf.*, 49) ; Aristophane apparaît plus comme une référence aux

Le recours même à un procès-fleuve, constitué de deux séries de trois discours, dont seule la première série se justifie par l'accusation d'adultère portée par Thersandre[69], montre comme la « prolifération » va s'amplifiant au fil des livres jusqu'à une sorte de triomphe du *logos*, qui finit par tout supplanter. Ainsi la seconde série est-elle aussi surréaliste sur le fond que sur la forme : Thersandre y réclame l'exécution de Clitophon pour le meurtre d'une personne bien vivante et présente au procès, Leucippé, qu'il s'obstine à présenter comme son esclave, alors que son père, stratège de Byzance, est présent lui aussi pour attester de son statut véritable[70] ! Pour mesurer le ridicule de son obstination, il n'est que de comparer avec Chariton, où la « résurrection » de Chéréas au procès est immédiatement admise sans que personne songe même à mettre en doute son identité. L'entêtement de Thersandre multiplie donc les bizarreries : Clitophon, bien vivant, apparaît comme un « homme déjà légalement mort » (VIII, 8, 6), redevable néanmoins d'une « seconde mort » (VIII, 8, 13), mais il est encore surpassé par les acrobaties de son avocat, qui fait précisément de cette amplification oratoire la thèse même de son discours et prétend « prouver qu'il est passible de deux morts » (VIII, 10, 2) par tout un embrouillamini de systèmes conditionnels (VIII, 10, 12), que Thersandre lui-même coupe d'un « Point n'est besoin de discours ! » (VIII, 11, 1) excédé … mais après neuf pages de palabres parfaitement oiseuses !

---

sous-entendus obscènes que comme un pourvoyeur de citations (voir VIII, et notes *ad loc.*).

69. Il faut noter toutefois que l'intervention de Clinias n'y est guère orthodoxe.

70. Dans le tourbillon de comédie et de mensonge confinant au déni de réalité où l'on est emporté, il le transforme à son tour en acteur : « La troisième de mes accusations est contre mon esclave et ce vénérable acteur qui joue son père » (VIII, 8,14).

De cette « invasion du *logos* », on trouve d'autres indices, avant le procès, dans la forme que prend la troisième fausse mort de Leucippé, fiction purement verbale, et au début du procès, dans la tentative de suicide, verbale elle aussi, de Clitophon, qui se dénonce comme complice de Mélité dans l'assassinat de Leucippé, mais elle est loin de se limiter au procès. Elle domine même tout le dernier livre, qui, de part et d'autre des deux ordalies réclamées par Thersandre, narre deux banquets – nouveau dédoublement –, où fleurissent les récits, aventures de Clitophon, histoire de Syrinx, par laquelle le prêtre, selon la tradition, acquitte sa quote-part (VIII, 5, 9) lors du premier, puis, au second, après le récit de Leucippé, qui, lavée de tout soupçon, participe désormais au plaisir du récit, histoire de Callisthénès et Calligoné, présentée comme la contribution de Sostratos à la *mythologia* (VIII, 17, 1). Sont ainsi transformés en « récits de banquet » et mis sur le même plan le roman « réel » de Leucippé et Clitophon, le roman « virtuel » de Callisthénès et Calligoné et les mythes étiologiques. Plus curieusement encore, on peut noter que, si le premier mythe, celui de Syrinx – qui fait écho à la fois au mythe initial d'Apollon et Daphné dont Clitophon s'est autorisé pour séduire sa belle et aux multiples « disparitions » de celle-ci au cours du récit –, est mis dans la bouche du prêtre, le second, les amours coupables de Rhodopis et Euthynicos, surgit d'on ne sait où après la décision du tribunal de remettre son arrêt au lendemain. C'est apparemment le narrateur qui commence : « L'histoire de l'eau du Styx était la suivante...» (VIII, 12, 1), mais la fin semble ramener le lecteur dans le cadre d'un banquet, puisque le chapitre se conclut par : « Après avoir parlé ainsi et comme le soir avançait, nous allâmes nous coucher, chacun de notre côté » (§ 9). Les voix

narratives se mêlent et se brouillent dans ce foisonnement de récits, tandis que, dans un jeu spéculaire qui accuse aussi le caractère romanesque du protagoniste narrateur, ce Clitophon final, invité par Sostratos à raconter leur *mythos,* répond au Clitophon initial, éveillant à la demande d'« Achille Tatius » un « essaim de *logoi* semblables à des *mythoi* »[71]. Tout commence et tout finit par des récits, dont le plaisir est, dans cette dernière phase aussi, souligné avec insistance[72].

L'univers romanesque : sous le signe de la Tychè *et du* kainon

L'univers romanesque dessiné par toutes ces arabesques est d'abord un univers de plaisir, qui trouve dans la délectation du récit sa raison d'être première, un monde de mots où la *Tychè* n'est guère qu'un autre nom de l'invention romanesque et du goût de l'auteur pour l'inattendu et l'inédit. Né, comme on l'a rappelé plus haut, dans la période hellénistique, le roman a sans doute profité du développement de la notion de *tychè* qui a marqué cette époque, comme du monde élargi qu'ont créé les conquêtes d'Alexandre : sans le cadre spatio-temporel spécifique que dessinent ces deux éléments, on concevrait mal les aventures et la quête à travers tout le Bassin méditerranéen des héros séparés, livrés aux tempêtes et aux coïncidences. Mais si le roman antique s'appuie sur cette nouvelle vision du monde, c'est un peu comme il exploite la « vulgate » amoureuse platonicienne : il ne met pas en lumière, à travers une fiction, l'état de la société ou la situation

71. Comparer I, 2, 2-3, et VIII, 4, 2-3.

72. Au ἥσειν de I, 2, 2, signalé *supra*, répondent VIII, 4, 2 (περιπλοκὰς … οὐκ ἀηδεῖς) et VIII, 15, 3 (μετὰ ἡδονῆς).

métaphysique de l'homme ; il offre au divertissement de ses lecteurs un produit imaginaire, dont le caractère littéraire et sophistiqué, centripète ou centrifuge[73], s'accuse plus ou moins selon les auteurs. Et, à n'en pas douter, Achille Tatius accentue le côté ludique par le choix même de déléguer le récit à un personnage, dont la (feinte ?) naïveté et la relative inconsistance font le jouet idéal des caprices de la Fortune.

Ce caractère particulier s'esquisse dès les premières phrases qui ouvrent le récit de Clitophon, non moins significatives que ne l'est l'ouverture du roman par une *ekphrasis* : quand la seconde nous situe d'emblée dans un espace imaginaire où se mêlent art et nature, peinture et poésie, pour le dire dans les termes de Simonide[74], où vision et apparence jouent un rôle essentiel[75], les premières évoquent un δρᾶμα, une histoire qui n'est pas sans évoquer le théâtre, spectaculaire, pleine de pathétique et de rebondissements à la fois. Après avoir en effet indiqué les intentions de son

73. Selon les termes de T. Whitmarsh, 2005, 116 sqq., qui voit, dans les romans plus tardifs, comme ceux d'Achille Tatius et Héliodore, une prédominance des forces centripètes : « In Achilleus and Heliodorus, the pervasive sense of isolation and impotence is carefully framed, constructed as a limited and limiting perspective. The novelistic plot teaches us precisely how *not* to be beguiled by the apparent disorder of the abstract-alien world, and to look forward instead to the promise of a secure role within an ordered society. Affective pleasures in centrifugal wandering are counterbalanced by narrative teleology » (p. 119). La chose me paraît plus vraie d'Héliodore que d'Achille Tatius, où la « sécurité » me semble tenir davantage au caractère manifestement fictif de toute l'histoire qu'à l'esquisse d'un ordre quelconque.

74. Un mot célèbre du poète lyrique, rapporté entre autres par Plutarque (*De gloria Ath.*, 346 F), faisait de la poésie une peinture parlante et de la peinture une poésie muette – jetant les bases du *ut pictura poesis*...

75. C'est la perspective adoptée par H. Morales, 2004, pour son étude, au titre significatif, *Vision and Narrative*.

père, qui voulait l'unir à sa demi-sœur, il annonce une première fois qu'elles devaient être battues en brèche : « Mais les Moires, plus puissantes que les hommes, me réservaient une autre femme » (I, 3, 2) ; suivent quelques considérations générales sur la douleur de la condition humaine, et il enclenche le récit en ces termes : « Comme j'allais sur mes dix-neuf ans et que mon père se préparait à célébrer nos noces pour l'année suivante, *c'est la Fortune qui prit l'initiative de l'action* » (I, 3, 3 : ἤρχετο τοῦ δράματος ἡ Τύχη). La suite du roman confirme ce recours à la *Tychè* pour articuler le récit. La dernière séquence commence à Alexandrie par les prières que les héros font à Zeus « pour que (leurs) malheurs cessent un jour » ; « mais, apparemment, le dieu n'accédait pas à nos prières, et *c'est encore une autre épreuve de la Fortune qui nous attendait* » (V, 2, 3 : ἔμενεν ἡμᾶς καὶ ἄλλο τῆς Τύχης γυμνάσιον) ; et un peu plus loin, après le retour de Thersandre, le nouvel emprisonnement de Clitophon, libéré une première fois par Mélité, et prélude aux procès, est par lui présenté comme « une nouvelle attaque de sa Fortune ordinaire, tramant contre lui une nouvelle aventure » (VI, 3, 1 : Ἐμοὶ δὲ ἡ συνήθης Τύχη πάλιν ἐπιτίθεται καὶ συντίθεται κατ' ἐμοῦ δρᾶμα καινόν[76]). Il n'y a ainsi, au bout du compte, que la seconde séquence, celle des aventures égyptiennes, qui ne comporte pas de mention initiale de la Fortune, mais c'est qu'elle a été remplacée par ce qui est une de ses manifestations majeures, une violente tempête : tout commence donc par l'obscurcissement brutal du ciel, mais on la retrouve pendant le

76. Le verbe, par lequel l'auteur joue avec quelque coquetterie des composés de τίθημι, suggère une « composition » qui est aussi bien ourdissement d'une intrigue qu'agencement littéraire, et, une nouvelle fois, on retrouve comme objet δρᾶμα.

déchaînement des éléments, lorsque les héros, épuisés de courir d'un bord à l'autre et désemparés, se réfugient sous les abris et s'abandonnent à la Fortune (III, 2, 4 : ἐμένομεν παραδόντες ἑαυτοὺς τῇ Τύχῃ[77]). Celle-ci se montre finalement favorable – les héros doivent survivre encore cinq livres, et au-delà ! – et elle épargne aussi bien Clinias que Leucippé et Clitophon, sauvés l'un comme les autres τύχῃ τινί (III, 5, 3 et 6).

Moires, *Tychè*, divinité : Achille Tatius n'est pas fixé sur la théologie[78], et les emplois de τύχη, κατὰ τύχην ou du verbe τυγχάνω ne renvoient pas à une *Weltanschauung* particulière. Leur portée ne dépasse guère celle qu'ils ont dans le langage courant, lorsqu'on se félicite de sa bonne fortune ou se lamente de la mauvaise[79], et leur valeur est avant tout littéraire, attirant l'attention sur toute une série de « coïncidences », derrière lesquelles se dessine l'invention du romancier. Elles sont d'abord au service de la cour amoureuse de Clitophon, puisque, aussi bien, l'amour est un des domaines où l'homme doit savoir saisir l'occasion. C'est ainsi que Clinias, après avoir félicité son cousin de sa chance d'avoir sa belle sous ses yeux, à

77. On retrouve l'expression en V, 9, 3, dans le récit de Clinias de ce qui lui est arrivé de son côté – comme aussi dans l'accident de cheval de Chariclès, renonçant à maîtriser l'animal affolé en I, 12, 5.

78. J. Bouffartigue, 2001, 130, souligne même l'irréductible contradiction dans l'imputation des mêmes faits « d'abord aux Moires, c'est-à-dire la nécessité, puis à la *tukhê*, c'est-à-dire à la contingence ».

79. La mise en scène en prison nous montre comment le menteur se plaint de ses *tychai* et comment tout naturellement l'autre prisonnier l'interroge sur ce qu'il lui est arrivé ἀπὸ τῆς Τύχης (VII, 2, 1et 3) ; la Fortune sert aussi d'argument – voir Mélité face à Clitophon (V, 16, 5 et 26, 9) et Sosthénès face à Thersandre (VI 3, 6) ou Leucippé (VI 13, 2) ; enfin, dans les dernières lignes sont faites des prières pour que les mariages se fassent σὺν ἀγαθαῖς τύχαις (VIII, 19, 3) : tout cela relève de conceptions courantes, exploitées par le romancier.

domicile (I, 9, 2 : αὐτήν σοι δέδωκε τὴν ἐρωμένην ἡ Τύχη), a limité ses conseils à des questions générales, « qui n'ont pas besoin d'une fortune favorable » (I, 10, 2 : μὴ τῆς εὐκαίρου τύχης δεόμενα). À Clitophon de saisir la première heureuse occasion (εὐκαιρίαν, I, 16, 1) : ce qu'il fait lors de la promenade de Leucippé au jardin (διαβαίνουσα γὰρ ἔτυχεν, *ibid.*), lorsque le paon fait la roue (Ἔτυχε γὰρ τύχῃ τινὶ συμβὰν τότε ..., § 2). Plus tard, pour son premier baiser, il met à profit et l'incantation qu'il a vu faire la veille à Leucippé sur la piqûre de Clio (Ἔτυχε τῇ προτεραίᾳ..., II, 7, 1), et la survenue d'une abeille (κατὰ τύχην μέλιττά τις..., § 3) pour feindre en avoir besoin à son tour : toutes coïncidences hautement littéraires, et qui sentent ici l'épigramme. On pourrait encore citer, plus « théâtrales » peut-être, la maladie de la mère de Clitophon (Ἔτυχε οὖν ἡ μὲν μήτηρ..., II, 16, 1) à l'origine du quiproquo qui aboutit au rapt de Calligoné, l'absence de son père (ἀποδημῶν ἔτυχεν ὁ πατήρ, II, 30, 2), qui favorise leurs préparatifs de départ, ou encore celle de Conops (κατὰ τύχην, II, 31, 4) au moment dudit départ. Dans un passage encore plus ostensiblement « fabriqué », les prescriptions du devin pour le sacrifice de Leucippé (οὕτω γὰρ ἔτυχε μεμαντευμένος, III, 15, 7) s'accordent à merveille à un stratagème, dont l'élaboration est servie par le non moins providentiel naufrage d'une caisse d'accessoires (Δαίμων δέ τις ἡμῖν ἀγαθὸς συνήργησεν, III, 20, 2) et facilitée encore par la décision, non moins bien venue, du chef des brigands de leur confier le sacrifice – et le récit est cette fois ponctué d'un συνέπραξεν ἡ Τύχη (III, 22, 3[80]). Cette impressionnante série de coïncidences débouche sur un spectacle grand-guignolesque, qui est

80. Derechef δαίμων et τύχη sont à peu près interchangeables.

aussi résolution ingénieuse d'une énigme – comment Leucippé est-elle restée vivante ? –, où l'auteur s'offre le luxe de fournir une explication vraisemblable à chaque détail d'un ensemble totalement invraisemblable.

Rencontres et quiproquos émaillent de même la « comédie d'Éphèse » où les personnages ne cessent de se « tomber dessus », de se perdre ou de se manquer, sans parler de procédés plus ouvertement théâtraux encore, comme la lettre de Leucippé qui tombe pendant la bagarre et que ramasse Mélité (ἔτυχον γὰρ εἴσω ...ἔχων, V, 24, 1), le monologue de Leucippé surpris derrière la porte par Thersandre et Sosthénès (VI, 15, 4[81]) ou la porte laissée ouverte dans sa fuite par Sosthénès, qui se trouvait justement avec Leucippé (VII, 10, 4 : ὁ δὲ ἔτυχε... παρών) ; elle met alors à profit la Fortune[82], mais cette évasion lui fait justement manquer de peu son père (VII, 13, 4). À quoi il faut ajouter les plaintes tragiques contre la *Tychè* cruelle, que l'on trouve dès la mort de Chariclès, dans le thrène de son père (I, 13, 4 et 6), et qui dominent surtout les déplorations de Clitophon, « jouet » de la Fortune qui ne sauve les amoureux que pour les jeter dans le malheur qu'est la folie de Leucippé (IV, 9, 5 et 7), qui ne lui laisse à baiser que son cou décapité dans la deuxième mort (V, 7, 9), l'autorise « à quelques jours » près à un mariage que la mort de Leucippé rend désormais impossible (V, 11, 1). Tout cela ressemble plutôt aux grosses ficelles par lesquelles le romancier manipule ses personnages et son histoire qu'à une peinture de notre faible condition...

81. Sans mot de la famille de τύχη comme « marqueur », il est vrai.

82. VII, 13, 1 : c'est, à vrai dire, un des passages où l'on peut hésiter entre τύχη, nom commun (la conjoncture), et Τύχη, la puissance personnifiée.

Et l'on atteint, avec la dernière mort, tout aussi fausse que les précédentes, et encore plus inconsistante, dépourvue, et pour cause, de tout cadavre, un véritable sommet : « Certes, dans toutes les précédentes la Fortune s'est jouée de moi (ἔπαιξε κατ' ἐμοῦ), mais celle-ci n'est plus un jeu (παιδιά) de la Fortune » (VII, 5, 2). Au rappel des fausses morts précédentes et à l'erreur complète de jugement du trop crédule Clitophon, se joint la référence insistante au jeu – qui souligne la naïveté et l'inconsistance du personnage – et à la plaisanterie – qui est, derrière le personnage, le sourire du romancier.

De la configuration de l'univers romanesque ainsi dégagée, le mot mi-plaisant, mi-sérieux de Mélité lors de ses noces peut apparaître comme emblématique – et la belle amoureuse elle-même comme une sorte de relais de l'auteur : ce qui nous est présenté là, dit-elle, est un *kenogamion* (V, 14, 4[83]), et la création verbale, sur le modèle du *kenotaphion*, double la création dramatique. Par cet *hapax* est comme concentrée l'originalité d'une aventure où tout est initialement « vide », le mariage, dont Clitophon repousse la consommation, comme les tombeaux, faute qu'on ait retrouvé les corps (ou du moins, le corps entier pour Leucippé) des prétendus défunts, et qui finit avec des tombeaux définitivement vides, puisque personne n'est mort, mais, ô surprise, un mariage consommé au moment même où il n'est plus question de mariage, mais d'une furtive liaison adultère… Tours de passe-passe, dramatiques et verbaux, triomphent, et l'invention suscite même des mots nouveaux, comme l'est la situation ingénieusement

83. Κενοτάφιον μὲν γὰρ εἶδον, κενογάμιον δὲ οὔ ; étude détaillée de P. Liviabella Furiani, 1988.

créée : **Καινὸν** ... ἐγὼ μονὴ πέπονθα[84]. Et ce n'est pas seulement cet épisode particulièrement compliqué et ingénieux qui peut être mis sous le signe de la surprise et de la nouveauté, mais l'ensemble du texte est dominé par le καινόν[85], nouveauté d'une aventure qui vient s'ajouter aux autres (VI, 3,1 ou VII, 5, 1), nouveauté d'un amour qui devrait chasser l'autre (VI, 17, 4) ou d'un héroïsme jamais vu, comme celui de Leucippé, aussi seule[86] dans son défi à ses tortionnaires que l'était Mélité dans son *kenogamion*. Et derechef, les mots employés, l'invitation de l'héroïne à « contempler une lutte inédite », explicitent, dans un sommet dramatique, ce qui innerve tout le texte et toutes les formes d'énoncés, récit, *ekphrasis* ou discours : une tendance à saisir le monde comme « spectacle », dont les éléments rivalisent entre eux en un mélange « inouï » et surprenant.

Les aventures égyptiennes en donnent sans doute le meilleur exemple, parce que l'aventure est précisément ce qui expose les héros à l'inconnu, parce que, aussi, si les personnages des bouviers avaient pris une place particulière dans l'imaginaire romanesque, par-delà ce motif, l'Égypte était, dès l'*Odyssée,* avant même qu'Hérodote

84. V, 14, 4, et elle conclura de même, plaintivement, dans le discours où elle convainc Clitophon de la « guérir », en V, 26, 4 : Κατ' ἐμοῦ γὰρ πάντα καινά· ἀναϐιοῦσι καὶ νεκροί.

85. Cet élément n'est pas inventé par Achille Tatius : il appartient au monde de l'aventure romanesque, mais il est significatif que, à longueur égale, Chariton ne présente que 11 occurrences de l'adjectif, là où notre roman en comporte 21 ; plus significatif encore qu'Héliodore, beaucoup plus long, ne l'emploie que 11 fois lui aussi. Toutes proportions gardées, il apparaît un peu plus dans le court roman de Longus, où l'on a 8 occurrences – mais c'est justement un roman contemporain du nôtre.

86. VI, 21, 2 : ἀγωνίζεται **μία** γυνὴ καὶ πάντα νικᾷ et, un peu plus loin, en 22, 4 : ἐγὼ δὲ καὶ γυμνὴ καὶ μόνη καὶ γυνή.

n'en détaillât les particularités qui en font le lieu de l'altérité[87], présentée comme un pays ambivalent, où « la glèbe produit, avec le blé, mille simples divers, beaucoup d'*excellent*s et beaucoup de *funestes* » (IV, 229-230). Le côté sombre éclate dans les combats avec les bouviers. Dès le premier affrontement, est signalée une arme particulière, dont le côté curieux tient autant à la nature de l'Égypte qu'aux prestiges stylistiques de l'auteur, qui joue de la paronymie de la motte de terre, βῶλος, avec la famille de βάλλω, « lancer » : la motte d'Égypte donc, toute hérissée d'aspérités, y apparaît comme plus dangereuse même qu'une pierre, causant, « lorsqu'elle a frappé (βληθείς) », une *double* blessure : une enflure, comme celle que fait une pierre, et une plaie ouverte, comme celle que fait un trait (ὡς ἀπὸ βέλους, III, 13, 3). Cette nature double prévaut plus encore dans le récit du second combat et l'Égypte, « don du Nil », y apparaît comme le lieu d'une confusion dangereuse, où le fleuve est tout, « terre, mer, marais » (IV, 12, 1). Θέαμα καινόν, ce sont d'abord terre et mer que l'on voit rivaliser, « lutt(ant) l'une contre l'autre, l'eau pour *transformer en mer* » (πελαγῶσαι, avec, de nouveau, une création verbale doublant la création « réelle ») « une si grande étendue de terre, la terre pour absorber une si grande mer d'eau douce » (§ 3). Dans cette lutte, naturelle et finalement pacifique, il n'y a pas de vaincu ni de

87. Hdt, II, 35 : « J'en viens maintenant à l'Égypte, dont je parlerai longuement, car, comparée avec tout autre pays, c'est elle qui renferme le plus de merveilles (θαυμάσια) et qui offre le plus d'ouvrages dépassant tout ce qu'on peut en dire. Les Égyptiens, qui vivent sous un climat singulier (ἑτέροιος), au bord d'un fleuve offrant un caractère différent (ἀλλοίη) de celui des autres fleuves, ont adopté aussi presque en toutes choses des mœurs et des coutumes à l'inverse des autres (πάντα ἔμπαλιν) » ; et les commentaires de Fr. HARTOG, *Le Miroir d'Hérodote* (2e éd.), Paris, 1991.

vainqueur, mais, exploité par les hommes, le terrain se transforme en piège et les bouviers, en détruisant les digues, surprennent et submergent leurs ennemis, qui ne pouvaient « plus distinguer ce qui était marais et ce qui était plaine » (IV, 14, 7). D'où une nouvelle série de καινὰ ἀτυχήματα, qui font voir « tant de naufrages sans navire nulle part » ; la phrase suivante reprend et confirme : « c'étaient deux spectacles inouïs et inattendus (καινὰ καὶ παράλογα) : dans l'eau un combat d'infanterie et sur la terre un naufrage » (§ 8). Ce passage répond en quelque sorte à la tempête qui a ouvert la séquence et livré les héros aux périls d'un monde barbare. Déjà le déchaînement des éléments y avait été présenté comme « un combat entre vents et flots » (III, 2, 8), avant que la panique des passagers, prêts à tout pour se sauver, produise à son tour « un combat naval d'un nouveau genre » (III, 3, 3), où « chacun, veillant à sa sécurité, faisait fi de toute bienveillance envers autrui », et par là même de toutes les lois de l'amitié.

Toutes les possibilités de luttes, entre éléments, entre « amis », entre ennemis, entre vents et mer, entre terre et mer, ainsi exploitées, il est temps pour le romancier de passer à autre chose. Les bouviers sont alors balayés en une phrase par l'arrivée, jusque-là différée, des renforts (IV, 18, 1). Alors le fleuve, désormais libéré, offre un spectacle tout opposé, celui d'une fête, où éclatent les aspects positifs du Nil. La tonalité change, mais les ingrédients et le style restent les mêmes : l'eau du Nil est extraordinairement agréable et limpide et, explique Clitophon, « l'ayant puisée avec une coupe de cristal (il voyait) l'eau rivaliser de limpidité avec la coupe, et la coupe être vaincue » (IV, 18, 4). Rivalité et mélange inédit dominent encore à l'étape suivante, la dernière étape

égyptienne, lorsqu'Alexandrie offre son étincelante beauté aux regards émerveillés d'un Clitophon qui, sollicité de tous côtés, ne sait plus où porter des yeux (V, 1, 4) vaincus par tant de prodiges (§ 5). Il distingue d'abord « deux choses inouïes et inattendues (καινὰ καὶ παράλογα), un conflit entre la grandeur et la beauté, une rivalité entre la population et la ville » (§ 6), où il n'y a de nouveau ni vainqueur ni vaincu ; puis c'est la fête solennelle de Sérapis et la procession aux flambeaux fait au soir se lever un nouveau soleil, si bien qu'alors « (il vit) une ville rivalisant de beauté avec le ciel » (V, 2, 2). Enfin, avec le phare, c'est une nouvelle chose « prodigieuse et inattendue » (θαυμασίαν καὶ παράλογον, V, 6, 2), « une montagne située en pleine mer, qui touchait jusqu'aux nuées » (§ 3).

Un monde incertain : mélange des registres et prestiges de l'écriture

Ces *mirabilia* égyptiens mettent en évidence le style adopté par le romancier, le goût pour la création verbale, qui introduit l'inattendu jusque dans l'écriture, et, au total, la parfaite adéquation entre l'univers « verbal » et le monde romanesque, qui, dans ce jeu de double constant, se répondent et s'influencent l'un l'autre[88]. Pour mieux en juger, on peut, une dernière fois, reprendre l'ensemble du texte, en commençant par la paradoxographie égyptienne. Loin de se limiter aux batailles, elle s'introduit à l'intérieur

88. E. Mignona, 1995, qui a donné une des meilleures analyses sur ce sujet, l'introduit ainsi (p. 22) : « Die Dialektik Wahrheit-Fiktion des literarischen Werkes reflektiert sich auf dem Handlungsniveau in der dauernden Konfrontation von Wahrheit und Lüge, Sein und Schein, *die ihrerseits [...] im Einklang mit der Redeweise des Romans steht* » (c'est moi qui souligne).

de l'intrigue amoureuse, dont l'importance, dans les livres III et IV, reste considérable pour une séquence d'« aventures ». On a déjà évoqué à l'occasion l'exploitation, ingénieuse et « décalée », des autres curiosités illustres que sont phénix, hippopotame, crocodile ou « drogues funestes ». Si l'on reprend de plus près le livre IV, on voit, à la faveur de la suspension des combats suscitée par l'arrivée de l'oiseau, se développer en un entrelacs compliqué les intrigues, de Charmidès d'abord, puis de Gorgias : la drogue du second, en jetant provisoirement Leucippé dans la folie, suspend les avances du premier, lequel avait entamé sa cour en discourant de l'hippopotame, puis de l'éléphant (IV, 3-5[89]). Ce curieux discours amoureux, répondant, dans le genre « bizarre », aux beaux discours de Clitophon au jardin (I, 15-18[90]), est caractéristique du jeu d'échos que développe le roman, et qui ne se limite pas aux variations sur les intrigues amoureuses déjà relevées. Si l'on revient à l'intrigue tyrienne initiale, on retrouve curieusement, dans l'épisode de Callisthénès, un oracle sur Tyr, qui la présente aussi comme le lieu où « rivalisent terre et mer » (II, 14, 2), un excursus sur Dionysos et la merveille du vin (II, 2, 3-5), qui peut répondre à l'eau du Nil[91], et, plus généralement, un *style* amoureux de Clitophon qui exploite aussi spectacle, « rivalités » et métaphores. Le jeu entre paon, prairie et aimée peut l'illustrer : lorsque le premier apparaît, c'est

89. On retrouve καινός en IV, 4, 6 et 7 ; cet épisode sera résolu aussi cavalièrement que l'intrigue des bouviers, par la mort du stratège amoureux au combat.

90. Là aussi, si l'on voulait raffiner, on pourrait parler à la fois de « séduction *au* jardin » (le lieu de parole de Clitophon) et de « séduction *du* jardin » (objet lui-même du discours amoureux).

91. Le rapprochement peut être encore appuyé sur les dires prêtés à Dionysos, Τοῦτό ἐστιν ὀπώρας ὕδωρ (§ 5, repris au § 6).

pour séduire sa belle et exhiber sa beauté en une « une prairie de plumes », plus fleurie que la prairie naturelle, une prairie où la nature a planté des ocelles : ce que l'auteur identifie, en une sorte d'épiphonème[92] précieux, à « un œil sur la plume » (I, 16, 3, καὶ ἔστιν ὀφθαλμὸς ἐν τῷ πτερῷ[93]) – ces yeux, source de toute séduction, d'où, chez les humains, la beauté se déverse dans le cœur amoureux (V, 13, 4[94]). À ce premier échange entre végétal et animal succède l'apparition radieuse de Leucippé, dont « la beauté du visage rivalisait avec les fleurs de la prairie » (I, 19, 1), et la description de même se clôt sur une identification : « telle était la prairie sur le visage de Leucippé » (§ 2, τοσοῦτος ἦν Λευκίππης ἐπὶ τῶν προσόπων ὁ λειμών[95]). D'inspiration épigrammatique ici, comme le sont la rose, qui passe de la rose réelle (I, 15, 5) à la rose des joues (I, 19, 1), de la rose chantée (II, 1, 1) à la rose des lèvres (II, 1, 3), ou l'abeille réelle à la feinte piqûre qui se transforme en abeille métaphorique

92. Sur l'épiphonème, voir Démétrios, *Du style*, 106-111 ; il insiste sur la valeur ornementale, et le compare aux bandes de pourpre. Ornemental, cet ajout final me semble aussi, par sa forme même – une identification volontiers fondée sur la réalisation de métaphores – induire une certaine vision de l'univers. Pour plus de détails sur cette figure et sa descendance, voir P.-L. MALOSSE, « Histoire d'un supplément d'âme », in L. Brisson & P. Chiron (éd.), *Rhetorica philosophans*, *Mélanges en l'honneur de M. Patillon*, Paris, 2010, 337-354.

93. Voir aussi I, 15, 8 la description comparée des fleurs et des oiseaux, qui débouche sur καὶ ἦν ἄνθη πτερῶν.

94. Voir aussi I, 9, 4-5 et VI, 6, 3 ; complément sur les yeux en larmes en VI ,7 – avec un même pouvoir sur l'amant développé au § 5.

95. Son audace a apparemment gêné J.-Ph. GARNAUD, qui a traduit « Tel était le visage fleuri de Leucippé, *semblable à* une prairie » (traduction par moi modifiée). Une tournure comparable conclut la description érotisée des plantes en I, 15, 1-2 : Τοσαύτη τις ἦν ὁμιλία τῶν φυτῶν – ὁμιλία, qui s'applique normalement aux humains, désigne une « compagnie » en général, mais peut se spécifier en « commerce amoureux ».

d'une piqûre d'amour réelle (II, 7), plus épidictique ailleurs et jouant de rivalités qui sont aussi occasions d'hyperboles, ce jeu d'écriture, en posant des identifications inédites, confère à l'univers romanesque, au-delà du vertige des aventures, de la consistance ou de l'inconsistance des personnages, une texture homogène et quasi baroque, tissée de métaphores, voire d'oxymores.

Car le procédé ne se trouve pas seulement dans la narration ou le discours amoureux, il a toute sa place dans les *ekphraseis* picturales, comme celle d'Europe où « la tunique se fait miroir du corps »(I, 1, 11), tandis que l'arrondi du *peplos* est identifié au « vent du peintre » (§ 12, καὶ ἦν οὗτος ἄνεμος τοῦ ζωγράφου), ou dans de simples descriptions, comme celle de la procession à Tyr, où parfums, couronnes et brise se résolvent en « un vent de plaisir » (II, 15, 2, καὶ ἦν ἄνεμος ἡδονῆς). On le retrouve jusque dans le passage étiologique consacré à la syrinx, où l'exposé insiste sur un autre « échange », entre doigts et bouche cette fois[96] : dans cet instrument particulier, la bouche de l'artiste imite les doigts et, en une nouvelle forme d'épiphonème, la description s'achève sur une sorte de « danse » de la bouche sur les tuyaux (VIII, 6, 7, οὕτως αὐτῷ περὶ τοὺς αὐλοὺς χορεύει τὸ στόμα). Mais c'est plus encore dans la psychologie amoureuse que cette attention aux mélanges, aux échanges, aux états paradoxaux et aux équilibres précaires, mérite attention. De même qu'il se complaît à détailler les merveilles de la nature, de l'art ou de la mythologie, le romancier – « décalant » là aussi la réflexion platonicienne tout en répondant aux

96. On avait, dans le même esprit, substitution de la main à la langue et de la vue à l'audition dans le tableau de Procné (V 1, 5).

goûts de ses lecteurs[97] ? – émaille son texte de considérations sur les sentiments, les émotions, les plaisirs et les espoirs de ces héros, variant à plaisir les développements sur les yeux, les baisers ou la jalousie, soulignant l'absence de plaisirs purs[98].

Les replacer ainsi à l'intérieur des autres « détours » de la narration, c'est déjà signaler un premier facteur d'homogénéité du texte. En considérer le style et le fond renforce encore cette impression : on retrouve ainsi toujours le même jeu de métaphores, qui permet à Clinias de présenter l'échange des regards comme une « forme inédite d'union physique » (I, 9, 5, καινὴ γάρ ἐστι σωμάτων συμπλοκή) ou qui fait répondre au « vent de plaisir » de la procession ou au « feu de plaisir » du vin, le « trésor de plaisir » du baiser (I, 8, 1). Le « conflit des émotions », mis en lumière par M. Fusillo[99], et qui domine les représentations picturales[100] comme les réactions des héros,

97. Sur le mélange des sentiments en amour, voir le texte du *Phèdre* (251 c-e), cité en appendice, p. 406-407.

98. Dite explicitement en III, 23, 3 ; sentiments mêlés en II, 23, 3-4, IV, 1, 5; V, 19, 1; VI, 14, 2.

99. M. Fusillo 1990, 212-216, en part. « *Leucippé et Clitophon* est absolument dominé par la poussée centrifuge, par la polyphonie ; le narrateur, Clitophon, et derrière lui l'auteur, est attiré par tout phénomène et transcrit ce polymorphisme en formes libres, non hiérarchisées, utilisant souvent la clé rhétorique du contraste et de la compétition sans vainqueurs, identique à celle des conflits émotifs [...]. En fait la métaphore du conflit suspendu, continu, insoluble est le point fort de ce romancier hétérogène, qui veut reproduire tout le dynamisme du réel. » L'analyse est irréprochable, le diagnostic d'hétérogénéité (et même de dynamisme, voir *infra*) me semble se discuter davantage : un monde dominé de part en part par le conflit et l'instabilité, où rien n'est sans mélange, est, d'une certaine manière, homogène, ou du moins s'unifie sous un regard toujours sensible au même aspect des choses.

100. I, 1, 7 : joie et crainte chez les compagnes d'Europe ; III, 8, 7 : espoir et crainte chez Prométhée ; et – avec une légère variante, la beauté n'étant pas à proprement parler un sentiment, mais, tout au

s'inscrit toujours dans une même vision du monde. Ainsi, dans les circonstances pathétiques, favorables ou non, les héros se sentent assaillis par toute une série de sentiments difficilement contrôlables, tels Clitophon lorsqu'il voit Leucippé pour la première fois (I, 4, 5) ou la retrouve vivante après la première mort apparente (III, 23, 1), Leucippé accusée par sa mère (II, 29) ou encore Thersandre repoussé par celle-ci (VII, 1,1). Plus souvent encore, ils deviennent comme le champ de bataille de deux forces[101] : tel de nouveau Clitophon, au moment de l'*innamoramento*, dont la volonté est vaincue par ses yeux, qui le ramènent malgré lui vers Leucippé (I, 4, 5, καὶ τέλος ἐνίκησαν οἱ ὀφθαλμοί)[102], mais aussi Mélité et Thersandre, qui présentent deux variations sur le thème de l'amour et de la jalousie[103] : chez la première, c'est l'amour qui prend le dessus (V, 24, 3), tandis que le second s'abandonne totalement à sa fureur jalouse, occasion pour le romancier de détailler longuement les relations tumultueuses de la colère et de l'amour et le triomphe de la première (VI, 19). Attraction irrésistible de l'amour, traction nécessaire de l'espoir, dont la disparition pousse l'amoureux aux pires

plus, une impression faite sur le spectateur, ce qui est aussi significatif du point de vue du romancier –, beauté et frayeur chez Andromède, débouchant sur un bel oxymore, οὕτως ἐκόσμησεν ὁ ζωγράφος **εὐμόρφῳ φόβῳ**, III, 7, 3, commenté par E. MIGNONA, 1995, 26.

101. C'est le « module binaire » de M. FUSILLO, qui le rattache à la poésie lyrique (p. 213) et qui, déjà, a été réinterprété par Platon (n. 97 *supra*).

102. Voir aussi le conflit d'Éros et du père de Clitophon dans son cœur (I, 11, 2-3) ou encore, au contraire, l'association des feux d'Éros et Dionysos (II, 3, 3).

103. Le thème là encore a été introduit d'une certaine manière par l'*ekphrasis* de Procné et Philomèle, qui figurent elles-mêmes, de façon saisissante, deux ὀργαί (V, 5, 6), la première allant jusqu'à sacrifier son fils à sa vengeance, laissant ainsi triompher les douleurs de la ζηλοτυπία sur celles de l'enfantement.

extrémités[104] : c'est Éros, comme l'a montré d'entrée le tableau d'Europe, qui mène, ou plutôt « tire » le monde (I, 1, 13), du moins le monde du roman.

Faut-il en effet établir ou non une relation entre monde du roman et monde réel, chercher une « leçon » du roman ? Tous les prestiges de l'écriture, et ses mélanges infinis, entre registres différents, voire entre contraires, dévoilent-ils une réalité du monde ou ne construisent-ils qu'un beau mensonge pour le pur plaisir du lecteur ? La réponse à cette question dépend sans doute pour partie de ce lecteur et les jugements des Byzantins, unanimes sur la « douceur » du style, mais oscillant sur le fond entre condamnation de l'obscénité (Photius) et exaltation de la vertu de Leucippé (Léon le Philosophe[105]) en sont une première illustration – encore que ni l'un ni l'autre n'envisage, comme nous, la possibilité d'un pur jeu littéraire ne prétendant à aucune leçon morale. Un ultime couple de « contraires », les figures d'Artémis et d'Aphrodite, permet de revenir une dernière fois sur l'incertitude du monde romanesque. Figures divines, elles ne participent cependant pas plus d'une vision religieuse du monde, telle qu'on pourrait en trouver plus tard, chez Héliodore[106] , que les interventions de *Tychè* ne construisent une vision métaphysique. Opposées et symbolisant, l'une, la chasteté, l'autre, la sensualité, elles participent de ce perpétuel jeu des contraires qui anime le roman, tout en situant le lecteur cultivé dans

104. Les occurrences du thème de l'espoir sont nombreuses : mentions fugitives en situation II, 23, 3-4, IV, 1, 5, VI, 14, 2 et VII, 13, 1 (voir aussi VI, 20, 1) ; plus générales en IV, 8, 5, V, 22, 8 et VI, 17, 5.

105. Voir les textes cités en appendice, p. 415-416 ; les épigrammes sont aussi attribuées à Photius, mais la divergence de jugement avec la *Bibliothèque* a amené à préférer les attribuer à Léon.

106. Voir sur ce point J. Bouffartigue, 2001, p. 126-130.

l'« horizon littéraire » de l'*Hippolyte* d'Euripide. Sans doute la place qui leur est dévolue comme aussi l'existence même du roman d'amour et d'un impératif de fidélité attestent-ils l'importance prise par le mariage dans la société contemporaine[107], que l'auteur ne peut ignorer, comme il ne peut ignorer le climat de religiosité de son époque – mais on sait ce qu'en fait un Lucien, que, par certains côtés, notre roman n'est pas sans rappeler... Rien ne l'oblige donc à dépasser le jeu sur les conventions et les idées reçues pour faire entendre un avis sérieux, mais rien n'interdit non plus, il est vrai, de chercher derrière le couple de déesses, une complémentarité qui permettrait d'explorer plus complètement les deux aspects de l'éternel féminin[108], ou la présentation de deux choix de vie possibles, celui de Leucippé ou celui de Mélité[109]. Le maintien de

107. Par ex., M. Foucault, *Histoire de la sexualité III. Le souci de soi*, Paris, 1984.

108. C'est la conclusion de Ch. P. Segal, 1984, p. 91 : « Whatever syncretism or symbolism may be going on beneath the surface, the complementarity of the two goddesses and of the forces that they represent enables the author to surround the conventional happy ending with an aura of wider meanings and also to explore more fully the dual aspects of the archetypally feminine. »

109. C'est l'option de J. Bouffartigue, 2001, p. 137-138 : « Le livre d'Achille Tatius n'est pas que parodie ou subversion humoristique du genre. Il est aussi une illustration et une confrontation de valeurs. Ce ne sont pas des dieux de chair qui s'affrontent, encore moins des dieux incorporels, mais, sous les noms divins, des choix de vie humains. Le choix de vie qui est manifestement promu est celui que fait Leucippé. Leucippé est (ou devient) une stoïcienne, capable d'énoncer, en situation, les axiomes de sa doctrine (VI, 22, 4) [...]. Observons toutefois que le triomphe de Leucippé (VIII, 14, 2) est immédiatement suivi du succès de Mélité (VIII, 14, 3-4). Le choix de vie de Mélité, opposé à celui de Leucippé, n'est nullement dévalorisé [...]. L'exemple à ne pas suivre est celui de Clitophon. Indécis, insincère, maladroit, facile à abuser, tantôt rossé, tantôt déguisé en femme, il ne choisit pas, il suit et imite. »

telles options n'est peut-être, après tout, qu'un fruit supplémentaire de cette incertitude du monde romanesque d'Achille Tatius, sensible à une certaine texture paradoxale du monde et sollicitant de son lecteur éventuellement plus que la simple aptitude à déceler réminiscences et décalages littéraires.

Le lecteur que je suis est indubitablement plus sensible aux prestiges de l'écriture, à la création, par les mots, d'un univers auquel le qualificatif de « baroque », proposé, entre autres, par E. Mignona[110], ne convient peut-être, au bout du compte, qu'à moitié. Si le « baroque » est associé à l'ostentation, il s'applique sans conteste à notre roman, pénétré de part en part par le spectacle et le spectaculaire ; mais la chose est plus discutable si l'on envisage le goût de la métamorphose et la sensibilité à l'instabilité des choses. Sans doute la recherche de l'inattendu pourrait-elle être versée de ce côté, comme aussi les conflits des émotions traduire une certaine labilité de l'être[111], mais la prédilection pour la réalisation des métaphores, ou les épiphonèmes qui fixent au moyen du verbe être, une réalité complexe, me semble émousser quelque peu ce dynamisme. Suspendue entre la rencontre du narrateur premier et de Clitophon à Sidon et le retour final à Byzance, la narration dessine un espace romanesque, où se déploie un tableau aux scènes variées, plus encore qu'elle ne découpe un morceau de vie,

110. E. Mignona, 1995, 23, qui renvoie au livre fondamental de J. Rousset, *Circé et la paon*, dont le titre marque si bien métamorphoses et ostentation, ainsi qu'à E. Curtius, *Europäische Literatur und lateinisches Mittelalter*, 2e éd., Berne, 1954, 277-305, pour son application à l'Antiquité, et à E. Bowie dans la *Cambridge History of Classical Literature* (I, 693), pour les aspects « baroques » de l'asianisme.

111. Voir l'analyse de M. Fusillo, citée *supra*, n. 99.

dont le temps serait la matière et le vecteur[112] : ce qui la rapproche des *ekphraseis*, où succèdent à l'enlèvement d'Europe le *diptyque* de deux personnages unis par une simple ressemblance de *tychè* comme Andromède et Prométhée (III, 6, 3), puis la représentation de *plusieurs* moments différents sur le même tableau de l'histoire de Procné (V, 3, 4-8). Dans la confrontation entre peinture et littérature, le roman, ainsi lu et comparé à son quasi-contemporain, *Daphnis et Chloé*, apparaîtrait comme une autre manière d'associer les deux arts, non pas en présentant directement l'histoire comme le commentaire (et la rivale) d'un tableau, ainsi que le fait Longus[113], mais en donnant au récit même des caractères de tableau, en privilégiant, à travers oxymores et réalisations de métaphores, une certaine image du monde, produit de l'imaginaire et objet de spectacle, dont mouvements et intrigue ne sont que des composantes auxquelles le lecteur est libre d'accorder plus ou moins d'importance. Selon ses choix, selon l'intérêt qu'il porte à l'histoire, il en peut chercher les « leçons » et juger sérieusement les personnages – possibilité historiquement attestée – ou se laisser aller au plaisir de l'histoire et des mille

112. Sans doute y a-t-il quelques indications temporelles, mais les notations des jours dans les premiers livres, lorsqu'elles sont précises (I, 6, 6 – trois jours – et II, 3, 3 – dix jours) me semblent plutôt accuser la lenteur de l'irrésolu Clitophon et la différence avec les coups de foudre conventionnels que laisser véritablement un rôle au temps. Les « quelques jours après » articulant le récit en II, 11, 1, 19, 1 et 23, 1 ne sont guère significatifs ; ne le sont guère non plus les plaintes de Clitophon sur tant de malheurs en quelques jours (III, 10, 1) ou le délai demandé par Leucippé (IV, 7, 2). Une autre indication temporelle en début de séquence, les six mois passés depuis la disparition de Leucippé qui permettent à ses amis de convaincre Clitophon d'épouser Mélité, est surtout l'occasion d'un développement psychologique sur l'atténuation des douleurs (V, 8, 2).

113. Cité *supra*, n. 15 ; en petit, le récit du mythe de Procné (V, 5), qui suit l'*ekphrasis* (V, 3), donne un exemple de ce genre de procédé.

arabesques qui se dessinent à l'intérieur de cet espace imaginaire. Cette dernière option soulève à son tour de nouvelles questions, sur l'« engagement » du lecteur, sur la conscience du travail littéraire et sa mise en valeur par l'auteur[114], questions au cœur de la réflexion littéraire récente qui ont conféré au roman antique une nouvelle modernité et suscité tout un renouveau critique autour de lui. Mais, quelle que soit la perspective adoptée, il me semble que l'auteur lui-même a pris soin de nous rappeler, à chaque extrémité du texte, l'importance de ce plaisir qui est indissolublement associé dans la pensée grecque à la poésie, dès Homère et Hésiode, lors même qu'on concevait les poètes comme des Maîtres de Vérité : *a fortiori* au temps de la Seconde Sophistique, où la vérité a cédé le pas aux prestiges d'écriture et aux jeux sur la vraisemblance, ne faut-il pas négliger le plaisir qu'*Éros sophistès* fait naître de la profusion de *logoi* et de *mythoi* confondus dans un univers où les contraires s'unissent en une surprise permanente.

114. Les deux aspects sont à distinguer et leur confusion me semble un des aspects les plus regrettablement anachroniques de la critique moderne. *Jouer* sur les conventions n'équivaut pas, à mes yeux, à les *dénoncer* et, plus largement, offrir consciemment un jeu littéraire au divertissement des lecteurs n'équivaut pas à développer une réflexion métalittéraire sur le statut de la littérature. Cette « traque » du métalittéraire naît-elle d'un refus, plus ou moins conscient, de privilégier la dimension ludique de la création et de la volonté d'y réintroduire « autrement » le sérieux qu'on ne trouve plus (ni ne veut trouver) dans une lecture morale « passéiste » ? En tout cas, la prise en compte, précieuse et enrichissante, de l'activité et de l'auteur et du lecteur aboutit trop souvent, me semble-t-il, à négliger l'objet de cette activité, c'est-à-dire l'œuvre elle-même – comme l'accent sur la communication tend à en exténuer le contenu et à éclairer les moyens techniques aux dépens de ce qu'ils sont le moyen d'exprimer ; cette tendance se trouve aussi pour le roman. J'ai esquissé une réflexion sur ce thème dans l'introduction de *Poétique et création littéraire en Grèce ancienne. La découverte d'un « nouveau monde »,* Presses univ. de Franche-Comté, 2009, en part. p. 30-33.

LE ROMAN
DE
LEUCIPPÉ ET CLITOPHON

ΛΟΓΟΣ ΠΡΩΤΟΣ

I. 1 Σιδὼν ἐπὶ θαλάττῃ πόλις· Ἀσσυρίων ἡ θάλασσα· μήτηρ Φοινίκων ἡ πόλις· Θηβαίων ὁ δῆμος πατήρ. Δίδυμος λιμὴν ἐν κόλπῳ πλατύς, ἠρέμα κλείων τὸ πέλαγος· ᾗ γὰρ ὁ κόλπος κατὰ πλευρὰν ἐπὶ δεξιὰ κοιλαίνεται, στόμα δεύτερον ὀρώρυκται, καὶ τὸ ὕδωρ αὖθις εἰσρεῖ, καὶ γίνεται τοῦ λιμένος ἄλλος λιμήν, ὡς χειμάζειν μὲν ταύτῃ τὰς ὁλκάδας ἐν γαλήνῃ, θερίζειν δὲ τοῦ λιμένος εἰς τὸ προκόλπιον. 2 Ἐνταῦθα ἥκων ἐκ πολλοῦ χειμῶνος σῶστρα ἔθυον ἐμαυτοῦ τῇ τῶν Φοινίκων· καλοῦσιν αὐτὴν Ἀστάρτην οἱ Σιδώνιοι. Περιϊὼν οὖν καὶ τὴν ἄλλην πόλιν καὶ περισκοπῶν τὰ ἀναθήματα, ὁρῶ γραφὴν ἀνακειμένην γῆς ἅμα καὶ θαλάσσης. Εὐρώπης ἡ γραφή· Φοινίκων ἡ θάλασσα· Σιδῶνος ἡ γῆ. 3 Ἐν τῇ γῇ λειμὼν καὶ χορὸς παρθένων. Ἐν τῇ θαλάττῃ ταῦρος ἐπενήχετο, καὶ τοῖς νώτοις καλὴ παρθέ-

1. C'est-à-dire la Mer des Syriens : l'expression, que Vilborg voulait corriger, est un archaïsme.

2. La célèbre légende de Cadmos, venu de Tyr abattre le dragon et fonder Thèbes, est illustrée en particulier par les *Phéniciennes* d'Euripide. Sur l'usage inverse, par les Phéniciens, d'une légende qui les rapproche des Grecs (au même titre que celle d'Europe), voir F. Briquel-Chatonnet, 1992.

3. Sur ces réalités topographiques, et la ressemblance de cet *incipit* par exemple avec les *Amours* de Lucien, voir M. Laplace, 2007, p. 67-76.

LIVRE I

I. **1** Sidon est une ville située sur la mer ; la mer est celle des Assyriens[1] ; la ville est la métropole de la Phénicie, son peuple le père de celui de Thèbes[2]. Un double port s'ouvre largement sur le golfe, tout en formant une légère barre contre la mer ; à l'endroit où le golfe se creuse sur le côté, à droite, se trouve percée une seconde entrée. L'eau y reflue et le port donne naissance à un second port, propre à accueillir les vaisseaux de transport l'hiver au calme, tandis qu'ils passent l'été dans l'avant-port[3]. **2** À mon arrivée en ces lieux, à la suite d'une forte tempête, j'offris, pour m'avoir sauvé, des sacrifices d'actions de grâces à la divinité des Phéniciens que les Sidoniens nomment Astarté[4]. Visitant le reste de la ville et regardant les offrandes, je vois un tableau consacré figurant à la fois la terre et la mer[5]: c'était la représentation d'Europe ; la mer était celle des Phéniciens, la terre celle de Sidon. **3** Sur la terre se trouvait une prairie[6] ainsi qu'un chœur de jeunes filles. Dans la mer nageait un taureau et sur son dos était assise une belle

4. Cette déesse est le plus souvent assimilée à Aphrodite, mais aussi à la Lune, comme le fait Lucien, *D. syr.*, 4, où il signale que les Sidoniens y voient pour leur part la figure d'Europe.

5. Sur cette rencontre de la terre et de la mer et sa récurrence dans le texte, voir J.-Ph. Guez (2005) et l'Introduction, *supra*, p. XLIII.

6. Sur le λείμων, lieu d'enlèvement et d'*hieros gamos*, voir A. Motte, *Prairies et jardins de la Grèce antique : de la religion à la philosophie*, Bruxelles, 1973.

νος ἐπεκάθητο, ἐπὶ Κρήτην τῷ ταύρῳ πλέουσα. Ἐκόμα πολλοῖς ἄνθεσιν ὁ λειμών· δένδρων αὐτοῖς ἀνεμέμικτο φάλαγξ καὶ φυτῶν· συνεχῆ τὰ δένδρα· συνηρεφῆ τὰ πέταλα· συνῆπτον οἱ πτόρθοι τὰ φύλλα, καὶ ἐγίνετο τοῖς ἄνθεσιν ὄροφος ἡ τῶν φύλλων συμπλοκή. 4 Ἔγραψεν ὁ τεχνίτης ὑπὸ τὰ πέταλα καὶ τὴν σκιάν, καὶ ὁ ἥλιος ἠρέμα τοῦ λειμῶνος κάτω σποράδην διέρρει, ὅσον τὸ συνηρεφὲς τῆς τῶν φύλλων κόμης ἀνέῳξεν ὁ γραφεύς. 5 Ὅλον ἐτείχιζε τὸν λειμῶνα περιβολή· εἴσω δὲ τοῦ τῶν ὀρόφων στεφανώματος ὁ λειμὼν ἐκάθητο. Αἱ δὲ πρασιαὶ τῶν ἀνθέων ὑπὸ τὰ πέταλα τῶν φυτῶν στοιχηδὸν ἐπεφύκεσαν, νάρκισσος καὶ ῥόδα καὶ μυρρίναι. Ὕδωρ κατὰ μέσον ἔρρει τοῦ λειμῶνος τῆς γραφῆς, τὸ μὲν ἀναβλύζον κάτωθεν ἀπὸ τῆς γῆς, τὸ δὲ τοῖς ἄνθεσι καὶ τοῖς φυτοῖς περιχεόμενον. 6 Ὀχετηγός τις ἐγέγραπτο δίκελλαν κατέχων καὶ περὶ μίαν ἀμάραν κεκυφὼς καὶ ἀνοίγων τὴν ὁδὸν τῷ ῥεύματι. Ἐν δὲ τῷ τοῦ λειμῶνος τέλει πρὸς ταῖς ἐπὶ θάλατταν τῆς γῆς ἐκβολαῖς τὰς παρθένους ἔταξεν ὁ τεχνίτης. 7 Τὸ σχῆμα ταῖς παρθένοις καὶ χαρᾶς καὶ φόβου. Στέφανοι περὶ τοῖς μετώποις δεδεμένοι· κόμαι κατὰ τῶν ὤμων λελυμέναι· τὸ σκέλος ἅπαν γεγυμνωμέναι, τὸ μὲν ἄνω τοῦ χιτῶνος, τὸ δὲ κάτω τοῦ πεδίλου· τὸ γὰρ ζῶσμα μέχρι γόνατος ἀνεῖλκε τὸν χιτῶνα. Τὸ πρόσωπον ὠχραί· σεσηρυῖαι τὰς παρειάς· τοὺς ὀφθαλμοὺς ἀνοίξασαι πρὸς τὴν θάλατταν· μικρὸν ὑποκε-

7. La légende plaçait leur union près d'une source de Gortyne.

8. Ce détail, qui n'est pas courant pour un *leimôn*, participe du mélange de nature et d'art qui prévaut dans cette description d'une œuvre d'art représentant une nature elle-même travaillée, et se retrouve dans le jardin où Clitophon fait sa cour à Leucippé (*infra*, I, 15).

9. Ce mot, rare, peut évoquer une comparaison homérique (*Iliade*, XXI, 257-259) : nouvel élément surdéterminé littérairement, qui introduit un travail d'irrigation dans une prairie censée être naturelle et le fait en des termes homériques.

jeune fille qui, avec le taureau, naviguait en direction de la Crète[7]. La prairie avait une parure de multiples fleurs ; y étaient mêlées des rangées d'arbres et d'arbustes. Les arbres étaient serrés, les feuillages très denses ; les jeunes branches unissaient leurs feuilles et l'entrelacs des feuilles formait un toit pour les fleurs. **4** L'artiste avait même peint l'ombre sous les feuilles et le soleil, doucement, se glissait çà et là jusqu'à la prairie, en bas, aux endroits où le peintre avait ajouré la dense chevelure des feuilles. **5** Une clôture entourait la prairie tout entière[8] ; c'est à l'intérieur de la couronne formée par le toit des feuilles que se trouvait la prairie. Les parterres de fleurs avaient été plantés en rangées, sous le feuillage des arbustes ; c'étaient des narcisses, des roses, des myrtes. De l'eau traversait la prairie du tableau, jaillissant ici de dessous la terre, arrosant là les fleurs et les arbustes. **6** Était peint un homme en train de dériver l'eau[9], un hoyau à la main, et qui, courbé sur un chenal, livrait passage au courant. À l'extrémité de la prairie, sur les langues de terre qui s'avançaient vers la mer, l'artiste avait disposé[10] les jeunes filles. **7** L'attitude des jeunes filles était faite de joie et de crainte[11]. Des couronnes étaient nouées autour de leur front, leur chevelures dénouées sur leurs épaules, leur jambe toute nue, le haut sans tunique, le bas sans sandale, la ceinture relevant la tunique jusqu'au genou. Elles avaient le visage blême, les traits contractés, les yeux grands ouverts en direction de la mer, la bouche entr'ouverte comme si la peur allait leur faire

10. Pour ce rappel récurrent du travail de l'artiste tout au long de la description, comparer les mentions d'Héphaïstos dans l'*ekphrasis* du bouclier d'Achille (*Iliade*, XVIII, 478-480, 483, 490, 541, 550, 561, 573, 587, 590 et 607).

11. Sur le mélange des sentiments, caractéristique du roman, voir M. Fusillo, 1990 : on ne trouve rien de tel dans la description de Moschos.

χηνυῖαι τὸ στόμα, ὥσπερ ἀφήσειν ὑπὸ φόβου μέλλουσαι καὶ βοήν· τὰς χεῖρας ὡς ἐπὶ τὸν βοῦν ὤρεγον. 8 Ἐπέβαινον ἄκρας τῆς θαλάττης, ὅσον ὑπεράνω μικρὸν τῶν ταρσῶν ὑπερέχειν τὸ κῦμα· ἐῴκεσαν δὲ βούλεσθαι μὲν ὡς ἐπὶ τὸν ταῦρον δραμεῖν, φοβεῖσθαι δὲ τῇ θαλάττῃ προσελθεῖν. Τῆς δὲ θαλάττης ἡ χροιὰ διπλῆ· τὸ μὲν γὰρ πρὸς τὴν γῆν ὑπέρυθρον· κυάνεον δὲ τὸ πρὸς τὸ πέλαγος. 9 Ἀφρὸς ἐπεποίητο καὶ πέτραι καὶ κύματα· αἱ πέτραι τῆς γῆς ὑπερβεβλημέναι, ὁ ἀφρὸς περιλευκαίνων τὰς πέτρας, τὸ κῦμα κορυφούμενον καὶ περὶ τὰς πέτρας λυόμενον εἰς τοὺς ἀφρούς. Ταῦρος ἐν μέσῃ τῇ θαλάττῃ ἐγέγραπτο τοῖς κύμασιν ἐποχούμενος, ὡς ὄρους ἀναβαίνοντος τοῦ κύματος, ἔνθα καμπτόμενον τοῦ βοὸς κυρτοῦται τὸ σκέλος. 10 Ἡ παρθένος μέσοις ἐπεκάθητο τοῖς νώτοις τοῦ βοός, οὐ περιβάδην, ἀλλὰ κατὰ πλευράν, ἐπὶ δεξιὰ συμβᾶσα τὼ πόδε, τῇ λαιᾷ τοῦ κέρως ἐχομένη, ὥσπερ ἡνίοχος χαλινοῦ· καὶ γὰρ ὁ βοῦς ἐπέστραπτο ταύτῃ μᾶλλον πρὸς τὸ τῆς χειρὸς ἕλκον ἡνιοχούμενος. Χιτὼν ἀμφὶ τὰ στέρνα τῆς παρθένου μέχρις εἰς αἰδῶ· τοὐντεῦθεν ἐπεκάλυπτε χλαῖνα τὰ κάτω τοῦ σώματος· λευκὸς ὁ χιτών· ἡ χλαῖνα πορφυρᾶ· τὸ δὲ σῶμα διὰ τῆς ἐσθῆτος ὑπεφαίνετο. 11 Βαθὺς ὀμφαλός· γαστὴρ τεταμένη· λαπάρα στενή· τὸ στενὸν εἰς ἰξὺν καταβαῖνον ηὐρύνετο. Μαζοὶ τῶν στέρνων ἠρέμα προκύπτοντες· ἡ συνάγουσα ζώνη τὸν χιτῶνα καὶ τοὺς μαζοὺς ἔκλειε, καὶ ἐγίνετο τοῦ σώματος κάτοπτρον ὁ χιτών. 12 Αἱ χεῖρες ἄμφω διετέταντο, ἡ μὲν ἐπὶ κέρας,

12. Le détail de l'écume veut-il évoquer Aphrodite (« née de l'écume ») ? Pour l'ensemble de la description, comparer la version poétique et narrative de Moschos en fin de volume, p. 401-403.

13. La comparaison de l'ἡνίοχος, reprise de la phrase précédente, devient ici métaphore avec le participe ἡνιοχούμενος, « dirigé par un cocher ». Dans cette scène d'enlèvement, la victime se fait cocher, consentant à la course, et même la dirigeant et exerçant une « traction »

pousser un cri, et elles tendaient les bras vers le taureau. **8** Elles avançaient jusqu'au bout de la mer, juste assez pour que le flot couvre le dessus de leurs pieds ; elles semblaient vouloir courir vers le taureau, mais craindre de s'avancer dans la mer. La couleur de la mer était double : rougeâtre près de la terre, bleu sombre du côté de la haute mer. **9** Étaient aussi représentés de l'écume, des rochers et des vagues ; les rochers saillaient au-dessus de la terre, l'écume cerclait de blanc les rochers, la vague se soulevait et se brisait en gouttes d'écume contre les rochers[12]. Le taureau était peint au milieu de la mer, porté par les flots, la vague se dressant comme une montagne, à l'endroit où se recourbait la patte fléchie de l'animal. **10** La jeune fille était assise au milieu du dos du taureau non pas à califourchon, mais en amazone ; les deux pieds ensemble à droite, elle tenait la corne de la main gauche, comme un cocher tient la bride : de fait, le taureau était tourné de ce côté, où la traction du cocher s'exerçait davantage[13]. La tunique qui couvrait la poitrine de la jeune fille descendait jusqu'au sexe ; à partir de là une robe cachait le bas de son corps : blanche était la tunique, pourpre la robe et le corps transparaissait à travers le vêtement[14]. **11** Elle avait le nombril profond, le ventre tendu, le flanc étroit ; sa taille fine s'élargissait en descendant vers les hanches, les seins pointaient légèrement de sa poitrine, la ceinture qui serrait sa tunique enfermait aussi ses seins et la tunique devenait le miroir de son corps. **12** Ses mains étaient toutes les deux

(τὸ ἕλκον) de la main semblable à la « traction » d'Éros (*infra* § 13, εἷλκε) : elle peut ainsi préfigurer le consentement de Leucippé à la fin du livre II. Cette traction de l'amour et du plaisir peut aussi rappeler le cheval noir du *Phèdre* et l'attachement à la terre du *Phédon*.

14. Mention du sexe, transparence, et, un peu plus loin, suggestion des formes avec un vêtement qui se fait miroir du corps : les harmoniques érotiques du roman se font entendre dès l'ouverture.

ἡ δὲ ἐπ' οὐράν· ἤρτητο δὲ ἀμφοῖν ἑκατέρωθεν ὑπὲρ τὴν κεφαλὴν ἡ καλύπτρα κύκλῳ τῶν νώτων ἐμπεπετασμένη· ὁ δὲ κόλπος τοῦ πέπλου πάντοθεν ἐτέτατο κυρτούμενος· καὶ ἦν οὗτος ἄνεμος τοῦ ζωγράφου. Ἡ δὲ δίκην ἐπεκάθητο τῷ ταύρῳ πλεούσης νηός, ὥσπερ ἱστίῳ τῷ πέπλῳ χρωμένη. 13 Περὶ δὲ τὸν βοῦν ὠρχοῦντο δελφῖνες, ἔπαιζον Ἔρωτες· εἶπες ἂν αὐτῶν ἐγγεγράφθαι καὶ τὰ κινήματα. Ἔρως εἷλκε τὸν βοῦν· Ἔρως, μικρὸν παιδίον, ἡπλώκει τὸ πτερόν, ἤρτητο φαρέτραν, ἐκράτει τὸ πῦρ· μετέστραπτο δὲ ὡς ἐπὶ τὸν Δία καὶ ὑπεμειδία, ὥσπερ αὐτοῦ καταγελῶν, ὅτι δι' αὐτὸν γέγονε βοῦς.

II. 1 Ἐγὼ δὲ καὶ τὰ ἄλλα μὲν ἐπῄνουν τῆς γραφῆς, ἅτε δὲ ὢν ἐρωτικὸς περιεργότερον ἔβλεπον τὸν ἄγοντα τὸν βοῦν Ἔρωτα· καί, « Οἷον, εἶπον, ἄρχει βρέφος οὐρανοῦ καὶ γῆς καὶ θαλάττης. » Ταῦτά μου λέγοντος νεανίσκος καὶ αὐτὸς παρεστώς, « Ἐγὼ ταῦτα ἂν εἰδείην, ἔφη, τοσαύτας ὕβρεις ἐξ ἔρωτος παθών. » 2 « Καὶ τί πέπονθας, εἶπον, ὦ ἀγαθέ; καὶ γὰρ ὁρῶ σου τὴν ὄψιν οὐ μακρὰν τῆς τοῦ θεοῦ τελετῆς. » « Σμῆνος ἀνεγείρεις, εἶπε, λόγων· τὰ γὰρ ἐμὰ μύθοις ἔοικε. » « Μὴ κατοκνήσῃς, ὦ βέλτιστε, ἔφην, πρὸς τοῦ Διὸς καὶ τοῦ Ἔρωτος αὐτοῦ, ταύτῃ μᾶλλον ἥσειν, εἰ καὶ μύθοις

15. Sur ce type de tableau, voir, par exemple, la grande mise en scène de Cléopâtre, inspirée des représentations d'Aphrodite, lors de sa première rencontre avec Antoine (Plutarque, *Ant.*, 26, 1-3).

tendues, l'une vers la corne, l'autre vers la croupe, et avec l'une et l'autre elle retenait le voile suspendu au-dessus de sa tête, déployé en cercle autour de ses épaules ; le repli de son *peplos* était tendu, s'arrondissant de toutes parts – cet effet, c'était le vent du peintre. Et elle, était assise sur le taureau comme sur un vaisseau qui vogue, se servant comme d'une voile de son *peplos*. **13** Autour du taureau dansaient des dauphins, jouaient des Amours[15] ; on aurait dit qu'étaient peints jusqu'à leurs mouvements. Éros tirait le taureau, Éros, un tout petit enfant, les ailes déployées, un carquois attaché sur le dos, tenant son feu. Il était retourné vers Zeus et souriait doucement, comme par moquerie, parce que c'était à cause de lui qu'il était devenu taureau.

II. **1** Pour moi, j'admirais l'ensemble du tableau ; mais, en homme voué à l'Amour, je regardais avec plus d'attention Éros qui menait le taureau et m'exclamai : « Quel pouvoir exerce un bambin sur le ciel, la terre et la mer ! » À mes paroles, un jeune homme qui, lui aussi, se tenait là, à mes côtés, dit : « Je suis bien placé pour le savoir, moi qui ai subi tant d'outrages de l'amour[16]. – **2** Qu'as-tu donc subi, l'ami ? répondis-je, car je vois à ta mine que tu n'es pas loin de l'initiation du dieu. – Tu réveilles, répliqua-t-il, un essaim d'histoires, car mes aventures ressemblent à des contes[17]. – N'hésite donc pas, mon cher, dis-je, au nom de Zeus et d'Éros lui-même, à me donner ainsi un plus grand plaisir, si vraiment elles ressemblent à

16. Ou « d'Éros » (choix de T. Whitmarsh, par exemple) : trancher entre le sentiment et le Dieu est toujours particulièrement délicat pour les éditeurs et traducteurs modernes.

17. Sur ce passage, voir *supra* l'Introduction, p. XXIX.

ἔοικε. » 3 Καὶ ταῦτα δὴ λέγων δεξιοῦμαί τε αὐτὸν καὶ ἐπί τινος ἄλσους ἄγω γείτονος, ἔνθα πλάτανοι μὲν ἐπεφύκεσαν πολλαὶ καὶ πυκναί, παρέρρει δὲ ὕδωρ ψυχρόν τε καὶ διαυγές, οἷον ἀπὸ χιόνος ἄρτι λυθείσης ἔρχεται. Καθίσας οὖν αὐτὸν ἐπί τινος θώκου χαμαιζήλου καὶ αὐτὸς παρακαθισάμενος, « Ὥρα σοι, ἔφην, τῆς τῶν λόγων ἀκροάσεως· πάντως δὲ ὁ τοιοῦτος τόπος ἡδὺς καὶ μύθων ἄξιος ἐρωτικῶν. »

III. 1 Ὁ δὲ ἄρχεται λέγειν ὧδε· Ἐμοὶ Φοινίκη γένος, Τύρος ἡ πατρίς, ὄνομα Κλειτοφῶν, πατὴρ Ἱππίας, ἀδελφὸς πατρὸς Σώστρατος, οὐ πάντα δὲ ἀδελφός, ἀλλ' ὅσον ἀμφοῖν εἷς πατήρ· αἱ γὰρ μητέρες, τῷ μὲν ἦν Βυζαντία, τῷ δὲ ἐμῷ πατρὶ Τυρία. Ὁ μὲν οὖν τὸν πάντα χρόνον εἶχεν ἐν Βυζαντίῳ· πολὺς γὰρ ὁ τῆς μητρὸς κλῆρος ἦν αὐτῷ· ὁ δὲ ἐμὸς πατὴρ ἐν Τύρῳ κατῴκει. 2 Τὴν δὲ μητέρα οὐκ οἶδα τὴν ἐμήν· ἐπὶ νηπίῳ γάρ μοι τέθνηκεν. Ἐδέησεν οὖν τῷ πατρὶ γυναικὸς ἑτέρας, ἐξ ἧς ἀδελφή μοι Καλλιγόνη γίνεται. Καὶ ἐδόκει μὲν τῷ πατρὶ συνάψαι μᾶλλον ἡμᾶς γάμῳ· αἱ δὲ Μοῖραι τῶν ἀνθρώπων κρείττονες ἄλλην ἐτήρουν μοι γυναῖκα. Φιλεῖ δὲ τὸ δαιμόνιον πολλάκις ἀνθρώποις τὸ μέλλον νύκτωρ λαλεῖν, οὐχ ἵνα φυλάξωνται μὴ παθεῖν —οὐ γὰρ εἱμαρμένης δύνανται κρατεῖν— ἀλλ' ἵνα κουφότερον πάσχοντες φέρωσι. 3 Τὸ μὲν γὰρ ἐξαίφνης ἀθρόον καὶ ἀπροσδόκητον ἐκπλήσσει τὴν ψυχὴν ἄφνω προσπεσὸν καὶ

18. Pour ce décor du *Phèdre* (229 a), devenu un *topos* chez les auteurs de l'Empire, voir l'étude de M. Trapp, *in* D. A. Russell, *Antonine Literature*, Clarendon Press, 1990, p. 141-173.

19. ἀκρόασις est aussi le mot que l'on emploie pour les conférences des rhéteurs et sophistes (voir *infra* I, 19, 1).

20. Sur la (possible) tonalité phénicienne du récit, voir H. Morales 2002 et l'Introduction, *supra*, p. XIII *sqq*.

des contes ! » **3** Et, tout en disant cela, je le prends par la main et le conduis dans un petit bois voisin où poussaient de nombreux platanes, serrés les uns contre les autres, et où coulait une eau fraîche et limpide comme celle qui provient d'une neige récemment fondue[18]. Après l'avoir fait asseoir sur une banquette et m'être moi-même assis auprès de lui, je dis : « Le moment est venu pour toi de faire entendre[19] ton histoire ; un tel lieu est en tous points charmant et digne de contes amoureux. »

III. **1** Et lui de commencer à parler en ces termes : Je suis Phénicien[20], Tyr est ma patrie, je me nomme Clitophon, mon père, Hippias et le frère de mon père, Sostratos – frère non pas totalement, mais juste par le père : sa mère à lui était de Byzance, tandis que celle de mon père était de Tyr. Le premier vivait à Byzance, car il avait fait un héritage considérable de sa mère ; mon père, lui, habitait à Tyr. **2** Je n'ai pas connu ma mère car j'étais tout petit à sa mort. Il fallut à mon père une seconde femme, de qui est née ma sœur Calligoné. Et mon père décida de nous unir davantage en nous mariant[21], mais les Moires, plus puissantes que les hommes, me réservaient une autre femme. La divinité se plaît souvent à dire, la nuit, l'avenir aux humains, non pour qu'ils se gardent de la douleur – car ils ne peuvent vaincre le destin[22] –, mais pour qu'ils supportent leurs douleurs d'un cœur plus léger ; **3** en effet le malheur inattendu qui tombe brusquement, d'un coup, sur l'âme la terrifie par cet assaut brutal et la submerge, tandis que celui auquel on

21. Le mariage entre frère et sœur d'un même père était autorisé.

22. La remarque a une coloration stoïcienne, mais ce genre de vues était passé dans la vision courante et on aurait tort d'en tirer de grandes considérations philosophiques.

κατεβάπτισε, τὸ δὲ πρὸ τοῦ παθεῖν προσδοκώμενον προκατηνάλωσε κατὰ μικρὸν μελετώμενον τοῦ πάθους τὴν ἀκμήν. Ἐπεὶ γὰρ εἶχον ἔνατον ἔτος ἐπὶ τοῖς δέκα καὶ παρεσκεύαζεν ὁ πατὴρ εἰς νέωτα ποιήσων τοὺς γάμους, ἤρχετο τοῦ δράματος ἡ Τύχη. 4 Ὄναρ ἐδόκουν συμφῦναι τῇ παρθένῳ τὰ κάτω μέρη μέχρις ὀμφαλοῦ, δύο δὲ ἐντεῦθεν τὰ ἄνω σώματα. Ἐφίσταται δή μοι γυνὴ φοβερὰ καὶ μεγάλη, τὸ πρόσωπον ἀγρία· ὀφθαλμὸς ἐν αἵματι, βλοσυραὶ παρειαί, ὄφεις αἱ κόμαι. Ἅρπην ἐκράτει τῇ δεξιᾷ, δᾷδα τῇ λαιᾷ. Ἐπιπεσοῦσα οὖν μοι θυμῷ καὶ ἀνατείνασα τὴν ἅρπην καταφέρει τῆς ἰξύος, ἔνθα τῶν δύο σωμάτων ἦσαν αἱ συμβολαί, καὶ ἀποκόπτει μου τὴν παρθένον. 5 Περιδεὴς οὖν ἀναθορὼν ἐκ τοῦ δείματος φράζω μὲν πρὸς οὐδένα, κατ' ἐμαυτὸν δὲ πονηρὰ ἐσκεπτόμην. Ἐν δὲ τούτῳ συμβαίνει τοιάδε. Ἦν ἀδελφός, ὡς ἔφην, τοῦ πατρὸς Σώστρατος. Παρὰ τούτου τις ἔρχεται κομίζων ἐπιστολὴν ἀπὸ Βυζαντίου, καὶ ἦν τὰ γεγραμμένα τοιάδε·

6 « Ἱππίᾳ τῷ ἀδελφῷ χαίρειν Σώστρατος.

Ἥκουσι πρὸς σὲ θυγάτηρ ἐμὴ Λευκίππη καὶ Πάνθεια γυνή· πόλεμος γὰρ περιελαύνει Βυζαντίους Θρᾳκικός· σῶζε δέ μοι τὰ φίλτατα τοῦ γένους μέχρι τῆς τοῦ πολέμου τύχης. »

IV. 1 Ταῦτα ὁ πατὴρ ἀναγνοὺς ἀναπηδᾷ καὶ ἐπὶ τὴν θάλατταν ἐκτρέχει καὶ μικρὸν ὕστερον αὖθις ἐπανῆκεν. Εἵπετο δὲ αὐτῷ κατόπιν πολὺ πλῆθος οἰκετῶν καὶ θεραπαινίδων, ἃς συνεκπέμψας ὁ Σώστρατος ἔτυχε ταῖς

23. μελετᾶν désigne plus proprement les exercices que l'on fait : ce mot continue la « teinture » philosophique que l'auteur a choisi de donner à ces banalités.

s'attend avant d'en souffrir, émousse, par une accoutumance progressive[23], la pointe de la douleur. Comme j'allais sur mes dix-neuf ans et que mon père se préparait à célébrer nos noces pour l'année suivante, c'est la Fortune qui prit l'initiative de l'action. **4** Il me sembla en songe que jusqu'au nombril, les parties du bas de mon corps étaient unies à celles de Calligoné, mais que, à partir de là, vers le haut, il y avait deux corps. M'apparaît alors une femme terrifiante et de haute stature au visage farouche, l'œil injecté de sang, les joues effrayantes, des serpents pour cheveux. Elle tenait un cimeterre dans la main droite, une torche dans la main gauche. Après s'être jetée sur moi avec fureur et avoir levé son cimeterre, elle l'enfonce au niveau de la hanche, là où étaient joints nos deux corps et, en tranchant, détache de moi la jeune fille[24]. **5** Rempli de crainte, je bondis de terreur et, sans en parler à personne, je remuais à part moi de funestes pensées. Sur ce, voici ce qui survint ; le frère de mon père était, comme je l'ai dit, Sostratos ; de sa part arrive de Byzance un messager porteur d'une lettre dont les termes étaient les suivants :

6 « À Hippias son frère, Sostratos, salut !

Ma fille Leucippé et Panthéia, ma femme, viennent chez toi, car une guerre déclenchée par les Thraces cerne Byzance; préserve, je t'en prie, les êtres les plus chers de ma famille jusqu'au sort de la guerre. »

IV. **1** Ayant lu ces lignes, mon père ne fit qu'un bond, s'élança vers la mer puis, peu après, revint ; il était suivi d'une multitude de serviteurs et de servantes, que Sostratos

24. Annonce sanglante de la séparation qui peut s'inspirer de l'androgyne de Platon (*Banquet* 189 d *sqq.*), mais qui préfigure aussi les *Scheintode* de Leucippé.

γυναιξίν. Ἐν μέσοις δὲ ἦν γυνὴ μεγάλη καὶ πλουσία τῇ στολῇ. 2 Ὡς δὲ ἐνέτεινα τοὺς ὀφθαλμοὺς κατ' αὐτήν, ἐν ἀριστερᾷ παρθένος ἐκφαίνεταί μοι καὶ καταστράπτει μου τοὺς ὀφθαλμοὺς τῷ προσώπῳ. 3 Τοιαύτην εἶδον ἐγώ ποτε ἐπὶ ταύρῳ γεγραμμένην Σελήνην· ὄμμα γοργὸν ἐν ἡδονῇ· κόμη ξανθή, τὸ ξανθὸν οὖλον· ὀφρὺς μέλαινα, τὸ μέλαν ἄκρατον· λευκὴ παρειά, τὸ λευκὸν εἰς μέσον ἐφοινίσσετο καὶ ἐμιμεῖτο πορφύραν, οἵαν εἰς τὸν ἐλέφαντα Λυδίη βάπτει γυνή· τὸ στόμα ῥόδων ἄνθος ἦν, ὅταν ἄρχηται τὸ ῥόδον ἀνοίγειν τῶν φύλλων τὰ χείλη. 4 Ὡς δὲ εἶδον, εὐθὺς ἀπωλώλειν· κάλλος γὰρ ὀξύτερον τιτρώσκει βέλους καὶ διὰ τῶν ὀφθαλμῶν εἰς τὴν ψυχὴν καταρρεῖ· ὀφθαλμὸς γὰρ ὁδὸς ἐρωτικῷ τραύματι. 5 Πάντα δέ με εἶχεν ὁμοῦ, ἔπαινος, ἔκπληξις, τρόμος, αἰδώς, ἀναίδεια. Ἐπῄνουν τὸ μέγεθος, ἐκπεπλήγμην τὸ κάλλος, ἔτρεμον τὴν καρδίαν, ἔβλεπον ἀναιδῶς, ᾐδούμην ἁλῶναι. Τοὺς δὲ ὀφθαλμοὺς ἀφέλκειν μὲν ἀπὸ τῆς κόρης ἐβιαζόμην· οἱ δὲ οὐκ ἤθελον, ἀλλ' ἀνθεῖλκον ἑαυτοὺς ἐκεῖ τῷ τοῦ κάλλους ἑλκόμενοι πείσματι, καὶ τέλος ἐνίκησαν.

25. L'insistance sur lumière et éclat, qui rappelle les épiphanies divines – Clitophon a un caractère enthousiaste qui le prédispose à l'hyperbole ! –, peut aussi préparer la comparaison avec Séléné.

26. Nombreuses discussions soit pour défendre la leçon « Séléné », soit pour adopter la leçon « Europé » – l'une et l'autre pouvant renvoyer à Astarté, *supra*, n. 4 : voir, en dernier lieu, H. Morales, 2002, p. 37 *sqq.* (avec l'hypothèse d'une « lecture bivalente » et la suggestion d'une possible valeur programmatique, annonçant toutes les erreurs / errances de l'apparence).

27. Souvenir de l'*Iliade*, IV, 141-142 – de nouveau se conjuguent référence à l'art et réminiscence homérique.

28. Achille Tatius reprend dans un style plus moderne l'expression traditionnelle du saisissement de l'amour, qu'on trouve dès l'*Iliade*, quand Héra séduit Zeus (XIV, 294) : ὡς δ' ἴδεν, ὥς μιν ἔρως πυκινὰς φρένας ἀμφεκάλυψεν ; voir aussi Sappho fr. 2, 7-8 et la réutilisation à l'époque hellénistique par Moschos (*Europe* 74-75, texte cité en appendice) ; même tournure chez Théocrite, II, 82 et III, 42.

avait envoyés pour accompagner les femmes. Au milieu se trouvait une grande femme richement vêtue. **2** Et comme j'avais tendu mes regards vers elle, m'apparaît à sa gauche une jeune fille dont le visage éblouit mes yeux[25]. **3** Telle j'avais vu un jour en peinture Séléné sur un taureau[26], avec un regard où brillait le plaisir, une chevelure blonde, d'une blondeur bouclée, un sourcil noir, d'un noir sans mélange, une joue blanche, dont le blanc se teintait de vermeil au centre et imitait la pourpre, comme celle qu'emploie la Lydienne pour teindre l'ivoire[27] ; sa bouche était une rose en fleur, lorsque la rose commence à ouvrir les lèvres de ses pétales. **4** Dès que je la vis, je fus perdu[28], car la beauté blesse plus âprement qu'un trait et, par les yeux, s'écoule au fond de l'âme[29] : c'est l'œil qui est la voie de la blessure amoureuse. **5** Tous les sentiments me tenaient à la fois : admiration, stupeur, crainte, pudeur et impudence. J'admirais sa haute taille, j'étais stupéfait de sa beauté, je craignais en mon cœur, je regardais sans pudeur et la pudeur me reprochait de m'être laissé prendre[30]. Je voulais forcer mes yeux à se détourner de la jeune fille, mais ils s'y refusaient et retournaient[31] là-bas, attirés qu'ils étaient par l'attache[32] de sa beauté : finalement ils furent les vainqueurs.

29. Lieu commun plus ou moins platonisant qu'utilise aussi Lucien (*De domo*, 4).

30. Dans cette liste de sentiments, où l'auteur fait se succéder abstraits et verbes, l'accent est mis sur l'*aidôs*, avec le jeu des abstraits antonymes, puis la reprise en chiasme dans la série verbale, où à l'*anaideia* répond un adverbe portant sur « l'activité » amoureuse qui va dominer tout le livre I, celle du regard.

31. On retrouve le verbe ἕλκειν, qu'il est difficile de garder en français, avec un jeu sur les composés et, pour finir, le simple au participe.

32. On a ici un jeu de mot intraduisible sur deux homonymes, πεῖσμα, l'amarre (de *πενθσμα), et πεῖσμα, la persuasion – apanage d'Aphrodite.

V. 1 Αἱ μὲν δὴ κατήγοντο πρὸς ἡμᾶς, καὶ αὐταῖς ὁ πατὴρ μέρος τι τῆς οἰκίας ἀποτεμόμενος εὐτρεπίζει δεῖπνον. Καὶ ἐπεὶ καιρὸς ἦν, συνεπίνομεν κατὰ δύο τὰς κλίνας διαλαχόντες —οὕτω γὰρ ἔταξεν ὁ πατήρ— αὐτὸς κἀγὼ τὴν μέσην, αἱ μητέρες αἱ δύο τὴν ἐν ἀριστερᾷ· τὴν δεξιὰν εἶχον αἱ παρθένοι. 2 Ἐγὼ δὲ ὡς ταύτην ἤκουσα τὴν εὐταξίαν, μικροῦ προσελθὼν τὸν πατέρα κατεφίλησα, ὅτι μου κατ' ὀφθαλμοὺς ἀνέκλινε τὴν παρθένον. 3 Τί μὲν οὖν ἔφαγον, μὰ τοὺς θεούς, ἔγωγε οὐκ ᾔδειν· ἐῴκειν γὰρ τοῖς ἐν ὀνείροις ἐσθίουσιν. Ἐρείσας δὲ κατὰ τῆς στρωμνῆς τὸν ἀγκῶνα καὶ ἐγκλίνας ἐμαυτὸν ὅλοις ἔβλεπον τὴν κόρην τοῖς προσώποις, κλέπτων ἅμα τὴν θέαν· τοῦτο γάρ μου ἦν τὸ δεῖπνον. 4 Ὡς δὲ ἦμεν ἀπὸ τοῦ δείπνου, παῖς ἔρχεται κιθάραν ἁρμοσάμενος, τοῦ πατρὸς οἰκέτης, καὶ ψιλαῖς τὸ πρῶτον διατινάξας ταῖς χερσὶ τὰς χορδὰς ἔκρουε· καί τι κρουμάτιον ὑπολιγήνας ὑποψιθυρίζουσι τοῖς δακτύλοις, μετὰ τοῦτο ἤδη τῷ πλήκτρῳ τὰς χορδὰς ἔκρουε καὶ ὀλίγον ὅσον κιθαρίσας συνῇδε τοῖς κρούμασι· 5 τὸ δὲ ᾆσμα ἦν Ἀπόλλων μεμφόμενος φεύγουσαν τὴν Δάφνην καὶ διώκων ἅμα καὶ μέλλων καταλαμβάνειν, καὶ γινομένη φυτὸν ἡ κόρη, καὶ Ἀπόλλων τὸ φυτὸν στεφανούμενος. Τοῦτό μου μᾶλλον ᾀσθὲν τὴν ψυχὴν ἐξέκαυσεν· 6 ὑπέκκαυμα γὰρ ἐπιθυμίας λόγος ἐρωτικός. Κἂν εἰς σωφροσύνην τις ἑαυτὸν νουθετῇ, τῷ παραδείγματι πρὸς

33. Il y a peut-être là aussi un jeu malicieux entre l'ordre fixé par le maître de maison (ἔταξεν : sur l'importance sociale de savoir placer les invités au banquet, voir Plutarque, *Propos de table,* I 2, 615 E-F et *Aem.*, 28, 9, qui paraît reprendre Polybe, 30, 14) et le « bel ordre », εὐταξία, qui résonne comme une vertu – alors qu'il s'agit au contraire de dévisager éhontément la belle. L'enthousiasme juvénile de Clitophon, prêt à sauter au cou de son père, est dans le même ton.

V. **1** C'est ainsi qu'elles descendirent chez nous. Mon père, après leur avoir fait attribuer une partie de la maison, fait préparer un repas. Lorsque ce fut l'heure, nous dinâmes ensemble, partageant les lits deux à deux – c'était l'ordre qu'avait fixé mon père : lui et moi occupions celui du milieu, les deux mères celui de gauche, les jeunes filles celui de droite. **2** Et moi, lorsque j'eus connaissance de ce bel ordre[33], je faillis aller embrasser mon père pour avoir fait s'étendre la jeune fille devant mes yeux. **3** Ce que je mangeais, par les dieux, je n'en savais rien pour ma part : je ressemblais à ceux qui mangent en rêve. Accoudé sur mon lit et me penchant, je regardais de tous mes yeux la jeune fille, tout en essayant de dissimuler mon regard : voilà ce qu'était mon dîner. **4** Lorsque nous eûmes fini de dîner, un jeune esclave, un serviteur de mon père, entre, ayant accordé sa cithare. Tout d'abord il pinça les cordes en les tendant de ses mains nues ; et, après avoir joué un petit air, sous le doux murmure de ses doigts, il toucha les cordes du plectre, exécuta un court morceau de cithare, puis chanta en s'accompagnant ; **5** le chant avait pour sujet Apollon adressant des reproches à Daphné, qui fuyait, la poursuivant, étant sur le point de s'en saisir, la jeune fille devenant plante et Apollon se faisant une couronne de la plante[34]. Ce chant embrasa encore davantage son âme, **6** car c'est un brandon[35] du désir qu'une histoire d'amour. Et même si l'on se rappelle à la sagesse, on est incité à

34. Sur cette métamorphose, voir Ovide, *Metam.*, I 452 *sqq*.

35. Le grec joue de la même racine, ὑπέκκαυμα reprenant ἐξέκαυσεν ; il est plus difficile de trouver un verbe et un nom français de la même famille qui s'adaptent à ce contexte.

τὴν μίμησιν ἐρεθίζεται, μάλισθ' ὅταν ἐκ τοῦ κρείττονος ᾖ τὸ παράδειγμα· ἡ γὰρ ὧν ἁμαρτάνει τις αἰδὼς τῷ τοῦ βελτίονος ἀξιώματι παρρησία γίνεται· 7 καὶ ταῦτα πρὸς ἐμαυτὸν ἔλεγον « Ἰδοὺ καὶ Ἀπόλλων ἐρᾷ, κἀκεῖνος παρθένου, καὶ ἐρῶν οὐκ αἰσχύνεται, ἀλλὰ διώκει τὴν παρθένον· σὺ δὲ ὀκνεῖς καὶ αἰδῇ καὶ ἀκαίρως σωφρονεῖς· μὴ κρείττων εἶ τοῦ θεοῦ ; »

VI. 1 Ὡς δὲ ἦν ἑσπέρα, πρότεραι μὲν πρὸς ὕπνον ἐτράπησαν αἱ γυναῖκες, μικρὸν δὲ ὕστερον καὶ ἡμεῖς· οἱ μὲν δὴ ἄλλοι τῇ γαστρὶ μετρήσαντες τὴν ἡδονήν, ἐγὼ δὲ τὴν εὐωχίαν ἐν τοῖς ὀφθαλμοῖς φέρων τῶν τε τῆς κόρης προσώπων γεμισθεὶς καὶ ἀκράτῳ θεάματι καὶ μέχρι κόρου προελθὼν ἀπῆλθον μεθύων ἔρωτι. 2 Ὡς δὲ εἰς τὸ δωμάτιον παρῆλθον, ἔνθα μοι καθεύδειν ἔθος ἦν, οὐδὲ ὕπνου τυχεῖν ἠδυνάμην. Ἔστι μὲν γὰρ φύσει καὶ τὰ ἄλλα νοσήματα καὶ τὰ τοῦ σώματος τραύματα νυκτὶ χαλεπώτερα καὶ ἐπανίσταται μᾶλλον ἡμῖν ἡσυχάζουσι καὶ ἐρεθίζει τὰς ἀλγηδόνας· 3 ὅταν γὰρ ἀναπαύηται τὸ σῶμα, τότε σχολάζει τὸ ἕλκος νοσεῖν· τὰ δὲ τῆς ψυχῆς τραύματα, μὴ κινουμένου τοῦ σώματος, πολὺ μᾶλλον ὀδυνᾷ. Ἐν ἡμέρᾳ μὲν γὰρ ὀφθαλμοὶ καὶ ὦτα πολλῆς γεμιζόμενα περιεργίας ἐπικουφίζει τῆς νόσου τὴν ἀκμήν,

36. ὁ κρείττων, l'être supérieur, est une manière de désigner la divinité : devant cette puissance supérieure, on ne peut évidemment pas résister ni risquer une offense !

37. Ce morceau de parfaite mauvaise foi se termine sur un raisonnement « imparable » : Clitophon ne peut être κρείττων τοῦ θεοῦ, c'est-à-dire τοῦ κρείττονος. Ce type d'excuse remonte jusqu'à la première sophistique : voir les arguments du Discours Injuste dans les *Nuées* (1076-1082) et de la nourrice dans *Hippolyte* (456-461).

38. Réminiscence (de *pepaideumenos*) de Démosthène, *S. couronne*, 296 ?

l'imitation par l'exemple, surtout lorsque l'exemple vient d'un être supérieur ; la pudeur que l'on éprouve à commettre ces fautes devient atteinte au prestige d'un plus grand que soi[36] ; **7** et je me disais : « Vois, même Apollon est amoureux et lui aussi, d'une jeune fille ; il n'a pas honte d'aimer mais poursuit la jeune fille ; et toi, tu hésites, tu as des pudeurs et de la sagesse hors de saison : es-tu par hasard supérieur au dieu [37]? »

VI. **1** Quand ce fut le soir, les femmes s'en allèrent dormir les premières, et, peu après, ce fut notre tour. Alors que les autres s'en allèrent après avoir mesuré leur plaisir à leur ventre[38], moi, ce fut en emportant le festin dans mes yeux, après m'être gorgé du visage de la jeune fille, d'un spectacle sans mélange[39] et, arrivé à satiété, que je partis, ivre d'amour. **2** Lorsque j'entrai dans la chambre où j'avais coutume de dormir, je ne pus pas même trouver le sommeil. En effet, toutes les maladies et les blessures du corps sont, par nature, plus pénibles la nuit : elles se dressent davantage contre nous lorsque nous sommes inactifs et aggravent nos douleurs, **3** car, lorsque le corps repose, c'est alors que la blessure a tout loisir de faire souffrir ; mais les blessures de l'âme[40], quand le corps est immobile, font souffrir bien davantage. Le jour, en effet, les yeux et les oreilles, pris par d'abondantes et diverses occupations, allègent l'acuité de

39. L'adjectif s'applique ordinairement au « vin *pur* », non coupé comme il devrait l'être, et prépare la mention finale de l'ivresse.

40. La bipartition corps / âme et le paroxysme à l'heure du repos peuvent apparaître comme les éléments d'une version vulgarisée et affadie de l'analyse de *République*, IX 571 c-d, où Platon montre le déchaînement des désirs « quand la partie raisonnable, douce et faite pour commander à l'autre est endormie et que la partie bestiale et sauvage, gorgée d'aliments ou de boisson, se démène » (ἀπηλλαγμένον αἰσχύνης καὶ φρονήσεως).

ἀντιπεριάγοντα τὴν ψυχὴν τῆς εἰς τὸ πονεῖν σχολῆς· ἂν δὲ ἡσυχίᾳ τὸ σῶμα πεδηθῇ, καθ' αὑτὴν ἡ ψυχὴ γενομένη τῷ κακῷ κυμαίνεται. 4 Πάντα γὰρ ἐξεγείρεται τότε τὰ τέως κοιμώμενα· τοῖς πενθοῦσιν αἱ λῦπαι, τοῖς μεριμνῶσιν αἱ φροντίδες, τοῖς κινδυνεύουσιν οἱ φόβοι, τοῖς ἐρῶσι τὸ πῦρ. Περὶ δὲ τὴν ἕω μόλις ἐλεήσας μέ τις ὕπνος ἀνέπαυσεν ὀλίγον, 5 ἀλλ' οὐδὲ τότε μου τῆς ψυχῆς ἀπελθεῖν ἤθελεν ἡ κόρη· πάντα δὲ ἦν μοι Λευκίππη τὰ ἐνύπνια· διελεγόμην αὐτῇ, συνέπαιζον, συνεδείπνουν, ἡπτόμην, πλείονα εἶχον ἀγαθὰ τῆς ἡμέρας· καὶ γὰρ κατεφίλησα, καὶ ἦν τὸ φίλημα ἀληθινόν· ὥστ' ἐπειδή με ἤγειρεν ὁ οἰκέτης, ἐλοιδορούμην αὐτῷ τῆς ἀκαιρίας, ἀπολέσας ὄνειρον οὕτω γλυκύν. 6 Ἀναστὰς οὖν ἐβάδιζον ἐξεπίτηδες εἴσω τῆς οἰκίας κατὰ πρόσωπον τῆς κόρης, βιβλίον ἅμα κρατῶν, καὶ ἐγκεκυφὼς ἀνεγίνωσκον· τὸν δὲ ὀφθαλμόν, εἰ κατὰ τὰς θύρας γενοίμην, ὑπείλιττον κάτωθεν, καί τινας ἐμπεριπατήσας διαύλους καὶ ἐποχετευσάμενος ἐκ τῆς θέας ἔρωτα σαφῶς ἀπῄειν ἔχων τὴν ψυχὴν κακῶς. Καὶ ταῦτά μοι τριῶν ἡμερῶν ἐπυρσεύετο.

VII. 1 Ἦν δέ μοι Κλεινίας ἀνεψιός, ὀρφανὸς καὶ νέος, δύο ἀναβεβηκὼς ἔτη τῆς ἡλικίας τῆς ἐμῆς, ἔρωτι τετελεσμένος· μειρακίου δὲ ὁ ἔρως ἦν. Οὕτω δὲ εἶχε φιλοτιμίας πρὸς αὐτό, ὥστε καὶ ἵππον πριάμενος, ἐπεὶ θεασάμενον τὸ μειράκιον ἐπῄνεσεν, εὐθὺς ἐχαρίσατο φέρων αὐτῷ τὸν ἵππον. 2 Ἔσκωπτον οὖν αὐτὸν ἀεὶ τῆς ἀμεριμνίας, ὅτι σχολάζει φιλεῖν καὶ δοῦλός ἐστιν ἐρωτικῆς ἡδονῆς. Ὁ δέ μοι μειδιῶν καὶ τὴν κεφαλὴν ἐπισείων

la maladie, divertissant l'âme du loisir de souffrir ; mais lorsque le corps est entravé par le repos, l'âme, réduite à elle-même, est agitée par le malheur. **4** Se réveille alors tout ce qui était jusque-là assoupi : pour les personnes en deuil, leurs peines ; pour les anxieux, leurs soucis ; pour les personnes en danger, leurs craintes ; pour les amoureux, leurs flammes. C'est à peine si, vers l'aurore, me prenant en pitié, le sommeil me donna un peu de repos ; **5** mais, même alors, la jeune fille ne consentait pas à quitter mon âme. Tous mes songes étaient Leucippé : je bavardais avec elle, je jouais avec elle, je dînais avec elle, je la touchais, je possédais des joies plus nombreuses que pendant le jour, car je l'embrassai même tendrement et mon baiser était réel, si bien que lorsque mon domestique m'éveilla, je lui reprochai vivement cette intervention intempestive, qui m'avait fait perdre un songe si doux. **6** Après m'être levé, je marchais de long en large, à dessein, à l'intérieur de la maison en présence de la jeune fille, un livre à la main, et, penché sur lui, je lisais, mais, chaque fois que je me trouvais devant sa porte, je levais un œil ; après avoir fait quelques allées et venues et m'être complètement imprégné[41] d'amour à sa vue, je m'en retournai, l'âme mal en point. Et ces feux me brûlèrent trois jours durant.

VII. **1** J'avais comme cousin Clinias, jeune orphelin, de deux ans mon aîné, qui était déjà initié à l'amour et aimait un garçon. Il était si prodigue envers lui qu'ayant acheté un cheval, comme le garçon l'avait admiré en le voyant, il lui fit aussitôt plaisir en lui offrant le cheval. **2** Je le raillais sans cesse pour son insouciance, du fait qu'il passait son temps à aimer et qu'il était esclave d'un amoureux plaisir. Mais lui, souriant et hochant la tête, me disait : « Tu seras toi

41. Le même participe est employé par Platon, *Phèdre*, 251 e.

ἔλεγεν· « Ἔσῃ καὶ σύ μοι ποτὲ δοῦλος. » 3 Ταχὺ πρὸς τοῦτον ἀπιὼν καὶ ἀσπασάμενος καὶ παρακαθισάμενος, « Ἔδωκα, ἔφην, Κλεινία, σοι δίκην τῶν σκωμμάτων· δοῦλος γέγονα κἀγώ. » Ἀνακροτήσας οὖν τὰς χεῖρας ἐξεγέλασε καὶ ἀναστὰς κατεφίλησέ μου τὸ πρόσωπον ἐμφαῖνον ἐρωτικὴν ἀγρυπνίαν· καί, « Ἐρᾷς, εἶπεν, ἐρᾷς ἀληθῶς· οἱ ὀφθαλμοί σου λέγουσιν. » Ἄρτι δὲ λέγοντος αὐτοῦ, Χαρικλῆς εἰστρέχει — τοῦτο γὰρ ἦν ὄνομα τῷ μειρακίῳ — τεθορυβημένος, « Οἴχομαί σοι, λέγων, Κλεινία. » 4 Καὶ συνεστέναξεν ὁ Κλεινίας, ὥσπερ ἐκ τῆς ἐκείνου ψυχῆς κρεμάμενος· καὶ τῇ φωνῇ τρέμων, « Ἀποκτενεῖς, εἶπε, σιωπῶν· τί σε λυπεῖ; Τίνι δεῖ μάχεσθαι; » Καὶ ὁ Χαρικλῆς, « Γάμον, εἶπεν, ὁ πατήρ μοι προξενεῖ, καὶ γάμον ἀμόρφου κόρης, ἵνα διπλῷ συνοικῶ τῷ κακῷ. Πονηρὸν μὲν γὰρ γυνή, κἂν εὔμορφος ᾖ· ἐὰν δὲ καὶ ἀμορφίαν δυστυχῇ, τὸ κακὸν διπλοῦν. 5 Ἀλλὰ πρὸς τὸν πλοῦτον ὁ πατὴρ ἀποβλέπων σπουδάζει τὸ κῆδος. Ἐκδίδομαι ὁ δυστυχὴς τοῖς ἐκείνης χρήμασιν, ἵνα γήμω πωλούμενος. »

VIII. 1 Ὡς οὖν ταῦτα ἤκουσεν ὁ Κλεινίας, ὠχρίασεν. Ἐπιπαρώξυνεν οὖν τὸ μειράκιον ἀποθέσθαι τὸν γάμον, τὸ τῶν γυναικῶν γένος λοιδορῶν. « Γάμον, εἶπεν, ἤδη σοι δίδωσιν ὁ πατήρ; Τί γὰρ ἠδίκησας, ἵνα καὶ δεθῇς;

42. Sur cette image, voir, par ex., Plutarque *Antoine*, 66, 7, *Cat. Maj.*, 9, 8 et *Amat.*, 759 C.

43. À partir du sens fondamental de « soin, souci », κῆδος développe deux sens majeurs, « deuil, honneurs rendus à un mort » et « union, parenté par mariage » (*D.E.L.G.* *sv.* κήδω) ; il semble probable qu'Achille Tatius joue de ce double sens.

aussi, crois-moi, un jour esclave. » **3** Aussitôt, j'accourus vers lui, je l'embrassai et, m'étant assis auprès de lui, je dis : « Je suis, Clinias, puni de mes railleries envers toi ; esclave, je le suis devenu moi aussi. » Il applaudit et éclata de rire, et, s'étant levé, embrassa tendrement mon visage, qui faisait apparaître une amoureuse insomnie : « Tu aimes, dit-il, tu aimes véritablement, tes yeux le disent. » Comme il venait de parler, Chariclès – c'était le nom du garçon –, entre en courant, profondément troublé, disant : « Je suis perdu pour toi, Clinias ». **4** Clinias se mit à gémir avec lui, comme suspendu à son âme[42] ; et, la voix tremblante, il dit : « Tu vas me tuer en te taisant ; qu'est-ce qui t'afflige ? Qui faut-il combattre ? » Et Chariclès répondit : « Un mariage que mon père négocie pour moi, et un mariage avec une fille laide, afin que j'habite avec un double malheur : c'est déjà une méchante chose qu'une femme, même si elle est belle ; mais si elle a, de plus, l'infortune d'être laide, le malheur est double. **5** Mais mon père ne regarde que sa fortune et presse l'alliance[43]. Je suis livré, malheureux que je suis, aux biens de cette fille, de telle sorte que l'on me vend en me mariant. »

VIII. **1** À ces mots, Clinias blêmit. Il incita encore plus le garçon à refuser le mariage, en se répandant en injures contre la gent féminine[44]. « Ton père, dit-il, te donne déjà en mariage[45] ? Quel crime as-tu donc commis

44. Le participe, comme une sorte de « didascalie », attire l'attention sur le genre de la tirade qui va suivre, et qui s'inscrit dans une longue tradition remontant à la création de la première femme chez Hésiode et poursuivie, en particulier, par Sémonide d'Amorgos.

45. La question du caractère prématuré du mariage apparaît aussi dans la première discussion du *Dialogue sur l'Amour* de Plutarque (introduite en 750 A, elle est développée en 753 A et 754 C-E).

2 Οὐκ ἀκούεις τοῦ Διὸς λέγοντος

Τοῖς δ' ἐγὼ ἀντὶ πυρὸς δώσω κακόν, ᾧ κεν ἅπαντες
τέρπωνται κατὰ θυμόν, ἑὸν κακὸν ἀμφαγαπῶντες ;

Αὕτη γυναικῶν ἡδονή, καὶ ἔοικε τῇ τῶν Σειρήνων φύσει· κἀκεῖναι γὰρ ἡδονῇ φονεύουσιν ᾠδῆς. 3 Ἔστι δέ σοι συνιέναι τὸ μέγεθος τοῦ κακοῦ καὶ ἀπ' αὐτῆς τῆς τοῦ γάμου παρασκευῆς· βόμβος αὐλῶν, δικλίδων κτύπος, πυρσῶν δᾳδουχία. Ἐρεῖ τις ἰδὼν τοσοῦτον κυδοιμόν· « Ἀτυχὴς ὁ μέλλων γαμεῖν· ἐπὶ πόλεμον, δοκῶ μοι, πέμπεται. » 4 Ἀλλ' εἰ μὲν ἰδιώτης ἦσθα μουσικῆς, ἠγνόεις ἂν τὰ τῶν γυναικῶν δράματα· νῦν δὲ κἂν ἄλλοις λέγοις, ὅσων ἐνέπλησαν μύθων γυναῖκες τὴν σκηνήν· ⟨ὁ⟩ ὅρμος Ἐριφύλης, Φιλομήλας ἡ τράπεζα, Σθενεβοίας ἡ διαβολή, Ἀερόπης ἡ κλοπή, Πρόκνης ἡ σφαγή. 5 Ἂν τὸ Χρυσηΐδος κάλλος Ἀγαμέμνων ποθῇ, λοιμὸν τοῖς Ἕλλησι ποιεῖ· ἂν τὸ Βρισηΐδος κάλλος Ἀχιλλεὺς ποθῇ, πένθος αὐτῷ προξενεῖ· ἐὰν ἔχῃ γυναῖκα Κανδαύλης καλήν, φονεύει Κανδαύλην ἡ γυνή. 6 Τὸ μὲν

46. Les liens en question évoquent la prison (*cf.* δεσμωτήριον).

47. Hésiode, *Travaux*, 57-58 (au moment de la création de Pandora).

48. L'usage établi par les historiens est désormais de translittérer le nom de cet instrument à vent pourvu d'une anche, alors que la flûte – la traduction traditionnelle – en est dépourvue.

49. Nouveau jeu sur la polysémie du mot δρᾶμα, qui prépare les références théâtrales.

50. On retrouve *mythoi* et la « fable » ici est proche de la *fabula* latine.

51 La trahison de son époux Amphiaraos par Ériphyle, en échange du collier d'Harmonie, avait fait l'objet d'une tragédie perdue de Sophocle.

pour être ainsi jeté dans les fers[46] ? **2** N'as-tu pas entendu ces paroles de Zeus :

Moi, en contrepartie du feu, je leur ferai présent d'un [mal, dont tous

En leur cœur se réjouiront, cajolant leur malheur[47].

Voilà le plaisir que procurent les femmes : il ressemble au caractère des Sirènes, car elles aussi tuent par le plaisir de leur chant. **3** Tu peux saisir l'ampleur du malheur par les préparatifs mêmes du mariage : bourdonnement des *auloi*[48], fracas des portes, torches enflammées. On dira, témoin d'un tel vacarme : – Quel infortuné, le futur marié ! c'est à la guerre, m'est avis, qu'on l'envoie. – **4** Si encore tu étais ignorant des belles-lettres, tu ignorerais les drames causés par les femmes[49] ; mais en fait tu pourrais raconter à d'autres toutes les fables[50] dont les femmes ont rempli la scène : le collier d'Ériphyle[51], le festin de Philomèle[52], la calomnie de Sthénébée[53], le larcin d'Aéropé[54], le meurtre de Procné[55]. **5** Quand c'est la beauté de Chryséis que désire Agamemnon, il provoque une peste chez les Grecs ; quand c'est la beauté de Briséis que désire Achille, il se procure à lui-même un sujet de deuil[56] ; si Candaule possède une belle femme, c'est sa femme qui tue Candaule[57]. **6** Le feu

52. Sur Philomèle et Procné, voir *infra* V, 3, 4-5, 9 : c'était le sujet du *Térée* de Sophocle, mais les femmes sont autant victimes que criminelles en ce cas.

53. « Putiphar » grecque, elle accusa Bellérophon auprès de son mari Proetos : c'était le sujet d'une tragédie d'Euripide.

54. Femme d'Atrée ; elle lui déroba la toison d'or pour la donner à Thyeste : le sujet était traité dans les *Crétoises* d'Euripide.

55. Sur cette liste plus ou moins traditionnelle, voir les textes cités en appendice, p. 403-404.

56. Deux exemples iliadiques fameux : I, 92-102 et XX, 282-300.

57. Hérodote, I, 12 : elle poussa Gygès à qui son époux l'avait montrée nue à tuer celui-ci.

γὰρ Ἑλένης τῶν γάμων πῦρ ἀνῆψε κατὰ τῆς Τροίας ἄλλο πῦρ· ὁ δὲ Πηνελόπης γάμος τῆς σώφρονος πόσους νυμφίους ἀπώλεσεν; Ἀπέκτεινεν Ἱππόλυτον φιλοῦσα Φαίδρα, Κλυταιμνήστρα δὲ Ἀγαμέμνονα μὴ φιλοῦσα.
7 Ὦ πάντα τολμῶσαι γυναῖκες· κἂν φιλῶσι, φονεύουσι· κἂν μὴ φιλῶσι, φονεύουσιν. Ἀγαμέμνονα δὲ ἔδει φονευθῆναι τὸν καλόν, οὗ κάλλος οὐράνιον ἦν,

ὄμματα καὶ κεφαλὴν ἴκελος Διῒ τερπικεραύνῳ·

καὶ ταύτην ἀπέκοψεν, ὦ Ζεῦ, τὴν κεφαλὴν γυνή.
8 Καὶ ταῦτα μὲν ἐπὶ τῶν εὐμόρφων τις ἂν εἴποι γυναικῶν, ἔνθα καὶ μέτριον τὸ ἀτύχημα. Τὸ γὰρ κάλλος ἔχει τὴν παρηγορίαν τῶν κακῶν, καὶ τοῦτό ἐστιν ἐν ἀτυχήμασιν εὐτυχεῖν· εἰ δὲ μηδὲ εὔμορφος, ὡς φῄς, ἡ συμφορὰ διπλῆ. Καὶ πῶς ἄν τις ἀνάσχοιτο, καὶ ταῦτα μειράκιον οὕτω καλόν; 9 Μή, πρὸς θεῶν, Χαρίκλεις, μήπω μοι δοῦλος γένῃ, μηδὲ τὸ ἄνθος πρὸ καιροῦ τῆς ἥβης ἀπολέσῃς· πρὸς γὰρ τοῖς ἄλλοις καὶ τοῦτό ἐστι τοῦ γάμου τὸ ἀτύχημα· μαραίνει τὴν ἀκμήν. Μή, δέομαι, Χαρίκλεις, μήπω μοι μαρανθῇς· μὴ παραδῷς εὔμορφον τρυγῆσαι ῥόδον ἀμόρφῳ γεωργῷ. » 10 Καὶ ὁ Χαρικλῆς, « Ταῦτα μέν, ἔφη, καὶ θεοῖς καὶ ἐμοὶ μελήσει· καὶ γὰρ εἰς τὴν προθεσμίαν τῶν γάμων χρόνος ἐστὶν ἡμερῶν, πολλὰ δ' ἂν γένοιτο καὶ ἐν νυκτὶ μιᾷ· καὶ κατὰ σχολὴν ζητήσομεν. 11 Τὸ δὲ νῦν ἔχον, ἐφ' ἱππασίαν ἄπειμι· ἐξ οὗ γάρ μοι τὸν ἵππον ἐχαρίσω τὸν καλόν, οὔπω σου

58. Mais toute l'*Odyssée* montre avec insistance les crimes des prétendants et légitime leur massacre…
59. *Iliade*, II, 478.

des noces d'Hélène alluma contre Troie un autre feu ; et le mariage de Pénélope la chaste, de combien de soupirants ne causa-t-il pas la perte[58] ? Phèdre tua Hippolyte parce qu'elle l'aimait, Clytemnestre Agamemnon parce qu'elle ne l'aimait pas. **7** Ô femmes qui avez toutes les audaces ! Si elles aiment, elles tuent ; si elles n'aiment pas, elles tuent ; et il fallait qu'il fût tué, le bel Agamemnon, dont la beauté était céleste

Par les yeux et la tête pareil à Zeus Tonnant[59],

et cette tête, ô Zeus, c'est une femme qui la trancha[60]. **8** Et cela, on peut le dire à propos de femmes qui sont belles ; là, l'infortune est tolérable car la beauté console des malheurs, et c'est une bonne fortune dans l'infortune ; mais si la fille n'est même pas belle, comme tu le dis, le malheur est double. Et comment pourrait-on le supporter, de plus s'agissant d'un garçon aussi beau[61] ? **9** Non, par les dieux, Chariclès, non, s'il te plaît, ne deviens pas encore esclave, et ne détruis pas, avant le temps, la fleur de ta jeunesse ; car, en plus du reste, voilà l'infortune du mariage : il flétrit la pleine fleur de l'âge. Non, je t'en supplie, Chariclès, ne te fane pas encore ; ne permets pas qu'une gracieuse rose soit cueillie par un disgracieux jardinier. » **10** Et Chariclès répondit : « Pour cela, et les dieux et moi, nous y pourvoirons ; jusqu'à la date du mariage, cela fait quelques jours, beaucoup d'événements peuvent arriver, même en une seule nuit ; nous chercherons à loisir. **11** Pour le moment, je vais faire de l'équitation, car, depuis que tu m'as offert ce beau cheval, pour me faire plaisir, je n'ai pas encore

60. Détail appuyé, dans le même goût sanglant que les rêves et les *Scheintode*.

61. La chose est donc pire que le sort d'Agamemnon : après la description hyperbolique, on tombe sur une sorte d'*anticlimax* comique.

τῶν δώρων ἀπέλαυσα. Ἐπικουφιεῖ δέ μοι τὸ γυμνάσιον τῆς ψυχῆς τὸ λυπούμενον. » Ὁ μὲν οὖν ἀπῄει τὴν τελευταίαν ὁδόν, ὕστατα καὶ πρῶτα μελλήσων ἱππάζεσθαι.

IX. 1 Ἐγὼ δὲ πρὸς τὸν Κλεινίαν καταλέγω μου τὸ δρᾶμα πῶς ἐγένετο, πῶς πάθοιμι, πῶς ἴδοιμι, τὴν καταγωγήν, τὸ δεῖπνον, τὸ κάλλος τῆς κόρης. Τελευτῶν δὲ τῷ λόγῳ συνίην ἀσχημονῶν, « Οὐ φέρω, λέγων, Κλεινία, τὴν ἀνίαν˙ ὅλος γάρ μοι προσέπεσεν ὁ Ἔρως καὶ αὐτόν μου διώκει τὸν ὕπνον τῶν ὀμμάτων˙ πάντα Λευκίππην φαντάζομαι. 2 Οὐ γέγονεν ἄλλῳ τοιοῦτον ἀτύχημα˙ τὸ γὰρ κακόν μοι καὶ συνοικεῖ. » Καὶ ὁ Κλεινίας, « Ληρεῖς, εἶπεν, οὕτως εἰς ἔρωτα εὐτυχῶν. Οὐ γὰρ ἐπ' ἀλλοτρίας θύρας ἐλθεῖν σε δεῖ οὐδὲ διάκονον παρακαλεῖν˙ αὐτήν σοι δέδωκε τὴν ἐρωμένην ἡ Τύχη καὶ φέρουσα ἔνδον ἵδρυσεν. 3 Ἄλλῳ μὲν γὰρ ἐραστῇ καὶ βλέμμα μόνον ἤρκεσε τηρουμένης παρθένου, καὶ μέγιστον τοῦτο ἀγαθὸν νενόμικεν ἐραστής, ἐὰν καὶ μέχρι τῶν ὀμμάτων εὐτυχῇ, οἱ δὲ εὐδαιμονέστεροι τῶν ἐραστῶν, ἂν τύχωσι καὶ ῥήματος μόνον. Σὺ δὲ καὶ βλέπεις ἀεὶ καὶ ἀκούεις ἀεὶ καὶ συνδειπνεῖς καὶ συμπίνεις˙ 4 καὶ ταῦτα εὐτυχῶν ἐγκαλεῖς˙ ἀχάριστος εἶ πρὸς ἔρωτος δωρεάν. Οὐκ οἶδας οἷόν ἐστιν ἐρωμένη βλεπομένη˙ μείζονα τῶν ἔργων ἔχει τὴν ἡδονήν. Ὀφθαλμοὶ γὰρ ἀλλήλοις ἀντανακλώμενοι ἀπομάττουσιν ὡς ἐν κατ-

62. Un *hysteron proteron* conclut cette annonce tragique – pierre d'attente pour la « tragédie de Chariclès », comme la volonté des Moires (III, 2) a ouvert le roman.

63. De nouveau δρᾶμα.

64. Le verbe grec φαντάζομαι montre l'activité imaginative à l'œuvre, qui projette partout l'image de l'aimée.

joui de ton présent. L'exercice allégera le souci de mon âme. » Il partit donc pour son dernier voyage, car il devait monter pour la dernière et la première fois[62].

IX. **1** Moi, je raconte par le menu à Clinias mon affaire[63], comment cela était arrivé, comment j'avais été affecté, comment je l'avais vue, l'arrivée, le dîner, la beauté de la jeune fille. Et c'est en terminant que je me rendis compte que je manquais aux bienséances par ce discours et je dis : « Je ne peux supporter, Clinias, ce tourment : c'est tout entier qu'Éros s'est jeté sur moi et chasse le sommeil de mes yeux ; en tout m'apparaît Leucippé[64]. **2** Une telle infortune n'est survenue à nul autre, car mon malheur va jusqu'à habiter avec moi. » Et Clinias répondit : « Tu dis des bêtises, toi qui connais une si bonne fortune amoureuse : tu n'as pas besoin d'aller à une porte étrangère[65], ni même d'avoir recours à un intermédiaire[66] ; celle que tu aimes, la Fortune te l'a donnée, elle l'a amenée et installée à domicile. **3** Un seul regard d'une jeune fille bien gardée suffit à un autre amant, et c'est pour lui un immense bienfait, même si sa bonne fortune ne va pas plus loin que les yeux, tandis que ceux des amants qui sont plus heureux se contentent d'obtenir ne fût ce qu'un mot. Et toi, tu la vois sans cesse, tu l'entends sans cesse, tu manges avec elle, tu bois avec elle ; **4** et, avec une telle bonne fortune, tu récrimines ? Tu es bien ingrat envers le présent de l'amour ; tu ignores ce qu'est une bien-aimée que l'on voit : cela comporte un plus grand plaisir que l'acte d'amour lui-même, car les yeux, se réfléchissant mutuellement, reproduisent, comme

65. Est ainsi évoquée la situation courante de l'élégie amoureuse, le *paraclausithyron.*

66. L'entremetteur ou messager penche davantage vers le genre de la *nea*.

όπτρῳ τῶν σωμάτων τὰ εἴδωλα· ἡ δὲ τοῦ κάλλους ἀπορροή, δι' αὐτῶν εἰς τὴν ψυχὴν καταρρέουσα, ἔχει τινὰ μίξιν ἐν ἀποστάσει· 5 καὶ ὀλίγον ἐστὶ τῆς τῶν σωμάτων μίξεως· καινὴ γάρ ἐστι σωμάτων συμπλοκή. Ἐγὼ δέ σοι καὶ τὸ ἔργον ἔσεσθαι ταχὺ μαντεύομαι. Μέγιστον γάρ ἐστιν ἐφόδιον εἰς πειθὼ συνεχὴς πρὸς ἐρωμένην ὁμιλία. Ὀφθαλμὸς γὰρ φιλίας πρόξενος καὶ τὸ σύνηθες τῆς κοινωνίας εἰς χάριν ἀνυσιμώτερον. 6 Εἰ γὰρ τὰ ἄγρια τῶν θηρίων συνηθείᾳ τιθασσεύεται, πολὺ μᾶλλον ταύτῃ μαλαχθείη καὶ γυνή. Ἔχει δέ τι πρὸς παρθένον ἐπαγωγὸν ἡλικιώτης ἐρῶν· τὸ δὲ ἐν ὥρᾳ τῆς ἀκμῆς ἐπεῖγον εἰς τὴν φύσιν καὶ τὸ συνειδὸς τοῦ φιλεῖσθαι τίκτει πολλάκις ἀντέρωτα. Θέλει γὰρ ἑκάστη τῶν παρθένων εἶναι καλή, καὶ φιλουμένη χαίρει καὶ ἐπαινεῖ τῆς μαρτυρίας τὸν φιλοῦντα· κἂν μὴ φιλήσῃ τις αὐτήν, οὔπω πεπίστευκεν εἶναι καλή. 7 Ἓν οὖν σοι παραινῶ μόνον· ἐρᾶσθαι πιστευσάτω, καὶ ταχέως σε μιμήσεται. » « Πῶς οὖν, εἶπον, γένοιτο τοῦτο τὸ μάντευμα ; Δός μοι τὰς ἀφορμάς· σὺ γὰρ ἀρχαιότερος μύστης ἐμοῦ καὶ συνηθέστερος ἤδη τῇ τελετῇ τοῦ θεοῦ. Τί λέγω ; Τί ποιῶ ; Πῶς ἂν τύχοιμι τῆς ἐρωμένης ; Οὐκ οἶδα γὰρ ἐγὼ τὰς ὁδούς. »

X. 1 **« Μηδέν, εἶπεν ὁ Κλεινίας, πρὸς ταῦτα ζήτει παρ' ἄλλου μαθεῖν· αὐτοδίδακτος γάρ ἐστιν ὁ θεὸς σο-**

67. Sur l'emploi de la réfraction visuelle et de l'émanation par Platon, voir les textes du *Phèdre* en fin de volume, p. 404-407. À l'utilisation spiritualiste du philosophe, qui montre comment l'amour naît et rend à l'âme ses ailes, le romancier substitue une interprétation ingénieuse, où l'on passe des εἴδωλα τῶν σωμάτων, à τινὰ μίξιν, puis à σωμάτων μίξεως et enfin σωμάτων συμπλοκή – étreinte qui domine dans toutes les descriptions de ce début de roman : *cf.* 1, 1, 3 ; 1, 15, 2 et 1, 17, 5.

68. L'emploi dans ce sens d'ἀντέρως – amour rival, le plus souvent – vient encore du *Phèdre* (255 d, cité aussi en fin de volume). Mais la teneur des conseils évoque plus l'*Art d'aimer* d'Ovide (I, 620 *sqq.*).

en un miroir, l'image des corps ; l'émanation de la beauté, coulant par leur intermédiaire au fond de l'âme, opère une sorte d'union à distance ; **5** et c'est un peu de l'union des corps : c'est en effet une nouvelle espèce d'étreinte charnelle[67]. Moi, je te prédis que l'acte aussi viendra bientôt. La meilleure manière de persuader est une fréquentation assidue de la bien-aimée, car l'œil est médiateur pour l'amitié et l'habitude de la compagnie est un moyen plus efficace pour solliciter des faveurs ; **6** car, s'il est vrai que les bêtes sauvages s'apprivoisent en notre compagnie, une femme se laissera fléchir plus aisément encore par ce moyen. Il a quelque séduction pour une jeune fille, l'amant qui a le même âge qu'elle ; l'impétuosité de la nature, dans la fleur de la jeunesse, ainsi que la conscience d'être aimée, donne souvent naissance à un amour de retour[68]. Car toute jeune fille désire être belle, prend plaisir à être aimée, sait gré de son témoignage à celui qui l'aime ; mais tant qu'elle n'est pas aimée, elle n'est pas certaine d'être belle. **7** je ne donne donc qu'un seul conseil : persuade-la que tu l'aimes et, bien vite, elle t'imitera. – Comment donc, répondis-je, pourrait se réaliser cette prédiction ? Donne-moi le point de départ, car toi, tu es initié de plus longue date que moi et déjà familier des rites du dieu. Que dire ? Que faire ? Comment pourrais-je atteindre ma bien-aimée ? Je ne connais pas la méthode, moi. »

X. **1** Pour cela, répondit Clinias, ne cherche aucun enseignement d'autrui, car le dieu est un sophiste[69] qui ne

69. Écho du portrait d'Éros, fils de Poros et Penia dans le *Banquet* (203 d) : la traduction est délicate, car « sophiste », c'est-à-dire celui qui revendique une *sophia*, une habileté, particulière, s'est spécialisé en français – alors que, un peu avant Achille Tatius, Plutarque l'emploie pour désigner l'habileté de Sertorius à la guérilla (*Sert.*, 10, 3) ; il est probable qu'Achille Tatius joue des deux connotations, l'allusion à Platon et l'inventivité dans le discours (*cf. infra* V, 27, 1).

φιστής. » Ὥσπερ γὰρ τὰ ἀρτίτοκα τῶν βρεφῶν οὐδεὶς διδάσκει τὴν τροφήν, αὐτόματα δὲ ἐκμανθάνει καὶ οἶδεν ἐν τοῖς μαζοῖς οὖσαν αὐτοῖς τὴν τράπεζαν, οὕτω καὶ νεανίσκος ἔρωτος πρωτοκύμων οὐ δεῖται διδασκαλίας πρὸς τὸν τοκετόν. 2 Ἐπὰν γὰρ ἡ ὠδὶς παραγένηται καὶ ἐνστῇ τῆς ἀνάγκης ἡ προθεσμία, μηδὲν πλανηθείς, κἂν πρωτοκύμων ᾖς, εὑρήσεις τεκεῖν, ὑπ' αὐτοῦ μαιωθεὶς τοῦ θεοῦ. Ὅσα δέ ἐστι κοινὰ καὶ μὴ τῆς εὐκαίρου τύχης δεόμενα, ταῦτα ἀκούσας μάθε. Σὺ μηδὲν μὲν εἴπῃς πρὸς τὴν παρθένον Ἀφροδίσιον, τὸ δὲ ἔργον ζήτει πῶς γένηται σιωπῇ. 3 Παῖς γὰρ καὶ παρθένος ὅμοιοι μέν εἰσιν εἰς αἰδῶ· πρὸς δὲ τὴν τῆς Ἀφροδίτης χάριν κἂν γνώμης ἔχωσιν, ἃ πάσχουσιν ἀκούειν οὐ θέλουσι· τὴν γὰρ αἰσχύνην κεῖσθαι νομίζουσιν ἐν τοῖς ῥήμασι. 4 Γυναῖκας μὲν γὰρ εὐφραίνει καὶ τὰ ῥήματα· παρθένος δὲ τοὺς μὲν ἔξωθεν ἀκροβολισμοὺς τῶν ἐραστῶν εἰς πεῖραν φέρει καὶ ἄφνω συντίθεται τοῖς νεύμασιν· ἐὰν δὲ αἰτήσῃς τὸ ἔργον προσελθών, ἐκπλήξεις αὐτῆς τὰ ὦτα τῇ φωνῇ, καὶ ἐρυθριᾷ καὶ μισεῖ τὸ ῥῆμα καὶ λοιδορεῖσθαι δοκεῖ· κἂν ὑποσχέσθαι θέλῃ τὴν χάριν, αἰσχύνεται. Τότε γὰρ πάσχειν νομίζει τὸ ἔργον, ὅτε μᾶλλον τὴν πεῖραν ἐκ τῆς τῶν λόγων ἡδονῆς ἀκούει. 5 Ἐὰν δέ, τὴν πεῖραν προσάγων τὴν ἄλλην καὶ εὐάγωγον αὐτὴν κατασκευάσας, ἡδέως ἤδη προσέρχῃ, σιώπα μὲν οὖν τὰ πολλὰ

70. À travers cet *hapax* (l'équivalent de notre « primipare »), on a de nouveau une référence au *Banquet* (206 b-207 a).

71. S'esquisse cette fois en filigrane la « maïeutique » (*cf.* *Théétète*, 150 a-151 d).

72. Cette εὔκαιρος τύχη va en effet présider à la scène de séduction au jardin (*cf.* *infra* 1, 16, 1 et 2).

tire son enseignement que de lui-même. Personne n'enseigne aux nouveau-nés où se nourrir, mais ils l'apprennent d'eux-mêmes et savent que dans les seins se trouve leur table ; comme eux, un garçon qui est pour la première fois gros d'amour[70] n'a pas besoin de leçons pour enfanter : **2** lorsque surviendra la douleur et qu'arrivera le terme, c'est sans te tromper, même si tu es gros pour la première fois, que tu sauras enfanter, accouché par le dieu lui-même[71]. Mais tous les conseils d'ordre général et qui n'ont pas besoin de circonstances favorables particulières[72], apprends-les en m'écoutant. Toi, ne dis rien à la jeune fille des plaisirs d'Aphrodite, mais cherche comment l'acte peut s'accomplir en silence. **3** Pour la pudeur en effet, un jeune garçon et une jeune fille se ressemblent ; et même s'ils ont un penchant pour les charmes d'Aphrodite[73], ils ne veulent pas entendre parler de ce qu'ils éprouvent, car ils croient que la honte est dans les mots. **4** Ce sont en effet les femmes faites qui se réjouissent même des paroles ; mais une jeune fille supporte les premières escarmouches que tentent les amants et, soudain, donne son consentement par des signes de tête ; mais si tu t'approches en lui demandant l'acte, ta voix effarouchera ses oreilles ; elle rougit, déteste tes paroles et se croit insultée ; et même si elle veut bien promettre ses faveurs, elle a honte. Car c'est d'avantage lorsqu'elle entend parler de la tentative et qu'elle trouve du plaisir aux paroles qu'elle croit subir l'acte[74]. **5** Si, appliquant l'autre méthode de séduction et la rendant docile, tu l'approches désormais aisément, reste donc silencieux le plus possible,

73. Sur la *charis* dans un sens érotique, équivalant à nos « faveurs » modernes, voir Plutarque, *Amat.*, 751 D.

74. On a ici toute une casuistique de la parole et de l'action qui culminera dans les ordalies et le procès du dernier livre.

ὡς ἐν μυστηρίοις, φίλησον δὲ προσελθὼν ἠρέμα· τὸ γὰρ ἐραστοῦ φίλημα πρὸς ἐρωμένην θέλουσαν μὲν παρέχειν αἴτησίς ἐστι σιωπῇ, πρὸς ἀπειθοῦσαν δέ, ἱκετηρία. 6 Κἂν μὲν προσῇ τις συνθήκη τῆς πράξεως, πολλάκις δὲ καὶ ἑκοῦσαι πρὸς τὸ ἔργον ἐρχόμεναι θέλουσι βιάζεσθαι δοκεῖν, ἵνα τῇ δόξῃ τῆς ἀνάγκης ἀποτρέπωνται τῆς αἰσχύνης τὸ ἑκούσιον. Μὴ τοίνυν ὀκνήσῃς, ἐὰν ἀνθισταμένην αὐτὴν ἴδῃς, ἀλλ' ἐπιτήρει πῶς ἀνθίσταται· σοφίας γὰρ κἀνταῦθα δεῖ. 7 Κἂν μὲν προσκαρτερῇ, ἐπίσχες τὴν βίαν· οὔπω γὰρ πείθεται· ἐὰν δὲ μαλθακώτερον ἤδη θέλῃ, χορήγησον τὴν ὑπόκρισιν, μὴ ἀπολέσῃς σου τὸ δρᾶμα. »

XI. 1 Κἀγὼ δέ, « Μεγάλα μέν, ἔφην, ἐφόδιά μοι δέδωκας καὶ εὔχομαι τυχεῖν, Κλεινία. Φοβοῦμαι δ' ὅμως μὴ κακῶν μοι γένηται τὸ εὐτύχημα μειζόνων ἀρχὴ καὶ ἐπιτρίψῃ με πρὸς ἔρωτα πλείονα. Ἂν οὖν αὐξηθῇ μοι τὸ δεινόν, τί δράσω; 2 Γαμεῖν μὲν οὐκ ἂν δυναίμην. Ἄλλῃ γὰρ δέδομαι παρθένῳ. Ἐπίκειται δέ μοι πρὸς τοῦτον τὸν γάμον ὁ πατήρ, δίκαια αἰτῶν, οὐ ξένην οὐδὲ αἰσχρὰν γῆμαι κόρην, οὐδ' ὡς Χαρικλέα πλούτῳ με πωλεῖ, ἀλλ' αὑτοῦ μοι δίδωσι θυγατέρα, καλὴν μέν, ὦ θεοί, πρὶν Λευκίππην ἰδεῖν· νῦν δὲ καὶ πρὸς τὸ κάλλος αὐτῆς τυφλώττω καὶ πρὸς Λευκίππην μόνην τοὺς ὀφθαλμοὺς ἔχω. 3 Ἐν μεθορίῳ κεῖμαι δύο ἐναντίων· Ἔρως ἀνταγωνίζεται καὶ πατήρ. Ὁ μὲν ἕστηκεν αἰδοῖ κρατῶν, ὁ

75. Comparaison relativement courante, mais qui domine aussi l'exposé de Diotima dans le *Banquet*, et qui prend ici une teneur rien moins que philosophique (malgré la didascalie qu'on lira au début du chapitre XI !).

76. Cette *sophia* conclut par un effet circulaire ces conseils, ouverts sur la mention d'Éros *sophistès* ; pour sa teneur, on trouve de nouveau l'équivalent chez Ovide (*Art d'aimer*, I 703-718).

comme dans les mystères[75], puis après t'être doucement approché, donne un baiser : le baiser d'un amant à une bien-aimée consentante est une demande faite en silence, et à celle qui se refuse, une supplication. **6** Et même s'il y a un consentement à l'action, souvent bien qu'elles viennent de leur plein gré à l'acte elles veulent paraître être violentées pour pouvoir rejeter sur ce semblant de contrainte la honte acceptée de plein gré. Ne recule donc pas si tu la vois résister, mais observe comment elle résiste, car, là aussi, il faut de l'adresse[76]. **7** Si elle persévère, contiens ta force, car elle n'est pas encore convaincue ; mais si elle veut adopter une attitude plus tendre, à toi de mener le jeu sans causer la chute de ta pièce[77]. »

XI. **1** Et moi, je répondis : « C'est un excellent viatique que tu m'a donné et je souhaite que la fortune me sourie, Clinias. Je crains cependant que ma bonne fortune ne soit pour moi le début de plus grands maux et ne me pousse à un amour plus intense. Si donc mon malheur s'en trouve accru, que ferai-je ? **2** Me marier, je ne saurais, car c'est à une autre jeune fille que je suis promis. Mon père me presse à ce mariage, me demandant légitimement d'épouser une fille qui n'est ni étrangère ni laide : il ne me vend pas, comme Chariclès, pour de l'argent, mais il me donne sa propre fille, qui était belle, grands dieux, avant que je voie Leucippé ; mais maintenant, je suis aveugle à sa beauté, et n'ai d'yeux que pour la seule Leucippé. **3** Je me trouve entre deux partis opposés[78] : Éros et mon père combattent.

77. Ce que ce jeu comporte de théâtral est ici parfaitement explicite et l'on retrouve en dernier mot le δρᾶμα, qui a ouvert les explications de Clitophon (*supra* IX, 1).

78. Comme le jeune Héraclès de l'apologue de Prodicos (*Mém.*, II 1). Parmi les innombrables adaptations de cette histoire, on peut comparer le jeune Lucien du *Songe*, que se disputent Sculpture et Rhétorique – à ceci près que le vocabulaire employé ensuite donne déjà une coloration judiciaire à la chose.

δὲ κάθηται πυρπολῶν. Πῶς κρίνω τὴν δίκην; Ἀνάγκη μάχεται καὶ φύσις. Θέλω μὲν σοὶ δικάσαι, πάτερ, ἀλλ' ἀντίδικον ἔχω χαλεπώτερον. Βασανίζει τὸν δικαστήν, ἕστηκε μετὰ βελῶν, κρίνεται μετὰ πυρός. Ἂν ἀπειθήσω, πάτερ, αὐτῷ καίομαι τῷ πυρί. »

XII. 1 Ἡμεῖς μὲν οὖν ταῦτα ἐφιλοσοφοῦμεν περὶ τοῦ θεοῦ· ἐξαίφνης δὲ παῖς εἰστρέχει τῶν τοῦ Χαρικλέους οἰκετῶν, ἔχων ἐπὶ τοῦ προσώπου τὴν ἀγγελίαν τοῦ κακοῦ, ὡς καὶ τὸν Κλεινίαν εὐθὺς ἀνακραγεῖν θεασάμενον· « Κακόν τι γέγονε Χαρικλεῖ. » Ἅμα δὲ αὐτῷ λέγοντι συνεξεφώνησεν ὁ οἰκέτης· « Τέθνηκε Χαρικλῆς. » 2 Τὸν μὲν δὴ Κλεινίαν πρὸς τὴν ἀγγελίαν ἀφῆκεν ἡ φωνὴ καὶ ἔμεινεν ἀκίνητος, ὥσπερ τυφῶνι βεβλημένος τῷ λόγῳ. Ὁ δὲ οἰκέτης διηγεῖται· « Ἐπὶ τὸν ἵππον τὸν σὸν ἐκάθισεν, ὦ Κλεινία, ὃς τὰ πρῶτα μὲν ἤλαυνεν ἠρέμα, δύο δὲ περιελθὼν ἢ τρεῖς δρόμους τὴν ἱππασίαν ἐπέσχε καὶ τὸν ἵππον ἱδροῦντα κατέψα καθήμενος, τοῦ ῥυτῆρος ἀμελήσας. 3 Ἀπομάττοντος δὲ τῆς ἕδρας τοὺς ἱδρῶτας ψόφος κατόπιν γίνεται, καὶ ὁ ἵππος ἐκταραχθεὶς πηδᾷ ὄρθιον ἀρθεὶς καὶ ἀλογίστως ἐφέρετο. Τὸν γὰρ χαλινὸν δακὼν καὶ τὸν αὐχένα σιμώσας καὶ φρίξας τὴν κόμην, οἰστρηθεὶς τῷ φόβῳ διαέριος ἵπτατο. Τῶν δὲ ποδῶν οἱ μὲν ἔμπροσθεν ἥλλοντο, οἱ δὲ ὄπισθεν τοὺς πρόσθεν ἐπειγόμενοι φθάσαι τὸν δρόμον ἐπέσπευ-

79. *Aidôs* qui implique ici le respect qu'on doit aux ordres paternels : j'essaie de maintenir ici, comme partout, la même traduction pour ce mot.

80. Entrée théâtrale de « messager », que l'on trouve aussi dans le *Dialogue sur l'Amour* de Plutarque (10, 754 E).

L'un se dresse avec la pudeur[79] pour arme, l'autre est assis près de moi et me brûle de son feu. Comment donc trancher ? Les liens du sang et la nature se combattent. Je veux prononcer en ta faveur, mon père, mais j'ai une partie adverse trop rude. Elle met le juge à la torture, elle se dresse avec ses traits et tranche avec le feu. Si je lui désobéis, mon père, je suis brûlé par ce feu même. »

XII. **1** Nous étions donc en train de philosopher ainsi au sujet du dieu, lorsque, tout à coup, entre en courant un garçon de la maison de Chariclès, portant sur son visage l'annonce du malheur[80], si bien que Clinias, dès qu'il le vit, poussa un cri : « Il est arrivé malheur à Chariclès ! » Et, pendant qu'il parlait encore, le serviteur s'écria : « Chariclès est mort. » **2** Alors, à cette nouvelle, la voix manqua à Clinias et il resta inerte, comme foudroyé par ces mots. Le serviteur raconte alors[81] : « C'est sur son cheval, le tien, qu'il était assis, Clinias ; tout d'abord, il conduisait tranquillement et, après avoir fait deux ou trois tours de course, il suspendit sa chevauchée et il flatta son cheval trempé de sueur en restant assis sur lui, sans faire attention à la bride. **3** Tandis qu'il essuyait la sueur du siège, un bruit se produit par derrière, et le cheval, profondément troublé, bondit, se cabre, et le voilà qui s'emportait comme un fou. Ayant pris le mors aux dents, le cou recourbé et la crinière hérissée, il fendait l'air, aiguillonné par la peur. Ses pattes avant bondissaient, ses pattes arrière, qui s'efforçaient de devancer celles de devant, pressaient la course, poussant

81. Succède donc à la « philosophie » mâtinée d'*ars amatoria* un « récit de messager », à comparer au récit de l'accident d'Hippolyte (1185-1248), et qui sera lui-même suivi d'un *agôn* de thrènes.

δον, διώκοντες τὸν ἵππον. 4 Ὁ δὲ ἵππος τῇ τῶν ποδῶν κυρτούμενος ἁμίλλῃ ἄνω τε καὶ κάτω πηδῶν πρὸς τὴν ἑκατέρων σπουδὴν δίκην νηὸς χειμαζομένης τοῖς νώτοις ἐκυμαίνετο. Ὁ δὲ κακοδαίμων Χαρικλῆς ὑπὸ τοῦ τῆς ἱππείας ταλαντούμενος κύματος ἐκ τῆς ἕδρας ἐσφαιρίζετο, ποτὲ μὲν ἐπ' οὐρὰν κατολισθαίνων, ποτὲ δὲ ἐπὶ τράχηλον κυβιστῶν· ὁ δὲ τοῦ κλύδωνος ἐπίεζεν αὐτὸν χειμών. 5 Τῶν δὲ ῥυτήρων οὐκέτι κρατεῖν δυνάμενος, δοὺς δὲ ἑαυτὸν ὅλως τῷ τοῦ δρόμου πνεύματι, τῆς Τύχης ἦν. Ὁ δὲ ἵππος ῥύμῃ θέων ἐκτρέπεται τῆς λεωφόρου καὶ ἐς ὕλην ἐπήδησε καὶ εὐθὺς τὸν ἄθλιον Χαρικλέα περιρρήγνυσι δένδρῳ. Ὁ δέ, ὡς ἀπὸ μηχανῆς προσαραχθείς, ἐκκρούεται μὲν τῆς ἕδρας, ὑπὸ δὲ τῶν τοῦ δένδρου κλάδων τὸ πρόσωπον αἰσχύνεται καὶ τοσούτοις περιδρύπτεται τραύμασιν, ὅσαι τῶν κλάδων ἦσαν αἱ αἰχμαί. 6 Οἱ δὲ ῥυτῆρες αὐτῷ περιδεθέντες οὐκ ἤθελον ἀφεῖναι τὸ σῶμα, ἀλλ' ἀνθεῖλκον αὐτόν, ἐπισύροντες θανάτου τρίβον. Ὁ δὲ ἵππος ἔτι μᾶλλον ἐκταραχθεὶς τῷ πτώματι καὶ ἐμποδιζόμενος εἰς τὸν δρόμον τῷ σώματι κατεπάτει τὸν ἄθλιον, ἐκλακτίζων τὸν δεσμὸν τῆς φυγῆς· ὥστε οὐκ ἂν αὐτόν τις ἰδὼν οὐδὲ γνωρίσειεν. »

XIII. 1 Ταῦτα μὲν οὖν ἀκούων ὁ Κλεινίας ἐσίγα τινὰ χρόνον ὑπὸ ἐκπλήξεως· μεταξὺ δὲ νήψας ἐκ τοῦ κακοῦ διωλύγιον ἐκώκυσε καὶ ἐκδραμεῖν ἐπὶ τὸ σῶμα μὲν ἠπείγετο· ἐπηκολούθουν δὲ κἀγώ, παρηγορῶν ὡς ἠδυνάμην. 2 Καὶ ἐν τούτῳ φοράδην Χαρικλῆς ἐκομίζετο, θέαμα οἴκτιστον καὶ ἐλεεινόν· ὅλος γὰρ τραῦμα ἦν,

82. Le verbe est formé sur la vague (κῦμα) et s'accorde bien à cette comparaison du cheval affolé avec un vaisseau dans la tempête – pendant tragique du beau vaisseau d'Europe de l'*ekphrasis* initiale ?

83. Dans cette description où le cheval, ses pattes et ses rênes deviennent les sujets de l'action, le pauvre cavalier est finalement réduit à n'être plus que δεσμὸν τῆς φυγῆς.

le cheval. **4** Et l'animal, courbé sous la lutte de ses pattes, bondissait en tous sens, sous l'effort des unes et des autres, avait l'échine qui ondulait[82], comme une nef prise dans la tempête. Et le malheureux Chariclès, balancé par la vague de sa chevauchée, était précipité comme une balle de son siège, tantôt glissant vers la queue, tantôt culbutant vers l'encolure ; ce mouvement tempétueux l'épuisait. **5** Incapable désormais de tenir les guides et entièrement abandonné au vent de la course, il ne dépendait plus que de la Fortune. Le cheval, dans sa course impétueuse, s'écarte de la route, s'élance dans un bois et, aussitôt, fracasse le pauvre Chariclès contre un arbre. Comme projeté par une catapulte, Chariclès est jeté hors de son siège, a le visage défiguré par les branches de l'arbre, tailladé d'autant de blessures que les branches avaient de piques. **6** Les guides, entourées autour de lui, refusaient de lâcher le corps, mais le tiraient en sens inverse, le traînant sur un chemin de mort. Et le cheval, encore plus effrayé par la chute et gêné dans sa course par le corps, foulait aux pieds le malheureux, ruant contre ce qui entravait sa fuite[83], si bien qu'en le voyant, on ne saurait même pas le reconnaître. »

XIII. **1** En entendant ce récit, Clinias garda quelque temps le silence, de stupeur ; puis, revenant à lui du fond de son malheur, il poussa un grand cri de douleur[84] et sortit en courant pour rejoindre en hâte le corps ; et moi je l'accompagnais, le consolant comme je pouvais. **2** À ce moment on apportait Chariclès sur une civière, spectacle lamentable et pitoyable ; il n'était plus qu'une plaie, si bien

84. Ce verbe est repris par les poètes et prosateurs tardifs à Homère, chez qui il désigne le cri de deuil aigu poussé par les femmes – voir, par ex., Briséis auprès de Patrocle, *Iliade*, XIX, 284, et, pour Hector, Hécube (XXII, 407) ou Cassandre (XXIV, 703) ; le « duo » du père et de l'amant devant le cadavre défiguré évoque ainsi à la fois Euripide et l'*Iliade*.

ὥστε μηδένα τῶν παρόντων κατασχεῖν τὰ δάκρυα. Ἐξῆρχε δὲ τοῦ θρήνου ὁ πατὴρ πολυτάρακτον βοῶν· « Οἷος ἀπ' ἐμοῦ προελθών, οἷος ἐπανέρχῃ μοι, τέκνον· ὢ πονηρῶν ἱππασμάτων· οὐδὲ κοινῷ μοι θανάτῳ τέθνηκας· οὐδὲ εὐσχήμων φαίνῃ νεκρός. 3 Τοῖς μὲν γὰρ ἄλλοις τῶν ἀποθανόντων κἂν ἴχνος τῶν γνωρισμάτων διασώζεται· κἂν τὸ ἄνθος τις τῶν προσώπων ἀπολέσῃ, τηρεῖ τὸ εἴδωλον καὶ παρηγορεῖ τὸν λυπούμενον καθεύδοντα μιμούμενος· τὴν μὲν γὰρ ψυχὴν ἐξεῖλεν ὁ θάνατος, ἐν δὲ τῷ σώματι τηρεῖ τὸν ἄνθρωπον. 4 Σοῦ δὲ ὁμοῦ καὶ ταῦτα διέφθειρεν ἡ Τύχη, καί μοι τέθνηκας θάνατον διπλοῦν, ψυχῇ καὶ σώματι. Οὕτω σου τέθνηκε καὶ τῆς εἰκόνος ἡ σκιά· ἡ μὲν γὰρ ψυχή σου πέφευγεν, οὐχ εὑρίσκω δέ σε οὐδὲ ἐν τῷ σώματι. 5 Πότε μοι, τέκνον, γαμεῖς ; Πότε σου θύω τοὺς γάμους, ἱππεῦ καὶ νυμφίε ; Νυμφίε μὲν ἀτελές, ἱππεῦ δὲ δυστυχές. Τάφος μέν σοι, τέκνον, ὁ θάλαμος, γάμος δὲ ὁ θάνατος, θρῆνος δὲ ὁ ὑμέναιος, ὁ δὲ κωκυτὸς τῶν γάμων οὗτος ᾠδαί. 6 Ἄλλο σοι, τέκνον, προσεδόκων πῦρ ἀνάψαι· ἀλλὰ τοῦτο μὲν ἔσβεσεν ἡ πονηρὰ Τύχη μετὰ σοῦ· ἀνάπτει δέ σοι δᾷδας κακῶν. Ὢ πονηρᾶς ταύτης δᾳδουχίας· ἡ νυμφική σοι δᾳδουχία ταφὴ γίνεται. »

85. Mots et détails inclinent vers une scène de théâtre.

86. L'adjectif, qui, en grec, qualifie le cri poussé, donne le ton du passage.

87. Inspiré d'*Odyssée*, XII, 22 ?

qu'aucun des assistants ne pouvait retenir ses larmes[85]. C'est son père qui commença à entonner le thrène, en criant avec une grande agitation[86] : « Comme tu étais en partant de chez moi et comme tu me reviens, mon enfant ! Maudites courses à cheval ! Ce n'est même pas d'une mort commune que tu es mort ; et mort, tu n'as même plus belle apparence. **3** Chez les autres morts se conserve fidèlement au moins une trace reconnaissable de leurs traits ; et même si quelqu'un perd la beauté du visage, il en garde l'image et console celui qui pleure en imitant un dormeur : si la mort a enlevé l'âme, dans le corps elle garde l'homme. **4** Mais, en même temps que toi, la Fortune a même détruit cela, et, à mes yeux, tu es mort d'une double mort[87], dans ton âme et dans ton corps. Ainsi est morte même l'ombre de ton image : ton âme a fui, je ne te retrouve même plus dans ton corps. **5** Quand, dis-moi, mon enfant, te marieras-tu ? Quand donc faire le sacrifice pour tes noces, cavalier et futur marié ? Futur marié imparfait, cavalier infortuné ! Tu auras un tombeau, mon enfant, comme chambre nuptiale et un thrène comme hyménée, ces lamentations comme chants de noces. **6** C'est un autre feu, mon enfant, que je m'attendais à allumer pour toi ; mais la Fortune funeste[88] l'a éteint avec toi : la voici qui t'allume des torches de malheur. Quel funeste cortège de torches que celui-là ! Les torches du cortège nuptial deviennent pour toi celles des funérailles[89]. »

88. Ou « jalouse » : une branche de la tradition porte φθονηρά, attribut courant de la divinité (*cf. infra*, 3, 23, 3 et 5, 7, 9), alors qu'on a de nouveau πονηρᾶς à la ligne suivante – ce qui peut avoir favorisé la confusion.

89. Est ainsi soulignée avec insistance la variation sur le thème de « la fiancée et la mort » – *cf.*, entre autres, *Antigone*, 806-816 – que constitue ce morceau de bravoure.

XIV. 1 Ταῦτα μὲν οὕτως ἐκώκυεν ὁ πατήρ, ἑτέρωθεν δὲ καθ' αὑτὸν ὁ Κλεινίας — καὶ ἦν θρήνων ἅμιλλα, ἐραστοῦ καὶ πατρός· — « Ἐγώ μου τὸν δεσπότην ἀπολώλεκα. Τί γὰρ αὐτῷ τοιοῦτον δῶρον ἐχαριζόμην; Φιάλη γὰρ οὐκ ἦν χρυσῆ, ἵν' ἐσπένδετο πίνων καὶ ἐχρᾶτό μου τῷ δώρῳ τρυφῶν; 2 Ἐγὼ δὲ ὁ κακοδαίμων ἐχαριζόμην θηρίον μειρακίῳ καλῷ, ἐκαλλώπιζον δὲ καὶ τὸ πονηρὸν θηρίον προστερνιδίοις, προμετωπιδίοις, φαλάροις ἀργυροῖς, χρυσαῖς ἡνίαις. Οἴμοι Χαρίκλεις· ἐκόσμησά σου τὸν φονέα χρυσῷ. Ἵππε πάντων θηρίων ἀγριώτατε, πονηρὲ καὶ ἀχάριστε καὶ ἀναίσθητε κάλλους· 3 ὁ μὲν κατέψα σου τοὺς ἱδρῶτας καὶ τροφὰς ἐπηγγέλλετο πλείονας καὶ ἐπῄνει τὸν δρόμον, σὺ δὲ ἀπέκτεινας ἐπαινούμενος. Οὐχ ἥδου προσαπτομένου σου τοιούτου σώματος, οὐκ ἦν σοι τοιοῦτος ἱππεὺς τρυφή, ἀλλ' ἔρριψας, ἄστοργε, τὸ κάλλος χαμαί. Οἴμοι δυστυχής· ἐγὼ δέ σοι τὸν φονέα, τὸν ἀνδροφόνον ἐωνησάμην. »

XV. 1 Μετὰ δὲ τὴν ταφὴν εὐθὺς ἔσπευδον ἐπὶ τὴν κόρην· ἡ δὲ ἦν ἐν τῷ παραδείσῳ τῆς οἰκίας. Ὁ δὲ παράδεισος ἄλσος ἦν, μέγα τι χρῆμα πρὸς ὀφθαλμῶν ἡδονήν· καὶ περὶ τὸ ἄλσος τειχίον ἦν αὔταρκες εἰς ὕψος καὶ ἑκάστη πλευρὰ τειχίου — τέσσαρες δὲ ἦσαν πλευραί — κατάστεγος ὑπὸ χορῷ κιόνων· ὑπὸ δὲ τοῖς κίοσιν ἔνδον ἦν ἡ τῶν δένδρων πανήγυρις. 2 Ἔθαλλον οἱ κλάδοι, συνέπιπτον ἀλλήλοις ἄλλος ἐπ' ἄλλον· αἱ γείτονες τῶν πετάλων περιπλοκαί, τῶν φύλλων περιβολαί, τῶν καρπῶν συμπλοκαί. Τοσαύτη τις ἦν ὁμιλία τῶν φυτῶν. 3 Ἐνίοις δὲ τῶν δένδρων τῶν ἁδροτέρων

90. T. Whitmarsh appuie la traduction en rendant ἀνδροφόνος par « the slayer *of your manhood* » : Chariclès ne fera jamais partie des *andres*.

XIV. **1** Le père poussait ainsi ces cris de deuil, tandis que, de l'autre côté, Clinias, à part lui, soliloquait – et c'était une joute de thrènes entre père et amant : « Moi, c'est mon maître que j'ai perdu. Pourquoi donc lui ai-je fait un tel présent ? Pourquoi donc n'était-ce pas une coupe en or, pour qu'il fît des libations en buvant et se servît de mon cadeau pour ses délices ? **2** Moi, malheureux, j'ai fait don d'une bête sauvage à un beau garçon, et j'ai même paré la mauvaise bête de harnais de poitrail, de fronteaux, de bossettes d'argent, de rênes d'or. Infortuné Chariclès, j'ai orné d'or ton meurtrier. Ah, cheval, la plus sauvage de toutes les bêtes sauvages, cruel, ingrat, insensible à la beauté ! **3** Il essuyait ta sueur, te promettait une ration supplémentaire et faisait l'éloge de ta course, mais toi, tu as tué quand on faisait ton éloge. Tu ne te réjouissais pas qu'un tel corps fût au contact du tien, ce n'était pas pour toi un délice qu'un tel cavalier, au contraire, tu as, impitoyable, jeté la beauté à terre. Infortuné que je suis ! Et c'est moi qui t'ai acheté ton meurtrier, ton assassin[90]. »

XV. **1** Sitôt après l'inhumation, je me hâtai d'aller voir la jeune fille ; elle était dans le parc de notre maison. Ce parc était un petit bois, un chef-d'œuvre pour le plaisir des yeux[91] ; autour de ce petit bois se trouvait un mur d'une hauteur suffisante et chacun des côtés de ce mur – il y avait quatre côtés – formait un portique ouvert avec une rangée[92] de colonnes ; et, au pied de ces colonnes, se trouvaient, à l'intérieur, des arbres en fête. **2** Les branches croissaient et s'unissaient l'une à l'autre. Voisinaient des enlacements de feuilles, des embrassements de fleurs, des entrelacements de fruits. Si grande était l'intimité des arbres. **3** Sur quelques-

91. En introduisant d'emblée le plaisir, le romancier donne derechef la tonalité du passage – dont un des *leitmotive* sera l'enlacement.

92. Litt. « un chœur » qui sera suivi par une « panégyrie » d'arbres.

κιττὸς καὶ σμῖλαξ παρεπεφύκει· ἡ μὲν ἐξηρτημένη πλατάνου καὶ περιπυκάζουσα ῥαδινῇ τῇ κόμῃ· ὁ δὲ κιττὸς περὶ πεύκην ἑλιχθεὶς ᾠκειοῦτο τὸ δένδρον ταῖς περιπλοκαῖς, καὶ ἐγίνετο τῷ κιττῷ ὄχημα τὸ φυτόν, στέφανος δὲ ὁ κιττὸς τοῦ φυτοῦ. 4 Ἄμπελοι δὲ ἑκατέρωθεν τοῦ δένδρου, καλάμοις ἐποχούμεναι, τοῖς φύλλοις ἔθαλλον, καὶ ὁ καρπὸς ὡραίαν εἶχε τὴν ἄνθην καὶ διὰ τῆς ὀπῆς τῶν καλάμων ἐξεκρέματο καὶ ἦν βόστρυχος τοῦ φυτοῦ· τῶν δὲ φύλλων ἄνωθεν αἰωρουμένων ὑφ' ἡλίῳ πρὸς ἄνεμον συμμιγῆ ⟨καὶ⟩ ὠχρὰν ἐμάρμαιρεν ἡ γῆ τὴν σκιάν. 5 Τὰ δὲ ἄνθη ποικίλην ἔχοντα τὴν χροιὰν ἐν μέρει συνεξέφαινε τὸ κάλλος, καὶ ἦν τοῦτο τῆς γῆς πορφύρα καὶ νάρκισσος καὶ ῥόδον. Μία μὲν τῷ ῥόδῳ καὶ τῷ ναρκίσσῳ ἡ κάλυξ ὅσον εἰς περιγραφήν, καὶ ἦν φιάλη τοῦ φυτοῦ. Ἡ χροιὰ δὲ τῶν περὶ τὴν κάλυκα φύλλων ἐσχισμένων τῷ ῥόδῳ μὲν αἵματος ὁμοῦ [ἴων] καὶ γάλακτος τὸ κάτω τοῦ φύλλου, καὶ ὁ νάρκισσος ἦν τὸ πᾶν ὅμοιον τῷ κάτω τοῦ ῥόδου. 6 Τῷ ἴῳ κάλυξ μὲν οὐδαμοῦ, χροιὰ δὲ οἵαν ἡ τῆς θαλάσσης ἀστράπτει γαλήνη. Ἐν μέσοις δὲ τοῖς ἄνθεσι πηγὴ ἀνέβλυζε καὶ περιεγέγραπτο τετράγωνος χαράδρα χειροποίητος τῷ ῥεύματι. Τὸ δὲ ὕδωρ τῶν ἀνθέων ἦν κάτοπτρον, ὡς δοκεῖν τὸ ἄλσος εἶναι διπλοῦν, τὸ μὲν τῆς ἀληθείας, τὸ δὲ τῆς σκιᾶς. 7 Ὄρνιθες δέ, οἱ μὲν χειροήθεις περὶ τὸ ἄλσος ἐνέμοντο, οὓς ἐκολάκευον αἱ τῶν ἀνθρώπων τροφαί, οἱ δὲ ἐλεύθερον ἔχοντες τὸ πτερὸν περὶ τὰς τῶν δένδρων κορυφὰς ἔπαιζον· οἱ μὲν ᾄδοντες τὰ ὀρνίθων ᾄσματα, οἱ δὲ τῇ τῶν πτερῶν ἀγλαϊζόμενοι στολῇ. 8 Οἱ ᾠδοὶ δέ,

uns des plus forts avaient poussé lierre et liseron ; celui-ci, attaché aux platanes, en épaississait le tronc de sa flexible chevelure ; le lierre, enroulé au pin maritime, s'unissait à l'arbre par ses enlacements, et l'arbre était un soutien pour le lierre, le lierre une couronne pour l'arbre. **4** Des vignes, de chaque côté des arbres, soutenues par des roseaux, étaient couvertes de feuilles, et les fruits étaient dans leur pleine saison ; ils pendaient dans les jours des roseaux : c'étaient les boucles de la plante. La terre resplendissait de l'ombre mêlée et pâle des feuilles qui, là haut, sous le soleil, se balançaient au vent. **5** Les fleurs, de couleurs variées, faisaient montre, tour à tour, de leur beauté, et c'étaient la pourpre de la terre[93], le narcisse et la rose. La rose et le narcisse avaient la même forme de calice ; c'était la coupe de la plante. La couleur des pétales qui se séparaient autour du calice était à la fois de sang et de lait dans le bas du pétale de la rose, et le narcisse était en son entier semblable au bas de la rose. **6** La violette n'avait pas de calice, mais sa couleur était semblable à celle dont resplendit le calme de la mer. Au milieu des fleurs jaillissait une source et autour avait été dessiné[94] un bassin carré, creusé de main d'homme pour recevoir le courant. L'eau était le miroir des fleurs, si bien que le petit bois semblait être double, l'un réel et l'autre son reflet. **7** Quant aux oiseaux, les uns, apprivoisés, picoraient dans le petit bois, ceux que la nourriture des hommes avait domestiqués, tandis que les autres, volant librement, s'ébattaient autour de la cime des arbres ; les uns chantaient leurs chants d'oiseaux, les autres s'enorgueillissaient de la robe de leur plumage.

93. Probablement la violette.

94. Ce verbe attire l'attention sur tous les échos ménagés entre ce jardin et le *leimôn* peint / dessiné du tableau initial.

τέττιγες καὶ χελιδόνες· οἱ μὲν τὴν Ἠοῦς ᾄδοντες εὐνήν, αἱ δὲ τὴν Τηρέως τράπεζαν. Οἱ δὲ χειροήθεις, ταὼς καὶ κύκνος καὶ ψιττακός· ὁ κύκνος περὶ τὰς τῶν ὑδάτων πίδακας νεμόμενος, ὁ ψιττακὸς ἐν οἰκίσκῳ περὶ δένδρον κρεμάμενος, ὁ ταὼς τοῖς ἄνθεσι ἐπισύρων τὸ πτερόν. Ἀντέλαμπε δὲ ἡ τῶν ἀνθέων θέα τῇ τῶν ὀρνίθων χροιᾷ, καὶ ἦν ἄνθη πτερῶν.

XVI. 1 Βουλόμενος οὖν ἐγὼ εὐάγωγον τὴν κόρην εἰς ἔρωτα παρασκευάσαι, λόγων πρὸς τὸν Σάτυρον ἠρχόμην, ἀπὸ τοῦ ὄρνιθος λαβὼν τὴν εὐκαιρίαν. Διαβαδίζουσα γὰρ ἔτυχεν ἅμα τῇ Κλειοῖ καὶ ἐπιστᾶσα τῷ ταῷ καταντίον. 2 Ἔτυχε γὰρ τύχῃ τινὶ συμβὰν τότε τὸν ὄρνιν ἀναπτερῶσαι τὸ κάλλος καὶ τὸ θέατρον ἐπιδεικνύναι τῶν πτερῶν. « Τοῦτο μέντοι οὐκ ἄνευ τέχνης ὁ ὄρνις, ἔφην, ποιεῖ· ἀλλ᾽ ἔστι γὰρ ἐρωτικός. Ὅταν ἐπαγαγέσθαι θέλῃ τὴν ἐρωμένην, τότε οὕτως καλλωπίζεται. 3 Ὁρᾷς ἐκείνην τὴν τῆς πλατάνου πλησίον ; » δείξας θήλειαν ταῶνα· « ταύτῃ νῦν οὗτος τὸ κάλλος ἐπιδείκνυται λειμῶνα πτερῶν. Ὁ δὲ τοῦ ταὼ λειμὼν εὐανθέστερος· πεφύτευται γὰρ αὐτῷ καὶ χρυσὸς ἐν τοῖς πτεροῖς, κύκλῳ δὲ τὸ ἁλουργὲς τὸν χρυσὸν περιθέει τὸν ἴσον κύκλον, καὶ ἔστιν ὀφθαλμὸς ἐν τῷ πτερῷ. »

XVII. 1 Καὶ ὁ Σάτυρος συνεὶς τοῦ λόγου μου τὴν ὑπόθεσιν, ἵνα μοι μᾶλλον εἴη περὶ τούτου λέγειν, « Ἦ γὰρ ὁ Ἔρως, ἔφη, τοσαύτην ἔχει τὴν ἰσχύν, ὡς καὶ μέχρις ὀρνίθων πέμπειν τὸ πῦρ ; » « Οὐ μέχρις ὀρνίθων, ἔφην, τοῦτο γὰρ οὐ θαυμαστόν, ἐπεὶ καὶ αὐτὸς ἔχει πτερόν, ἀλλὰ καὶ ἑρπετῶν καὶ φυτῶν, ἐγὼ δὲ δοκῶ, καὶ

8 Ceux qui chantaient étaient les cigales et les hirondelles, les unes chantant la couche d'Aurore, les autres le festin de Térée[95]. Les oiseaux apprivoisés étaient le paon, le cygne et le perroquet ; le cygne trouvait sa nourriture près des sources, le perroquet était suspendu à un arbre, dans une volière, le paon laissait traîner sa queue parmi les fleurs. Le spectacle que donnaient les fleurs rivalisait de splendeur avec la couleur du plumage des oiseaux, et c'était une floraison de plumes.

XVI. **1** Et moi, qui désirais rendre la jeune fille docile à l'amour, je me mis à parler à Satyros, profitant de l'occasion que m'offrait l'oiseau. Il se trouva en effet qu'elle se promenait avec Clio et qu'elle s'arrêta en face du paon. **2** Et il se trouva par quelque effet de la fortune que, à ce moment, l'oiseau déploya la beauté de ses plumes et montra le spectacle de son plumage. « Ce n'est pas sans dessein, dis-je, que l'oiseau agit ainsi. C'est un amoureux. Il fait ainsi le beau lorsqu'il veut gagner son aimée. **3** La vois-tu, là-bas, près du platane ? (je montrai du doigt une paonne), c'est, pour elle, maintenant, qu'il exhibe la beauté de la prairie de son plumage. C'est la prairie du paon qui est la plus fleurie : la nature a même mis de l'or dans son plumage ; autour de cet or, court un cercle de pourpre de même taille : c'est un œil sur la plume. »

XVII. **1** Et Satyros, qui avait compris l'objet de mon propos, dit, pour me permettre de parler davantage sur ce sujet : « Éros possède-t-il donc une puissance telle qu'il envoie son feu même aux oiseaux ? – Non seulement aux oiseaux, répondis-je – cela n'a rien d'extraordinaire puisque lui aussi a des ailes –, mais encore aux reptiles et

95. Sur les liens de Térée et du rossignol, voir V, 5 ; quant à la cigale, c'est cette forme qu'Aurore aurait fini par donner à son bien-aimé Tithonos, immortel, mais atteint par la décrépitude.

λίθων. 2 Ἐρᾷ γοῦν ἡ Μαγνησία λίθος τοῦ σιδήρου· κἂν μόνον ἴδῃ καὶ θίγῃ, πρὸς αὑτὴν εἵλκυσεν, ὥσπερ ἐρωτικὸν ἔνδον ἔχουσα πῦρ. Καὶ μή τι τοῦτό ἐστιν ἐρώσης λίθου καὶ ἐρωμένου σιδήρου φίλημα; 3 Περὶ δὲ φυτῶν λέγουσι παῖδες σοφῶν· καὶ μῦθον ἔλεγον ⟨ἂν⟩ τὸν λόγον εἶναι, εἰ μὴ καὶ παῖδες ἔλεγον γεωργῶν. Ὁ δὲ λόγος· ἄλλο μὲν ἄλλου φυτὸν ἐρᾶν, τῷ δὲ φοίνικι τὸν ἔρωτα μᾶλλον ἐνοχλεῖν. Λέγουσι δὲ τὸν μὲν ἄρρενα τῶν φοινίκων, τὸν δὲ θῆλυν. 4 Ὁ ἄρρην οὖν τοῦ θήλεος ἐρᾷ· κἂν ὁ θῆλυς ἀπῳκισμένος εἴη τῇ τῆς φυτείας στάσει, ὁ ἐραστὴς ὁ ἄρρην αὐαίνεται. Συνίησιν οὖν ὁ γεωργὸς τὴν λύπην τοῦ φυτοῦ, καὶ εἰς τὴν τοῦ χωρίου περιωπὴν ἀνελθὼν ἐφορᾷ ποῦ νένευκε· κλίνεται γὰρ εἰς τὸ ἐρώμενον. Καὶ μαθὼν θεραπεύει τοῦ φυτοῦ τὴν νόσον· 5 πτόρθον γὰρ τοῦ θήλεος φοίνικος λαβὼν εἰς τὴν τοῦ ἄρρενος καρδίαν ἐντίθησι. Καὶ ἀνέψυξε μὲν τὴν ψυχὴν τοῦ φυτοῦ, τὸ δὲ σῶμα ἀποθνῆσκον πάλιν ἀνεζωπύρησε καὶ ἐξανέστη, χαῖρον ἐπὶ τῇ τῆς ἐρωμένης συμπλοκῇ. Καὶ τοῦτό ἐστι γάμος φυτοῦ.

XVIII. 1 Γίνεται δὲ καὶ γάμος ἄλλος ὑδάτων διαπόντιος. Καὶ ἔστιν ὁ μὲν ἐραστὴς ποταμὸς Ἠλεῖος, ἡ δὲ

96. Sur ce thème d'Amour régnant sur tous les ordres de la nature et le « répertoire » des *exempla* à l'usage des épithalames rhétoriques *(gamèlioi logoi)*, voir [Ménandre le Rhéteur] cité en appendice, p. 409-410 – avec Gamos à la place d'Éros. Le règne minéral n'y figure pas : son adjonction permet à l'auteur d'insister de nouveau sur la puissance d'*attraction* (qui a ouvert le texte avec Éros et Zeus) et qui suppose une distance à combler, soulignée dans tous les exemples.

97. Le baiser est aussi l'objectif le plus immédiat de Clitophon et sa mention initiale ménage à l'intérieur des exemples une certaine progression, du feu intérieur et du baiser à l'étreinte et à l'union intime.

98. On a une nouvelle occurrence de l'opposition / association de *logos* et *mythos*.

aux plantes, et, je crois, même aux pierres[96]. **2** Par exemple, la pierre de Magnésie aime le fer ; qu'elle le voie ou le touche seulement, et elle l'attire à elle, comme si elle avait en elle un feu amoureux. Et n'est-ce pas là, entre la pierre aimante et le fer aimé, un baiser[97] ? **3** Sur les plantes, les savants racontent une histoire et l'on dirait que cette histoire n'est qu'un conte[98], si les paysans ne la racontaient pas aussi. Voici ce qu'ils disent : qu'une plante en aime une autre[99], mais que c'est au palmier[100] que l'amour cause le plus de trouble. Ils disent qu'il y a, chez les palmiers, un mâle et une femelle. **4** Le mâle aime la femelle et si la femelle est plantée à quelque distance, le mâle, son amant, se dessèche. Le paysan comprend alors la peine de la plante ; après être monté sur l'endroit d'où l'on voit la contrée alentour, il regarde où l'arbre penche, car il se tourne toujours vers l'objet aimé ; après l'avoir découvert, il guérit le mal de l'arbre : **5** prenant un rameau du palmier femelle, il le place dans le cœur du mâle et ranime l'âme de la plante ; le corps, qui se mourait, reprend vie et ressuscite, se réjouissant de l'embrassement de sa bien-aimée. Voilà un mariage de plantes.

XVIII. **1** Il existe aussi un autre mariage, entre les eaux, à travers la mer : l'amant est un fleuve d'Élide, la bien-

99. Sur des emplois comparables de la notion d'*eros*, mais par les *physikoi* et dans une réflexion philosophique (qui permet de mesurer la différence avec l'emploi rhétorique dont témoigne, un peu plus tard, Ménandre le Rhéteur pour les *gamèlioi logoi*), voir Plutarque, *Amat.*, 770 A-B – usage que l'on trouve aussi dans le discours du médecin Éryximaque dans le *Banquet*.

100. La chose en soi est attestée par Théophraste, *HP* 2, 6, 6 et 2, 8, 4 (voir S. Amigues, CUF, notes *ad loc.* sur la portée de ces remarques pour la connaissance d'une sexualité des plantes) ; elle a nourri textes et tableaux (par ex., Philostrate, *Images*, cité en appendice, p. 408-409), mais le palmier a aussi l'avantage de se dire φοῖνιξ, et le locuteur est un phénicien…

ἐρωμένη κρήνη Σικελική. Διὰ γὰρ τῆς θαλάττης ὁ ποταμὸς ὡς διὰ πεδίου τρέχει. 2 Ἡ δὲ οὐκ ἀφανίζει γλυκὺν ἐραστὴν ἁλμυρῷ κύματι, σχίζεται δὲ αὐτῷ ῥέοντι, καὶ τὸ σχίσμα τῆς θαλάττης χαράδρα τῷ ποταμῷ γίνεται· καὶ ἐπὶ τὴν Ἀρέθουσαν οὕτω τὸν Ἀλφειὸν νυμφοστολεῖ. Ὅταν οὖν ᾖ ⟨ἡ⟩ τῶν Ὀλυμπίων ἑορτή, πολλοὶ μὲν εἰς τὰς δίνας τοῦ ποταμοῦ καθιᾶσιν ἄλλος ἄλλα δῶρα· ὁ δὲ εὐθὺς πρὸς τὴν ἐρωμένην κομίζει, καὶ ταῦτά ἐστιν ἕδνα ποταμοῦ. 3 Γίνεται δὲ καὶ ἐν τοῖς ἑρπετοῖς ἄλλο ἔρωτος μυστήριον, οὐ τοῖς ὁμογενέσι μόνον πρὸς ἄλληλα, ἀλλὰ καὶ τοῖς ἀλλοφύλοις. Ὁ ἔχις ὁ τῆς γῆς ὄφις εἰς τὴν σμύραιναν οἰστρεῖ· ἡ δὲ σμύραινά ἐστιν ἄλλος ὄφις θαλάσσιος, εἰς μὲν τὴν μορφὴν ὄφις, εἰς δὲ τὴν χρῆσιν ἰχθύς. 4 Ὅταν οὖν εἰς τὸν γάμον ἐθέλωσιν ἀλλήλοις συνελθεῖν, ὁ μὲν εἰς τὸν αἰγιαλὸν ἐλθὼν συρίζει πρὸς τὴν θάλατταν τῇ σμυραίνῃ σύμβολον, ἡ δὲ γνωρίζει τὸ σύνθημα καὶ ἐκ τῶν κυμάτων ἀναδύεται. Ἀλλ' οὐκ εὐθέως πρὸς τὸν νυμφίον ἐξέρχεται — οἶδε γὰρ ὅτι θάνατον ἐν τοῖς ὀδοῦσι φέρει —, ἀλλ' ἄνεισιν εἰς τὴν πέτραν καὶ περιμένει τὸν νυμφίον καθᾶραι τὸ στόμα. 5 Ἑστᾶσιν οὖν ἀμφότεροι πρὸς ἀλλήλους βλέποντες, ὁ μὲν ἠπειρώτης ἐραστής, ἡ δὲ ἐρωμένη νησιῶτις. Ὅταν οὖν ὁ ἐραστὴς ἐξεμέσῃ τῆς νύμφης τὸν φόβον, ἡ δὲ ἐρριμμένον ἴδῃ τὸν θάνατον χαμαί, τότε

101. Sur cet *exemplum* courant, voir Ménandre le Rhéteur (cité en appendice, p. 409). Il suppose un raccourci de la version ordinaire : le jeune chasseur Alphée poursuivant la nymphe Aréthuse, ils ont l'un et l'autre été transformés en fleuves (*cf.* Pausanias V, 7, 2-3, et la version d'Ovide, *Metam.*, V, 573-642).

102. Variante spirituelle sur le doux-amer de l'amour ? La mer en tout cas favorise à son tour l'amour, comme l'a fait le paysan pour les palmiers, et devient l' « escorte du fiancé », comme dans les cérémonies nuptiales.

103. La comparaison humaine se poursuit : sur les *hedna*, *cf.* A.-M. VÉRILHAC et Cl. VIAL, *Le Mariage grec. Du* VIe *s. av. J.-C. à l'époque d'Auguste,* BCH suppl. 32, 1998, p. 126-128.

aimée une fontaine de Sicile[101]. Le fleuve court à travers la mer comme à travers une plaine. **2** Elle n'anéantit pas un doux amant de son flot amer[102] ; elle s'ouvre devant son flux, et cette ouverture se fait lit pour le fleuve : c'est ainsi qu'à Aréthuse, elle amène son fiancé, l'Alphée. Quand a lieu la fête des Jeux Olympiques, plus d'un lance dans les tourbillons du fleuve, qui tel présent, qui tel autre, et lui les emporte aussitôt vers sa bien-aimée : voilà les présents de fiançailles[103] d'un fleuve. **3** Il existe aussi chez les reptiles un autre mystère d'amour, non seulement chez ceux de la même espèce, mais aussi entre ceux d'espèce différente[104] : la vipère mâle, serpent de terre, est saisie de passion pour la murène ; la murène est un autre serpent, mais de mer, qui a la forme d'un serpent, mais la vie d'un poisson. **4** Lorsqu'ils désirent se réunir pour le mariage, le mâle, venu sur la grève, fait signe à la murène en sifflant, en direction de la mer ; elle reconnaît le signal convenu et surgit des flots. Mais ce n'est pas tout de suite qu'elle vient vers son fiancé, car elle sait qu'il porte la mort dans ses crocs ; elle monte sur le roc et attend que celui-ci ait purifié sa bouche. **5** Ils restent tous deux à se regarder l'un l'autre, d'un côté le terrestre amant, de l'autre la bien-aimée insulaire. Lorsque l'amant a craché ce qui faisait peur à

104. Nouvel élément de gradation ; s'y ajoutera, à la fin, le danger que le fiancé peut faire courir à la fiancée, susceptible d'une double interprétation, érotique et romanesque : peuvent être ainsi annoncés et les dangers qu'aura à courir Leucippé et aussi, peut-être, son refus, à partir du livre IV, de perdre sa virginité. Sur les amours de la murène et du serpent, voir Arist., *HA* 504 b34, Élien, *NA* 1, 50 et 9, 66, et Oppien, *Halieutica*, 1, 554-579.

καταβαίνει τῆς πέτρας καὶ εἰς τὴν ἤπειρον ἐξέρχεται καὶ τὸν ἐραστὴν περιπτύσσεται καὶ οὐκέτι φοβεῖται τὰ φιλήματα. »

XIX. 1 Ταῦτα λέγων ἔβλεπον ἅμα τὴν κόρην, πῶς ἔχει πρὸς τὴν ἀκρόασιν τὴν ἐρωτικήν · ἡ δὲ ὑπεσήμαινεν οὐκ ἀηδῶς ἀκούειν. Τὸ δὲ κάλλος ἀστράπτον τοῦ ταῶ ἧττον ἐδόκει μοι τοῦ Λευκίππης εἶναι προσώπου. Τὸ γὰρ τοῦ σώματος κάλλος αὐτῆς πρὸς τὰ τοῦ λειμῶνος ἤριζεν ἄνθη. Ναρκίσσου μὲν τὸ πρόσωπον ἔστιλβε χροιάν, ῥόδον δὲ ἀνέτελλεν ἐκ τῆς παρειᾶς, ἴον δὲ ἡ τῶν ὀφθαλμῶν ἐμάρμαιρεν αὐγή, αἱ δὲ κόμαι βοστρυχούμεναι μᾶλλον εἱλίττοντο κιττοῦ · 2 τοσοῦτος ἦν Λευκίππης ἐπὶ τῶν προσώπων ὁ λειμών. Ἡ μὲν οὖν μετὰ μικρὸν ἀπιοῦσα ᾤχετο · τῆς γὰρ κιθάρας αὐτὴν ὁ καιρὸς ἐκάλει. Ἐμοὶ δὲ ἐδόκει παρεῖναι · ἀπελθοῦσα γὰρ τὴν μορφὴν ἐναφῆκέ μου τοῖς ὀφθαλμοῖς. 3 Ἑαυτοὺς οὖν ἐπῃνοῦμεν ἐγώ τε καὶ ὁ Σάτυρος, ἐγὼ μὲν ἐμαυτὸν τῆς μυθολογίας, ὁ δὲ ὅτι μοι τὰς ἀφορμὰς παρέσχεν. [Καὶ μετὰ μικρὸν τοῦ δείπνου καιρὸς ἦν, καὶ πάλιν ὁμοίως συνεπίνομεν.]

105. Litt. « cette conférence amoureuse » : le mot employé est celui que l'on utilise aussi pour les récitals des sophistes (*cf.* Plutarque, *De audiendo*).

106. Pour la prairie et ses fleurs, *supra*, V et XV, 5-6 ; c'est aussi un thème d'épigramme (voir appendice, p. 411).

sa fiancée, et que celle-ci voit la mort jetée à terre, alors elle descend du roc, part vers la terre ferme embrasse son amant et ne craint plus ses baisers. »

XIX. **1** Tout en tenant ces propos, je regardais comment la jeune fille régissait à cet amoureux discours[105], et elle faisait comprendre qu'elle n'écoutait pas sans plaisir. La beauté du paon me semblait moins éclatante que le visage de Leucippé. La beauté de son corps rivalisait avec les fleurs de la prairie[106]. C'est de la couleur du narcisse que resplendissait son visage, une rose apparaissait sur ses joues, la lumière de ses yeux avait l'éclat de la violette, ses cheveux formaient plus de boucles que le lierre[107] : **2** telle était la prairie sur le visage de Leucippé. Peu après elle s'éloigna et partit, car l'heure de sa cithare l'appelait ; mais je la croyais encore présente, car, en partant, elle avait laissé sa beauté dans mes yeux. **3** Et nous de nous congratuler, Satyros et moi, moi pour mon affabulation[108], et lui pour m'en avoir fourni le point de départ. [Et peu après, ce fut le moment du dîner et nous bûmes de nouveau ensemble comme avant.]

107. Sur les boucles des plantes, *supra*, XV, 4. Tous ces éléments, repris des deux descriptions antérieures d'un *locus amoenus*, culminent dans la métaphore du visage / prairie (comme le paon, qui a, en quelque sorte, servi de relais, étalait la beauté de « la prairie de son plumage » en XVI, 3).

108. De nouveau *mythos*.

ΛΟΓΟΣ ΔΕΥΤΕΡΟΣ

I. 1 Ἅμα δὲ ἑαυτοὺς ἐπαινοῦντες ἐπὶ τὸ δωμάτιον ἐβαδίζομεν τῆς κόρης, ἀκροασόμενοι δῆθεν τῶν κιθαρισμάτων· οὐ γὰρ ἐδυνάμην ἐμαυτοῦ κἂν ἐπ' ὀλίγον κρατεῖν τοῦ μὴ ὁρᾶν τὴν κόρην. Ἡ δὲ πρῶτον μὲν ᾖσεν Ὁμήρου τὴν πρὸς τὸν λέοντα τοῦ συὸς μάχην. Ἔπειτά τι καὶ τῆς ἁπαλῆς μούσης ἐλίγαινε· ῥόδον γὰρ ἐπῄνει τὸ ᾆσμα. 2 Εἴ τις τὰς καμπὰς τῆς ᾠδῆς περιελὼν ψιλὸν ἔλεγεν ἁρμονίας τὸν λόγον, οὕτως ἂν εἶχεν ὁ λόγος· « Εἰ τοῖς ἄνθεσιν ἤθελεν ὁ Ζεὺς ἐπιθεῖναι βασιλέα, τὸ ῥόδον ἂν τῶν ἀνθέων ἐβασίλευε. Γῆς ἐστι κόσμος, φυτῶν ἀγλάϊσμα, ὀφθαλμὸς ἀνθέων, λειμῶνος ἐρύθημα, κάλλος ἀστράπτον· 3 ἔρωτος πνέει, Ἀφροδίτην προξενεῖ, εὐώδεσι φύλλοις κομᾷ, εὐκινήτοις πετάλοις τρυφᾷ, τὸ πέταλον τῷ Ζεφύρῳ γελᾷ. » Ἡ μὲν ταῦτα ᾖδεν· ἐγὼ δὲ ἐδόκουν τὸ ῥόδον ἐπὶ τῶν χειλέων αὐτῆς ⟨ἰδεῖν⟩, ὡς εἴ τις τῆς κάλυκος τὸ περιφερὲς εἰς τὴν τοῦ στόματος ἔκλεισε μορφήν.

1. Le chant de Leucippé est ainsi présenté à son tour comme une sorte d'*akroasis* par laquelle elle va « répondre » à la conférence amoureuse de Clitophon.

2. *Iliade*, XVI, 823-826 : le passage se situe au moment de la mort de Patrocle.

3. Ces inflexions doivent aussi participer du caractère langoureux du chant ; en tout cas, elles sont caractéristiques des chants amollissants flétris par le raisonnement juste dans les *Nuées* (969).

LIVRE II

I. **1** Tout en nous congratulant, nous entrons dans la chambre de la jeune fille, apparemment pour aller écouter[1] ses airs de cithare, car je ne pouvais, ne fût-ce qu'un instant, me retenir de la voir. Elle chanta d'abord, d'Homère, le combat du sanglier contre le lion[2]. Puis elle joua un morceau de musique tendre : le chant faisait l'éloge de la rose. **2** Si l'on ôtait les inflexions[3] de la mélodie en donnant les paroles sans accompagnement, le sujet se présenterait ainsi : « Si Zeus avait voulu donner aux fleurs un roi, c'est la rose qui régnerait sur les fleurs. Elle est la parure de la terre, la gloire des plantes, l'œil des fleurs, la rougeur de la prairie, la beauté dans tout son éclat; **3** elle respire l'amour, elle est messagère d'Aphrodite, elle est fière de ses pétales odorants, s'enorgueillit de ses feuilles frémissantes, sa feuille rit au Zéphyr. » Voilà ce qu'elle chantait; et moi, je croyais < voir > la rose sur ses lèvres, comme si l'on avait emprisonné le contour du calice dans la forme de sa bouche[4].

4. C'est en quelque sorte le climax du thème de la rose qui a couru dans le texte depuis la première description du *leimôn* d'Europe (1, 1, 5); elle s'est retrouvée dans le jardin (1, 15, 5) après avoir servi métaphoriquement dans le premier portrait de Leucippé (1, 4, 3) pour peindre l'éclat de sa bouche, avant de revenir dans le second portrait sur ses joues (1, 19, 1) ; devenu sujet de chant (2, 1, 2-3), elle se fait tout naturellement métaphore de la bouche qui la chante. On trouvera un procédé comparable plus loin avec l'abeille.

II. 1 Καὶ ἄρτι πέπαυτο τῶν κιθαρισμάτων, καὶ πάλιν δείπνου καιρὸς ἦν. Ἦν γὰρ ἑορτὴ προτρυγαίου Διονύσου τότε. Τὸν γὰρ Διόνυσον Τύριοι νομίζουσιν ἑαυτῶν, ἐπεὶ καὶ τὸν Κάδμου μῦθον ᾄδουσι. 2 Καὶ τῆς ἑορτῆς διηγοῦνται πατέρα μῦθον, οἶνον οὐκ εἶναί πω παρ' ἀνθρώποις ὅπου μήπω παρ' αὐτοῖς, οὐ τὸν μέλανα τὸν ἀνθοσμίαν, οὐ τὸν τῆς Βιβλίας ἀμπέλου, οὐ τὸν Μάρωνος τὸν Θρᾴκιον, οὐ Χῖον τὸν ἐκ Λακαίνης, οὐ τὸν Ἰκάρου τὸν νησιώτην, ἀλλὰ τούτους μὲν ἅπαντας ἀποίκους εἶναι Τυρίων ἀνθρώπων, τὴν δὲ πρώτην παρ' αὐτοῖς φῦναι τῶν οἴνων μητέρα. 3 Εἶναι γὰρ ἐκεῖ τινα φιλόξενον ποιμένα, οἷον Ἀθηναῖοι τὸν Ἰκάριον λέγουσι, καὶ τό γε ἐνταῦθα τοῦ μύθου γενέσθαι πᾶν, ὅσον Ἀττικὸν εἶναι δοκεῖ. Ἐπὶ τοῦτον ἧκεν ὁ Διόνυσος τὸν βουκόλον· ὁ δὲ αὐτῷ παρατίθησιν ὅσα γῆ τρέφει καὶ μαζοὶ βοῶν. Ποτὸν δὲ ἦν παρ' αὐτοῖς οἷον καὶ ὁ βοῦς ἔπινεν· οὔπω γὰρ τὸ ἀμπέλινον ἦν. 4 Ὁ Διόνυσος ἐπαινεῖ τῆς φιλοφροσύνης τὸν ποιμένα καὶ αὐτῷ προτείνει κύλικα φιλοτησίαν. Τὸ δὲ ποτὸν οἶνος ἦν. Ὁ δὲ πιὼν ὑφ' ἡδονῆς βακχεύεται καὶ λέγει πρὸς τὸν θεόν· « Πόθεν, ὦ ξένε, σοὶ τὸ ὕδωρ τοῦτο τὸ πορφυροῦν ; πόθεν οὕτως εὗρες αἷμα γλυκύ ; οὐ γάρ ἐστιν ἐκεῖνο τὸ χαμαὶ ῥέον. 5 Τὸ μὲν γὰρ ἐς τὰ στέρνα καταβαίνει καὶ λεπτὴν ἔχει τὴν ἡδονήν, τοῦτο δὲ καὶ πρὸ τοῦ στόματος τὰς ῥῖνας εὐφραίνει καὶ θιγόντι μὲν ψυχρόν ἐστιν, εἰς τὴν γαστέρα δὲ καταθορὸν ἀναπνεῖ κάτωθεν ἡδονῆς πῦρ. » Καὶ ὁ Διόνυσος ἔφη· « Τοῦτό ἐστιν ὀπώρας ὕδωρ, τοῦτό ἐστιν αἷμα βότρυος. » 6 Ἄγει πρὸς τὴν ἄμπελον ὁ θεὸς τὸν βουκόλον, καὶ τῶν βοτρύων λαβὼν ἅμα καὶ θλίβων καὶ δεικνὺς τὴν ἄμπελον· « Τοῦτο μέν ἐστιν, ἔφη, τὸ ὕδωρ, τοῦτο δὲ ἡ πηγή. » Ὁ μὲν οὖν οἶνος οὕτως ἐς ἀνθρώπους παρῆλθεν, ὡς ὁ Τυρίων λόγος.

5. Derechef la couleur peut la prédisposer à être associée aux gens de Tyr (voir *infra* la légende de la pourpre au ch. XI).

II. **1** Et comme elle avait juste fini ses airs de cithare, ce fut de nouveau l'heure du dîner ; c'était alors la fête de Dionysos qui préside aux Vendanges ; les Tyriens croient en effet Dionysos de chez eux, puisque, aussi bien, ils chantent le mythe de Cadmos. **2** Ils content une histoire qui est l'origine de la fête : le vin n'existait pas encore chez les hommes, nulle part, avant d'exister chez eux, ni le vin noir au bouquet agréable, ni celui de la vigne de Biblis, ni le vin thrace de Marôn, ni « le Chios de la coupe Laconienne », ni le vin de l'île d'Icaros ; tous ceux-là, sans exception, viennent des Tyriens ; c'est d'abord chez eux qu'a poussé la mère des vignes. **3** Il y avait là un pâtre fort accueillant, comme l'était Icarios, selon les Athéniens ; et à s'en tenir à cette partie de l'histoire, tout paraît être attique. Dionysos se rend chez ce bouvier, celui-ci lui offre tout ce que produisent la terre et les mamelles de ses vaches. Mais les Tyriens buvaient la même boisson que les bœufs, car le vin de raisin n'existait pas encore. **4** Dionysos remercie le pâtre de sa bonté et lui tend la coupe de l'amitié. Mais, comme boisson, c'était du vin. L'autre, après avoir bu, est transporté de plaisir et dit au dieu : « Où, étranger, as-tu-pris cette eau de pourpre[5] ? Où as-tu trouvé un sang si doux ? Ce n'est pas là celui qui coule à terre. **5** Car, si l'un descend dans la poitrine et ne procure qu'un mince plaisir, celui-ci, même avant d'atteindre la bouche, réjouit le nez ; et, s'il est froid au toucher, lorsqu'il bondit dans l'estomac, il fait exhaler des entrailles un feu de plaisir. » Et Dionysos répondit : « Ceci est l'eau de l'automne, ceci est le sang de la grappe. » **6** Le dieu mène le bouvier vers la vigne et, ayant pris l'une des grappes et la pressant, tout en montrant la vigne : « Voici l'eau, dit-il, voilà la source. » C'est donc ainsi que le vin parvint chez les hommes, aux dires des Tyriens[6] .

6. Ce *logos* des Tyriens n'est pas sans rappeler la manière d'Hérodote.

III. 1 Ἑορτὴν δὲ ἄγουσιν ἐκείνην τὴν ἡμέραν ἐκείνῳ τῷ θεῷ. Φιλοφρονούμενος οὖν ὁ πατὴρ τά τε ἄλλα παρασκευάσας ἐς τὸ δεῖπνον ἔτυχε πολυτελέστερα καὶ κρατῆρα παρεθήκατο ἱερὸν τοῦ θεοῦ, μετὰ τὸν Γλαύκου τοῦ Χίου δεύτερον. Ὑέλου μὲν τὸ πᾶν ἔργον ὀρωρυγμένης· 2 κύκλῳ δὲ αὐτὸν ἄμπελοι περιέστεφον ἀπ' αὐτοῦ τοῦ κρατῆρος πεφυτευμέναι. Οἱ δὲ βότρυες πάντῃ περικρεμάμενοι· ὄμφαξ μὲν αὐτῶν ἕκαστος ⟨ἐφ'⟩ ὅσον ἐστὶν κενὸς ὁ κρατήρ· ἐὰν δὲ ἐγχέῃς οἴνου, κατὰ μικρὸν ὁ βότρυς ὑποπερκάζεται καὶ σταφυλὴν τὸν ὄμφακα ποιεῖ. Διόνυσος δὲ ἐντετύπωται τῶν βοτρύων πλησίον, ἵνα τὴν ἄμπελον οἴνῳ γεωργῇ· 3 Τοῦ δὲ πότου προϊόντος ἤδη καὶ ἀναισχύντως ἐς αὐτὴν ἑώρων. Ἔρως δὲ καὶ Διόνυσος, δύο βίαιοι θεοί, ψυχὴν κατασχόντες ἐκμαίνουσιν εἰς ἀναισχυντίαν, ὁ μὲν καίων αὐτὴν τῷ συνήθει πυρί, ὁ δὲ τὸν οἶνον ὑπέκκαυμα φέρων· οἶνος γὰρ ἔρωτος τροφή. Ἤδη δὲ καὶ αὐτὴ περιεργότερον εἰς ἐμὲ βλέπειν ἐθρασύνετο. Καὶ ταῦτα μὲν ἡμῖν ἡμερῶν ἐπράττετο δέκα· καὶ πλέον τῶν ὀμμάτων ἐκερδαίνομεν ἢ ἐτολμῶμεν οὐδέν.

IV. 1 Κοινοῦμαι δὴ τῷ Σατύρῳ τὸ πᾶν καὶ συμπράττειν ἠξίουν· ὁ δὲ ἔλεγε καὶ αὐτὸς μὲν ἐγνωκέναι πρὶν παρ' ἐμοῦ μαθεῖν, ὀκνεῖν δὲ ἐλέγχειν βουλόμενον λανθάνειν. Ὁ γὰρ μετὰ κλοπῆς ἐρῶν ἂν ἐλεγχθῇ πρός τινος, ὡς ὀνειδίζοντα τὸν ἐλέγξαντα μισεῖ. 2 « Ἤδη δέ, ἔφη, καὶ τὸ αὐτόματον ἡμῶν προὐνόησεν [ἡ τύχη]. Ἡ γὰρ τὸν θάλαμον αὐτῆς πεπιστευμένη Κλειὼ κεκοινώνηκέ μοι καὶ

III. **1** Ils célèbrent ce jour-là une fête en l'honneur de ce dieu. Mon père donc, tout heureux, avait fait faire des préparatifs particulièrement somptueux pour le dîner et, entre autres, avait fait placer un cratère consacré à Dionysos, le second en beauté après celui de Glaucos de Chios[7]. Il est entièrement taillé dans du cristal de roche ; **2** des vignes l'entourent, nées du cratère lui-même. Des grappes sont suspendues tout autour et chacune d'elles est du raisin vert, tant que le cratère est vide ; mais si l'on y verse du vin, peu à peu la grappe commence à noircir et transforme en raisin mûr la grappe verte. Et Dionysos est gravé près des grappes pour qu'il travaille la vigne et fasse du vin. **3** Comme le banquet s'avançait, je fixais désormais les yeux sur elle sans pudeur : Éros et Dionysos, deux dieux violents, une fois qu'ils se sont emparés d'une âme, la rendent folle jusqu'à l'impudence, l'un en la brûlant de son feu habituel, l'autre en apportant le vin comme stimulant, car le vin est aliment de l'amour. Et, dès lors, elle aussi s'enhardit à me regarder avec plus de curiosité. Cette situation dura entre nous pendant dix jours ; nous n'osions pas aller au-delà de ce que nous gagnions par nos regards.

IV. **1** Je confie alors le tout à Satyros et lui demande de m'aider ; il répondit qu'il s'en était lui-même aperçu, avant que je le lui apprenne, mais qu'il hésitait à interroger un homme qui désirait ne pas être découvert. Car celui qui aime en secret, lorsqu'on l'interroge, se met à haïr celui qui l'a interrogé, voyant dans ses questions des reproches. **2** « Mais déjà, dit-il, le hasard même a pourvu à nos affaires, car celle à qui l'on a confié la garde de sa chambre, Clio,

7. Il avait été offert au dieu de Delphes par le Lydien Halyatte, père de Crésus, et l'on en trouve mention en premier lieu chez Hérodote (I, 25). Il ne restait plus que la base en fer travaillé (la spécialité de Glaucos) du temps de Pausanias (10, 16).

ἔχει πρός με ὡς ἐραστήν. Ταύτην παρασκευάσω κατὰ μικρὸν πρὸς ἡμᾶς οὕτως ἔχειν, ὡς καὶ συναίρεσθαι πρὸς τὸ ἔργον. 3 Δεῖ δέ σε καὶ τὴν κόρην οὐ μέχρι τῶν ὀμμάτων μόνων πειρᾶν, ἀλλὰ καὶ ῥῆμα δριμύτερον εἰπεῖν. Τότε δὲ πρόσαγε τὴν δευτέραν μηχανήν· 4 Θίγε χειρός, θλῖψον δάκτυλον, θλίβων στέναξον. Ἢν δὲ ταῦτά σου ποιοῦντος καρτερῇ καὶ προσίηται, σὸν ἔργον ἤδη δέσποινάν τε καλεῖν καὶ φιλῆσαι τράχηλον. » « Πιθανῶς μέν, ἔφην, νὴ τὴν Ἀθηνᾶν, ἐς τὸ ἔργον παιδοτριβεῖς· δέδοικα δὲ μὴ ἄτολμος ὢν καὶ δειλὸς ἔρωτος ἀθλητὴς γένωμαι. » 5 « Ἔρως, ὦ γενναῖε, ἔφη, δειλίας οὐκ ἀνέχεται. Ὁρᾷς αὐτοῦ τὸ σχῆμα ὡς ἔστι στρατιωτικόν· τόξον καὶ φαρέτρα καὶ βέλη καὶ πῦρ, ἀνδρεῖα πάντα καὶ τόλμης γέμοντα. Τοιοῦτον οὖν ἐν σεαυτῷ θεὸν ἔχων δειλὸς εἶ καὶ φοβῇ ; Ὅρα μὴ καταψεύσῃ τοῦ θεοῦ. 6 Ἀρχὴν δὲ ἐγώ σοι παρέξω. Τὴν Κλειὼ γὰρ ἀπάξω μάλιστα ὅταν ἐπιτήδειον ἴδω καιρὸν τοῦ σε τῇ παρθένῳ δύνασθαι καθ' αὑτὸν συνεῖναι μόνῃ. »

V. 1 Ταῦτ' εἰπὼν ἐχώρησεν ἔξω τῶν θυρῶν. Ἐγὼ δὲ κατ' ἐμαυτὸν γενόμενος καὶ ὑπὸ τοῦ Σατύρου παροξυνθεὶς ἤσκουν ἐμαυτὸν εἰς εὐτολμίαν ἐπὶ τὴν παρθένον. « Μέχρι τίνος, ἄνανδρε, σιγᾷς ; Τί δὲ δειλὸς εἶ στρατιώτης ἀνδρείου θεοῦ ; Τὴν κόρην προσελθεῖν σοὶ περιμένεις ; » 2 Εἶτα προσετίθην· « Τί γάρ, ὦ κακόδαιμον, οὐ σωφρονεῖς ; Τί δὲ οὐκ ἐρᾷς ὧν σε δεῖ ;

8. Littéralement « une parole plus piquante » : ce qui sera réalisé à la lettre par le subterfuge de la piqûre d'abeille (*infra*, ch. VII).

9. La métaphore militaire, bien adaptée à la *militia amoris*, succède ici à la métaphore théâtrale de Clinias (I, 10, 7) qui s'est réalisée en « conférence amoureuse » au jardin; l'action réclame désormais un « soldat courageux » (*infra*, II, 5, 1).

10. Sans doute est-ce la protectrice d'Ulysse, qui va être invoqué comme modèle un peu plus loin (XXIII, 3), et une déesse guerrière, mais ce n'est peut-être pas la déesse la plus appropriée pour protéger une tentative amoureuse.

s'est unie à moi et me considère comme son amant. Je la préparerai, peu à peu, à nous être favorable pour qu'elle aussi aide à la chose. **3** Mais il ne faut pas que toi, tu tentes de séduire la jeune fille seulement par les yeux, tu dois aussi lui tenir un langage plus pénétrant[8]. Et alors fais donner tes deuxièmes batteries[9] : **4** effleure une main, serre un doigt et, en le serrant, soupire. Et si elle accepte et tolère ce que tu fais, à toi dès lors de l'appeler "Maîtresse" et de lui baiser le cou. » Je répondis : « C'est d'une manière persuasive, par Athéna[10], que tu m'entraînes à l'acte, mais je crains, moi qui manque d'audace, d'être aussi un athlète de l'amour bien lâche[11]. » **5** Éros, mon bon, répondit-il, ne souffre pas de lâcheté[12]. Tu vois son apparence, comme elle est martiale : un arc, un carquois, des flèches, une torche, tous attributs virils[13] et pleins d'audace. Eh bien, ayant en toi un tel dieu, tu es lâche et tu as peur ? Veille à ne pas démentir le dieu. **6** Moi, je m'en vais te fournir un point de départ ; j'éloignerai Clio, juste quand je verrai un moment favorable qui te donne la possibilité de te trouver seul à seule avec la jeune fille. »

V. **1** Ayant dit ces mots, il sortit de la pièce. Moi, réduit à moi-même et stimulé par Satyros, je m'entraînai à l'audace envers la jeune fille : « Jusqu'à quand, poltron, vas-tu te taire ? Pourquoi es-tu le lâche soldat d'un dieu viril ? Attends-tu que ce soit la fille qui vienne à toi ? » **2** Puis j'ajoutai : « Pourquoi donc, malheureux, n'es-tu pas sage ?

11. L'image de l'athlète a été préparée par le verbe précédent qui, littéralement, donne à Satyros la fonction de pédotribe (celui qui prépare aux exercices physiques un jeune garçon).

12. Éros et courage sont déjà liés dans le *Banquet* 193 b-196 e, et l'image de la *militia amoris* et des armes d'Éros est développée par la poésie amoureuse, élégie comme épigramme.

13. Ces qualités de l'homme, qui sont ordinairement de courage, prennent une autre nuance dans l'entreprise amoureuse, comme on le verra nettement *infra*, au ch. X, 1.

Παρθένον ἔνδον ἔχεις ἄλλην καλήν· ταύτης ἔρα, ταύτην βλέπε, ταύτην ἔξεστι σοι γαμεῖν. » Ἐδόκουν πεπεῖσθαι· κάτωθεν δὲ ὥσπερ ἐκ τῆς καρδίας ὁ Ἔρως ἀντεφθέγγετο· « Ναί, τολμηρέ, κατ' ἐμοῦ στρατεύῃ καὶ ἀντιπαρατάττῃ ; Ἵπταμαι καὶ τοξεύω καὶ φλέγω· πῶς δυνήσῃ φυγεῖν ; Ἂν φυλάξῃ μου τὸ τόξον, οὐκ ἔχεις φυλάξασθαι τὸ πῦρ. Ἂν δὲ καὶ ταύτην κατασβέσῃς σωφροσύνῃ τὴν φλόγα, αὐτῷ σε καταλήψομαι τῷ πτερῷ. »

VI. 1 Ταῦτα διαλεγόμενος ἔλαθον ἐπιστὰς ἀπροοράτως τῇ κόρῃ καὶ ὠχρίασά τε ἰδὼν ἐξαίφνης, εἶτα ἐφοινίχθην. Μόνη δὲ ἦν καὶ οὐδὲ ἡ Κλειὼ συμπαρῆν. Ὅμως οὖν, ὡς ἂν τεθορυβημένος οὐκ ἔχων τί εἴπω, « Χαῖρε, ἔφην, δέσποινα. » 2 Ἡ δὲ μειδιάσασα γλυκὺ καὶ ἐμφανίσασα διὰ τοῦ γέλωτος, ὅτι συνῆκε πῶς εἶπον τὸ 'Χαῖρε, δέσποινα', εἶπεν· « Ἐγὼ σή ; Μὴ τοῦτο εἴπῃς. » « Καὶ μὴν πέπρακέ μέ τίς σοι θεῶν ὥσπερ καὶ τὸν Ἡρακλέα τῇ Ὀμφάλῃ. » 3 « Τὸν Ἑρμῆν λέγεις ; Τούτῳ τὴν πρᾶσιν ἐκέλευσεν ὁ Ζεύς, » καὶ ἅμα ἐγέλασε. « Ποῖον Ἑρμῆν ; Τί ληρεῖς, εἶπον, εἰδυῖα σαφῶς ὃ λέγω ; » Ὡς δὲ περιέπλεκον λόγους ἐκ λόγων, τὸ αὐτόματόν μοι συνήργησεν.

VII. 1 Ἔτυχε τῇ προτεραίᾳ ταύτης ἡμέρᾳ περὶ μεσημβρίαν ἡ παῖς ψάλλουσα κιθάρᾳ, ἐπιπαρῆν δὲ αὐτῇ καὶ ἡ Κλειὼ καὶ παρεκάθητο, διεβάδιζον δὲ ἐγώ· καί τις ἐξαίφνης μέλιττά ποθεν ἱπτᾶσα τῆς Κλειοῦς ἐπάταξε τὴν χεῖρα. 2 Καὶ ἡ μὲν ἀνέκραγεν, ἡ δὲ παῖς ἀναθοροῦσα καὶ καταθεμένη τὴν κιθάραν κατενόει τὴν πληγὴν καὶ

14. Sur la vente d'Héraclès, voir Apollod., 2, 6, 3. Leucippé s'amuse à transformer la déclaration de sujétion de Clitophon, où Héraclès (auquel il ressemble bien peu !) n'est qu'un comparant, en devinette où il faut trouver le nom du dieu qui n'est pas nommé.

Pourquoi n'aimes-tu pas où tu dois ? Tu as à domicile une autre jeune fille, qui est belle ; aime celle-là, regarde celle-là, c'est celle-là qu'il t'est permis d'épouser. » Je croyais m'en être persuadé, mais, comme du fond de mon cœur, Éros répliqua : « Oui, audacieux, tu fais campagne contre moi et tu entres en rébellion ? Je vole, je lance des flèches, j'enflamme : comment pourras-tu t'échapper ? Si tu te gardes de mon arc, tu ne peux te garder de mon feu, et si tu arrives, par ta sagesse, à éteindre même cette flamme, je m'emparerai de toi grâce à mes ailes. »

VI. **1** Tout en faisant ces réflexions, je ne m'étais pas aperçu que je me trouvais, sans l'avoir vue, près de la jeune fille ; en la voyant tout à coup je pâlis, puis je rougis. Elle était seule, sans même Clio à ses côtés. Eh bien, cependant, comme j'étais tout troublé, et ne savais que dire, je dis : « Salut, Maîtresse. » **2** Elle, ayant souri doucement et montré par son rire qu'elle avait compris pourquoi j'avais dit : « Salut, Maîtresse ! », répondit : « Moi, pour toi ? Ne dis pas cela. – Assurément, l'un des dieux m'a vendu à toi comme Héraclès le fut à Omphale. – **3** Tu veux dire Hermès ? C'est à lui que Zeus ordonna la vente[14] », et en même temps, elle se mit à rire. « Quel Hermès ? Qu'est-ce que tu racontes, repartis-je, quand tu sais parfaitement ce que je veux dire ? » Et comme j'enchaînais propos sur propos[15], le hasard vint à mon aide.

VII. **1** Il se trouvait que la veille, vers midi, alors que la jeune fille touchait de la cithare, Clio était avec elle et assise à ses côtés, tandis que, moi, je me promenais de long en large ; soudain, une abeille, qui s'était envolée de je ne sais où, piqua Clio à la main. **2** Elle poussa un cri et Leucippé ne fit qu'un bond, posa sa cithare et observa la

15. C'est l'attitude de l'amant embarrassé et qui veut prolonger l'entretien, à comparer à celle de Charmidès en IV, 3, 2.

ἅμα παρῄνει, λέγουσα μηδὲν ἄχθεσθαι· παύσειν γὰρ αὐτὴν τῆς ἀλγηδόνος δύο ἐπᾴσασαν ῥήματα· διδαχθῆναι γὰρ αὐτὴν ὑπό τινος Αἰγυπτίας εἰς πληγὰς σφηκῶν καὶ μελιττῶν. 3 Καὶ ἅμα ἐπῆδε· καὶ ἔλεγεν ἡ Κλειὼ μετὰ μικρὸν ῥᾴων γεγονέναι. Τότε οὖν κατὰ τύχην μέλιττά τις ἢ σφὴξ περιβομβήσασα κύκλῳ μου τὸ πρόσωπον παρέπτη· κἀγὼ λαμβάνω τὸ ἐνθύμιον καὶ τὴν χεῖρα ἐπιβαλὼν τοῖς προσώποις προσεποιούμην πεπλῆχθαι καὶ ἀλγεῖν. 4 Ἡ δὲ παῖς προσελθοῦσα εἷλκε τὴν χεῖρα καὶ ἐπυνθάνετο ποῖ παταχθείην. Κἀγώ, « Κατὰ τοῦ χείλους, ἔφην· ἀλλὰ τί οὐκ ἐπᾴδεις, φιλτάτη ; » Ἡ δὲ προσῆλθέ τε καὶ ἐνέθηκεν ὡς ἐπᾴσουσα τὸ στόμα, καί τι ἐψιθύριζεν, ἐξ ἐπιπολῆς ψαύουσά μου τῶν χειλέων. 5 Κἀγὼ κατεφίλουν σιωπῇ, κλέπτων τῶν φιλημάτων τὸν ψόφον, ἡ δὲ ἀνοίγουσα καὶ κλείουσα τῶν χειλέων τὴν συμβολὴν τῷ τῆς ἐπῳδῆς ψιθυρίσματι φιλήματα ἐποίει τὴν ἐπῳδήν. Κἀγὼ τότε ἤδη περιβαλὼν φανερῶς κατεφίλουν· ἡ δὲ διασχοῦσα, « Τί ποιεῖς ; ἔφη· καὶ σὺ κατεπᾴδεις ; » « Τὴν ἐπῳδόν, εἶπον, φιλῶ ὅτι μου τὴν ὀδύνην ἰάσω. » 6 Ὡς δὲ συνῆκεν ὃ λέγω καὶ ἐμειδίασε, θαρσήσας εἶπον· « Οἴμοι, φιλτάτη, πάλιν τέτρωμαι χαλεπώτερον· ἐπὶ γὰρ τὴν καρδίαν κατέρρευσε τὸ τραῦμα καὶ ζητεῖ σου τὴν ἐπῳδήν. Ἦ που καὶ σὺ μέλιτταν ἐπὶ τοῦ στόματος φέρεις· καὶ γὰρ μέλιτος γέμεις, καὶ τιτρώσκει σου τὰ φιλήματα. 7 Ἀλλὰ δέομαι, κατέπᾳσον αὖθις καὶ μὴ ταχὺ τὴν ἐπῳδὴν παραδράμῃς καὶ πάλιν ἀγριάνῃς τὸ τραῦμα. » Καὶ ἅμα λέγων τὴν χεῖρα

16. La vraie fausse abeille censée l'avoir piqué se fait abeille métaphorique : sur le miel et la piqûre d'Éros (une spécification possible du doux-amer), voir, par ex., *AP* V, 32, citée en appendice, p. 411-412, et Longus I, 18, 1.

blessure, en même temps qu'elle réconfortait Clio en lui disant de n'avoir aucun tourment, car elle ferait cesser sa douleur en chantant deux charmes magiques qu'elle avait appris d'une Égyptienne, contre les piqûres de guêpes et d'abeilles. **3** Et, en même temps, elle prononçait ces charmes ; et Clio dit, peu après, qu'elle allait mieux. C'est alors que le hasard voulut qu'une abeille ou une guêpe, qui bourdonnait alentour, vint voler autour de mon visage ; et moi je saisis l'idée au vol et, ayant porté la main à mon visage, je fis semblant d'avoir été piqué et d'avoir mal. **4** La petite s'approcha, retira ma main et demanda où j'avais été piqué. « À la lèvre, répondis-je ; mais que ne chantes-tu tes charmes magiques, ma très chère ? » Elle s'approcha, posa sa bouche pour dire ses charmes et murmura quelque chose, en effleurant mes lèvres. **5** Et moi je lui donnais en silence de tendres baisers, en tentant de dissimuler le bruit de mes baisers ; et elle, ouvrant puis fermant les lèvres en les rapprochant pour murmurer son charme magique, transformait en baisers le charme. Et moi alors, l'ayant enlacée, je lui donnai désormais ouvertement de tendres baisers ; mais elle, s'étant dégagée, dit : « Que fais-tu ? Toi aussi tu appliques un charme magique ? – C'est la magicienne que j'embrasse, répliquais-je, parce que tu as guéri ma douleur. » **6** Et comme elle avait compris ce que je voulais dire et avait souri, j'ajoutai, enhardi : « Hélas, ma très chère, me voilà de nouveau blessé, et plus gravement, car ma blessure s'est glissée jusqu'au cœur et recherche ton charme magique. En vérité, toi aussi tu portes une abeille sur la bouche[16], car tu es pleine de miel et tes baisers blessent. **7** Mais, je t'en supplie, applique ton charme magique une fois encore, mais ne dis pas trop vite ton charme et n'aggrave pas, de nouveau, ma blessure. » Et, tout en parlant, je la serrais plus fortement dans mes

βιαιότερον περιέβαλλον καὶ ἐφίλουν ἐλευθεριώτερον· ἡ δὲ ἠνείχετο, κωλύουσα δῆθεν.

VIII. 1 Ἐν τούτῳ πόρρωθεν ἰδόντες προσιοῦσαν τὴν θεράπαιναν διελύθημεν, ἐγὼ μὲν ἄκων καὶ λυπούμενος, ἡ δὲ οὐκ οἶδ' ὅπως εἶχεν. Ῥᾴων οὖν ἐγεγόνειν καὶ μεστὸς ἐλπίδων· ᾐσθόμην δὲ ἐπικαθημένου μοι τοῦ φιλήματος ὡς σώματος καὶ ἐφύλασσον ἀληθῶς ὡς θησαυρὸν τὸ φίλημα τηρῶν ἡδονῆς, ὅπερ πρῶτόν ἐστι γλυκύ. 2 Καὶ γὰρ ἀπὸ τοῦ καλλίστου τῶν τοῦ σώματος ὀργάνων τίκτεται· στόμα γὰρ φωνῆς ὄργανον· φωνὴ δὲ ψυχῆς σκιά. Αἱ γὰρ τῶν στομάτων συμβολαὶ κιρνάμεναι καὶ ἐκπέμπουσαι κάτω τὴν ἡδονὴν ἕλκουσι τὰς ψυχὰς ἄνω πρὸς τὰ φιλήματα. 3 Οὐκ οἶδα δὲ οὕτω πρότερον ἡσθείσης τῆς καρδίας· καὶ τότε πρῶτον ἔμαθον ὅτι οὐδὲν ἐρίζει πρὸς ἡδονὴν φιλήματι ἐρωτικῷ.

IX. 1 Ἐπειδὴ δὲ τοῦ πότου καιρὸς ἦν, πάλιν ὁμοίως συνεπίνομεν. Ὠινοχόει δὲ ἡμῖν ὁ Σάτυρος καὶ ποιεῖ πρᾶγμα ἐρωτικόν. Ἐναλλάσσει τὰ ἐκπώματα καὶ τὸ μὲν ἐμὸν τῇ κόρῃ προτίθησι, τὸ δὲ ἐκείνης ἐμοί, καὶ ἐγχέων ἀμφοτέροις καὶ κερασάμενος ὤρεγεν. 2 Ἐγὼ δὲ ἐπιτηρήσας τὸ μέρος τοῦ ἐκπώματος ἔνθα τὸ χεῖλος ἡ παρθένος πίνουσα προσέθηκεν, ἐναρμοσάμενος ἔπινον, ἀποστολιμαῖον τοῦτο φίλημα ποιῶν, καὶ ἅμα κατεφίλουν τὸ ἔκπωμα. 3 Ἡ δὲ ὡς εἶδεν, συνῆκεν ὅτι τοῦ χείλους αὐτῆς καταφιλῶ καὶ τὴν σκιάν. Ἀλλ' ὅ γε Σάτυρος συμφορήσας πάλιν τὰ ἐκπώματα ἐνήλλαξεν ἡμῖν. Τότε

17. Vilborg suggère, peut-être avec raison, de donner à l'adjectif une valeur plus qualitative que chronologique. Ainsi est introduit une sorte d'éloge de la bouche, mi-philosophique, mi-érotique, dans la tonalité même de la « philosophie » avec Clinias du livre I.

18. Ce thème est en particulier celui d'une épigramme attribuée à Platon, citée en appendice, p. 412.

bras et je l'embrassais plus librement ; elle le supportait, tout en se donnant l'air de se défendre.

VIII. **1** À ce moment, nous vîmes de loin approcher sa servante et nous nous séparâmes, moi bien malgré moi et chagrin, mais elle, j'ignore ce qu'elle ressentait. Je me sentais alors mieux et plein d'espoir : j'avais ressenti le baiser qui s'était posé sur moi comme un corps et je conservais réellement comme j'aurais gardé un trésor de plaisir ce baiser, qui est précisément la première des faveurs[17]. **2** Il naît du plus beau des organes du corps, car la bouche est l'instrument de la voix, et la voix est le reflet de l'âme. Les bouches qui s'unissent, en se confondant et en exhalant vers le cœur un flux de plaisir, attirent l'âme vers le haut, pour le baiser[18]. **3** Je sais qu'auparavant mon cœur n'avait pas ressenti un tel plaisir, et c'est alors que j'appris, pour la première fois, que rien ne rivalise de plaisir avec un baiser amoureux.

IX. **1** Lorsque ce fut l'heure du banquet, nous bûmes de nouveau comme précédemment. C'est Satyros qui nous versait le vin, et voilà qu'il imagine une ruse d'amour : il échange nos coupes, place la mienne devant la jeune fille, tandis que la sienne, c'est à moi que, versant dans les deux du vin mélangé, il la tendit. **2** Moi alors, ayant remarqué l'endroit de la coupe où la jeune fille, en buvant, avait posé ses lèvres, je bus en y posant les miennes, lui envoyant par là un baiser à distance[19], et en même temps j'embrassais tendrement la coupe. **3** Et elle, lorsqu'elle le vit, comprit que je baisais précisément l'empreinte de ses lèvres. Satyros, ayant de nouveau rassemblé nos coupes, de nouveau les échangea. Alors je vis désormais la jeune

19. Litt. « faisant de cela un baiser envoyé », comme, à l'étape précédente, Leucippé « faisait du charme un baiser ». Sur ce thème, voir *AP*, V 171, citée en appendice, p. 412.

ἤδη καὶ τὴν κόρην εἶδον τὰ ἐμὰ μιμουμένην καὶ τὰ αὐτὰ πίνουσαν, καὶ ἔχαιρον ἤδη πλέον. Καὶ τρίτον ἐγένετο τοῦτο καὶ τέταρτον καὶ τὸ λοιπὸν τῆς ἡμέρας οὕτως ἀλλήλοις προεπίνομεν τὰ φιλήματα.

X. 1 Μετὰ δὲ τὸ δεῖπνον ὁ Σάτυρός μοι προσελθὼν ἔφη · « Νῦν μὲν ἀνδρίζεσθαι καιρός. Ἡ γὰρ μήτηρ τῆς κόρης, ὡς οἶσθα, μαλακίζεται καὶ καθ' αὑτὴν ἀναπαύεται · μόνη δὲ ἡ παῖς βαδιεῖται κατὰ τὰ εἰθισμένα τῆς Κλειοῦς ἑπομένης, πρὶν ἐπὶ τὸν ὕπνον τραπῆναι. 2 Ἐγὼ δέ σοι καὶ ταύτην ἀπάξω διαλεγόμενος. » Ταῦτα εἰπὼν τῇ Κλειοῖ μὲν αὐτός, ἐγὼ δὲ τῇ παιδὶ διαλαχόντες ἐφηδρεύομεν. Καὶ οὕτως ἐγένετο. Ἀπεσπᾶτο μὲν ἡ Κλειώ, ἡ δὲ παρθένος ἐν τῷ περιπάτῳ κατελέλειπτο. 3 Ἐπιτηρήσας οὖν ὅτε τοῦ φωτὸς τὸ πολὺ τῆς αὐγῆς ἐμαραίνετο, πρόσειμι θρασύτερος γενόμενος πρὸς αὐτὴν ἐκ τῆς πρώτης προσβολῆς, ὥσπερ στρατιώτης ἤδη νενικηκὼς καὶ τοῦ πολέμου καταπεφρονηκώς · πολλὰ γὰρ ἦν τὰ τότε ὁπλίζοντά με θαρρεῖν · οἶνος, ἔρως, ἐλπίς, ἐρημία. Καὶ οὐδὲν εἰπών, ἀλλ' ὡς ἐπὶ συγκείμενον ἔργον ὡς εἶχον περιχυθεὶς τὴν κόρην κατεφίλουν. 4 Ὡς δὲ καὶ ἐπεχείρουν τι προὔργου ποιεῖν, ψόφος τις ἡμῶν κατόπιν γίγνεται · καὶ ταραχθέντες ἀνεπηδήσαμεν. Καὶ ἡ μὲν ἐπέκεινα τρέπεται τὴν ἐπὶ τὸ δωμάτιον αὐτῆς, ἐγὼ δὲ ἐπὶ θάτερα, σφόδρα ἀνιώμενος, ἔργον οὕτω καλὸν ἀπολέσας, καὶ τὸν ψόφον λοιδορῶν. 5 Ἐν τούτῳ δὲ καὶ ὁ Σάτυρος ὑπαντιάζει με φαιδρῷ τῷ προσώπῳ · καθορᾶν γάρ μοι ἐδόκει ὅσα ἐπράττομεν, ὑπό τινι τῶν δένδρων λοχῶν μή τις ἡμῖν ἐπέλθῃ · καὶ αὐτὸς ἦν ὁ ποιήσας τὸν ψόφον, προσιόντα θεασάμενός τινα.

fille imiter mon manège et boire de la même façon, et je fus alors plus heureux encore. Et cela se reproduisit une troisième fois, une quatrième fois, et le reste du jour, nous bûmes ainsi nos baisers à la santé l'un de l'autre.

X. **1** Après le dîner, Satyros vint me dire : « C'est maintenant le moment d'être un homme car la mère de la petite est, comme tu sais, souffrante et se repose toute seule ; c'est donc seule que sa fille fera sa promenade, comme d'habitude accompagnée par Clio, avant d'aller dormir. **2** Quant à moi, j'éloignerai celle-ci en causant. » Sur ces mots, nous étant partagé, lui Clio, moi la jeune fille, nous nous mîmes à les épier. Et les choses se passèrent ainsi : comme Clio était attirée à l'écart, la jeune fille resta seule dans la promenade. **3** Ayant guetté le moment où la plus grande partie de la lumière du soleil aurait disparu, j'allai à elle, enhardi par le premier engagement, tel un soldat qui a déjà vaincu et fait fi de la guerre, car j'avais alors bien des armes pour me donner de l'assurance : le vin, l'amour, l'espoir, l'isolement. Et sans rien dire, mais comme pour une affaire convenue, j'enlaçai la jeune fille sans façon et l'embrassai tendrement. **4** Mais, comme je tâchais d'en tirer quelque avantage, un bruit se produisit derrière nous ; tout troublés, nous fîmes un bond en arrière. Et elle, aussitôt après, se dirigea vers sa chambre, et moi, de l'autre côté, fort mécontent d'avoir perdu une affaire aussi douce, et maudissant le bruit. **5** À ce moment, Satyros vint à ma rencontre, le visage radieux ; il me sembla en effet qu'il observait ce que nous faisions, en embuscade sous un arbre, de peur qu'on ne vînt vers nous ; et c'est lui-même qui avait fait le bruit, car il avait vu s'approcher quelqu'un.

XI. 1 Ὀλίγων δὲ ἡμερῶν διελθουσῶν ὁ πατήρ μοι τοὺς γάμους συνεκρότει θᾶττον ἢ διεγνώκει. Ἐνύπνια γὰρ αὐτὸν διετάραττε πολλά. Ἔδοξεν ἄγειν ἡμῶν τοὺς γάμους, ἤδη δὲ ἅψαντος αὐτοῦ τὰς δᾷδας ἀποσβεσθῆναι τὸ πῦρ· ᾗ καὶ μᾶλλον ἠπείγετο συναγαγεῖν ἡμᾶς. 2 Τοῦτο δὲ εἰς τὴν ὑστεραίαν παρεσκευάζετο. Ἐώνητο δὲ τῇ κόρῃ τὰ πρὸς τὸν γάμον· περιδέραιον μὲν λίθων ποικίλων, ἐσθῆτα δὲ τὸ πᾶν μὲν πορφυρᾶν, ἔνθα δὲ ταῖς ἄλλαις ἐσθῆσιν ἡ χώρα τῆς πορφύρας, ἐκεῖ χρυσὸς ἦν. Ἤριζον δὲ πρὸς ἀλλήλους οἱ λίθοι. 3 Ὑάκινθος μὲν ῥόδον ἦν ἐν λίθῳ, ἀμέθυσος δὲ ἐπορφύρετο τοῦ χρυσοῦ πλησίον. Ἐν μέσῳ δὲ τρεῖς ἦσαν λίθοι, τὴν χροιὰν ἐπάλληλοι· συγκείμενοι δὲ ἦσαν οἱ τρεῖς· μέλαινα μὲν ἡ κρηπὶς τοῦ λίθου, τὸ δὲ μέσον σῶμα λευκὸν τῷ μέλανι συνυφαίνετο, ἑξῆς δὲ τῷ λευκῷ τὸ λοιπὸν ἐπυρρία κορυφούμενον· ὁ λίθος δὲ τῷ χρυσῷ στεφανούμενος ὀφθαλμὸν ἐμιμεῖτο χρυσοῦν. 4 Τῆς δὲ ἐσθῆτος οὐ πάρεργον εἶχεν ἡ πορφύρα τὴν βαφήν, ἀλλ' οἷον μυθολογοῦσι Τύριοι τοῦ ποιμένος εὑρεῖν τὸν κύνα, ᾗ καὶ μέχρι τούτου βάπτουσιν Ἀφροδίτης τὸν πέπλον. Ἦν γὰρ χρόνος ὅτε τῆς πορφύρας ὁ κόσμος ἀνθρώποις ἀπόρρητος ἦν· μικρὸς δὲ αὐτὴν ἐκάλυπτε κόχλος ἐν κοίλῳ μυχῷ. 5 Ἁλιεὺς ἀγρεύει τὴν ἄγραν ταύτην. Ὁ μὲν ἰχθὺν προσεδόκησεν, ὡς δὲ εἶδε τοῦ κόχλου τὴν τραχύτητα, ἐλοιδόρει τὴν ἄγραν καὶ ἔρριψεν ὡς θαλάσσης σκύβαλον. Εὑρίσκει δὲ κύων τὸ ἕρμαιον καὶ καταθραύει τοῖς ὀδοῦσι, καὶ τῷ στόματι τοῦ κυνὸς περιρρέει τοῦ ἄνθους τὸ αἷμα, καὶ βάπτει τὸ αἷμα τὴν γένυν καὶ ὑφαίνει

20. On retrouve dans cette nouvelle *ekphrasis* des éléments des précédentes : les fleurs, rose et peut-être violette, que peut évoquer l'améthyste – avec toujours l'accent sur la pourpre ; une nouvelle « union », de pierre cette fois, avec un œil qui peut rappeler les ocelles du paon.

XI. **1** Quelques jours s'étant écoulés, mon père organisa le mariage plus tôt qu'il ne l'avait décidé. En effet, de nombreux rêves le troublaient. Il lui avait semblé qu'il célébrait notre mariage, mais qu'aussitôt après avoir allumé les torches le feu s'en était éteint ; c'est pourquoi il mettait une plus grande hâte à nous unir. **2** La chose se préparait pour le lendemain. Il avait fait acheter pour sa fille ses présents de mariage : un collier de pierres variées, une robe toute de pourpre, avec, à l'endroit où, sur les autres robes, était placée la pourpre, de l'or. Les pierres rivalisaient entre elles. **3** L'hyacinthe était une rose en pierre, l'améthyste jetait ses feux de pourpre près de l'or. Au milieu se trouvaient trois pierres dont les couleurs se fondaient les unes aux autres ; ces trois pierres avaient été serties pour n'en former qu'une : la base de la pierre était noire, au milieu le blanc s'unissait au noir ; après la pierre blanche, la dernière, qui formait la cime, était rouge. Cette pierre, cerclée d'or, faisait comme un œil d'or[20]. **4** La pourpre de la robe n'était pas une teinture commune, mais ressemblait à ce que, d'après une légende tyrienne, avait découvert le chien du berger : la pourpre avec laquelle, jusqu'à nos jours, on teint le *peplos* d'Aphrodite[21]. Car il fut un temps où la parure de la pourpre était refusée aux hommes. Une petite coquille la dissimulait, au plus profond d'une cavité. **5** Voilà qu'un pêcheur fait cette prise. Il avait compté sur un poisson, mais quand il vit la rugosité de la coquille, il maudit sa prise et la rejeta comme un déchet de la mer. Un chien découvre ce trésor, le brise de ses crocs et voici que dans la gueule du chien coule en abondance le sang de la pourpre[22] : ce sang teint ses mâchoires et imprègne ses

21. C'est-à-dire Astarté, d'après Vilborg (p. 48).

22. On a eu plus haut le sang de la vigne : le jeu sophistiqué des variations se poursuit.

τοῖς χείλεσι τὴν πορφύραν. 6 Ὁ ποιμὴν ὁρᾷ τὰ χείλη τοῦ κυνὸς ᾑμαγμένα καὶ τραῦμα νομίσας τὴν βαφὴν προσῄει καὶ ἀπέπλυνε τῇ θαλάσσῃ, καὶ τὸ αἷμα λαμπρότερον ἐπορφύρετο· ὡς δὲ καὶ ταῖς χερσὶν ἔθιγε, τὴν πορφύραν εἶχεν ἡ χείρ. 7 Συνῆκεν οὖν τοῦ κόχλου τὴν φύσιν ὁ ποιμήν, ὅτι φάρμακον ἔχει κάλλους πεφυτευμένον· καὶ λαβὼν μαλλὸν ἐρίου καθῆκεν εἰς τὸν χηραμὸν αὐτοῦ τὸ ἔριον, ζητῶν τοῦ κόχλου τὰ μυστήρια· τὸ δὲ κατὰ τὴν γένυν τοῦ κυνὸς ᾑμάσσετο· καὶ τότε τὴν εἰκόνα τῆς πορφύρας ἐδιδάσκετο. 8 Λαβὼν δή τινας λίθους περιθραύει τὸ τεῖχος τοῦ φαρμάκου καὶ τὸ ἄδυτον ἀνοίγει τῆς πορφύρας καὶ θησαυρὸν εὑρίσκει βαφῆς.

XII. 1 Ἔθυεν οὖν τότε ὁ πατὴρ προτέλεια τῶν γάμων. Ὡς δὲ ἤκουσα, ἀπωλώλειν καὶ ἐζήτουν μηχανὴν δι' ἧς ἀναβάλλεσθαι δυναίμην τὸν γάμον. Σκοποῦντος δέ μου θόρυβος ἐξαίφνης γίνεται κατὰ τὸν ἀνδρῶνα τῆς οἰκίας. Ἐγεγόνει δέ τι τοιοῦτον· 2 ἐπειδὴ θυσάμενος ὁ πατὴρ ἔτυχε καὶ τὰ θύματα ἐπέκειτο τοῖς βωμοῖς, ἀετὸς ἄνωθεν καταπτὰς ἁρπάζει τὸ ἱερεῖον· σοβούντων δὲ πλέον οὐδὲν ἦν· ὁ γὰρ ὄρνις ᾤχετο φέρων τὴν ἄγραν. Ἐδόκει τοίνυν οὐκ ἀγαθὸν εἶναι· καὶ δὴ ἐπέσχον ἐκείνην τὴν ἡμέραν τοὺς γάμους. Καλεσάμενος δὲ μάντεις ὁ πατὴρ καὶ τερατοσκόπους τὸν οἰωνὸν διηγεῖται. 3 Οἱ δὲ ἔφασαν δεῖν καλλιερῆσαι Ξενίῳ Διῒ νυκτὸς μέσης ἐπὶ θάλατταν

23 Le verbe employé désigne littéralement le tissage : faut-il supposer une catachrèse ingénieuse inspirée par l'emploi ultérieur du produit pour les tissus ?

babines de pourpre[23]. **6** Le berger, voyant les babines du chien ensanglantées et croyant que la teinte venait d'une blessure, alla les laver dans la mer ; le sang se mit à briller avec plus d'éclat encore ; et quand, de plus, il les toucha de ses mains, ses mains se teignirent de pourpre. **7** Le berger comprit alors la nature du coquillage : il contenait naturellement une drogue conférant la beauté ; il prit une touffe de laine, puis la mit dans la cavité, à la recherche des secrets du coquillage ; elle fut, comme la mâchoire du chien, ensanglantée ; c'est alors qu'il apprit comment se présentait la pourpre. **8** Et ayant pris des pierres il brise le rempart qui protège la drogue, ouvre le sanctuaire de la pourpre et découvre le trésor de la teinture.

XII. **1** Mon père procédait donc alors aux sacrifices préliminaires aux noces[24]. Quand je l'appris, je fus perdu[25]. Je cherchais un moyen par lequel je pusse différer mon mariage, et, pendant que j'y réfléchissais, un tumulte s'élève brusquement du côté de l'appartement des hommes de notre maison. Voici ce qui s'était passé : **2** comme mon père avait offert le sacrifice et placé les offrandes sur les autels, voici qu'un aigle, descendu du ciel, emporte la victime consacrée ; on eut beau le chasser, rien n'y fit, l'oiseau partit avec sa proie. Cela ne semblait pas de bon augure et l'on suspendit donc les noces ce jour-là. Ayant convoqué des devins et des interprètes de prodiges, mon père leur raconte le présage. **3** Et eux affirmèrent qu'il fallait aller offrir un sacrifice propitiatoire à Zeus Hospitalier[26], à minuit, au bord de la mer, car l'oiseau s'était justement

24. Sur ces *proteleia*, voir A.-M. Vérilhac et Cl. Vial, *Le Mariage grec*, BCH Suppl. 32, 1998, p. 291-293.

25. Variation spirituelle de l'*innamoramento* ordinaire (*supra*, 1, 4, 4) : « Quand je la (le) vis, je fus perdu » ?

ἥκοντας· ὁ γὰρ ὄρνις ἔτυχεν ἱπτάμενος ἐκεῖ. Τὸ δὲ ἔργον εὐθὺς ἀπέβη· τὸν γὰρ ἀετὸν ἀναπτάντα ἐπὶ τὴν θάλατταν συνέβη φανῆναι μηκέτι. Ἐγὼ δὲ ταῦτα ὡς ἐγένετο τὸν ἀετὸν ὑπερεπῄνουν καὶ δικαίως ἔλεγον ἁπάντων ὀρνίθων εἶναι βασιλέα. Οὐκ εἰς μακρὰν δὲ ἀπέβη τοῦ τέρατος τὸ ἔργον.

XIII. 1 Νεανίσκος ἦν Βυζάντιος, ὄνομα Καλλισθένης, ὀρφανὸς καὶ πλούσιος, ἄσωτος δὲ καὶ πολυτελής. Οὗτος ἀκούων τὴν Σωστράτου θυγατέρα εἶναι καλήν, ἰδὼν δὲ οὐδέποτε, ἤθελεν αὐτῷ ταύτην γενέσθαι γυναῖκα. Καὶ ἦν ἐξ ἀκοῆς ἐραστής· τοσαύτη γὰρ τοῖς ἀκολάστοις ὕβρις, ὡς καὶ τοῖς ὠσὶν εἰς ἔρωτα τρυφᾶν καὶ ταῦτα πάσχειν ἀπὸ ῥημάτων, ἃ τῇ ψυχῇ διακονοῦσι τρωθέντες ὀφθαλμοί. 2 Προσελθὼν οὖν τῷ Σωστράτῳ πρὶν ἢ τὸν πόλεμον τοῖς Βυζαντίοις ἐπιπεσεῖν, ᾐτεῖτο τὴν κόρην· ὁ δὲ βδελυττόμενος τοῦ βίου τὴν ἀκολασίαν ἠρνήσατο. Θυμὸς ἴσχει τὸν Καλλισθένην καὶ ἠτιμᾶσθαι νομίσαντα ὑπὸ τοῦ Σωστράτου καὶ ἄλλως ἐρῶντα· ἀναπλάττων γὰρ ἑαυτῷ τῆς παιδὸς τὸ κάλλος καὶ φανταζόμενος τὰ ἀόρατα ἔλαθε σφόδρα κακῶς διακείμενος. 3 Ἐπιβουλεύει δ' οὖν καὶ τὸν Σώστρατον ἀμύνασθαι τῆς ὕβρεως καὶ αὑτῷ τὴν ἐπιθυμίαν τελέσαι. Νόμου γὰρ ὄντος Βυζαντίοις, εἴ τις ἁρπάσας παρθένον φθάσας ποιήσει γυναῖκα, γάμον ἔχειν τὴν ζημίαν, προσεῖχε τούτῳ τῷ νόμῳ. Καὶ ὁ μὲν ἐζήτει καιρὸν πρὸς τὸ ἔργον.

26. Litt. « un sacrifice destiné à obtenir des signes favorables ».
27. Intéressante variation, qui va introduire de nouvelles considérations morales.

envolé dans cette direction. La chose s'était faite d'un coup : l'aigle une fois envolé vers la mer, on n'en avait plus vu trace. Et moi, lorsque cela se fut produit, je couvris l'aigle de louanges et dis que ce n'était que justice qu'il fût le roi de tous les oiseaux. Et peu après le prodige se réalisa.

XIII. **1** Il y avait un jeune homme de Byzance nommé Callisthénès, un riche orphelin, mais dépensier et prodigue. Entendant dire que la fille de Sostratos était belle, sans l'avoir jamais vue, il désirait qu'elle devînt sa femme. Et c'était par ouï-dire qu'il était amoureux[27], car l'emportement est si grand chez les licencieux qu'ils tombent éperdument amoureux même par les oreilles, et les paroles ont sur eux l'effet que les yeux blessés par l'amour procurent à l'âme. **2** Il alla donc trouver Sostratos avant que la guerre ne s'abattît sur Byzance et lui demanda la main de sa fille ; mais le père, plein d'aversion pour la licence de sa conduite, refusa. La colère saisit alors Callisthénès et parce qu'il se crut méprisé par Sostratos et parce qu'il aimait en vain[28] : s'imaginant la beauté de la petite et se figurant ce qu'il n'avait jamais vu, il se mit, sans s'en rendre compte, dans un état déplorable[29]. **3** Il projette donc à la fois de se venger de l'outrage de Sostratos et de satisfaire sa passion. Comme une loi, à Byzance, stipule que quiconque a enlevé une jeune fille pour en faire sans attendre sa femme, est condamné à l'épouser, il prit en compte cette loi[30] et il en était à chercher l'occasion de passer à l'action.

28. Ou « et, par ailleurs, parce qu'il aimait », selon le sens, fort ou faible, que l'on donne à l'adverbe ἄλλως.

29. À comparer à 1, 6, 6 et 9, 1.

30. Inconnue par ailleurs.

XIV. 1 Ἐν τούτῳ δὲ τοῦ πολέμου περιστάντος καὶ τῆς παιδὸς εἰς ἡμᾶς ἐκκειμένης μεμαθήκει μὲν ἕκαστα τούτων, οὐδὲν δὲ ἧττον τῆς ἐπιβουλῆς εἴχετο. Καὶ τοιοῦτό τι αὐτῷ συνήργησε. Χρησμὸν ἴσχουσιν οἱ Βυζάντιοι τοιόνδε·

Νῆσός τις ⟨πόλις⟩ ἐστὶ φυτώνυμον αἷμα λαχοῦσα,
ἰσθμὸν ὁμοῦ καὶ πορθμὸν ἐπ' ἠπείροιο φέρουσα,
ἔνθ' Ἥφαιστος ἔχων χαίρει γλαυκῶπιν Ἀθήνην·
κεῖθι θυηπολίην σε φέρειν κέλομαι Ἡρακλεῖ.

2 Ἀπορούντων δὲ αὐτῶν τί λέγει τὸ μάντευμα, Σώστρατος — τοῦ πολέμου γάρ, ὡς ἔφην, στρατηγὸς ἦν οὗτος —, « Ὥρα πέμπειν ἡμᾶς θυσίαν εἰς Τύρον, εἶπεν, Ἡρακλεῖ· τὰ γὰρ τοῦ χρησμοῦ ἔστι πάντα ἐνταῦθα. Φυτώνυμον μὲν γὰρ ὁ θεὸς εἶπεν αὐτήν, ἐπεὶ Φοινίκων ἡ νῆσος· ὁ δὲ φοῖνιξ φυτόν. Ἐρίζει δὲ περὶ ταύτης γῆ καὶ θάλασσα. Ἕλκει δὲ ἡ γῆ, ἡ δὲ εἰς ἀμφότερα αὐτὴν ἥρμοσε. 3 Καὶ γὰρ ἐν θαλάσσῃ κάθηται καὶ οὐκ ἀφῆκε τὴν γῆν· συνδεῖ γὰρ αὐτὴν πρὸς τὴν ἤπειρον στενὸς αὐχήν, καὶ ἔστιν ὥσπερ τῆς νήσου τράχηλος. 4 Οὐκ ἐρρίζωται δὲ κατὰ τῆς θαλάσσης, ἀλλὰ τὸ ὕδωρ ὑπορρεῖ κάτωθεν. Ὑπόκειται δὲ πορθμὸς κάτωθεν ἰσθμῷ· καὶ γίνεται τὸ θέαμα καινόν, πόλις ἐν θαλάσσῃ καὶ νῆσος ἐν γῇ. 5 Ἀθηνᾶν δὲ Ἥφαιστον ἔχειν· ἐλαίαν ᾐνίξατο καὶ πῦρ, ὃ παρ' ἡμῖν ἀλλήλοις συνοικεῖ. Τὸ δὲ χωρίον ἱερὸν ἐν περιβόλῳ· ἐλαία μὲν ἀναθάλλει φαιδροῖς τοῖς κλάδοις, πεφύτευται δὲ σὺν αὐτῇ τὸ πῦρ καὶ ἀνάπτει περὶ τοὺς πτόρθους πολλὴν τὴν φλόγα· ἡ δὲ τοῦ πυρὸς αἰθάλη τὸ φυτὸν γεωργεῖ. 6 Αὕτη πυρὸς φιλία καὶ

31 À comparer à *AP*. 14, 34.

32. Il était particulièrement honoré à Tyr : voir sur ce point, Chariton, 7, 2, 7 et Lucien, *D. syr.*, 3.

XIV. **1** Sur ces entrefaites, la guerre menaçant et la jeune fille étant partie pour venir chez nous, Callisthénès, qui avait tout appris point par point, ne s'en tenait pas moins à sa machination. Et les circonstances suivantes l'assistèrent : les Byzantins avaient reçu l'oracle que voici :

L'île est une <ville> qui reçut un sang au nom de plante,
portant un isthme et un détroit sur le continent,
où Héphaïstos se réjouit de posséder Athéné aux yeux
[pers ;
c'est là que je t'invite à faire un sacrifice à Héraclès[31].

2 Comme on ne savait trop ce que voulait dire l'oracle, Sostratos (il était, comme je l'ai dit, stratège chargé de la guerre) dit : « C'est pour nous le moment d'envoyer une ambassade sacrifier à Tyr, en l'honneur d'Héraclès[32], car tous les termes de l'oracle s'y rapportent : en effet, le dieu a dit qu'elle était « au nom de plante », car c'est l'île des Phéniciens et le palmier *(phoinix)* est une plante. La terre et la mer se la disputent. La terre l'attire à elle, et elle, s'attache à la fois à la terre et à la mer. **3** Elle est fixée en mer mais ne quitte pas la terre, car une étroite bande l'unit au continent, et c'est comme le col de l'île. **4** Elle n'a pas de racines dans la mer, mais l'eau coule en dessous ; il y a un passage sous l'isthme, et c'est le spectacle inédit d'une ville dans la mer et d'une île dans la terre[33]. **5** Et « Héphaïstos possède Athéna » fait allusion à l'olivier et au feu qui, chez nous, cohabitent. C'est un lieu consacré entouré d'une enceinte ; un olivier y verdit en branches luisantes et le feu croît avec lui : il enroule autour des branches une grande flamme et ce sont les cendres de ce feu qui fécondent l'arbre. **6** Voilà l'amour du feu et de la

33. Sur ce mélange, voir J.-Ph. Guez, 2005.

φυτοῦ· οὕτως οὐ φεύγει τὸν Ἥφαιστον Ἀθηνᾶ. » Καὶ ὁ Χαιρεφῶν συστράτηγος ὢν τοῦ Σωστράτου μείζων, ἐπεὶ πατρόθεν ἦν Τύριος, ἐκθειάζων αὐτόν, « Πάντα μὲν τὸν χρησμόν, εἶπεν, ἐξηγήσω καὶ καλῶς· μὴ μέντοι θαύμαζε τὴν τοῦ πυρὸς μόνον, ἀλλὰ καὶ τὴν τοῦ ὕδατος φύσιν. 7 Ἐθεασάμην γὰρ ἐγὼ τοιαῦτα μυστήρια. Τὸ γοῦν τῆς Σικελικῆς πηγῆς ὕδωρ κεκερασμένον ἔχει πῦρ· καὶ φλόγα μὲν ὄψει κάτωθεν ἀπ' αὐτῆς ἀλλομένην ἄνωθεν· θιγόντι δέ σοι τὸ ὕδωρ ψυχρόν ἐστιν ὥσπερ χιών, καὶ οὔτε τὸ πῦρ ὑπὸ τοῦ ὕδατος κατασβέννυται οὔτε τὸ ὕδωρ ὑπὸ τοῦ πυρὸς φλέγεται, ἀλλ' ὕδατός εἰσιν ἐν τῇ κρήνῃ καὶ πυρὸς σπονδαί. 8 Ἐπεὶ καὶ ποταμὸς Ἰβηρικός, εἰ μὲν ἴδοις αὐτὸν εὐθύς, οὐδὲν ἄλλου κρείττων ἐστὶ ποταμοῦ· ἢν δὲ ἀκοῦσαι θέλῃς τοῦ ὕδατος λαλοῦντος, μικρὸν ἀνάμεινον ἐκπετάσας τὰ ὦτα. Ἐὰν γὰρ ὀλίγος ἄνεμος εἰς τὰς δίνας ἐμπέσῃ, τὸ μὲν ὕδωρ ὡς χορδὴ κρούεται, τὸ δὲ πνεῦμα τοῦ ὕδατος πλῆκτρον γίνεται, τὸ ῥεῦμα δὲ ὡς κιθάρα λαλεῖ. 9 Ἀλλὰ καὶ λίμνη Λιβυκὴ μιμεῖται γῆν Ἰνδικήν, καὶ ἴσασιν αὐτῆς τὸ ἀπόρρητον αἱ Λιβύης παρθένοι, ὅτι τὸ ὕδωρ ἔχει πλούσιον. Ὁ δὲ πλοῦτος ταύτῃ κάτω τεταμίευται τῇ τῶν ὑδάτων ἰλύϊ δεδεμένος, καὶ ἔστιν ἐκεῖ χρυσίου πηγή. Κοντὸν οὖν εἰς

34. On retrouve le style de l'exposé de Clitophon au livre I.

35. Chose évidemment tout à fait paradoxale par rapport à la version la plus courante de la légende, attique, qui fait de la naissance du roi Érichthonios le fruit du désir insatisfait d'Héphaïstos : le sperme qui avait atteint la jambe de la déesse fut par elle essuyé avec de la laine, qu'elle jeta par terre et d'où naquit Érichthonios – on peut noter que, pour le vin aussi (*supra*, ch. II), on a eu une variante de la version athénienne.

36. On a proposé d'identifier cette source avec la *Fons Palicorum* (les Laghi dei Palici modernes, près de Palagonia, dans la province de Catane), dont l'eau bouillonne : sur l'eau et les feux souterrains en Sicile, voir Strabon, VI, 2, 9. Macrobe, *Sat.*, 5, 19, 15, cite de multiples auteurs qui ont évoqué cette merveille (dont un ouvrage de Palémon, *Des fleuves merveilleux de Sicile*).

plante[34]. C'est ainsi qu'Athéna ne fuit pas Héphaïstos[35]. » Et Chairéphon, qui était aussi stratège mais supérieur en grade à Sostratos, comme il était Tyrien par son père, le regarda avec admiration et dit : « Tu as totalement interprété l'oracle, et bien ; ne sois pas cependant seulement en admiration devant la nature du feu, mais aussi devant celle de l'eau : **7** j'ai été moi-même témoin de tels mystères. Par exemple, l'eau de la source de Sicile est mêlée à du feu ; et l'on voit, du dessus, jaillir une flamme qui vient du fond ; mais, au toucher, l'eau est froide comme neige ; le feu n'est pas éteint par l'eau, l'eau n'est pas enflammée par le feu, mais il y a, dans cette fontaine, une trêve entre l'eau et le feu[36]. **8** Il existe aussi un fleuve d'Ibérie qui, à première vue, n'a rien de plus qu'un autre fleuve ; mais si l'on veut entendre l'eau babiller, on doit attendre un peu en ouvrant grand les oreilles. En effet, lorsqu'une brise tombe sur les tourbillons, l'eau est frappée comme une corde, le vent se fait plectre de l'eau et le courant babille comme une cithare[37]. **9** Mais il y a aussi un lac de Libye qui ressemble à la terre de l'Inde[38], et ce sont les vierges de Libye qui connaissent son secret : son eau contient de l'or. La richesse est ainsi, au fond, emmagasinée, prisonnière du limon des eaux, c'est là une source d'or. Elles plongent

37. Fleuve inconnu ; pour une tentative de mise en relation avec le mythe d'Orphée, voir M. LAPLACE, « Achille Tatius, *Leucippé et Clitophon*, II, 14, 8 : sur un fleuve prétendument ibérique », *A. Cl.* 52 (1983), p. 243-245.

38. Vilborg suggère de voir dans cette comparaison une allusion à Ctésias, *Ind.*, 4 ; le lac libyen est connu d'Hérodote par ouï-dire (IV,195).

τὸ ὕδωρ βαπτίζουσι πίσσῃ πεφαρμαγμένον καὶ ἀνοίγουσι τοῦ ποταμοῦ τὰ κλεῖθρα. 10 Ὁ δὲ κοντὸς πρὸς τὸν χρυσὸν οἷον πρὸς τὸν ἰχθὺν ἄγκιστρον γίνεται, ἀγρεύει γὰρ αὐτόν· ἡ δὲ πίσσα δέλεαρ γίνεται τῆς ἄγρας· ὅ τι γὰρ ἂν εἰς αὐτὴν ἐμπέσῃ τῆς τοῦ χρυσίου γονῆς, τὸ μὲν προσήψατο μόνον, ἡ πίσσα δὲ εἰς τὴν ἤπειρον ἥρπασε τὴν ἄγραν. Οὕτως ἐκ ποταμοῦ Λιβυκοῦ χρυσὸς ἀγρεύεται. »

XV. 1 Ταῦτα εἰπὼν τὴν θυσίαν ἐπὶ τὴν Τύρον ἔπεμπε, καὶ τῇ πόλει συνδοκοῦν. Ὁ οὖν Καλλισθένης πλάττεται τῶν θεωρῶν εἷς γενέσθαι· καὶ ταχὺ καταπλεύσας εἰς τὴν Τύρον καὶ ἐκμαθὼν τὴν τοῦ πατρὸς οἰκίαν ἐφήδρευε ταῖς γυναιξίν. Αἱ δὲ ὀψόμεναι τὴν θυσίαν ἐξῄεσαν· καὶ γὰρ ἦν πολυτελής. 2 Πολλὴ μὲν ἡ τῶν θυμιαμάτων πομπή, πολλὴ δὲ ἡ τῶν ἀνθέων συμπλοκή. Τὰ θυμιάματα, κασσία καὶ λιβανωτὸς καὶ κρόκος· τὰ ἄνθη, νάρκισσοι καὶ ῥόδα καὶ μυρρίναι· ἡ δὲ τῶν ἀνθέων ἀναπνοὴ πρὸς τὴν τῶν θυμιαμάτων ἤριζεν ὀδμήν. Τὸ δὲ πνεῦμα ἀναπεμπόμενον εἰς τὸν ἀέρα τὴν ὀδμὴν ἐκεράννυε, καὶ ἦν ἄνεμος ἡδονῆς. 3 Τὰ δὲ ἱερεῖα πολλὰ μὲν ἦν καὶ ποικίλα, διέπρεπον δὲ ἐν αὐτοῖς οἱ τοῦ Νείλου βόες. Βοῦς γὰρ Αἰγύπτιος οὐ τὸ μέγεθος μόνον ἀλλὰ καὶ τὴν χροιὰν εὐτυχεῖ· τὸ μὲν γὰρ μέγεθος πάντῃ μέγας, τὸν αὐχένα παχύς, τὸν νῶτον πλατύς, τὴν γαστέρα πολύς, τὸ κέρας οὐχ ὡς ὁ Σικελικὸς εὐτελὴς οὐδ' ὡς ὁ Κύπριος δυσειδής, ἀλλ' ἐκ τῶν κροτάφων ὄρθιον ἀναβαῖνον, κατὰ μικρὸν ἑκατέρωθεν κυρτούμενον τὰς κορυφὰς συνάγει τοσοῦτον,

39. Après la vue, l'ouïe, le goût avec le vin, un nouveau sens est sollicité dans ces voluptueuses variations descriptives.

dans l'eau une gaffe enduite de poix et ouvrent les portes du fleuve. **10** La gaffe agit sur l'or comme l'hameçon sur le poisson, car elle le capture ; et la poix est l'appât de cette proie ; tout ce qui est or se précipite sur elle, mais il n'y a que lui qui y adhère ; la poix s'empare de cette proie pour l'amener sur la terre ferme. C'est ainsi que, d'un fleuve de Libye, on capture de l'or. »

XV. **1** Sur ces mots, Chairéphon fit envoyer une délégation à Tyr avec l'accord de la cité. Lors Callisthénès de feindre d'être l'un des ambassadeurs : ayant promptement débarqué à Tyr, et ayant appris où se trouvait la maison de mon père, il épiait les femmes. Or elles sortirent voir le sacrifice, qui était magnifique. **2** Les parfums qui l'escortaient étaient nombreux, nombreuses étaient les fleurs entrelacées : les parfums étaient la casse, l'encens, le safran ; les fleurs, des narcisses, des roses, des myrtes ; l'exhalaison des fleurs rivalisait avec l'odeur des parfums. La brise, en s'élevant, mêlait le parfum à l'air et c'était un vent de plaisir[39]. **3** Les victimes étaient nombreuses et variées, et, parmi elles, se distinguaient les taureaux du Nil[40]. Le taureau égyptien, en effet, tire son succès non seulement de sa taille, mais aussi de la couleur de sa robe : il est d'une taille considérable, avec un cou épais, un dos large, un ventre énorme ; pour les cornes, il n'est pas commun comme le taureau de Sicile, ni difforme comme celui de Chypre, mais ses cornes, qui se dressent des tempes, s'incurvant légèrement de chaque côté, rapprochent leurs pointes à la même distance que celle qui sépare leurs racines ; le spectacle qu'elles donnent est une image de

40. Voir Aristote, *HA*, II, 15, 606 a 21.

ὅσον αἱ τῶν κεράτων διϊστᾶσιν ἀρχαί· καὶ τὸ θέαμα κυκλουμένης σελήνης ἐστὶν εἰκών. Ἡ χροιὰ δὲ οἵαν Ὅμηρος τοὺς τοῦ Θρᾳκὸς ἵππους ἐπαινεῖ. 4 Βαδίζει δὲ ταῦρος ὑψαυχενῶν καὶ ὥσπερ ἐπιδεικνύμενος ὅτι τῶν ἄλλων βοῶν ἐστι βασιλεύς. Εἰ δὲ ὁ μῦθος Εὐρώπης ἀληθής, Αἰγύπτιον βοῦν ὁ Ζεὺς ἐμιμήσατο.

XVI. 1 Ἔτυχεν οὖν ἡ μὲν μήτηρ τότε μαλακῶς ἔχουσα· σκηψαμένη δὲ καὶ ἡ Λευκίππη νοσεῖν ἔνδον ὑπέμεινε —συνέκειτο γὰρ ἡμῖν εἰς ταὐτὸν ἐλθεῖν, ὡς ἂν τῶν πολλῶν ἐξιόντων—, ὥστε συνέβη τὴν ἀδελφὴν τὴν ἐμὴν μετὰ τῆς Λευκίππης μητρὸς προελθεῖν. 2 Ὁ δὲ Καλλισθένης τὴν μὲν Λευκίππην οὐχ ἑωρακώς ποτε, τὴν δὲ Καλλιγόνην ἰδὼν τὴν ἀδελφὴν τὴν ἐμήν, νομίσας Λευκίππην εἶναι —ἐγνώρισε γὰρ τοῦ Σωστράτου τὴν γυναῖκα—, πυθόμενος οὐδέν —ἦν γὰρ ἑαλωκὼς ἐκ τῆς θέας—, δείκνυσιν ἑνὶ τῶν οἰκετῶν τὴν κόρην, ὃς ἦν αὐτῷ πιστότατος, καὶ κελεύει λῃστὰς ἐπ' αὐτὴν συγκροτῆσαι, καταλέξας τὸν τρόπον τῆς ἁρπαγῆς. Πανήγυρις δὲ ἐπέκειτο, καθ' ἣν ἠκηκόει πάσας τὰς παρθένους ἀπαντᾶν ἐπὶ θάλατταν. Ὁ μὲν οὖν ταῦτα εἰπὼν καὶ τὴν θεωρίαν ἀφωσιωμένος ἀπῆλθεν.

XVII. 1 Ναῦν δὲ εἶχεν ἰδίαν, τοῦτο προκατασκευάσας οἴκοθεν εἰ τύχοι τῆς ἐπιχειρήσεως. Οἱ μὲν δὴ ἄλλοι θεωροὶ ἀπέπλευσαν, αὐτὸς δὲ μικρὸν ἀπεσάλευε τῆς γῆς, ἅμα μὲν ὡς δοκοίη τοῖς πολίταις ἕπεσθαι, ἅμα δὲ ἵνα

41. C'est-à-dire « plus blanche que neige », *Iliade*, X, 447.

42. Au chapitre X, c'était l'indisposition de la mère de Leucippé qui avait permis la rencontre.

la lune en son plein. La couleur de la robe est semblable à celle que loue Homère chez les chevaux de Thrace[41]. **4** C'est un taureau qui marche en relevant la tête, comme pour montrer qu'il est le roi des autres bêtes à cornes. Et, si le mythe d'Europe est véridique, c'est d'un taureau égyptien que Zeus prit la forme.

XVI. **1** Il se trouva que ma mère, à ce moment-là, était souffrante[42] ; et, feignant d'être également malade, Leucippé était restée à la maison – nous étions convenus de nous rencontrer quand tout le monde serait dehors –, si bien que ce fut ma sœur qui sortit avec la mère de Leucippé. **2** Mais Callisthénès, qui n'avait jamais vu Leucippé, voyant Calligoné ma sœur, crut que c'était Leucippé, car il avait reconnu la femme de Sostratos ; sans s'être informé plus avant, car il était captivé par ce qu'il voyait, il désigne la jeune fille à l'un de ses serviteurs, celui qui lui était le plus dévoué, et lui donne ordre de recruter des brigands contre elle, après lui avoir indiqué la manière de l'enlever. Une fête devait se dérouler, au cours de laquelle, avait-il entendu dire, toutes les jeunes filles devaient se rendre au bord de la mer[43]. Après avoir donné ces ordres et s'être acquitté de son ambassade, il s'en alla.

XVII. **1** Il avait un navire personnel, ayant fait d'avance ses préparatifs chez lui, au cas où il réussirait son coup de main. Et tandis que les autres ambassadeurs avaient mis à la voile, lui mouillait à quelque distance de la terre, à la fois pour sembler suivre ses concitoyens et pour, bien que son embarcation fût dans le voisinage de Tyr, ne pas

43. Situation qui associe le rôle traditionnel des fêtes pour la rencontre des jeunes gens, dans la comédie comme dans le roman, et la situation initiale d'Europe.

μή, πλησίον τῆς Τύρου τοῦ σκάφους ὄντος, κατάφωρος γένοιτο μετὰ τὴν ἁρπαγήν. 2 Ἐπεὶ δὲ ἐγένετο κατὰ Σάραπτα κώμην Τυρίων ἐπὶ θαλάττῃ κειμένην, ἐνταῦθα προσπορίζεται λέμβον, δίδωσι δὲ τῷ Ζήνωνι· τοῦτο γὰρ ἦν ὄνομα τῷ οἰκέτῃ, ὃν ἐπὶ τὴν ἁρπαγὴν παρεσκευάκει. 3 Ὁ δέ —ἦν γὰρ καὶ ἄλλως εὔρωστος τὸ σῶμα καὶ φύσει πειρατικός— ταχὺ μὲν ἐξεῦρε λῃστὰς ἁλιεῖς ἀπὸ τῆς κώμης ἐκείνης καὶ δῆτα ἀνέπλευσεν ἐπὶ τὴν Τύρον. Ἔστι δὲ μικρὸν ἐπίνειον Τυρίων, νησίδιον ἀπέχον ὀλίγον τῆς Τύρου —Ῥοδόπης αὐτὸ τάφον οἱ Τύριοι λέγουσιν—, ἔνθα ὁ λέμβος ἐφήδρευεν.

XVIII. 1 Πρὸ δὲ τῆς πανηγύρεως, ἣν ὁ Καλλισθένης προσεδόκα, γίνεται δὴ τὰ τοῦ ἀετοῦ καὶ τῶν μάντεων· καὶ εἰς τὴν ὑστεραίαν παρεσκευαζόμεθα νύκτωρ ὡς θυσόμενοι τῷ θεῷ. Τούτων δὲ τὸν Ζήνωνα ἐλάνθανεν οὐδέν· ἀλλ' ἐπειδὴ καιρὸς ἦν βαθείας ἑσπέρας, ἡμεῖς μὲν προήλθομεν, αὐτὸς δὲ εἵπετο. 2 Ἄρτι δὲ γενομένων ἡμῶν ἐπὶ τῷ χείλει τῆς θαλάσσης, ὁ μὲν τὸ συγκείμενον ἀνέτεινε σημεῖον, ὁ δὲ λέμβος ἐξαίφνης προσέπλει, καὶ ἐπεὶ πλησίον ἐγένετο, ἦσαν ἐν αὐτῷ νεανίσκοι δέκα. 3 Ὀκτὼ δὲ ἑτέρους ἐπὶ τῆς γῆς εἶχον προλοχίσαντες, οἳ γυναικείας μὲν εἶχον ἐσθῆτας καὶ τῶν γενείων ἐψίλωντο τὰς τρίχας· ἔφερον δὲ ἕκαστος ὑπὸ κόλπῳ ξίφος, ἐκόμιζον δὲ καὶ αὐτοὶ θυσίαν, ὡς ἂν ἥκιστα ὑποπτευθεῖεν· ἡμεῖς δὲ ᾠόμεθα εἶναι γυναῖκας. 4 Ἐπεὶ δὲ συνετίθεμεν τὴν πυράν, ἐξαίφνης βοῶντες συντρέχουσι καὶ τὰς μὲν δᾷδας ἡμῶν ἀποσβεννύουσι, φευγόντων δὲ ἀτάκτως ὑπὸ τῆς ἐκπλήξεως, τὰ ξίφη γυμνώσαντες ἁρπάζουσι τὴν ἀδελφὴν τὴν ἐμὴν καὶ ἐνθέμενοι τῷ σκάφει, ἐμβάντες εὐθὺς ὄρνιθος δίκην ἀφίπτανται.

44. À environ 13 kilomètres au sud de Sidon et 20 au nord de Tyr.
45. Inconnu par ailleurs.

être pris sur le fait après le rapt. **2** Arrivé à la hauteur de Sarapta, un village tyrien sur la mer[44], il se procure une chaloupe et la remet à Zénon – c'était le nom du serviteur qu'il avait préparé pour le rapt. **3** Celui-ci – qui joignait à un corps robuste un penchant naturel pour la piraterie – recruta aussitôt comme brigands des pêcheurs originaires de ce village et, bien sûr, revint vers Tyr. Il y a un petit mouillage des Tyriens, un ilôt à quelque distance de Tyr – les habitants disent que c'est le tombeau de Rhodopé[45] ; c'est là que la chaloupe était en embuscade.

XVIII. **1** C'est avant la fête que Callisthénès attendait qu'arriva l'affaire de l'aigle et des devins ; nous étions en train de faire, durant la nuit, les préparatifs du sacrifice en l'honneur du dieu, pour le lendemain. Rien de cela n'échappait à Zénon : lorsque la soirée fut bien avancée, nous nous mîmes en route et lui nous suivait. **2** Comme nous étions arrivés au bord de la mer, il fit le signal convenu, la chaloupe s'approcha aussitôt, et lorsqu'elle fut tout près, il y avait dix jeunes gens à bord ; **3** huit autres avaient été postés en embuscade sur terre ; ils avaient des vêtements de femme et avaient rasé le poil de leur menton ; ils portaient chacun dans les replis de leur vêtement un glaive et s'occupaient eux aussi d'un sacrifice[46], afin de ne pas éveiller les soupçons ; et nous, nous pensions que c'étaient des femmes. **4** Mais comme nous disposions le bûcher, tout à coup ils accourent à grands cris, éteignent nos torches, et, pendant que nous fuyons en désordre sous le coup de la terreur, ils tirent leur glaive, s'emparent de ma sœur et, après l'avoir mise dans le bateau, embarquent et s'envolent aussitôt comme oiseau.

46. Le verbe employé, κομίζω, est pris ici dans un sens homérique, rare en attique – pour appuyer l'aspect de « Dolonie » (amoureuse) du passage ?

5 Ἡμῶν δὲ οἱ μὲν ἔφευγον, οὐδὲν οὔτε εἰδότες οὔτε ἑωρακότες, οἱ δὲ ἅμα τε εἶδον καὶ ἐβόων· « Λῃσταὶ Καλλιγόνην ἔχουσι. » Τὸ δὲ πλοῖον ἤδη μέσην ἐπέραινε τὴν θάλασσαν. Ὡς δὲ τοῖς Σαραπτίοις προσέσχον, πόρρωθεν ὁ Καλλισθένης τὸ σημεῖον ἰδὼν ὑπήντησεν ἐπιπλεύσας καὶ δέχεται μὲν τὴν κόρην, πλεῖ δὲ εὐθὺς πελάγιος. 6 Ἐγὼ δὲ ἀνέπνευσα μὲν οὕτω διαλυθέντων μοι παραδόξως τῶν γάμων, ἠχθόμην δ' οὕτως ὑπὲρ ἀδελφῆς περιπεσούσης τοιαύτῃ συμφορᾷ.

XIX. 1 Ὀλίγας δὲ ἡμέρας διαλιπὼν πρὸς τὴν Λευκίππην διελεγόμην· « Μέχρι τίνος ἐπὶ τῶν φιλημάτων ἱστάμεθα, φιλτάτη ; καλὰ τὰ προοίμια· προσθῶμεν ἤδη τι καὶ ἐρωτικόν. Φέρε ἀνάγκην ἀλλήλοις ἐπιθῶμεν πίστεως. Ἂν γὰρ ἡμᾶς Ἀφροδίτη μυσταγωγήσῃ, οὐ μή τις ἄλλος κρείττων γένηται τῆς θεοῦ. » 2 Ταῦτα πολλάκις κατεπᾴδων ἐπεπείκειν τὴν κόρην ὑποδέξασθαί με τῷ θαλάμῳ νυκτός, τῆς Κλειοῦς συνεργούσης, ἥτις ἦν αὐτῇ θαλαμηπόλος. Εἶχε δὲ ὁ θάλαμος αὐτῆς οὕτως· 3 χωρίον ἦν μέγα τέτταρα οἰκήματα ἔχον, δύο μὲν ἐπὶ δεξιά, δύο δὲ ἐπὶ θάτερα· μέσος δὲ διεῖργε στενωπὸς ὁδὸς ἐπὶ τὰ οἰκήματα· θύρα δὲ ἐν ἀρχῇ τοῦ στενωποῦ μία ἐκλείετο· 4 ταύτην εἶχον τὴν καταγωγὴν αἱ γυναῖκες. Καὶ τὰ μὲν ἐνδοτέρω τῶν οἰκημάτων ἥ τε παρθένος καὶ ἡ μήτηρ αὐτῆς διειλήφεσαν, ἑκάτερα τὰ ἀντικρύ, τὰ δὲ ἔξω δύο τὰ πρὸς τὴν εἴσοδον, τὸ μὲν ἡ Κλειὼ τὸ κατὰ τὴν παρθένον, τὸ δὲ ταμιεῖον ἦν. 5 Κατακοιμίζουσα δὲ ἀεὶ τὴν Λευκίππην ἡ μήτηρ ἔκλειεν ἔνδοθεν τὴν ἐπὶ τοῦ

5 Parmi nous, les uns s'enfuyaient sans rien savoir ni rien avoir vu, les autres, à ce spectacle, criaient : « Des pirates tiennent Calligoné ! » Mais le bateau se trouvait déjà en pleine mer. Lorsqu'ils approchèrent du rivage de Sarapta, Callisthénès, qui avait vu, de loin, leur signal, vint à leur rencontre avec son bateau : il reçoit la jeune fille et gagne aussitôt la haute mer. **6** Et moi, je respirai, mon mariage étant ainsi rompu contre toute attente, et j'étais simplement fâché qu'un tel malheur fût survenu à ma sœur.

XIX. **1** Quelques jours après, je dis à Leucippé : « Jusqu'à quand en resterons-nous aux baisers, ma chérie ? C'est un beau début, mais ajoutons-y désormais un peu de passion amoureuse. Allons, lions-nous l'un à l'autre par des liens de fidélité mutuelle. Car si Aphrodite nous a initiés à ses mystères, personne d'autre ne sera jamais plus puissant que la déesse. » **2** À force de répéter ces paroles charmeuses[47], j'avais persuadé la jeune fille de me recevoir dans sa chambre, la nuit, avec la complicité de Clio, qui lui servait de femme de chambre. Et voici comment était placée sa chambre : **3** l'appartement était grand[48] avec quatre pièces, deux à droite, et deux de l'autre côté ; au milieu, un couloir étroit formait séparation et donnait accès aux pièces ; il n'y avait qu'une seule porte que l'on fermait, au début du couloir ; **4** c'est cet appartement qu'occupaient les femmes. La jeune fille et sa mère avaient reçu les deux pièces tournées vers l'intérieur, qui se faisaient vis-à-vis, et des deux pièces tournées vers l'extérieur, du côté de l'entrée, l'une, celle qui était près de la jeune fille, était occupée par Clio, l'autre était le cellier. **5** Chaque fois, après avoir couché Leucippé, sa mère fermait de l'intérieur la porte

47. Comme celles qui ont présidé au stratagème de l'abeille.

48. Le croquis transmis dans certains manuscrits est reproduit par E. Vilborg, 1962, p. 54.

στενωποῦ θύραν. Ἔξωθεν δέ τις ἕτερος ἀπέκλειε καὶ τὰς κλεῖς ἔβαλλε διὰ τῆς ὀπῆς· ἡ δὲ λαβοῦσα ἐφύλαττε καὶ περὶ τὴν ἕω καλέσασα τὸν εἰς τοῦτο ἐπιτεταγμένον διέβαλλε πάλιν τὰς κλεῖς, ὅπως ἀνοίξειε. 6 Ταύταις οὖν ἴσας μηχανησάμενος ὁ Σάτυρος γενέσθαι τὴν ἄνοιξιν πειρᾶται καὶ ὡς εὗρε δυνατήν, τὴν Κλειώ γε ἐπεπείκει, καὶ τῆς κόρης συνειδυίας, μηδὲν ἀντιπρᾶξαι τῇ [κόρῃ] τέχνῃ. Ταῦτα ἦν τὰ συγκείμενα.

XX. 1 Ἦν δέ τις αὐτῶν οἰκέτης πολυπράγμων καὶ λάλος καὶ λίχνος καὶ πᾶν ὅ τι ἂν εἴποι τις, ὄνομα Κώνωψ. Οὗτός μοι ἐδόκει πόρρωθεν ἐπιτηρεῖν τὰ πραττόμενα ἡμῖν· μάλιστα δέ, ὅπερ ἦν, ὑποπτεύσας μή τι νύκτωρ ἡμῖν πραχθῇ, διενυκτέρευε μέχρι πόρρω τῆς ἑσπέρας, ἀναπετάσας τοῦ δωματίου τὰς θύρας, ὥστε ἔργον ἦν αὐτὸν λαθεῖν. 2 Ὁ οὖν Σάτυρος, βουλόμενος αὐτὸν εἰς φιλίαν ἀγαγεῖν, προσέπαιζε πολλάκις καὶ κώνωπα ἐκάλει καὶ ἔσκωπτε τοὔνομα σὺν γέλωτι. Καὶ οὗτος εἰδὼς τοῦ Σατύρου τὴν τέχνην προσεποιεῖτο μὲν ἀντιπαίζειν καὶ αὐτός, ἐνετίθει δὲ τῇ παιδιᾷ τῆς γνώμης τὸ ἄσπονδον. 3 Λέγει δὴ πρὸς αὐτόν· « Ἐπειδὴ καταμωκᾷ μου καὶ τοὔνομα, φέρε σοι μῦθον ἀπὸ κώνωπος εἴπω ».

XXI. 1 « Ὁ λέων κατεμέμφετο τὸν Προμηθέα πολλάκις, ὅτι μέγαν μὲν αὐτὸν ἔπλασε καὶ καλὸν καὶ τὴν μὲν γένυν ὥπλισε τοῖς ὀδοῦσι, τοὺς δὲ πόδας ἐκράτυνε τοῖς ὄνυξιν ἐποίησέ τε τῶν ἄλλων θηρίων δυνατώτερον. ‘Ὁ δὲ τοιοῦτος, ἔφασκε, τὸν ἀλεκρυόνα φοβοῦμαι.’ 2 Καὶ ὁ Προμηθεὺς ἐπιστὰς ἔφη· ‘Τί με μάτην αἰτιᾷ; Τὰ μὲν γὰρ ἐμὰ πάντα ἔχεις ὅσα πλάττειν ἠδυνάμην, ἡ δέ σου ψυχὴ πρὸς τοῦτο μόνον μαλακίζεται.’ Ἔκλαιεν οὖν ἑαυτὸν ὁ

du couloir. Et, de l'extérieur, quelqu'un d'autre fermait à clef et lançait les clefs par la lucarne ; la mère les prenait et les gardait, et sur l'aurore, après avoir appelé celui qui était préposé à cette tâche, lui passait de nouveau les clefs pour qu'il ouvrît. **6** Après avoir fait fabriquer des doubles des clefs, Satyros essaya d'ouvrir, et, ayant vu que c'était possible, il avait donc persuadé Clio, avec le consentement de la jeune fille, de ne rien faire qui contrariât la ruse. Voici ce qui avait été convenu.

XX. **1** Il y avait un de leurs serviteurs qui était intrigant, bavard, gourmand, et tout ce que l'on voudra, nommé Conops. Il me semblait que, depuis longtemps, il épiait nos actions ; mais surtout, ce qui était vrai, il nous soupçonnait de vouloir tenter quelque action nocturne, et il restait éveillé jusqu'à une heure fort avancée de la soirée, en tenant ouvertes les portes de sa chambre, si bien que c'était toute une affaire d'échapper à sa surveillance. **2** Alors Satyros, qui désirait s'en faire un ami, le plaisantait fréquemment, l'appelait « moustique » *(conops)* et se moquait, en riant, de son nom. Mais lui, se rendant compte de l'artifice de Satyros, faisait semblant de répondre, lui aussi, par des plaisanteries, mais mettait dans sa plaisanterie son inflexibilité. **3** Il lui dit donc : « Puisque tu te moques de moi et de mon nom, eh bien, laisse-moi te conter une histoire de moustique[49]. »

XXI. **1** « Le lion blâmait fréquemment Prométhée de l'avoir façonné grand et beau, d'avoir armé sa mâchoire de crocs, d'avoir muni ses pattes de griffes et de l'avoir fait plus puissant que les autres bêtes sauvages. “Avec de tels avantages, disait-il, je crains le coq.” **2** Prométhée survint et dit : “Pourquoi m'accuses-tu à la légère ? Tu as, en effet, tout ce que moi j'ai pu façonner, mais c'est ton âme qui, à ce seul objet, est prise de faiblesse.” Le lion se

49. Le *mythos* cette fois prend la forme d'une fable.

λέων καὶ τῆς δειλίας κατεμέμφετο καὶ τέλος ἀποθανεῖν ἤθελεν. 3 Οὕτω δὲ γνώμης ἔχων ἐλέφαντι περιτυγχάνει καὶ προσαγορεύσας εἱστήκει διαλεγόμενος. Καὶ ὁρῶν διὰ παντὸς τὰ ὦτα κινοῦντα, 'Τί πάσχεις ; ἔφη · καὶ τί δή ποτε οὐδὲ μικρὸν ἀτρεμεῖ σου τὸ οὖς ;' 4 Καὶ ὁ ἐλέφας, κατὰ τύχην παραπτάντος αὐτῷ κώνωπος, ''Ορᾷς, ἔφη, τοῦτο τὸ βραχὺ τὸ βομβοῦν ; ἢν εἰσδύῃ μου τῇ τῆς ἀκοῆς ὁδῷ, τέθνηκα.' Καὶ ὁ λέων, 'Τί οὖν ἔτι ἀποθνῄσκειν, ἔφη, με δεῖ, τοσοῦτον ὄντα καὶ ἐλέφαντος εὐτυχέστερον, ὅσον κρείττων κώνωπος ἀλεκτρυών ;' ὁρᾷς, ὅσον ἰσχύος ὁ κώνωψ ἔχει, ὡς καὶ ἐλέφαντα φοβεῖν. » 5 Γνοὺς οὖν ὁ Σάτυρος τὸ ὕπουλον αὐτοῦ τῶν λόγων, ἠρέμα μειδιῶν, « Ἄκουσον κἀμοῦ τινα λόγον, εἶπεν, ἀπὸ κώνωπος καὶ λέοντος, ὃν ἀκήκοά τινος τῶν φιλοσόφων · χαρίζομαι δέ σοι τοῦ μύθου τὸν ἐλέφαντα. »

XXII. 1 « Λέγει τοίνυν κώνωψ ἀλαζών ποτε πρὸς λέοντα. 'Εἶτα κἀμοῦ βασιλεύειν νομίζεις ὡς τῶν ἄλλων θηρίων ; Ἀλλ' οὔτε μου καλλίων οὔτε ἀλκιμώτερος ἔφυς οὔτε μείζων. Ἐπεὶ τίς σοι πρῶτόν ἐστιν ἀλκή ; 2 Ἀμύσσεις τοῖς ὄνυξι καὶ δάκνεις τοῖς ὀδοῦσι. Ταῦτα γὰρ οὐ ποιεῖ μαχομένη γυνή ; Ποῖον δὲ μέγεθος ἢ κάλλος σε κοσμεῖ ; Στέρνον πλατύ, ὦμοι παχεῖς καὶ πολλὴ περὶ τὸν αὐχένα κόμη. Τὴν κατόπιν οὖν αἰσχύνην οὐχ ὁρᾷς ; Ἐμοὶ δὲ μέγεθος μὲν ὁ ἀὴρ ὅλος, ὅσον μου καταλαμβάνει τὸ πτερόν, κάλλος δὲ αἱ τῶν λειμώνων κόμαι · αἱ μὲν γάρ

50. Pour la fable, *Le lion, Prométhée et l'éléphant*, voir *Æsopi fabulae*, CUF, 1926, n° 210 et le commentaire de C. Delhay, 1990.

lamentait donc sur lui-même, se blâmait de sa lâcheté et, au bout du compte, voulait mourir. **3** C'est dans cet état d'esprit qu'il rencontre un éléphant ; il le salue et s'arrête pour causer. Et voyant qu'il bougeait continuellement ses oreilles : "Qu'as-tu, dit-il, et pourquoi donc ton oreille ne reste-t-elle pas une seconde en repos ?" **4** Et l'éléphant, comme un moustique voltigeait par hasard autour de lui : "Vois-tu, répondit-il, cette petite chose qui bourdonne ? Si elle pénètre par le conduit de mon ouïe, je suis mort." Et le lion dit : "Qu'ai-je encore besoin de mourir, moi qui suis si puissant et qui surpasse en bonheur un éléphant, autant qu'un coq surpasse en force un moustique ?" Tu vois quel pouvoir a le moustique pour terrifier même un éléphant[50]. » **5** Satyros, qui avait compris l'hostilité cachée sous ses paroles, répondit, en souriant légèrement : « Écoute de moi aussi une fable sur un moustique et un lion, que j'ai apprise d'un philosophe ; et je te fais grâce de l'éléphant de ta fable. »

XXII. **1** « Un fanfaron de moustique dit un jour à un lion. "Et alors, tu crois régner sur moi aussi, comme sur les autres bêtes ? Mais tu n'es ni plus beau que moi, ni plus fort, ni plus grand. Car, d'abord, quelle est ta force ? **2** Tu égratignes avec tes griffes et tu mords avec tes dents. N'est-ce pas ce que fait une femme qui se bat[51] ? Et quelle est la grandeur ou la beauté qui te pare ? Un large poitrail, de fortes épaules et, autour du cou, une épaisse crinière. Tu ne vois dons pas ta laideur, par-derrière ? Ma grandeur à moi, c'est l'air tout entier, autant que peut en saisir mon aile, et ma beauté la chevelure des prairies[52], car elle est

51. Voir le mot prêté à Alcibiade, *Vie d'Alcibiade* 2, 2-3.

52. Satyros joue sur le sens de κομή, au sens propre, pour un être vivant, « chevelure » (d'où la crinière du lion) et, par analogie, pour des plantes, « feuillage ».

εἰσιν ὥσπερ ἐσθῆτες, ἃς ὅταν θέλω παῦσαι τὴν πτῆσιν ἐνδύομαι. 3 Τὴν δὲ ἀνδρείαν μου μὴ καὶ γελοῖον ᾖ καταλέγειν· ὄργανον γὰρ ὅλος εἰμὶ πολέμου. Μετὰ μὲν σάλπιγγος παρατάττομαι, σάλπιγξ δέ μοι καὶ βέλος τὸ στόμα· ὥστε εἰμὶ καὶ αὐλητὴς καὶ τοξότης. Ἐμαυτοῦ δὲ ὀϊστὸς καὶ τόξον γίνομαι· τοξεύω γάρ μου διαέριον τὸ πτερόν, ἐμπεσὼν δὲ ὡς ἀπὸ βέλους ποιῶ τὸ τραῦμα· ὁ δὲ παταχθεὶς ἐξαίφνης βοᾷ καὶ τὸν τετρωκότα ζητεῖ. Ἐγὼ δὲ παρὼν οὐ πάρειμι. Ὁμοῦ δὲ καὶ φεύγω καὶ μένω, καὶ περιϊππεύω τὸν ἄνθρωπον τῷ πτερῷ, γελῶ δὲ αὐτὸν βλέπων περὶ τοῖς τραύμασιν ὀρχούμενον. 4 Ἀλλὰ τί δεῖ λόγων; Ἀρχώμεθα μάχης.' Ἅμα λέγων ἐμπίπτει τῷ λέοντι καὶ εἰς τοὺς ὀφθαλμοὺς ἐμπηδᾷ καὶ εἴ τι ἄλλο ἄτριχον τῶν προσώπων, περιϊπτάμενος ἅμα καὶ τῷ βόμβῳ καταυλῶν. Ὁ δὲ λέων ἠγριαίνετο καὶ μετεστρέφετο πάντῃ καὶ τὸν ἀέρα περιέχασκεν· ὁ δὲ κώνωψ ταύτῃ πλέον τὴν ὀργὴν ἐτίθετο παιδιὰν καὶ ἐπ' αὐτοῖς ἐτίτρωσκε τοῖς χείλεσιν. 5 Καὶ ὁ μὲν ἔκλινεν εἰς τὸ λυποῦν μέρος, ἀνακάμπτων ἔνθα τοῦ τραύματος ἡ πληγή, ὁ δὲ ὥσπερ παλαιστὴς τὸ σῶμα σκευάζων εἰς τὴν συμπλοκὴν ἀπέρρει τῶν τοῦ λέοντος ὀδόντων, αὐτὴν μέσην διαπτὰς κλειομένην τὴν γένυν. 6 Οἱ δὲ ὀδόντες κενοὶ τῆς θήρας περὶ ἑαυτοὺς ἐκροτάλιζον. Ἤδη τοίνυν ὁ λέων ἐκεκμήκει σκιαμαχῶν πρὸς τὸν ἀέρα τοῖς ὀδοῦσι καὶ εἱστήκει παρειμένος ὀργῇ. Ὁ δὲ κώνωψ περιϊπτάμενος αὐτοῦ τὴν κόμην ἐπηύλει μέλος ἐπινίκιον. 7 Μακρό-

53. L'*aulos* (voir *supra*, n. 49) rythmait la marche des hoplites en phalange, notamment à Lacédémone ; tout en variant systématiquement les noms de traits et d'instruments, le « fabuliste » suggère-t-il ici d'enrôler Conops parmi les glorieux Spartiates ?

comme un vêtement dont je me revêts lorsque je veux suspendre mon vol. **3** Pour mon courage, que l'on prenne garde à ne pas le considérer comme chose risible, car je suis tout entier une machine de guerre. C'est au son de la trompette que je me prépare à la bataille, ma bouche est à la fois une trompette et un trait, si bien que je suis et aulète[53] et archer. Je me fais à moi-même et ma flèche et mon arc ; car je vise en volant à travers les airs, et, m'abattant, je fais ma blessure comme celle d'un trait ; celui qui est touché se met tout à coup à crier et cherche l'auteur de la blessure. Et moi je suis là et je n'y suis pas. Tout à la fois je fuis et je reste, je fais une chevauchée autour de mon homme d'un coup d'aile, je ris en le voyant danser sous mes blessures. **4** Mais qu'est-il besoin de parler ? Commençons le combat." Tout en parlant, il fonce sur le lion, se lance sur les yeux et sur les autres parties sans poil du museau, voltige tout autour en l'étourdissant de son vrombissement[54]. Et le lion, furieux, se tournait de tous côtés, mais ce n'est que l'air qu'il mordait. Et le moustique n'en tournait que plus en dérision sa rage et le blessait aux babines mêmes. **5** Et tandis que le lion se tournait vers l'endroit endolori, se penchant là où le coup l'avait blessé, l'autre, comme un lutteur qui prépare son corps à l'assaut, glissait entre les dents du lion, s'envolant entre les mâchoires qui se refermaient. **6** Les crocs du fauve, qui ne rencontraient que le vide, s'entrechoquaient. Déjà le lion était fatigué de se battre vainement[55], avec ses crocs, contre l'air et il s'était arrêté, accablé de rage. Le moustique, lui, voltigeant tout autour de la crinière, entonnait un chant de victoire[56].

54. Le verbe grec *kat**aulein*** reprend l'image du moustique « à la fois *aulète* et archer ».

55. Litt. « contre une ombre ».

56. Ultime retour de l'*aulos*. Pour la fable du lion et du moustique, É. Chambry, *Æsopi fabulae*, CUF, 1926, n° 189.

τερον δὲ ποιούμενος τῆς πτήσεως τὸν κύκλον ὑπὸ περιττῆς ἀπειροκαλίας ἀράχνης λανθάνει νήμασιν ἐμπλακείς, καὶ τὴν ἀράχνην οὐκ ἔλαθεν ἐμπεσών. Ὡς δ' οὐκέτι εἶχε φυγεῖν, ἀδημονῶν εἶπεν· 'Ὢ τῆς ἀνοίας· προὐκαλούμην γὰρ ἐγὼ λέοντα, ὀλίγος δέ με ἤγρευσεν ἀράχνης χιτών.' » Ταῦτα εἰπών, « Ὥρα τοίνυν, ἔφη, καὶ σὲ τὰς ἀράχνας φοβεῖσθαι. » Καὶ ἅμα ἐγέλασεν.

XXIII. 1 Καὶ ὀλίγας διαλιπὼν ἡμέρας, εἰδὼς αὐτὸν γαστρὸς ἡττώμενον, φάρμακον πριάμενος ὕπνου βαθέος ἐφ' ἑστίασιν αὐτὸν ἐκάλεσεν. Ὁ δὲ ὑπώπτευε μέν τινα μηχανὴν καὶ ὤκνει τὸ πρῶτον. Ὡς δ' ἡ βελτίστη γαστὴρ κατηνάγκασε, πείθεται. 2 Ἐπεὶ δὲ ἧκε πρὸς τὸν Σάτυρον, εἶτα δειπνήσας ἔμελλεν ἀπιέναι, ἐγχεῖ τοῦ φαρμάκου κατὰ τῆς τελευταίας κύλικος ὁ Σάτυρος αὐτῷ· καὶ ὁ μὲν ἔπιε, καὶ μικρὸν διαλιπών, ὅσον εἰς τὸ δωμάτιον αὐτοῦ φθάσαι, καταπεσὼν ἔκειτο, τὸν ὕπνον καθεύδων τοῦ φαρμάκου. 3 Ὁ δὲ Σάτυρος εἰστρέχει πρός με καὶ λέγει· « Κεῖταί σοι καθεύδων ὁ Κώνωψ· σὺ δὲ ὅπως Ὀδυσσεὺς ἀγαθὸς γένῃ. » Ἅμα ἔλεγε καὶ ἥκομεν ἐπὶ τὰς θύρας τῆς ἐρωμένης. Καὶ ὁ μὲν ὑπελείπετο, ἐγὼ δὲ εἰσῄειν, ὑποδεχομένης με τῆς Κλειοῦς ἀψοφητί, τρέμων τρόμον διπλοῦν, χαρᾶς ἅμα καὶ φόβου. 4 Ὁ μὲν γὰρ τοῦ κινδύνου φόβος ἐθορύβει τὰς τῆς ψυχῆς ἐλπίδας, ἡ δὲ ἐλπὶς τοῦ τυχεῖν ἐπεκάλυπτεν ἡδονῇ τὸν φόβον· οὕτω καὶ τὸ ἐλπίζον ἐφοβεῖτό μου καὶ ἔχαιρε τὸ λυπούμενον.

7 Mais, en décrivant dans son vol un cercle trop grand, sous l'effet d'un excès d'arrogance, il s'empêtre sans s'en rendre compte dans le filet d'une araignée, laquelle se rendit bien compte de sa chute. Et comme il ne pouvait plus fuir, il dit, plein de tourments : “Quelle folie ! Moi qui provoquais un lion, une petite toile d'araignée m'a capturé !” Après avoir dit ces mots, Satyros ajouta : “C'est donc le moment que, toi aussi, tu craignes les araignées”. » Et, en même temps, il se mit à rire.

XXIII. **1** Quelques jours après, Satyros sachant que Conops cédait volontiers à son ventre, acheta une drogue provoquant un sommeil profond, puis l'invita à un festin. L'autre, qui soupçonnait quelque ruse, hésitait tout d'abord. Mais quand son ventre chéri l'y força, le voilà persuadé. **2** Et lorsqu'il se fut rendu chez Satyros, et que, après avoir dîné, il était sur le point de s'en aller, Satyros lui verse de la drogue dans la dernière coupe ; il but et après quelques instants, juste le temps de regagner sa chambre, il tomba à terre, endormi par la drogue. **3** Alors Satyros accourt vers moi et me dit : « Il est à terre, endormi, le Moustique ; de ton côté, tâche d'être un courageux Ulysse[57]. » Comme il parlait, nous étions arrivés à la porte de ma bien-aimée. Tandis qu'il restait en arrière, j'entrais, Clio m'accueillant sans bruit, tout frissonnant d'un double frisson, de joie et de crainte à la fois. **4** En effet, si la peur du danger troublait les espoirs de mon âme, l'espoir de réussir jetait sur ma peur un voile de plaisir ; c'est ainsi que mon espoir était craintif et qu'était joyeuse mon inquiétude. Il n'y avait

57. Göttling a proposé de corriger Κώνωψ en Κύκλωψ, qui, à la fois, constitue une plaisanterie inattendue *(par 'hyponoian)* et motive la référence à Ulysse. Avec Κώνωψ, le lecteur doit de lui-même penser au Cyclope endormi en s'appuyant sur la paronomase, ce qui n'a rien d'impossible.

Ἄρτι δέ μου προσελθόντος εἴσω τοῦ θαλάμου τῆς παιδός, γίνεταί τι τοιοῦτον περὶ τὴν τῆς κόρης μητέρα· ἔτυχε γὰρ ὄνειρος αὐτὴν ταράξας. 5 Ἐδόκει τινὰ λῃστὴν μάχαιραν ἔχοντα γυμνὴν ἄγειν ἁρπασάμενον αὐτῆς τὴν θυγατέρα καὶ καταθέμενον ὑπτίαν, μέσην ἀνατεμεῖν τῇ μαχαίρᾳ τὴν γαστέρα, κάτωθεν ἀρξάμενον ἀπὸ τῆς αἰδοῦς. Ταραχθεῖσα οὖν ὑπὸ δείματος, ὡς εἶχεν ἀναπηδᾷ καὶ ἐπὶ τὸν τῆς θυγατρὸς θάλαμον τρέχει —ἐγγὺς γὰρ ἦν—, ἄρτι μου κατακλιθέντος. 6 Ἐγὼ μὲν δὴ τὸν ψόφον ἀκούσας ἀνοιγομένων τῶν θυρῶν, εὐθὺς ἀνεπήδησα· ἡ δὲ ἐπὶ τὴν κλίνην παρῆν. Συνεὶς οὖν τὸ κακὸν ἐξάλλομαι καὶ διὰ τῶν θυρῶν ἵεμαι δρόμῳ, καὶ ὁ Σάτυρος ὑποδέχεται τρέμοντα καὶ τεταραγμένον. Εἶτ' ἐφεύγομεν διὰ τοῦ σκότους καὶ ἐπὶ τὸ δωμάτιον ἑαυτῶν ἤλθομεν.

XXIV. 1 Ἡ δὲ πρῶτον μὲν ὑπὸ ἰλίγγου κατέπεσεν, εἶτα ἀνενεγκοῦσα τὴν Κλειὼ κατὰ κόρρης ὡς εἶχε ῥαπίζει καὶ ἐπιλαβομένη τῶν τριχῶν ἅμα πρὸς τὴν θυγατέρα ἀνῴμωξεν, « Ἀπώλεσάς μου, λέγουσα, Λευκίππη, τὰς ἐλπίδας. 2 Οἴμοι, Σώστρατε· σὺ μὲν ἐν Βυζαντίῳ πολεμεῖς ὑπὲρ ἀλλοτρίων γάμων, ἐν Τύρῳ δὲ καταπεπολέμησαι καὶ τῆς θυγατρός σού τις τοὺς γάμους σεσύληκεν. Οἴμοι δειλαία, τοιούτους σοι γάμους ὄψεσθαι οὐ προσεδόκων. 3 Ὄφελον ἔμεινας ἐν Βυζαντίῳ· ὄφελον ἔπαθες πολέμου νόμῳ τὴν ὕβριν· ὄφελόν σε κἂν Θρᾷξ νικήσας ὕβρισεν· οὐκ εἶχεν ἡ συμφορὰ διὰ τὴν ἀνάγκην ὄνειδος. Νῦν δέ, κακόδαιμον, ἀδοξεῖς ἐν οἷς δυστυχεῖς.

58. Ce nom est le fruit d'une correction du Πανθία des manuscrits ; M. Laplace, 1983, 316, n. 1, a suggéré à la place Πανθέα, « celle qui voit tout », nom plus adapté, apparemment, à cette surveillante que « toute divine », d'autant qu'elle propose de rapprocher les mésaventures de Leucippé ici avec celles d'Io.

qu'un instant que j'étais entré dans la chambre de la petite qu'il se produit du côté de la mère de la jeune fille à peu près ceci. Il se trouva qu'un songe la bouleversa. **5** Il lui semblait qu'un brigand, avec un sabre nu, avait enlevé et emmenait sa fille, et, après l'avoir renversée sur le dos, il lui ouvrait le ventre par le milieu avec son sabre, depuis le bas en partant du sexe. Bouleversée par la frayeur, telle qu'elle était, elle ne fait qu'un bond et court à la chambre de sa fille, qui était toute proche, juste comme je venais de m'étendre. **6** Moi, entendant alors le bruit de la porte qui s'ouvrait, aussitôt je me levai d'un bond, mais elle était déjà près du lit. Me rendant compte de mon malheur, je prends mon élan, je passe la porte en courant, et Satyros me reçoit tout tremblant et bouleversé. Ensuite nous nous mîmes à fuir dans l'obscurité et nous allâmes à nos chambres.

XXIV. **1** Panthéia[58] d'abord, prise de vertige, s'évanouit, puis, revenue à elle, elle gifle illico Clio et la saisit par les cheveux, tout en gémissant et criant à sa fille : « Tu as détruit, Leucippé, mes espérances. **2** Hélas, Sostratos ! pendant que toi tu fais la guerre, à Byzance, pour favoriser les noces d'autrui, à Tyr tu as perdu la guerre et l'on a mis au pillage les noces de ta fille. Hélas, malheureuse ! je ne m'attendais pas à te voir de telles noces. **3** Que n'es-tu restée à Byzance ! Que n'as-tu subi ces violences par la loi de la guerre ! Que n'as-tu été violentée même par quelque Thrace vainqueur[59] ! Le malheur subi sous la contrainte n'eût pas comporté d'opprobre. Mais maintenant, malheureuse, tu as perdu ton honneur dans ton infortune!

59. La mère noble répond en quelque sorte au père affligé du livre I, et sombre de plus en plus dans le ridicule, ce qu'appuie la récurrence des mêmes mots, que je me suis efforcée de garder en français.

4 Ἐπλάνα δέ με καὶ τὰ τῶν ἐνυπνίων φαντάσματα, τὸν δ' ἀληθέστερον ὄνειρον οὐκ ἐθεασάμην. Νῦν ἀθλιώτερον ἀνετμήθης τὴν γαστέρα· αὕτη δυστυχεστέρα τῆς μαχαίρας τομή· οὐδὲ εἶδον τὸν ὑβρίσαντά σε, οὐδὲ οἶδά μου τῆς συμφορᾶς τὴν τύχην. Οἴμοι τῶν κακῶν· μὴ καὶ δοῦλος ἦν; »

XXV. 1 Ἐθάρσησεν οὖν ἡ παρθένος, ὡς ἂν ἐμοῦ διαπεφευγότος, καὶ λέγει· « Μὴ λοιδόρει μου, μῆτερ, τὴν παρθενίαν· οὐδὲν ἔργον μοι πέπρακται τοιούτων ῥημάτων ⟨ἄξιον⟩, οὐδὲ οἶδα τοῦτον ὅστις ἦν, εἴτε δαίμων, εἴτε ἥρως, εἴτε λῃστής. 2 Ἐκείμην δὲ πεφοβημένη, μηδ' ἀνακραγεῖν διὰ τὸν φόβον δυναμένη. Φόβος γὰρ γλώττης ἐστὶ δεσμός. Ἓν οἶδα μόνον, οὐδείς μου τὴν παρθενίαν κατῄσχυνε. » 3 Καταπεσοῦσα οὖν ἡ Πάνθεια πάλιν ἔστενεν. Ἡμεῖς δὲ ἐσκοποῦμεν, καθ' ἑαυτοὺς γενόμενοι, τί ποιητέον εἴη, καὶ ἐδόκει κράτιστον εἶναι φεύγειν, πρὶν ἠὼς γένηται καὶ τὸ πᾶν ἡ Κλειὼ βασανιζομένη κατείπῃ.

XXVI. 1 Δόξαν οὖν οὕτως εἰχόμεθα ἔργου, σκηψάμενοι πρὸς τὸν θυρωρὸν ἀπιέναι πρὸς ἐρωμένην, καὶ ἐπὶ τὴν οἰκίαν ἐρχόμεθα τὴν Κλεινίου. Ἦσαν δὲ λοιπὸν μέσαι νύκτες, ὥστε μόλις ὁ θυρωρὸς ἀνέῳξεν ἡμῖν. Καὶ ὁ Κλεινίας, ἐν ὑπερῴῳ γὰρ τὸν θάλαμον εἶχε, διαλεγομένων ἡμῶν ἀκούσας κατατρέχει τεταραγμένος. 2 Καὶ ἐν τούτῳ τὴν Κλειὼ κατόπιν ὁρῶμεν σπουδῇ θέουσαν· ἦν γὰρ δρασμὸν βεβουλευμένη. Ἅμα τε οὖν ὁ Κλεινίας

60. On finit dans le « drame bourgeois », avec ce sens très sûr de l'anticlimax que démontre un peu partout Achille Tatius.

4 Même les visions de mes rêves me trompaient, ce n'est pas le songe véridique que j'ai vu. En fait c'est plus misérablement que tu as eu le ventre ouvert ; c'est là une coupure plus infortunée que celle du sabre, et je n'ai même pas vu celui qui t'a violentée, je ne sais pas comment ton malheur est arrivé. Hélas, quelle misère ! Au moins ce n'était pas un esclave[60] ? »

XXV. **1** La jeune fille reprit de l'assurance, puisque je m'étais échappé, et dit : « N'insulte pas, ma mère, à ma virginité ; je n'ai fait aucun acte <qui mérite> de telles paroles, et ne sais pas qui c'était, ou bien un dieu, ou bien un demi-dieu, ou bien un brigand. **2** J'étais couchée pleine de peur, sans pouvoir même crier à cause de cette peur. Car la peur est l'entrave de la langue. Il n'y a qu'une chose que je sais, c'est que personne n'a souillé ma virginité. » **3** Après s'être derechef évanouie[61], Panthéia recommença à se lamenter. De notre côté, restés seuls, nous réfléchissions à ce qu'il fallait faire, et il nous sembla que le mieux était de fuir, avant que l'aurore ne parût et que Clio ne révélât toute l'affaire sous la torture.

XXVI. **1** Nous avions donc ainsi pris la résolution de passer à l'action ; après avoir donné au portier comme prétexte que nous allions chez une maîtresse, nous nous rendîmes à la maison de Clinias. Il était déjà minuit, si bien que c'est à grand-peine que son portier nous ouvrit. Et Clinias, car c'est à l'étage supérieur qu'il avait sa chambre, nous ayant entendu discuter, descend en courant, très inquiet. **2** À ce moment nous voyons Clio, derrière, courant de toutes ses forces, car elle avait décidé de fuir. C'est donc en même temps que Clinias apprit de nous ce qui nous était arrivé, nous de Clio, comment elle avait réussi à fuir, et

61. On aborde le registre de la paratragédie avec une Panthéia qui s'effondre « à répétition » comme l'Hécube des *Troyennes*.

ἤκουσεν ἡμῶν ἃ πεπόνθαμεν καὶ τῆς Κλειοῦς ἡμεῖς, ὅπως φύγοι, καὶ πάλιν ἡμῶν ἡ Κλειὼ τί ποιεῖν μέλλομεν. 3 Παρελθόντες οὖν εἴσω τῶν θυρῶν τῷ Κλεινίᾳ διηγούμεθα τὰ γεγονότα καὶ ὅτι φεύγειν διεγνώκαμεν. Λέγει ἡ Κλειώ· « Κἀγὼ σὺν ὑμῖν· ἢν γὰρ περιμείνω τὴν ἕω, θάνατός μοι πρόκειται, τῶν βασάνων γλυκύτερος. »

XXVII. 1 Ὁ οὖν Κλεινίας τῆς χειρός μου λαβόμενος ἄγει τῆς Κλειοῦς μακρὰν καὶ λέγει· « Δοκῶ μοι καλλίστην γνώμην εὑρηκέναι, ταύτην μὲν ὑπεξαγαγεῖν, ἡμᾶς δὲ ὀλίγας ἡμέρας ἐπισχεῖν, κἂν οὕτω δοκῇ, συσκευασαμένους ἀπελθεῖν. 2 Οὐδὲ γὰρ νῦν οἶδε τῆς κόρης ἡ μήτηρ τίνα κατέλαβεν, ὡς ὑμεῖς φατε, ὅ τε καταμηνύσων οὐκ ἔσται, τῆς Κλειοῦς ἐκ μέσου γενομένης· τάχα δὲ καὶ τὴν κόρην συμφυγεῖν πείσετε. » Ἔλεγε δὲ καὶ αὐτὸς ὅτι κοινωνὸς γενήσεται τῆς ἀποδημίας. 3 Ταῦτα ἔδοξε. Καὶ τὴν μὲν Κλειὼ τῶν οἰκετῶν αὐτοῦ τινι παραδίδωσι, κελεύσας ἐμβαλέσθαι σκάφει, ἡμεῖς δὲ αὐτοῦ καταμείναντες ἐφροντίζομεν περὶ τῶν ἐσομένων· καὶ τέλος ἔδοξεν ἀποπειραθῆναι τῆς κόρης καί, ἢν μὲν θελήσῃ συμφυγεῖν, οὕτω πράττειν, εἰ δὲ μή, μένειν αὐτοῦ, παραδόντας ἑαυτοὺς τῇ Τύχῃ. Κοιμηθέντες οὖν ὀλίγον τῆς νυκτὸς ὅσον τὸ λοιπόν, περὶ τὴν ἕω πάλιν ἐπὶ τὴν οἰκίαν ἐπανήλθομεν.

XXVIII. 1 Ἡ οὖν Πάνθεια ἀναστᾶσα περὶ τὰς βασάνους τῆς Κλειοῦς ηὐτρεπίζετο καὶ καλεῖν αὐτὴν ἐκέλευεν. Ὡς δ' ἦν ἀφανής, πάλιν ἐπὶ τὴν θυγατέρα ἵεται καί, « Οὐκ ἐρεῖς, ἔφη, τὴν συσκευὴν τοῦ δράματος ; Ἰδοὺ καὶ ἡ Κλειὼ πέφευγεν. » 2 Ἡ δὲ ἔτι μᾶλλον ἐθάρσησε καὶ λέγει· « Τί πλέον εἴπω σοι, τίνα δ' ἄλλην προσαγάγω πίστιν τῆς ἀληθείας μείζονα ; Εἰ παρθενίας ἔστι τις δοκιμασία, δοκίμασον. » 3 « Ἔτι καὶ τοῦτο, ἔφη ἡ Πάνθεια, λείπεται, ἵνα καὶ μετὰ μαρτύρων δυστυχῶμεν. » Ταῦθ' ἅμα λέγουσα ἀνεπήδησεν ἔξω.

à son tour, Clio de nous, ce que nous allions faire. **3** Une fois entrés à l'intérieur, nous racontons à Clinias ce qui s'était passé et que nous avions décidé de fuir. Et Clio de dire : « Et moi avec vous car, si j'attends l'aurore, c'est la mort qui m'est réservée, plus douce que les tortures. »

XXVII. **1** Clinias, m'ayant pris par la main, m'emmène loin de Clio et me dit : « Je crois avoir trouvé le meilleur plan : la faire sortir en secret et nous, attendre quelques jours et, si nous prenons cette décision, partir après avoir fait nos préparatifs. **2** Pour l'instant, en effet, la mère de la petite ne sait même pas qui elle a surpris, comme vous le dites, et il n'y aura personne pour faire des révélations, Clio une fois hors de portée ; et peut-être persuaderez-vous aussi la jeune fille de fuir avec vous. » Et il ajouta que lui aussi prendrait part au voyage. **3** C'est ce qui fut décidé. Clinias confia Clio à l'un de ses serviteurs, avec ordre de la mettre sur un bateau ; et nous, nous restions là, à nous préoccuper de l'avenir ; enfin, on décida de sonder la jeune fille et, si elle désirait s'enfuir avec nous, d'agir en conséquence ; sinon, de rester là, en nous abandonnant à la Fortune. Après avoir un peu dormi pendant ce qui restait de nuit, vers l'aurore, nous retournâmes chez nous.

XXVIII. **1** Panthéia, qui s'était levée, avait fait préparer les tortures de Clio et ordonna de l'appeler. Mais comme elle était introuvable, de nouveau elle se précipite chez sa fille et dit : « Ne me révéleras-tu pas la trame de cette pièce ? Voilà que Clio aussi a pris la fuite. » **2** Mais sa fille s'enhardit encore davantage et répondit : « Que te dire de plus, quelle autre preuve introduire qui soit supérieure à la vérité ? S'il existe une épreuve de la virginité, éprouve-moi. » **3** « Il ne manque plus que cela, répliqua Panthéia, pour que notre infortune ait aussi des témoins ! » À ces mots, elle sortit d'un bond.

XXIX. 1 Ἡ δὲ Λευκίππη καθ' ἑαυτὴν γενομένη καὶ τῶν τῆς μητρὸς γεμισθεῖσα ῥημάτων παντοδαπή τις ἦν· ἤχθετο, ᾐσχύνετο, ὠργίζετο. Ἤχθετο μὲν πεφωραμένη, ᾐσχύνετο δὲ ὀνειδιζομένη, ὠργίζετο δὲ ἀπιστουμένη. Αἰδὼς δὲ καὶ λύπη καὶ ὀργὴ τρία τῆς ψυχῆς κύματα. 2 Ἡ μὲν γὰρ αἰδὼς διὰ τῶν ὀμμάτων εἰσρέουσα τὴν τῶν ὀφθαλμῶν ἐλευθερίαν καθαιρεῖ· ἡ λύπη δὲ περὶ τὰ στέρνα διανεμομένη κατατήκει τῆς ψυχῆς τὸ ζωπυροῦν· ἡ δὲ ὀργὴ περιϋλακτοῦσα τὴν καρδίαν ἐπικλύζει τὸν λογισμὸν τῷ τῆς μανίας ἀφρῷ. 3 Λόγος δὲ τούτων ἁπάντων πατήρ, καὶ ἔοικεν ἐπὶ σκοπῷ τόξον βάλλειν καὶ ἐπιτυγχάνειν καὶ ἐπὶ τὴν ψυχὴν πέμπειν τὰ βλήματα καὶ ποικίλα τοξεύματα. Τὸ μέν ἐστιν αὐτῷ λοιδορίας βέλος, καὶ γίνεται τὸ ἕλκος ὀργή· τὸ δέ ἐστιν ἔλεγχος ἀτυχημάτων· ἐκ τούτου τοῦ βέλους λύπη γίνεται· τὸ δέ, ὄνειδος ἁμαρτημάτων, καὶ καλοῦσιν αἰδῶ τὸ τραῦμα. 4 Ἴδιον δὲ τούτων ἁπάντων τῶν βελῶν βαθέα μὲν τὰ βλήματα, ἄναιμα δὲ τὰ τοξεύματα. Ἓν δὲ τούτων ἁπάντων φάρμακον, ἀμύνασθαι τὸν βάλλοντα τοῖς αὐτοῖς βλήμασι· λόγος γὰρ γλώσσης βέλος ἄλλης γλώσσης βέλει θεραπεύεται· καὶ γὰρ τῆς καρδίας ἔπαυσε τὸ θυμούμενον καὶ τῆς ψυχῆς ἐμάρανε τὸ λυπούμενον. 5 Ἂν δέ τις ἀνάγκῃ τοῦ κρείττονος σιγήσῃ τὴν ἄμυναν, ἀλγεινότερα γίνεται τὰ ἕλκη τῇ σιωπῇ· αἱ γὰρ ὠδῖνες τῶν ἐκ τοῦ λόγου κυμάτων, οὐκ ἀποπτύσασαι τὸν ἀφρόν, οἰδοῦσι περὶ ἑαυτὰς πεφυσημέναι. Τοσούτων οὖν ἡ Λευκίππη γεμισθεῖσα συμφορῶν οὐκ ἔφερε τὴν προσβολήν.

XXIX. **1** Et Leucippé, demeurée seule et remplie des paroles de sa mère, était en proie à des sentiments de toutes sortes : elle était chagrinée, elle était honteuse, elle était en colère[62]. Elle était chagrinée qu'on l'eût prise sur le fait, elle était honteuse qu'on lui fît des reproches, elle était en colère qu'on ne la crût pas. Et la honte, le chagrin et la colère sont trois houles de l'âme. **2** En effet la honte en se glissant par les yeux leur enlève leur liberté ; le chagrin, en se répandant dans la poitrine, consume le feu vital de l'âme, et la colère, en aboyant autour du cœur, inonde la raison de l'écume de la folie. **3** C'est la parole qui est la mère de tous ces sentiments : c'est comme si elle tirait un trait vers une cible, l'atteignait et portait à l'âme ses coups et blessures variées. Un de ces traits est celui de l'insulte, et la plaie qu'elle provoque la colère ; un autre est la mise en évidence des infortunes ; de ce trait naît le chagrin ; un autre encore est le reproche des fautes commises, et l'on nomme honte sa blessure. **4** Et tous ces traits ont ceci de particulier que leurs blessures sont profondes, mais que les plaies ne saignent pas. L'unique remède contre tout cela est de se défendre de celui qui tire avec les mêmes traits ; car la parole, qui est le trait d'une langue, est guérie par le trait d'une autre langue : cela a toujours fait cesser l'animosité du cœur et dissipé le chagrin de l'âme. **5** Mais si un adversaire plus puissant oblige à taire les paroles vengeresses, ce silence rend les plaies plus douloureuses. Car les souffrances apportées par les houles de la parole, faute d'avoir rejeté leur écume, enflent et se gonflent sur elles-mêmes. Ainsi Leucippé, remplie de tant de malheurs, ne pouvait en supporter l'assaut.

62. Il y a en grec une série d'homéotéleutes difficile à garder en français (douloureuse, honteuse, furieuse ?).

XXX. 1 Ἐν τούτῳ δὲ ἔτυχον πέμψαι τὸν Σάτυρον πρὸς τὴν κόρην ἀποπειρασόμενον τῆς φυγῆς. Ἡ δὲ πρὶν ἀκοῦσαι πρὸς τὸν Σάτυρον, « Δέομαι, ἔφη, πρὸς θεῶν ξένων καὶ ἐγχωρίων, ἐξαρπάσατέ με τῶν τῆς μητρὸς ὀφθαλμῶν, ὅποι βούλεσθε. 2 Εἰ δέ με ἀπελθόντες καταλίποιτε, βρόχον πλεξαμένη τὴν ψυχήν μου οὕτως ἀφήσω. » Ἐγὼ δὲ ὡς ταῦτα ἤκουσα, τὸ πολὺ τῆς φροντίδος ἀπερριψάμην. Δύο δὲ ἡμέρας διαλιπόντες, ὅτε καὶ ἀποδημῶν ἔτυχεν ὁ πατήρ, παρεσκευαζόμεθα πρὸς τὴν φυγήν.

XXXI. 1 Εἶχε δὲ ὁ Σάτυρος τοῦ φαρμάκου λείψανον, ᾧ τὸν Κώνωπα ἦν κατακοιμίσας· τούτου διακονούμενος ἡμῖν ἐγχεῖ λαθὼν κατὰ τῆς τελευταίας κύλικος, ἣν τῇ Πανθείᾳ προσέφερεν· ἡ δὲ ἀναστᾶσα ᾤχετο εἰς τὸν θάλαμον ἑαυτῆς καὶ εὐθὺς ἐκάθευδεν. 2 Εἶχε δὲ ἑτέραν ἡ Λευκίππη θαλαμηπόλον, ἣν τῷ αὐτῷ φαρμάκῳ καταβαπτίσας ὁ Σάτυρος — προσεπεποίητο γὰρ καὶ αὐτῆς, ἐξ οὗ τῷ θαλάμῳ προσεληλύθει, ἐρᾶν — ἐπὶ τὴν τρίτην θήραν ἔρχεται, ἐπὶ τὸν θυρωρόν. Κἀκεῖνον βεβλήκει τῷ αὐτῷ πόματι. 3 Ὄχημα δὲ εὐτρεπὲς ἡμᾶς πρὸ τῶν πυλῶν ἐξεδέχετο, ὅπερ ὁ Κλεινίας παρεσκεύασε, καὶ ἔφθανεν ἡμᾶς ἐπ' αὐτοῦ περιμένων. Ἐπεὶ δὲ πάντες ἐκάθευδον, περὶ πρώτας νυκτὸς φυλακὰς προῄειμεν ἀψοφητί, Λευκίππην τοῦ Σατύρου χειραγωγοῦντος. 4 Καὶ γὰρ ὁ Κώνωψ, ὅσπερ ἡμῖν ἐφήδρευε, κατὰ τύχην ἐκείνην ἀπεδήμει τὴν ἡμέραν, τῇ δεσποίνῃ διακονησόμενος. Ἀνοίγει δὴ τὰς θύρας ὁ Σάτυρος, καὶ προήλθομεν· ὡς δὲ παρῆμεν ἐπὶ τὰς πύλας, ἐπέβημεν τοῦ ὀχήματος. 5 Ἦμεν δὲ οἱ πάντες ἕξ, ἡμεῖς καὶ ὁ Κλεινίας καὶ δύο θεράποντες αὐτοῦ. Ἐπελαύνομεν οὖν τὴν ἐπὶ Σιδῶνα καὶ περὶ μοίρας τῆς νυκτὸς δύο παρῆμεν ἐπὶ τὴν πόλιν

XXX. **1** C'est à ce moment précisément que j'envoyai Satyros auprès de la jeune fille pour la sonder sur notre projet de fuite. Mais elle, avant d'avoir seulement entendu Satyros, dit : « J'en fais la prière, au nom des dieux étrangers et nationaux, enlevez-moi loin des yeux de ma mère, vers où vous voulez. **2** Si vous partez en m'abandonnant, un nœud coulant et je quitterai la vie. » Moi, lorsque j'eus appris cela, je fus délivré de l'essentiel de mon souci. Et deux jours après, au moment où mon père se trouvait justement en voyage[63], nous commençâmes à préparer notre fuite.

XXXI. **1** Satyros avait un reste de la drogue avec laquelle il avait endormi Conops ; comme il nous servait à boire, il en versa, sans qu'elle le sache, dans la dernière coupe qu'il tendit à Panthéia ; après s'être levée, elle se rendit dans sa chambre et s'endormit aussitôt. **2** Leucippé avait une seconde femme de chambre, que Satyros avait plongée dans le sommeil avec la même drogue – il avait fait semblant de l'aimer elle aussi, depuis qu'elle s'était retrouvée avec la charge de la chambre –, et c'est alors vers sa troisième victime qu'il s'en va, vers le portier. Il en eut raison aussi avec le même breuvage. **3** Une voiture toute prête, que Clinias nous avait procurée, nous attendait devant la porte ; nous ayant devancés, il nous y attendait. Comme tout le monde dormait, vers la première veille de la nuit, nous avancions sans bruit, Satyros conduisant Leucippé par la main. **4** Et Conops, lui qui nous espionnait, s'était, par hasard, absenté ce jour-là, pour le service de sa maîtresse. Satyros ouvre alors les portes et nous sortons ; arrivés au portail, nous montâmes dans la voiture. **5** Nous étions six en tout, nous, Clinias et deux de ses serviteurs. Nous prîmes la route de Sidon et, vers la deuxième veille de la nuit, nous arrivâmes à la ville ; aussitôt, nous continuâmes

63. Ce voyage sera expliqué en V, 10, 3.

καὶ εὐθὺς ἐπὶ Βηρυτὸν τὸν δρόμον ἐποιούμεθα, νομίζοντες εὑρήσειν ἐκεῖ ναῦν ἐφορμοῦσαν. 6 Καὶ οὐκ ἠτυχήσαμεν· ὡς γὰρ ἐπὶ τοῦ Βηρυτίων λιμένος ἤλθομεν, ἀναγόμενον σκάφος εὕρομεν, ἄρτι τὰ πρυμνήσια μέλλον ἀπολύειν. Μηδὲν οὖν ἐρωτήσαντες ποῦ πλεῖ, μετεσκευαζόμεθα ἐπὶ τὴν θάλατταν ἐκ τῆς γῆς, καὶ ἦν ὁ καιρὸς μικρὸν ἄνω τῆς ἕω. Ἔπλει δὲ τὸ πλοῖον εἰς Ἀλεξάνδρειαν, τὴν μεγάλην τοῦ Νείλου πόλιν.

XXXII. 1 Ἔχαιρον δὲ τὸ πρῶτον ὁρῶν τὴν θάλατταν, οὔπω πελαγίζοντος τοῦ σκάφος ἀλλ᾽ ἐπὶ τοῖς λιμέσιν ἐποχουμένου. Ὡς δὲ ἔδοξεν οὔριον εἶναι πρὸς ἀναγωγὴν τὸ πνεῦμα, θόρυβος ἦν πολὺς κατὰ τὸ σκάφος, τῶν ναυτῶν διαθεόντων, τοῦ κυβερνήτου κελεύοντος, ἑλκομένων τῶν κάλων· 2 ἡ κεραία περιήγετο, τὸ ἱστίον καθίετο, ἡ ναῦς ἀπεσαλεύετο, τὰς ἀγκύρας ἀνέσπων, ὁ λιμὴν κατελείπετο· τὴν γῆν ἑωρῶμεν ἀπὸ τῆς νηὸς κατὰ μικρὸν ἀναχωροῦσαν, ὡς αὐτὴν πλέουσαν· παιανισμὸς ἦν καὶ πολλή τις εὐχή, θεοὺς σωτῆρας καλοῦντες, εὐφημοῦντες αἴσιον τὸν πλοῦν γενέσθαι· τὸ πνεῦμα ἤρετο σφοδρότερον, τὸ ἱστίον ἐκυρτοῦτο καὶ εἷλκε τὴν ναῦν.

XXXIII. 1 Ἔτυχε δέ τις ἡμῖν νεανίσκος παρασκηνῶν, ὅς, ἐπεὶ καιρὸς ἦν ἀρίστου, φιλοφρονούμενος ἡμᾶς συναριστᾶν ἠξίου. Καὶ ἡμῖν δὲ ὁ Σάτυρος παρέφερεν· ὥστε εἰς μέσον καταθέμενοι ἃ εἴχομεν τὸ ἄριστον ἐκοινωνοῦμεν, ἤδη δὲ καὶ λόγων. 2 Λέγω δὴ πρῶτος· « Πόθεν, ὦ νεανίσκε, καὶ τίνα σε δεῖ καλεῖν ; » « Ἐγὼ Μενέλαος, εἶπεν, τὸ δὲ γένος Αἰγύπτιος. Τὰ δὲ ὑμέτερα τίνα ; » 3 « Ἐγὼ Κλειτοφῶν, οὗτος Κλεινίας, Φοίνικες ἄμφω. » « Τίς οὖν ἡ πρόφασις ὑμῖν τῆς ἀποδημίας ; » « Ἢν σὺ πρῶτος ἡμῖν φράσῃς, καὶ τὰ παρ᾽ ἡμῶν ἀκούσῃ. »

notre course vers Beyrouth, pensant y trouver un navire au mouillage. **6** Notre espoir ne fut pas déçu : une fois arrivés sur le port de Beyrouth, nous trouvons un bateau en train d'appareiller, prêt à larguer les amarres. Sans avoir rien demandé de sa destination, nous transportâmes notre bagage de la terre à la mer ; c'était peu avant l'aube. Le navire cinglait vers Alexandrie, la grande ville du Nil.

XXXII. **1** Je fus tout d'abord réjoui en voyant la mer, alors que le bateau ne naviguait pas encore au large, mais évoluait dans le port. Lorsque le vent parut favorable pour gagner le large, il se fit un grand tumulte sur le bateau, les marins couraient en tous sens, le pilote donnait ses ordres, les cordages étaient halés ; **2** on orientait la vergue, on larguait la voile, le navire s'éloignait de la côte, on levait les ancres, on quittait le port ; nous voyions la terre s'éloigner peu à peu du navire, comme si c'était elle qui voguait. Il y eut un péan et de nombreux souhaits invoquant les dieux sauveurs, demandant par des prières que la navigation se fît sous d'heureux auspices ; le vent se leva plus fort, la voile se gonfla et entraîna le navire.

XXXIII. **1** Il se trouva que campait près de nous un jeune homme qui, lorsque ce fut l'heure du déjeuner, nous demanda avec gentillesse de déjeuner ensemble. Nous aussi, Satyros était en train de nous servir, si bien que, ayant mis en commun ce que nous avions, nous partageâmes le déjeuner, et dès lors, aussi, fîmes la conversation. **2** C'est moi qui parle le premier : « D'où es-tu, jeune homme, et comment faut-il t'appeler ? – Je suis Ménélas, répondit-il, et je suis Égyptien[64]. Et vous ? **3** – Moi, c'est Clitophon, lui, Clinias, Phéniciens tous les deux. – Quel est donc le motif de votre voyage ? – Si toi le premier tu nous donnes le tien, tu apprendras aussi nos affaires. »

64. Il ne s'est donc pas contenté d'échouer en Égypte, comme le mari d'Hélène, son illustre homonyme.

XXXIV. 1 Λέγει οὖν ὁ Μενέλαος· « Τὸ μὲν κεφάλαιον τῆς ἐμῆς ἀποδημίας ἔρως βάσκανος καὶ θήρα δυστυχής. Ἤρων μειρακίου καλοῦ· τὸ δὲ μειράκιον φιλόθηρον ἦν. Ἐπεῖχον τὰ πολλά, κρατεῖν οὐκ ἠδυνάμην. Ὡς δ' οὐκ ἔπειθον, εἱπόμην κἀγὼ ἐπὶ τὰς ἄγρας. 2 Ἐθηρῶμεν οὖν ἱππεύοντες ἄμφω καὶ τὰ πρῶτα ηὐτυχοῦμεν, τὰ λεπτὰ διώκοντες τῶν θηρίων. 3 Ἐξαίφνης δὲ σῦς τῆς ὕλης προπηδᾷ, καὶ τὸ μειράκιον ἐδίωκε· καὶ ὁ σῦς ἐπιστρέφει τὴν γένυν καὶ ἀντιπρόσωπος ἐχώρει δρόμῳ, καὶ τὸ μειράκιον οὐκ ἐξετρέπετο, βοῶντος ἐμοῦ καὶ κεκραγότος 'ἕλκε τὸν ἵππον, μετένεγκε τὰς ἡνίας· πονηρὸν τὸ θηρίον.' Ἀλλ' ᾄξας δὲ ὁ σῦς σπουδῇ ἔτρεχεν ὡς ἐπ' αὐτόν· 4 καὶ οἱ μὲν συνέπιπτον ἀλλήλοις, ἐμὲ δὲ τρόμος, ὡς εἶδον, λαμβάνει· καὶ φοβούμενος μὴ φθάσῃ τὸ θηρίον καὶ πατάξῃ τὸν ἵππον, ἐναγκυλωσάμενος τὸ ἀκόντιον, πρὶν ἀκριβῶς καταστοχάσασθαι τοῦ σκοποῦ, πέμπω τὸ βέλος· τὸ δὲ μειράκιον παραθέον ἁρπάζει τὴν βολήν. 5 Τίνα οἴει με τότε ψυχὴν ἔχειν; εἰ καὶ ψυχὴν εἶχον ὅλως, ὡς ἂν ἄλλος τις ἀποθάνοι ζῶν. Τὸ δὲ οἰκτρότερον, τὰς χεῖρας ὤρεγέ μοι μικρὸν ἔτι ἐμπνέων καὶ περιέβαλλε καὶ ἀποθνῄσκων οὐκ ἐμίσει με τὸν πονηρὸν ὁ ὑπ' ἐμοῦ πεφονευμένος, ἀλλὰ τὴν ψυχὴν ἀφῆκε τῇ φονευσάσῃ μου περιπλεκόμενος δεξιᾷ. 6 Ἄγουσιν οὖν με ἐπὶ τὸ δικαστήριον οἱ τοῦ μειρακίου γονεῖς οὐκ ἄκοντα· καὶ γὰρ ἐπελθὼν ἀπελογούμην οὐδέν, θανάτου δὲ ἐτιμώμην ἐμαυτῷ. Ἐλεήσαντες οὖν οἱ δικασταὶ προσετιμήσαντό μοι τριετῆ φυγήν, ἧς νῦν τέλος ἐχούσης αὖθις ἐπὶ τὴν ἐμαυτοῦ καταίρω. » 7 Ἐπεδάκρυσεν ὁ Κλει-

XXXIV. **1** Ménélas dit alors : « Le résumé de mon voyage, c'est un amour funeste et une chasse infortunée. J'aimais un beau garçon, qui était passionné de chasse. J'essayais de le retenir la plupart du temps, mais sans pouvoir avoir le dessus. Et faute de le persuader, je le suivais moi aussi dans ses chasses. **2** Nous chassions à cheval tous deux ; au début, nous fûmes heureux, ne poursuivant que du petit gibier. **3** Mais, tout à coup, un sanglier sort de la forêt, et le garçon se mit à le poursuivre ; le sanglier se retourne et vient à la course lui faire front ; et le garçon ne s'écarta pas, alors que je vociférais et criais : “Tire le cheval, ramène les rênes, la bête est mauvaise” ; mais, ayant pris son élan, le sanglier se précipita dans sa direction ; **4** ils se jetèrent l'un contre l'autre, et moi, à cette vue, un tremblement me saisit ; craignant que la bête ne devance et ne frappe le cheval, ayant apprêté ma javeline avant d'avoir visé précisément ma cible, je décoche le trait, mais c'est le garçon, qui se trouvait sur la trajectoire[65], qui prend le coup. **5** Quelle sensation crois-tu que j'éprouvais alors ? Si j'avais même quelque sensation, c'était celle d'un mort vivant. Plus pitoyable encore, il me tendait les bras, respirant encore un peu, m'étreignait et, en mourant, il ne me haïssait pas, moi le criminel, lui ma victime, mais il rendit l'âme enlacé par mon bras meurtrier. **6** Les parents du garçon me traînent alors au tribunal sans que j'y fasse d'opposition ; en m'y présentant, je ne cherchais à me justifier de rien et me reconnaissais moi-même passible de la peine de mort. Pris de pitié, les juges réclamèrent pour moi un exil de trois ans ; maintenant qu'il est terminé, je retourne dans mon pays. » **7** Clinias, l'entendant parler,

65. Παραθέων n'est pas très clair : il est passé en courant ? ou a changé de direction ? En tout cas, il s'est retrouvé sur la trajectoire.

νίας αὐτοῦ λέγοντος Πάτροκλον πρόφασιν, ἀναμνησθεὶς Χαρικλέους. Καὶ ὁ Μενέλαος, « Τἀμὰ δακρύεις, ἔφη, ἢ καὶ σέ τι τοιοῦτον ἐξήγαγε ; » Στενάξας οὖν ὁ Κλεινίας καταλέγει τὸν Χαρικλέα καὶ τὸν ἵππον, κἀγὼ τὰ ἐμαυτοῦ.

XXXV. 1 Ὁρῶν οὖν ἐγὼ τὸν Μενέλαον κατηφῆ πάνυ τῶν ἑαυτοῦ μεμνημένον, τὸν δὲ Κλεινίαν ὑποδακρύοντα μνήμῃ Χαρικλέους, βουλόμενος αὐτοὺς τῆς λύπης ἀπαγαγεῖν, ἐμβάλλω λόγον ἐρωτικῆς ἐχόμενον ψυχαγωγίας· καὶ γὰρ οὐδὲ ἡ Λευκίππη παρῆν, ἀλλ' ἐν μυχῷ ἐκάθευδε τῆς νηός. 2 Λέγω δὴ πρὸς αὐτοὺς ὑπομειδιῶν· « Ὡς παρὰ πολὺ κρατεῖ μου Κλεινίας· ἐβούλετο γὰρ λέγειν κατὰ γυναικῶν, ὥσπερ εἰώθει. Ῥᾷον δ' ἂν εἴποι νῦν ἤτοι, ὡς κοινωνὸν ἔρωτος εὑρών. 3 Οὐκ οἶδα γὰρ πῶς ἐπιχωριάζει νῦν ὁ εἰς τοὺς ἄρρενας ἔρως. » « Οὐ γὰρ πολὺ ἄμεινον, ὁ Μενέλαος ἔφη, τοῦτο ἐκείνου ; Καὶ γὰρ ἁπλούστεροι παῖδες γυναικῶν, καὶ τὸ κάλλος αὐτοῖς δριμύτερον εἰς ἡδονήν. » 4 « Ποίᾳ δριμύτερον, ἔφην, ὅ τι παρακῦψαν μόνον οἴχεται, καὶ οὐκ ἀπολαῦσαι δίδωσι τῷ φιλοῦντι, ἀλλ' ἔοικε τῷ τοῦ Ταντάλου πόματι ; 5 Πολλάκις γὰρ ἐν ᾧ πίνεται πέφευγε, καὶ ἀπῆλθεν ὁ ἐραστὴς οὐχ εὑρὼν πιεῖν· τὸ δὲ ἔτι πινόμενον ἁρπάζεται πρὶν ὁ πίνων κορεσθῇ. Καὶ οὐκ ἔστιν ἀπὸ παιδὸς ἀπελθεῖν ἐραστὴν ἄλυπον ἔχοντα τὴν ἡδονήν· καταλείπει γὰρ ἔτι διψῶντα. »

66. Cette expression proverbiale est tirée d'*Iliade*, XIX, 302, où l'on voit les Troyennes prisonnières répondre aux sanglots de Briséis : « sur Patrocle en apparence, mais dans le fond, chacune sur son propre chagrin ».

se mit à pleurer, comme les Troyennes sur Patrocle[66], au souvenir de Chariclès. Et Ménélas dit : « Ce sont mes malheurs que tu pleures ou bien une semblable aventure t'a-t-elle éloigné toi aussi ? » Et Clinias, en gémissant, lui raconte l'histoire de Chariclès et du cheval, et moi mes propres malheurs.

XXXV. **1** Et moi, voyant Ménélas tout sombre au rappel de ses propres malheurs, et Clinias pleurant au souvenir de Chariclès, comme je désirais les distraire de leur peine, je fais tomber la conversation sur un sujet se rapportant à l'amoureuse séduction ; Leucippé n'était pas présente, mais dormait à l'intérieur du navire. **2** Je leur dis donc avec un petit sourire : « Comme Clinias l'emporte de loin sur moi ! Il voulait parler contre les femmes, comme à son habitude. Mais maintenant, il en parlera certes plus aisément, puisqu'il a trouvé un compagnon en amour. **3** En effet, je ne sais pourquoi c'est maintenant une mode que l'amour des garçons. » Et Ménélas répondit : « Celui-ci ne vaut-il pas mieux que celui-là ? Car des garçons sont plus simples que des femmes, et leur beauté est plus âpre au plaisir. » **4** « Comment cela, plus âpre, dis-je, une beauté qui, après juste un coup d'œil[67], s'en est déjà allée et ne permet pas à son amant d'en jouir, mais ressemble au breuvage de Tantale ? **5** Car souvent, au moment où l'on boit, la voilà enfuie et l'amant s'en va sans avoir trouvé à boire; même ce qu'on est encore en train de boire est ravi avant que le buveur soit rassasié. Et il n'est pas possible à un amant de s'éloigner d'un garçon avec un plaisir exempt de déplaisir : il reste toujours sur sa soif. »

67. Le verbe suggère le manège amoureux du jeune homme ou de la jeune fille qui se penche à la fenêtre pour jeter un regard (et se montrer) – voir Aristophane, *Paix*, 981 ou *Eccl.*, 884.

XXXVI. 1 Καὶ ὁ Μενέλαος, « Ἀγνοεῖς, ὦ Κλειτοφῶν, ἔφη, τὸ κεφάλαιον τῆς ἡδονῆς. Ποθεινὸν γὰρ ἀεὶ τὸ ἀκόρεστον. Τὸ μὲν γὰρ εἰς χρῆσιν χρονιώτερον τῷ κόρῳ μαραίνει τὸ τερπνόν· τὸ δὲ ἁρπαζόμενον καινόν ἐστιν ἀεὶ καὶ μᾶλλον ἀνθεῖ· οὐ γὰρ γεγηρακυῖαν ἔχει τὴν ἡδονήν· καὶ τὸ κάλλος ὅσον ἐλαττοῦται τῷ χρόνῳ, τοσοῦτον εἰς μέγεθος ἐκτείνεται πόθῳ. 2 Καὶ τὸ ῥόδον διὰ τοῦτο τῶν ἄλλων εὐμορφότερόν ἐστι φυτῶν, ὅτι τὸ κάλλος αὐτοῦ φεύγει ταχύ. Δύο γὰρ ἐγὼ νομίζω κατὰ ἀνθρώπους κάλλη πλανᾶσθαι, τὸ μὲν οὐράνιον, τὸ δὲ πάνδημον, ὥσπερ τοῦ κάλλους αἱ χορηγοὶ θεαί. 3 Ἀλλὰ τὸ μὲν οὐράνιον ἄχθεται θνητῷ κάλλει δεδεμένον καὶ ζητεῖ πρὸς οὐρανὸν ταχὺ φεύγειν, τὸ δὲ πάνδημον ἔρριπται κάτω καὶ ἐγχρονίζει περὶ τοῖς σώμασιν. Εἰ δὲ καὶ ποιητὴν δεῖ λαβεῖν μάρτυρα τῆς οὐρανίας τοῦ κάλλους ἀνόδου, ἄκουσον Ὁμήρου λέγοντος

Τὸν καὶ ἀνηρείψαντο θεοὶ Διῒ οἰνοχοεύειν
κάλλεος εἵνεκα οἷο, ἵν' ἀθανάτοισι μετείη.

68. La recherche du parallélisme, un peu tarabiscoté, amène un emploi un peu lâche de πόθῳ.

69. Comme dans les conseils de Clinias – auquel ce débat répond d'une certaine manière, le premier ouvrant et le second fermant les deux premiers livres d'amour, avant l'entrée dans l'aventure –, on a un fond platonicien : ici les deux Aphrodite (devenues un lieu commun) du discours de Pausanias, *Banquet*, 180 d-181 c.

70. Dans le célèbre passage du *Théétète* qui invite à l'*homoiôsis theô* (176 b), l'âme aussi doit « fuir » au plus vite la terre (et c'est à quoi conduit l'effort d'assimilation).

XXXVI. **1** Et Ménélas répliqua : « Tu ignores, Clitophon, le comble du plaisir. Ce qui est toujours désirable c'est ce qui ne cause pas de satiété : trop de durée dans l'usage, et la satiété fait s'étioler le charme, alors que ce qui est ravi est toujours neuf et davantage dans sa fleur, car il procure un plaisir qui n'a pas vieilli ; plus la beauté s'amoindrit dans le temps, plus elle s'intensifie dans le désir[68]. **2** C'est pour cela que la rose est la plus belle des plantes, parce que sa beauté fuit rapidement. Je crois pour ma part que deux sortes de beautés errent parmi les hommes : la beauté Céleste, la beauté Vulgaire, comme les deux déesses qui sont les protectrices de la beauté[69]. **3** Mais, tandis que la beauté Céleste est accablée d'être enchaînée à une beauté mortelle et cherche à s'enfuir rapidement vers le ciel[70], la beauté Vulgaire a été précipitée ici-bas[71] et reste incrustée[72] dans le corps. Et si l'on doit aussi prendre un poète pour témoin de la remontée céleste de la beauté[73], écoute Homère dire :

> Les dieux l'emportèrent dans les airs, pour verser le
> [vin à Zeus
> pour prix de sa beauté, afin qu'il demeure parmi les
> [Immortels[74].

71. Le passage peut évoquer la chute de l'âme du *Phèdre* (248 c), mais le verbe choisi rappelle aussi la chute d'Atè précipitée sur terre par Zeus (*Iliade*, XIX 130).

72. Litt. « invétérée » : le verbe continue d'insister sur la dimension temporelle.

73. À nouveau on songe au *Phèdre* (250 c).

74. *Iliade*, XX, 234-235 ; il est question de Ganymède – le jeune Phrygien du paragraphe suivant.

4 Οὐδεμία δὲ ἀνέβη ποτὲ εἰς οὐρανοὺς διὰ κάλλος γυνή —καὶ γὰρ γυναιξὶ κεκοινώνηκεν ὁ Ζεύς—, ἀλλὰ Ἀλκμήνην μὲν ἔχει πένθος καὶ φυγή, Δανάην δὲ λάρναξ καὶ θάλασσα, Σεμέλη δὲ πυρὸς γέγονε τροφή. Ἂν δὲ μειρακίου Φρυγὸς ἐρασθῇ, τὸν οὐρανὸν αὐτῷ δίδωσιν, ἵνα καὶ συνοικῇ καὶ οἰνοχόον ἔχῃ τοῦ νέκταρος· ἡ δὲ πρότερον διάκονος τῆς τιμῆς ἐξέωσται· ἦν γάρ, οἶμαι, γυνή· »

XXXVII. 1 Ὑπολαβὼν οὖν ἐγώ, « Καὶ μὴν οὐράνιον, ἔφην, ἔοικεν εἶναι τὸ τῶν γυναικῶν [γένος] κάλλος ὅσον μὴ ταχὺ φθείρεται· ἐγγὺς γὰρ τοῦ θείου τὸ ἄφθαρτον. Τὸ δὲ κινούμενον ἐν φθορᾷ θνητὴν φύσιν μιμούμενον, οὐκ οὐράνιόν ἐστιν ἀλλὰ πάνδημον. 2 Ἠράσθη μειρακίου Φρυγός, ἀνήγαγεν εἰς οὐρανοὺς τὸν Φρύγα· τὸ δὲ κάλλος τῶν γυναικῶν αὐτὸν τὸν Δία κατήγαγεν ἐξ οὐρανοῦ. Διὰ γυναῖκά ποτε Ζεὺς ἐμυκήσατο, διὰ γυναῖκά ποτε Σάτυρον ὠρχήσατο, καὶ χρυσὸν πεποίηκεν ἑαυτὸν ἄλλῃ γυναικί. 3 Οἰνοχοείτω μὲν Γανυμήδης, μετὰ δὲ τῶν θεῶν Ἥρα πινέτω, ἵνα ἔχῃ μειράκιον διάκονον γυνή. Ἐλεῶ δὲ αὐτοῦ καὶ τὴν ἁρπαγήν· ὄρνις ἐπ' αὐτὸν κατέβη ὠμηστής, ὁ δὲ ἀνάρπαστος γενόμενος ὑβρίζεται καὶ ἔοικεν τυραννουμένῳ. Καὶ τὸ θέαμά ἐστιν αἴσχιστον, μειράκιον ἐξ ὀνύχων κρεμάμενον. 4 Σεμέλην δὲ εἰς οὐρανοὺς ἀνήγαγεν οὐκ ὄρνις ὠμηστής, ἀλλὰ πῦρ. Καὶ μὴ θαυμάσῃς, εἰ διὰ πυρός τις ἀναβαίνει εἰς οὐρανόν· οὕτως ἀνέβη Ἡρακλῆς. Εἰ δὲ Δανάης τὴν λάρνακα γελᾷς, πῶς τὸν Περσέα σιωπᾷς; Ἀλκμήνῃ δὲ τοῦτο

75. La même idée se trouve dans le *Banquet* de Xénophon (VIII, 29).
76. Dans tous les jeux sur φθείρω / φθορά qui soutiennent le raisonnement, se glisse un souvenir du *Phèdre* (245 c).

4 Mais aucune femme n'est jamais montée aux cieux pour sa beauté[75] – et il en a connu des femmes, Zeus –, mais c'est le deuil et l'exil qui attendent Alcmène, c'est un coffre et la mer qui attendent Danaé, Sémélé est l'aliment du feu. Mais quand il aime un jeune Phrygien, c'est le ciel qu'il lui donne, afin de vivre avec lui et d'avoir un échanson pour son nectar ; et la servante précédente se retrouve dépouillée de sa charge : c'était, j'imagine, une femme. »

XXXVII. **1** Je l'interrompis alors et dis : « En vérité, céleste, c'est la beauté des femmes qui semble l'être, dans la mesure où elle ne se corrompt pas rapidement, car ce qui est proche du divin, c'est ce qui est incorruptible. Mais ce qui se meut dans le monde de la corruption[76] en imitant la nature mortelle n'est pas céleste, mais vulgaire. **2** Il s'éprit d'un jeune Phrygien, il fit monter au ciel son Phrygien, mais c'est la beauté des femmes qui fit descendre du ciel Zeus en personne. C'est pour une femme qu'un jour il poussa des mugissements[77], c'est pour une femme qu'il mima en dansant un satyre, et il s'est transformé en or pour une autre femme. **3** Que Ganymède verse à boire, mais qu'Héra boive avec les dieux pour qu'une femme ait un garçon comme serviteur. Et j'ai aussi pitié de la manière dont il a été ravi : un rapace a fondu sur lui, et lui, ravi de force dans les airs, est violenté et a l'air d'être tyrannisé. Le spectacle même est des plus infâmants, un garçon suspendu à des serres[78]. **4** Sémélé, ce n'est pas un rapace qui l'a fait monter aux cieux, mais le feu. Ne sois pas étonné que ce soit par le feu que l'on monte au ciel : c'est ainsi qu'y monta Héraclès. Si tu te moques du coffre de Danaé, pourquoi ne dis-tu rien de Persée ? Il suffit comme seul présent à Alcmène que, pour

77. On revient à Europe, qui sera suivie d'Antiope et de Danaé : le même *topos* est utilisé par Lucien, *D. deor.*, 5, 2.

78. Il prend ainsi des allures de crucifié, le châtiment des esclaves.

μόνον δῶρον ἀρκεῖ, ὅτι δι' αὐτὴν ἔκλεψεν ὁ Ζεὺς τρεῖς ὅλους ἡλίους. 5 Εἰ δὲ δεῖ μεθέντα τὰς μυθολογίας αὐτὴν εἰπεῖν τὴν ἐν τοῖς ἔργοις ἡδονήν, ἐγὼ μὲν πρωτόπειρος ὢν εἰς γυναῖκας, ὅσον ὁμιλῆσαι ταῖς εἰς Ἀφροδίτην πωλουμέναις· ἄλλος γὰρ ἂν ἴσως εἰπεῖν τι καὶ πλέον ἔχοι μεμυημένος· εἰρήσεται δέ μοι, κἂν μετρίως ἔχω πείρας. 6 Γυναικὶ μὲν οὖν ὑγρὸν μὲν τὸ σῶμα ἐν ταῖς συμπλοκαῖς, μαλθακὰ δὲ τὰ χείλη πρὸς τὰ φιλήματα. Καὶ διὰ τοῦτο μὲν ἔχει τὸ σῶμα ἐν τοῖς ἀγκαλίσμασιν, ἐν δὲ ταῖς σαρξὶν ὅλως ἐνηρμοσμένον, ὁ δὲ συγγινόμενος περιβάλλεται ἡδονῇ. 7 Ἐγγίζει δὲ τοῖς χείλεσιν ὥσπερ σφραγῖδας τὰ φιλήματα, φιλεῖ δὲ τέχνῃ καὶ σκευάζει τὸ φίλημα γλυκύτερον. Οὐ γὰρ μόνον ἐθέλει φιλεῖν τοῖς χείλεσιν, ἀλλὰ καὶ τοῖς ὀδοῦσι συμβάλλεται καὶ περὶ τὸ τοῦ φιλοῦντος στόμα βόσκεται καὶ δάκνει τὰ φιλήματα. Ἔχει δέ τινα καὶ μαστὸς ἐπαφώμενος ἰδίαν ἡδονήν. 8 Ἐν δὲ τῇ τῆς Ἀφροδίτης ἀκμῇ οἰστρεῖ μὲν ὑφ' ἡδονῆς, περικέχηνε δὲ φιλοῦσα καὶ μαίνεται. Αἱ δὲ γλῶτται τοῦτον τὸν χρόνον φοιτῶσιν ἀλλήλαις εἰς ὁμιλίαν καὶ ὡς δύνανται βιάζονται κἀκεῖναι φιλεῖν· σὺ δὲ μείζονα ποιεῖς τὴν ἡδονὴν ἀνοίγων τὰ φιλήματα. 9 Πρὸς δὲ τὸ τέρμα αὐτῆς τῆς Ἀφροδίτης ἡ γυνὴ γενομένη πέφυκεν ἀσθμαίνειν ὑπὸ καυματώδους ἡδονῆς, τὸ δὲ ἆσθμα σὺν πνεύματι ἐρωτικῷ μέχρι τῶν τοῦ στόματος χειλέων ἀναθορὸν συντυγχάνει πλανωμένῳ τῷ φιλήματι καὶ ζητοῦντι καταβῆναι κάτω, 10 ἀναστρέ-

79. J'essaie de rendre ainsi le double sens de *ergois*, réalité opposée aux *logoi* mythologiques, mais aussi acte d'amour (qui a été le but de Clitophon tout au long des deux premiers livres, I, 9, 5 ; I, 10, 2, 4, 6 ; II, 4, 2, 4).

80. En l'absence de mention précisant qui est le possesseur du corps, il me semble plus naturel et idiomatique de le rapporter au sujet et de comprendre, avec K. Plepelits, que c'est la femme dont le corps épouse celui de son amant, lequel se retrouve, dans le second membre de phrase,

elle, Zeus ait dérobé le soleil pendant trois jours entiers. **5** Et s'il faut quitter les exemples mythologiques et parler du plaisir en acte[79], je ne suis, moi, qu'un novice envers les femmes, n'ayant connu que celles qui se vendent pour Aphrodite ; un autre, un initié, pourrait sans doute en dire un peu davantage, mais j'en parlerai néanmoins, bien que mon expérience soit médiocre. **6** Le corps d'une femme est souple dans les enlacements, et ses lèvres douces aux baisers. C'est pourquoi elle a le corps étroitement adapté aux embrassements et aux chairs[80] et son partenaire est alors cerné de plaisir. **7** Elle appose sur ses lèvres ses baisers comme des sceaux, elle embrasse avec art et rend son baiser plus suave. Elle ne veut pas ne donner un baiser que des lèvres, mais ses dents aussi s'en mêlent, elle se repaît de la bouche de son amant et mord ses baisers. Même un sein que l'on caresse procure un plaisir particulier. **8** À l'instant suprême de l'amour, elle se déchaîne sous l'aiguillon du plaisir, elle a la bouche grande ouverte au baiser, elle délire[81]. Les langues pendant ce temps-là vont et viennent pour s'unir, et, comme elles peuvent, se forcent elles aussi aux baisers ; et l'on rend plus intense le plaisir en ouvrant la bouche aux baisers. **9** Et parvenue à l'apogée des plaisirs d'Aphrodite, la femme a tendance, sous un ardent plaisir, à haleter, et son halètement, mêlé au souffle de l'amour, remonte jusqu'à ses lèvres et rencontre le baiser errant qui cherche à descendre tout au fond, **10** et ce baiser, renvoyé

comme cerné de plaisir. Cependant l'inverse n'est pas impossible et a été proposé par J.-Ph. Garnaud comme F. Ciccolella et T. Whitmarsh : « elle tient dans ses embrassements le corps complètement adapté à ses chairs » – le résultat final, une sorte de gangue de plaisir, étant le même dans les deux cas.

81. Version purement physique de la *mania* platonicienne ?

φον τε σὺν τῷ ἄσθματι τὸ φίλημα καὶ μιχθὲν ἕπεται καὶ βάλλει τὴν καρδίαν· ἡ δὲ ταραχθεῖσα τῷ φιλήματι πάλλεται. Εἰ δὲ μὴ τοῖς σπλάγχνοις ἦν δεδεμένη, ἠκολούθησεν ἂν καὶ ἀνείλκυσεν αὐτὴν ἄνω τοῖς φιλήμασι. Παίδων δὲ φιλήματα μὲν ἀπαίδευτα, περιπλοκαὶ δὲ ἀμαθεῖς, Ἀφροδίτη δὲ ἀργή, ἡδονῆς δὲ οὐδέν. »

XXXVIII. 1 Καὶ ὁ Μενέλαος, « Ἀλλὰ σύ μοι δοκεῖς, ἔφη, μὴ πρωτόπειρος ἀλλὰ γέρων εἰς Ἀφροδίτην τυγχάνειν, τοσαύτας ἡμῖν καταχέας γυναικῶν περιεργίας. Ἐν μέρει δὲ καὶ τὰ τῶν παίδων ἀντάκουσον. 2 Γυναιξὶ μὲν γὰρ πάντα ἐπίπλαστα, καὶ τὰ ῥήματα καὶ τὰ σχήματα· κἂν εἶναι δόξῃ καλή, τῶν ἀλειμμάτων ἡ πολυπράγμων μηχανή. Καὶ ἔστιν αὐτῆς τὸ κάλλος ἢ μύρων, ἢ τριχῶν βαφῆς ἢ καὶ φιλημάτων· ἂν δὲ τῶν πολλῶν τούτων γυμνώσῃς δόλων, ἔοικε κολοιῷ γεγυμνωμένῳ τῶν τοῦ μύθου πτερῶν. 3 Τὸ δὲ κάλλος τὸ παιδικὸν οὐκ ἀρδεύεται μύρων ὀσφραῖς οὐδὲ δολεραῖς καὶ ἀλλοτρίαις ὀσμαῖς, πάσης δὲ γυναικῶν μυραλοιφίας ἥδιον ὄδωδεν ὁ τῶν παίδων ἱδρώς. 4 Ἔξεστι δὲ αὐτῷ καὶ πρὸ τῆς ἐν Ἀφροδίτῃ συμπλοκῆς καὶ ἐν παλαίστρᾳ συμπεσεῖν καὶ φανερῶς περιχυθῆναι, καὶ οὐκ ἔχουσιν αἰσχύνην αἱ περιπλοκαί· καὶ οὐ μαλθάσσει τὰς ἐν Ἀφροδίτῃ περιπλοκὰς ὑγρότητι σαρκῶν, ἀλλ' ἀντιτυπεῖ πρὸς ἄλληλα τὰ σώματα καὶ περὶ τῆς ἡδονῆς ἀθλεῖ. 5 Τὰ δὲ φιλήματα σοφίαν μὲν οὐκ ἔχει γυναικείαν, οὐδὲ μαγγανεύει τοῖς χείλεσι σινάμωρον ἀπάτην, ὡς δὲ οἶδε φιλεῖ, καὶ οὐκ

82. L'artifice féminin, opposé au naturel masculin, est un *topos* que l'on trouve aussi dans les débats de Plutarque (*Amat.*, 752 C) et de [Lucien] (*Amours*, 38-42). Mais l'intervention des baisers ici n'est pas très claire, d'où la suggestion de Knox de corriger en φαρμάκων, philtres, drogues, qui va mieux dans ce contexte.

avec le halètement et uni à lui, le suit et frappe le cœur ; et celui-ci, bouleversé par le baiser, bondit. Et s'il n'était pas lié aux entrailles, il accompagnerait les baisers et se laisserait tirer vers le haut par eux. Au contraire, les baisers des garçons sont sans expérience, leurs enlacements sans art, leur Aphrodite inerte, et le plaisir nul.

XXXVIII. **1** Ménélas répliqua : « Eh bien, tu me parais ne pas être un novice en Aphrodite, mais un vétéran, toi qui nous as inondés d'autant de détails indiscrets sur les femmes. À ton tour d'écouter en réponse ce qui a trait aux garçons. **2** Chez les femmes, tout est fardé, leurs propos comme leurs poses : même si elle paraît être belle, ce n'est que des onguents le diligent artifice, sa beauté n'est faite que de parfums, de teinture pour les cheveux et même pour ses baisers[82]. Mais si tu lui retires ces nombreuses supercheries, elle ressemble au geai de la fable, dénudé de ses plumes[83]. **3** Au contraire, la beauté des garçons n'est pas imprégnée des fragrances des parfums, ni de senteurs perfides et empruntées, et la sueur des enfants sent meilleur que tous les onguents des femmes[84]. **4** Il est permis, avant même l'étreinte amoureuse, de le rencontrer à la palestre et de le prendre dans ses bras devant tout le monde, et ces enlacements-là ne comportent pas de honte ; et il n'amollit pas les enlacements d'Aphrodite par la souplesse de ses chairs, mais les corps résistent les uns aux autres et luttent pour le plaisir. **5** Si leurs baisers n'ont pas la science féminine, ils n'ont pas non plus recours avec leurs lèvres à une tromperie de courtisane, mais ils

83. Sur la fable du geai, et des oiseaux à l'origine de cette expression proverbiale, *Æsopi fabulae*, CUF, 1926, n° 163.

84. On peut comparer aux longues considérations sur les odeurs de chaque sexe, avec un accent sur l'odeur d'huile du gymnase, mises dans la bouche du Socrate de Xénophon (*Banquet*, II 3-4).

ἔστι τέχνης ἀλλὰ τῆς φύσεως τὰ φιλήματα. Αὕτη δὲ παιδὸς φιλήματος εἰκών· εἰ νέκταρ ἐπήγνυτο καὶ χεῖλος ἐγίνετο, τοιαῦτα ἂν ἔσχες τὰ φιλήματα. Φιλῶν δὲ οὐκ ἂν ἔχοις κόρον, ἀλλ' ὅσον ἐμφορῇ, διψῇς ἔτι φιλεῖν, καὶ οὐκ ἂν ἀποσπάσειας τὸ στόμα, μέχρις ἂν ὑφ' ἡδονῆς ἐκφύγῃς τὰ φιλήματα. »

embrassent comme ils savent, et leurs baisers ne sont pas le fruit d'un artifice, mais de la nature. Voilà à quoi ressemble le baiser d'un garçon ; si du nectar se figeait et devenait lèvre, c'est de tels baisers que l'on aurait. Et de ces baisers, on ne saurait être rassasié, mais plus on s'en gorge, plus on a soif d'embrasser encore et l'on ne saurait retirer sa bouche jusqu'au moment où, sous le plaisir, on se soustrait aux baisers. »

ΛΟΓΟΣ ΤΡΙΤΟΣ

I. 1 Τρίτην δὲ ἡμέραν πλεόντων ἡμῶν ἐξ αἰθρίας πολλῆς αἰφνίδιον ἀχλὺς περιχεῖται, καὶ τῆς ἡμέρας ἀπωλώλει τὸ φῶς. Ἐγείρεται δὲ κάτωθεν ἄνεμος ἐκ τῆς θαλάσσης κατὰ πρόσωπον τῆς νηός, καὶ ὁ κυβερνήτης περιάγειν ἐκέλευε τὴν κεραίαν. 2 Καὶ σπουδῇ περιῆγον οἱ ναῦται, πῇ μὲν τὴν ὀθόνην ἐπὶ θάτερα συνάγοντες ἄνω τοῦ κέρως βίᾳ — τὸ γὰρ πνεῦμα σφοδρότερον ἐμπεσὸν ἀνθέλκειν οὐκ ἐπέτρεπε —, πῇ δὲ πρὸς θάτερον μέρος φυλάττοντες τοῦ πρόσθεν μέτρου καθ' ὃ συνέβαινεν οὔριον εἶναι τῇ περιαγωγῇ τὸ πνεῦμα. 3 Κλίνεται δὴ κοῖλον τοιχίσαν τὸ σκάφος καὶ ἐπὶ θάτερα μετεωρίζεται καὶ πάντῃ πρηνὲς ἦν, καὶ ἐδόκει τοῖς πολλοῖς ἡμῶν ἀεὶ περιτραπήσεσθαι καθάπαξ ἐμπίπτοντος τοῦ πνεύματος. Μετεσκευαζόμεθα οὖν ἅπαντες εἰς τὰ μετέωρα τῆς νηός, ὅπως τὸ μὲν βαπτιζόμενον τῆς νηὸς ἀνακουφίσαιμεν, τὸ δὲ τῇ προσθήκῃ βιασάμενοι κατὰ μικρὸν καθέλοιμεν εἰς τὸ ἀντίρροπον. 4 Πλέον δὲ ἠνύομεν οὐδέν· ἀνέφερε γὰρ ἡμᾶς μᾶλλον κορυφούμενον τὸ ἔδαφος τῆς νηὸς ἢ πρὸς ἡμῶν κατεβιβάζετο. 5 Καὶ χρόνον μέν τινα διαταλαντουμένην τὴν ναῦν τοῖς κύμασιν ἐπαλαίομεν εἰς τὸ

LIVRE III

I. **1** Le troisième jour de notre navigation, après un beau temps serein, voici que soudain se répandent des ténèbres et que la lumière du jour s'évanouit. Un vent de mer se lève, par le bas, contre l'avant du navire, et le pilote d'ordonner de tourner la vergue. **2** Les matelots s'activèrent pour la tourner, d'un côté en serrant la voile vers le haut sur la vergue, de toutes leurs forces, car le vent, dont l'attaque se faisait plus violente, contrariait leurs efforts, de l'autre côté, conservant une partie de la surface avant contre laquelle le vent pourrait venir à leur aide dans la manœuvre[1]. **3** Alors le bateau, penché d'un côté, s'incline et de l'autre côté s'élève dans les airs ; comme il était complètement penché, il semblait à la plupart d'entre nous être toujours sur le point de se retourner une fois pour toutes, sous la violence du vent. Nous déménageâmes tous ensemble vers les parties élevées du navire, afin de soulager la partie immergée de celui-ci, en obligeant l'autre côté, par notre aide, à s'abaisser peu à peu vers son point d'équilibre. **4** Mais, en fait, nous n'arrivâmes à rien, car le pont du navire, qui était soulevé, nous éleva, bien davantage qu'il ne s'abaissa par notre présence. **5** Et, pendant quelque temps, nous nous efforçâmes de faire descendre, par contrepoids, le navire ballotté par les flots ; mais voici que soudain le

1. Pour tous les détails des manœuvres, avant et pendant la tempête, on se reportera à J. Rougé, 1978.

ἀντίρροπον καθελεῖν· αἰφνίδιον δὲ μεταλλάττεται τὸ πνεῦμα ἐπὶ θάτερα τῆς νηὸς καὶ μικροῦ βαπτίζεται τὸ σκάφος, τοῦ μὲν τέως εἰς κῦμα κλιθέντος ἀναθορόντος ὀξείᾳ ῥοπῇ, θατέρου δέ, ᾗ ᾐώρητο, καταρραγέντος εἰς τὴν θάλατταν. 6 Κωκυτὸς οὖν αἴρεται μέγας ἐκ τῆς νηός, καὶ μετοικία πάλιν καὶ δρόμος μετὰ βοῆς ἐπὶ τὰς ἀρχαίας ἕδρας. Καὶ τρίτον καὶ τέταρτον καὶ πολλάκις τὸ αὐτὸ πάσχοντες κοινῇ ταύτην εἴχομεν τῷ σκάφει τὴν πλάνην. Πρὶν μὲν γὰρ μετασκευάσασθαι τὸ πρῶτον, δίαυλος ἡμᾶς διαλαμβάνει δεύτερος.

II. 1 Σκευοφοροῦντες οὖν κατὰ τὴν ναῦν διὰ πάσης ἡμέρας δόλιχόν τινα τοῦτον δρόμον μυρίον ἐπονοῦμεν, ἀεὶ τὸν θάνατον προσδοκῶντες· καὶ ἦν, ὡς εἰκός, οὐ μακράν. 2 Περὶ γὰρ μεσημβρίαν δείλην ὁ μὲν ἥλιος τέλεον ἁρπάζεται, ἑωρῶμεν δὲ ἑαυτοὺς ὡς ἐν σελήνῃ. Πῦρ μὲν ἀστραπῆς ἵπταται, μυκᾶται δὲ βροντὴν οὐρανὸς καὶ τὸν ἀέρα γεμίζει βόμβος, ἀντεβόμβει δὲ κάτωθεν τῶν κυμάτων ἡ στάσις, μεταξὺ δὲ οὐρανοῦ καὶ θαλάσσης ἀνέμων ποικίλων ἐσύριζε ψόφος. 3 Καὶ ὁ μὲν ἀὴρ εἶχε σάλπιγγος ἦχον· οἱ δὲ κάλοι περὶ τὴν ὀθόνην πίπτουσιν, ἀντιπαταγοῦντες δὲ ἐτετρίγεσαν· ἐφόβει δὲ καὶ τὰ ξύλα τῆς νηὸς ῥηγνύμενα, μὴ κατὰ μικρὸν ἀνοιχθείη τὸ σκάφος τῶν γόμφων ἀποσπωμένων. Γέρρα δὲ περὶ πᾶσαν τὴν ναῦν ἐκεκάλυπτο· 4 καὶ γὰρ ὄμβρος ἐπέκλυζε πολύς. Ἡμεῖς δὲ τὰ γέρρα ὑποδύντες ὥσπερ εἰς ἄντρον

2. Le texte recourt ici à une métaphore sportive : le *diaulos* est une course de deux longueurs de stade, un stade dans un sens, puis, après qu'on a tourné autour d'une borne, un stade dans l'autre sens ; le *dolichos*, « longue course », au début du ch. II, poursuit dans le même registre.

vent passe de l'autre côté du navire et que le bateau est presque submergé, le côté qui penchait jusqu'alors vers le flot s'étant relevé sous cette violente saute de vent, tandis que le côté où il s'était dressé s'était enfoncé dans la mer. **6** Une grande lamentation s'élève alors du navire et nous émigrons de nouveau et courons en criant vers nos places d'origine. Une troisième, une quatrième fois et bien d'autres encore, même manège : nous suivions la course errante du bateau. En effet, avant même d'avoir terminé un premier trajet, nous devions repartir en sens inverse[2].

II. **1** Nous passâmes ainsi tout le jour à porter nos bagages à travers le navire, nous épuisant à cette sorte de longue course de fond où nous nous attendions à chaque moment à la mort ; et, comme il se doit, elle n'était pas bien loin : **2** vers midi, le soleil disparaît complètement – c'était comme si nous nous voyions à la clarté de la lune –, le feu de l'éclair vole, le ciel fait mugir le tonnerre et un grondement emplit l'air, tandis que, d'en bas, y répondait en grondant le soulèvement des flots, et qu'entre le ciel et la mer bruissait le sifflement de vents venant de tous côtés. **3** L'air produisait un son de trompette[3], et voici que les câbles tombent contre la voile, avec un grincement étouffant les autres bruits ; s'ajoutait la crainte que les planches des navires, en se rompant, ne fissent s'ouvrir peu à peu le bateau, les chevilles arrachées. On avait déployé des abris sur tout le navire, **4** car il y avait aussi une pluie diluvienne qui inondait tout. Nous, glissés

3. Il y a peut-être ici un écho d'*Iliade*, XXI, 385 : le passage se situe au moment où, après l'affrontement entre eau et feu, la guerre gagne jusqu'à l'Olympe (pour d'autres ébranlements cosmiques provoqués par l'irruption des dieux au combat, voir *Iliade*, XX, 54-66, et *Théogonie*, 678-683) ; la description qui commence ici culmine au § 8 dans une des identifications chères à Achille Tatius, « c'était un combat entre vents et flots ».

ἐμένομεν, παραδόντες ἑαυτοὺς τῇ Τύχῃ, ῥίψαντες τὰς ἐλπίδας. 5 Τρικυμίαι δὲ πολλαὶ καὶ πάντοθεν, αἱ μὲν κατὰ πρόσωπον, αἱ δὲ κατ' οὐρὰν τῆς νεὼς ἀλλήλαις ἀντέπιπτον. Ἡ δὲ ναῦς ἀεὶ πρὸς μὲν τὸ κυρτούμενον τῆς θαλάσσης ἠγείρετο, πρὸς δὲ τὸ παράδρομον ἤδη καὶ χθαμαλὸν κατεδύετο. Ἐῴκει δὲ τῶν κυμάτων τὰ μὲν ὄρεσι, τὰ δὲ χάσμασιν. 6 Ἦν δὲ καὶ τὰ ἐγκάρσια τῶν κυμάτων ἑκατέρωθεν φοβερώτερα· ἀναβαίνουσα μὲν γὰρ ἐπὶ τὴν ναῦν ἡ θάλασσα διὰ τῶν γέρρων ἐκυλίετο καὶ ἐκάλυπτε πᾶν τὸ σκάφος. 7 Τὸ γὰρ κῦμα αἰρόμενον ὑψοῦ, ψαῦον αὐτῶν τῶν νεφῶν, πόρρωθεν μὲν πρὸς ἀντιπρόσωπον ἐφαίνετο τῷ σκάφει μέγεθος οἷον ⟨ὄρος⟩, προσιὸν δὲ βλέπων καταποθήσεσθαι τὴν ναῦν προσεδόκησας. 8 Ἦν οὖν ἀνέμων μάχη καὶ κυμάτων. Ἡμεῖς δὲ οὐκ ἠδυνάμεθα κατὰ χώραν μένειν ὑπὸ τοῦ τῆς νηὸς σεισμοῦ. Συμμιγὴς δὲ πάντων ἐγίνετο βοή· ἐρρόχθει τὸ κῦμα, ἐπάφλαζε τὸ πνεῦμα, ὀλολυγμὸς γυναικῶν, ἀλαλαγμὸς ἀνδρῶν, κελευσμὸς ναυτῶν, πάντα θρήνων καὶ κωκύτων ἀνάμεστα. 9 Καὶ ὁ κυβερνήτης ἐκέλευε ῥίπτειν τὸν φόρτον. Διάκρισις δὲ οὐκ ἦν ἀργύρου καὶ χρυσοῦ πρὸς ἄλλο τι τῶν εὐτελῶν, ἀλλὰ πάντα ὁμοίως ἠκοντίζομεν ἔξω τῆς νηός· πολλοὶ δὲ καὶ τῶν ἐμπόρων, αὐτοὶ τῶν οἰκείων λαμβάνοντες ἐν οἷς εἶχον τὰς ἐλπίδας, ὤθουν ἐπειγόμενοι. Καὶ ἦν ἤδη ἡ ναῦς τῶν ἐπίπλων γυμνή· ὁ δὲ χειμὼν οὐκ ἐσπένδετο.

III. 1 Τέλος ὁ κυβερνήτης ἀπειπὼν ῥίπτει μὲν τὰ πηδάλια ἐκ τῶν χειρῶν, ἀφίησι δὲ τὸ σκάφος τῇ θαλάσσῃ καὶ εὐτρεπίζει ἤδη τὴν ἐφολκίδα καὶ τοῖς ναύταις ἐμβαίνειν

sous nos abris comme dans une grotte, nous attendions, nous abandonnant à la Fortune, ayant rejeté tout espoir. **5** De nombreuses vagues déferlantes, venant de tous côtés, les unes sur l'avant du navire, les autres sur l'arrière, se précipitaient les unes contre les autres. Et le navire, tour à tour, se dressait contre la mer qui s'enflait puis s'enfonçait désormais dans le creux suivant. Les vagues ressemblaient, les unes à des montagnes, les autres à des abîmes. **6** Mais celles des lames qui venaient de travers, de chaque côté, étaient plus terrifiantes encore, car la mer qui montait sur le navire tourbillonnait entre nos abris et recouvrait tout le bateau. **7** En effet le flot, qui se dressait vers le haut, atteignant jusqu'aux nues, apparaissait de loin, face au bateau, aussi haut qu'une < montagne >, et en le voyant s'avancer, on s'attendait à ce que le navire fût englouti. **8** C'était un combat entre vents et flots. Quant à nous, nous ne pouvions rester à nos places sous les secousses du navire ; il se fit un tumulte mêlant tous les bruits : le flot grondait, le vent rugissait, les femmes gémissaient, les hommes criaient, les marins lançaient des ordres, tout était rempli de plaintes et de lamentations. **9** Et le pilote donna ordre de jeter la cargaison à la mer. On ne fit aucune distinction entre l'argent, l'or et les marchandises ordinaires ; nous lancions tout par-dessus bord, de la même manière. Plus d'un, même parmi les marchands, prenant eux-mêmes les biens dans lesquels résidaient tous leurs espoirs, se hâtaient de les jeter. Et le navire était désormais dépouillé de tous les objets qui avaient été embarqués, mais la tempête ne connaissait pas de trêve.

III. **1** Finalement le pilote renonce, laisse tomber les avirons de gouverne de ses mains et abandonne le bateau à la mer ; il fait dès lors préparer la chaloupe et, après avoir donné ordre aux matelots d'embarquer, donna le signal de

κελεύσας τῆς ἀποβάθρας ἦρχεν· οἱ δὲ εὐθὺς κατὰ πόδας ἐξήλλοντο. 2 Ἔνθα δὴ καὶ τὰ δεινὰ ἦν, καὶ ἦν μάχη χειροποίητος. Οἱ μὲν γὰρ ἐπιβάντες ἤδη τὸν κάλον ἔκοπτον, ὃς συνέδει τὴν ἐφολκίδα τῷ σκάφει· τῶν δὲ πλωτήρων ἕκαστος ἔσπευδε μεταπηδᾶν ἔνθα καὶ τὸν κυβερνήτην ἑωράκεσαν ἐφέλκοντα τὸν κάλων· οἱ δὲ ἐκ τῆς ἐφολκίδος μεταβαίνειν οὐκ ἐπέτρεπον. 3 Εἶχον δὲ καὶ πελέκεις καὶ μαχαίρας, καὶ πατάξειν ἠπείλουν, εἴ τις ἐπιβήσεται· πολλοὶ δὲ καὶ ἐκ τῆς νεὼς ὁπλισάμενοι τὸ δυνατόν, ὁ μὲν κώπης παλαιᾶς τρύφος ἀράμενος, ὁ δὲ τῶν τῆς νεὼς σελμάτων, ἠμύνετο. Θάλασσα γὰρ εἶχε νόμον τὴν βίαν, καὶ ἦν ναυμαχίας καινὸς τρόπος. 4 Οἱ μὲν γὰρ ἐκ τῆς ἐφολκίδος δέει τοῦ καταδῦναι τῷ τῶν ἐπεμβαινόντων ὄχλῳ πελέκεσι καὶ μαχαίραις τοὺς ἐξαλλομένους ἔπαιον· οἱ δὲ σκυτάλαις καὶ κώπαις ἅμα τῷ πηδήματι τὰς πληγὰς κατεφέροντο· 5 οἱ δὲ καὶ ἄκρου ψαύοντες τοῦ σκάφους ἐξωλίσθαινον· ἔνιοι δὲ καὶ ἐπιβαίνοντες τοῖς ἐπὶ τῆς ἐφολκίδος ἤδη διεπάλαιον· φιλίας γὰρ ἢ αἰδοῦς οὐκ ἔτι θεσμὸς ἦν, ἀλλὰ τὸ οἰκεῖον ἕκαστος σκοπῶν ἀσφαλὲς τὸ πρὸς τοὺς ἑτέρους εὔγνωμον οὐκ ἐλογίζετο. Οὕτως οἱ μεγάλοι κίνδυνοι καὶ τοὺς τῆς φιλίας λύουσι νόμους.

IV. 1 Ἔνθα δή τις ἀπὸ τῆς νεὼς νεανίσκος εὔρωστος λαμβάνεται τοῦ κάλου καὶ ἐφέλκεται τὴν ἐφολκίδα· καὶ ἦν ἐγγὺς ἤδη τοῦ σκάφους, ηὐτρεπίζετο δὲ ἕκαστος ὡς, εἰ πελάσειε, πηδήσων ἐς αὐτήν. 2 Καὶ δύο μὲν ἢ τρεῖς

4. *Apobathra* désigne précisément l'échelle d'embarquement. Il semble meilleur de comprendre, comme Vilborg, non pas qu'il saute lui-même le premier, mais qu'il veille à l'embarquement en se tenant près de l'échelle – puis la chaloupe pleine, il tirera le câble au § 2 .

l'évacuation[4] ; aussitôt les autres de se précipiter les uns derrière les autres. **2** Ce fut alors le moment des horreurs, un combat de main d'homme[5]. En effet ceux qui étaient déjà embarqués tentaient de couper le câble qui reliait la chaloupe au bateau, tandis que chacun des passagers cherchait à sauter après avoir vu le pilote hâler le câble, mais ceux de la chaloupe ne les laissaient pas passer. **3** Ils avaient et haches et coutelas, et menaçaient de frapper quiconque voudrait monter ; et nombreux étaient aussi les gens du navire qui, s'étant armés comme ils pouvaient, prenant, l'un un morceau de vieille rame, l'autre un morceau des bancs du navire, se défendaient. La mer avait comme loi la violence, c'était un nouveau genre de combat naval. **4** En effet, ceux de la chaloupe, de peur de sombrer sous la foule de ceux qui voulaient embarquer, frappaient avec haches et coutelas ceux qui sautaient à bord, tandis que les autres, tout en sautant, assénaient leurs coups avec bâtons et rames ; **5** d'autres encore glissaient en atteignant le bord de l'embarcation ; quelques-uns, ayant pris pied à bord, luttaient dès lors vigoureusement contre les occupants de la chaloupe ; car il n'y avait plus de loi ni d'amitié ni de respect, mais chacun, veillant à sa sécurité, faisait fi de toute bienveillance envers autrui. C'est ainsi que les grands dangers défont même les lois de l'amitié.

IV. **1** C'est alors que, du navire, un jeune homme vigoureux s'empare du câble et tire la chaloupe. Elle était déjà toute proche du bateau et chacun se préparait à y bondir dès qu'elle se trouverait assez près ; **2** deux ou

5. Il faut comprendre que, par opposition au combat des éléments du chapitre précédent, les hommes sont désormais à l'origine des horreurs ; on retrouve une idée du même genre au § suivant avec la mention d'« un nouveau genre de combat naval », qui prélude à la description de la panique. L'entrée dans le monde de l'aventure est ainsi l'entrée dans un monde de lutte, sans foi ni loi.

ηὐτύχησαν οὐκ ἀναιμωτί, πολλοὶ δὲ ἀποπηδᾶν πειρώμενοι ἐξεκυλίσθησαν τῆς νεὼς κατὰ τῆς θαλάσσης. Ταχὺ γὰρ τὴν ἐφολκίδα ἀπολύσαντες οἱ ναῦται, πελέκει κόψαντες τὸν κάλον, τὸν πλοῦν εἶχον ἔνθα αὐτοὺς ἦγε τὸ πνεῦμα· οἱ δὲ ἐπὶ τῆς νηὸς ἐπειρῶντο καταδῦναι τὴν ἐφολκίδα. 3 Τὸ δὲ σκάφος ἐκυβίστα περὶ τοῖς κύμασιν ὀρχούμενον, λανθάνει δὴ προσενεχθὲν ὑφάλῳ πέτρᾳ καὶ ῥήγνυται πᾶν. Ἀπωσθείσης δὲ τῆς νεὼς ὁ ἱστὸς ἐπὶ θάτερα πεσὼν τὸ μέν τι κατέκλασε, τὸ δέ τι κατέδυσεν αὐτῆς. 4 Ὁπόσοι μὲν οὖν παραχρῆμα τῆς ἅλμης πιόντες κατεσχέθησαν, οὗτοι μετριωτέραν ὡς ἐν κακοῖς ἔσχον τὴν συμφοράν, οὐκ ἐνδιατρίψαντες τῷ τοῦ θανάτου φόβῳ. Ὁ γὰρ ἐν θαλάττῃ θάνατος βραδὺς προαναιρεῖ πρὸ τοῦ παθεῖν· 5 ὁ γὰρ ὀφθαλμὸς πελάγους γεμισθεὶς ἀόριστον ἐκτείνει τὸν φόβον, ὡς καὶ διὰ τούτων θάνατον δυστυχεῖν πλείονα· ὅσον γὰρ τῆς θαλάσσης τὸ μέγεθος, τοσοῦτος καὶ ὁ τοῦ θανάτου φόβος. 6 Ἔνιοι δὲ κολυμβᾶν πειρώμενοι, προσραγέντες ὑπὸ τοῦ κύματος τῇ πέτρᾳ διελύθησαν· πολλοὶ δὲ καὶ ξύλοις ἀπερρωγόσι συμπεσόντες ἐπείροντο δίκην ἰχθύων· οἱ δὲ καὶ ἡμιθνῆτες ἐνήχοντο.

V. 1 Ἐπεὶ οὖν τὸ πλοῖον διελύθη, δαίμων τις ἀγαθὸς περιέσωσεν ἡμῖν τῆς πρῴρας μέρος, ἔνθα περικαθίσαντες ἐγώ τε καὶ ἡ Λευκίππη κατὰ ῥοῦν ἐφερόμεθα τῆς θαλάσσης· ὁ δὲ Μενέλαος καὶ ὁ Σάτυρος σὺν ἄλλοις τῶν πλωτήρων ἐπιτυχόντες τοῦ ἱστοῦ καὶ ἐπιπεσόντες ἐνήχοντο. 2 Πλησίον δὲ καὶ τὸν Κλεινίαν ἑωρῶμεν περινηχόμενον τῇ κεραίᾳ καὶ ταύτην ἠκούσαμεν αὐτοῦ τὴν βοήν· « Ἔχου τοῦ ξύλου, Κλειτοφῶν· » ἅμα δὲ

6. Le verbe (qui est la leçon des manuscrits W et M), appliqué plus bas au navire, ne convient guère à des êtres humains : Vilborg préfère la leçon de VGEF, διεφθείροντο.

trois réussirent dans leur entreprise, non sans effusion de sang, mais beaucoup, en essayant de sauter, allèrent rouler du bateau dans la mer. En effet, les marins, qui avaient rapidement délié la chaloupe en tranchant le câble à coups de hache, naviguaient au gré du vent, tandis que ceux du navire tentaient de couler la chaloupe. **3** Le bateau tanguait en dansant sur les vagues ; sans s'en rendre compte, il va heurter un récif à fleur d'eau et se brise entièrement. Le navire repoussé, le mât, s'abattant d'un côté, en défonça une partie et fit couler le reste. **4** Tous ceux qui, ayant avalé de l'eau de mer aussitôt, furent engloutis, eurent, eu égard à nos maux, le malheur le plus modéré, n'ayant pas eu le temps d'avoir peur de la mort. Car en mer, une mort lente tue avant même que l'on ne meure : **5** l'œil, plein de l'immensité des flots, étend à l'infini la peur, ce qui renchérit encore le malheur de la mort, car la peur de la mort est aussi immense que la mer. **6** Quelques-uns, qui essayaient de nager, se fracassèrent contre le roc sous la force du flot et se disloquèrent[6] ; beaucoup aussi, qui étaient tombés sur des éclats de bois, étaient transpercés comme des poissons[7] ; d'autres, bien qu'à demi-morts, nageaient.

V. **1** Lorsque donc le navire se fut disloqué, quelque divinité favorable nous sauvegarda une partie de la proue, là où Leucippé et moi étions installés, et nous fûmes emportés par le courant. Ménélas et Satyros, avec d'autres passagers qui avaient rencontré le mât et étaient montés dessus, nageaient. **2** Tout près nous voyions aussi Clinias surnager, accroché à la vergue, et nous l'entendîmes pousser ce cri : « Tiens bien ton épave, Clitophon ! » Pendant qu'il

7. Cette image de la pêche au thon peut évoquer les Lestrygons dans l'*Odyssée*, X, 124 ou les *Perses* d'Eschyle.

λέγοντα κῦμα ἐπεκάλυπτε κατόπιν· καὶ ἡμεῖς ἐκωκύσαμεν. 3 Κατὰ ταὐτὸ καὶ ἡμῖν ἐπεφέρετο κῦμα· ἀλλὰ τύχῃ τινὶ πλησίον γενόμενον ἡμῶν κάτωθεν παρατρέχει, ὥστε μόνον ὑψούμενον μετέωρον τὸ ξύλον τὸν αὐχένα τοῦ κύματος καὶ τὸν Κλεινίαν ἰδεῖν αὖθις. 4 Ἀνοιμώξας οὖν, « Ἐλέησον, ἔφην, δέσποτα Πόσειδον, καὶ σπεῖσαι πρὸς τὰ τῆς ναυαγίας σου λείψανα. Πολλοὺς ἤδη τῷ φόβῳ θανάτους ὑπεμείναμεν· εἰ δὲ ἡμᾶς ἀποκτεῖναι θέλεις, μὴ διαστήσῃς ἡμῶν τὴν τελευτήν. Ἓν ἡμᾶς κῦμα καλυψάτω. Εἰ δὲ καὶ θηρίων ἡμᾶς βορὰν πέπρωται γενέσθαι, εἷς ἡμᾶς ἰχθὺς ἀναλωσάτω, μία γαστὴρ χωρησάτω, ἵνα καὶ ἐν ἰχθύσι κοινῇ ταφῶμεν. » 5 Μετὰ μικρὸν δὲ τῆς εὐχῆς τὸ πολὺ τοῦ πνεύματος περιεπέπαυτο, τὸ δὲ ἄγριον ἐστόρεστο τοῦ κύματος· μεστὴ δὲ ἦν ἡ θάλαττα νεκρῶν σωμάτων. Τοὺς μὲν οὖν ἀμφὶ τὸν Μενέλαον θᾶττον προσάγει τῇ γῇ τὸ κῦμα· καὶ ἦν ταῦτα τῆς Αἰγύπτου τὰ παράλια. Κατεῖχον δὲ τότε λῃσταὶ πᾶσαν τὴν ἐκεῖ χώραν. 6 Ἡμεῖς δὲ περὶ δείλην ἑσπέραν τύχῃ τινὶ τῷ Πηλουσίῳ προσίσχομεν καὶ ἄσμενοι γῆς λαβόμενοι τοὺς θεοὺς ἀνευφημοῦμεν· εἶτα ὠλοφυρόμεθα, τὸν Κλεινίαν καὶ τὸν Σάτυρον νομίζοντες ἀπολωλέναι.

VI. 1 Ἔστι δὲ ἐν τῷ Πηλουσίῳ Διὸς ἱερὸν ἄγαλμα Κασίου. Τὸ δὲ ἄγαλμα νεανίσκος, Ἀπόλλωνι μᾶλλον ἐοικώς· οὕτω γὰρ ἡλικίας εἶχε. Προβέβληται δὲ τὴν χεῖρα καὶ ἔχει ῥοιὰν ἐπ' αὐτῇ· τῆς δὲ ῥοιᾶς ὁ λόγος μυστικός. 2 Προσευξάμενοι δὴ τῷ θεῷ καὶ περὶ τοῦ

8. Le ventre du poisson crée un effet d'anticlimax dans ce beau morceau de sublime amoureux et n'est pas sans évoquer « Lucien » et ses compagnons dans la baleine (*Hist. ver.*, I, 30 *sqq.*).

9. Le sens du préverbe de cet *hapax* n'est pas clair : locatif, comme toutes les nombreuses notations précédentes – alentour –, ou intensif – complètement ?

parlait, une vague le submergea par-derrière et nous, de nous lamenter. **3** À ce moment, une vague arrivait aussi sur nous, mais, par un heureux hasard, une fois près de nous, elle passa en dessous, si bien que l'épave ne fut que soulevée sur la crête de la vague, et que nous revîmes Clinias. **4** Je gémis et dis : « Aie pitié, seigneur Poséidon, et conclus une trêve envers les restes qui proviennent de ton naufrage. La peur nous a déjà fait endurer mille morts ; mais si tu veux nous tuer, ne désunis pas notre fin. Qu'une seule vague nous enveloppe. Et si même c'est l'arrêt du destin que nous devenions la pâture de bêtes, qu'un seul poisson nous fasse périr, qu'un seul ventre nous contienne, afin que nous soyons, même parmi les poissons, ensevelis ensemble[8]. » **5** Peu après ma prière, voici que la plus grosse partie du vent avait cessé[9] et que la sauvagerie du flot s'était apaisée : la mer était couverte de cadavres. Le flot porte alors rapidement à terre Ménélas et ses compagnons : c'étaient les côtes de l'Égypte. Des brigands tenaient alors cette contrée. **6** Quant à nous, vers le soir, par un heureux hasard, nous abordons à Péluse et, joyeux d'avoir atteint la terre, nous honorons les dieux ; après quoi ce furent des gémissements à la pensée que Clinias et Satyros avaient péri.

VI. **1** Il existe à Péluse une statue sacrée de Zeus du mont Casius[10]. La statue est un jeune homme ressemblant davantage à Apollon, car il a sa jeunesse. Il a la main tendue avec une grenade dessus, et sa grenade a une signification mystique[11]. **2** Ayant adressé alors une prière au dieu et

10 Sur ce temple, voir Strabon, 16, 2, 33.

11. Voir l'étude de G. Anderson, « The mystic pomegranate and the vine of Sodom : Achilles Tatius 3. 6 », *A.J.Ph* 100 (1979), p. 516-518.

Κλεινίου καὶ τοῦ Σατύρου σύμβολον ἐξαιτήσαντες —καὶ γὰρ ἔλεγον μαντικὸν εἶναι τὸν θεόν— περιῄειμεν τὸν νεών. 3 Κατὰ δὲ τὸν ὀπισθόδομον ὁρῶμεν εἰκόνα διπλῆν. Καὶ ὁ γραφεὺς ἐγγέγραπτο. Εὐάνθης μὲν ὁ γραφεύς· ἡ δὲ εἰκὼν Ἀνδρομέδα καὶ Προμηθεύς, δεσμῶται μὲν ἄμφω —διὰ τοῦτο αὐτούς, οἶμαι, εἰς ἓν συνήγαγεν ὁ ζωγράφος— ἀδελφαὶ δὲ καὶ τὴν ἄλλην τύχην αἱ γραφαί. 4 Πέτραι μὲν ἀμφοῖν τὸ δεσμωτήριον, θῆρες δὲ κατ' ἀμφοῖν οἱ δήμιοι, τῷ μὲν ἐξ ἀέρος, τῇ δὲ ἐκ θαλάττης· ἐπίκουροι δὲ αὐτοῖς Ἀργεῖοι δύο συγγενεῖς, τῷ μὲν Ἡρακλῆς, τῇ δὲ Περσεύς, ὁ μὲν τοξεύων τὸν ὄρνιν τοῦ Διός, ὁ δὲ ἐπὶ τὸ κῆτος τοῦ Ποσειδῶνος ἀθλῶν. Ἀλλ' ὁ μὲν ἵδρυται τοξαζόμενος ἐν γῇ, ὁ δὲ ἐξ ἀέρος κρέμαται τῷ πτερῷ.

VII. 1 Ὀρώρυκται μὲν οὖν εἰς τὸ μέτρον τῆς κόρης ἡ πέτρα· θέλει δὲ τὸ ὄρυγμα λέγειν ὅτι μή τις αὐτὸ πεποίηκε χείρ, ἀλλ' ἔστιν αὐτόχθον [ἡ γραφή]· ἐτράχυνε γὰρ τοῦ λίθου τὸν κόλπον ὁ γραφεύς, ὡς ἔτεκεν αὐτὸν ἡ γῆ. 2 Ἡ δὲ ἐνίδρυται τῇ σκέπῃ· καὶ ἔοικε τὸ θέαμα, εἰ μὲν εἰς τὸ κάλλος ἀπίδοις, ἀγάλματι καινῷ, εἰ δὲ εἰς τὰ δεσμὰ καὶ τὸ κῆτος, αὐτοσχεδίῳ τάφῳ. Ἐπὶ δὲ τῶν προσώπων αὐτῆς κάλλος κεκέρασται καὶ δέος· 3 ἐν μὲν γὰρ ταῖς παρειαῖς τὸ δέος κάθηται, ἐκ δὲ τῶν ὀφθαλμῶν ἀνθεῖ τὸ κάλλος. Ἀλλ' οὔτε τῶν παρειῶν τὸ ὠχρὸν τέλεον ἀφοίνικτον ἦν, ἠρέμα δὲ τῷ ἐρεύθει βέβαπται, οὔτε τὸ τῶν ὀφθαλμῶν ἄνθος ἐστὶν ἀμέριμνον, ἀλλ' ἔοικε τοῖς ἄρτι μαραινομένοις ἴοις· οὕτως αὐτὴν ἐκόσμη-

12 L'adjectif *καινός* va jalonner le récit, attirant régulièrement l'attention sur les éléments extraordinaires du monde de l'aventure (*supra*, III 3, 3 et *infra*, 16, 3 ; IV, 4, 6 ; 7, 1 ; 12, 1 ; 14, 8 ; V, 1, 6) : voir l'Introduction, *supra*, p. XLI-XLII.

cherché à obtenir de lui un oracle au sujet de Clinias et de Satyros (on disait en effet que le dieu était devin), nous fîmes le tour du temple. **3** Sur la partie arrière nous voyons un double tableau. Le peintre l'avait signé. Évanthès était le peintre, le tableau représentait Andromède et Prométhée, tous deux enchaînés (c'est la raison pour laquelle, je pense, le peintre les avait regroupés) ; les tableaux étaient frères aussi par les autres détails de leur sort. **4** À tous deux des rocs servent de prisons, et ce sont des bêtes qui, de tous deux, sont les bourreaux, pour lui venant de l'air, pour elle venant de la mer ; et leurs sauveurs sont deux Argiens du même sang, pour lui Héraclès, pour elle Persée, l'un atteignant de ses flèches l'oiseau de Zeus, l'autre luttant contre le monstre de Poséidon. Mais l'un tire solidement installé sur terre, tandis que l'autre est suspendu en l'air par ses ailes.

VII. **1** Le roc est creusé à la mesure de la jeune fille ; le creux veut montrer que ce n'est pas une main d'homme qui l'a créé, mais qu'il est naturel ; le peintre en effet avait rendu l'irrégularité de la cavité de pierre telle que la terre l'avait produite. **2** Andromède se tient dans cet abri, et le spectacle ressemble, si l'on porte attention à la beauté, à une statue d'un nouveau genre[12], si c'est aux chaînes et au monstre, à un tombeau improvisé. Sur son visage beauté et frayeur sont mêlées ; **3** sur ses joues est répandue la frayeur, tandis que de ses yeux rayonne la beauté. Mais pas plus que la pâleur de ses joues n'est totalement dépourvue d'incarnat, teintée au contraire d'une légère rougeur, l'éclat de ses yeux n'est exempt d'inquiétude, ressemblant aux violettes tout juste en train de se faner ; c'est ainsi que le peintre l'avait parée d'une frayeur pleine de beauté[13].

13. Ce bel oxymore couronne ce nouvel exemple de mélange des opposés, cher au romancier.

σεν ὁ ζωγράφος εὐμόρφῳ φόβῳ. 4 Τὰς δὲ χεῖρας εἰς τὴν πέτραν ἐξεπέτασεν, ἄγχει δὲ ἄνω δεσμὸς ἑκατέραν συνάπτων τῇ πέτρᾳ· οἱ καρποὶ δὲ ὥσπερ ἀμπέλου βότρυες κρέμανται. Καὶ αἱ μὲν ὠλέναι τῆς κόρης ἄκρατον ἔχουσαι τὸ λευκὸν εἰς τὸ πελιδνὸν μετέβαλλον, καὶ ἐοίκασιν ἀποθνῄσκειν οἱ δάκτυλοι. 5 Δέδεται μὲν οὖν οὕτω τὸν θάνατον ἐκδεχομένη· ἕστηκε δὲ νυμφικῶς ἐστολισμένη, ὥσπερ Ἀϊδωνεῖ νύμφη κεκοσμημένη. Ποδήρης χιτών, λευκὸς ὁ χιτών· τὸ ὕφασμα λεπτόν, ἀραχνίων ἐοικὸς πλοκῇ, οὐ κατὰ τὴν τῶν προβατείων τριχῶν, ἀλλὰ κατὰ τὴν τῶν ἐρίων τῶν πτηνῶν, οἷον ἀπὸ δένδρων ἕλκουσαι νήματα γυναῖκες ὑφαίνουσιν Ἰνδαί. 6 Τὸ δὲ κῆτος ἀντιπρόσωπον τῆς κόρης κάτωθεν ἀναβαῖνον ἀνοίγει τὴν θάλασσαν· καὶ τὸ μὲν πολὺ σώματος περιβέβληται τῷ κύματι, μόνῃ δὲ τῇ κεφαλῇ τὴν θάλατταν ἀποδύεται. Ὑπὸ δὲ τὴν ἅλμην τοῦ κύματος ἡ τῶν νώτων ἐγέγραπτο φαινομένη σκιά, τὰ τῶν φολίδων ἐπάρματα, τὰ τῶν αὐχένων κυρτώματα, ἡ λοφιὰ τῶν ἀκανθῶν, οἱ τῆς οὐρᾶς ἑλιγμοί, 7 ἡ γένυς πολλὴ καὶ μακρά· ἠνέῳκτο δὲ πᾶσα μέχρι τῆς τῶν ὤμων συμβολῆς, καὶ εὐθὺς ἡ γαστήρ. Μεταξὺ δὲ τοῦ κήτους καὶ τῆς κόρης ὁ Περσεὺς ἐγέγραπτο καταβαίνων ἐξ ἀέρος· καταβαίνει δὲ ἐπὶ τὸ θηρίον γυμνὸς τὸ πᾶν· χλαμὺς ἀμφὶ τοῖς ὤμοις μόνον καὶ πέδιλον περὶ τὼ πόδε πλησίον τοῦ πτεροῦ. Πῖλος δὲ αὐτοῦ τὴν κεφαλὴν καλύπτει· ὁ πῖλος δὲ ὑπῃνίττετο τὴν Ἄϊδος κυνέην. Τῇ λαιᾷ τὴν τῆς Γοργοῦς κεφαλὴν κρατεῖ καὶ προβέβληται δίκην ἀσπίδος. Ἡ δέ ἐστι φοβερὰ καὶ ἐν τοῖς χρώμασι· 8 τοὺς ὀφθαλμοὺς ἐξεπέτασεν, ἔφριξε τὰς τρίχας τῶν κροτάφων, ἐγείρει

14. On a ici un jeu de mot intraduisible sur καρποί, « carpes » (os du poignet) et « fruits ».
15. C'est-à-dire Hadès : on retrouve le thème de la jeune fille et la mort.

4 Elle a étendu les bras sur la pierre, et une chaîne, en haut, entrave l'une et l'autre, en les fixant au roc. Ses poignets sont suspendus comme des grappes de vigne[14]. Et les avant-bras de la jeune fille, d'un blanc sans mélange, tournent au livide, ses doigts ont l'air de mourir. **5** Elle est donc ainsi enchaînée à attendre la mort ; elle se tient debout en vêtements de noces, comme une fiancée parée pour Aidônée[15]. Une tunique descend jusqu'aux pieds, la tunique est blanche ; le tissu est fin, arachnéen, non pas comme le tissu de la toison des moutons, mais comme celui de la laine ailée, semblable à celle que tissent les femmes de l'Inde, en tirant leurs fils des arbres[16]. **6** Le monstre, face à la jeune fille, arrive d'en bas, en fendant la mer ; la majeure partie de son corps est entourée par le flot et seule sa tête émerge. Sous l'onde amère se trouvait représentée par transparence l'ombre du dos, le renflement des écailles, la courbure du cou, la crinière d'épines, les replis de la queue, **7** la mâchoire, large et profonde, qui était grande ouverte jusqu'à la jointure des épaules[17], et tout de suite après venait le ventre. Entre le monstre et la jeune fille, Persée était représenté descendant du ciel : il descend vers le monstre sans rien du tout qu'une chlamyde sur ses épaules et des sandales ailées aux pieds. Un *pilos* couvre sa tête – *pilos* qui faisait allusion au casque d'Hadès[18]. De la main gauche, il tient la tête de Gorgô et la tend devant lui comme un bouclier. Elle est terrifiante même en peinture ; **8** ses yeux sont grands ouverts, les cheveux de ses tempes sont

16. Cette description, qui rappelle Hérodote (« les arbres y [en Inde] portent, à l'état sauvage, un fruit qui est une laine plus belle et plus solide que celle des moutons », III, 106), évoque la soie. On voit ainsi une certaine forme de *paradoxographie* se glisser jusque dans l'*ekphrasis*.

17. Le monstre préfigure-t-il par là le crocodile, que l'on verra plus loin (IV, 19) ?

18. Ce casque rendait invisible : *Iliade*, V, 845.

τοὺς δράκοντας· οὕτως ἀπειλεῖ κἀν τῇ γραφῇ. Ὅπλον μὲν τοῦτο τῇ λαιᾷ· ὥπλισται δὲ καὶ τὴν δεξιὰν διφυεῖ σιδήρῳ εἰς δρέπανον καὶ ξίφος ἐσχισμένῳ. 9 Ἄρχεται μὲν γὰρ ἡ κώπη κάτωθεν ἀμφοῖν ἐκ μιᾶς, καὶ ἔστιν ἐφ' ἥμισυ τοῦ σιδήρου ξίφος, ἐντεῦθεν δὲ ἀπορραγὲν τὸ μὲν ὀξύνεται, τὸ δὲ ἐπικάμπτεται. Καὶ τὸ μὲν ἀπωξυμμένον μένει ξίφος, ὡς ἤρξατο, τὸ δὲ καμπτόμενον δρέπανον γίνεται, ἵνα μιᾷ πληγῇ τὸ μὲν ἐρείδῃ τὴν σφαγήν, τὸ δὲ κρατῇ τὴν τομήν. Τὸ μὲν τῆς Ἀνδρομέδας δρᾶμα τοῦτο.

VIII. 1 Ἑξῆς δὲ τὸ τοῦ Προμηθέως ἐγεγόνει. Δέδεται μὲν ὁ Προμηθεὺς σιδήρῳ καὶ πέτρᾳ, ὥπλισται δὲ Ἡρακλῆς τόξῳ καὶ δόρατι. Ὄρνις ἐς τὴν Προμηθέως γαστέρα τρυφᾷ· ἕστηκε γὰρ αὐτὴν ἀνοίγων, ἤδη μὲν ἀνεῳγμένην, 2 ἀλλὰ τὸ ῥάμφος ἐς τὸ ὄρυγμα κεῖται, καὶ ἔοικεν ἐπορύττειν τὸ τραῦμα καὶ ζητεῖν τὸ ἧπαρ· τὸ δὲ ἐκφαίνεται τοσοῦτον, ὅσον ἠνέῳξεν ὁ γραφεὺς τὸ διόρυγμα τοῦ τραύματος· ἐρείδει τῷ μηρῷ τῷ τοῦ Προμηθέως τὰς τῶν ὀνύχων ἀκμάς. 3 Ὁ δὲ ἀλγῶν ταύτῃ συνέσταλται καὶ τὴν πλευρὰν συνέσπασται καὶ τὸν μηρὸν ἐγείρει καθ' αὑτοῦ· εἰς γὰρ τὸ ἧπαρ συνάγει τὸν ὄρνιν· ὁ δὲ ἕτερος αὐτῷ τοῖν ποδοῖν τὸν σπασμὸν ὄρθιον ἀντιτείνει κάτω καὶ εἰς τοὺς δακτύλους ἀποξύνεται. 4 Τὸ δὲ ἄλλο σχῆμα δείκνυσι τὸν πόνον· κεκύρτωται τὰς ὀφρῦς, συνέσταλται τὸ χεῖλος, φαίνει τοὺς ὀδόντας. Ἠλέησας ἂν ὡς ἀλγοῦσαν τὴν γραφήν. 5 Ἀναφέρει δὲ λυπούμενον Ἡρακλῆς· ἕστηκε γὰρ τοξεύων τοῦ Προμηθέως τὸν δήμιον· ἐνήρμοσται τῷ τόξῳ βέλος, τῇ λαιᾷ προβέβληται τὸ κέρας ὠθῶν, ἐπὶ μαζὸν ἕλκει τὴν δεξιάν, ἕλκων τὸ νεῦρον κεκύρτωται κατόπιν τὸν ἀγκῶνα. 6 Πάντα οὖν ὁμοῦ πτύσσεται, τὸ τόξον, τὸ νεῦρον, τὸ βέλος· συνάγεται μὲν ὑπὸ τοῦ νεύρου τὸ

19. Cette arme rare, et qui, derechef, associe des éléments *a priori* différents, se trouve aussi chez Ovide, *Metam.*, 4, 720-727.

hérissés, ses serpents se dressent : tant elle est menaçante même sur le tableau. C'est là l'arme dans sa main gauche ; la droite aussi est armée d'un double fer qui se divise en faucille et en glaive. **9** En effet, dans le bas, les deux ont une garde unique ; c'est une épée jusqu'à la moitié du fer, mais, à partir de là, il se divise, formant d'un côté une pointe, de l'autre se recourbant. La partie pointue reste une épée, comme avant, et la partie recourbée devient une faucille pour que, d'un seul coup, l'une transperce et que l'autre tranche[19]. Voilà l'histoire d'Andromède.

VIII. **1** Venait ensuite celle de Prométhée. Prométhée est enchaîné par le fer et le roc, et Héraclès est armé d'un arc et d'une lance. Un oiseau se délecte du ventre de Prométhée. Il est là à l'ouvrir, ou plutôt il est déjà ouvert, **2** et son bec est dans l'ouverture et semble fouiller la plaie et rechercher le foie ; celui-ci n'apparaît qu'autant que le peintre a ouvert les lèvres de la plaie ; l'oiseau enfonce les pointes de ses serres dans la cuisse de Prométhée. **3** Et lui, sous une telle souffrance, tout contracté, s'est replié sur le côté et soulève sa cuisse à son propre détriment, car ainsi il rapproche l'oiseau de son foie. Son autre jambe est raidie sous le spasme, en une ligne droite, qui s'achève en pointe aux orteils. **4** Toute son attitude montre son supplice : il a les sourcils arqués, la lèvre contractée, il montre les dents. On est pris de pitié tant la peinture a l'air de souffrir[20]. **5** Mais Héraclès vient le secourir dans sa douleur : il est debout à viser le bourreau de Prométhée, il a ajusté un trait à son arc, de la main gauche il tient son arc en le repoussant devant lui, il ramène sa main droite vers sa poitrine et, en tirant la corde, il a le coude recourbé par-derrière. **6** Tout se ramasse en même temps, l'arc, la corde, le trait : l'arc

20. L'expression souligne le jeu, constant dans les *ekphraseis*, entre réel et représentation.

τόξον, διπλοῦται δὲ ὑπὸ τῆς χειρὸς τὸ νεῦρον, κλίνεται δὲ ἐπὶ μαζὸν ἡ χείρ. 7 Ὁ δὲ Προμηθεὺς μεστός ἐστιν ἐλπίδος ἅμα καὶ φόβου· πῇ μὲν γὰρ εἰς τὸ ἕλκος, πῇ δὲ εἰς τὸν Ἡρακλέα βλέπει, καὶ θέλει μὲν αὐτὸν ὅλοις τοῖς ὀφθαλμοῖς ἰδεῖν, ἕλκει δὲ τὸ ἥμισυ τοῦ βλέμματος ὁ πόνος.

IX. 1 Ἐνδιατρίψαντες οὖν ἡμερῶν δύο καὶ ἀναλαβόντες ἑαυτοὺς ἐκ τῶν κακῶν, ναῦν Αἰγυπτίαν μισθωσάμενοι — εἴχομεν δὲ ὀλίγον χρυσίον, ὅπερ ἐτύχομεν ἐζωσμένοι — διὰ τοῦ Νείλου ⟨τὸν⟩ πλοῦν ἐπ' Ἀλεξάνδρειαν ἐποιούμεθα, μάλιστα μὲν ἐκεῖ διεγνωκότες ποιήσασθαι τὴν διατριβὴν καὶ νομίζοντες ταύτῃ τάχα τοὺς φίλους εὑρήσειν προσενεχθέντας. 2 Ἐπεὶ δὲ ἐγενόμεθα κατά τινα πόλιν, ἐξαίφνης βοῆς ἀκούομεν πολλῆς. Καὶ ὁ ναύτης, εἰπών· ''Ὁ βουκόλος', μεταστρέφει τὴν ναῦν ὡς ἐπαναπλεύσων εἰς τοὐπίσω. Καὶ ἅμα πλήρης ἦν ἡ γῆ φοβερῶν καὶ ἀγρίων ἀνθρώπων· μεγάλοι πάντες, μέλανες τὴν χροιάν — οὐ κατὰ τὴν τῶν Ἰνδῶν τὴν ἄκρατον, ἀλλ' οἷος ἂν γένοιτο νόθος Αἰθίοψ —, ψιλοὶ τὰς κεφαλάς, λεπτοὶ τοὺς πόδας, τὸ σῶμα παχεῖς· ἐβαρβάριζον δὲ πάντες. 3 Καὶ ὁ κυβερνήτης, εἰπών· ''Ἀπολώλαμεν', ἔστησε τὴν ναῦν, ὁ γὰρ ποταμὸς ταύτῃ στενότατος, καὶ ἐπεμβάντες τῶν λῃστῶν τέσσαρες πάντα μὲν τὰ ἐν τῇ νηΐ λαμβάνουσι καὶ τὸ χρυσίον ἡμῶν ἀποφέρουσιν, ἡμᾶς δὲ δήσαντες καὶ

21. Cette énième variation sur le mélange des sentiments clôt la description du diptyque comme elle s'est ouverte, répondant à la description initiale de l'attitude d'Andromède – comme dans les *ekphraseis* de Philostrate, la représentation d'un mouvement du regard est, à la lettre, impossible : voir sur ce point les indications de P. HADOT en introduction au volume consacré aux *Images* de Philostrate (Philostrate, *La Galerie de Tableaux*, Paris, Les Belles Lettres, coll. « la Roue à Livres », 1991).

se réduit sous la pression de la corde, la corde se met en double sous l'action de la main, et la main s'appuie sur la poitrine. **7** Et Prométhée est rempli à la fois d'espoir et de crainte[21] : tantôt c'est la blessure, tantôt c'est Héraclès qu'il regarde, et s'il désire le voir de tous ses yeux, son supplice attire la moitié de son regard.

IX. **1** Ayant passé là deux jours et nous étant remis de nos malheurs, nous louâmes un navire égyptien – nous avions encore un peu d'or, qui se trouvait dans nos ceintures – et fîmes par le Nil le voyage d'Alexandrie, car c'est précisément là bas que nous avions décidé de séjourner quelque temps, dans l'espoir d'y trouver peut-être nos amis portés jusque-là. **2** Mais comme nous étions en vue de quelque ville[22], nous entendons tout à coup une immense clameur. Le matelot s'écrie : « Les bouviers[23] ! », et fait virer le navire afin de rebrousser chemin. Au même moment la terre fut couverte d'hommes terrifiants et sauvages, tous grands, à la peau noire – non d'un noir sans mélange comme celle des Indiens, mais à la façon d'un métis d'Éthiopie –, la tête nue, les jambes grêles, le corps trapu[24] ; ils parlaient tous une langue barbare. **3** Le pilote dit : « Nous sommes perdus ! », et arrêta le navire, car le fleuve était très étroit en cet endroit ; montés à bord, quatre brigands s'emparent de tout ce qu'il y avait sur le navire, emportent notre or, et, après nous avoir ligotés et enfermés dans une cabane, ils

22. Peut-être Bubastis.

23 . Sur ces personnages devenus figures romanesques (on les trouve aussi chez Xénophon d'Éphèse, 3, 12, 2 et Héliodore, I, 5, 1-2), voir J.-M. Bertrand, 1988.

24. Sur ce portrait, voir P. Chuvin, 2012.

κατακλείσαντες εἴς τι δωμάτιον ἀπηλλάττοντο, φύλακας ἡμῖν καταλιπόντες, ὡς τὴν ἐπιοῦσαν ἄξοντες ἡμᾶς εἰς τὸν βασιλέα· τούτῳ γὰρ ἐκάλουν τῷ ὀνόματι τὸν λῃστὴν τὸν μείζονα. Καὶ ἦν ὁδὸς ἡμερῶν δύο, ὡς παρὰ τῶν σὺν ἡμῖν ἑαλωκότων ἠκούσαμεν.

X. 1 Ἐπεὶ οὖν νὺξ ἐγένετο καὶ ἐκείμεθα ὡς ἦμεν δεδεμένοι καὶ ἐκάθευδον οἱ φρουροί, τότε, ὡς ἐξὸν ἤδη, κλαίειν ἦρχον τὴν Λευκίππην. Καὶ δὴ λογισάμενος ὅσων αὐτῇ γέγονα κακῶν αἴτιος, κωκύσας ἐν τῇ ψυχῇ βύθιον, τῷ δὲ νῷ κλέψας τοῦ κωκυτοῦ τὸν ψόφον, « Ὦ θεοὶ καὶ δαίμονες, ἔφην, εἴπερ ἐστέ που καὶ ἀκούετε, τί τηλικοῦτον ἠδικήσαμεν, ὡς ἐν ὀλίγαις ἡμέραις τοσούτῳ πλήθει βαπτισθῆναι κακῶν; 2 Νῦν δὲ καὶ παραδεδώκατε ἡμᾶς λῃσταῖς Αἰγυπτίοις, ἵνα μηδὲ ἐλέους τύχωμεν. Λῃστὴν μὲν γὰρ Ἕλληνα καὶ φωνὴ κατέκλασε καὶ δέησις ἐμάλαξεν· ὁ γὰρ λόγος πολλάκις τὸν ἔλεον προξενεῖ· τὸ γὰρ πονοῦν τῆς ψυχῆς ἡ γλῶττα διακονουμένη πρὸς ἱκετηρίαν τῆς τῶν ἀκουόντων ψυχῆς ἡμεροῖ τὸ θυμούμενον. 3 Νῦν δὲ ποίᾳ μὲν φωνῇ δεηθῶμεν; Τίνας δὲ ὅρκους προτείνωμεν; Κἂν Σειρήνων τις γένηται πιθανώτερος, ὁ ἀνδροφόνος οὐκ ἀκούει. Μόνοις ἱκετεύειν με δεῖ τοῖς νεύμασι καὶ τὴν δέησιν δηλοῦν ταῖς χειρονομίαις. Ὦ τῶν ἀτυχημάτων· ἤδη τὸν θρῆνον ὀρχήσομαι. 4 Τὰ μὲν οὖν ἐμά, κἂν ὑπερβολὴν ἔχῃ συμφορᾶς, ἧττον ἀλγῶ, τὰ σά, Λευκίππη, ποίῳ στόματι θρηνήσω, ποίοις ὄμμασι δακρύσω; Ὦ πιστὴ μὲν πρὸς ἀνάγκην ἔρωτος, χρηστὴ δὲ πρὸς ἐραστὴν δυστυχοῦντα. 5 Καλά σου τῶν γάμων τὰ κοσμήματα· θάλαμος μὲν τὸ δεσμωτήριον,

s'éloignèrent, nous ayant laissé des gardes, dans l'intention de nous conduire, le lendemain, au roi, car c'est de ce nom qu'ils appelaient le brigand le plus puissant. Il y avait deux jours de route, comme nous l'apprîmes de ceux qui avaient été faits prisonniers avec nous.

X. **1** Donc, lorsque la nuit fut venue, et que nous fûmes couchés, comme nous étions, enchaînés, alors que nos gardiens dormaient, comme désormais c'était possible, je me mis à pleurer sur Leucippé. Et quand j'eus réfléchi combien de malheurs je lui avais causés, je me lamentai profondément en mon âme, mais enfermai en moi le bruit de mes lamentations : « Dieux et démons, dis-je, si vous existez vraiment et si vous m'entendez, quels si grands crimes avons-nous donc commis pour, en quelques jours, être submergés d'une telle foule de maux ? **2** Et maintenant, vous nous avez même livrés à des brigands égyptiens, afin que nous n'obtenions pas même de pitié. Car un brigand grec, le son d'une voix l'aurait fléchi et une supplique adouci ; en effet la parole sert souvent d'intermédiaire à la pitié, car la langue, qui transforme volontiers la peine de l'âme en supplication, adoucit la colère dans le cœur de ceux qui l'écoutent. **3** Mais maintenant, en quelle langue faire nos demandes ? Quels serments formuler ? Et même si l'on se fait plus persuasif que les Sirènes, le meurtrier n'écoute pas. Il me faut supplier seulement par des signes et exprimer nos requêtes par des gestes. Quelles infortunes ! Maintenant je dois mimer mon thrène. **4** Mais mes peines, bien qu'elles soient au comble du malheur, me font moins souffrir, tandis que les tiennes, Leucippé, comment ma bouche va-t-elle les déplorer, et comment mes yeux les pleurer ? Ô toi, fidèle aux liens de l'amour et dévouée à un amant infortuné ! **5** Ils sont beaux, les ornements de tes noces ; comme chambre, la prison, comme couche, la terre,

εὐνὴ δὲ ἡ γῆ, ὅρμοι δὲ καὶ ψέλια κάλοι καὶ βρόχος, καί σοι νυμφαγωγὸς λῃστὴς παρακαθέζεται· ἀντὶ δὲ ὑμεναίων τίς σοι τὸν θρῆνον ᾄδει. 6 Μάτην σοι, ὦ θάλασσα, τὴν χάριν ὡμολογήσαμεν. Μέμφομαί σου τῇ φιλανθρωπίᾳ· χρηστοτέρα γέγονας πρὸς οὓς ἀπέκτεινας, ἡμᾶς δὲ σώσασα μᾶλλον ἀπέκτεινας. Ἐφθόνησας ἡμῖν ἀλῃστεύτοις ἀποθανεῖν. »

XI. 1 Ταῦτα μὲν ἐθρήνουν ἡσυχῇ, κλαίειν δὲ οὐκ ἠδυνάμην. Τοῦτο γὰρ ἴδιον τῶν ὀφθαλμῶν ἐν τοῖς μεγάλοις κακοῖς. Ἐν μὲν γὰρ ταῖς μετρίαις συμφοραῖς ἀφθόνως τὰ δάκρυα καταρρεῖ καὶ ἔστι τοῖς πάσχουσιν εἰς τοὺς κολάζοντας ἱκετηρία, καὶ τοὺς ἀλγοῦντας, ὥσπερ ἀπὸ οἰδοῦντος τραύματος, ἐξεκένωσεν· ἐν δὲ τοῖς ὑπερβάλλουσι δεινοῖς φεύγει καὶ τὰ δάκρυα καὶ προδίδωσι καὶ τοὺς ὀφθαλμούς. 2 Ἐντυχοῦσα γὰρ αὐτοῖς ἀναβαίνουσιν ἡ λύπη ἵστησί τε τὴν ἀκμὴν καὶ μετοχετεύει καταφέρουσα σὺν αὐτῇ κάτω· τὰ δὲ ἐκτρεπόμενα τῆς ἐπὶ τοὺς ὀφθαλμοὺς ὁδοῦ εἰς τὴν ψυχὴν καταρρεῖ καὶ χαλεπώτερον αὐτῆς ποιεῖ τὸ τραῦμα. Λέγω οὖν πρὸς τὴν Λευκίππην πάντα σιγῶσαν· « Τί σιγᾷς, φιλτάτη, καὶ οὐδέν μοι λαλεῖς ; » « Ὅτι μοι, ἔφη, πρὸ τῆς ψυχῆς, Κλειτοφῶν, τέθνηκεν ἡ φωνή. »

XII. 1 Ταῦθ' ἡμᾶς διαλεγομένους ἔλαθεν ἠὼς γενομένη· καί τις ἵππον ἐπελαύνων ἔρχεται, κόμην ἔχων πολλὴν καὶ ἀγρίαν. Ἐκόμα δὲ καὶ ὁ ἵππος· γυμνὸς ἦν, ἄστρωτος καὶ οὐκ ἔχων φάλαρα· τοιοῦτοι γὰρ τοῖς λῃσταῖς εἰσιν οἱ ἵπποι. Ἀπὸ δὲ τοῦ λῃστάρχου παρῆν καί, « Εἴ τις, ἔφη, παρθένος ἐστὶν ἐν τοῖς εἰλημμένοις, ταύτην

comme colliers et bracelets, des liens et une corde[25] ; ton garçon d'honneur, c'est un brigand, assis à ton côté ; en place des chants d'hyménée, on chante pour toi le thrène funèbre. **6** C'est en vain, mer, que nous t'avons rendu grâce. Je te reproche ton humanité : tu as été plus bienveillante envers ceux que tu as tués, mais nous, en nous sauvant, tu nous as tués plus sûrement : tu nous as refusé de mourir sans avoir connu les brigands. »

XI. **1** Je me lamentais ainsi en silence, sans pouvoir pleurer. C'est en effet le propre des yeux dans les grands malheurs ; car dans les malheurs modérés, les larmes se répandent abondamment et c'est pour ceux qui souffrent une supplique envers ceux qui les châtient, et elles font sortir, comme d'une plaie enflée, les peines de ceux qui souffrent ; mais dans les dangers extrêmes, même les larmes fuient et trahissent les yeux. **2** En effet, en les rencontrant lorsqu'elles montent, le chagrin arrête leur poussée et les dérive en les repoussant avec lui vers le bas ; et, se détournant du chemin des yeux, elles se coulent dans l'âme et rendent sa blessure plus terrible. Je dis à Leucippé, qui restait totalement silencieuse : « Pourquoi ce silence, ma chérie, et pourquoi ne me dis-tu rien ? – Parce que, répondit-elle, avant mon âme, Clitophon, ma voix est déjà morte. »

XII. **1** C'est pendant que nous causions ainsi que l'aurore vint à notre insu ; alors un homme, avec une chevelure longue et hirsute, arrive à cheval. Et le cheval aussi avait une longue crinière, il n'avait pas de harnais, ne portant ni selle ni ornements : c'est ainsi que sont les chevaux des brigands. Cet homme venait de la part du chef des brigands et dit : « S'il y a une vierge parmi les prisonniers, qu'on l'amène

25. On a là, toujours plus ou moins à partir du thème de la fiancée d'Hadès, l'antithèse des préparatifs pour Calligonè du livre II et la préfiguration de l'union de Mélité et de Clitophon au livre V.

ἀπάγειν πρὸς τὸν θεόν, ἱερεῖον ἐσομένην καὶ καθάρσιον τοῦ στρατοῦ. » 2 Οἱ δὲ ἐπὶ τὴν Λευκίππην εὐθὺς τρέπονται, ἡ δὲ εἴχετό μου καὶ ἐξεκρέματο βοῶσα. Τῶν δὲ λῃστῶν οἱ μὲν ἀπέσπων, οἱ δὲ ἔτυπτον · ἀπέσπων μὲν τὴν Λευκίππην, ἔτυπτον δὲ ἐμέ. Ἀράμενοι οὖν αὐτὴν μετέωρον ἀπάγουσιν, ἡμᾶς δὲ κατὰ σχολὴν ἦγον δεδεμένους.

XIII. 1 Καὶ ἐπεὶ δύο σταδίους τῆς κώμης προήλθομεν, ἀλαλαγμὸς ἀκούεται πολὺς καὶ σάλπιγγος ἦχος, καὶ ἐπιφαίνεται φάλαγξ στρατιωτική, πάντες ὁπλῖται. Οἱ δὲ λῃσταὶ κατιδόντες, ἡμᾶς μέσους διαλαβόντες ἔμενον ἐπιόντας αὐτοὺς ὡς ἀμυνόμενοι. 2 Καὶ μετ' οὐ πολὺ παρῆσαν πεντήκοντα τὸ ἀριθμόν · [ὁπλῖται πάντες] οἱ μὲν ποδήρεις ἔχοντες τὰς ἀσπίδας, οἱ δὲ πελτασταί · οἱ δὲ λῃσταὶ πολὺ πλείους ὄντες, βώλους ἀπὸ τῆς γῆς λαμβάνοντες τοὺς στρατιώτας ἔβαλλον. 3 Παντὸς δὲ λίθου χαλεπώτερος βῶλος Αἰγύπτιος, βαρύς τε καὶ τραχὺς καὶ ἀνώμαλος · τὸ δὲ ἀνώμαλόν εἰσιν αἰχμαὶ τῶν λίθων. Ὥστε βληθεὶς διπλοῦν ποιεῖ ἐν ταὐτῷ τὸ τραῦμα, καὶ οἴδημα ὡς ἀπὸ λίθου, καὶ τομὰς ὡς ἀπὸ βέλους. 4 Ἀλλὰ ταῖς γε ἀσπίσιν ἐκδεχόμενοι τοὺς λίθους ὀλίγον τῶν βαλλόντων ἐφρόντιζον. Ἐπεὶ οὖν ἔκαμον οἱ λῃσταὶ βάλλοντες, ἀνοίγουσι μὲν οἱ στρατιῶται τὴν φάλαγγα, ἐκθέουσι δὲ ἀπὸ τῶν ὅπλων ἄνδρες κούφως ἐσταλμένοι, φέρων αἰχμὴν ἕκαστος καὶ ξίφος, καὶ ἀκοντίζ-

au dieu, pour être sacrifiée comme victime expiatoire de l'armée. » **2** Et eux de se tourner aussitôt vers Leucippé, mais elle s'accrochait à moi et se suspendait à mon cou en criant. Certains brigands tiraient, d'autres frappaient : c'est Leucippé qu'ils tiraient et moi qu'ils frappaient. Ils la chargent donc sur leurs épaules, et l'emmènent ; quant à nous, ils prirent leur temps pour nous emmener, dûment enchaînés.

XIII. **1** Et comme nous arrivions à deux stades du bourg, un grand cri de guerre se fait entendre ainsi que le son de la trompette et apparaît tout à coup une troupe de soldats, tous hoplites. Les brigands, en les voyant, nous ayant mis au milieu d'eux, attendaient de pied ferme leur assaut, prêts à les repousser. **2** Et peu après, les soldats étaient là, au nombre de cinquante, les uns armés de boucliers descendant jusqu'aux pieds, les autres armés à la légère. Mais les brigands, qui étaient beaucoup plus nombreux, prenant des mottes de terre, les lançaient sur les soldats[26]. **3** Une motte de terre d'Égypte est plus dangereuse que n'importe quelle pierre : elle est lourde, rugueuse et pleine d'aspérités ; ce sont des pointes de pierre qui lui donnent son aspérité, si bien que, lorsqu'elle a frappé, elle cause une double blessure : une enflure, comme celle que fait une pierre, et une plaie ouverte, comme celle que fait un trait. **4** Mais comme ils recevaient les pierres sur leur bouclier, les soldats se souciaient peu de ceux qui les lançaient. Lorsque les brigands furent fatigués de lancer, les soldats ouvrent les rangs et, se dégageant des hoplites, s'élancent, des hommes armés à la légère, portant chacun une lance et un glaive ; ils lancent en même temps le javelot, sans manquer aucune

26. Dans cette nouvelle « curiosité » égyptienne, toujours sous le signe de la double nature, tenant de la pierre et du trait, on a aussi un jeu de mots, le βῶλος lancé (ἔϐαλλον) devenant βέλος.

ουσιν ἅμα, καὶ ἦν οὐδεὶς ὃς οὐκ ἐπέτυχεν. 5 Εἶτα οἱ ὁπλῖται προσέρρεον· καὶ ἦν ἡ μάχη στερεά, πληγαὶ δὲ παρ' ἀμφοτέρων καὶ τραύματα καὶ σφαγαί. Καὶ τὸ μὲν ἔμπειρον παρὰ τοῖς στρατιώταις ἀνεπλήρου τοῦ πλήθους τὸ ἐνδεές. Ἡμεῖς δὲ ὅσοι τῶν αἰχμαλώτων ἦμεν, ἐπιτηρήσαντες τὸ πονοῦν τῶν λῃστῶν μέρος, ἅμα συνελθόντες διακόπτομέν τε αὐτῶν τὴν φάλαγγα καὶ ἐπὶ τοὺς ἐναντίους ἐκτρέχομεν. 6 Οἱ δὲ στρατιῶται τὸ μὲν πρῶτον ἐπεχείρουν ἀναιρεῖν οὐκ εἰδότες, ὡς δὲ εἶδον γυμνοὺς καὶ δεσμὰ ἔχοντας, ὑπονοήσαντες τὴν ἀλήθειαν δέχονται τῶν ὅπλων εἴσω, καὶ ἐπ' οὐρὰν παραπέμψαντες εἴων ἡσυχάζειν. 7 Ἐν τούτῳ δὲ καὶ ἱππεῖς προσέρρεον· καὶ ἐπεὶ πλησίον ἐγένοντο, ἐκτείναντες τὴν φάλαγγα περιΐππευον αὐτοὺς κύκλῳ, καὶ ἐν τούτῳ συναγαγόντες αὐτοὺς εἰς ὀλίγον κατεφόνευον. Καὶ οἱ μὲν ἔκειντο τεθνηκότες, οἱ δὲ καὶ ἡμιθνῆτες ἐμάχοντο· τοὺς δὲ λοιποὺς ἐζώγρησαν.

XIV. 1 Ἦν δὲ περὶ δείλην ὁ καιρός· καὶ ὁ στρατηγὸς διαλαβὼν ἡμῶν ἕκαστον ἐπυνθάνετο τίνες εἴημεν καὶ πῶς ληφθείημεν· διηγεῖτο δὲ ἄλλος ἄλλο τι, κἀγὼ τὰ ἐμὰ εἶπον. Ἐπεὶ οὖν ἅπαντα ἔμαθεν, ἐκέλευσεν ἀκολουθεῖν, αὐτὸς δὲ ὅπλα δώσειν ὑπέσχετο. Διεγνώκει γὰρ ἀναμείνας στρατιὰν ἐπελθεῖν τῷ μεγάλῳ λῃστηρίῳ· ἐλέγοντο δὲ ἀμφὶ τοὺς μυρίους εἶναι. 2 Ἐγὼ δὲ ἵππον ᾔτουν, σφόδρα γὰρ ᾔδειν ἱππεύειν γεγυμνασμένος. Ὡς δέ τις παρῆν, περιάγων τὸν ἵππον ἐπεδεικνύμην ἐν ῥυθμῷ τὰ τῶν πολεμούντων σχήματα, ὥστε καὶ τὸν στρατηγὸν σφόδρα ἐπαινέσαι. Ποιεῖται δή με ἐκείνην τὴν ἡμέραν ὁμοτράπεζον καὶ παρὰ τὸ δεῖπνον ἐπυνθάνετο τἀμὰ καὶ

de leurs cibles. **5** Après quoi les hoplites affluèrent et le combat fut rude, avec, de part et d'autre, coups, blessures et massacres. L'expérience, chez les soldats, suppléait à l'insuffisance des effectifs. Quant à nous, qui étions au nombre des prisonniers, après avoir observé, chez les brigands, la partie qui faiblissait, et nous étant regroupés, nous rompons leurs rangs et nous élançons vers leurs adversaires. **6** Mais les soldats, tout d'abord, ne sachant rien, se disposaient à nous massacrer, mais quand ils nous virent sans armes et portant des chaînes, ils se doutèrent de la vérité, nous accueillirent à l'intérieur des hoplites et, nous ayant envoyés vers l'arrière, nous permirent de nous reposer. **7** À ce moment, des cavaliers aussi firent une sortie ; lorsqu'ils furent proches, déployant leurs rangs, ils encerclèrent les brigands et, les ayant ainsi resserrés sur peu d'espace, les massacrèrent. Les uns gisaient morts, les autres, à demi morts, continuaient à se battre ; le reste fut fait prisonnier.

XIV. **1** C'était dans la soirée ; le stratège, ayant pris à part chacun de nous, demanda qui nous étions et comment nous avions été capturés : chacun raconta son histoire et moi je dis mes malheurs. Lorsqu'il eut tout appris, il nous demanda de le suivre, en promettant de nous donner des armes. Il avait en effet décidé d'attendre une troupe de renfort pour s'attaquer au grand repaire des brigands ; on disait qu'ils étaient dans les dix mille. **2** Moi, je réclamais un cheval, car, m'y étant exercé, je savais fort bien monter. Lorsqu'on en mit un à ma disposition, en le faisant tourner, j'exécutai, en cadence, les figures du combat à cheval, si bien que je fus fort applaudi, même du stratège[27]. Il me fit ce jour-là son commensal et, pendant le dîner, s'enquit

27. Le combat devient une sorte de démonstration d'éphèbe et un quasi-spectacle.

ἀκούων ἠλέει. 3 Συμπαθὴς δέ πως εἰς ἔλεον ἄνθρωπος ἀκροατὴς ἀλλοτρίων κακῶν, καὶ ὁ ἔλεος πολλάκις φιλίαν προξενεῖ· ἡ γὰρ ψυχὴ μαλαχθεῖσα πρὸς τὴν ὧν ἤκουσε λύπην, συνδιατεθεῖσα κατὰ μικρὸν τῇ τοῦ πάθους ἀκροάσει τὸν οἶκτον εἰς φιλίαν καὶ τὴν λύπην εἰς τὸν ἔλεον συλλέγει. 4 Οὕτω γοῦν διέθηκα τὸν στρατηγὸν ἐκ τῆς ἀκροάσεως, ὡς καὶ αὐτὸν δάκρυα προαγαγεῖν· πλέον δὲ ποιεῖν εἴχομεν οὐδέν, τῆς Λευκίππης ὑπὸ τῶν λῃστῶν ἐχομένης. Ἔδωκε δέ μοι καὶ θεράποντα τὸν ἐπιμελησόμενον Αἰγύπτιον.

XV. 1 Τῇ δὲ ὑστεραίᾳ πρὸς τὴν διάβασιν παρεσκευάζετο καὶ ἐπεχείρει τὴν διώρυχα χῶσαι, ἥτις ἦν ἐμποδών. Καὶ γὰρ ἑωρῶμεν τοὺς λῃστὰς μετὰ πλείστης δυνάμεως ἐπὶ θάτερα τῆς διώρυχος ἑστῶτας ἐν τοῖς ὅπλοις. Βωμὸς δέ τις αὐτοῖς αὐτοσχέδιος ἦν πηλοῦ πεποιημένος καὶ σορὸς τοῦ βωμοῦ πλησίον. 2 Ἄγουσι δή τινες δύο τὴν κόρην ὀπίσω τὼ χεῖρε δεδεμένην· καὶ αὐτοὺς μὲν οἵτινες ἦσαν οὐκ εἶδον, ἦσαν γὰρ ὡπλισμένοι, τὴν δὲ κόρην Λευκίππην οὖσαν ἐγνώρισα. 3 Εἶτα κατὰ τῆς κεφαλῆς σπονδὴν περιχέαντες περιάγουσι τὸν βωμὸν κύκλῳ, καὶ ἐπηύλει τις αὐτῇ, καὶ ὁ ἱερεὺς ᾖδεν, ὡς εἰκός, ᾠδὴν Αἰγυπτίαν· τὸ γὰρ σχῆμα τοῦ στόματος καὶ τῶν προσώπων τὸ διειλκυσμένον ὑπέφαινεν ᾠδήν. 4 Εἶτα ἀπὸ συνθήματος πάντες ἀναχωροῦσι τοῦ βωμοῦ μακράν· τῶν δὲ νεανίσκων ὁ ἕτερος ἀνακλίνας αὐτὴν ὑπτίαν ἔδησεν ἐκ πατταλων ἐπὶ τῆς γῆς ἐρηρεισμένων, οἷον ποιοῦσιν οἱ κοροπλάθοι τὸν Μαρσύαν ἐκ τοῦ φυτοῦ δεδεμένον. Εἶτα λαβὼν ξίφος βάπτει κατὰ τῆς καρδίας καὶ διελκύσας τὸ ξίφος εἰς τὴν κάτω γαστέρα

28. Cet élément sera important pour l'intrigue de Gorgias (voir *infra*, IV, 15, 4).

de mes malheurs et fut pris de pitié à les entendre. **3** On incline à la compassion et à la pitié quand on entend les malheurs d'autrui, et la pitié souvent engendre l'amitié ; en effet, l'âme, amollie par le chagrin que lui cause ce qu'elle entend, affectée peu à peu par le récit de l'infortune, transforme la compassion en amitié et le chagrin en pitié. **4** J'avais donc si bien apitoyé le stratège par mon récit qu'il se laissa aller aux larmes ; mais nous ne pouvions rien faire de plus, Leucippé étant aux mains des brigands. Et il me donna aussi un serviteur égyptien pour prendre soin de moi[28].

XV. **1** Le lendemain, on se prépara à traverser et on entreprit de combler le fossé qui nous barrait la route. En effet, nous voyions les brigands, en force, qui se tenaient en armes de l'autre côté du fossé. Ils avaient construit un autel improvisé fait de glaise et il y avait un cercueil près de l'autel. **2** Deux hommes amènent alors la jeune fille, les deux mains liées derrière le dos ; je ne vis pas qui ils étaient car ils portaient un équipement complet, mais je reconnus que la jeune fille était Leucippé. **3** Puis, après avoir versé des libations sur sa tête, ils la promènent autour de l'autel, au son de l'*aulos*, tandis que le prêtre chantait, selon toute vraisemblance, un chant égyptien : la forme de sa bouche et la contraction des traits de son visage suggéraient un chant. **4** Puis, sur un signal convenu, tous se retirent loin de l'autel ; et l'un des deux jeunes gens, ayant mis la jeune fille sur le dos, l'attacha à des pieux fixés sur le sol, comme les fabricants de figurine représentent Marsyas attaché à son arbre[29]. Ensuite, ayant pris un glaive, il le plonge dans le cœur, le tire, puis déchire la jeune fille jusqu'au

29. Le supplice du satyre qui avait osé défier Apollon est un thème fréquent de l'art hellénistique (voir *LIMC* VI, Marsyas, I, 1-76) ; comme il fut écorché, on ne quitte pas le registre sanglant qu'affectionne le roman.

ῥήγνυσι· 5 τὰ σπλάγχνα δὲ εὐθὺς ἐξεπήδησεν, ἃ ταῖς χερσὶν ἐξελκύσαντες ἐπιτιθέασι τῷ βωμῷ, καὶ ἐπεὶ ὠπτήθη, κατατεμόντες ἅπαντες εἰς μοίρας ἔφαγον. Ταῦτα δὲ ὁρῶντες οἱ στρατιῶται καὶ ὁ στρατηγὸς καθ' ἓν τῶν πραττομένων ἀνεβόων καὶ τὰς ὄψεις ἀπέστρεφον τῆς θέας, ἐγὼ δὲ ἐκ παραλόγου καθήμενος ἐθεώμην. 6 Τὸ δὲ ἦν ἔκπληξις· μέτρον γὰρ οὐκ ἔχον τὸ κακὸν ἐνεβρόντησέ με. Καὶ τάχα ὁ τῆς Νιόβης μῦθος οὐκ ἦν ψευδής, ἀλλὰ κἀκείνη τοιοῦτόν τι παθοῦσα ἐπὶ τῇ τῶν παίδων ἀπωλείᾳ δόξαν παρέσχεν ἐκ τῆς ἀκινησίας ὡσεὶ λίθος γενομένη. 7 Ἐπεὶ δὲ τέλος εἶχεν, ὥς γε ᾤμην, τὸ ἔργον, τὸ σῶμα ἐνθέντες τῇ σορῷ καταλείπουσι, πῶμα ἐπ' αὐτῆς ἐπιθέντες, τὸν δὲ βωμὸν καταστρέψαντες φεύγουσιν ἀμεταστρεπτί. Οὕτω γὰρ αὐτοὺς ποιεῖν ἔτυχε μεμαντευμένος ὁ ἱερεύς.

XVI. 1 Ἑσπέρας δὲ γενομένης ἡ διῶρυξ κέχωστο πᾶσα· οἱ δὲ στρατιῶται διαβάντες αὐλίζονται μικρὸν ἄνω τῆς διώρυχος καὶ περὶ δεῖπνον ἦσαν. Ὁ δὲ στρατηγὸς ἐπεχείρει με παρηγορεῖν ἀνιαρῶς ἔχοντα. 2 Περὶ δὲ πρώτην νυκτὸς φυλακὴν πάντας ἐπιτηρήσας καθεύδοντας πρόειμι τὸ ξίφος ἔχων, ἐπικατασφάξων ἐμαυτὸν τῇ σορῷ. 3 Ἐπεὶ δὲ πλησίον ἐγενόμην, ἀνατείνω τὸ ξίφος, « Λευκίππη, λέγων, ἀθλία καὶ πάντων ἀνθρώπων δυστυχεστάτη, οὐ τὸν θάνατον ὀδύρομαί σου μόνον, οὐδ' ὅτι τέθνηκας ἐπὶ ξένης, οὐδ' ὅτι σοι γέγονεν ἐκ βίας σφαγή, ἀλλ' ὅτι ταῦτα τῶν σῶν ἀτυχημάτων παίγνια, ἀλλ' ὅτι καθάρσιον γέγονας ἀκαθάρτων σωμάτων καί σε ζῶσαν ἀνέτεμον, οἴμοι, καὶ βλέπουσαν ὅλην τὴν ανα-

bas-ventre. **5** Aussitôt les entrailles de jaillir, et, après les avoir retirées à pleines mains, ils les placent sur l'autel et, lorsqu'elles furent cuites, après les avoir découpées en morceaux, ils les mangèrent tous ensemble. Voyant cela, les soldats et le stratège poussaient des cris à chacune de ces actions et détournaient les yeux de ce spectacle, mais moi, contre toute attente, je restais là à regarder. **6** C'était le choc, car ce malheur, hors de toute mesure, m'avait frappé comme le tonnerre. Et peut-être la légende de Niobé n'est-elle pas mensongère et est-ce sous le coup de quelque sentiment semblable, en perdant ses enfants, qu'elle aussi a fait croire, par son immobilité, qu'elle était pétrifiée. **7** Lorsque l'affaire toucha à sa fin, du moins à mon avis, après avoir mis le corps dans le cercueil, ils l'abandonnent, après y avoir posé un couvercle et, ayant démoli l'autel, ils s'enfuient sans se retourner. Telle était en effet la manière de faire que le prêtre leur avait indiquée après avoir consulté l'oracle.

XVI. **1** Le soir venu, le fossé avait été entièrement comblé et les soldats, qui l'avaient franchi, campèrent un peu au-delà et se mirent à préparer le dîner. Le stratège entreprit de me consoler dans mon affliction. **2** Vers la première veille de la nuit, m'étant assuré que tous dormaient, je sors avec mon glaive pour m'immoler sur le cercueil. **3** Une fois tout près, je lève mon glaive en disant : « Leucippé, malheureuse, et de toutes les créatures humaines, la plus infortunée, ce n'est pas seulement ta mort que je pleure, ni même que tu sois morte en terre étrangère, ni même la violence de ton égorgement, mais que l'on ait tourné en dérision tes infortunes, mais que tu sois devenue une victime pour purifier des êtres impurs, qu'ils t'aient dépecée alors que tu étais vivante, hélas, et que tu voyais tout le découpage, mais qu'ils aient partagé les parties secrètes de

τομήν, ἀλλ' ὅτι σου τῆς γαστρὸς τὰ μυστήρια ἐμέρισαν καὶ τὴν ταφὴν κακοδαίμονι βωμῷ καὶ σορῷ. 4 Καὶ τὸ μὲν σῶμα ταύτῃ κατατέθειται, τὰ δὲ σπλάγχνα ποῦ ; εἰ μὲν δεδαπανήκει τὸ πῦρ, ἧττων ἡ συμφορά. Νῦν δὲ ἡ τῶν σπλάγχνων σου ταφὴ λῃστῶν γέγονε τροφή. Ὦ πονηρᾶς ἐπὶ βωμοῦ δᾳδουχίας · ὢ τροφῶν καινὰ μυστήρια. 5 Καὶ ἐπὶ τοιούτοις θύμασιν ἔβλεπον ἄνωθεν οἱ θεοὶ καὶ οὐκ ἐσβέσθη τὸ πῦρ, ἀλλὰ μιαινόμενον ἠνείχετο καὶ ἀνέφερε τοῖς θεοῖς τὴν κνῖσαν τὸ πῦρ. Λαβὲ οὖν, Λευκίππη, τὰς πρεπούσας σοι παρ' ἐμοῦ χοάς. »

XVII. 1 Ταῦτ' εἰπὼν ἀνατείνω τὸ ξίφος ἄνω ὡς καθήσων ἐμαυτῷ κατὰ τῆς σφαγῆς · καὶ ὁρῶ δύο τινὰς ἐξ ἐναντίας — σεληναία δ' ἦν — σπουδῇ θέοντας. Ἐπέσχον οὖν λῃστὰς εἶναι δοκῶν, ὡς ἂν ὑπ' αὐτῶν ἀποθάνοιμι. Ἐν τούτῳ δὲ ἐγγὺς ἐγένοντο καὶ ἀναβοῶσιν ἄμφω. Μενέλαος δὲ ἦν καὶ ὁ Σάτυρος. 2 Ἐγὼ δὲ ἄνδρας ἰδὼν ἐκ παραλόγου ζῶντας καὶ φίλους οὔτε περιεπτυξάμην οὔτε ἐξεπλάγην ὑφ' ἡδονῆς · τοσοῦτον ἡ λύπη τῆς συμφορᾶς με ἐξεκώφησε. 3 Λαμβάνονται δή μου τῆς δεξιᾶς καὶ ἐπεχείρουν ἀφαιρεῖσθαι τὸ ξίφος · ἐγὼ δέ, « Πρὸς θεῶν, ἔφην, μή μοι φθονήσητε θανάτου καλοῦ, μᾶλλον δὲ φαρμάκου τῶν κακῶν · οὐδὲ γὰρ ζῆν ἔτι δύναμαι, κἂν νῦν με βιάσησθε, Λευκίππης οὕτως ἀνῃρημένης. 4 Τοῦτο μὲν γὰρ ἀφαιρήσεσθέ μου τὸ ξίφος, τὸ δὲ τῆς ἐμῆς λύπης ξίφος ἔνδον καταπέπηγε καὶ τέμνει κατ' ὀλίγον τὴν ψυχήν.

30. Le bon goût, comme on voit, n'est pas la caractéristique majeure de cette récapitulation plaintive.

31. Le jeu de mots, d'un goût toujours aussi douteux s'appuie sur la paronomase *taphè / trophè* ; on pourrait tenter en français : « en guise de sépulture, tes entrailles ont été pâture des brigands ».

32. On ne peut sans bizarrerie reprendre en français « pâture », mais c'est bien toujours le même mot en grec.

ton ventre[30] et que ta sépulture soit cet autel et ce cercueil maudits. **4** Et si ton corps se trouve déposé là, tes entrailles où sont-elles ? Si le feu les avait consumées, le malheur serait moindre. Mais en réalité, la sépulture de tes entrailles, ce fut le ventre des brigands[31]. Oh ! funestes torches de l'autel ! Oh ! festin[32] sacrificiel inouï ! **5** Et sur de semblables sacrifices, les dieux ont, du ciel, jeté les yeux et le feu ne s'est pas éteint, non, il supportait la souillure[33], ce feu, et élevait jusqu'aux dieux le fumet. Reçois donc, ô Leucippé, les libations qui te reviennent de ma part. »

XVII. **1** Ayant dit ces mots, je lève mon glaive dans l'intention de l'abaisser contre ma gorge ; je vois alors deux individus juste en face – il y avait de la lune[34]– qui accouraient. J'attendis, croyant que c'étaient des brigands, afin de mourir de leur main. Sur ce, ils s'approchèrent et poussèrent tous deux de grands cris : c'étaient Ménélas et Satyros. **2** Mais moi, alors que je voyais que, contre toute attente, ils étaient vivants et de mes amis, je ne les embrassai pas et ne fus pas non plus transporté de joie, tant la peine que m'avait donnée mon malheur m'avait hébété. **3** Ils me prennent alors la main et tentent de m'arracher mon glaive. Et moi : « Pour l'amour des dieux, dis-je, ne me refusez pas une belle mort, ou plutôt, un remède à mes maux, car je ne peux plus vivre, quand bien même vous m'y forceriez, Leucippé étant morte de la sorte. **4** Car, si vous m'enlevez ce glaive, le glaive de ma peine est solidement fiché en moi et tranche peu à peu ma vie. Est-ce d'une

33. Il me semble plus naturel de construire ἀνέχομαι avec participe attribut (« il supportait d'être souillé ») que de le considérer comme intransitif (ce qui est rare) avec un participe apposé (« il s'élevait, souillé »).

34. Ce qui est à ce moment un détail pratique contribuera aussi, plus loin, à l'atmosphère magique et à « l'invocation » à Hécate – sur cette atmosphère, voir, par ex., les *Magiciennes* (*Id.*, 2) de Théocrite.

Ἀθανάτῳ σφαγῇ ἀποθνήσκειν με βούλεσθε ; » Λέγει οὖν ὁ Μενέλαος · « Ἀλλ' εἰ διὰ τοῦτο θέλεις ἀποθανεῖν, ὥρα σοι τὸ ξίφος ἐπισχεῖν · Λευκίππη δέ σοι νῦν ἀναβιώσεται. » 5 Βλέψας οὖν πρὸς αὐτόν, « Ἔτι μου καταγελᾷς, ἔφην, ἐπὶ τηλικούτῳ κακῷ ; Εὖ γε, Μενέλαε, Ξενίου μέμνησαι Διός. » Ὁ δὲ κρούσας τὴν σορόν, « Ἐπεὶ τοίνυν ἀπιστεῖ Κλειτοφῶν, ἔφη, σύ μοι, Λευκίππη, μαρτύρησον, εἰ ζῇς. » 6 Ἅμα δὲ εἶπε καὶ δίς που καὶ τρὶς ἐπάταξε τὴν σορόν, καὶ κάτωθεν φωνῆς ἀκούω καὶ πάνυ λεπτῆς. Τρόμος οὖν εὐθὺς ἴσχει με καὶ πρὸς τὸν Μενέλαον ἀπέβλεπον, μάγον εἶναι δοκῶν. 7 Ὁ δὲ ἤνοιγεν ἅμα τὴν σορὸν καὶ ἡ Λευκίππη κάτωθεν ἀνέβαινε, φοβερὸν θέαμα, ὦ θεοί, καὶ φρικωδέστατον. Ἀνέῳκτο μὲν αὐτῆς ἡ γαστὴρ ἅπασα καὶ ἦν ἐντέρων κενή · ἐπιπεσοῦσα δὲ περιπλέκεταί μοι καὶ συνέφυμεν καὶ ἄμφω κατεπέσομεν.

XVIII. 1 Μόλις οὖν ἀναζωπυρήσας λέγω πρὸς τὸν Μενέλαον · « Οὐκ ἐρεῖς μοι τί ταῦτα ; Οὐχὶ Λευκίππην βλέπω ; Ταύτην οὐ κρατῶ καὶ ἀκούω λαλούσης ; Ἃ οὖν χθὲς ἐθεασάμην, τίνα ἦν ; Ἢ γὰρ ἐκεῖνά ἐστιν ἢ ταῦτα ἐνύπνια. 2 Ἀλλ' ἰδοὺ καὶ φίλημα ἀληθινὸν καὶ ζῶν, ὡς ἐκεῖνο τὸ Λευκίππης γλυκύ. » « Ἀλλὰ νῦν, ὁ Μενέλαος ἔφη, καὶ τὰ σπλάγχνα ἀπολήψεται καὶ τὰ στέρνα συμφύσεται, καὶ ἄτρωτον ὄψει. Ἀλλ' ἐπικάλυψαί σου τὸ πρόσωπον · καλῶ γὰρ τὴν Ἑκάτην ἐπὶ τὸ ἔργον. » 3 Ἐγὼ δὲ πιστεύσας ἐνεκαλυψάμην. Ὁ δὲ ἄρχεται

35. La traduction affadit l'expression, baroque, qui le fait « mourir d'un égorgement sans mort » avec un jeu ἀθανάτῳ / ἀποθνῄσκειν proche des tours chers à Euripide – voir, par ex., *Hel.*, 363, δι' ἔργ' ἄνεργ(α).

36. Celui qui protège le *xenos* qu'est Clitophon en terre égyptienne.

immortelle plaie[35] que vous voulez que je me meure ? » Ménélas dit alors : « Eh bien, si c'est pour cette raison que tu veux mourir, il est temps pour toi de retenir ton glaive : ta Leucippé va maintenant ressusciter. » **5** Le regardant, je répliquai : « En plus, tu te moques de moi, pour ajouter à un si grand malheur ? Belle manière, Ménélas, de se souvenir de Zeus Hospitalier[36] ! » Mais lui, ayant frappé le cercueil ; « Ainsi donc, puisque Clitophon est incrédule, dit-il, toi, Leucippé, rends-moi témoignage que tu es vivante. » **6** En même temps qu'il parlait, il donna deux à trois coups sur le cercueil et alors, de l'intérieur, j'entends une voix, toute faible. Aussitôt un tremblement me saisit et je fixai les yeux sur Ménélas, m'imaginant qu'il était mage. **7** Et, pendant qu'il ouvrait le cercueil, Leucippé d'en bas se levait, spectacle terrible, ô dieux, à frissonner d'horreur ! Tout son ventre était grand ouvert et vidé de ses entrailles. Elle se jette sur moi, m'enlace et, étroitement unis, nous tombons tous deux à terre.

XVIII. **1** Revenu à moi, non sans peine, je dis à Ménélas : « Ne me diras-tu pas ce que cela veut dire ? » N'est-ce pas Leucippé que je vois ? N'est-ce pas elle que je tiens et que j'entends parler ? Et le spectacle que j'ai vu hier, qu'était-ce donc ? Ou bien ce n'étaient alors que rêves ou bien c'est maintenant. **2** Mais voici un baiser véritable et bien vivant, comme le doux baiser de Leucippé. – Allons, maintenant, répliqua Ménélas, ses entrailles vont lui être rendues, sa poitrine va se refermer, et tu vas la voir sans blessure. Mais voile-toi la face, car je vais invoquer Hécate pour m'aider à l'ouvrage[37]. » **3** Moi, je le crus et me couvris

37. Sur l'utilisation d'Hécate, voir A. Billault, « Hécate romanesque », in Fr. Jouan (éd.), *Mort et fécondité dans les mythologies*, Paris, 1986, p. 109-116.

τερατεύεσθαι καὶ λόγον τινὰ καταλέγειν· ἅμα λέγων περιαιρεῖ τὰ ἐπὶ τῇ γαστρὶ μαγγανεύματα τῆς Λευκίππης καὶ ἀποκατέστησεν εἰς τὸ ἀρχαῖον. Λέγει μοι· «Ἀποκάλυψαι.» 4 Καὶ ἐγὼ μόλις μὲν καὶ φοβούμενος —ἀληθῶς γὰρ ᾤμην τὴν Ἑκάτην παρεῖναι—, ὅμως δ' οὖν ἀπέστησα τῶν ὀφθαλμῶν τὰς χεῖρας καὶ ὁλόκληρον Λευκίππην ὁρῶ. 5 Ἔτι μᾶλλον οὖν ἐκπλαγεὶς ἐδεόμην Μενελάου, λέγων· «Ὦ φίλτατε Μενέλαε, εἰ διάκονός τις εἶ, δέομαί σου, ποῖ γῆς εἰμι καὶ τί ποτε ταῦτα ὁρῶ;» Καὶ ἡ Λευκίππη, «Παῦσαι, ἔφη, Μενέλαε, δεδιττόμενος αὐτόν. Λέγε δὲ πῶς τοὺς λῃστὰς ἠπάτησας.»

XIX. 1 Λέγει οὖν ὁ Μενέλαος· «Οἶδας, ὡς Αἰγύπτιός εἰμι τὸ γένος· φθάνω γάρ σοι τοῦτο εἰπὼν ἐπὶ τῆς νεώς. Ἦν οὖν μοι τὰ πλεῖστα τῶν κτημάτων περὶ ταύτην τὴν κώμην καὶ οἱ ἄρχοντες αὐτῆς γνώριμοι. 2 Ἐπεὶ οὖν τῇ ναυαγίᾳ περιεπέσομεν, εἶτά με προσέρριψε τὸ κῦμα τοῖς τῆς Αἰγύπτου παραλίοις, λαμβάνομαι μετὰ τοῦ Σατύρου πρὸς τῶν ταύτην παραφυλαττόντων λῃστῶν. Ὡς δ' ἄγομαι πρὸς τὸν λῄσταρχον, ταχύ με τῶν λῃστῶν τινες γνωρίσαντες λύουσί μου τὰ δεσμὰ θαρρεῖν τε ἐκέλευον καὶ συμπονεῖν αὐτοῖς, ὡς ἂν οἰκεῖον. 3 Ἐξαιτοῦμαι δὴ καὶ τὸν Σάτυρον ὡς ἐμὸν οἰκέτην· οἱ

38. Le διακονός (qui a donné « diacre »), c'est proprement « le serviteur », et, éventuellement, sans autre précision, d'après les inscriptions, le serviteur d'un dieu (voir A. Heinrichs, *ZPE* 2 (1968), p. 220) – la présence de θεῶν dans G semble donc l'initiative d'un copiste ou d'un érudit ; plus intéressante est la vieille conjecture de Salmasius (Leyden 1640), reprise par Jacobs (Leipzig 1824), qui propose de voir dans τις une corruption de Ἑκάτης, dont Ménélas serait alors censé être le desservant.

le visage. Il commence alors à dire des paroles magiques et à dévider des formules ; et, tout en parlant, il enlève les artifices attachés au ventre de Leucippé et la remet telle qu'elle était primitivement. Puis il me dit : « Dévoile-toi. » **4** Et moi, à grand-peine et tout craintif – car je croyais qu'Hécate était réellement présente –, j'enlevai néanmoins mes mains de mes yeux et je vois alors Leucippé intacte. **5** Encore plus stupéfait, je demandai à Ménélas : « Très cher Ménélas, si tu es un sorcier[38], je te le demande, dis-moi en quel endroit de la terre je suis et ce que signifie ce que je vois ? » Et Leucippé : « Cesse, dit-elle, Ménélas de l'effrayer ; raconte comment tu as abusé les brigands[39]. »

XIX. **1** Alors Ménélas dit : « Tu sais que je suis égyptien de naissance, je te l'ai déjà dit sur le bateau. La plus grande partie de mes propriétés se trouvait aux alentours de ce village et j'en connaissais bien les chefs. **2** Après le naufrage, le flot me jeta sur les côtes d'Égypte ; je suis alors pris avec Satyros par les brigands qui contrôlent cette région. Comme on me conduit à leur chef, aussitôt certains des brigands me reconnaissent, m'enlèvent mes liens et m'exhortent à garder courage et à travailler avec eux, comme un ami. **3** Je réclame alors Satyros comme mon serviteur, et eux de

39. La révélation de ce qui n'a été que mise en scène se fait sous le signe de l'*apatè*, tromperie mais aussi illusion théâtrale (voir le mot de Gorgias rapporté par Plutarque, *De gloria Ath.*, 348 C).

δέ, ''Ἀλλ' ὅμως, ἔφασαν, ἐπιδεῖξαι ἡμῖν πρῶτον τολμηρόν τι σαυτοῦ.' Κἀν τούτῳ χρησμὸν ἴσχουσι κόρην καταθῦσαι καὶ καθᾶραι τὸ λῃστήριον καὶ τοῦ μὲν ἥπατος ἀπογεύσασθαι τυθείσης, τὸ δὲ λοιπὸν σῶμα σορῷ παραδόντας ἀναχωρεῖν, ὡς ἂν τὸ τῶν ἐναντίων στρατόπεδον ὑπερβάλλοι τῆς θυσίας τὸν τόπον. Λέγε δὴ τὰ ἐπίλοιπα, Σάτυρε· ὁ σὸς γὰρ ἐντεῦθεν λόγος. »

XX. 1 Καὶ ὁ Σάτυρος λέγει· « Ἅμα δὲ ἐβαδίζομεν ἐπὶ τὸ στρατόπεδον, ἔκλαιον, ὦ δεσπότα, καὶ ὠδυρόμην, τὰ περὶ τῆς Λευκίππης πυθόμενος καὶ δεόμενος Μενελάου παντὶ τρόπῳ σῶσαι τὴν κόρην. 2 Δαίμων δέ τις ἡμῖν ἀγαθὸς συνήργησεν. Ἐτύχομεν τῇ προτεραίᾳ τῆς θυσίας ἡμέρᾳ καθεζόμενοι πρὸς τῇ θαλάττῃ περὶ τούτων σκοποῦντες· τῶν δὲ λῃστῶν τινες ναῦν ἰδόντες ἀγνοίᾳ πλανηθεῖσαν, ὥρμησαν ἐπ' αὐτήν. 3 Οἱ δὲ ἐπὶ τῆς νεὼς συνέντες οἳ τυγχάνουσιν, ἐπεχείρουν ἐλαύνειν εἰς τοὐπίσω· ὡς δὲ φθάνουσιν αὐτοὺς οἱ λῃσταὶ καταλαβόντες, πρὸς ἄμυναν τρέπονται. 4 Καὶ γάρ τις ἐν αὐτοῖς ἦν τῶν τὰ Ὁμήρου τῷ στόματι δεικνύντων ἐν τοῖς θεάτροις· τὴν Ὁμηρικὴν σκευὴν ὁπλισάμενός τε αὐτὸς καὶ τοὺς ἀμφ' αὐτὸν οὕτω σκευάσας ἐπεχείρουν μάχεσθαι. 5 Πρὸς μὲν οὖν τοὺς πρώτους ἐπελθόντας καὶ μάλα ἐρρωμένως ἀντετάξαντο· πλειόνων δὲ ἐπιπλευσάντων σκαφῶν λῃστρικῶν καταδύουσι τὴν ναῦν καὶ τοὺς ἄνδρας ἐκπεσόντας ἀνῄρουν. 6 Λανθάνει δὴ κίστη τις ἐκτραπεῖσα τῷ ναυαγίῳ καὶ καθ' ἡμᾶς τῷ ῥοΐ κομισθεῖσα, ἣν ὁ Μενέλαος ἀναιρεῖται. Καὶ ἀναχωρήσας ποι παρόντος ἅμα κἀμοῦ —προσεδόκα γὰρ

40. Ce détail est-il mentionné pour rappeler l'image de Prométhée qui a ouvert le livre ?

répondre : « À une condition, donne-nous d'abord quelque échantillon de ton courage. » Or, à ce moment, ils reçoivent un oracle prescrivant d'immoler une jeune fille, de purifier la bande des brigands, de manger du foie de la victime[40] et de se retirer, après avoir abandonné le reste du corps dans un cercueil, pour laisser l'armée ennemie franchir le lieu du sacrifice. Raconte la suite, Satyros, car à ce point, c'est ton histoire qui commence. »

XX. **1** Et Satyros dit : « Pendant que nous marchions vers le camp, je pleurais, mon maître, et me lamentais, instruit des malheurs de Leucippé et suppliant Ménélas de sauver par tous les moyens la petite. **2** Un bon génie nous vint en aide. La veille du jour du sacrifice, nous nous trouvions par hasard assis au bord de la mer à examiner la situation[41], quand quelques brigands, voyant un navire qui s'était égaré, l'attaquèrent. **3** Les gens du navire, comprenant qui ils étaient[42], tentèrent de faire marche arrière ; mais comme les brigands les rattrapent, ils se mettent à se défendre. **4** Justement, il y avait, parmi eux, un de ceux qui récitent les poèmes d'Homère dans les théâtres ; il s'arma lui-même de son attirail homérique, en arma aussi ses compagnons et ils entreprirent de combattre. **5** Ils s'opposèrent avec une grande vigueur aux premiers assaillants. Mais le nombre des barques des brigands à l'abordage s'étant accru, ceux-ci coulent le navire et massacrent les hommes tombés à l'eau. **6** À l'insu des brigands, un coffret s'écarta à la suite du naufrage, et fut apporté vers nous par le courant. Ménélas le recueille et s'étant retiré à quelque distance – j'étais là

41. R. Cresci, « Citazioni Omeriche in Achille Tazio », *Sileno* 2 (1976), p. 123-124, propose de voir ici un souvenir (décalé) d'*Iliade*, I, 349 *sq.*, où Achille se tient au bord de la mer quand émerge Thétis.

42. Pour cette interprétation de τυγχάνω et attribut, voir *infra*, IV, 15, 2 et 19, 6.

τι σπουδαῖον ἔνδον εἶναι — ἀνοίγει τὴν κίστην, καὶ ὁρῶμεν χλαμύδα καὶ ξίφος, τὴν μὲν κώπην ἔχον παλαιστῶν τεσσάρων, τὸν δὲ σίδηρον ἐπὶ τῇ κώπῃ βραχύτατον, δακτύλων ὅσον οὐ πλείω τριῶν. 7 Ὡς δὲ ἀνελόμενος τὸ ξίφος ὁ Μενέλαος ἔλαθε μεταστρέψας κάτω τὸ τοῦ σιδήρου μέρος, τὸ μικρὸν ἐκεῖνο ξίφος ὥσπερ ἀπὸ χηραμοῦ τῆς κώπης κατατρέχει τοσοῦτον, ὅσον εἶχεν ἡ κώπη τὸ μέγεθος· ὡς δὲ ἀνέστρεψεν εἰς τοὔμπαλιν, αὖθις ὁ σίδηρος εἴσω κατεδύετο. Τούτῳ δ' ἄρα, ὡς εἰκός, ὁ κακοδαίμων ἐκεῖνος ἐν τοῖς θεάτροις ἐχρῆτο πρὸς τὰς κιβδήλους σφαγάς.

XXI. 1 Λέγω οὖν πρὸς τὸν Μενέλαον· Ἑθεὸς ἡμῖν, ἂν θέλῃς χρηστὸς γενέσθαι, συναγωνίσεται. Δυνησόμεθα γὰρ καὶ τὴν κόρην σῶσαι καὶ τοὺς λῃστὰς λαθεῖν. 2 Ἄκουσον δὲ ποίῳ τρόπῳ. Δέρμα προβάτου λαβόντες ὡς ὅτι ῥαδινώτατον συρράψωμεν εἰς σχῆμα βαλαντίου, μέτρον ὅσον γαστρὸς ἀνθρωπίνης, εἶτα ἐμπλήσαντες θηρείων σπλάγχνων καὶ αἵματος τὴν πλαστὴν ταύτην γαστέρα ῥάψωμεν, ὡς μὴ ῥᾳον τὰ σπλάγχνα διαπίπτοι, καὶ ἐνσκευάσαντες τὴν κόρην τοῦτον τὸν τρόπον καὶ στολὴν ἔξωθεν περιβαλόντες μίτραις τε καὶ ζώμασιν ἐνδεδεμένην τὴν σκευὴν ταύτην ἐπικρύψωμεν. 3 Πάντως δὲ καὶ ὁ χρησμὸς ἡμῖν εἰς τὸ λαθεῖν χρήσιμος· σιδήρῳ γὰρ αὐτὴν ἐσταλμένην στολῇ διὰ ταύτης ἀνατμηθῆναι μέσην λέγει· ὁρᾷς δὲ τουτὶ τὸ ξίφος ὡς ἔχει μηχανῆς. 4 Ἂν γὰρ ἐρείσῃ τις ἐπί τινος σώματος, φεύγει πρὸς τὴν κώπην ὥσπερ εἰς κολεόν· καὶ οἱ μὲν ὁρῶντες δοκοῦσι βαπτίζεσθαι τὸν σίδηρον κατὰ τοῦ σώματος, ὁ δὲ εἰς τὸν χηραμὸν τῆς κώπης ἀνέθορεν, μόνην δὲ καταλείπει τὴν αἰχμήν, ὅσον τὴν πλαστὴν

aussi –, s'attendant à y trouver quelque précieux contenu, il ouvre le coffret et nous voyons une chlamyde et un glaive dont la poignée avait quatre palmes et dont le fer, après la poignée, était très court, ne mesurant pas plus de trois doigts. **7** Mais lorsque Ménélas prit le glaive et, sans faire attention, tourna la lame vers le bas, voilà que ce petit glaive descend du manche comme d'une cavité, d'une longueur égale à celle du manche ; et lorsqu'il le retourna en sens inverse, le fer rentra à l'intérieur. C'est probablement de cet accessoire que le malheureux se servait au théâtre pour les meurtres simulés.

XXI. **1** Je dis alors à Ménélas : « Un dieu va, si tu veux te montrer brave, nous assister, car nous pourrons à la fois sauver la petite et le faire à l'insu des brigands. **2** Écoute de quelle manière : après avoir pris une peau de mouton la plus souple possible, cousons-la en forme de bourse, de la taille d'un ventre humain, puis après l'avoir remplie d'entrailles d'animaux et de sang, cousons ce ventre postiche afin que les entrailles ne s'échappent pas trop facilement ; après avoir harnaché la petite de cette manière, et l'avoir enveloppée d'une robe attachée par des cordelières et des ceintures, dissimulons cet appareil. **3** L'oracle nous est tout à fait favorable[43] pour assurer le secret : il ordonne que ce soit revêtue d'une robe qu'elle soit transpercée par le milieu grâce à un fer ; et tu vois quel est le mécanisme de ce glaive : **4** si on l'appuie contre un corps, il fuit dans le manche comme dans un fourreau et les spectateurs s'imaginent alors que le fer s'est enfoncé dans le corps, alors qu'il s'est escamoté dans la cavité du manche ; il laisse libre la seule pointe, juste assez pour

43. Il y a en grec un jeu de mot entre χρησμός, « oracle », et χρήσιμος, « utile ».

γαστέρα τεμεῖν καὶ τὴν κώπην ἐν χρῷ τοῦ σφαζομένου τυχεῖν· κἂν ἀποσπάσῃ τις τὸν σίδηρον ἐκ τοῦ τραύματος, καταρρεῖ πάλιν ἐκ τοῦ χηραμοῦ τὸ ξίφος ὅσον τῆς κώπης ἀνακουφίζεται τὸ μετέωρον καὶ τὸν αὐτὸν τρόπον τοὺς ὁρῶντας ἀπατᾷ. 5 Δοκεῖ γὰρ τοσοῦτον ἀναβαίνειν ἐκ τῆς σφαγῆς, ὅσον κάτεισιν ἐκ τῆς μηχανῆς. Τούτων οὖν γενομένων οὐκ ἂν ἴδοιεν οἱ λῃσταὶ τὴν τέχνην. Τά τε γὰρ δέρματα ἀποκεκρύψεται τά τε σπλάγχνα τῇ σφαγῇ προπηδήσεται, ἅπερ ἡμεῖς ἐξελόντες ἐπὶ τῷ βωμῷ θήσομεν. 6 Καὶ τότε ἐντεῦθεν οὐκέτι προσίασιν οἱ λῃσταὶ τῷ σώματι, ἀλλ' ἡμεῖς εἰς τὴν σορὸν καταθήσομεν. Ἀκήκοας δὴ τοῦ λῃστάρχου μικρῷ πρόσθεν εἰπόντος, δεῖν τι τολμηρὸν ἐπιδείξασθαι πρὸς αὐτούς· ὥστε ἔστι σοι προσελθεῖν αὐτῷ καὶ ὑποσχέσθαι ταύτην τὴν ἐπίδειξιν.' Ταῦτα λέγων ἐδεόμην Μενελάου Δία Ξένιον καλῶν καὶ κοινῆς ἀναμιμνήσκων τραπέζης καὶ κοινῆς ναυαγίας.

XXII. 1 Ὁ δὲ χρηστὸς οὗτος, 'Μέγα μέν, ἔφη, τὸ ἔργον, ἀλλ' ὑπὲρ φίλου, κἂν ἀποθανεῖν δεήσῃ, καλὸς ὁ κίνδυνος.' 'Νομίζω δέ, ἔφην, ζῆν καὶ Κλειτοφῶντα. 2 Ἡ γὰρ κόρη πυθομένῳ μοι καταλιπεῖν αὐτὸν εἶπε παρὰ τοῖς ἑαλωκόσι τῶν λῃστῶν δεδεμένον· οἱ δὲ τῶν λῃστῶν πρὸς τὸν λῄσταρχον ἐκφυγόντες ἔλεγον πάντας μὲν τοὺς ὑπ' αὐτῶν εἰλημμένους τὴν εἰς τὸ στρατόπεδον [μάχην] ἐκπεφευγέναι· ὥστε ἀποκείσεταί σοι παρ' αὐτῷ χάρις καὶ ἅμα ἐλεῆσαι κόρην ἀθλίαν ἐκ τοσούτου κακοῦ.' 3 Ταῦτα λέγων πείθω, καὶ συνέπραξεν ἡ Τύχη. Ἐγὼ μὲν οὖν περὶ τὴν τοῦ μηχανήματος ἦν σκευήν. Ἄρτι δὲ τοῦ Μενελάου μέλλοντος τοῖς λῃσταῖς

44. On a peut-être une reprise délibérée de l'adjectif qui a ouvert la proposition de Satyros, invitant Ménélas à être « brave » (XXI, 1).

pouvoir couper le ventre postiche et pour que le manche arrive contre la peau de la victime. Et si l'on retire le fer de la plaie, en sens inverse, la lame sort de la cavité tant qu'on soulève le haut du manche, et c'est de la même manière que l'on abuse à nouveau les spectateurs : **5** la lame semble sortir de la plaie d'une longueur égale à celle qui descend de cet accessoire. Dans ces conditions, les brigands ne sauraient se rendre compte du subterfuge, car les peaux seront dissimulées, les entrailles jailliront par la plaie et nous les élèverons et les déposerons sur l'autel. **6** Et, dès ce moment, les brigands ne s'approcheront plus du corps ; c'est nous qui le mettrons dans le cercueil. Tu viens d'entendre le chef des brigands dire qu'il faut leur donner une preuve de ton courage ; ainsi tu peux aller le trouver et lui promettre de lui apporter cette preuve. » En disant ces mots, je suppliais Ménélas, au nom de Zeus Hospitalier, en lui rappelant et notre table commune et notre commun naufrage.

XXII. **1** Et notre brave compagnon[44] de répondre : « L'entreprise est ardue, mais pour un ami, même s'il faut mourir, il est beau d'en courir le risque[45]. » « Je crois, répondis-je, que même Clitophon est en vie, **2** car la petite m'a dit, quand je l'ai interrogée, qu'elle l'avait quitté alors qu'il était enchaîné parmi les prisonniers des brigands ; et ceux des brigands qui ont réussi à se réfugier auprès de leur chef disaient que tous leurs prisonniers s'étaient échappés vers le camp ennemi. Ainsi tu te réserveras sa reconnaissance et il te sera réservé de délivrer l'infortunée jeune fille d'un si grand malheur. » **3** Ces mots le persuadèrent et la Fortune nous assista : moi j'étais donc là à m'occuper des accessoires de notre machination,

45. C'est ce qu'on lit dans *Phédon* (114 d6), mais pour la croyance en l'immortalité de l'âme : nouvelle réminiscence décalée ?

περὶ τῆς θυσίας λέγειν, ὁ λῄσταρχος φθάσας κατὰ δαίμονα, 'Νόμος ἡμῖν ἐστιν, ἔφη, τοὺς πρωτομύστας τῆς ἱερείας ἄρχεσθαι, μάλιστα ὅταν ἄνθρωπον καταθύειν δέῃ. 4 Ὥρα τοίνυν εἰς αὔριόν σοι παρασκευάζεσθαι πρὸς τὴν θυσίαν· δεήσει δὲ καὶ τὸν σὸν οἰκέτην ἅμα σοὶ μυηθῆναι.' 'Καὶ μάλα, οὗτος ἔφη, προθυμησόμεθα μηδενὸς ὑμῶν χείρους γενέσθαι. 5 Στεῖλαι δὲ ἡμᾶς αὐτοὺς δεήσει τὴν κόρην ὡς ἁρμοδίως πρὸς τὴν ἀνατομήν.' 'Ὑμῶν, ὁ λῄσταρχος ἔφη, τὸ ἱερεῖον.' 6 Στέλλομεν δὴ τὴν κόρην τὸν προειρημένον τρόπον καθ' ἑαυτοὺς καὶ θαρρεῖν παρεκελευσάμεθα, διεξελθόντες ἕκαστα, καὶ ὡς μένειν εἴσω τῆς σοροῦ χρή, κἂν θᾶττον ὁ ὕπνος αὐτὴν ἀφῇ, τὴν ἡμέραν ἔνδον μένειν. 'Εἰ δέ τι ἡμῖν ἐμποδὼν γένηται, σῷζε σαυτὴν ἐπὶ τὸ στρατόπεδον.' Ταῦτα εἰπόντες ἐξάγομεν αὐτὴν ἐπὶ τὸν βωμόν· καὶ τὰ λοιπὰ εἶδες. »

XXIII. 1 Ὡς οὖν ἤκουσα, παντοδαπὸς ἐγιγνόμην καὶ διηπόρουν ὅ τι ποιήσω πρὸς τὸν Μενέλαον ἀντάξιον. Τὸ δ' οὖν κοινότατον, προσπεσὼν κατησπαζόμην καὶ προσεκύνουν ὡς θεόν, καί μου κατὰ τὴν ψυχὴν ἀθρόα κατεχεῖτο ἡδονή. 2 Ὡς δὲ τὰ κατὰ Λευκίππην εἶχέ μοι καλῶς, « Ὁ δὲ Κλεινίας, εἶπον, τί γέγονεν ; » Ὁ δὲ Μενέλαος, « Οὐκ οἶδα, ἔφη· μετὰ γὰρ τὴν ναυαγίαν εὐθὺς εἶδον μὲν αὐτὸν τῆς κεραίας λαβόμενον, ὅποι δὲ κεχώρηκεν οὐκ οἶδα. » 3 Ἀνεκώκυσα οὖν ἐν μέσῃ τῇ χαρᾷ· ταχὺ γὰρ ἐφθόνησέ μοι δαίμων τις τῆς καθαρᾶς ἡδονῆς. Τὸν δι' ἐμὲ φαινόμενον οὐδαμοῦ, τὸν μετὰ Λευκίππην ἐμὸν δεσπότην, τοῦτον ἐκ πάντων κατέσχεν ἡ

et juste comme Ménélas allait parler aux brigands du sacrifice, leur chef le devança, par une volonté divine, et dit : « C'est chez nous une loi que ce soient les nouveaux initiés qui commencent le sacrifice, surtout lorsqu'on doit immoler un être ; **4** il est donc temps pour toi, pour demain matin, de te préparer pour le sacrifice, mais il faudra que ton serviteur aussi soit initié en même temps que toi. – Certes, répondit Ménélas, nous aurons à cœur de n'être inférieurs à aucun de vous, **5** mais il nous faudra nous-mêmes habiller la jeune fille de la manière la plus pratique possible pour l'éventrer. – C'est, dit le chef des brigands, votre victime. » **6** Nous habillons alors la petite, comme nous venons de le dire, à part nous, et nous l'exhortons à avoir confiance en lui exposant tous les détails, lui disant qu'elle doit rester à l'intérieur du cercueil et, même si le sommeil la quitte plus vite, y rester tout le jour. « Et si nous rencontrons quelque obstacle, sauve-toi vers le camp. » Sur ces mots, nous la conduisons à l'autel, et la suite, tu l'as vue. »

XXIII. **1** À ce récit, j'étais en proie à des sentiments de toutes sortes et je ne savais que faire envers Ménélas qui le payât justement. Je fis alors la chose la plus commune qui soit : je me jetai à ses pieds, l'embrassai et me prosternai comme devant un dieu, tandis qu'un torrent de plaisir se déversait en mon âme. **2** Et comme tout allait bien pour ma Leucippé, je m'enquis : « Et Clinias, qu'est-il devenu ? » et Ménélas répondit : « Je ne sais pas, car, sitôt après le naufrage, je l'ai bien vu accroché à la vergue, mais où il s'en est allé, je l'ignore. » **3** Je me mis alors à pousser des cris de douleur au milieu même de ma joie : une divinité m'avait bien vite refusé un plaisir sans mélange. Lui qui avait disparu par ma faute, lui qui, après Leucippé, était mon maître, c'est celui-là, entre tous les hommes, que la

θάλασσα, ἵνα μὴ τὴν ψυχὴν μόνον ἀπολέσῃ, ἀλλὰ καὶ τὴν ταφήν. 4 « Ὦ θάλαττα ἄγνωμον, ἐφθόνησας ἡμῖν ὁλοκλήρου τοῦ τῆς φιλανθρωπίας σου δράματος. » Ἄπιμεν οὖν εἰς τὸ στρατόπεδον κοινῇ καὶ τῆς σκηνῆς τῆς ἐμῆς εἴσω παρελθόντες τὸ λοιπὸν τῆς νυκτὸς διετρίψαμεν· καὶ τὸ πρᾶγμα οὐκ ἔλαθε τοὺς πολλούς.

XXIV. 1 Ἅμα δὲ τῇ ἕῳ τῷ στρατηγῷ τὸν Μενέλαον ἄγω καὶ τὸ πᾶν καταλέγω. Ὁ δὲ συνήδετο καὶ τὸν Μενέλαον ποιεῖται φίλον καὶ πυνθάνεται πόση τις εἴη δύναμις τοῖς ἐναντίοις. Ὁ δὲ ἔλεγε πᾶσαν ἐμπεπλῆσθαι τὴν ἑξῆς κώμην ἀνδρῶν ἀπονενοημένων καὶ πολὺ συνερρυηκέναι λῃστήριον, ὡς εἶναι περὶ μυρίους. 2 Λέγει οὖν ὁ στρατηγός· « Ἀλλ' ἡμῖν αὗται πέντε χιλιάδες ἱκαναὶ πρὸς εἴκοσι τῶν ἐκείνων. Ἀφίξονται δὲ ὅσον οὐδέπω ἕτεροι δισχίλιοι πρὸς τούτοις τῶν ἀμφὶ τὸ Δέλτα καὶ τὴν Ἡλίου πόλιν τεταγμένων ἐπὶ τοὺς βαρβάρους. » 3 Καὶ ἅμα λέγοντος αὐτοῦ παῖς εἰστρέχει τις, λέγων ἀπὸ τοῦ Δέλτα πρόδρομον ἥκειν τοὐκεῖθεν στρατοπέδου καὶ πέντε ἔλεγεν ἄλλων ἡμερῶν διατρίβειν τοὺς δισχιλίους· τοὺς μὲν γὰρ βαρβάρους τοὺς κατατρέχοντας πεπαῦσθαι, μελλούσης δὲ ἥκειν τῆς δυνάμεως τὸν ὄρνιν αὐτοῖς τὸν ἱερὸν ἐπιδημῆσαι, φέροντα τοῦ πατρὸς τὴν ταφήν. Ἀνάγκη δὴ πᾶσα τὴν ἔξοδον ἐπισχεῖν τοσούτων ἡμερῶν.

46. Cette variante rapide sur les plaintes « funèbres », déjà rencontrées pour Chariclès, l'aimé de Ménélas ou Leucippé, constitue le point d'orgue de ce morceau théâtral.

mer avait retenu, pour qu'il ne perde pas seulement la vie, mais aussi le tombeau : **4** « Ô toi, mer impitoyable, tu nous as refusé de faire jouer intégralement ta clémence[46]. » Nous partons alors au camp tous ensemble et, après être entrés sous ma tente, nous y passâmes le reste de la nuit et tout le monde fut au courant de notre aventure.

XXIV. **1** Au point du jour, je mène Ménélas chez le stratège et lui raconte toute l'histoire, il se réjouit avec nous, prend Ménélas comme ami et lui demande quelles sont les forces des ennemis. Ménélas répondit que tout le village d'à côté était rempli de *desperados* et qu'y avait afflué en masse une troupe de brigands, si bien qu'ils étaient environ dix mille. **2** Le stratège dit alors : « Mais les cinq mille que nous avons sont de taille contre vingt mille des leurs. Et arriveront bientôt se joindre à eux deux mille autres, pris parmi les hommes stationnés dans la région du Delta et d'Héliopolis pour marcher contre les barbares[47]. » **3** Et tandis qu'il parlait, entre en courant un esclave disant que, du Delta, était arrivé un messager de l'armée de la région, et il disait que les deux mille hommes allaient se faire attendre encore cinq jours : les barbares avaient suspendu leurs incursions et, au moment où les troupes de renfort allaient se mettre en route, l'oiseau sacré était arrivé chez eux, portant la sépulture de son père ; ils étaient donc dans l'obligation absolue de différer leur expédition pendant le nombre de jours voulu.

47. Ces troupes sont attestées pour les années 34, 36 et 47 apr. J.-C.

XXV. 1 « Καὶ τίς ὁ ὄρνις οὗτος, ὅστις τοσαύτης, ἔφην, τιμῆς ἠξίωται; Ποίαν δὲ καὶ κομίζει ταφήν; » « Φοῖνιξ μὲν ὁ ὄρνις ὄνομα, τὸ δὲ γένος Αἰθίοψ, μέγεθος κατὰ ταῶνα· τῇ χροιᾷ ταὼς ἐν κάλλει δεύτερος. 2 Κεκέρασται μὲν τὰ πτερὰ χρυσῷ καὶ πορφύρᾳ· αὐχεῖ δὲ τὸν Ἥλιον δεσπότην, καὶ ἡ κεφαλὴ μαρτυρεῖ· ἐστεφάνωσε γὰρ αὐτὴν κύκλος εὐφυής· ἡλίου δέ ἐστιν ὁ τοῦ κύκλου στέφανος εἰκών. 3 Κυάνεός ἐστιν, ῥόδοις ἐμφερής, εὐειδὴς τὴν θέαν, ἀκτῖσι κομᾷ, καὶ εἰσὶν αὗται πτερῶν ἀνατολαί. Μερίζονται δὲ αὐτὸν Αἰθίοπες μὲν τὴν ζωήν, Αἰγύπτιοι δὲ τὴν τελευτήν. 4 Ἐπειδὰν γὰρ ἀποθάνῃ — σὺν χρόνῳ δὲ τοῦτο πάσχει μακρῷ — ὁ παῖς αὐτὸν ἐπὶ τὸν Νεῖλον φέρει, σχεδιάσας οὕτω καὶ τὴν ταφήν. Σμύρνης γὰρ βῶλον τῆς εὐωδεστάτης, ὅσον ἱκανὸν πρὸς ὄρνιθος ταφήν, ὀρύττει τε τῷ στόματι καὶ κοιλαίνει κατὰ μέσον, καὶ τὸ ὄρυγμα θήκη γίνεται τῷ νεκρῷ. 5 Ἐνθεὶς δὲ καὶ ἐναρμόσας τὸν ὄρνιν τῇ σορῷ κλείει τὸ χάσμα γηΐνῳ χώματι, ἐπὶ τὸν Νεῖλον οὕτως ἵπταται τὸ ἔργον φέρων. Ἕπεται δὲ αὐτῷ χορὸς ἄλλων ὀρνίθων ὥσπερ δορυφόρων, καὶ ἔοικεν ὁ ὄρνις ἀποδημοῦντι βασιλεῖ καὶ τὴν πόλιν οὐ πλανᾶται τὴν Ἡλίου· 6 ὄρνιθος αὕτη μετοικία νεκροῦ. Ἕστηκεν οὖν ἐπὶ μετεώρου σκοπῶν καὶ ἐκδέχεται τοὺς προπόλους τοῦ θεοῦ. Ἔρχεται δή τις ἱερεὺς Αἰγύπτιος, βιβλίον ἐξ ἀδύτων φέρων, καὶ δοκιμάζει τὸν ὄρνιν ἐκ τῆς

48. C'est la première des « merveilles » d'Égypte, qui vont émailler le livre IV : voir Hérodote, II, 73 – qui se réfère précisément aux Héliopolitains.

49. La comparaison avec le paon s'explique sans doute par un rappel de I, 16 et 19, 1, car, en général, la comparaison se fait plutôt avec l'aigle, le roi des oiseaux (*cf.* Pline, *HN*, 10, 2, 3 et *V. Apollonios de Tyane*, III, 49).

XXV. **1** « Mais quel est cet oiseau, dis-je, que l'on juge digne de si grands honneurs ? Et quelle est la sépulture qu'il apporte ? – L'oiseau se nomme le phénix[48], il est né en Éthiopie, et sa taille est celle d'un paon ; pour la couleur de son plumage le paon lui est inférieur en beauté[49]. **2** Ses plumes sont mêlées d'or et de pourpre, il se vante d'avoir le Soleil comme maître et sa tête en témoigne, car un cercle parfait lui fait une couronne et cette couronne circulaire est l'image du soleil ; **3** elle est bleu foncé, semblable aux roses[50], agréable à voir, elle s'orne de rayons et ce sont là comme des levers de plumes. Les Éthiopiens l'ont en partage quand il vit, les Égyptiens, quand il meurt. **4** Car, lorsqu'il meurt – cela ne lui arrive qu'au bout d'un long temps[51]–, son fils l'apporte sur les bords du Nil, après avoir improvisé de la sorte sa sépulture : c'est une motte de myrrhe, la plus odoriférante, suffisante pour la sépulture d'un oiseau, qu'il creuse de son bec et qu'il ouvre en son milieu, et ce creux devient un sépulcre pour le mort. **5** Après y avoir déposé l'oiseau et l'avoir adapté à ce cercueil, il ferme l'ouverture d'un amas de terre, et c'est ainsi qu'il s'envole vers le Nil avec cet objet ; un chœur d'autres oiseaux l'escorte, tels des gardes du corps ; l'oiseau ressemble à un roi en voyage et il s'en vient sans détour à la cité du Soleil : **6** voilà la migration d'un oiseau mort. Il se pose alors sur une hauteur, aux aguets, et reçoit la visite des serviteurs du dieu. C'est alors qu'un prêtre égyptien s'avance, avec un livre sorti du sanctuaire, et éprouve

50. C'est un nouveau point commun avec les descriptions « au jardin » (*cf. supra*, II 1, 2-3).

51. Hérodote et ses informateurs héliopolitains parlent de 500 ans.

γραφῆς. 7 Ὁ δὲ οἶδεν ἀπιστούμενος καὶ τὰ ἀπόρρητα φαίνει τοῦ σώματος καὶ τὸν νεκρὸν ἐπιδείκνυται καὶ ἔστιν ἐπιτάφιος σοφιστής. Ἱερέων δὲ παῖδες Ἡλίου τὸν ὄρνιν τὸν νεκρὸν παραλαβόντες θάπτουσι. Ζῶν μὲν οὖν Αἰθίοψ ἐστὶ τῇ τροφῇ, ἀποθανὼν δὲ Αἰγύπτιος γίνεται τῇ ταφῇ. »

l'oiseau d'après la description qui en est faite[52]. **7** Mais l'oiseau sait que l'on se défie de lui, il fait voir les parties secrètes de son corps[53], il montre le cadavre et déploie sa technique achevée dans l'oraison funèbre. Les prêtres du Soleil, après avoir recueilli l'oiseau mort, l'ensevelissent. Ainsi, durant sa vie, il est Éthiopien, car c'est là qu'il est nourri, mais à sa mort, il devient Égyptien, car c'est là qu'il est enseveli[54]. »

52. H. MORALES suggère d'y voir la préfiguration de l'épreuve de virginité à laquelle sera soumise Leucippé en VIII, 6.

53. Sur ces détails graveleux, voir les remarques en introduction, p. XIV. On peut aussi leur donner une certaine valeur proleptique, puisque Leucippé, dans sa folie, va aussi dévoiler ce qu'il ne faut pas au livre suivant (IV, 3, 1-2).

54. À nouveau on a un jeu de mots sur τροφῇ / ταφῇ, qu'essaie de rendre l'assonance des participes en français.

ΛΟΓΟΣ ΤΕΤΑΡΤΟΣ

I. 1 Ἔδοξεν οὖν τῷ στρατηγῷ, μαθόντι τήν τε τῶν ἐναντίων παρασκευὴν καὶ τὴν τῶν συμμάχων ἀναβολήν, εἰς τὴν κώμην ἀναστρέψαι πάλιν, ὅθενπερ ἐξωρμήσαμεν, ἔστ' ἂν οἱ σύμμαχοι παραγένωνται. Ἐμοὶ δέ τις οἶκος ἀπετέτακτο ἅμα τῇ Λευκίππῃ μικρὸν ἀνωτέρω τῆς τοῦ στρατηγοῦ καταγωγῆς. 2 Καὶ ὡς εἴσω παρῆλθον, περιπτυξάμενος αὐτὴν οἷός τε ἤμην ἀνδρίζεσθαι. Ὡς δ' οὐκ ἐπέτρεπε, « Μέχρι πότε, εἶπον, χηρεύομεν τῶν τῆς Ἀφροδίτης ὀργίων ; 3 Οὐχ ὁρᾷς οἷα ἐκ παραλόγου γίνεται, ναυάγια καὶ λῃσταὶ καὶ θυσίαι καὶ σφαγαί ; Ἀλλ' ἕως ἐν γαλήνῃ τῆς Τύχης ἐσμέν, ἀποχρησώμεθα τῷ καιρῷ πρὶν ἢ χαλεπώτερον ἡμᾶς ἐπισχεῖν. » Ἡ δέ, « Ἀλλ' οὐ θέμις, ἔφη, τοῦτο ἤδη γενέσθαι. 4 Ἡ γάρ μοι θεὸς Ἄρτεμις ἐπιστᾶσα πρῴην κατὰ τοὺς ὕπνους, ὅτε ἔκλαιον μέλλουσα σφαγήσεσθαι, ʻ Μὴ νῦν, ἔφη, κλαῖε · οὐ γὰρ τεθνήξῃ · βοηθὸς γὰρ ἐγώ σοι παρέσομαι. Μενεῖς δὲ παρθένος, ἔστ' ἂν σε νυμφοστολήσω · ἄξεται δέ σε ἄλλος

1. Le délai dans les opérations militaires permet de revenir à la partie amoureuse de l'histoire, qui reprend avec une rapide description des lieux – variation « brève » de la description détaillée des chambres au livre II et qui va faciliter l'*innamoramento* du stratège, premier rival de Clitophon ?

LIVRE IV

I. **1** Lorsqu'il eut connaissance des préparatifs des adversaires et du retard des alliés, le stratège décida de revenir au village d'où nous étions partis, jusqu'à ce que les renforts soient arrivés. Une maison m'avait été attribuée ainsi qu'à Leucippé un peu au-dessus des quartiers du stratège[1]. **2** Comme j'y entrais, je la pris dans mes bras et me disposai à agir en homme[2]. Et comme elle ne me le permettait pas : « Jusqu'à quand, dis-je, serons-nous privés des rites d'Aphrodite ? **3** Ne vois-tu pas tout ce qui arrive à l'improviste : naufrages, brigands, sacrifices, massacres ? Eh bien, pendant que nous sommes dans un calme de la Fortune, profitons de l'occasion avant qu'un événement plus fâcheux nous en empêche. » Mais elle répondit : « Mais il est interdit que cela se fasse déjà : **4** la déesse Artémis m'est tout récemment apparue en rêve, comme j'étais en train de pleurer alors que j'étais sur le point d'être sacrifiée[3]. "Cesse à cette heure de pleurer, dit-elle, car tu ne mourras pas : je viendrai, moi, à ton secours, mais tu resteras vierge, jusqu'à ce que je te conduise à ton époux et cet époux ne sera personne d'autre que Clitophon."

2. On retrouve le même verbe qu'en II, 10, 1, au moment de renouer avec la tentative amoureuse avortée.

3. Ce rêve, inverse de celui de Panthéia, ramène l'histoire principale dans le cadre des conventions romanesques.

οὐδεὶς ἢ Κλειτοφῶν.' 5 Ἐγὼ δὲ τὴν μὲν ἀναβολὴν ἠχθόμην, ταῖς δὲ τοῦ μέλλοντος ἐλπίσιν ἡδόμην. » Ὡς δ' ἤκουσα τὸ ὄναρ, ἀναμιμνήσκομαι προσόμοιον ἰδὼν ἐνύπνιον. 6 Ἐδόκουν γὰρ τῇ παρελθούσῃ νυκτὶ ναὸν Ἀφροδίτης ὁρᾶν καὶ τὸ ἄγαλμα ἔνδον εἶναι τῆς θεοῦ· ὡς δὲ πλησίον ἐγενόμην προσευξόμενος, κλεισθῆναι τὰς θύρας. 7 Ἀθυμοῦντι δέ μοι γυναῖκα ἐκφανῆναι κατὰ τὸ ἄγαλμα τὴν μορφὴν ἔχουσαν, καί, « Νῦν, εἶπεν, οὐκ ἔξεστί σοι παρελθεῖν εἴσω τοῦ νεώ· ἢν δὲ ὀλίγον ἀναμείνῃς χρόνον, οὐκ ἀνοίξω σοι μόνον, ἀλλὰ καὶ ἱερέα σε ποιήσω τῆς θεοῦ. » 8 Καταλέγω δὴ τοῦτο τῇ Λευκίππῃ τὸ ἐνύπνιον καὶ οὐκέτι ἐπεχείρουν βιάζεσθαι. Ἀναλογιζόμενος δὲ τὸν τῆς Λευκίππης ὄνειρον οὐ μετρίως ἐταραττόμην.

II. 1 Ἐν τούτῳ δὴ Χαρμίδης — τοῦτο γὰρ ἦν ὄνομα τῷ στρατηγῷ — ἐπιβάλλει τῇ Λευκίππῃ τὸν ὀφθαλμόν, ἀπὸ τοιαύτης ἀφορμῆς αὐτὴν ἰδών· ἔτυχον ποτάμιον θηρίον ἄνδρες τεθηρακότες θέας ἄξιον· ἵππον δὲ αὐτὸν τοῦ Νείλου ἐκάλουν οἱ Αἰγύπτιοι. 2 Καὶ ἔστι μὲν ἵππος, ὡς ὁ λόγος βούλεται, τὴν γαστέρα καὶ τοὺς πόδας, πλὴν ὅσον ἐν χηλῇ σχίζει τὴν ὁπλήν. Μέγεθος δὲ κατὰ βοῦν τὸν μέγιστον· οὐρὰ βραχεῖα καὶ ψιλὴ τριχῶν, ὅτι καὶ τὸ πᾶν τοῦ σώματος οὕτως ἔχει. 3 Κεφαλὴ περιφερής, οὐ σμικρά· ἐγγὺς ἵππου παρειαί. Μυκτὴρ ἐπὶ μέγα κεχηνὼς καὶ πνέων πυρώδη καπνὸν ὡς ἀπὸ πηγῆς πυρός. Γένυς εὐρεῖα, ὅση καὶ παρειά· μέχρι τῶν κρο-

4. Cette femme préfigure-t-elle la figure de Mélitè, comme le suggère M. Laplace ? *Cf.* le portrait *infra*, en V 13, 1-2, et son invitation, en V 15.

5. Il reçoit donc un nom, à la fois « platonicien » et comportant l'élément χάρις, au moment où il passe du rôle de stratège à celui d'amoureux.

5 Pour moi, si je fus affligée de ce délai, je fus réjouie des espoirs futurs. » Au récit de ce songe, je me rappelle avoir eu un rêve presque semblable. **6** La nuit précédente, j'avais cru voir un sanctuaire d'Aphrodite, avec une statue de la déesse à l'intérieur, mais comme je m'étais approché pour prier, les portes s'étaient fermées. **7** Comme j'étais abattu, une femme s'était montrée à moi, ayant la même apparence que la statue, et qui me dit : « Pour l'instant, il ne t'est pas permis d'entrer à l'intérieur du sanctuaire, mais si tu attends quelque temps, non seulement je t'ouvrirai, mais, de plus, je te ferai prêtre de la déesse[4]. » **8** Je raconte alors ce rêve à Leucippé et renonçai à la contraindre ; faisant la comparaison avec son songe, je n'étais pas peu troublé.

II. **1** C'est à ce moment que Charmidès – c'était là le nom du stratège[5] – jette les yeux sur Leucippé et voici ce qui en fut l'occasion : des hommes étaient partis à la chasse d'une bête de rivière digne d'être vue[6] ; les Égyptiens l'appelaient « cheval du Nil ». **2** C'est un cheval, comme son nom l'indique, pour le ventre et les pattes, à ceci près que son sabot forme une fourche. Il a la taille d'un très grand bœuf, sa queue est courte et sans poil, parce que son corps tout entier l'est aussi. **3** Sa tête est ronde, énorme[7], ses joues se rapprochent de celles d'un cheval, ses narines sont largement béantes et soufflent une vapeur brûlante comme d'une source de feu. Sa mâchoire est aussi large

6. Cet adjectif annonce un nouveau morceau de paradoxographie égyptienne – l'hippopotame (« le cheval du fleuve ») fait aussi partie du récit d'Hérodote (II, 71), qu'Achille Tatius modifie quelque peu, peut-être d'après Aristote (*HA*, II 12) ou, selon certains, d'après des observations personnelles.

7. Vilborg préfère la conjecture de Jackson οὖς μικρόν, « son oreille petite », la forme σμικρόν ne se trouvant pas chez Achille Tatius et pouvant être le fruit d'une mécoupure.

τάφων ἀνοίγει τὸ στόμα· ἔχει δὲ καὶ κυνόδοντας καμπύλους, κατὰ μὲν τὴν ἰδέαν καὶ τὴν θέσιν ὡς ἵππος, τὸ δὲ μέγεθος εἰς τριπλάσιον.

III. 1 Καλεῖ δὴ πρὸς τὴν θέαν ἡμᾶς ὁ στρατηγός· καὶ ἡ Λευκίππη συμπαρῆν. Ἡμεῖς μὲν οὖν ἐπὶ τὸ θηρίον τοὺς ὀφθαλμοὺς εἴχομεν, ἐπὶ Λευκίππην δὲ ὁ στρατηγός· καὶ εὐθὺς ἑαλώκει. 2 Βουλόμενος οὖν ἡμᾶς παραμένειν ἐπὶ πλεῖστον, ἵν' ἔχῃ τοῖς ὀφθαλμοῖς αὐτοῦ χαρίζεσθαι, περιπλοκὰς ἐζήτει λόγων, πρῶτον μὲν τὴν φύσιν τοῦ θηρίου καταλέγων, εἶτα καὶ τὸν τρόπον τῆς ἄγρας, ὡς ἔστι μὲν ἀδηφαγώτατον καὶ ποιεῖται τροφὴν ὅλον λήϊον, ἀπάτῃ δὲ πάσχει τὴν ἄγραν. 3 Ἐπιτηρήσαντες γὰρ αὐτοῦ τὰς διατριβάς, ὄρυγμα ποιησάμενοι, ἐπικαλύπτουσιν ἄνωθεν καλάμῃ καὶ χώματι· ὑπὸ δὲ τὴν τῶν καλάμων μηχανὴν ἱστάναι κάτω ξύλινον οἴκημα τὰς θύρας ἀνεῳγμένον εἰς τὸν ὄροφον τοῦ βόθρου καὶ τὴν πτῶσιν τοῦ θηρὸς λοχᾶν· 4 τὸν μὲν γὰρ ἐπιβάντα φέρεσθαι εὐθὺς καὶ τὸ οἴκημα φωλεοῦ δίκην ὑποδέχεσθαι καὶ τοὺς κυνηγέτας ἐκθορόντας εὐθὺς ἐπικλείειν τοῦ πώματος τὰς θύρας καὶ ἔχειν οὕτω τὴν ἄγραν, ἐπεὶ πρός γε τὸ καρτερὸν οὐδεὶς ἂν αὐτοῦ κρατήσειε βίᾳ. 5 « Τά τε γὰρ ἄλλα ἐστὶν ἀλκιμώτατος καὶ τὸ δέρμα, ὡς ὁρᾶτε, φέρει τραχὺ καὶ οὐκ ἐθέλει πείθεσθαι σιδήρου τραύματι, ἀλλ' ἔστιν, ὡς εἰπεῖν, ἐλέφας Αἰγύπτιος. Καὶ γὰρ δεύτερος φαίνεται εἰς ἀλκὴν ἐλέφαντος Ἰνδοῦ. »

8. C'est la leçon des manuscrits ; [Eustathe] donne συός, le porc, que préfère Vilborg (*cf.* Pline, *HN*, 8, 95, qui lui attribue queue et dents de porc).

9. On retrouve ici une variante (et plus ou moins une parodie) égyptienne de la séduction de Clitophon au jardin (*supra* I, 15 *sqq.*), mais les éléments retenus par le stratège n'ont rien d'érotique (même si

que sa joue, sa gueule s'ouvre jusqu'aux tempes ; il a des canines recourbées, qui ont le même aspect et la même position que celles d'un cheval[8], mais qui sont trois fois plus grandes.

III. **1** Le stratège nous invite alors à ce spectacle, et Leucippé était là aussi. Nous avions, nous, les yeux fixés sur l'animal, et le stratège sur Leucippé, et aussitôt le voilà pris. **2** Comme il désirait que nous restions le plus longtemps possible, afin de pouvoir satisfaire ses yeux, il cherchait à entrelacer phrase sur phrase[9], tout d'abord en exposant la nature de l'animal, puis la manière de le chasser : il est très vorace, fait sa nourriture de tout un champ de blé et c'est par ruse qu'on le chasse. **3** Après avoir observé ses habitudes[10], on creuse une fosse que l'on recouvre de roseaux et de terre battue ; sous ce piège de roseaux est placée une cage de bois dont les portes sont ouvertes en direction du toit de la fosse et l'on attend, en embuscade, la chute de l'animal. **4** Lorsqu'il arrive, il tombe aussitôt et la cage le reçoit à la manière d'une tanière ; les chasseurs s'élancent et ferment aussitôt les portes du couvercle ; c'est ainsi qu'ils tiennent leur proie, car nul ne saurait venir à bout de sa résistance par la force. **5** Outre qu'il est des plus vigoureux, il a aussi, comme vous le voyez, une peau rugueuse et elle résiste à la blessure du fer ; c'est, pour ainsi dire, un éléphant d'Égypte[11], car pour la force il semble venir juste après l'éléphant de l'Inde.

la chasse est une métaphore socratique courante de l'amour...) ; sur ce point, voir L. Plazenet, « Le Nil et son delta dans les romans grecs », *Phœnix* 49 (1995), p. 5-22, en part. 17-19.

10. Ou, avec un sens spatial, « les places où il se tient ».

11. L'assimilation a pour vertu principale de ménager la transition vers la description animale suivante.

IV. 1 Καὶ ὁ Μενέλαος, « Ἦ γὰρ ἐλέφαντα ἤδη τεθέασαι, ἔφη, ποτέ; » « Καὶ μάλα, ὁ Χαρμίδης εἶπε, καὶ ἀκήκοα παρὰ τῶν ἀκριβῶς εἰδότων τῆς γενέσεως αὐτοῦ τὴν φύσιν ὡς παράδοξον. » 2 « Ἀλλ' ἡμεῖς οὐκ εἴδομεν εἰς ταύτην, ἔφην ἐγώ, τὴν ἡμέραν, ὅτι μὴ γραφῇ. » « Λέγοιμ' ἂν ὑμῖν, εἶπε· καὶ γὰρ ἄγομεν σχολήν. Κύει μὲν αὐτὸν ἡ μήτηρ χρονιώτατον· δέκα γὰρ ἐνιαυτοῖς πλάττει τὴν σποράν· μετὰ δὲ τοσαύτην ἐτῶν περίοδον τίκτεται, ὅταν ὁ τόκος γέρων γένηται. 3 Διὰ τοῦτο, οἶμαι, γίνεται μέγας τὴν μορφήν, ἄμαχος τὴν ἀλκήν, πολὺς τὴν βιοτήν, βραδὺς τὴν τελευτήν· βίον γὰρ αὐτῷ λέγουσιν ὑπὲρ τὴν Ἡσιόδου κορώνην. 4 Τοιαύτη ἐστὶν ἐλέφαντος ἡ γένυς, οἵα τῶν βοῶν ἐστιν ἡ κεφαλή. Σὺ μὲν γὰρ ἂν ἰδὼν εἴποις κέρας ἔχειν αὐτῷ διπλοῦν τὸ στόμα· ἔστι δὲ τοῦτο ἐλέφαντος καμπύλος ὀδούς. Μεταξὺ δὲ τῶν ὀδόντων ἀνίσταται αὐτῷ προβοσκίς, κατὰ σάλπιγγα μὲν καὶ τὴν ὄψιν καὶ τὸ μέγεθος, εὐπειθὴς δὲ τῶν πρὸς τὸν ἐλέφαντα· 5 προνομεύει γὰρ αὐτῷ τὰς τροφὰς καὶ πᾶν ὁτιοῦν ἐμποδὼν εὑρήσει σιτίον· ἐὰν μὲν ᾖ ὄψον ἐλέφαντος, ἔλαβέ τε εὐθὺς καὶ ἐπιπτυχθεῖσα κάτω πρὸς τὴν γένυν τῷ στόματι τὴν τροφὴν διακονεῖ· ἂν δέ τι τῶν λαροτέρων ἴδῃ, τούτῳ περιβάλλει, κύκλῳ τὴν ἄγραν περισφίγξας, καὶ τὸ πᾶν ἀνεκούφισε καὶ ὤρεξεν ἄνω δῶρον δεσπότῃ. 6 Ἐπικάθηται γάρ τις αὐτῷ ἀνὴρ Αἰθίοψ, καινὸς ἐλέφαντος ἱππεὺς ὤν· καὶ κολακεύει καὶ φοβεῖται καὶ τῆς φωνῆς αἴσθεται καὶ μαστίζοντος ἀνέχεται· ἡ δὲ μάστιξ αὐτῷ

12. C'est le phénix qu'Hérodote, pour sa part, n'avait vu qu'en peinture (II, 75).

13. Pline, *HN*, 8, 28, atteste cette croyance courante.

14. Fr. 304 Merkelbach-West – le passage est cité par Plutarque, *De def. or.*, 417 C, où la corneille est censée vivre neuf générations humaines.

IV. **1** Ménélas dit alors : « As-tu déjà vu un jour un éléphant ? – Bien sûr, répondit Charmidès, et j'ai entendu de la bouche de personnes qui s'y connaissent combien sont extraordinaires les particularités de sa naissance. – **2** Quant à nous, dis-je, nous n'en avons vu jusqu'à ce jour qu'en peinture[12]. – Je vais vous en parler, dit-il, car nous avons le temps. Sa mère le porte très longtemps, car elle met dix ans à façonner la semence, et c'est après cette longue période qu'elle enfante, lorsque son rejeton est déjà vieux[13]. **3** C'est pour cette raison, je pense, qu'il est d'une grande taille, d'une force invincible, que sa vie est longue et que sa mort vient tard ; on dit en effet que sa vie surpasse celle de la corneille d'Hésiode[14]. **4** La mâchoire de l'éléphant est semblable à la tête des bovins, car on dirait, à le voir, que sa gueule possède une double corne ; c'est là la dent recourbée de l'éléphant. Entre ses dents se dresse sa trompe, semblable à une trompette par son aspect et par sa taille ; elle se prête aux besoins de l'éléphant : **5** elle se met pour lui en quête de sa nourriture et de tout ce qu'elle pourra découvrir de comestible sur son chemin ; si c'est une nourriture d'éléphant, elle la prend aussitôt, se replie vers le bas jusqu'à la mâchoire et porte cette nourriture à sa gueule ; et s'il voit quelque chose de plus délicieux, il l'enserre en lançant sa trompe tout autour, puis soulève le tout et le tend vers le haut en présent à son maître[15]. **6** Un Éthiopien est assis sur lui, un nouveau genre de cavalier d'éléphant. Celui-ci cherche à lui plaire, le craint, comprend sa voix et supporte d'être fouetté, mais son fouet est une

15. Sur la dévotion de l'éléphant à son maître, voir, par ex., Plutarque, *Alex.*, 60, 12-13 ou encore Philostrate, *V. Apoll.*, II 12.

πέλεκυς σιδηροῦς. 7 Εἶδον δέ ποτε καὶ θέαμα καινόν. Ἀνὴρ Ἕλλην ἐνέθηκε τὴν κεφαλὴν κατὰ μέσην τοῦ θηρίου τὴν κεφαλήν· ὁ δὲ ἐλέφας ἐκεχήνει καὶ περιήσθμαινε τὸν ἄνθρωπον ἐγκείμενον. Ἀμφότερα οὖν ἐθαύμαζον, καὶ τὸν ἄνθρωπον τῆς εὐτολμίας καὶ τὸν ἐλέφαντα τῆς φιλανθρωπίας. 8 Ὁ δὲ ἄνθρωπος ἔλεγεν ὅτι καὶ μισθὸν εἴη δεδωκὼς τῷ θηρίῳ· προσπνεῖν γὰρ αὐτῷ καὶ μόνον οὐκ ἀρωμάτων Ἰνδικῶν· εἶναι δὲ καὶ κεφαλῆς νοσούσης φάρμακον. Οἶδεν οὖν τὴν θεραπείαν ὁ ἐλέφας καὶ προῖκα οὐκ ἀνοίγει τὸ στόμα, ἀλλ' ἔστιν ἰατρὸς ἀλαζὼν καὶ τὸν μισθὸν πρῶτος αἰτεῖ. Κἂν δῷς, πείθεται καὶ παρέχει τὴν χάριν καὶ ἁπλοῖ τὴν γένυν καὶ τοσοῦτον ἐκδέχεται κεχηνώς, ὅσον ὁ ἄνθρωπος βούλεται. Οἶδε γὰρ ὅτι πέπρακε τὴν ὀσμήν. »

V. 1 « Καὶ πόθεν, ἔφην, οὕτως ἀμόρφῳ θηρίῳ τοσαύτη τις εὐωδίας ἡδονή ; » « Ὅτι, ἔφη Χαρμίδης, τοιαύτην ποιεῖται καὶ τὴν τροφήν. Ἰνδῶν γὰρ ἡ γῆ γείτων ἡλίου· πρῶτοι γὰρ ἀνατέλλοντα τὸν θεὸν ὁρῶσιν Ἰνδοί, καὶ αὐτοῖς θερμότερον τὸ φῶς ἐπικάθηται, καὶ τηρεῖ τὸ σῶμα τοῦ πυρὸς τὴν βαφήν. 2 Γίνεται δὲ παρὰ τοῖς Ἕλλησιν ἄνθος Αἰθίοπος χροιᾶς· ἔστι δὲ παρ' Ἰνδοῖς οὐκ ἄνθος ἀλλὰ πέταλον, οἷα παρ' ἡμῖν τὰ πέταλα τῶν φυτῶν· ὃ μὲν κλέπτον τὴν πνοὴν καὶ τὴν ὀδμὴν οὐκ ἐπιδείκνυται· ἢ γὰρ ἀλαζονεύεσθαι πρὸς τοὺς εἰδότας ὀκνεῖ τὴν ἡδονὴν ἢ τοῖς πολίταις φθονεῖ· ἂν δὲ τῆς γῆς μικρὸν ἐξοικήσῃ καὶ ὑπερβῇ τοὺς ὅρους, ἀνοίγει τῆς κλοπῆς τὴν ἡδονὴν καὶ ἄνθος ἀντὶ φύλλου γίνεται καὶ τὴν ὀδμὴν ἐνδύεται. 3 Μέλαν τοῦτο ῥόδον Ἰνδῶν· ἔστι

hache de fer. **7** J'ai vu aussi, un jour, un spectacle inouï : un Grec avait mis sa tête au milieu de celle de l'animal ; l'éléphant avait la gueule grande ouverte et caressait de son haleine l'homme qui s'y trouvait. Comme je m'étonnais à la fois de la témérité de l'homme et de la bonhomie de l'éléphant, **8** cet homme déclara qu'il avait donné un salaire à l'animal ; l'odeur de son haleine, en effet, se rapproche des aromates de l'Inde et c'est un remède aux maux de tête. L'éléphant connaît ce traitement et ce n'est pas gratuitement qu'il ouvre la gueule ; c'est un médecin charlatan qui réclame en premier ses honoraires. Si tu lui donnes, il se laisse persuader, montre sa bonne grâce, ouvre ses mâchoires et attend, la gueule ouverte, aussi longtemps que l'homme le désire, car il sait qu'il a vendu son odeur. »

V. **1** « Et d'où vient, dis-je, que d'un animal si laid puisse venir une bonne odeur qui donne tant de plaisir ? – C'est, répondit Charmidès, que telle est aussi la nourriture qu'il prend. L'Inde est voisine du soleil ; les Indiens sont en effet les premiers à voir se lever le dieu, sa lumière pèse sur eux plus ardente et leur corps conserve la teinte du feu. **2** Il pousse chez les Grecs une fleur de couleur éthiopienne[16] ; mais chez les Indiens, ce n'est pas une fleur, mais une feuille, comme chez nous les feuilles des arbres ; celle-ci dissimulant son odeur parfumée, n'en laisse rien paraître, soit qu'elle hésite à se vanter devant les connaisseurs du plaisir qu'elle procure, soit qu'elle refuse ce plaisir aux gens de son pays ; mais si elle émigre à quelque distance de son territoire et franchit la frontière, elle découvre la suavité qu'elle dissimulait, de feuille, elle devient fleur et se pénètre de parfum. **3** C'est la rose noire des Indiens

16. C'est-à-dire sombre.

δὲ τοῖς ἐλέφασι σιτίον, ὡς τοῖς βουσὶ παρ' ἡμῖν ἡ πόα. Ἅτε οὖν ἐκ πρώτης γονῆς αὐτῷ τραφείς, ὄδωδέ τε πᾶς κατὰ τὴν τροφὴν καὶ τὸ πνεῦμα πέμπει κάτωθεν εὐωδέστατον, ὃ τῆς πνοῆς αὐτῷ γέγονε πηγή. »

VI. 1 Ἐπεὶ οὖν ἐκ τῶν λόγων ἀπηλλάγημεν τοῦ στρατηγοῦ, μικρὸν διαλιπών, ὅτι οὐ δύναταί τις τρωθεὶς ἀνέχεσθαι θλιβόμενος τῷ πυρί, τὸν Μενέλαον μεταπέμπεται καὶ τῆς χειρὸς λαβόμενος λέγει· « Ἀγαθὸν εἰς φιλίαν οἶδά σε δι' ὧν ἔπραξας εἰς Κλειτοφῶντα, κἀμὲ δὲ εὑρήσεις οὐ χείρονα. 2 Δέομαι δὲ παρὰ σοῦ χάριτος, σοὶ μὲν ῥᾳδίας, ἐμοὶ δὲ ἀνασώσεις τὴν ψυχήν, ἂν θέλῃς. Λευκίππη με ἀπολώλεκε. Σῶσον δὲ σύ. Ὀφείλεταί σοι παρ' αὐτῆς ζωάγρια· χρυσοῖ μὲν πεντήκοντα τῆς διακονίας, αὐτῇ δέ, ὅσους ἂν θέλῃ. » 3 Λέγει οὖν ὁ Μενέλαος· « Τοὺς μὲν χρυσοῦς ἔχε καὶ φύλαττε τοῖς τὰς χάριτας πιπράσκουσιν· ἐγὼ δέ, φίλος ὤν, πειράσομαι γενέσθαι σοι χρήσιμος. » Ταῦτα εἰπὼν ἔρχεται πρός με καὶ πάντα καταγορεύει. Ἐβουλευόμεθα οὖν τί δεῖ πράττειν. Ἔδοξε δὲ αὐτὸν ἀπατῆσαι. 4 Τό τε γὰρ ἀντιλέγειν οὐκ ἀκίνδυνον ἦν, μὴ καὶ βίαν προσαγάγῃ, τὸ δὲ φεύγειν ἀδύνατον, πάντῃ μὲν λῃστῶν περικεχυμένων, τοσούτων δὲ στρατιωτῶν ἀμφ' αὐτὸν ὄντων.

VII. 1 Μικρὸν οὖν διαλιπὼν ὁ Μενέλαος ἀπελθὼν πρὸς τὸν Χαρμίδην, « Κατείργασται τὸ ἔργον, ἔφη· καίτοι τὸ πρῶτον ἠρνεῖτο ἰσχυρῶς ἡ γυνή, δεομένου δέ μου καὶ ὑπομιμνήσκοντος τῆς εὐεργεσίας ἐπένευσεν.

17. Il peut s'agir d'une sorte de canellier (sur le sujet, voir Théophraste, *HP*, IX 5, et les commentaires de S. Amigues dans la CUF). On retrouve en tout cas associés fleur, plaisir et parfum, comme dans le *logos erotikos* de Clitophon, mais dans un contexte tout différent et qui intrigue plus les participants masculins, Ménélas ou Clitophon, qu'il ne semble intéresser la jeune fille.

qui pour les éléphants, est un aliment comme, chez nous, l'herbe pour les bœufs[17]. Comme l'éléphant en est nourri depuis sa naissance, son corps tout entier a l'odeur de sa nourriture et il exhale le souffle le plus suave : c'est la source de son haleine. »

VI. **1** Lorsque nous fûmes sortis des discours du stratège, peu après, parce que l'on ne peut, une fois blessé par l'amour, supporter d'être opprimé par son feu, Charmidès mande Ménélas et, l'ayant pris par la main, lui dit : « Je sais que tu es un bon ami par tout ce que tu as fait pour Clitophon, et moi aussi tu constateras que je ne le suis pas moins. **2** Je te demande une faveur : cela te sera facile, et à moi tu sauveras la vie, si tu le veux. Leucippé m'a perdu. Mais toi, sois mon sauveur. Elle te doit d'avoir la vie sauve ; ce sera cinquante pièces d'or pour ton service, mais pour elle, autant qu'elle en voudra. » **3** Ménélas dit alors : « Garde tes pièces et conserve-les pour ceux qui vendent leurs services ; moi c'est en qualité d'ami que je tenterai de te servir. » Sur ces mots, il vient me trouver et me rapporte toute l'affaire. Nous délibérons alors sur ce qu'il faut faire. Il fut décidé de le tromper[18]. **4** Refuser n'allait pas sans danger car il était à craindre qu'il n'employât la force, et fuir était impossible puisque nous étions complètement encerclés par les brigands et qu'il y avait tant de soldats autour de lui.

VII. **1** Peu après, Ménélas retourna chez Charmidès : « L'affaire est faite, dit-il, quoique, tout d'abord, la femme ait énergiquement refusé ; mais comme je la suppliais et lui rappelais mes bienfaits, elle a donné son consentement ;

18. On retrouve le thème qui a déjà prévalu dans la comédie du sacrifice (*supra*, III, 21, 4).

2 Ἀξιοῖ δὲ δικαίαν δέησιν, ὀλίγην αὐτῇ χαρίσασθαι προθεσμίαν ἡμερῶν, ‘ἔστ’ ἂν εἰς τὴν Ἀλεξάνδρειαν ἀφίκωμαι. Κώμη γὰρ αὕτη, καὶ ἐν ὄψει τὰ γινόμενα, καὶ πολλοὶ μάρτυρες.’ » « Εἰς μακράν, ὁ Χαρμίδης εἶπε, δίδως τὴν χάριν. 3 Ἐν πολέμῳ δὲ τίς ἐπιθυμίαν ἀναβάλλεται; Στρατιώτης δὲ ἐν χερσὶν ἔχων μάχην οἶδεν εἰ ζήσεται; Τοσαῦται τῶν θανάτων εἰσὶν ὁδοί. Αἴτησαί μοι παρὰ τῆς Τύχης τὴν ἀσφάλειαν, καὶ μενῶ. Ἐπὶ πόλεμον νῦν ἐξελεύσομαι βουκόλων· ἔνδον μου τῆς ψυχῆς ἄλλος πόλεμος κάθηται. Στρατιώτης με πορθεῖ τόξον ἔχων, βέλος ἔχων. 4 Νενίκημαι, πεπλήρωμαι βελῶν· κάλεσον, ἄνθρωπε, ταχὺ τὸν ἰώμενον· ἐπείγει τὸ τραῦμα. Ἅψω πῦρ ἐπὶ τοὺς πολεμίους· ἄλλας δᾷδας ὁ Ἔρως ἀνῆψε κατ’ ἐμοῦ· τοῦτο πρῶτον, Μενέλαε, σβέσον τὸ πῦρ. 5 Καλὸν τὸ οἰώνισμα πρὸ πολέμου συμβολῆς ἐρωτικὴ συμπλοκή. Ἀφροδίτη με πρὸς Ἄρεα ἀποστειλάτω. » Καὶ ὁ Μενέλαος, « Ἀλλ’ ὁρᾷς, ἔφη, ὡς οὐκ ἔστι ῥᾴδιον λαθεῖν αὐτὴν ἐνθάδε τὸν ἄνδρα καὶ ταῦτα ἐρῶντα. » 6 Καὶ ὁ Χαρμίδης, « Ἀλλὰ τοῦτό γε ῥᾴδιον, ἔφη, τὸν Κλειτοφῶντα ἀποφορτίσασθαι. » Ὁρῶν οὖν ὁ Μενέλαος τοῦ Χαρμίδου τὴν σπουδὴν καὶ φοβηθεὶς περὶ ἐμοῦ, ταχύ τι σκέπτεται πιθανὸν καὶ λέγει· 7 « Βούλει τὴν ἀλήθειαν ἀκοῦσαι τῆς ἀναβολῆς; Ἦ γὰρ αὕτη χθὲς ἀφῆκε τὰ ἔμμηνα, καὶ ἀνδρὶ συνελθεῖν οὐ θέμις. » « Οὐκοῦν ἀναμενοῦμεν, ὁ Χαρμίδης εἶπεν, ἐνταῦθα τρεῖς ἡμέρας ἢ τέτταρας, αὗται γὰρ ἱκαναί.

19. Comparer aux attaques d’Éros contre Clitophon en I, 11, 3-5 et II, 4, 5-5.

2 mais elle fait une demande raisonnable : qu'on lui accorde la grâce d'un petit délai de quelques jours, "jusqu'à ce que, dit-elle, je sois arrivée à Alexandrie, car ici c'est un village, tout s'y passe au su et au vu de tout le monde". – Il est à long terme, dit Charmidès, le service que tu me rends. **3** Dans une guerre, qui peut différer son désir ? Un soldat qui va se battre sait-il s'il va rester en vie ? Il y tant de chemins qui mènent à la mort ! Demande pour moi à la Fortune la sécurité et j'attendrai. Je dois maintenant partir en guerre contre les bouviers, mais à l'intérieur de mon âme se livre une autre guerre. Un soldat me ravage avec un arc, avec des flèches[19]. **4** Je suis vaincu, je suis criblé de flèches ; mon ami, appelle vite le médecin, ma blessure se fait pressante. Je vais allumer le feu contre les ennemis ; ce sont d'autres torches qu'Éros a allumées contre moi ; Ménélas, éteins d'abord ce feu-là. **5** C'est un bon présage, avant une rencontre guerrière, qu'un engagement amoureux[20]. Qu'Aphrodite m'envoie vers Arès. » Et Ménélas de répondre : « Mais tu vois qu'il ne lui est pas facile d'échapper ici aux regards de son époux, d'autant qu'il en est amoureux. » **6** Et Charmidès : « Mais voici du moins chose facile, dit-il, que de se débarrasser de Clitophon. » Alors Ménélas, voyant la hâte de Charmidès et craignant pour moi, invente aussitôt un prétexte vraisemblable et dit : **7** « Tu veux connaître la vraie raison du délai ? C'est qu'hier elle a commencé à avoir ses règles, et qu'il ne lui est pas permis de s'unir à un homme. – Eh bien, nous attendrons, reprit Charmidès, ici-même trois ou quatre jours, c'est ce qui suffit.

20. Le jeu verbal se fait ici entre συμβολή et συμπλοκή – ce dernier déjà employé pour l'étreinte amoureuse en I, 9, 5, 15, 2 et 17, 5 ; II, 37, 6 et 38, 4, tandis que le premier a aussi été utilisé pour l'union des lèvres dans le baiser en II, 7, 5 et 8, 2.

8 Ὁ δὲ ἔξεστιν αἰτῶ παρ' αὐτῆς· εἰς ὀφθαλμοὺς ἡκέτω τοὺς ἐμοὺς καὶ λόγων μεταδότω· ἀκοῦσαι θέλω φωνῆς, χειρὸς θιγεῖν, ψαῦσαι σώματος· αὗται γὰρ ἐρώντων παραμυθίαι. Ἔξεστι δὲ αὐτῇ καὶ φιλῆσαι· τοῦτο γὰρ οὐ κεκώλυκεν ἡ γαστήρ. »

VIII. 1 Ὡς οὖν ταῦτα ὁ Μενέλαος ἐλθὼν ἀπαγγέλλει μοι, πρὸς τοῦτο ἀνεβόησα, ὡς θᾶττον ἂν ἀποθάνοιμι ἢ περιΐδω Λευκίππης φίλημα ἀλλοτριούμενον. « Οὗ τί γάρ, ἔφην, ἐστὶ γλυκύτερον; 2 Τὸ μὲν γὰρ ἔργον τῆς Ἀφροδίτης καὶ ὅρον ἔχει καὶ κόρον, καὶ οὐδέν ἐστιν, ἐὰν ἐξέλῃς αὐτοῦ τὰ φιλήματα· φίλημα δὲ καὶ ἀόριστόν ἐστι καὶ ἀκόρεστον καὶ καινὸν ἀεί. Τρία γὰρ τὰ κάλλιστα ἀπὸ τοῦ στόματος ἄνεισιν, ἀναπνοὴ καὶ φωνὴ καὶ φίλημα· 3 τοῖς μὲν γὰρ χείλεσιν ἀλλήλους φιλοῦμεν, ἀπὸ δὲ τῆς ψυχῆς ἡ τῆς ἡδονῆς ἐστι πηγή. Πίστευσόν μοι λέγοντι, Μενέλαε — ἐν γὰρ τοῖς κακοῖς ἐξορχήσομαι τὰ μυστήρια —, ταῦτα μόνα παρὰ Λευκίππης ἔχω κἀγώ. Ἔτι μένει παρθένος· μέχρι μόνων τῶν φιλημάτων ἐστί μου γυνή. 4 Εἰ δέ τις ἁρπάσει μου καὶ ταῦτα, οὐ φέρω τὴν φθοράν· οὐ μοιχεύσεταί μου τὰ φιλήματα. » « Οὐκοῦν, ἔφη ὁ Μενέλαος, βουλῆς ἡμῖν ἀρίστης δεῖ καὶ ταχίστης. 5 Ἐρῶν γάρ τις, εἰς ὅσον μὲν ἔχει τὴν ἐλπίδα τοῦ τυχεῖν, φέρει, εἰς αὐτὸ τὸ τυχεῖν ἀποτεινόμενος. Ἐὰν δὲ ἀπογνῷ, τὸ ἐπιθυμοῦν μεταβαλὼν ἀντιλυπῆσαι μέχρι τοῦ δυνατοῦ τολμᾷ τὸ κωλῦον. 6 Ἔστω δὲ καὶ ἰσχύς, ὥστε τι δρᾶσαι μετὰ τοῦ μὴ παθεῖν· τοῦτο δὲ τῆς ψυχῆς τὸ μὴ φοβούμενον ἀγριαίνει μᾶλλον τὸ θυμούμενον. Καὶ γὰρ ὁ καιρὸς ἐπείγει τῶν πραγμάτων τὸ ἄπορον. »

8 Mais je lui demande ce qui est permis : qu'elle vienne sous mes yeux, qu'elle s'entretienne avec moi ; je désire entendre sa voix, toucher sa main, effleurer son corps, car ce sont des consolations pour les amoureux. Il lui est aussi permis de donner des baisers : à cela son ventre ne fait pas obstacle. »

VIII. **1** Quand Ménélas vint me rapporter ces propos, je me mis à crier que je mourrais plutôt que de voir avec indifférence un baiser de Leucippé dérobé par un autre : « Qu'y a-t-il en effet, dis-je, de plus suave que cela ? **2** Car l'acte d'Aphrodite comporte et limite et satiété, et ce n'est rien si l'on en retire les baisers ; un baiser, lui, est sans limite, sans satiété et toujours nouveau. Les trois présents les plus précieux viennent de la bouche : la respiration, la voix et le baiser ; **3** c'est avec les lèvres que nous nous embrassons, mais c'est de l'âme que provient le plaisir. Crois mes paroles, Ménélas – dans nos malheurs, je vais te révéler nos secrets –, il n'y a que cela que, moi, je possède de Leucippé ; elle est encore vierge et n'est ma femme que jusqu'aux baisers ; **4** et si l'on doit me ravir cela aussi, je n'en supporterai pas la perte. Ses baisers ne me seront pas volés par un adultère. – Alors, répondit Ménélas, il nous faut un bon plan et vite, **5** car un amoureux n'est patient qu'autant qu'il a l'espoir de toucher au but dans les efforts qu'il fait pour y atteindre ; mais s'il désespère, alors, changeant son désir, il entreprend de se venger par tous les moyens de ce qui lui fait obstacle[21]. **6** Qu'il ait aussi assez de force pour faire quelque mal sans en subir, et ce sentiment de ne rien avoir à craindre aigrit encore davantage sa colère. Et l'urgence aggrave aussi la difficulté de la situation. »

21. C'est ce que démontrera Thersandre dans la suite du roman.

IX. 1 Σκοπούντων οὖν ἡμῶν εἰστρέχει τις τεθορυβημένος καὶ λέγει τὴν Λευκίππην ἄφνω βαδίζουσαν καταπεσεῖν καὶ τὼ ὀφθαλμὼ διαστρέφειν. Ἀναπηδήσαντες οὖν ἐθέομεν ἐπ' αὐτὴν καὶ ὁρῶμεν ἐπὶ τῆς γῆς κειμένην. 2 Προσελθὼν οὖν ἀνεπυθόμην ὅ τι πάθοι. Ἡ δὲ ὡς εἶδέ με, ἀναπηδήσασα παίει με κατὰ τῶν προσώπων, ὕφαιμον βλέπουσα· ὡς δὲ καὶ ὁ Μενέλαος οἷός τε ἦν ἀντιλαμβάνεσθαι, παίει κἀκεῖνον τῷ σκέλει. Συνέντες οὖν ὅτι μανία εἴη τις [ἐπὶ] τὸ κακόν, βίᾳ συλλαβόντες ἐπειρώμεθα κρατεῖν· ἡ δὲ προσεπάλαιεν ἡμῖν, οὐδὲν φροντίζουσα κρύπτειν ὅσα γυνὴ μὴ ὁρᾶσθαι θέλει. 3 Θόρυβος οὖν πολὺς περὶ τὴν σκηνὴν αἴρεται, ὥστε καὶ αὐτὸν εἰσδραμεῖν τὸν στρατηγὸν καὶ τὰ γινόμενα ὁρᾶν. Ὁ δὲ τὰ πρῶτα σκῆψιν ὑπώπτευε τὴν ἀσθένειαν καὶ τὸν Μενέλαον ὑπεβλέπετο· ὡς δὲ κατὰ μικρὸν ἑώρα τὴν ἀλήθειαν, ἔπαθέ τι καὶ αὐτὸς καὶ ἠλέησε. Κομίσαντες οὖν βρόχους ἔδησαν τὴν ἀθλίαν. 4 Ὡς δὲ εἶδον αὐτῆς περὶ τὰς χεῖρας τὰ δεσμά, ἐδεόμην Μενελάου, τῶν πολλῶν ἀπηλλαγμένων ἤδη, « Λύσατε, λέγων, ἱκετεύω, λύσατε· οὐ φέρουσι δεσμὸν χεῖρες ἁπαλαί. Ἐάσατέ με σὺν αὐτῇ μόνον· ἐγὼ περιπτυξάμενος αὐτῇ δεσμὸς ἔσομαι· μαινέσθω κατ' ἐμοῦ. 5 Τί γάρ με καὶ ζῆν ἔτι δεῖ; Οὐ γνωρίζει με Λευκίππη παρόντα· κεῖται δέ μοι δεδεμένη, καὶ ὁ ἀναιδὴς ἐγὼ λῦσαι δυνάμενος οὐ θέλω. Ἐπὶ τούτῳ σέσωκεν ἡμᾶς ἐκ τῶν λῃστῶν ἡ Τύχη, ἵνα γένῃ μανίας παιδιά; Ὦ

22. On peut avoir là un souvenir de la mort de Polyxène chez Euripide (*Hec.*, 570), laquelle prend les précautions de décence exactement contraires.

IX. **1** Comme nous réfléchissions, un homme entre en courant, plein de trouble, et dit que Leucippé, pendant qu'elle se promenait, était tombée tout à coup et avait les yeux révulsés. Nous ne fîmes qu'un bond et courûmes vers elle : nous la voyons étendue sur le sol. **2** M'étant approché, je lui demandai ce qu'elle avait, mais elle, à ma vue, bondit et me frappe au visage, les yeux injectés de sang. Comme Ménélas lui aussi voulait la retenir, elle lui donne aussi un coup de pied. Comprenant alors que son mal était quelque accès de folie, nous en étant emparés de force, nous essayâmes de la maîtriser, mais elle continuait à lutter contre nous, sans se soucier de cacher ce qu'une femme désire ne pas laisser voir[22]. **3** Un grand brouhaha s'élève alors aux alentours de la tente, si bien que le stratège lui aussi entre en courant et voit ce qui se passe. Tout d'abord il eut le soupçon que la maladie n'était qu'un prétexte et il regardait Ménélas de travers ; mais lorsque peu à peu il entrevit la vérité, il en éprouva lui aussi de la douleur et fut pris de pitié. On apporta des cordes et on ligota la malheureuse. **4** Lorsque je vis les liens autour de ses bras, je suppliai Ménélas, une fois que la foule se fut retirée, en disant : « Détachez-la, je vous en prie, détachez-la ; des bras délicats ne supportent pas les liens. Laissez-moi seul avec elle ; c'est moi qui, en l'enlaçant, serai son lien[23] ; que sa folie s'exerce contre moi. **5** Pourquoi donc continuer à vivre ? Leucippé ne reconnaît pas ma présence ; mais elle gît devant moi, ligotée, et moi, le cruel, je peux la délier et je ne le veux pas. Est-ce donc pour cela que la Fortune nous a sauvés des brigands, pour que tu sois le jouet de la folie ? Infortunés que nous sommes chaque fois que la

23. L'ingéniosité verbale est cette fois au service du sublime.

δυστυχεῖς ἡμεῖς, ὅταν εὐτυχήσωμεν. 6 Τοὺς οἴκοι φόβους ἐκπεφεύγαμεν, ἵνα ναυάγια δυστυχήσωμεν. Ἐκ τῆς θαλάσσης περιγεγόναμεν· ἐκ τῶν λῃστῶν ἀνασεσώσμεθα· μανίᾳ γὰρ ἐτηρούμεθα. 7 Ἐγὼ μέν, ἂν σωφρονήσῃς, φιλτάτη, φοβοῦμαι πάλιν τὸν δαίμονα, μή τί σοι κακὸν ἐργάσηται. Τίς οὖν ἡμῶν κακοδαιμονέστερος, οἳ φοβούμεθα καὶ τὰ εὐτυχήματα ; Ἀλλ' εἰ μόνον μοι σωφρονήσειας καὶ σεαυτὴν ἀπολάβοις, παιζέτω πάλιν ἡ Τύχη. »

X. 1 Ταῦτά με λέγοντα παρηγόρουν οἱ ἀμφὶ τὸν Μενέλαον, φάσκοντες μὴ ἔμμονα εἶναι τὰ τοιαῦτα νοσήματα, πολλάκις δὲ καὶ ἡλικίας ζεούσης ὑπάρχειν. Τὸ γὰρ αἷμα πάντῃ νεάζον καὶ ὑπὸ πολλῆς ἀκμῆς ἀναζέον ὑπερβλύζει πολλάκις τὰς φλέβας καὶ τὴν κεφαλὴν ἔνδον περικλύζον βαπτίζει τοῦ λογισμοῦ τὴν ἀναπνοήν. 2 Δεῖν οὖν ἰατροὺς μεταπέμπειν καὶ θεραπείαν προσφέρειν. Πρόσεισιν οὖν τῷ στρατηγῷ ὁ Μενέλαος καὶ δεῖται τὸν τοῦ στρατοπέδου ἰατρὸν μετακαλέσασθαι. Κἀκεῖνος ἀσμένως ἐπείσθη· χαίρουσι γὰρ οἱ ἐρῶντες εἰς τὰ ἐρωτικὰ προστάγματα. 3 Καὶ ὁ ἰατρὸς παρῆν καὶ λέγει· « Νῦν μὲν ὕπνον αὐτῇ παρασκευάσωμεν, ὅπως τὸ ἄγριον τῆς ἀκμῆς ἡμερώσωμεν· ὕπνος γὰρ πάντων νοσημάτων φάρμακον. Ἔπειτα δὲ καὶ τὴν λοιπὴν θεραπείαν προσοίσομεν. » 4 Δίδωσιν οὖν ἡμῖν φάρμακόν τι μικρόν, ὅσον ὀρόβου μέγεθος, καὶ κελεύει λύσαντας εἰς ἔλαιον ἐπαλεῖψαι τὴν κεφαλὴν μέσην· σκευάσειν δὲ ἔφη καὶ ἕτερον εἰς γαστρὸς αὐτῇ κάθαρσιν. 5 Ἡμεῖς μὲν οὖν ἃ ἐκέλευσεν ἐποιοῦμεν, ἡ δὲ ἐπαλειφθεῖσα μετὰ μικρὸν ἐκάθευδε τὸ ἐπίλοιπον τῆς νυκτὸς μέχρι τῆς ἕω.

24. L'expression οἱ ἀμφί τινα est toujours délicate à traduire, puisqu'elle peut désigner « l'entourage de quelqu'un », « quelqu'un et son entourage » ou « quelqu'un » seulement. Le choix fait ici justifie *a posteriori* l'emploi de la deuxième personne du pluriel du ch. IX, 4.

Fortune nous sourit ! **6** Nous avons échappé aux alarmes de la maison pour connaître l'infortune des naufrages ; nous avons survécu à la mer, nous avons été sauvés des mains des brigands : c'est que nous étions guettés par la folie ! **7** Et moi, si tu recouvres la raison, ma chérie, je crains que de nouveau la divinité ne te fasse quelque mal. Qui donc est plus malheureux que nous, qui craignons jusqu'à nos bonnes fortunes ? Mais pourvu que tu recouvres la raison et reviennes à toi, que la Fortune recommence son jeu. »

X. **1** Pendant que je disais cela, Ménélas et les siens[24] cherchaient à me consoler, en soutenant que les maladies de ce genre ne durent pas et que souvent elles arrivent à l'âge où la jeunesse bouillonne. En effet le sang, entièrement neuf, bouillonnant dans le plein épanouissement déborde souvent des veines et, inondant l'intérieur de la tête, submerge le souffle de la raison. **2** Il fallait donc, disaient-ils, mander des médecins et faire donner des soins[25]. Ménélas s'en va donc trouver le stratège et demande que l'on appelle le médecin du camp. Il accepta de bonne grâce, car les amoureux se réjouissent des commandements de l'amour. **3** Le médecin vint et dit : « Maintenant, procurons-lui le sommeil, afin d'atténuer la violence de la crise, car le sommeil est un remède pour toutes les maladies ; puis nous prescrirons aussi le reste du traitement. » **4** Il nous donne alors une petite drogue, de la grosseur d'une graine de vesce, et ordonne de la dissoudre dans l'huile et d'en enduire le milieu du crâne, ajoutant qu'il allait préparer aussi un autre remède pour lui purger le ventre. **5** Nous fîmes de notre côté ce qu'il avait ordonné, et Leucippé, quand on l'eut frictionnée, peu après, dormit tout le reste de la nuit jusqu'à l'aurore. Quant à moi, durant toute la

25. Sur le recours à la médecine dans le roman, voir A. M. G. Mc Leod, 1969.

Ἐγὼ δὲ δι' ὅλης τῆς νυκτὸς ἀγρυπνῶν ἔκλαον παρακαθήμενος καὶ βλέπων ἔλεγον τὰ δεσμά· « Οἴμοι, φιλτάτη, δέδεσαι καὶ καθεύδουσα· οὐδὲ τὸν ὕπνον ἐλεύθερον ἔχεις. 6 Τίνα ἄρα σου τὰ φαντάσματα ; Ἆρα κἂν κατὰ τοὺς ὕπνους σωφρονεῖς, ἢ μαίνεταί σου καὶ τὰ ὀνείρατα ; » Ἐπεὶ δὲ διανέστη, πάλιν ἄσημα ἐβόα· καὶ ὁ ἰατρὸς παρῆν καὶ τὴν ἄλλην θεραπείαν ἐθεράπευεν.

XI. 1 Ἐν τούτῳ δὴ ἔρχεταί τις παρὰ τοῦ τῆς Αἰγύπτου σατράπου, κομίζων ἐπιστολὴν τῷ στρατηγῷ. Ἐπέσπευδε δὲ αὐτόν, ὡς εἰκός, ἐπὶ τὸν πόλεμον τὰ γράμματα· ἐκέλευσε γὰρ εὐθὺς πάντας ἐν τοῖς ὅπλοις γενέσθαι ὡς ἐπὶ τοὺς βουκόλους. 2 Αὐτίκα δὴ μάλα ἐξορμήσαντες εὐθὺς ἕκαστος, ὡς εἶχε τάχους, ἐπὶ τὰ ὅπλα ἐχώρουν καὶ παρῆσαν ἅμα τοῖς λοχαγοῖς. Τοῦτο μὲν οὖν αὐτοῖς δοὺς τὸ σύνθημα καὶ κελεύσας αὐτοῖς στρατοπεδεύεσθαι, καθ' αὑτὸν ἦν· τῇ δ' ὑστεραίᾳ ἅμα τῇ ἕῳ τὸ στράτευμα ἐξῆλθεν ἐπὶ τοὺς πολεμίους. 3 Εἶχε δὲ αὐτοῖς οὕτω τῆς κώμης ἡ θέσις. Ὁ Νεῖλος ῥεῖ μὲν ἄνωθεν ἐκ Θηβῶν τῶν Αἰγυπτίων καὶ ἔστιν ἐς τοσοῦτον ῥέων ἄχρι Μέμφεως καὶ ἔτι μικρὸν κάτω — Κερκάσωρος ὄνομα τῇ κώμῃ ⟨τῇ⟩ πρὸς τῷ τέλει τοῦ μεγάλου ῥεύματος —. 4 Ἐντεῦθεν δὲ περιρρήγνυται τῇ γῇ καὶ ἐξ ἑνὸς ποταμοῦ γίνονται τρεῖς, δύο μὲν ἑκατέρωθεν λελυμένοι, ὁ δὲ εἷς καὶ τὴν γῆν εἰς τὰ σχήματα Δέλτα ποιῶν, ὥσπερ ἦν ῥέων πρὶν λυθῇ. 5 Ἀλλ' οὐδὲ τούτων ἕκαστος τῶν ποταμῶν ἀνέχεται μέχρι θαλάσσης ῥέων,

26. Plutôt qu'un anachronisme, il faut voir ici un atticisme, usité à époque impériale pour désigner le gouverneur : voir H. J. Mason, *Greek Terms for Roman Institutions : a Lexicon and Analysis*, Toronto, 1974.

27. Vilborg suggère de corriger le démonstratif τοῦτο (le mot d'ordre n'ayant pas été explicité avant) en τότε.

nuit, sans dormir, je pleurais, assis auprès d'elle, et disais en regardant ses liens : « Hélas, ma chérie, tu es attachée même en dormant ; même ton sommeil n'est pas libre. **6** Quelles sont donc tes visions ? Es-tu au moins sensée dans tes rêves, ou tes songes, eux aussi, sont-ils fous ? » Quand elle s'éveilla, elle se remit à crier des paroles sans signification ; et le médecin vint et lui administra le reste du traitement.

XI. **1** À ce moment arrive un messager de la part du satrape d'Égypte[26], porteur d'une missive pour le stratège ; la lettre, selon toute vraisemblance, le pressait au combat, car il ordonna aussitôt à tous de se mettre sous les armes pour marcher contre les bouviers. **2** Immédiatement tous sortirent et chacun, aussi vite qu'il le pouvait, courut aux armes ; ils furent prêts en même temps que leurs commandants. Le stratège, après leur avoir donné ce mot d'ordre[27] et leur avoir enjoint de bivouaquer, resta seul. Le lendemain, dès l'aurore, l'armée se mit en marche contre les ennemis. **3** Voici quelle était la situation de leur village. Le Nil coule des hautes terres, de Thèbes d'Égypte, et son cours est de la même largeur jusqu'à Memphis, et même un peu plus bas – Cercasôros[28] est le nom du village qui se trouve à la fin du grand cours du fleuve ; **4** de là, il se divise dans les terres et d'un seul fleuve en naissent trois, deux détachés de part et d'autre, tandis que le premier, donnant à la terre formes de Delta[29], continue à couler comme il était avant de se diviser. **5** Mais aucun de ces fleuves ne maintient son cours droit jusqu'à la mer : chacun se divise en bras

28. Le nom est restitué par Wesseling d'après Hérodote, II, 15 et 17 (où il précise que c'est la ville à partir de laquelle le Nil se sépare en trois branches) pour l'incompréhensible κέρας σύρος des manuscrits. Voir aussi Strabon, XVII, 30, qui situe la ville en face d'Héliopolis.

29. Vilborg a proposé de déplacer ce participe dans le premier groupe, attribuant aux deux branches la formation du delta.

ἀλλὰ περισχίζεται ἄλλος ἄλλῃ κατὰ πόλεις, καὶ εἰσὶν αἱ σχίσεις μείζονες τῶν παρ' Ἕλλησι ποταμῶν. Τὸ δὲ ὕδωρ πανταχοῦ μεμερισμένον οὐκ ἐξασθενεῖ, ἀλλὰ καὶ πλεῖται καὶ πίνεται καὶ γεωργεῖται.

XII. 1 Νεῖλος ὁ πολὺς πάντα αὐτοῖς γίνεται, καὶ ποταμὸς καὶ γῆ καὶ θάλασσα καὶ λίμνη. Καὶ ἔστι τὸ θέαμα καινόν, ναῦς ὁμοῦ καὶ δίκελλα, κώπη καὶ ἄροτρον, πηδάλιον καὶ δρέπανον, ναυτῶν ὁμοῦ καὶ γεωργῶν καταγωγή, ἰχθύων ὁμοῦ καὶ βοῶν. Ὃ πέπλευκας, φυτεύεις, καὶ ὃ φυτεύεις, τοῦτο πέλαγος γεωργούμενον. 2 Ἔχει γὰρ ὁ ποταμὸς ἐπιδημίας· κάθηται δὲ αὐτὸν Αἰγύπτιος ἀναμένων καὶ ἀριθμῶν αὐτοῦ τὰς ἡμέρας. Καὶ ὁ Νεῖλος οὐ ψεύδεται, ἀλλ' ἔστι ποταμὸς μετὰ προθεσμίας τὸν χρόνον τηρῶν καὶ τὸ ὕδωρ μετρῶν, ποταμὸς ἁλῶναι μὴ θέλων ὑπερήμερος. 3 Ἔστι δὲ ἰδεῖν ποταμοῦ καὶ γῆς φιλονεικίαν. Ἐρίζετον ἀλλήλοις ἑκάτερος, τὸ μὲν ὕδωρ τοσαύτην γῆν πελαγῶσαι, ἡ δὲ γῆ τοσαύτην χωρῆσαι γλυκεῖαν θάλασσαν. Καὶ νικῶσι μὲν τὴν ἴσην νίκην οἱ δύο, οὐδαμοῦ δὲ φαίνεται τὸ νικώμενον· 4 τὸ γὰρ ὕδωρ τῇ γῇ συνεκτείνεται. Περὶ δὲ τὰς τῶν βουκόλων ταύτας νομὰς ἀεὶ πολὺς ἐγκάθηται. Ὅταν γὰρ τὴν πᾶσαν γῆν πελαγώσῃ, καὶ λίμνας ἐνταῦθα ποιεῖ· αἱ δὲ λίμναι, κἂν ὁ Νεῖλος ἀπέλθῃ, μένουσιν ἧττον τὸ ὕδωρ ἔχουσαι, τὸν δὲ πηλὸν τοῦ ὕδατος. 5 Ἐπὶ ταύτας αὐτοὶ καὶ βαδίζουσι καὶ πλέουσιν, οὐδὲ ναῦς ἑτέρα δύναται πλέειν, ἀλλ' ὅσον ἄνθρωπον ἐπιβῆναι· ἀλλὰ πᾶν τὸ ξένον τοῦ

30. Sur ce passage, voir l'Introduction, *supra*, p. XLIII-XLIV.

31. Correction de Naber pour le τρόπαιον de la tradition.

32. La « loyauté » du Nil s'exprime en termes juridiques : le jour fixé (προθεσμία), la mesure de l'eau (qui fait allusion, avec quelque coquetterie, à la clepsydre mesurant le temps de parole), le fait d'être convaincu d'un acte (ἁλῶναι) et le retard du débiteur (ὑπερήμερος).

différents à la hauteur de chaque cité, et les bras sont plus grands que les fleuves de Grèce. L'eau, répartie dans toutes les directions, ne perd pas de sa vigueur : on y navigue, on la boit, on la cultive[30].

XII. **1** Le grand Nil est tout pour les Égyptiens : un fleuve, une terre, une mer, un marais. C'est un spectacle inouï qu'un navire près d'un hoyau, une rame près d'une charrue, un gouvernail près d'une faux[31] ; c'est la halte des marins ainsi que des laboureurs, celle des poissons ainsi que des bœufs. Là où l'on vient de naviguer, on plante, et là où l'on plante, c'est la mer que l'on cultive. **2** Le fleuve y fait en effet des séjours, et les Égyptiens l'attendent tranquillement, en comptant les jours. Et le Nil ne ment pas, c'est un fleuve qui vient à l'échéance, respectant le temps et mesurant son eau, un fleuve qui ne veut pas être convaincu de retard dans l'acquittement de sa dette[32]. **3** Et l'on peut voir la rivalité entre le fleuve et la terre. Ils luttent l'un contre l'autre, l'eau pour transformer en mer[33] une si grande étendue de terre, la terre pour absorber une si grande mer d'eau douce. Et toutes deux remportent une égale victoire, sans que nulle part on voie de vaincu ; **4** car l'eau et la terre s'étendent aussi loin l'une que l'autre. Autour de ces pâturages habités par les bouviers, le Nil est toujours là en abondance. En effet lorsqu'il transforme en mer toute cette terre, il y crée aussi des marais qui, chaque fois que le Nil se retire, restent, mais avec moins d'eau et de la vase amenée par l'eau. **5** Sur ces marais, les bouviers marchent et naviguent ; mais aucun autre bateau que ceux qui ne contiennent qu'un seul homme ne peut y naviguer ; et tout ce qui est étranger à l'endroit, la vase

33. Le verbe est un *hapax*, tandis que le thème de la rivalité a marqué toutes les descriptions des premiers livres : sur ce trait stylistique, voir E. MIGNONA, 1995, p. 30 et l'Introduction, *supra*, p. XLIV-XLV.

τόπου ὁ πηλὸς ἐμπίπτων κρατεῖ. Τοῖς δὲ μικρὰ μὲν καὶ κοῦφα πλοῖα, καὶ ὀλίγον ὕδωρ αὐτοῖς ἀρκεῖ. Εἰ δὲ τέλεον ἄνυδρον εἴη, ἀράμενοι τοῖς νώτοις οἱ πλωτῆρες τὸ πλοῖον φέρουσιν, ἄχρις ἂν ἐπιτύχωσιν ὕδατος. 6 Ἐν ταύταις δὴ ταῖς λίμναις μέσαι νῆσοί τινές εἰσι σποράδην πεποιημέναι· αἱ μὲν οἰκοδομημάτων ἔρημοι, παπύροις πεφυτευμέναι. Τῶν δὲ παπύρων διεστᾶσιν αἱ φάλαγγες πεπυκνωμέναι τοσοῦτον ὅσον παρ' ἑκάστην ἄνδρα στῆναι μόνον· τὸ μεταξὺ δὲ τοῦτο τῆς πυκνώσεως αὐτῶν ἄνωθεν ἀναπληροῦσιν αἱ τῶν παπύρων κόμαι. 7 Ὑποτρέχοντες οὖν ἐκεῖ καὶ βουλεύονται καὶ λοχῶσι καὶ λανθάνουσι, τείχεσι ταῖς παπύροις χρώμενοι. Εἰσὶ δὲ τῶν νήσων τινὲς καλύβας ἔχουσαι, καὶ αὐτοσχέδιον μεμίμηνται πόλιν, ταῖς λίμναις τετειχισμέναι. 8 Βουκόλων αὗται καταγωγαί· τῶν πλησίον οὖν ἦν μία μεγέθει καὶ καλύβαις πλείοσι διαφέρουσα —ἐκάλουν δὲ αὐτήν, οἶμαι, Νίκωχιν—· ἐνταῦθα πάντες συνελθόντες ὡς εἰς τόπον ὀχυρώτατον ἐθάρρουν καὶ πλήθει καὶ τόπῳ· εἶς γὰρ αὐτὴν διεῖργε στενωπὸς τοῦ μὴ πᾶσαν νῆσον γενέσθαι. Ἦν δὲ σταδίου μὲν τὸ μέγεθος, τὸ δὲ πλάτος ὀργυιῶν δώδεκα. Λίμναι δὲ τῇδε κἀκεῖσε τὴν πόλιν περιέρρεον.

XIII. 1 Ἐπεὶ τοίνυν ἑώρων τὸν στρατηγὸν προσπελάζοντα, τεχνάζονταί τι τοιοῦτον. Συναγαγόντες πάντας τοὺς γέροντας καὶ ἐπιθέντες αὐτοῖς ἱκετηρίας ῥάβδους φοινικίνας ὄπισθεν ἐπιτάττουσι τῶν νέων τοὺς ἀκμαιοτάτους, ἀσπίσι καὶ λόγχαις ὡπλισμένους. 2 Ἔμελλον δὲ

34. La construction de barques était un des usages du papyrus : voir Pline, *HN*,13, 22.

35. L'assimilation, paradoxale, des frêles papyrus à des fortifications, dans un récit d'affrontement, trouve ici son *climax*.

l'attaque et s'en rend maîtresse. Les bouviers, eux, ont des embarcations petites et légères[34], et peu d'eau leur suffit. Et si l'endroit devient complètement sec, les bateliers chargent l'embarcation sur leur dos et la portent jusqu'à ce qu'ils rencontrent à nouveau de l'eau. **6** Au milieu de ces marais se sont formées quelques îles, disséminées ; celles qui sont dépourvues de maisons sont plantées de papyrus. Les rangées de papyrus sont serrées, écartées juste assez pour que puisse se tenir debout, entre chacune d'elles, un seul homme ; et, au-dessus, le feuillage des papyrus comble l'intervalle laissé entre leurs rangs serrés. **7** Les bouviers s'y glissent, y dressent leurs plans, y préparent leurs embuscades et s'y dissimulent, utilisant les papyrus comme remparts. Quelques îles possèdent des huttes et imitent une ville improvisée, fortifiée par les remparts des marais[35]. **8** Ce sont là les repaires des bouviers ; parmi les îles voisines, il y en avait une qui se distinguait par sa taille et un plus grand nombre de huttes – on la nommait, je crois, Nicochis[36] ; c'est là qu'ils s'étaient tous rassemblés, comme dans la place la plus forte qu'ils possédaient ; ils étaient remplis de confiance à la fois par leur nombre et par leur position : un étroit passage l'empêchait d'être tout à fait une île. Il avait un stade de longueur et sa largeur était de douze toises[37]. De tous côtés des marais entouraient la ville.

XIII. **1** Quand les bouviers virent le stratège s'approcher, ils imaginèrent la ruse suivante : ils rassemblèrent tous leurs vieillards, leur donnèrent des rameaux de suppliants de palmier, puis rangèrent par derrière l'élite de leurs jeunes gens, armés de boucliers et de lances. **2** Les vieillards

36. On trouve dans un papyrus (*P. Thous.*, I, col. III, 5) mention d'événements dans les années 166/167 apr. J.-C. où figure le nom de Nicochis.

37. Le stade équivaut à 100 toises, soit un peu moins de 200 mètres ; la largeur de 12 toises donne un peu plus de 21 mètres.

οἱ μὲν γέροντες ἀνίσχοντες τὰς ἱκετηρίας πετάλων κόμαις καλύψειν τοὺς ὄπισθεν, οἱ δὲ ἑπόμενοι τὰς λόγχας ἐπισύρειν ὑπτίας, ὡς ἂν ἥκιστα ὀφθεῖεν. Κἂν μὲν ὁ στρατηγὸς πεισθῇ ταῖς τῶν γερόντων λιταῖς, μηδέν τι νεωτερίζειν τοὺς λογχοφόρους εἰς μάχην· εἰ δὲ μή, καλεῖν αὐτὸν ἐπὶ τὴν πόλιν, ὡς σφᾶς αὐτοὺς διδόντων εἰς θάνατον. 3 Ὅταν δὲ ἐν μέσῳ γένωνται τῷ στενωπῷ, τοὺς μὲν γέροντας ἀπὸ συνθήματος διαδιδράσκειν καὶ ῥίπτειν τὰς ἱκετηρίας, τοὺς δὲ ὡπλισμένους περιδραμόντας ὅ τι καὶ δύναιντο ποιεῖν. 4 Παρῆσαν οὖν ἐσκευασμένοι τοῦτον τὸν τρόπον καὶ ἐδέοντο τοῦ στρατηγοῦ αἰδεσθῆναι μὲν αὐτῶν τὸ γῆρας, αἰδεσθῆναι δὲ αὐτῶν τὰς ἱκετηρίας ἐλεῆσαί τε τὴν πόλιν· ἐδίδοσαν δὲ αὐτῷ ἰδίᾳ μὲν ἀργυρίου τάλαντα ἑκατόν, πρὸς δὲ τὴν σατραπείαν ἄγειν ἄνδρας ἑκατόν, θέλοντας αὑτοὺς ὑπὲρ τῆς πόλεως διδόναι, ὡς ἂν ἔχοι καὶ πρὸς ἐκεῖνον λάφυρον φέρειν. 5 Καὶ ὁ λόγος αὐτοῖς οὐκ ἐψεύδετο, ἀλλ' ἔδωκαν ἄν, εἰ λαβεῖν ἠθέλησεν. Ὡς δὲ οὐ προσίετο τοὺς λόγους, « Οὐκοῦν, ἔφασαν οἱ γέροντες, εἰ ταῦτά σοι δέδοκται, οἴσομεν τὴν εἱμαρμένην. 6 Ἐν κακοῖς σὺ πάρασχε τὴν χάριν· μὴ ἔξω φονεύσῃς πυλῶν μηδὲ τῆς πόλεως μακράν, ἀλλ' ἐπὶ τὴν πατρῴαν γῆν, ἐπὶ τὴν τῆς γενέσεως ἑστίαν ἄγε· τάφον ἡμῖν ποίησον τὴν πόλιν. Ἰδού σοι πρὸς τὸν θάνατον ἡγούμεθα. » Ταῦτα ἀκούσας ὁ στρατηγὸς τὴν μὲν παρασκευὴν τῆς μάχης μεθίησι, κελεύει δὲ ἔρχεσθαι καθ' ἡσυχίαν τῷ στρατῷ.

38. Le préverbe pose problème : περι- indique un mouvement d'encerclement jugé suspect par Vilborg, qui propose παρα-, les combattants contrepassant alors les vieillards.

39. L'emploi de l'article en grec permet de comprendre « la » ou « notre » ; le second est plus naturel et c'est indubitablement ce que doit comprendre le stratège, mais, dans la meilleure tradition des ambiguïtés « tragiques », les vieillards peuvent aussi penser à la destinée en général, en particulier celle des ennemis, qui auront, par leur refus, scellé leur propre destin.

devaient, en levant leurs rameaux de suppliants, dissimuler avec le feuillage ceux qui étaient derrière eux, tandis que ceux qui les suivaient devaient laisser traîner leurs lances par terre afin de ne pas être vus. Si le stratège se laissait fléchir par les prières des vieillards, les porteurs de lance ne devaient pas engager le combat ; sinon, les vieillards devaient l'inviter à venir à la ville, feignant de se livrer d'eux-mêmes à la mort. **3** Mais, lorsqu'ils seraient au milieu du passage, les vieillards, sur un signal convenu, devaient se disperser et jeter leurs rameaux de suppliants, tandis que les hommes en armes, accourant et les encerclant[38], feraient tout leur possible. **4** Ils étaient donc là, équipés de cette manière, et suppliaient le stratège de respecter leur vieillesse, de respecter leurs rameaux de suppliants, d'avoir pitié de leur ville ; ils lui offraient, à lui en particulier, cinq talents d'argent et lui promettaient d'envoyer à la satrapie cent hommes prêts à se livrer en otages pour le salut de la ville, afin qu'il puisse aussi rapporter du butin au satrape. **5** Et leurs paroles n'étaient pas mensongères ; ils auraient donné si le stratège avait accepté de recevoir. Mais comme il repoussait leurs propositions : « Eh bien, déclarèrent les vieillards, puisque tu en as décidé ainsi, nous supporterons la[39] destinée. **6** Mais, dans nos malheurs, accorde-nous une grâce : ne nous tue pas hors des portes, ni loin de notre ville, mais conduis-nous à la terre de nos pères, au foyer où nous sommes nés ; fais de notre ville un tombeau. Vois, nous te guidons pour mourir[40]. » À ces mots, le stratège abandonne les préparatifs du combat et ordonne à l'armée d'avancer tranquillement.

40. L'ambiguïté, encore latente dans la mention de « la destinée » (note précédente), est désormais claire, du moins pour le lecteur, dans la transformation de la ville « en tombeau » et la mention de la mort vers laquelle ils marchent : c'est le stratège qui va mourir.

XIV. 1 Ἦσαν δὲ τῶν πραττομένων σκοποὶ πόρρωθεν, οὓς οἱ βουκόλοι προκαθίσαντες ἐκέλευον, εἰ διαβαίνοντας ἴδοιεν τοὺς πολεμίους, τὸ χῶμα τοῦ ποταμοῦ κόψαντας ἐπαφεῖναι τὸ ὕδωρ πᾶν τοῖς ἐναντίοις. Ἔχει γὰρ οὕτω τὰ τοῦ Νείλου ῥεύματα. 2 Καθ' ἑκάστην διώρυχα χῶμα ἔχουσιν Αἰγύπτιοι, ὡς ἂν μὴ πρὸ καιροῦ τῆς χρείας ὑπερέχων ὁ Νεῖλος τὴν γῆν ἐπικλύσῃ. Ὅταν δὲ δεηθῶσιν ἀρδεῦσαι τὸ πεδίον, ἀνέῳξαν ὀλίγον τοῦ χώματος, ⟨καὶ τότε τὸ ὕδωρ ἐποχετεύεται⟩. Ἦν οὖν ὄπισθεν τῆς κώμης διῶρυξ τοῦ ποταμοῦ μεγάλη καὶ πλατεῖα. 3 Ταύτην οἱ τεταγμένοι πρὸς τὸ ἔργον, ὡς εἶδον εἰσιόντας τοὺς πολεμίους, διακόπτουσι ταχύ. Πάντα οὖν ὁμοῦ γίνεται· οἱ μὲν γὰρ γέροντες οἱ κατὰ πρόσωπον ἄφνω διΐστανται, οἱ δὲ τὰς λόγχας ἐγείραντες πάντες ἐκτρέχουσι· τὸ δὲ ὕδωρ ἤδη παρῆν, καὶ ὠγκῶντο μὲν αἱ λίμναι πανταχόθεν οἰδοῦσαι, ὁ δὲ ἰσθμὸς ἐπεκλύζετο, πάντα δὲ ἦν ὥσπερ θάλασσα. 4 Ἐμπεσόντες οὖν οἱ βουκόλοι τοὺς μὲν κατὰ πρόσωπον καὶ τὸν στρατηγὸν αὐτὸν διαπείρουσι ταῖς λόγχαις, ἀπαρασκεύους γεγονότας καὶ πρὸς τὸ ἀδόκητον τετραμμένους. Τῶν δ' ἄλλων ἀδιήγητος θάνατος ἦν. 5 Οἱ μὲν γὰρ εὐθὺς ἐκ πρώτης συμβολῆς μηδὲ κινήσαντες τὰς αἰχμὰς ἀπώλλυντο, οἱ δὲ οὐ λαβόντες σχολὴν ἀμύνασθαι· ἅμα γὰρ ἐμάνθανον καὶ ἔπασχον· ἐνίους δὲ ἔφθανε τὸ παθεῖν πρὸ τοῦ μαθεῖν· οἱ δὲ ὑπ' ἐκπλήξεως παραλόγου τὸν θάνατον εἱστήκεσαν περιμένοντες· οἱ δὲ καὶ κινηθέντες μόνον κατωλίσθαινον, ὑποσκελίζοντος αὐτοὺς τοῦ ποταμοῦ· οἱ δὲ καὶ φεύγειν ὁρμήσαντες εἰς τὸ βαθὺ τῆς λίμνης ἐκκυλισθέντες ὑπεσύρησαν. 6 Τῶν μὲν γὰρ ἐπὶ τῆς γῆς ἑστώτων τὸ ὕδωρ ἦν ἄχρις ὀμφαλοῦ, ὥστε καὶ ἀνέκρουεν αὐτῶν τὰς ἀσπίδας καὶ ἐγύμνου πρὸς τὰ τραύματα τὰς γαστέρας·

XIV. **1** Il y avait des guetteurs pour suivre de loin les événements, à qui les bouviers, en les postant, avaient donné ordre d'abattre la digue du fleuve, s'ils voyaient les ennemis traverser, et de lâcher toute l'eau contre les adversaires. Voici en effet comment sont les courants du Nil : **2** le long de chaque canal, les Égyptiens ont une digue, afin d'éviter que le Nil ne déborde et n'inonde la terre avant le moment où cela est utile. Mais, lorsqu'ils ont besoin d'irriguer la plaine, ils ouvrent légèrement la digue, < et à ce moment-là, l'eau se déverse >. Il y avait ainsi, derrière le village, un canal de dérivation du fleuve, long et large. **3** Ceux qui avaient été postés à cet effet, voyant les ennemis s'avancer, font rapidement une brèche. Alors tout arrive en même temps : les vieillards, qui étaient devant, se dispersent soudain, les autres lèvent leurs lances et accourent tous ensemble ; et l'eau déjà était là, les marais enflaient, grossissant de tous côtés, l'isthme était inondé et tout était comme une mer. **4** Les bouviers, qui avaient chargé, transpercent de leurs lances ceux de l'avant-garde et le stratège lui-même, car ils n'étaient plus prêts au combat, et ils furent mis en déroute sous l'effet de la surprise. La mort des autres fut indescriptible : **5** les uns périrent, dès le premier engagement, sans avoir même pu bouger leur lance, d'autres sans avoir eu le temps de se défendre ; ils comprenaient et trépassaient en même temps et certains trépassaient avant d'avoir compris ; d'autres encore, paralysés par la surprise, attendaient sur place la mort ; et d'autres, qui n'avaient fait qu'un pas, glissaient, car le fleuve les faisait trébucher ; d'autres encore, qui essayaient de fuir, basculèrent au fond du marais et furent entraînés. **6** Quant à ceux qui restaient sur la terre ferme, l'eau leur venait jusqu'au nombril, si bien qu'elle déplaçait leur bouclier et exposait leur ventre

τὸ δὲ κατὰ τὴν λίμνην ὕδωρ στάντος ὑπὲρ κεφαλὴν ἀνδρὸς ἦν. 7 Διακρῖναι δὲ οὐκ ἦν, τί λίμνη καὶ τί πεδίον· ἀλλὰ καὶ ὁ διὰ τῆς γῆς τρέχων δέει τοῦ μὴ διαμαρτεῖν βραδύτερος ἦν πρὸς τὴν φυγήν, καὶ ὁ κατὰ τῆς λίμνης πλανηθείς, δόξας γῆν εἶναι, κατεδύετο. 8 Καὶ ἦν καινὰ ἀτυχήματα, καὶ ναυάγια τοσαῦτα, καὶ ναῦς οὐδαμοῦ. Ἀμφότερα δὲ καινὰ καὶ παράλογα, ἐν ὕδατι πεζομαχία, καὶ ἐν τῇ γῇ ναυάγια. 9 Οἱ μὲν δὴ τοῖς πεπραγμένοις ἐπαρθέντες μέγα ἐφρόνουν, ἀνδρείᾳ νομίζοντες κεκρατηκέναι καὶ οὐκ ἀπάτης κλοπῇ. Ἀνὴρ γὰρ Αἰγύπτιος καὶ τὸ δειλόν, ὅπου φοβεῖται, δεδούλωται, καὶ τὸ μάχιμον, ἐν οἷς θαρρεῖ, παρώξυνται· ἀμφότερα δὲ οὐ κατὰ μέτρον, ἀλλὰ τὸ μὲν ἀσθενέστερον δυστυχεῖ, τὸ δὲ προπετέστερον κρατεῖ.

XV. 1 Δέκα δὲ τῇ Λευκίππῃ διεληλύθεισαν ἡμέραι τῆς μανίας, ἡ δὲ νόσος οὐκ ἐκουφίζετο. Ἅπαξ οὖν ποτε καθεύδουσα, ταύτην ἀφίησιν προπολουμένην φωνήν· « Διὰ σὲ μαίνομαι, Γοργία. » Ἐπεὶ οὖν ἠὼς ἐγένετο, λέγω τῷ Μενελάῳ τὸ λεχθὲν καὶ ἐσκόπουν εἴ τις εἴη που κατὰ τὴν κώμην Γοργίας. 2 Προελθοῦσι δ' ἡμῖν νεανίσκος προσέρχεταί τις καὶ προσαγορεύσας με, « Σωτὴρ ἥκω σός, ἔφη, καὶ τῆς σῆς γυναικός. » Ἐκπλαγεὶς οὖν καὶ θεόπεμπτον εἶναι νομίσας τὸν ἄνθρωπον, « Μὴ Γοργίας, εἶπον, τυγχάνεις ; » « Οὐ μὲν οὖν, εἶπεν, ἀλλὰ Χαιρέας· Γοργίας γάρ σε ἀπολώλεκεν. » 3 Ἔτι μᾶλλον ἔφριξα καὶ λέγω· « Τίνα ταύτην ἀπώλειαν, καὶ τίς ἐστιν ὁ Γοργίας ; Δαίμων γάρ μοί τις αὐτὸν ἐμήνυσε νύκτωρ· σὺ δὲ διηγητὴς γενοῦ τῶν θείων μηνυμάτων. » « Γοργίας ἦν μέν, ἔφη, Αἰγύπτιος στρατιώτης· νῦν δὲ οὐκ ἔστιν, ἀλλ' ἔργον γέγονε τῶν βουκόλων. Ἦρα δὲ τῆς

aux coups ; l'eau, dans le marais, dépassait la tête d'un homme debout. **7** On ne pouvait plus discerner ce qui était marais et ce qui était plaine ; et celui qui courait sur terre, de peur de s'égarer, était plus lent à fuir, tandis que celui qui s'égarait dans le marais, pensant que c'était la terre, s'enlisait. **8** Et c'étaient des infortunes inouïes que tant de naufrages sans navire nulle part. C'étaient deux spectacles inouïs et inattendus : dans l'eau un combat d'infanterie et sur la terre un naufrage. **9** Les bouviers, exaltés par cette action, s'enorgueillissaient, pensant l'avoir emporté par leur vaillance et non par leur ruse et leur fourberie. L'Égyptien en effet, lorsqu'il a peur, est asservi par la lâcheté, mais sa combativité, dans les moments où il reprend confiance, s'exacerbe ; et dans les deux cas, il est sans mesure : tantôt, dans le malheur, il est trop couard, tantôt, dans la victoire, il est trop téméraire.

XV. **1** Dix jours s'étaient écoulés depuis que Leucippé était devenue folle et le mal ne s'atténuait pas. Une seule fois, pendant qu'elle dormait, elle dit ces mots inspirés par quelque divinité : « C'est par ta faute, Gorgias, que je suis folle. » L'aurore venue, je rapporte ces paroles à Ménélas et cherchais alors à savoir si par hasard il y avait un Gorgias au village. **2** Comme nous sortons, un jeune homme vient à nous et, après m'avoir salué : « Je viens, dit-il, pour vous sauver, ta femme et toi. » Frappé de stupeur et croyant que l'homme était envoyé par les dieux, je dis : « N'es-tu pas, par hasard, Gorgias ? – Absolument pas, répondit-il, je suis Chairéas, et c'est Gorgias qui a causé ta perte. » **3** Je frissonne encore davantage et dis : « Quelle perte, et qui est ce Gorgias ? Car une divinité me l'a dénoncé pendant la nuit ; mais toi, sois l'interprète de ces révélations du dieu. – Gorgias était, dit-il, un soldat égyptien, mais maintenant il n'est plus : c'est l'œuvre des bouviers. Il était amoureux

σῆς γυναικός· 4 ὧν δὲ φύσει φαρμακεὺς σκευάζει τι φάρμακον ἔρωτος καὶ πείθει τὸν διακονούμενον ὑμῖν Αἰγύπτιον λαβεῖν τὸ φάρμακον καὶ ἐγκαταμῖξαι τῷ τῆς Λευκίππης ποτῷ. Λανθάνει δὲ ἀκράτῳ χρησάμενος τῷ φαρμάκῳ, καὶ τὸ φίλτρον εἰς μανίαν αἴρεται. 5 Ταῦτα γάρ μοι χθὲς ὁ τοῦ Γοργίου θεράπων διηγήσατο, ὃς ἔτυχεν αὐτῷ συστρατευσάμενος ἐπὶ τοὺς βουκόλους· ἔσωσε δὲ αὐτόν, ὡς εἰκός, ὑπὲρ ἡμῶν ἡ Τύχη. Αἰτεῖ δὲ χρυσοῦς τέσσαρας ὑπὲρ τῆς ἰάσεως· ἔχει γάρ, φησίν, ἑτέρου φαρμάκου σκευήν, δι᾽ οὗ λύσει τὸ πρότερον. » 6 « Ἀλλὰ σοὶ μέν, ἔφην, ἀγαθὰ γένοιτο τῆς διακονίας· τὸν δὲ ἄνθρωπον, ὃν λέγεις, ἄγε πρὸς ἡμᾶς. » Καὶ ὁ μὲν ἀπῆλθεν· ἐγὼ δὲ πρὸς τὸν Αἰγύπτιον εἰσελθὼν τύπτων τε αὐτὸν πὺξ κατὰ τῶν προσώπων καὶ δευτέραν καὶ τρίτην, θορυβῶν δ᾽ ἅμα λέγω· « Εἰπόν, τί δέδωκας Λευκίππῃ, καὶ πόθεν μαίνεται; » Ὁ δὲ φοβηθεὶς καταλέγει πάντα ὅσα ἡμῖν ὁ Χαιρέας διηγήσατο. Τὸν μὲν οὖν εἴχομεν ἐν φυλακῇ καθείρξαντες.

XVI. 1 Κἀν τούτῳ παρῆν ὁ Χαιρέας, ἄγων τὸν ἄνθρωπον. Λέγω οὖν πρὸς ἀμφοτέρους· « Τοὺς μὲν τέτταρας χρυσοῦς ἤδη λάβετε μισθὸν ἀγαθῆς μηνύσεως· ἀκούσατε δὲ ὡς ἔχω περὶ τοῦ φαρμάκου. Ὁρᾶτε ὡς καὶ τῶν παρόντων τῇ γυναικὶ κακῶν αἴτιον γέγονε φάρμακον. 2 Οὐκ ἀκίνδυνον δὲ ἐπιφαρμάσσειν τὰ σπλάγχνα ἤδη πεφαρμαγμένα. Φέρε εἴπατε ὅ τι καὶ ἔχει τὸ φάρμακον τοῦτο καὶ παρόντων ἡμῶν σκευάσατε· χρυσοῖ δὲ ὑμῖν ἄλλοι τέτταρες μισθός, ἂν οὕτω ποιῆτε. » 3 Καὶ ὁ ἄνθρωπος, « Δίκαια, ἔφη, φοβῇ· τὰ δὲ ἐμβαλλόμενα κοινὰ καὶ πάντα ἐδώδιμα· καὶ αὐτὸς δὲ τούτων ἀπογεύσομαι τοσοῦτον, ὅσον κἀκείνη λάβοι. » Καὶ ἅμα κελεύει τινὰ πριάμενον κομίζειν, ἕκαστον εἰπών· ὥς τε ταχὺ μὲν ἐκομίσθη, παρόντων δὲ ἡμῶν συνέτριψε

de ta femme ; **4** comme, par nature, il était versé dans la connaissance des drogues, le voilà qui prépare un philtre d'amour et persuade l'Égyptien qui vous sert de la prendre et de la mêler à la boisson de Leucippé. Mais, sans le savoir, il utilise la drogue pure et le philtre provoque la folie. **5** Cela, c'est le serviteur de Gorgias qui me l'a raconté hier ; il se trouve qu'il s'est battu avec lui contre les bouviers, et la Fortune l'a sauvé, sans doute pour notre salut. Mais il réclame quatre pièces d'or pour la guérison, car il a, dit-il, la recette d'un antidote. – **6** Eh bien, répliquai-je, puisse ton entremise te porter bonheur ! Mais l'homme dont tu parles, amène-le nous. » Il partit, et de mon côté, j'entre chez mon Égyptien, et, lui donnant un coup de poing au visage, deux, trois fois, je dis en hurlant : « Parle, qu'as-tu donné à Leucippé et d'où vient qu'elle est folle ? » Lui, pris de peur, dit tout ce que nous a raconté Chairéas. Nous le prîmes donc et le fîmes jeter en prison.

XVI. **1** Et sur ce, Chairéas revint, amenant son homme. Je leur dis à tous deux : « Prenez déjà ces quatre pièces d'or, comme récompense, pour les bons renseignements ; mais écoutez quel est mon avis sur la drogue. Vous voyez que c'est une drogue qui a causé les maux actuels de ma femme. **2** Il n'est pas sans danger de droguer à nouveau ses entrailles déjà droguées. Alors, donnez-moi la composition de cette drogue-ci et préparez-la en notre présence ; vous aurez quatre nouvelles pièces d'or comme récompense si vous le faites. » **3** Et l'homme répondit : « Tes craintes sont raisonnables ; mais les ingrédients sont courants et tous comestibles ; j'en consommerai moi-même autant qu'elle en prendra. » Et en même temps il donne l'ordre à quelqu'un d'aller les acheter et de les rapporter, en lui en détaillant chacun ; et lorsque bientôt tout eut été apporté, il broya tout ensemble, en notre présence, et en

πάντα ὁμοῦ καὶ δίχα διελών, « Τὸ μὲν αὐτός, ἔφη, πίομαι πρῶτος, τὸ δὲ δώσω τῇ γυναικί. 4 Κοιμηθήσεται δὲ πάντως δι' ὅλης νυκτὸς λαβοῦσα · περὶ δὲ τὴν ἕω καὶ τὸν ὕπνον καὶ τὴν νόσον ἀποθήσεται. » Λαμβάνει δὴ τοῦ φαρμάκου πρῶτος αὐτός, τὸ δὲ λοιπὸν κελεύει περὶ τὴν ἑσπέραν δοῦναι πιεῖν. 5 « Ἐγὼ δὲ ἄπειμι, ἔφη, κοιμηθησόμενος · τὸ γὰρ φάρμακον οὕτω βούλεται. » Ταῦτα εἰπὼν ἀπῆλθε, τοὺς τέτταρας χρυσοῦς παρ' ἐμοῦ λαβών. « Τοὺς δὲ λοιπούς, ἔφην, δώσω, εἰ ῥαΐσειεν ἐκ τῆς νόσου. »

XVII. 1 Ἐπεὶ οὖν καιρὸς ἦν πιεῖν αὐτὴν τὸ φάρμακον, ἐγχέας προσηυχόμην αὐτῷ · « Ὦ γῆς τέκνον, φάρμακον, ὦ δῶρον Ἀσκληπιοῦ, ἀληθεύσειάν σου τὰ ἐπαγγέλματα, εὐτυχέστερόν μου γενοῦ καὶ σῶζέ μοι τὴν φιλτάτην. Νίκησον τὸ βάρβαρον ἐκεῖνο καὶ ἄγριον φάρμακον. » 2 Ταῦτα δοὺς τῷ φαρμάκῳ τὰ συνθήματα καὶ καταφιλήσας τὸ ἔκπωμα δίδωμι τῇ Λευκίππῃ πιεῖν. Ἡ δέ, ὡς ὁ ἄνθρωπος εἶπε, μετὰ μικρὸν ἔκειτο καθεύδουσα. Κἀγὼ παρακαθήμενος ἔλεγον πρὸς αὐτὴν ὡς ἀκούουσαν · « Ἆρά μοι σωφρονήσεις ἀληθῶς ; Ἆρά μέ ποτε γνωρίσεις ; Ἆρά σου τὴν φωνὴν ἐκείνην ἀπολήψομαι ; 3 Μάντευσαί τι καὶ νῦν καθεύδουσα · καὶ γὰρ χθὲς τοῦ Γοργίου κατεμαντεύσω δικαίως. Εὐτυχεῖς ἄρα μᾶλλον κοιμωμένη · γρηγοροῦσα μὲν γὰρ μανίαν δυστυχεῖς, τὰ δὲ ἐνύπνιά σου σωφρονεῖ. » 4 Ταῦτά μου διαλεγομένου ὡς πρὸς ἀκούουσαν Λευκίππην, μόλις ἡ πολύευκτος ἠὼς ἀναφαίνεται, καὶ ἡ Λευκίππη φθέγγεται, καὶ ἦν ἡ φωνή · ' Κλειτοφῶν. ' Ἀναπηδήσας οὖν πρόσειμί τε αὐτῇ καὶ πυνθάνομαι πῶς ἔχει. Ἡ δὲ ἐῴκει μὲν μηδὲν ὧν ἔπραξεν ἐγνωκέναι, τὰ δεσμὰ δὲ ἰδοῦσα ἐθαύμαζε καὶ ἐπυνθάνετο τίς ὁ δήσας εἴη. 5 Ἐγὼ δὲ ἰδὼν σωφρονοῦσαν ὑπὸ πολλῆς χαρᾶς ἔλυον μὲν μετὰ θορύβου τὰ δεσμά, μετὰ ταῦτα δὲ ἤδη τὸ

fit deux parts : « Celle-ci, dit-il, c'est moi qui la boirai en premier et je donnerai l'autre à ta femme. **4** Quand elle l'aura prise, elle dormira absolument toute la nuit ; et, vers l'aurore, le sommeil et la maladie la quitteront ensemble. » Il prend donc de la drogue le premier et demande de donner le reste à boire vers le soir : **5** « Pour moi, dit-il, je m'en vais dormir, car la drogue l'exige. » Ayant dit ces mots, il partit, après avoir reçu de ma main quatre pièces d'or. « Je te donnerai le reste, dis-je, si elle relève de sa maladie. »

XVII. **1** Lorsque ce fut le moment qu'elle boive la drogue, en la versant, j'adressai à celle-ci cette supplique : « Enfant de la terre, ô drogue, présent d'Asclépios, puissent tes promesses être véridiques, sois plus fortunée que moi et sauve ma bien-aimée. Triomphe de cette drogue barbare et sauvage. » **2** Après avoir donné ces instructions à la drogue et embrassé la coupe, je la donne à boire à Leucippé. Et, comme l'homme l'avait dit, peu après, elle était étendue, endormie. Moi, assis près d'elle, je lui disais, comme si elle m'entendait : « Vas-tu réellement recouvrer la raison ? Vas-tu jamais me reconnaître? Vais-je retrouver cette voix qui est la tienne ? **3** Rends encore un nouvel oracle dans ton sommeil ; en effet, hier, tu as fait une exacte prédiction contre Gorgias. Tu es donc bien plus fortunée quand tu dors car si, éveillée, tu souffres l'infortune de la folie, tes rêves sont sensés. » **4** Tandis que je tenais ce langage à Leucippé comme si elle m'entendait, l'aurore tant désirée se montre enfin et Leucippé se met à parler ; son mot fut : « Clitophon. » Je ne fais qu'un bond, m'approche d'elle et lui demande comment elle va. Mais elle semblait ne rien savoir de ce qu'elle avait fait, s'étonnait de voir ses liens et demandait qui l'avait ligotée. **5** Et moi, la voyant en possession de tous ses esprits, j'enlevai ses liens en criant

πᾶν αὐτῇ διηγοῦμαι. Ἡ δὲ ᾐσχύνετο ἀκροωμένη καὶ ἠρυθρία καὶ ἐνόμιζε τότε αὐτὰ ποιεῖν. 6 Τὴν μὲν οὖν ἀνελάμβανον παραμυθούμενος, τοῦ δὲ φαρμάκου τὸν μισθὸν ἀποδίδωμι μάλα ἄσμενος. Ἦν δὲ τὸ πᾶν ἡμῖν ἐφόδιον σῶον· ὃ γὰρ ὁ Σάτυρος ἔτυχεν ἔχων ἐζωσμένος, ὅτε ἐναυαγήσαμεν, οὐκ ἀφῄρητο δὲ οὔτε αὐτὸς οὔτε ὁ Μενέλαος οὐδὲν ὑπὸ τῶν λῃστῶν.

XVIII. 1 Ἐν τούτῳ δὲ καὶ τοὺς λῃστὰς ἐπελθοῦσα δύναμις μείζων ἀπὸ τῆς μητροπόλεως παρεστήσατο καὶ πᾶσαν αὐτῶν εἰς ἔδαφος κατέστρεψε τὴν πόλιν. Ἐλευθερωθέντος δὲ τοῦ ποταμοῦ τῆς τῶν βουκόλων ὕβρεως παρεσκευαζόμεθα ἐπὶ τὴν Ἀλεξάνδρειαν πλεῖν. Συνέπλει δὲ ἡμῖν καὶ ὁ Χαιρέας, φίλος ἤδη γενόμενος ἐκ τῆς τοῦ φαρμάκου μηνύσεως. 2 Ἦν οὖν τὸ μὲν γένος ἐκ τῆς νήσου τῆς Φάρου, τὴν δὲ τέχνην ἁλιεύς· ἐστρατεύετο δὲ μισθῷ κατὰ τῶν βουκόλων τὴν ἐν ταῖς ναυσὶ στρατείαν, ὥστε μετὰ τὸν πόλεμον τῆς στρατείας ἀπήλλακτο. 3 Ἦν οὖν ἐξ ἀπλοίας μακρᾶς πλεόντων πάντα μεστὰ καὶ πολλή τις ὄψεως ἡδονή· ναυτῶν ᾠδή, πλωτήρων κρότος, χορεία νεῶν· καὶ ἦν ἅπας ὁ ποταμὸς ἑορτή, ἐῴκει δὲ ὁ πλοῦς κωμάζοντι ποταμῷ. Ἔπινον δὲ καὶ τοῦ Νείλου τότε πρῶτον ἄνευ τῆς πρὸς οἶνον ὁμιλίας, κρῖναι θέλων τοῦ πόματος τὴν ἡδονήν· οἶνος γὰρ φύσεως ὕδατος κλοπή. 4 Ἀρυσάμενος οὖν ὑέλου τῆς διαφανοῦς κύλικα, τὸ ὕδωρ ἑώρων ὑπὸ λευκότητος πρὸς τὸ ἔκπωμα ἁμιλλώμενον καὶ τὸ ἔκπωμα νικώμενον. Γλυκὺ δὲ πινόμενον ἦν καὶ ψυχρὸν ἐν μέτρῳ τῆς ἡδονῆς· οἶδα γὰρ ἐνίους τῶν παρ' Ἕλλησι ποταμῶν καὶ τιτρώσκοντας· τούτῳ συνέκρινον αὐτοὺς τῷ ποταμῷ. 5 Διὰ τοῦτο

41. Comparer avec la procession de II, 15.

42. Le Nil, dont la personnification était amorcée par la mention de sa « libération », est présenté ici comme « menant le cômos », le joyeux cortège dionysiaque qui suit souvent le banquet.

de joie, puis je lui racontai tout. Elle était toute honteuse en m'écoutant et rougissait en pensant à son comportement d'alors. **6** Je la réconfortais en la consolant et remis le prix de la drogue, tout heureux. La totalité de notre argent de voyage était intact ; il s'était trouvé que Satyros l'avait dans sa ceinture lorsque nous avions fait naufrage et les brigands n'avaient rien pris, ni à lui, ni à Ménélas.

XVIII. **1** Sur ces entrefaites, des forces plus importantes arrivèrent de la métropole, écrasèrent les brigands et rasèrent toute leur ville. Le fleuve ayant été délivré des violences des bouviers, nous fîmes nos préparatifs pour aller vers Alexandrie. Avec nous voyageait aussi Chairéas, devenu notre ami depuis ses révélations sur la drogue. **2** Il était originaire de l'île de Pharos et pêcheur de son métier ; il avait servi comme mercenaire contre les bouviers, en tant que marin, et, après la guerre, il venait de quitter le service. **3** Après une longue période où l'on n'avait pu naviguer, tout était plein de navigateurs, et cela faisait plaisir à voir[41] : le chant des marins, les applaudissements des passagers, les évolutions des navires ; le fleuve entier n'était que fête et notre voyage semblait se dérouler sur un fleuve en liesse[42]. Je bus aussi alors de l'eau du Nil pour la première fois, sans l'unir au vin[43], voulant juger du plaisir que procurait cette boisson, car le vin dissimule la nature de l'eau. **4** Ayant donc puisé avec une coupe de cristal, je voyais l'eau rivaliser de limpidité avec la coupe, et la coupe être vaincue. L'eau était douce à boire et juste de la fraîcheur qu'il faut pour donner du plaisir ; je sais en effet qu'il y a certains fleuves grecs qui vont jusqu'à faire mal et je les comparais à ce fleuve-ci. **5** C'est la raison

43. Faut-il voir dans ce nouveau développement paradoxographique une sorte de « pendant » au passage sur le vin de II, 2 ? Sur la qualité de l'eau du Nil, voir aussi Eschyle, *PE*, 812.

αὐτὸν ἄκρατον ὁ Αἰγύπτιος πίνων οὐ φοβεῖται, Διονύσου μὴ δεόμενος. Ἐθαύμασα δὲ αὐτοῦ καὶ τὸν τρόπον τοῦ ποτοῦ. Οὔτε γὰρ ἀρύσαντες πίνειν ἐθέλουσιν οὔτε ἐκπωμάτων ἀνέχονται, ἔκπωμα αὐτουργὸν ἔχοντες· ἔκπωμα γὰρ αὐτοῖς ἐστιν ἡ χείρ. 6 Εἰ γάρ τις αὐτῶν διψήσειε πλέων, προκύψας ἐκ τῆς νεὼς τὸ μὲν πρόσωπον εἰς τὸν ποταμὸν προβέβληκε, τὴν δὲ χεῖρα εἰς τὸ ὕδωρ καθῆκε καὶ κοίλην βαπτίσας καὶ πλησάμενος ὕδατος ἀκοντίζει κατὰ τοῦ στόματος τὸ πόμα καὶ τυγχάνει τοῦ σκοποῦ· τὸ δὲ κεχηνὸς περιμένει τὴν βολὴν καὶ δέχεται καὶ κλείεται καὶ οὐκ ἐᾷ τὸ ὕδωρ αὖθις ἔξω πεσεῖν.

XIX. 1 Εἶδον δὲ καὶ ἄλλο θηρίον τοῦ Νείλου, ὑπὲρ τὸν ἵππον τὸν ποτάμιον εἰς ἀλκὴν ἐπαινούμενον· κροκόδειλος δὲ ὄνομα ἦν αὐτῷ. Παρήλλακτο δὲ καὶ τὴν μορφὴν εἰς ἰχθὺν ὁμοῦ καὶ θηρίον [μέγα]. Μέγας πέφυκε γὰρ ἐκ κεφαλῆς εἰς οὐράν, τὸ δὲ εὖρος τοῦ μεγέθους οὐ κατὰ λόγον. 2 Δορὰ μὲν φολίσι ῥυσή· πετραία δὲ τῶν νώτων ἡ χροιὰ καὶ μέλαινα· ἡ γαστὴρ δὲ λευκή. Πόδες τέτταρες, εἰς τὸ πλάγιον ἠρέμα κυρτούμενοι, καθάπερ χερσαία χελώνη· οὐρὰ μακρὰ καὶ παχεῖα καὶ ἐοικυῖα στερεῷ σώματι. 3 Οὐ γὰρ ὡς τοῖς ἄλλοις περίκειται θηρίοις, ἀλλ' ἔστι τῆς ῥάχεως ἓν ὀστέον τελευτὴ καὶ μέρος αὐτοῦ τῶν ὅλων. Ἐντέτμηται δὲ ἄνωθεν εἰς ἀκάνθας ἀναιδεῖς, οἷαι τῶν πριόνων εἰσὶν αἱ αἰχμαί. 4 Αὕτη δὲ αὐτῷ καὶ μάστιξ ἐπὶ τῆς ἄγρας γίνεται· τύπτει γὰρ αὐτῇ πρὸς οὓς ἂν διαπαλαίῃ καὶ πολλὰ ποιεῖ τραύματα πληγῇ μιᾷ. Κεφαλὴ δὲ αὐτῷ τοῖς νώτοις συνυφαίνεται καὶ εἰς μίαν στάθμην ἰθύνεται, ἔκλεψε γὰρ αὐτοῦ τὴν δειρὴν ἡ φύσις· ἔστι δὲ τοῦ λοιποῦ βλοσυρώ-

44. Ce détail n'est pas sans rappeler la célèbre anecdote de Diogène jetant son écuelle pour avoir vu un enfant boire dans sa main (voir DL, VI, 37). Après le côté négatif de l'Égypte (*supra*, ch. XIV, 9, en conclusion de la campagne des bouviers), le romancier exploite les aspects positifs.

pour laquelle l'Égyptien ne craint pas de la boire pure, sans avoir besoin de Dionysos. J'admirai aussi sa manière de boire : ils ne veulent pas tirer l'eau pour la boire et ne souffrent pas de se servir de coupes, alors qu'ils ont une coupe naturelle, et cette coupe, c'est leur main[44]. **6** Si l'un d'eux a soif pendant qu'il navigue, il se penche hors du navire, avance son visage vers le fleuve, descend sa main vers l'eau, la plonge en la creusant et la remplit, puis il lance la boisson dans sa bouche et atteint le but ; sa bouche ouverte attend le jet, le reçoit et se referme, sans laisser retomber l'eau à l'extérieur.

XIX. **1** Je vis aussi un autre animal du Nil, qu'on loue pour sa force plus que le cheval du fleuve : son nom était crocodile. Il se distinguait aussi par sa forme, qui participe à la fois du poisson et d'une bête terrestre[45] : il est long de la tête à la queue, mais sa largeur n'est pas en proportion de sa longueur. **2** Sa peau est ridée d'écailles, le cuir de son dos est dur comme pierre et tout noir, mais son ventre est blanc. Il a quatre pattes légèrement incurvées et de biais, comme une tortue de terre ; sa queue est longue, épaisse et semblable à son corps massif. **3** En effet elle n'est pas ajoutée comme chez les autres animaux, mais c'est, en un seul os, l'extrémité de son épine dorsale et une partie de l'ensemble de son corps. Sur le dessus, elle est hérissée de cruelles épines, semblables aux dents des scies. **4** Elle lui sert de fouet quand il chasse : il en frappe ceux qu'il combat et il fait ainsi, d'un seul coup, de nombreuses blessures. Sa tête est tissée avec son dos et forme une ligne droite, la nature lui ayant refusé un cou ;

45. On retrouve le thème majeur du mélange de la terre et de l'eau. Sur le crocodile, voir D. Arnould, « À la pêche au crocodile: la postérité d'Hérodote, II, 68-70 », *RPh.* 70 (1996), p. 13-24.

τερα σώματος καὶ ἐπὶ πλέον ἐπὶ τὰς γένυς ἐκτείνεται καὶ ἀνοίγεται πᾶσα. 5 Τὸν μὲν γὰρ ἄλλον χρόνον, παρ' ὅσον οὐ κέχηνε τὸ θηρίον, ἔστι κεφαλή· ὅταν δὲ χάνῃ πρὸς τὰς ἄγρας, ὅλος στόμα γίνεται. Ἀνοίγει δὲ τὴν γένυν τὴν ἄνω, τὴν δὲ κάτω στερεὰν ἔχει· καὶ ἀπόστασίς ἐστι πολλή, καὶ μέχρι τῶν ὤμων τὸ χάσμα, καὶ εὐθὺς ἡ γαστήρ. 6 Ὀδόντες δὲ πολλοὶ καὶ ἐπὶ πλεῖστον τεταμένοι· φασὶ δὲ ὅτι τὸν ἀριθμὸν τυγχάνουσιν, ὅσας ὁ θεὸς εἰς ὅλον ἔτος ἀναλάμπει τὰς ἡμέρας, τοσοῦτον ἕρκος εἴργει ⟨τὸ⟩ τῶν γενύων πεδίον. Ἂν δὲ ἐκπεράσῃ πρὸς τὴν γῆν, ὅσον ἔχει δυνάμεως ἀπιστήσεις, ἰδὼν τὴν τοῦ σώματος ὁλκήν.

plus effrayante que tout le reste du corps, elle s'allonge encore plus vers les mâchoires et s'ouvre tout entière. **5** Pendant tout le temps que l'animal ne bâille pas, c'est une tête, mais lorsqu'il bée à ses proies, ce n'est qu'une gueule. Il ouvre la mâchoire supérieure, mais tient sa mâchoire inférieure immobile ; l'écartement est énorme et jusqu'aux épaules, c'est un gouffre béant, et tout de suite après vient le ventre. **6** Ses dents sont nombreuses et s'étendent sur une très grande surface ; on dit que leur nombre est égal aux jours que le dieu fait resplendir pendant toute une année ; telle est la barrière qui enclôt le champ de ses mâchoires[46] ! Mais lorsqu'il sort en direction de la terre, on ne saurait croire quelle est sa force en voyant comme il traîne son corps.

46. L'expression a un parfum homérique – pour l'ἕρκος ὀδόντων, voir *Iliade*, IV, 350 ; IX, 409 ; XIV, 83 ou *Odyssée*, I, 64 ; III, 230 ; V, 22 ; X, 328 ; XIX, 492 ; XXI, 168 et XXIII, 70.

ΛΟΓΟΣ ΠΕΜΠΤΟΣ

I. 1 Τριῶν δὲ πλεύσαντες ἡμερῶν εἰς Ἀλεξάνδρειαν ἤλθομεν. Ἀνιόντι δέ μοι κατὰ τὰς Ἡλίου καλουμένας πύλας συνηντᾶτο εὐθὺς τῆς πόλεως ἀστράπτον τὸ κάλλος καί μου τοὺς ὀφθαλμοὺς ἐγέμισεν ἡδονῆς. 2 Στάθμη μὲν κιόνων ὄρθιος ἑκατέρωθεν ἐκ τῶν Ἡλίου πυλῶν ἐς τὰς Σελήνης πύλας· οὗτοι γὰρ τῆς πόλεως οἱ πυλωροί. Ἐν μέσῳ δὴ τῶν κιόνων τῆς πόλεως τὸ πεδίον. 3 Ὁδὸς δὲ διὰ τοῦ πεδίου πολλὴ καὶ ἔνδημος ἀποδημία. Ὀλίγους δὲ τῆς πόλεως σταδίους προελθών, ἦλθον εἰς τὸν ἐπώνυμον Ἀλεξάνδρου τόπον. Εἶδον δὲ ἐντεῦθεν ἄλλην πόλιν καὶ σχιζόμενον ταύτῃ τὸ κάλλος. 4 Ὅσος γὰρ κιόνων ὄρχατος ἐς τὴν εὐθυωρίαν, τοσοῦτος ἕτερος εἰς τὰ ἐγκάρσια. Ἐγὼ δὲ μερίζων τοὺς ὀφθαλμοὺς ἐς πάσας τὰς ἀγυιὰς θεατὴς ἀκόρεστος ἤμην καὶ τὸ κάλλος ὅλον οὐκ ἐξήρκουν ἰδεῖν. 5 Τὰ μὲν ἔβλεπον, τὰ δὲ ἔμελλον, τὰ δὲ ἠπειγόμην ἰδεῖν, τὰ δὲ οὐκ ἤθελον παρελθεῖν· ἐκράτει τὴν θέαν τὰ ὁρώμενα, εἷλκε τὰ προσδοκώμενα. Περιάγων οὖν ἐμαυτὸν εἰς

1. K. Plepelits, 1996, p. 388, signale l'utilisation de ce détail comme *terminus post quem*, proposée par Ch. Picard, la chronique de Jean Malalas rapportant l'érection de ces portes à Antonin le Pieux (soit entre 138 et161 apr. J.-C.) et son incertitude, liée à la fiabilité de ladite chronique.

2. La description de ce nouveau *mirabile* se fait derechef sous le signe de l'oxymore et du paradoxe.

LIVRE V

I. **1** Après trois jours de navigation, nous arrivâmes à Alexandrie. Comme j'entrais par les portes dites du Soleil, s'offrit aussitôt à ma vue l'étincelante beauté de la ville qui remplit mes yeux de plaisir. **2** Il y avait une rangée de colonnes, rectiligne, qui, de chaque côté, reliait les portes du Soleil aux portes de la Lune ; ce sont les deux divinités qui gardent les portes de la ville[1]. Entre ces colonnades, s'étendait la plaine de la ville ; **3** il y avait de nombreuses rues à travers la plaine ; c'était un grand voyage sur place[2]. Après m'être avancé de quelques stades dans la ville, j'arrivai au lieu qui porte le nom d'Alexandre[3]. Je vis de là une autre ville[4] dont la beauté se divisait comme suit : **4** si une rangée de colonnes allait en droite ligne, une autre, semblable, la traversait transversalement. Pour moi, partageant mes regards entre toutes les rues, j'étais un spectateur inassouvi ; je n'arrivais pas à voir toute la beauté de la ville. **5** Je regardais certains détails, j'allais en voir d'autres, je m'empressais d'en voir d'autres encore, et il y en a d'autres que je ne voulais pas manquer ; ce que je voyais s'emparait de mon regard, ce que je m'attendais à

3. Ce lieu est inconnu par ailleurs.

4. Sont ainsi suggérées deux villes, comme il y avait à Sidon deux ports (I, 1, 1).

πάσας τὰς ἀγυιὰς καὶ πρὸς τὴν ὄψιν δυσερωτιῶν εἶπον καμών· « Ὀφθαλμοί, νενικήμεθα. » 6 Εἶδον δὲ δύο καινὰ καὶ παράλογα, μεγέθους πρὸς κάλλος ἅμιλλαν καὶ δήμου πρὸς πόλιν φιλονεικίαν καὶ ἀμφότερα νικῶντα· ἡ μὲν γὰρ ἠπείρου μείζων ἦν, ὁ δὲ πλείων ἔθνους. Καὶ εἰ μὲν εἰς τὴν πόλιν ἀπεῖδον, ἠπίστουν εἰ πληρώσειέ τις δῆμος αὐτὴν ἀνδρῶν, εἰ δὲ εἰς τὸν δῆμον ἐθεασάμην, ἐθαύμαζον εἰ χωρήσειέ τις αὐτὸν πόλις. Τοιαύτη τις ἦν ἰσότητος τρυτάνη.

II. 1 Ἦν δέ πως καὶ κατὰ δαίμονα ἱερομηνία τοῦ μεγάλου θεοῦ, ὃν Δία μὲν Ἕλληνες, Σέραπιν δὲ καλοῦσιν Αἰγύπτιοι. Ἦν δὲ καὶ πυρὸς δᾳδουχία· καὶ τοῦτο μέγιστον ἐθεασάμην. 2 Ἑσπέρα μὲν γὰρ ἦν καὶ ὁ ἥλιος κατεδύετο καὶ νὺξ ἦν οὐδαμοῦ, ἀλλὰ ἄλλος ἀνέτελλεν ἥλιος κατακερματίζων· τότε γὰρ εἶδον πόλιν ἐρίζουσαν περὶ κάλλους οὐρανῷ. Ἐθεασάμην δὲ καὶ τὸν Μειλίχιον Δία καὶ τὸν Διὸς Οὐρανίου νεών. 3 Προσευξάμενοι δὴ τῷ μεγάλῳ θεῷ καὶ ἱκετεύσαντες στῆναι ἡμῖν ποτε τὰ δεινά, εἰς τὴν καταγωγὴν ἤλθομεν, ἣν ἔτυχεν ὁ Μενέλαος ἡμῖν μεμισθωμένος. Οὐκ ἐῴκει δὲ ἄρα ὁ θεὸς ἐπινεύειν ταῖς ἡμετέραις εὐχαῖς, ἀλλ' ἔμενεν ἡμᾶς καὶ ἄλλο τῆς Τύχης γυμνάσιον.

III. 1 Ὁ γὰρ Χαιρέας πρὸ πολλοῦ τῆς Λευκίππης ἐλάνθανεν ἐρῶν καὶ διὰ τοῦτο μεμηνύκει τὸ φάρμακον, ἅμα μὲν ἀφορμὴν οἰκειότητος ἑαυτῷ θηρώμενος, ἅμα δὲ καὶ ἑαυτῷ σῴζων τὴν κόρην. 2 Εἰδὼς οὖν ἀμήχανον τὸ τυχεῖν, συντίθησιν ἐπιβουλήν, λῃστῶν ὁμοτέχνων ⟨ὄχ-

5. On retrouve le verbe employé pour *eros* (I, 1, 13) et pour le spectacle de Leucippé (I, 4, 5). L'ensemble prépare peut-être la pointe finale, de « l'amour fou » pour ce spectacle et de la défaite des yeux (à opposer à leur victoire en I, 4, 5).

voir l'attirait[5] plus loin. En me promenant dans toutes les rues et éperdument épris du spectacle, je m'écriai, épuisé : « Mes yeux, nous sommes vaincus. » **6** Je vis deux choses inouïes et inattendues : un conflit entre la grandeur et la beauté, une rivalité entre la population et la ville et les deux partis en sortir vainqueurs ; celle-ci était en effet plus grande qu'un continent et celle-là plus importante que tout un peuple. Et si je portais mes yeux sur la ville, je doutais qu'une population pût la remplir, si je contemplais la population, je m'étonnais qu'une ville pût la contenir. Ainsi la balance était égale.

II. **1** Il y avait alors, par quelque volonté divine, une fête solennelle du grand dieu que les Grecs nomment Zeus et les Égyptiens Sérapis. Il y avait aussi une procession aux flambeaux et c'est ce que je vis de plus grand : **2** c'était le soir, le soleil se couchait et la nuit n'était nulle part, mais un autre soleil se levait, fractionné en mille éclats ; c'est alors que je vis une ville rivalisant de beauté avec le ciel. Je contemplai aussi Zeus Meilichios et le temple de Zeus Ouranios[6]. **3** Nous fîmes des prières au grand dieu, et, après l'avoir supplié que nos malheurs cessent un jour, nous revînmes au logement que Ménélas avait loué pour nous. Mais, apparemment, le dieu n'accédait pas à nos prières, et c'est encore une autre épreuve de la Fortune qui nous attendait.

III. **1** Chairéas, depuis longtemps, aimait Leucippé en secret, et c'est pour cette raison qu'il avait dénoncé la drogue, cherchant tout à la fois une occasion de devenir notre intime en même temps qu'il sauvait la jeune fille pour lui-même. **2** S'étant aperçu qu'il lui était impossible de réussir, il organise un complot, après avoir rassemblé < une

6. Vilborg propose de l'identifier au Sérapéion, décrit par Ammien Marcellin, XXII, 16.

λον⟩ συγκροτήσας, ἅτε θαλάσσιος ὢν ἄνθρωπος, καὶ συνθέμενος αὐτοῖς ἃ δεῖ ποιεῖν, ἐπὶ ξενίαν ἡμᾶς εἰς τὴν Φάρον καλεῖ, σκηψάμενος γενεθλίων ἄγειν ἡμέραν. 3 Ὡς οὖν προήλθομεν τῶν θυρῶν, οἰωνὸς ἡμῖν γίνεται πονηρός· χελιδόνα κίρκος διώκων τὴν Λευκίππην εἰς τὴν κεφαλὴν πατάσσει τῷ πτερῷ. Ταραχθεὶς οὖν ἐπὶ τούτῳ καὶ ἀνανεύσας εἰς οὐρανόν, « Ὦ Ζεῦ, τί τοῦτο, ἔφην, φαίνεις ἡμῖν τέρας ; Ἀλλ' εἰ τῷ ὄντι σὸς ὁ ὄρνις οὗτος, ἄλλον ἡμῖν σαφέστερον δεῖξον οἰωνόν. » 4 Μεταστραφεὶς οὖν — ἔτυχον γὰρ παρεστὼς ἐργαστηρίῳ ζωγράφου — γραφὴν ὁρῶ κειμένην, ἥτις ὑπῃνίττετο προσόμοιον· Φιλομήλας γὰρ εἶχε φθορὰν καὶ τὴν βίαν Τηρέως καὶ τῆς γλώττης τὴν τομήν. Ἦν δὲ ὁλόκληρον τῇ γραφῇ τὸ διήγημα τοῦ δράματος, ὁ πέπλος, ὁ Τηρεύς, ἡ τράπεζα. 5 Τὸν πέπλον ἡπλωμένον εἱστήκει κρατοῦσα θεράπαινα· Φιλομήλα παρειστήκει καὶ ἐπετίθει τῷ πέπλῳ τὸν δάκτυλον καὶ ἐδείκνυε τῶν ὑφασμάτων τὰς γραφάς· ἡ Πρόκνη πρὸς τὴν δεῖξιν ἐνενεύκει καὶ δριμὺ ἔβλεπε καὶ ὠργίζετο τῇ γραφῇ· Θρᾷξ ὁ Τηρεὺς ἐνύφαντο Φιλομήλᾳ παλαίων πάλην Ἀφροδίσιον. 6 Ἐσπάρακτο τὰς κόμας ἡ γυνή, τὸ ζῶσμα ἐλέλυτο, τὸν χιτῶνα κατέρρηκτο, ἡμίγυμνος τὸ στέρνον ἦν, τὴν δεξιὰν ἐπὶ τοὺς ὀφθαλμοὺς ἤρειδε τοῦ Τηρέως, τῇ λαιᾷ τὰ διερρωγότα τοῦ χιτῶνος ἐπὶ τοὺς μαζοὺς ἔκλειεν. ⟨Ἐν⟩ ἀγκάλαις εἶχε τὴν Φιλομήλαν ὁ Τηρεύς, ἕλκων πρὸς ἑαυτὸν ὡς ἐνῆν τὸ σῶμα καὶ σφίγγων ἐν χρῷ τὴν συμπλοκήν. 7 Ὧδε μὲν τὴν τοῦ πέπλου γραφὴν ὕφηνεν ὁ ζωγράφος. Τὸ δὲ λοιπὸν τῆς εἰκόνος, αἱ γυναῖκες ἐν κανῷ τὰ λείψανα τοῦ δείπνου τῷ Τηρεῖ δεικνύουσι, κεφαλὴν τοῦ

7. La mention de l'artiste, attendue dans une *ekphrasis*, permet aussi de mettre l'accent sur l'abîme des représentations (le voile peint racontant une histoire à l'intérieur d'un autre tableau), équivalent pictural de l'enchâssement des discours.

troupe > de brigands qui faisaient le même métier que lui – c'était un homme de la mer ; et après leur avoir fixé ce qu'ils devaient faire, il nous convie à dîner à Pharos, ayant pris comme prétexte qu'il fêtait son anniversaire. **3** Comme nous sortions de la maison nous vient un mauvais présage : un épervier qui poursuivait une hirondelle frappe Leucippé à la tête de son aile. Tout troublé par cet événement et ayant levé la tête vers le ciel : « Ô Zeus, dis-je, quel est ce présage que tu nous fais voir ? Et, si réellement cet oiseau vient de toi, montre-nous un autre présage plus clair. » **4** M'étant retourné – je me trouvais par hasard devant l'atelier d'un peintre –, je vois une peinture exposée qui recélait une signification analogue : elle avait pour sujet le rapt de Philomèle, la violence de Térée et la langue coupée. Le récit du drame était tout entier dans le tableau : le voile, Térée, le repas. **5** Une servante se tenait debout, tenant le voile déployé ; Philomèle était debout auprès d'elle, mettait son doigt sur le voile et montrait les scènes brodées sur le tissu ; Procné faisait un signe de tête devant ce qu'on lui montrait, jetait des regards furieux et était irritée par l'image ; le Thrace Térée était brodé en train de livrer à Philomèle une lutte amoureuse. **6** La femme avait les cheveux épars, sa ceinture était dénouée, sa tunique déchirée, elle avait la poitrine à moitié nue, elle appuyait sa main droite sur les yeux de Térée, de sa main gauche elle cherchait à refermer sur ses seins les lambeaux de sa tunique. < Dans > ses bras, Térée tenait Philomèle, la tirant à lui autant qu'il le pouvait et resserrant l'étreinte tout contre sa peau. **7** C'est ainsi que le peintre avait représenté l'image brodée sur le tissu du voile[7]. Sur le reste de la peinture, les femmes, dans une corbeille, montrent à Térée les restes de son dîner : la tête de son enfant et ses mains ; elles rient et en même

παιδὸς καὶ χεῖρας· γελῶσι δ' ἅμα καὶ φοβοῦνται. 8 Ἀναπηδῶν ἐκ τῆς κλίνης ὁ Τηρεὺς ἐγέγραπτο, καὶ ἕλκων τὸ ξίφος ἐπὶ τὰς γυναῖκας τὸ σκέλος ἤρειδεν ἐπὶ τὴν τράπεζαν· ἡ δὲ οὔτε ἕστηκεν οὔτε πέπτωκεν, ἀλλ' ἐδείκνυε γραφὴν μέλλοντος πτώματος.

IV. 1 Λέγει οὖν ὁ Μενέλαος· « Ἐμοὶ δοκεῖ τὴν εἰς Φάρον ὁδὸν ἐπισχεῖν. Ὁρᾷς γὰρ οὐκ ἀγαθὰ δύο σύμβολα, τό τε τοῦ ὄρνιθος καθ' ἡμῶν πτερὸν καὶ τῆς εἰκόνος τὴν ἀπειλήν. Λέγουσι δὲ οἱ τῶν συμβόλων ἐξηγηταὶ σκοπεῖν τοὺς μύθους τῶν εἰκόνων, ἂν ἐξιοῦσιν ἐπὶ πρᾶξιν ἡμῖν συντύχωσι, καὶ ἐξομοιοῦν τὸ ἀποβησόμενον τῷ τῆς ἱστορίας λόγῳ. 2 Ὁρᾷς ὅσων γέμει κακῶν ἡ γραφή· ἔρωτος παρανόμου, μοιχείας ἀναισχύντου, γυναικείων ἀτυχημάτων· ὅθεν ἐπισχεῖν κελεύω τὴν ἔξοδον. » Ἐδόκει μοι λέγειν εἰκότα, καὶ παραιτοῦμαι τὸν Χαιρέαν ἐκείνην τὴν ἡμέραν. Ὁ μὲν οὖν σφόδρα ἀνιώμενος ἀπηλλάττετο, φήσας αὔριον ἐφ' ἡμᾶς ἀφίξεσθαι.

V. 1 Ἡ δὲ Λευκίππη λέγει πρός με — φιλόμυθον γάρ πως τὸ τῶν γυναικῶν γένος —· « Τί βούλεται τῆς εἰκόνος ὁ μῦθος ; Καὶ τίνες αἱ ὄρνιθες αὗται ; Καὶ τίνες αἱ γυναῖκες ; Καὶ τίς ὁ ἀναιδὴς ἐκεῖνος ἀνήρ ; » Κἀγὼ καταλέγειν ἄρχομαι· « Ἀηδὼν καὶ χελιδὼν καὶ ἔποψ, πάντες ἄνθρωποι καὶ πάντες ὄρνιθες. 2 Ἔποψ ὁ ἀνήρ· αἱ δύο γυναῖκες, Φιλομήλα χελιδών, καὶ Πρόκνη ἀηδών. Πόλις αὐταῖς Ἀθῆναι. Τηρεὺς ὁ ἀνήρ· Πρόκνη Τηρέως γυνή. Βαρβάροις δέ, ὡς ἔοικεν, οὐχ ἱκανὴ πρὸς Ἀφροδίτην μία γυνή, μάλισθ' ὅταν αὐτῷ καιρὸς διδῷ πρὸς

8. On retrouve sur le tableau le mélange caractéristique de sentiments, qui préside à la plupart des analyses psychologiques de l'histoire : nouvelle contribution à l'isotopie de ce qui est censé être réel et de ce qui est donné comme représentation.

temps ont peur[8]. **8** Térée était représenté bondissant de sa couche et, tirant son glaive contre les femmes, il appuyait sa jambe contre la table : celle-ci n'était ni debout, ni à terre, mais donnait l'impression d'une chute imminente[9].

IV. **1** Ménélas dit alors : « Mon avis est de reporter le voyage de Pharos. Tu vois en effet deux signes qui ne sont guère fastes : l'aile de l'oiseau qui nous a touchés et la menace de l'image. Les interprètes des signes disent d'examiner les légendes des tableaux que nous rencontrons lorsque nous sortons pour quelque affaire et d'en conclure que l'événement à venir sera à l'image du contenu de l'histoire. **2** Tu vois de combien de maux ce tableau est rempli : un amour illégitime, un adultère éhonté, des infortunes féminines ; c'est pourquoi je propose de différer l'excursion. » Je trouvais que ces paroles étaient raisonnables et je décline l'invitation de Chairéas pour ce jour-là. Lui se retira fort mécontent, en disant qu'il reviendrait nous voir le lendemain.

V. **1** Leucippé me dit – la gent féminine a une sorte de passion pour les fables : « Que signifie la fable du tableau ? Quels sont ces oiseaux ? Quelles sont ces femmes ? Et quel est cet homme impudent ? » Et moi, je me mets à raconter : « Ce sont un rossignol, une hirondelle et une huppe, tous des êtres humains et tous des oiseaux. **2** La huppe, c'est l'homme ; quant aux deux femmes, Philomèle est l'hirondelle et Procné le rossignol, toutes deux sont d'Athènes. L'homme est Térée, Procné est la femme de Térée. Mais aux barbares, apparemment, une seule femme ne suffit pas pour l'amour, surtout lorsque l'occasion leur

9. La peinture culmine sur un état d'instabilité quasi baroque, caractéristique aussi du goût du romancier – en même temps que, pour l'histoire et si l'on donne au tableau valeur proleptique, semble ainsi planer une menace.

ὕβριν τρυφᾶν. 3 Καιρὸς οὖν γίνεται τῷ Θρᾳκὶ τούτῳ χρήσασθαι τῇ φύσει Πρόκνης ἡ φιλοστοργία· πέμπει γὰρ ἐπὶ τὴν ἀδελφὴν τὸν ἄνδρα τὸν Τηρέα. Ὁ δὲ ἀπῄει μὲν ἔτι Πρόκνης ἀνήρ, ἀναστρέφει δὲ Φιλομήλας ἐραστής, καὶ κατὰ τὴν ὁδὸν ἄλλην αὑτῷ ποιεῖται τὴν Φιλομήλαν Πρόκνην. 4 Τὴν γλῶτταν τῆς Φιλομήλας φοβεῖται, καὶ ἕδνα τῶν γάμων αὐτῇ δίδωσι μηκέτι λαλεῖν καὶ κείρει τῆς φωνῆς τὸ ἄνθος. Ἀλλὰ πλέον ἤνυσεν οὐδέν· ἡ γὰρ Φιλομήλας τέχνη σιωπῶσαν εὕρηκε φωνήν. 5 Ὑφαίνει γὰρ πέπλον ἄγγελον καὶ τὸ δρᾶμα πλέκει ταῖς κρόκαις, καὶ τὴν γλῶτταν μιμεῖται ἡ χείρ, καὶ Πρόκνης τοῖς ὀφθαλμοῖς τὰ τῶν ὤτων μηνύει καὶ πρὸς αὐτὴν ἃ πέπονθε τῇ κερκίδι λαλεῖ. 6 Ἡ Πρόκνη τὴν βίαν ἀκούει παρὰ τοῦ πέπλου καὶ ἀμύνασθαι καθ' ὑπερβολὴν ζητεῖ τὸν ἄνδρα. Ὀργαὶ δὲ δύο, καὶ δύο γυναῖκες εἰς ἓν πνέουσαι καὶ ὕβρει κεράσασαι τὴν ζηλοτυπίαν δεῖπνον ἐπινοοῦσι τῶν γάμων ἀτυχέστερον. 7 Τὸ δὲ δεῖπνον ἦν ὁ παῖς Τηρέως, οὗ μήτηρ μὲν ἦν πρὸ τῆς ὀργῆς ἡ Πρόκνη· τότε δὲ τῶν ὠδίνων ἐπελέληστο. Οὕτως αἱ τῆς ζηλοτυπίας ὠδῖνες νικῶσι καὶ τὴν γαστέρα. Μόνον γὰρ ὀργῶσαι γυναῖκες ἀνιᾶσαι τὸν τὴν εὐνὴν λελυπηκότα, κἂν πάσχωσιν ἐν οἷς ποιοῦσιν οὐχ ἧττον κακόν, τὴν τοῦ πάσχειν λογίζονται συμφορὰν τῇ τοῦ ποιεῖν ἡδονῇ. 8 Ἐδείπνησεν ὁ Τηρεὺς δεῖπνον Ἐρινύων· αἱ δὲ ἐν κανῷ τὰ λείψανα τοῦ παιδίου παρέφερον, γελῶσαι φόβῳ. Ὁ Τηρεὺς ὁρᾷ τὰ λείψανα τοῦ παιδίου καὶ πενθεῖ τὴν τροφὴν καὶ ἐγνώρισεν ὧν τοῦ

10. L'horreur de l'action est renforcée par sa présentation comme une perversion des *hedna*, les cadeaux de noces – et, là encore, le lecteur cultivé peut penser à la perversion des *xeneia*, les cadeaux d'hospitalité, par le Cyclope de l'*Odyssée* offrant à Ulysse de le manger en dernier.

11. Il y a peut-être une allusion au mot célèbre de Simonide, qui fait de la poésie une peinture parlante et de la peinture une poésie muette (*cf.* Plutarque, *De gloria Ath.*, 346 F) ; il y a en tout cas un nouvel oxymore.

permet d'assouvir leur luxure par le viol ; **3** l'occasion pour ce Thrace de s'abandonner à sa nature fut la tendresse de Procné : elle envoie son mari Térée auprès de sa sœur ; lui s'en va encore mari de Procné, mais revient amant de Philomèle, et c'est pendant le voyage qu'il fait de Philomèle une seconde Procné. **4** Craignant la langue de Philomèle, il lui donne comme présent de noces de ne plus jamais pouvoir parler et tranche la beauté de sa voix[10]. Mais il n'y gagna rien, car l'art de Philomèle trouve un langage muet[11] : **5** elle tisse un voile comme messager et inscrit l'histoire dans sa trame ; sa main imite sa langue et dénonce aux yeux de Procné ce qui était réservé à ses oreilles, lui disant, grâce à sa navette, ce qu'elle a subi. **6** Procné apprend[12] du voile le viol et cherche à tirer de son mari une vengeance sans mesure. Ce sont deux fureurs, deux femmes animées du même esprit et unissant la jalousie à la démesure, qui imaginent un repas plus infortuné que les noces. **7** Ce repas fut l'enfant de Térée, dont Procné était la mère, avant sa fureur ; mais, à ce moment, elle avait oublié les douleurs de l'enfantement. Tant les douleurs de la jalousie l'emportent même sur celles des entrailles[13] ; des femmes, dans leur passion, ne veulent plus qu'affliger celui qui a fait tort à leur couche, et dussent-elles en agissant subir un malheur qui n'est pas moindre, elles compensent le malheur de subir par le plaisir d'agir. **8** Térée a fait un repas d'Érinyes et elles apportent dans une corbeille les restes de son fils, avec un rire mêlé de peur. Térée voit les restes de son fils, s'afflige de ce qu'il a mangé et comprend qu'il était

12. Litt. « entend », verbe qui file la substitution de la vue à l'audition.

13. Cette nouvelle « rivalité » introduit le thème majeur des amours d'Éphèse qu'est la jalousie.

δείπνου πατήρ· γνωρίσας μαίνεται καὶ σπᾶται τὸ ξίφος καὶ ἐπὶ τὰς γυναῖκας τρέχει, ἃς δέχεται ὁ ἀήρ. Καὶ ὁ Τηρεὺς αὐταῖς συναναβαίνει καὶ ὄρνις γίνεται. Καὶ τηροῦσιν ἔτι τοῦ πάθους τὴν εἰκόνα· 9 φεύγει μὲν ἀηδών, διώκει δὲ ὁ Τηρεύς. Οὕτως ἐφύλαξε τὸ μῖσος καὶ μέχρι τῶν πτερῶν. »

VI. 1 Τότε μὲν οὖν οὕτως ἐξεφύγομεν τὴν ἐπιβουλήν· ἐκερδήσαμεν δὲ οὐδὲν ἢ μίαν ἡμέραν. Τῇ γὰρ ὑστεραίᾳ παρῆν ἕωθεν ὁ Χαιρέας· καὶ ἡμεῖς αἰδεσθέντες ἀντιλέγειν οὐκ εἴχομεν. Ἐπιβάντες οὖν σκάφους ἤλθομεν εἰς τὴν Φάρον. Ὁ δὲ Μενέλαος ἔμεινεν αὐτοῦ, φήσας οὐχ ὑγιῶς ἔχειν. 2 Πρῶτον μὲν οὖν ἡμᾶς ὁ Χαιρέας ἐπὶ τὸν πύργον ἄγει καὶ δείκνυσι τὴν κατασκευὴν κάτωθεν θαυμασίαν τινὰ καὶ παράλογον. 3 Ὄρος ἦν ἐν μέσῃ τῇ θαλάσσῃ κείμενον, ψαῦον αὐτῶν τῶν νεφῶν. Ὑπέρρει δὲ ὕδωρ κάτωθεν αὐτοῦ τοῦ ποιήματος· τὸ δὲ ἐπὶ θαλάσσης εἱστήκει κρεμάμενον. Ἐς δὲ τὴν τοῦ ὄρους ἀκρόπολιν ὁ τῶν νεῶν κυβερνήτης ἀνέτελλεν ἄλλος ⟨ἥλιος⟩. Μετὰ δὲ ταῦτα ἡγεῖτο μὲν ἡμῖν ἐπὶ τὴν οἰκίαν· ἦν δὲ ἐπ' ἐσχάτης τῆς νήσου κειμένη ἐπ' αὐτῇ τῇ θαλάσσῃ.

VII. 1 Ἑσπέρας οὖν γενομένης ὑπεξέρχεται μὲν ὁ Χαιρέας, πρόφασιν ποιησάμενος τὴν γαστέρα. Μετὰ μικρὸν δὲ βοή τις ἐξαίφνης περὶ τὰς θύρας ἦν· καὶ εὐθὺς εἰστρέχουσιν ἄνθρωποι μεγάλοι καὶ πολλοί, μαχαίρας ἐσπασμένοι, καὶ ἐπὶ τὴν κόρην πάντες ὥρμησαν. 2 Ἐγὼ δὲ ὡς εἶδον φερομένην μου τὴν φιλτάτην, οὐκ ἐνεγκὼν ἵεμαι διὰ τῶν ξιφῶν· καί με παίει τις κατὰ τοῦ

14. Le jeu de mots, plutôt gratuit, entre « conserver » (τηρεῖν) et le nom de Térée passe malaisément en français.

15. Cette notation prélude à un ultime morceau paradoxographique où s'associent tous les mélanges, de l'eau et de la terre, de la nature et de l'art.

le père de son repas ; l'ayant compris, il devient fou, tire son glaive et court contre les femmes, que l'air accueille. Et Térée monte en même temps qu'elles et devient un oiseau. Ils conservent[14] encore l'image de leur souffrance : **9** le rossignol fuit et Térée le poursuit, conservant ainsi sa haine, même sous son plumage. »

VI. **1** Ce jour-là donc, nous avions ainsi échappé au complot, mais nous ne gagnâmes qu'un seul jour. Le lendemain, en effet, Chairéas était là dès l'aurore ; et nous, tout confus, nous ne sûmes pas refuser. Nous étant embarqués, nous gagnâmes Pharos ; mais Ménélas était resté sur place, disant qu'il ne se sentait pas bien. **2** Tout d'abord Chairéas nous conduit vers la tour et nous montre l'édifice d'en bas, une prodigieuse merveille[15]. **3** C'était une montagne située en pleine mer, qui touchait jusqu'aux nuées ; l'eau coulait en bas, au pied de l'ouvrage ; celui-ci se trouvait suspendu au-dessus de la mer et, au sommet de cette montagne, se levait pour guider les navires un autre <soleil[16]>. Après cela Chairéas nous conduisit à sa maison ; elle était située à l'extrémité de l'île, au bord même de la mer.

VII. **1** Le soir venu, Chairéas se retire, prétextant un mal de ventre. Peu après une clameur s'élevait tout à coup près de la porte ; et aussitôt font irruption de grands hommes, fort nombreux, le sabre à la main ; ils se précipitèrent tous sur Leucippé. **2** Mais moi, lorsque je vis qu'on enlevait ma bien-aimée, ne pouvant le supporter, je m'élance à travers les épées ; alors l'un des hommes me frappe à la cuisse de son

16. Ajout de Hirschig, que suggère le verbe (*cf. supra*,V, 2, 2) ; la tradition donne seulement « et, au sommet de cette montagne, surgissait un second pilote des navires » (qui est évidemment la lumière du phare). Le dédoublement du soleil est bien dans le style du roman, mais la formulation énigmatique pourrait aussi être une coquetterie d'auteur.

μηροῦ μαχαίρᾳ, καὶ ὤκλασα, καὶ ἐγὼ μὲν ἤδη πεσὼν ἐρρεόμην αἵματι· οἱ δὲ ἐνθέμενοι τῷ σκάφει τὴν κόρην ἔφευγον. 3 Θορύβου δὲ καὶ βοῆς οἷα ἐπὶ λῃσταῖς γενομένης, ὁ στρατηγὸς τῆς νήσου παρῆν· ἦν δέ μοι γνώριμος ἐκ τοῦ στρατοπέδου γενόμενος. Δείκνυμι δὴ τὸ τραῦμα καὶ δέομαι διῶξαι τοὺς λῃστάς. Ὥρμει δὲ πολλὰ πλοῖα ἐν τῇ πόλει· τούτων ἑνὶ ἐπιβὰς ὁ στρατηγὸς ἐδίωκεν ἅμα τῇ παρούσῃ φρουρᾷ· κἀγὼ δὲ συνανέβην φοράδην κομισθείς. 4 Ὡς δὲ εἶδον οἱ λῃσταὶ προσιοῦσαν ἤδη τὴν ναῦν εἰς ναυμαχίαν, ἱστᾶσιν ἐπὶ τοῦ καταστρώματος ὀπίσω τὼ χεῖρε δεδεμένην τὴν κόρην· καί τις αὐτῶν μεγάλῃ τῇ φωνῇ, « Ἰδοὺ τὸ ἆθλον ὑμῶν, » εἰπών, ἀποτέμνει αὐτῆς τὴν κεφαλὴν καὶ τὸ λοιπὸν σῶμα ὠθεῖ κατὰ τῆς θαλάσσης. 5 Ἐγὼ δὲ ὡς εἶδον, ἀνέκραγον καὶ ὥρμησα ἐμαυτὸν ἐπαφεῖναι· ὡς δ' οἱ παρόντες κατέσχον, ἐδεόμην ἐπισχεῖν τε τὴν ναῦν καί τινα ἁλέσθαι κατὰ τῆς θαλάσσης, εἴ πως κἂν πρὸς ταφὴν λάβοιμι τῆς κόρης τὸ σῶμα. 6 Καὶ ὁ στρατηγὸς πείθεται καὶ ἵστησι τὴν ναῦν, καὶ δύο τῶν ναυτῶν ἀκοντίζουσιν ἑαυτοὺς ἔξω τῆς νεὼς καὶ ἁρπάσαντες τὸ σῶμα ἀναφέρουσιν. Ἐν τούτῳ δὲ οἱ λῃσταὶ μᾶλλον ἐρρωμενέστερον ἤλαυνον· ὡς δὲ ἦμεν πάλιν πλησίον, ὁρῶσιν οἱ λῃσταὶ ναῦν ἑτέραν, καὶ γνωρίσαντες ἐκάλουν πρὸς βοήθειαν· πορφυρεῖς δὲ ἦσαν πειρατικοί. 7 Ἰδὼν δὲ ὁ στρατηγὸς δύο ναῦς ἤδη γενομένας ἐφοβήθη καὶ πρύμναν ἐκρούσατο· καὶ γὰρ οἱ πειραταὶ τοῦ φεύγειν ἀποτραπόμενοι προὐκαλοῦνθ' ὡς εἰς μάχην. 8 Ἐπεὶ

sabre et je m'effondre. Moi, à terre désormais, je ruisselais de sang, tandis qu'eux, ayant mis la jeune fille dans leur bateau, s'enfuyaient. **3** Le tumulte et la clameur qui en résultèrent, comme en provoque une attaque de brigands, firent venir le stratège de l'île ; je le connaissais, car il venait de l'armée. Je lui montre ma blessure et lui demande de poursuivre les brigands ; il y avait beaucoup de navires à l'ancre dans la ville. Le stratège monta sur l'un d'entre eux et donna la chasse, avec la garde dont il disposait ; je montai à bord moi aussi, allongé sur une civière[17]. **4** Mais les brigands, voyant que notre bateau s'avançait désormais pour engager le combat, mettent la jeune fille sur le pont, les mains attachées dans le dos, et l'un d'entre eux, disant d'une voix forte : « Voici le prix de votre lutte », lui coupe la tête et précipite le reste du corps dans la mer. **5** Moi, à cette vue, je poussai des cris et voulus me jeter par-dessus bord ; retenu par ceux qui étaient là, je demandai que l'on fît arrêter le navire et que quelqu'un sautât à la mer pour qu'au moins je puisse récupérer le corps de la jeune fille et l'ensevelir. **6** Le stratège se laisse persuader et fait arrêter le navire ; deux marins se jettent à l'eau, saisissent le corps et le rapportent. Pendant ce temps, les brigands se mettaient à ramer avec une vigueur accrue, et, comme nous nous approchions de nouveau, les brigands virent un autre navire et, l'ayant reconnu, ils l'appelèrent à l'aide ; c'étaient des pirates pêcheurs de pourpre. **7** Voyant qu'il y avait maintenant deux navires, le stratège prit peur et fit faire marche arrière ; les pirates en effet, qui avaient cessé de fuir, nous provoquaient au combat. **8** Lorsque nous fûmes

17. On trouve ce genre d'épisode pittoresque, mais dans un moment des plus sérieux et exaltant les vertus du capitaine dans la *Vie d'Eumène* (14, 6-11).

δὲ ἀνεστρέψαμεν εἰς γῆν, ἀποβὰς τοῦ σκάφους καὶ τῷ σώματι περιχυθεὶς ἔκλαον· « Νῦν μοι, Λευκίππη, τέθνηκας ἀληθῶς θάνατον διπλοῦν, γῇ καὶ θαλάττῃ διαιρούμενον· τὸ μὲν γὰρ λείψανον ἔχω σου τοῦ σώματος, ἀπολώλεκα δὲ σέ. 9 Οὐκ ἴση τῆς θαλάττης πρὸς τὴν γῆν ἡ νομή· μικρόν μοί σου μέρος καταλέλειπται ἐν ὄψει τοῦ μείζονος· αὕτη δὲ ἐν ὀλίγῳ τὸ πᾶν σου κρατεῖ. Ἀλλ᾽ ἐπεί μοι τῶν ἐν τῷ προσώπῳ φιλημάτων ἐφθόνησεν ἡ Τύχη, φέρε σου καταφιλήσω τὴν σφαγήν. »

VIII. 1 Ταῦτα καταθρηνήσας καὶ θάψας τὸ σῶμα πάλιν εἰς τὴν Ἀλεξάνδρειαν ἔρχομαι, καὶ θεραπευθεὶς ἄκων τὸ τραῦμα, τοῦ Μενελάου με παρηγοροῦντος, διεκαρτέρησα ζῶν. 2 Καὶ ἤδη μοι γεγόνεσαν μῆνες ἕξ, καὶ τὸ πολὺ τοῦ πένθους ἤρχετο μαραίνεσθαι. Χρόνος γὰρ λύπης φάρμακον καὶ πεπαίνει τῆς ψυχῆς τὰ ἕλκη. Μεστὸς γὰρ ἥλιος ἡδονῆς· καὶ τὸ λυπῆσαν πρὸς ὀλίγον, κἂν ᾖ καθ᾽ ὑπερβολήν, ἀναζεῖ μέν, ἐφ᾽ ὅσον ἡ ψυχὴ καίεται, τῇ δὲ τῆς ἡμέρας ψυχαγωγίᾳ νικώμενον καταψύχεται. Καί μού τις κατόπιν βαδίζοντος ἐν ἀγορᾷ τῆς χειρὸς ἄφνω λαβόμενος ἐπιστρέφει καὶ οὐδὲν εἰπὼν περιπτυξάμενός με πολλὰ κατεφίλει. 3 Ἐγὼ δὲ τὸ μὲν πρῶτον οὐκ ᾔδειν ὅστις ἦν, ἀλλ᾽ εἱστήκειν ἐκπεπληγμένος καὶ δεχόμενος τὰς προσβολὰς τῶν ἀσπασμάτων, ὥς φιλημάτων σκοπός· ἐπεὶ δὲ μικρὸν διέσχε καὶ τὸ πρόσωπον εἶδον, Κλεινίας δὲ ἦν, ἀνακραγὼν ὑπὸ χαρᾶς ἀντιπεριβάλλω τε αὐτὸν καὶ τὰς αὐτὰς ἀπεδίδουν περιπλοκάς, καὶ μετὰ ταῦτα εἰς τὴν καταγωγὴν ἀνήλθομεν τὴν ἐμήν. Καὶ ὁ μὲν τὰ αὑτοῦ μοι διηγεῖτο, ὅπως ἐκ τῆς ναυαγίας περιγένοιτο, ἐγὼ δὲ τὰ περὶ τῆς Λευκίππης ἅπαντα.

revenus à terre, une fois descendu de l'embarcation et le corps dans mes bras, je me mis à pleurer : « Maintenant, ma Leucippé, tu es réellement morte d'une double mort[18] que la terre et la mer se partagent, car si j'ai les restes de ton corps, toi, je t'ai perdue. **9** Le partage n'est pas égal entre la mer et la terre ; c'est une petite partie de toi qui m'a été laissée, bien que la plus grande en apparence, tandis que la mer, dans une petite partie de toi, te possède tout entière. Et puisque la Fortune m'a refusé de donner des baisers à ton visage, eh bien, je vais les donner à ton cou égorgé. »

VIII. **1** Après m'être ainsi lamenté et avoir enseveli le corps, je reviens à Alexandrie et, ayant fait soigner ma blessure bien malgré moi, mais sur les exhortations de Ménélas, je me résignai à vivre. **2** Six mois s'étaient déjà écoulés et le plus fort de ma peine commençait à se dissiper. Le temps est, en effet, un remède au chagrin et il apaise les blessures de l'âme : la lumière du soleil est pleine de plaisir et l'affliction, même si elle est extrême, ne bouillonne qu'autant que l'âme est enflammée, mais vaincue par l'attrait du jour, elle se refroidit peu à peu. Et voici que, derrière moi, comme je me promenais sur la place, quelqu'un me prend soudain par le bras, me fait pivoter et, sans rien dire, me serre dans ses bras et me couvre de baisers. **3** Tout d'abord je ne sus qui c'était et restai stupéfait à recevoir ces assauts de tendresse, tel une cible pour les baisers ; mais lorsqu'il se fut un peu écarté et que je vis son visage – c'était Clinias ! –, poussant des cris de joie, je l'enlaçai à mon tour et lui rendis les mêmes embrassements, puis nous revînmes chez moi. Lui me raconte ses propres aventures, comment il avait survécu au naufrage, et moi, toute l'histoire de Leucippé.

18. Le thème est apparu dès I, 13, avec la mort du bien-aimé de Clinias, et l'on en a ici une variante.

IX. 1 « Εὐθὺς μὲν γάρ, ἔφη, ῥαγείσης τῆς νεὼς ἐπὶ τὸ κέρας ᾖξα, καὶ ἄκρου λαβόμενος μόλις, ἀνδρῶν ἤδη πεπληρωμένου, περιβαλὼν τὰς χεῖρας ἐπεχείρουν ἔχεσθαι παρακρεμάμενος. Ὀλίγον δὲ ἡμῶν ἐμπελαγισάντων κῦμα μέγιστον ἆραν τὸ ξύλον προσρήγνυσιν ὄρθιον ὑφάλῳ πέτρᾳ κατὰ θάτερον, ᾧ ἐγὼ ἔτυχον κρεμάμενος. 2 Τὸ δὲ προσαραχθὲν βίᾳ πάλιν εἰς τοὐπίσω δίκην μηχανῆς ἀπεκρούετο καί με ὥσπερ ἀπὸ σφενδόνης ἐξερρίπισε. Τοὐντεῦθεν δὲ ἐνηχόμην τὸ ἐπίλοιπον τῆς ἡμέρας, οὐκέτι ἔχων ἐλπίδα σωτηρίας. 3 Ἤδη δὲ καμὼν καὶ ἀφεὶς ἐμαυτὸν τῇ Τύχῃ ναῦν ὁρῶ κατὰ πρόσωπον φερομένην, καὶ τὰς χεῖρας ἀνασχών, ὃν ἠδυνάμην τρόπον, ἱκετηρίαν ἐδεόμην τοῖς νεύμασιν. Οἱ δέ, εἴτε ἐλεήσαντες, εἴτε καὶ τὸ πνεῦμα αὐτοὺς κατήγαγεν, ἔρχονται κατ' ἐμέ, καί τις τῶν ναυτῶν πέμπει μοι κάλων ἅμα τῆς νεὼς παραθεούσης. Κἀγὼ μὲν ἐλαβόμην, οἱ δὲ ἐφείλκυσάν με ἐξ αὐτῶν τῶν τοῦ θανάτου πυλῶν. Ἔπλει δὲ τὸ πλοῖον εἰς Σιδῶνα· καί μέ τινες γνωρίσαντες ἐθεράπευσαν. »

X. 1 « Δύο δὲ πλεύσαντες ἡμέρας ἐπὶ τὴν πόλιν ἥκομεν, καὶ δέομαί τε τῶν ἐν τῷ πλοίῳ Σιδωνίων — Ξενοδάμας δὲ ὁ ἔμπορος ἦν καὶ Θεόφιλος ὁ τούτου πενθερός —, μηδενὶ Τυρίων, εἰ περιτύχοιεν, κατειπεῖν ὡς ἐκ ναυαγίας περιγενοίμην, ὡς ἂν μὴ μάθοιεν συναποδεδημηκότα. 2 Ἤλπιζον γὰρ λήσειν, εἰ τὰ ἀπὸ τούτων ἐν ἡσυχίᾳ γένοιτο, πέντε μόνον ἡμερῶν μοι μεταξὺ γενομένων, αἷς οὐκ ἔτυχον ὀφθείς. Τοῖς δὲ κατὰ τὴν οἰκίαν τὴν ἐμήν, ὡς οἶδας, προηγορεύκειν ⟨λέγειν⟩ τοῖς πυνθανομένοις εἰς κώμην ἀποδεδημηκέναι μέχρι

19. On peut penser à Ulysse accroché aux débris de son radeau.
20. C'était déjà l'attitude des passagers sur le navire en III, 2, 4.

IX. **1** « Aussitôt donc que le navire se fut brisé, dit-il, je me jetai sur la vergue, et en ayant saisi le bout à grand-peine, car elle était déjà pleine d'hommes, je l'entourai de mes bras et, suspendu, essayai de ne pas lâcher prise. Il y avait peu de temps que nous étions en mer qu'une vague immense soulève l'épave et l'envoie se fracasser tout droit contre un récif à fleur d'eau, du côté opposé à celui où j'étais accroché[19]. **2** Après le choc, l'épave fut de nouveau projetée en arrière, à la manière d'une catapulte, et elle me propulsa comme avec une fronde. Dès ce moment, je nageai tout le reste du jour, n'ayant plus d'espoir de salut. **3** Épuisé et m'abandonnant désormais à la Fortune[20], je vois un navire venir droit sur moi et, levant les bras, comme je pouvais, je fis des gestes de supplication[21]. Eux, soit par pitié, soit parce que le vent les y amenait, viennent sur moi et l'un des matelots m'envoie un câble pendant que le navire me contrepassait. Moi, je le saisis, et eux, m'arrachèrent des portes mêmes de la mort. Le bateau faisait route vers Sidon et certains, m'ayant reconnu, prirent soin de moi. »

X. **1** Après deux jours de navigation, nous arrivâmes à la ville et je demandai aux Sidoniens du bateau – c'étaient Xénodamas le marchand et Théophilos, son beau-père – de ne dire à aucun Tyrien, s'ils en rencontraient, que j'avais survécu au naufrage, pour qu'on n'apprenne pas que j'avais fait le voyage avec vous. **2** J'espérais en effet échapper à l'attention, s'ils ne commettaient pas d'indiscrétion, car il n'y avait que cinq jours que l'on ne m'avait pas vu. À ceux de ma maison, comme tu le sais, j'avais donné pour consigne < de dire > à ceux qui le demanderaient que j'étais

21 . Le texte est discuté et, en tout état de cause, l'expression employée est rare.

δέκα ὅλων ἡμερῶν. 3 Καὶ τοῦτόν γε τὸν λόγον εὗρον περὶ ἐμοῦ κατεσχηκότα. Οὔπω δὲ οὐδὲ ὁ σὸς πατὴρ ἐκ τῆς Παλαιστίνης ἔτυχεν ἥκων, ἀλλὰ δύο ἄλλων ὕστερον ἡμερῶν, καὶ καταλαμβάνει πεμφθέντα παρὰ τοῦ τῆς Λευκίππης πατρὸς γράμματα, ἅπερ ἔτυχε μετὰ μίαν ἡμέραν τῆς ἡμετέρας ἀποδημίας κεκομισμένα, δι' ὧν ὁ Σώστρατος ἐγγυᾷ σοὶ τὴν θυγατέρα. 4 Ἐν ποικίλαις οὖν ἦν συμφοραῖς ἀναγνοὺς τὰ γράμματα καὶ τὴν ὑμετέραν ἀκούσας φυγήν, τὸ μὲν ὡς τὸ τῆς ἐπιστολῆς ἀπολέσας ἆθλον, τὸ δὲ ὅτι παρὰ μικρὸν οὕτως ἡ Τύχη τὰ πράγματα ἔθηκε· καὶ γὰρ οὐδὲν ἂν τούτων ἐγεγόνει, εἰ θᾶττον ἐκομίσθη τὰ γράμματα. 5 Καὶ τῶν μὲν πεπραγμένων οὐδὲν πρὸς τὸν ἀδελφὸν ἡγήσατό πω δεῖν γράφειν, ἀλλὰ καὶ τῆς μητρὸς τῆς κόρης ἐδεήθη τὸ παρὸν ἐπισχεῖν· 6 'Τάχα γὰρ ἂν αὐτοὺς ἐξευρήσομεν· καὶ οὐ δεῖ τὸ συμβὰν ἀτύχημα μανθάνειν Σώστρατον. Ἀσμένως δέ, ὅποι ποτ' ἂν [ὦσιν] ὄντες μάθωσι τὴν ἐγγύην, καὶ ἀφίξονται, εἴγε αὐτοῖς ἐξέσται φανερῶς ἔχειν ὑπὲρ οὗ πεφεύγασιν.' 7 Ἐπολυπραγμόνει δὲ παντὶ σθένει, ποῖ κεχωρήκατε· καὶ ὡς ὀλίγον πρὸ τούτων τῶν ἡμερῶν ἔρχεται Διόφαντος ὁ Τύριος ἐξ Αἰγύπτου πεπλευκὼς καὶ λέγει πρὸς αὐτὸν ὅτι σε ἐνθάδε ἐθεάσατο· κἀγὼ μαθών, ὡς εἶχον εὐθὺς ἐπιβὰς νεώς, ὀγδόην ταύτην ἡμέραν πᾶσάν σε περιῆλθον ζητῶν τὴν πόλιν. Πρὸς ταῦτα οὖν σοι βουλευτέον ἐστίν, ὡς τάχα καὶ τοῦ πατρὸς ἥξοντος ἐνταῦθα τοῦ σοῦ. »

XI. 1 Ταῦτα ἀκούσας ἀνῴμωξα ἐπὶ τῇ τῆς Τύχης παιδιᾷ, « Ὦ δαῖμον, λέγων, νῦν μὲν Σώστρατός μοι Λευκίππην ἐκδίδωσι καί μοι γάμος ἐκ μέσου πολέμου πέμπεται, μετρήσας ἀκριβῶς τὰς ἡμέρας, ἵνα μὴ φθάσῃ

22. Sur l'ἐγγυή, voir A.-M. Vérilhac et Cl. Vial, *Le Mariage grec*, BCH Suppl. 32, 1998, p. 229-254.

parti à la campagne pour dix jours entiers. **3** Et je constatai que c'était bien ce que l'on disait couramment à mon sujet. Il se trouva que ton père non plus n'était pas encore rentré de Palestine, mais il arriva deux jours après : il trouve alors une lettre envoyée par le père de Leucippé, qui avait été apportée juste un jour après notre départ, dans laquelle Sostratos te donne sa fille en mariage[22]. **4** Il était alors la proie de malheurs de toutes sortes, en lisant la lettre et en apprenant votre fuite, d'avoir d'un côté perdu le bénéfice de cette lettre et de voir, de l'autre, que la Fortune avait ainsi brouillé les affaires en si peu de temps ; rien de tout cela ne serait en effet arrivé si la lettre avait été apportée plus tôt[23]. **5** Mais il estima qu'il ne devait rien écrire encore à son frère de ce qui s'était passé et il demanda aussi à la mère de la jeune fille de ne rien faire pour le moment. **6** « Peut-être en effet les retrouverons-nous, et il ne faut pas que Sostratos apprenne l'infortune qui est arrivée. Ce sera avec joie, en quelque lieu qu'ils soient quand ils seront informés de leurs fiançailles, qu'ils reviendront, puisqu'il leur sera permis d'avoir ouvertement ce pour quoi ils ont fui. » **7** Et il fit tous ses efforts pour découvrir où vous étiez partis ; il y a quelques jours seulement, Diophante de Tyr, arrivant d'Égypte, lui dit qu'il t'y avait vu ; et moi, lorsque je l'appris, sur-le-champ, je m'embarquai sur un bateau, et cela fait aujourd'hui sept jours que je parcours toute la ville à ta recherche. Il te faut réfléchir à ce que tu dois faire, car ton père va sans doute venir ici. »

XI. **1** À ces mots, je me mis à gémir sur le jeu de la Fortune, en disant : « Ô déesse, c'est maintenant que Sostratos me donne Leucippé en mariage, et le mariage m'est envoyé du milieu de la guerre ; mais il a bien compté

23. On ne saurait appuyer davantage l'effet dramatique, qu'amplifie encore la tirade dramatique de Clitophon qui va suivre.

τὴν φυγήν. 2 Ὢ τῶν ἐξώρων εὐτυχημάτων· ὢ μακάριος ἐγὼ παρὰ μίαν ἡμέραν· μετὰ θάνατον γάμοι, μετὰ θρῆνον ὑμέναιοι. Τίνα μοι δίδωσι νύμφην ἡ Τύχη, ἣν οὐδὲ ὁλόκληρόν μοι δέδωκε νεκράν; » 3 « Οὐ θρήνων νῦν καιρός, ὁ Κλεινίας εἶπεν, ἀλλὰ σκεψώμεθα πότερον εἰς τὴν πατρίδα σου νῦν ἀνακομιστέον ἢ τὸν πατέρα ἐνταῦθα ἀναμενητέον. » « Οὐδέτερον, εἶπον· ποίῳ γὰρ ἴδοιμι προσώπῳ τὸν πατέρα, μάλιστα μὲν οὕτως αἰσχρῶς φυγών, εἶτα καὶ τὴν παρακαταθήκην αὐτοῦ τἀδελφοῦ διαφθείρας; Φεύγειν οὖν ἐντεῦθεν ὑπολείπεται πρὶν ἥκειν αὐτόν. » 4 Ἐν τούτῳ δὴ ὁ Μενέλαος ὑπεισέρχεται καὶ ὁ Σάτυρος μετ' αὐτοῦ, καὶ τόν τε Κλεινίαν περιπτύσσονται καὶ μανθάνουσι παρ' ἡμῶν τὰ πεπραγμένα. Καὶ ὁ Σάτυρος, « Ἀλλ' ἔστι σοι, ἔφη, καὶ τὰ παρόντα θέσθαι καλῶς καὶ ἐλεῆσαι ψυχὴν ἐπὶ σοὶ φλεγομένην. Ἀκουσάτω δὴ καὶ ὁ Κλεινίας. 5 Ἡ Ἀφροδίτη μέγα τούτῳ παρέσχεν ἀγαθόν, ὁ δὲ οὐκ ἐθέλει λαβεῖν. Γυναῖκα γὰρ ἐξέμηνεν ἐπ' αὐτῷ πάνυ καλήν, ὥστε ἂν ἰδὼν αὐτὴν εἴποις ἄγαλμα, Ἐφεσίαν τὸ γένος, ὄνομα Μελίτην· πλοῦτος πολὺς καὶ ἡλικία νέα. 6 Τέθνηκε δ' αὐτῆς προσφάτως ὁ ἀνὴρ κατὰ θάλατταν· βούλεται δὲ τοῦτον ἔχειν δεσπότην, οὐ γὰρ ἄνδρα ἐρῶ, καὶ δίδωσιν ἑαυτὴν καὶ πᾶσαν ἑαυτῆς τὴν οὐσίαν. Δι' αὐτὸν γὰρ δύο μῆνας ἐνθάδε διέτριψεν, ἀκολουθῆσαι δεομένη. Ὁ δὲ οὐκ οἶδα τί παθὼν ὑπερηφανεῖ, νομίζων αὐτῷ Λευκίππην ἀναβιώσεσθαι. »

XII. 1 Καὶ ὁ Κλεινίας, « Οὐκ ἀπὸ τρόπου δοκεῖ μοι, φησίν, ὁ Σάτυρος λέγειν. Κάλλος γὰρ καὶ πλοῦτος καὶ ἔρως εἰ συνῆλθον ἐπὶ σέ, οὐχ ἕδρας ⟨ἔργον⟩ οὐδ'

ses jours pour ne pas devancer notre fuite ! **2** Quelle fortune hors de saison ! Comme je suis heureux, à un jour près ! Après la mort, le mariage, après le thrène, les chants d'hyménée ! Quelle future me donne donc la Fortune, qu'elle ne m'a même pas donnée tout entière, morte ? – **3** Pour l'instant, ce n'est pas l'heure des thrènes, répliqua Clinias, mais examinons si tu dois rentrer dans ta patrie ou attendre ici ton père. – Ni l'un, ni l'autre, dis-je ; de quel front pourrais-je regarder mon père, surtout après m'être enfui si honteusement et, après cela, avoir encore causé la perte du dépôt que lui avait confié son frère ? Il ne me reste donc qu'à fuir d'ici avant son arrivée. » **4** Sur ce, Ménélas entre sans bruit, et Satyros avec lui ; ils embrassent Clinias et apprennent de nous tout ce qui s'était passé. Et Satyros dit : « Mais il est possible à la fois d'arranger à ton avantage tes affaires présentes et de prendre en pitié une âme enflammée pour toi. Et que Clinias apprenne donc, lui aussi, ce qu'il en est. **5** Aphrodite lui a offert un bien magnifique, mais lui se refuse à l'accepter. La déesse a en effet affolé de passion pour lui une femme très belle, si bien qu'à la voir, on croirait une statue. Elle est originaire d'Éphèse et se nomme Mélité, c'est une grosse fortune et une jeunesse. **6** Son mari est mort récemment en mer, elle veut avoir l'homme que voici pour maître – je ne dirai pas pour mari –, elle se donne et avec elle, tout ce qu'elle possède. C'est pour lui qu'elle est restée ici depuis deux mois, suppliant qu'on l'accompagne. Mais lui, je ne sais pour quelle raison, fait le dédaigneux, s'imaginant que sa Leucippé va ressusciter. »

XII. **1** Et Clinias dit : « Satyros ne me semble pas avoir tort. Car si vraiment beauté, richesse et amour viennent ensemble vers toi, c'est une < affaire > qui ne souffre ni

ἀναβολῆς· τὸ μὲν γὰρ κάλλος ἡδονήν, ὁ δὲ πλοῦτος τρυφήν, ὁ δὲ ἔρως αἰδῶ προξενεῖ. Μισεῖ δὲ ὁ θεὸς τοὺς ἀλαζόνας. 2 Φέρε πείσθητι τῷ Σατύρῳ καὶ χάρισαι τῷ θεῷ. » Κἀγὼ στενάξας, « Ἄγε με, εἶπον, ὅποι θέλεις, εἰ καὶ Κλεινίᾳ τοῦτο δοκεῖ· μόνον ὅπως τὸ γύναιόν μοι μὴ παρέχῃ πράγματα, ἐπείγουσα πρὸς τὸ ἔργον, ἔστ' ἂν εἰς Ἔφεσον ἀφικώμεθα. 3 Φθάνω γὰρ ἐπομοσάμενος ἐνταῦθα μὴ συνελθεῖν, ἔνθα Λευκίππην ἀπολώλεκα. » Ταῦτα ἀκούσας ὁ Σάτυρος προστρέχει πρὸς τὴν Μελίτην εὐαγγέλια φέρων. Καὶ μικρὸν αὖθις διαλιπὼν ἐπανέρχεται, λέγων ἀκούσασαν τὴν γυναῖκα ὑφ' ἡδονῆς παρὰ μικρὸν τὴν ψυχὴν ἀφεῖναι, δεῖσθαι δὲ ἥκειν ὡς αὐτὴν δειπνήσοντα τὴν ἡμέραν γάμων προοίμιον. Ἐπείσθην καὶ ᾠχόμην.

XIII. 1 Ἡ δὲ ὡς εἶδέ με, ἀναθοροῦσα περιβάλλει καὶ πᾶν μου τὸ πρόσωπον ἐμπίπλησι φιλημάτων. Ἦν δὲ τῷ ὄντι καλή, καὶ γάλακτι μὲν ἂν εἶπες τὸ πρόσωπον αὐτῆς κεχρῖσθαι, ῥόδον δὲ ἐμπεφυτεῦσθαι ταῖς παρειαῖς. 2 Ἐμάρμαιρεν αὐτῆς τὸ βλέμμα μαρμαρυγὴν Ἀφροδίσιον· κόμη πολλὴ καὶ βαθεῖα καὶ κατάχρυσος τῇ χροιᾷ, ὥστε ἔδοξα οὐκ ἀηδῶς ἰδεῖν τὴν γυναῖκα. 3 Τὸ μὲν οὖν δεῖπνον ἦν πολυτελές· ἡ δὲ ἐφαπτομένη τῶν παρακειμένων, ὡς δοκεῖν ἐσθίειν, οὐκ ἠδύνατο τυχεῖν ὁλοκλήρου τροφῆς, πάντα δὲ ἔβλεπέ με. Οὐδὲν γὰρ ἡδὺ τοῖς ἐρῶσι πλὴν τὸ ἐρώμενον· τὴν γὰρ ψυχὴν πᾶσαν ὁ ἔρως

24 L'ajout proposé par Valckenaer permet de retrouver une expression proverbiale empruntée à Bacchylide : οὐχ ἕδρας ἔργον οὐδ' ἀμβολῆς (avec ici normalisation de la forme poétique et syncopée du dernier mot : voir DH, *De comp. verb.*, 6, 25, 28).

25. Ce thème courant se trouve jusque dans des œuvres « sérieuses » comme le *Dialogue sur l'Amour* de Plutarque (20, 766 C).

26. Le verbe résulte d'une correction de Mitscherlich pour l'incompréhensible ἵδρυσαι transmis par la tradition (« établis » ?).

perte de temps ni délai[24] : la beauté procure le plaisir, la richesse le luxe, l'amour le respect. Le dieu a horreur des prétentieux[25]. **2** Allons, obéis à Satyros et complais au dieu[26]. » Et moi, en soupirant, je répondis : « Conduis-moi où tu veux, puisque tel est aussi l'avis de Clinias ; seulement que cette espèce de femme ne me fasse pas d'histoires en me pressant de passer à l'acte[27], jusqu'à ce que nous soyons arrivés à Éphèse. **3** J'ai fait en effet antérieurement le serment de ne pas avoir de relations amoureuses là où j'ai perdu Leucippé. » À ces mots, Satyros court chez Mélité avec la bonne nouvelle. Et peu de temps après, il revient en courant, disant qu'en l'entendant, la femme, de plaisir, a été près de rendre l'âme et qu'elle me prie de venir dîner chez elle le jour même, comme prélude aux noces. J'obéis et me voilà parti.

XIII. **1** Et elle, à ma vue, se lève d'un bond, m'étreint et couvre tout mon visage de baisers. Elle était véritablement belle : l'on aurait dit que son visage était oint de lait et qu'une rose avait pris naissance sur ses joues[28]. **2** Son regard resplendissait d'un amoureux éclat ; sa chevelure était abondante, profonde et de la couleur de l'or, si bien qu'il me sembla que ce n'est pas sans plaisir que je vis cette femme[29]. **3** Le dîner fut somptueux ; et elle, en goûtant un peu de ce qui était servi, pour avoir l'air de manger, ne pouvait néanmoins réussir à finir intégralement sa nourriture : elle me regardait continuellement. Car rien n'est doux aux amoureux si ce n'est l'objet aimé : l'amour, quand il s'est emparé de l'âme tout entière, ne laisse même plus de

27. On retrouve « l'acte », espéré tout au long des livres I-II (I, 9, 5 ; 10, 2, 4 et 6 ; II, 4, 2 et 4) par Clitophon, et qui, par un jeu d'inversion, va maintenant être rejeté par lui et recherché par le personnage féminin.

28. Tout le portrait est à comparer avec les évocations de Leucippé au livre I ; voir ici I, 19, 1.

29. Clitophon peut, à l'occasion, avoir le sens de la litote…

καταλαβὼν οὐδὲ αὐτῇ χώραν δίδωσι τῇ τροφῇ. 4 Ἡ δὲ τῆς θέας ἡδονὴ διὰ τῶν ὀμμάτων εἰσρέουσα τοῖς στέρνοις ἐγκάθηται· ἕλκουσα δὲ τοῦ ἐρωμένου τὸ εἴδωλον ἀεί, ἐναπομάσσεται τῷ τῆς ψυχῆς κατόπτρῳ καὶ ἀναπλάττει τὴν μορφήν· ἡ δὲ τοῦ κάλλους ἀπορροὴ δι' ἀφανῶν ἀκτίνων ἐπὶ τὴν ἐρωτικὴν ἑλκομένη καρδίαν ἐναποσφραγίζει κάτω τὴν σκιάν. 5 Λέγω δὴ πρὸς αὐτὴν συνείς· « Ἀλλὰ σύ γε οὐδενὸς μετέχεις τῶν σαυτῆς, ἀλλ' ἔοικας τοῖς ἐν γραφαῖς ἐσθίουσιν. » Ἡ δέ, « Ποῖον γὰρ ὄψον, ἔφη, μοι πολυτελὲς ἢ ποῖος οἶνος τιμιώτερος τῆς σῆς ὄψεως ; » Καὶ ἅμα λέγουσα κατεφίλει με, προσιέμενον οὐκ ἀηδῶς τὰ φιλήματα· εἶτα διασχοῦσα εἶπεν· « Αὕτη μοι τρυφή. »

XIV. 1 Τότε μὲν οὖν ἐν τούτοις ἦμεν· ἑσπέρας δὲ γενομένης ἡ μὲν ἐπεχείρει με κρατεῖν ἐκεῖ κοιμησόμενον, ἐγὼ δὲ παρῃτούμην, εἰπὼν ἃ καὶ πρὸς τὸν Σάτυρον ἔτυχον προαγορεύσας. Μόλις οὖν ἀφίησιν ἀνιωμένη· 2 τῇ δ' ὑστεραίᾳ συνέκειτο ἡμῖν εἰς τὸ τῆς Ἴσιδος ἱερὸν ἀπαντῆσαι διαλεξομένοις τε ἀλλήλοις καὶ πιστωσομένοις ἐπὶ μάρτυρι τῇ θεῷ. Συμπαρῆσαν δὲ ἡμῖν ὅ τε Μενέλαος καὶ ὁ Κλεινίας· ὠμνύομεν, ἐγὼ μὲν ἀγαπήσειν ἀδόλως, ἡ δὲ ἄνδρα ποιήσασθαι καὶ πάντων ἀποφῆναι δεσπότην. 3 « Ἄρξει δέ, εἶπον ἐγώ, τῶν συνθηκῶν ἡ εἰς Ἔφεσον ἡμῶν ἄφιξις· ἐνταῦθα γάρ, ὡς ἔφην, Λευκίππῃ παραχωρήσεις. » Δεῖπνον οὖν ἡμῖν ηὐτρεπίζετο πολυτελές· καὶ ὄνομα μὲν ἦν τῷ δείπνῳ γάμοι, τὸ δὲ ἔργον συνέκειτο

30. Sur ce thème, voir Plutarque, *Dialogue sur l'Amour*, 759 C.

31. Le terme est platonicien et renvoie en particulier au *Phèdre* (251 b) – cité en appendice, p. 405-406.

32. Passage à comparer au premier repas de Clitophon devant Leucippé en I, 5, 3.

place à la nourriture. **4** Le plaisir de la vue, qui pénètre par les yeux, s'installe dans la poitrine ; et en attirant toujours l'image de l'aimé, il l'imprime sur le miroir de l'âme et y grave son apparence[30] ; l'émanation[31] de la beauté, attirée par d'invisibles rayons jusqu'au cœur amoureux, laisse, en profondeur, l'empreinte de son reflet. **5** M'en étant aperçu, je lui dis alors : « Mais toi, tu ne prends d'aucun des mets que l'on te présente, tu ressembles aux gens qui mangent en peinture. » Elle répondit : « Quel mets somptueux, quel vin peut m'être plus précieux que ta vue[32] ? » Et tout en parlant, elle me donnait des baisers, que j'acceptai, non sans plaisir. Puis, s'étant écartée, elle dit : « Voici mes délices. »

XIV. **1** Telle était alors notre conversation ; le soir venu, elle tente de me retenir pour dormir, mais je refusai en lui disant ce que précisément j'avais déjà fait savoir à Satyros. C'est à grand-peine qu'elle me laisse partir, le cœur lourd. **2** Et le lendemain, il fut convenu entre nous de nous rencontrer au sanctuaire d'Isis pour nous entretenir et nous engager l'un à l'autre, avec la déesse comme témoin. Nous étions assistés par Ménélas et Clinias ; nous faisons le serment, moi de l'aimer loyalement, elle de me prendre comme mari et de me rendre maître de tout. **3** « Mais c'est, dis-je, notre arrivée à Éphèse qui marquera le début de l'exécution de nos conventions ; car, ici, comme je l'ai dit, tu céderas la place à Leucippé. » On avait préparé pour nous un dîner somptueux, mais si ce dîner portait le nom de « noces », pour l'acte, on était convenu de le mettre en réserve[33]. **4** Et je me souviens d'un bon mot de Mélité

33. Cette formule ingénieuse joue de l'opposition courante entre nom et réalité, compliquée par le double sens d'ἔργον, réalité et acte d'amour, et peut-être aussi par une allusion à la « réserve », où traditionnellement l'intendante va chercher les provisions, par exemple dans les repas homériques : ce qui est ici déposé, c'est la consommation du mariage.

ταμιεύεσθαι. 4 Καί τι μέμνημαι καὶ γελοῖον παρὰ τὴν ἑστίασιν τῆς Μελίτης· ὡς γὰρ ἐπευφήμουν τοῖς γάμοις οἱ παρόντες, νεύσασα πρός με ἡσυχῇ, « Καινόν, εἶπεν, ἐγὼ μόνη πέπονθα καὶ οἷον ἐπὶ τοῖς ἀφανέσι ποιοῦσι νεκροῖς· κενοτάφιον μὲν γὰρ εἶδον, κενογάμιον δὲ οὔ. » Ταῦτα μὲν οὖν ἔπαιζε σπουδῇ.

XV. 1 Τῇ δὲ ἐπιούσῃ στελλόμεθα πρὸς ἀποδημίαν· κατὰ τύχην δὲ καὶ τὸ πνεῦμα ἐκάλει ἡμᾶς. Καὶ ὁ Μενέλαος μέχρι τῶν λιμένων ἐλθὼν καὶ ἀσπασάμενος, εὐτυχεστέρας εἰπὼν νῦν ἡμᾶς τυχεῖν τῆς θαλάσσης, ἀπετράπετο αὖθις, νεανίσκος πάνυ χρηστὸς καὶ θεῶν ἄξιος, καὶ ἅμα δακρύων ἐμπεπλησμένος· καὶ ἡμῖν δὲ πᾶσι κατεφέρετο δάκρυα. 2 Τῷ δὲ Κλεινίᾳ ἐδόκει μή με καταλιπεῖν, ἀλλὰ μέχρις Ἐφέσου συμπλεύσαντα καί τινα χρόνον διατρίψαντα τῇ πόλει ἐπανελθεῖν, εἰ τὰ ἐμὰ ἐν καλῷ κείμενα καταμάθοι. 3 Γίνεται δὴ κατ' οὐρὰν ἡμῶν ὁ ἄνεμος· ἑσπέρα τε ἦν, καὶ δειπνήσαντες ἐκείμεθα κοιμησόμενοι. Ἰδία δὲ ἐμοί τε καὶ τῇ Μελίτῃ καλύβη τις ἦν ἐπὶ τοῦ σκάφους περιπεφραγμένη. 4 Περιβαλοῦσα οὖν με κατεφίλει καὶ ἀπῄτει τὸν γάμον, « Νῦν μέν, λέγουσα, Λευκίππης τοὺς ὅρους ἐξήλθομεν καὶ τῶν συνθηκῶν τοὺς ὅρους ἀπειλήφαμεν· ἐντεῦθεν ἡ προθεσμία. Τί με δεῖ νῦν εἰς Ἔφεσον περιμένειν; Ἄδηλοι τῆς θαλάσσης αἱ τύχαι· ἄπιστοι τῶν ἀνέμων αἱ μεταβολαί. 5 Πίστευσόν μοι, Κλειτοφῶν, καίομαι· ὄφελον ἠδυνάμην δεῖξαι τὸ πῦρ· ὄφελον εἶχε τὴν αὐτὴν φύσιν τῷ

34. Sur cet *hapax*, voir l'Introduction, *supra*, p. XLII.
35. On peut noter que le *spoudogeloion* est la tonalité ordinaire du banquet.

pendant le festin ; en effet, comme les personnes présentes faisaient des vœux pour nos noces, en se penchant vers moi, elle me dit à voix basse : « C'est une chose inouïe, que je suis la seule à connaître, et qui ressemble à ce que l'on fait pour les disparus : j'avais déjà vu un tombeau vide, mais de mariage vide point[34]. » C'est ainsi qu'elle mêlait plaisanterie et sérieux[35].

XV. **1** Le jour suivant, comme nous nous préparions au voyage, le hasard voulut que le vent aussi nous y invitât. Et Ménélas, venu jusqu'au port, m'embrassa, souhaitant que nous ayons désormais une meilleure mer, puis il s'en retourna ; c'était un jeune homme très bon et digne des dieux, et il avait les yeux remplis de larmes ; et les larmes nous montaient aux yeux, à nous tous aussi. **2** Quant à Clinias, il décida de ne pas me quitter, de faire la traversée avec nous jusqu'à Éphèse et de rester quelque temps dans cette ville avant de rentrer chez lui, s'il voyait que mes affaires allaient bien. **3** Nous avions le vent en poupe ; c'était le soir et, lorsque nous eûmes dîné, nous allâmes nous coucher. On avait construit sur le navire une cabine particulière, pour Mélité et pour moi. **4** Après m'avoir serré dans ses bras, elle me donna des baisers et réclama la consommation du mariage en disant : « À présent nous avons quitté le territoire de Leucippé et nous avons atteint celui de nos conventions ; c'est maintenant qu'arrive l'échéance. Pourquoi me faut-il attendre jusqu'à Éphèse ? Peu sûrs sont les hasards de la mer, peu fiables[36] les sautes des vents. **5** Crois-moi, Clitophon, je brûle. Si seulement je pouvais te montrer mon feu ! Si seulement le feu de l'amour était semblable au feu ordinaire, pour

36. J'essaie de rendre ainsi l'anaphore de deux adjectifs à préfixe privatif, *adèloi* / *apistoi*, qui sont de surcroît de même longueur et assonants. On retrouve, suggéré, l'argument de Charmidès avant le combat (IV, 7, 3).

κοινῷ ⟨τὸ⟩ τοῦ ἔρωτος πῦρ, ἵνα σοι περιχυθεῖσα κατέφλεξα· νῦν δὲ πρὸς τοῖς ἄλλοις τοῦτο μόνον τὸ πῦρ ἰδίαν ὕλην ἔχει καὶ ἐν ταῖς περὶ τοὺς ἐραστὰς συμπλοκαῖς ἀνακαιόμενον λάβρον τῶν συμπλεκομένων φείδεται. 6 Ὦ πυρὸς μυστικοῦ, πυρὸς ἐν ἀπορρήτῳ δᾳδουχουμένου, πυρὸς τοὺς ὅρους αὐτοῦ φυγεῖν μὴ θέλοντος. Μυηθῶμεν οὖν, ὦ φίλτατε, τὰ τῆς Ἀφροδίτης μυστήρια. »

XVI. 1 Κἀγὼ εἶπον· « Μή με βιάσῃ λῦσαι θεσμὸν ὁσίας νεκρῶν. Οὔπω τῆς ἀθλίας ἐκείνης τοὺς ὅρους παρήλθομεν, ἕως ἂν γῆς ἐπιβῶμεν ἑτέρας. Οὐκ ἤκουσας ὡς ἐν πελάγει τέθνηκεν; Ἔτι πλέω Λευκίππης τὸν τάφον. Τάχα που περὶ τὴν ναῦν αὐτῆς εἰλεῖται τὸ εἴδωλον. 2 Λέγουσι δὲ τὰς ἐν ὕδατι ψυχὰς ἀνῃρημένας μηδὲ εἰς Ἅιδου καταβαίνειν ὅλως, ἀλλ' αὐτοῦ περὶ τὸ ὕδωρ ἔχειν τὴν πλάνην, καὶ ἐπιστήσεται τάχα ἡμῖν συμπλεκομένοις. Ἐπιτήδειον δέ σοι δοκεῖ καὶ τὸ χωρίον εἶναι πρὸς γάμον; Γάμος ἐπὶ κύματος, γάμος ὑπὸ θαλάσσης φερόμενος; Θάλαμον ἡμῖν θέλεις γενέσθαι μὴ μένοντα; » 3 « Σὺ μέν, ἔφη, σοφίζῃ, φίλτατε· πᾶς δὲ τόπος τοῖς ἐρῶσι θάλαμος· οὐδὲν γὰρ ἄβατον τῷ θεῷ. Ἐν θαλάσσῃ δὲ μὴ καὶ οἰκειότερόν ἐστιν Ἔρωτι καὶ Ἀφροδισίοις μυστηρίοις; Θυγάτηρ Ἀφροδίτη θαλάσσης. 4 Χαρισώμεθα τῇ γαμηλίῳ θεῷ, τιμήσωμεν αὐτῆς γάμῳ τὴν μητέρα. Ἐμοὶ μὲν γὰρ δοκεῖ τὰ παρόντα γάμων εἶναι σύμβολα· ζυγὸς μὲν οὗτος ὑπὲρ κεφαλῆς κρεμάμενος, δεσμοὶ δὲ περὶ τὴν κεραίαν τεταμένοι. Καλά γε, ὦ δέσποτα, τὰ μαντεύματα·

37. Le raccourci est pour le moins baroque.

38. Par le jeu des métonymies, on comprend « que notre union ne soit pas stable » : toute cette apologie ne fait que jouer sur les mots.

que je puisse te consumer en t'étreignant ! Mais en réalité, contrairement à tous les autres, ce seul feu possède un bois qui lui est propre, et dans les étreintes des amoureux, si violemment qu'il brûle, il épargne ceux que l'on étreint. **6** Ô feu mystique, feu qui brûle dans le secret, feu qui ne désire pas fuir son territoire ! Initions-nous donc, mon chéri, aux mystères d'Aphrodite. »

XVI. **1** Et moi de répondre : « Ne m'oblige pas à enfreindre la loi du respect que l'on doit aux morts. Nous n'avons pas encore dépassé le territoire de cette malheureuse et ce, jusqu'à ce que nous ayons abordé à une autre terre. Ne sais-tu pas qu'elle est morte en pleine mer ? Je navigue encore sur le tombeau de Leucippé[37]. Peut-être son fantôme erre-t-il quelque part, autour de ce navire. **2** On dit que les âmes qui ont péri dans l'eau ne descendent pas du tout dans l'Hadès, mais que sur place, sur l'eau, elles mènent leur errance ; peut-être sera-t-elle présente à nos étreintes. Et puis le lieu même te semble-t-il approprié pour un mariage ? Un mariage sur les flots, un mariage porté par la mer ? Désires-tu donc que notre chambre nuptiale ne demeure pas[38] ? **3** – Toi, répondit-elle, tu fais le sophiste, mon chéri ; tout lieu est chambre nuptiale pour ceux qui s'aiment, car rien n'est inaccessible au dieu. Et sur mer, n'est-ce pas même l'endroit le plus favorable à Éros et aux mystères d'Aphrodite ? Aphrodite est fille de la mer[39]. **4** Complaisons à la déesse du mariage, honorons sa mère par un mariage. Je crois en effet que tout ce qui est autour de nous est symbole de mariage : ce joug suspendu au-dessus de nos têtes et les liens tendus sur la vergue. Quel beau présage, mon maître ! Sous le joug est notre chambre et

39. *Théogonie*, 188-206.

ὑπὸ ζυγὸν ὁ θάλαμος, καὶ κάλοι δεδεμένοι. Ἀλλὰ καὶ πηδάλιον τοῦ θαλάμου πλησίον· 5 ἰδοὺ τοὺς γάμους ἡμῶν ἡ Τύχη κυβερνᾷ. Νυμφοστολήσουσι δὲ ἡμᾶς Ποσειδῶν καὶ Νηρεΐδων χορός· ἐνταῦθα γὰρ καὶ αὐτὸς Ἀμφιτρίτην γαμεῖ. Λιγυρὸν δὲ συρίζει περὶ τοὺς κάλους καὶ τὸ πνεῦμα· ἐμοὶ μὲν ὑμέναιον ᾄγειν δοκεῖ τὰ τῶν ἀνέμων αὐλήματα. 6 Ὁρᾷς δὲ καὶ τὴν ὀθόνην κεκυρτωμένην ὥσπερ ἐγκύμονα γαστέρα· δεξιόν μοι καὶ τοῦτο τῶν οἰωνισμάτων· ἔσῃ μοι ταχὺ καὶ πατήρ. » 7 Ἰδὼν οὖν αὐτὴν σφόδρα ἐγκειμένην, « Φιλοσοφήσωμεν, εἶπον, ὦ γύναι, μέχρι λαβώμεθα γῆς· ὄμνυμι γάρ σοι τὴν θάλατταν αὐτὴν καὶ τὴν τοῦ πλοῦ τύχην, ὡς ἐσπούδακα καὶ αὐτός. Ἀλλ' εἰσὶ καὶ θαλάσσης νόμοι. 8 Πολλάκις ἤκουσα παρὰ τῶν ναυτικωτέρων καθαρὰ δεῖν Ἀφροδισίων εἶναι τὰ σκάφη, τάχα μὲν ὡς ἱερά, τάχα δὲ ἵνα μή τις ἐν τηλικούτῳ κινδύνῳ τρυφᾷ. Μὴ ἐνυβρίσωμεν, ὦ φιλτάτη, τῇ θαλάσσῃ· μηδὲ συμμίξωμεν γάμον ὁμοῦ καὶ φόβον. Τηρήσωμεν ἑαυτοῖς καθαρὰν τὴν ἡδονήν. » Ταῦτα λέγων καὶ μειλισσόμενος τοῖς φιλήμασιν ἔπειθον, καὶ τὸ λοιπὸν οὕτως ἐκαθεύδομεν.

XVII. 1 Πέντε δὲ τῶν ἑξῆς ἡμερῶν διανύσαντες τὸν πλοῦν ἥκομεν εἰς τὴν Ἔφεσον. Οἰκία μεγάλη καὶ πρώτη τῶν ἐκεῖ· θεραπεία πολλὴ καὶ ἄλλη παρασκευὴ πολυτελής. 2 Κελεύει δὴ δεῖπνον ὡς ὅτι ἐκπρεπέστατον ἑτοιμάζειν. « Ἡμεῖς δὲ τέως, ἔφη, χωρήσωμεν εἰς

40. Elle prend l'exact contrepied de l'instabilité suggérée par Clitophon ; l'image du lien demeure dans les langues modernes ; celle du joug – sous lequel est mise la mariée – était aussi courante dans l'Antiquité – et le conjoint se dit σύζυξ.

41. Le verbe a déjà été employé en I, 18, 2 et IV, 1, 4.

les câbles sont noués[40]. Il y a même le gouvernail tout près de notre chambre ; **5** vois, c'est la Fortune qui gouverne notre mariage. Et c'est Poséidon et le chœur des Néréides qui formeront l'escorte nuptiale[41], car c'est ici que lui aussi s'unit à Amphitrite. Le vent siffle mélodieusement dans les cordages : il me semble que les airs d'*auloi* des vents mènent notre hyménée[42]. **6** Tu vois aussi la voile bombée comme un ventre gros ; cela m'est aussi un présage de bon augure, tu seras bientôt également père grâce à moi. » **7** Voyant alors qu'elle était fort pressante, je répondis : « Soyons sages[43], femme, jusqu'à ce que nous touchions terre ; en effet, je te jure, par la mer elle-même et le sort de notre traversée, que je suis pressé, moi aussi. Mais il existe des lois de la mer. **8** J'ai souvent entendu dire aux gens qui ont l'expérience de la mer que les bateaux doivent être purs des choses d'Aphrodite, peut-être parce qu'ils sont sacrés, ou peut-être pour que l'on ne s'abandonne pas aux plaisirs dans un si grand danger. Ne faisons pas outrage, ma chérie, à la mer ; ne mêlons pas le mariage à la peur. Gardons notre plaisir dans sa pureté. » Par ces mots et le baume de mes baisers, je m'attachai à la persuader et nous dormîmes ainsi le reste de la nuit.

XVII. **2** Cinq jours après, terminant notre navigation, nous arrivâmes à Éphèse. Sa maison était grande et la première de l'endroit ; la domesticité y était nombreuse et l'ameublement en était luxueux. **2** Elle commande alors d'apprêter le repas le plus remarquable possible. « Nous, pendant ce temps-là, dit-elle, allons au domaine. » Il était

42. Sur la musique au mariage, voir A.-M. VÉRILHAC et Cl. VIAL, *Le Mariage grec*, BCH Suppl. 32, 1998, p. 321-324 – l'*aulos* n'accompagne pas seulement le cortège, mais aussi le moment où les époux se retirent dans leur chambre.

43. Au reproche d'être sophiste répond l'invitation à être philosophe…

τοὺς ἀγρούς. » Ἀπεῖχον δὲ τῆς πόλεως σταδίους τέτταρας. Ἐπικαθίσαντες οὖν ὀχήματι ἐξήλθομεν. 3 Καὶ ἐπεὶ τάχιστα παρεγενόμεθα, διεβαδίζομεν τοὺς ὀρχάτους τῶν φυτῶν, καὶ ἐξαίφνης προσπίπτει τοῖς γόνασιν ἡμῶν γυνή, σχοίνοισι παχείαις δεδεμένη, δίκελλαν κρατοῦσα, τὴν κεφαλὴν κεκαρμένη, ἐρρυπωμένη τὸ σῶμα, χιτῶνα ἀνεζωσμένη ἄθλιον πάνυ, καί, « Ἐλέησον, ἔφη, δέσποινα, γυνὴ γυναῖκα, ἐλευθέραν μέν, ὡς ἔφυν, δούλην δὲ νῦν, ὡς δοκεῖ τῇ Τύχῃ · » καὶ ἅμα ἐσιώπησε. 4 Λέγει οὖν ἡ Μελίτη · « Ἀνάστηθι, ὦ γύναι · λέγε, τίς εἶ, καὶ πόθεν, καὶ τίς σοι τοῦτον περιέθηκε τὸν σίδηρον · κέκραγε γάρ σου καὶ ἐν κακοῖς ἡ μορφὴ τὴν εὐγένειαν. » « Ὁ σός, εἶπεν, οἰκέτης, ὅτι αὐτῷ μὴ πρὸς εὐνὴν ἐδούλευον. 5 Ὄνομα Λάκαινα, Θετταλὴ τὸ γένος · καί σοι προσφέρω μου ταύτην τὴν τύχην ἱκετηρίαν. Ἀπόλυσόν με τῆς καθεστώσης συμφορᾶς · πάρασχε δέ μοι τὴν ἀσφάλειαν, ἔστ' ἂν ἀποτίσω τὰς δισχιλίας · τοσούτου γάρ με ὁ Σωσθένης ἀπὸ τῶν λῃστῶν ἐωνήσατο. 6 Ποριοῦμεν δέ, εὖ ἴσθι, τὴν ταχίστην · εἰ δὲ μή, σοὶ δουλεύσομεν. Ὁρᾷς δὲ καὶ πληγαῖς ὡς ἔξανέ με πολλαῖς. » Καὶ ἅμα διανοίξασα τὸν χιτῶνα δείκνυσι τὰ νῶτα διαγεγραμμένα ἔτι οἰκτρότερον. 7 Ὡς οὖν ταῦτα ἠκούσαμεν, ἐγὼ μὲν συνεχύθην · καὶ γάρ τι ἐδόκει Λευκίππης ἔχειν · ἡ δὲ Μελίτη ἔφη · « Θάρρει, γύναι · τούτων γάρ σε λύσομεν εἴς τε τὴν οἰκείαν προῖκα ἀποπέμψομεν. Τὸν Σωσθένην καλεσάτω τις ἡμῖν. » 8 Ἡ μὲν οὖν τῶν δεσμῶν εὐθὺς ἠλευθεροῦτο, ὁ δὲ παρῆν τεταραγμένος. Λέγει οὖν ἡ Μελίτη · « Ὦ κακὴ κεφαλή, τίνα ποτὲ κἂν τῶν ἀχρειο-

44. On a là un trimètre (que j'ai rendu par un alexandrin) ; Vilborg compare à Sophocle, *Ajax*, 487 *sqq*.

distant de la ville de quatre stades. Après être montés en voiture, nous sortîmes. **3** Dès que nous fûmes arrivés, nous commençâmes à nous promener parmi les plantations quand soudain se jette à nos pieds une femme, entravée par des liens épais, un hoyau à la main, le crâne rasé, le corps malpropre, ceinte d'une fort misérable tunique, disant : « Aie pitié, maîtresse, comme femme, d'une femme, qui, libre de naissance, est esclave aujourd'hui[44], au gré de la Fortune. » Et là-dessus elle se tut. **4** Mélité dit alors : « Relève-toi, femme ; dis, qui es-tu et d'où ? qui t'a mis ces entraves ? Car ta beauté, jusque dans tes malheurs, clame ta noblesse[45]. – Ton serviteur, répondit-elle, car je ne voulais pas être son esclave pour le lit. **5** Je m'appelle Lacaina, je suis thessalienne et je tends vers toi comme un rameau de suppliante le sort où tu me vois. Délivre-moi du malheur qui s'est fixé sur moi ; procure-moi la sécurité jusqu'à ce que j'aie payé les deux mille drachmes, car c'est le prix que Sosthénès m'a achetée aux brigands. **6** Nous les trouverons, sache-le, par les voies les plus rapides ; sinon, nous serons ton esclave. Tu vois aussi comme il m'a lacérée de nombreux coups. » Et entr'ouvrant en même temps sa tunique, elle montre son dos marqué de zébrures, ce qui était encore plus pitoyable. **7** Lorsque nous entendîmes cela, je fus pour ma part bouleversé, car elle avait un air de Leucippé ; quant à Mélité, elle reprit : « Courage, femme, car nous te délivrerons de ces liens-là et nous te renverrons chez toi pour rien. Que l'on nous appelle Sosthénès ! » **8** Elle fut délivrée immédiatement de ses liens, tandis que lui arrivait, bien embarrassé. Et Mélité dit alors : « Scélérat, qui

45. La noblesse est un des *topoi* du roman – et aussi une des grandes valeurs de la société réelle –, que l'on retrouve ici ; sur ce thème, voir M.-Fr. Baslez, « L'idée de noblesse dans les romans grecs », *D.H.A.* 16 (1990), p. 115-128.

τάτων οἰκετῶν τεθέασαι παρ' ἡμῖν οὕτως ᾐκισμένον; Τίς αὕτη; Λέγε μηδὲν ψευσάμενος.» 9 «Οὐκ οἶδα, εἶπεν, ὦ δέσποινα, πλὴν ἔμπορός τις, ὄνομα Καλλισθένης, ταύτην μοι πέπρακε, φάσκων ἐωνῆσθαι μὲν αὐτὴν ἀπὸ λῃστῶν, εἶναι δὲ ἐλευθέραν. Ὄνομα δὲ αὐτὴν ὁ ἔμπορος ἐκάλει Λάκαιναν.» 10 Ἡ δὲ τὸν μὲν τῆς διοικήσεως, ἧς εἶχεν, ἀπέπαυσεν, αὐτὴν δὲ παραδίδωσι θεραπαίναις, κελεύσασα λοῦσαι καὶ ἐσθῆτα ἀμφιάσαι καθαρὰν καὶ εἰς ἄστυ ἀγαγεῖν. Διοικήσασα δέ τινα τῶν κατὰ τοὺς ἀγρούς, ὧν ἕνεκεν παρῆν, ἐπιβᾶσα τοῦ ὀχήματος ἅμα ἐμοί, ἐπανῄειμεν εἰς τὴν πόλιν καὶ περὶ τὸ δεῖπνον ἦμεν.

XVIII. 1 Ἑστιωμένῳ δέ μοι μεταξὺ σημαίνει νεύσας ὁ Σάτυρος προανίστασθαι, καὶ ἦν τὸ πρόσωπον ἐσπουδακώς. Σκηψάμενος οὖν ἐπί τινι τῶν κατὰ τὴν γαστέρα ἐπείγειν, διανίσταμαι. Καὶ ἐπεὶ προῆλθον, λέγει μὲν οὐδέν, ἐπιστολὴν δὲ ὀρέγει. 2 Λαβὼν δέ, πρὶν ἀναγνῶναί με, κατεπλάγην εὐθύς· ἐγνώρισα γὰρ Λευκίππης τὰ γράμματα. Ἐγέγραπτο δὲ τάδε·

«Λευκίππη Κλειτοφῶντι τῷ δεσπότῃ μου.

3 Οὕτω γάρ σε δεῖ καλεῖν, ἐπεὶ καὶ τῆς δεσποίνης ἀνὴρ εἶ τῆς ἐμῆς. Ὅσα μὲν διὰ σὲ πέπονθα, οἶδας· ἀνάγκη δὲ νῦν ὑπομνῆσαί σε. 4 Διὰ σὲ τὴν μητέρα κατέλιπον καὶ πλάνην εἱλόμην· διὰ σὲ πέπονθα ναυαγίαν καὶ λῃστῶν ἠνεσχόμην· διὰ σὲ ἱερεῖον γέγονα καὶ καθαρμὸς καὶ τέθνηκα ἤδη δεύτερον· διὰ σὲ πέπραμαι καὶ ἐδέθην

as-tu jamais vu chez nous, même parmi les plus mauvais serviteurs, maltraité de la sorte ? Qui est-elle ? Parle sans mentir. **9** – Je n'en sais rien, répondit-il, maîtresse, si ce n'est qu'un marchand d'esclaves, nommé Callisthénès, m'a vendu cette femme-ci, en prétendant qu'il avait achetée à des brigands et qu'elle était de naissance libre. Pour le nom, le marchand l'appelait Lacaina. »**10** Mélité le destitua de l'intendance dont il avait la charge et confia la femme[46] à des servantes, avec ordre de la baigner, de lui mettre un vêtement propre et de la mener en ville. Et, après avoir réglé quelques affaires concernant ses terres, pour lesquelles elle était venue, elle monta en voiture avec moi, puis nous revînmes en ville et nous nous mîmes à table.

XVIII. **1** Au milieu du festin, Satyros, d'un signe de tête, me demande de me lever pour aller le voir ; il avait le visage grave. Prenant comme prétexte qu'un mal de ventre me pressait, je me lève pour partir. Quand je suis près de lui, sans rien dire, il me tend une lettre. **2** En la prenant, avant même de la lire, je fus aussitôt frappé de stupeur, car j'avais reconnu l'écriture de Leucippé. Et voici les mots qu'elle contenait :

« Leucippé à Clitophon mon maître.

3 Car c'est ainsi que je dois te nommer, puisque tu es le mari de ma maîtresse. Combien de maux j'ai subis par ta faute, tu le sais ; mais il faut à présent que je t'en fasse ressouvenir. **4** Par ta faute j'ai quitté ma mère et j'ai choisi une vie errante ; par ta faute, j'ai subi un naufrage et j'ai supporté des brigands ; par ta faute, je suis devenue une victime et, de plus, d'un sacrifice expiatoire et je suis morte déjà deux fois ; par ta faute j'ai été vendue, j'ai été mise

46. La focalisation interne est donc strictement préservée de bout en bout, pour maintenir la surprise de la lettre au chapitre suivant.

σιδήρῳ καὶ δίκελλαν ἐβάστασα καὶ ἔσκαψα γῆν καὶ ἐμαστιγώθην, ἵνα σὺ ὃ γέγονας ἄλλῃ γυναικί, καὶ ἐγώ τῳ ἑτέρῳ ἀνδρὶ γένωμαι; Μὴ γένοιτο. 5 Ἀλλ' ἐγὼ μὲν ἐπὶ τοσαύταις ἀνάγκαις διεκαρτέρησα, σὺ δὲ ἄπρατος, ἀμαστίγωτος γαμεῖς. Εἴ τις οὖν τῶν πεπονημένων διὰ σὲ κεῖται χάρις, δεήθητί σου τῆς γυναικὸς ἀποπέμψαι, ὡς ἐπηγγείλατο· τὰς δὲ δισχιλίας, ἃς ὁ Σωσθένης ὑπὲρ ἐμοῦ κατεβάλετο, πίστευσον ἐμοὶ καὶ ἐγγύησαι πρὸς τὴν Μελίτην ὅτι πέμψομεν· ἐγγὺς γὰρ τὸ Βυζάντιον. 6 Ἐὰν δὲ ἀποτίσῃς, νόμιζε μισθόν μοι δεδωκέναι τῶν ὑπὲρ σοῦ πόνων. Ἔρρωσο, καὶ ὄναιο τῶν καινῶν γάμων. Ἐγὼ δὲ ἔτι σοι ταῦτα γράφω παρθένος. »

XIX. 1 Τούτοις ἐντυχὼν πάντα ἐγινόμην ὁμοῦ· ἀνεφλεγόμην, ὠχρίων, ἐθαύμαζον, ἠπίστουν, ἔχαιρον, ἠχθόμην. 2 Λέγω οὖν πρὸς τὸν Σάτυρον· « Πότερον ἐξ Ἅιδου ἥκεις φέρων τὴν ἐπιστολήν, ἢ τί ταῦτα θέλει; Λευκίππη πάλιν ἀνεβίω; » « Μάλιστα, ἔφη, καὶ ἔστιν ἣν εἶδες ἐν τοῖς ἀγροῖς. Τότε μὲν οὖν οὐδ' ἂν ἄλλος αὐτὴν ἰδὼν γνωρίσειεν, ἔφηβον οὕτω γενομένην· τοῦτο γὰρ ἡ τῶν τριχῶν αὐτῆς κουρὰ μόνον ἐνήλλαξεν. » 3 « Εἶτα ἕστηκας, ἔφην, ἐπὶ τηλικούτοις ἀγαθοῖς καὶ μέχρι τῶν ὤτων μόνον εὐφραίνεις, ἀλλ' οὐ δεικνύεις καὶ τοῖς ὄμμασι τἀγαθά; » « Μὴ σύ γε, εἶπεν ὁ Σάτυρος· ἀλλ' ἐντὸς κάτασχε, μὴ πάντας ἀπολέσῃς, ἕως περὶ τούτων ἀσφαλέστερον βουλευσώμεθα. 4 Γυναῖκα ὁρᾷς πρώτην Ἐφεσίων μαινομένην ἐπὶ σοί, ἡμᾶς δὲ ἐρήμους ἐν μέσαις ἄρκυσιν. » « Ἀλλ' οὐ δύναμαι, ἔφην· ἐπέρχεται διὰ πασῶν τῶν τοῦ σώματος ὁδῶν ἡ χαρά. 5 Ἀλλ' ἰδού

47. C'est, en quelque sorte, l'apothéose du thème du mélange des émotions.

aux fers, j'ai porté le hoyau, j'ai pioché la terre et j'ai été fouettée pour que, ce que toi, tu es devenu pour une autre femme, je le devienne, moi, pour un autre homme ? Non, jamais ! **5** Moi, j'ai tenu bon, au milieu de tant d'épreuves, mais toi, qui n'as pas été vendu, qui n'as pas été fouetté, tu te maries. Si donc tu gardes quelque reconnaissance des peines que j'ai souffertes par ta faute, prie ta femme de me renvoyer, comme elle l'a promis ; quant aux deux mille drachmes, que Sosthénès a payées pour moi, fais-moi confiance et donne garantie à Mélité que nous les enverrons. Car Byzance est toute proche ; **6** et si c'est toi qui paies, considère que tu m'as payé le salaire des peines endurées pour toi. Porte-toi bien et jouis de ta nouvelle union. Moi, qui t'écris ces lignes, je suis encore vierge. »

XIX. **1** En lisant cela je ressentis tous les sentiments à la fois : j'étais embrasé, blême, stupéfait, incrédule, joyeux, affligé[47]. **2** Je dis alors à Satyros : « Reviens-tu donc de l'Hadès pour m'apporter cette lettre ou qu'est-ce que cela signifie ? Leucippé a-t-elle de nouveau ressuscité ? – C'est cela, dit-il, et c'est elle que tu as vue au domaine. À ce moment-là personne ne pouvait la reconnaître en la voyant, transformée ainsi en éphèbe : car il n'y a que la coupe de cheveux qui a fait ce changement. **3** – Et puis tu restes planté là, dis-je, au milieu d'un si grand bonheur, tu ne donnes de plaisir qu'à mes oreilles et tu ne montres pas aussi à mes yeux leur bonheur ? – Non, non, dit Satyros, maîtrise-toi[48], pour ne pas tous nous perdre, jusqu'à ce que nous ayons arrêté là-dessus un plan plus sûr. **4** Tu vois que la première femme d'Éphèse est folle de toi, et que nous sommes seuls au milieu de ses rêts. – Mais je ne peux pas, dis-je, car la joie pénètre par tous les pores

48. On retrouve la situation du livre II avec un Clitophon qui n'a décidément pas appris grand-chose…

μοι διὰ τῶν γραμμάτων ἐγκαλεῖ. » Καὶ ἅμα αὖθις ἐντυγχάνων τοῖς γράμμασιν, ὡς ἐκείνην δι' αὐτῶν βλέπων, καὶ ἀναγινώσκων καθ' ἓν ἔλεγον· « Δίκαια ἐγκαλεῖς, φιλτάτη. Πάντα δι' ἐμὲ ἔπαθες· πολλῶν σοι γέγονα κακῶν αἴτιος. » 6 Ὡς δὲ εἰς τὰς μάστιγας καὶ εἰς τὰς βασάνους ἐγενόμην, ἃς ὁ Σωσθένης αὐτῇ παρετρίψατο, ἔκλαον ὥσπερ αὐτὰς τὰς βασάνους βλέπων αὐτῆς· ὁ γὰρ λογισμός, πέμπων τῆς ψυχῆς τὰ ὄμματα πρὸς τὴν ἀπαγγελίαν τῶν γραμμάτων, ἐδείκνυε τὰ ὁρώμενα ὡς δρώμενα. Πάνυ δὲ ἠρυθρίων ἐφ' οἷς μοι τὸν γάμον ὠνείδιζεν, ὥσπερ ἐπ' αὐτοφώρῳ μοιχὸς κατειλημμένος. Οὕτως ᾐσχυνόμην καὶ τὰ γράμματα.

XX. 1 « Οἴμοι, πῶς ἀπολογήσομαι, Σάτυρε; ἔφην· ἑαλώκαμεν. Λευκίππη κατέγνωκεν ἡμῶν· τάχα δὲ καὶ μεμισήμεθα. Ἀλλὰ πῶς ἐσώθη, φράσον σύ· καὶ τίνος σῶμα ἐθάψαμεν; » « Αὐτή σοι κατὰ καιρὸν φράσει· τὸ δὲ νῦν, ὁ Σάτυρος ἔφη, ἀντιγράψαι σε δεῖ καὶ ἱλάσασθαι τὴν κόρην. 2 Κἀγὼ γὰρ αὐτῇ διωμοσάμην, ὡς ἄκων αὐτὴν ἔγημας. » « Εἶπας γάρ, ἔφην, ὅτι καὶ ἔγημα; Ἀπολώλεκάς με. » « Τῆς εὐηθείας· ὅλη γὰρ ἡ πόλις οὐκ οἶδε τὸν γάμον; » « Ἀλλ' οὐκ ἔγημα, μὰ τὸν Ἡρακλέα, Σάτυρε, καὶ τὴν παροῦσαν τύχην. » 3 « Παίζεις, ὦ' γαθέ· συγκαθεύδεις. » « Οἶδα μὲν ἄπιστα λέγων, ἀλλ' οὔπω

49. C'est la définition même de l'*enargeia*, l'évidence du récit que recherche le bon rhéteur ou l'historien ; voir, par ex., le jugement de Plutarque sur Thucydide, *De gloria Ath.*, 347 A.

50 Litt. « nous sommes pris », avec le même vocabulaire juridique déjà relevé en IV, 12, 2 (*supra*, n. 32 *ad loc.*).

de mon corps. **5** Tiens, regarde, elle me fait des reproches dans sa lettre ! » Et en même temps que je relisais sa lettre, comme si je la voyais à travers elle, à chaque phrase, je disais : « Tu m'adresses de justes reproches, ma chérie. Tout ce que tu as subi, c'est par ma faute. Je suis responsable de tes nombreux malheurs. » **6** Lorsque j'en vins aux fouets et aux supplices que Sosthénès lui avait infligés, je pleurai comme si je voyais ses supplices eux-mêmes : le raisonnement, en dirigeant les yeux de mon âme vers le récit de cette lettre, me montrait ce que je voyais comme si cela était en train de se faire[49]. Je rougissais violemment aux passages où elle me reprochait mon mariage, comme si j'avais été un adultère pris en flagrant délit. Telle était la honte que j'éprouvais à la lecture de sa lettre.

XX. **1** « Hélas, comment vais-je me défendre, Satyros ? dis-je, mon crime est patent[50] , Leucippé m'a condamné ; peut-être même me hait-elle. Mais comment a-t-elle été sauvée, toi, dis-le moi ; et de qui avons-nous enseveli le corps ? – Elle te le dira elle-même, le moment venu[51] ; mais pour l'instant, dit Satyros, il te faut écrire ta réponse et apaiser la petite. **2** Quant à moi, je lui ai juré que c'est malgré toi que tu l'as épousée. « Parce que tu as dit, répondis-je, que je l'ai épousée ? Tu m'as perdu. – Quelle sottise ! Toute la ville ne connaît-elle pas ton mariage ? – Mais je ne suis pas marié, Satyros, par Héraclès et par ma bonne fortune présente. – **3** Tu plaisantes, mon bon, tu couches avec elle[52] ! – Je sais bien que je dis des choses

51. Le moment ne viendra pas avant le second banquet du livre VIII (15, 4-16, 3).

52. On trouve, du côté de Clitophon, la même incrédulité que rencontrera Leucippé en protestant de sa virginité après avoir été au pouvoir des brigands (VI, 21, 3) : clin d'œil de l'auteur sur le caractère conventionnel du *topos*.

πέπρακται· καθαρὸς εἰς ταύτην τὴν ἡμέραν Μελίτης Κλειτοφῶν. 4 Ἀλλὰ τί γράφω, λέγε· σφόδρα γάρ με ἐξέπληξε τὸ συμβάν, ὥστε ἀπόρως ἔχω. » « Οὔκ εἰμί σου σοφώτερος, ὁ Σάτυρος εἶπεν· ἀλλὰ καὶ αὐτός σοι ὁ Ἔρως ὑπαγορεύσει. Μόνον διὰ ταχέων. » Ἄρχομαι δὴ γράφειν· 5 « Χαῖρέ μοι, ὦ δέσποινα Λευκίππη. Δυστυχῶ μὲν ἐν οἷς εὐτυχῶ, ὅτι σὲ παρὼν παροῦσαν ὡς ἀποδημοῦσαν ὁρῶ διὰ γραμμάτων. Εἰ μὲν οὖν τὴν ἀλήθειαν περιμένεις, μηδὲν προκαταγινώσκουσά μου, μαθήσῃ τὴν σήν με παρθενίαν μεμιμημένον, εἴ τις ἔστι καὶ ἐν τοῖς ἀνδράσι παρθενία· εἰ δέ με χωρὶς ἀπολογίας ἤδη μεμίσηκας, ὄμνυμί σοι τοὺς σώσαντάς σε θεούς, ὡς ἐν βραχεῖ σοι τὸ ἔργον ἀπολογήσομαι. Ἔρρωσό μοι, φιλτάτη, καὶ ἵλεως γένοιο. »

XXI. 1 Δίδωμι δὴ τῷ Σατύρῳ τὴν ἐπιστολὴν καὶ δέομαι τὰ εἰκότα εἰπεῖν πρὸς αὐτὴν περὶ ἐμοῦ. Ἐγὼ δὲ αὖθις ἐπὶ τὸ συμπόσιον ἀπῄειν, ἡδονῆς ἅμα καὶ λύπης γεγεμισμένος. Ἤιδειν γὰρ τὴν Μελίτην οὐκ ἀνήσουσάν με τῆς νυκτὸς τὸ μὴ οὐ γενέσθαι τοὺς γάμους ἡμῖν· ἐμοὶ δὲ ἀδύνατον ἦν Λευκίππην ἀπολαβόντι γυναῖκα ἑτέραν κἂν ἰδεῖν. 2 Τὸ μὲν οὖν πρόσωπον ἐβιαζόμην μηδὲν ἀλλοῖον παρέχειν ἢ πρὶν ἦν· οὐ πάντῃ δὲ κρατεῖν ἠδυνάμην. Ὡς δὲ ἐνικώμην, σκήπτομαι φρίκην μοι ὑποδραμεῖν. Ἡ δὲ συνῆκε μὲν ὅτι κατὰ τῆς ὑποσχέσεως προοιμιάζομαι, ἐλέγχειν δὲ οὐκ ἠδύνατο τὸ προοίμιον. 3 Ἐγὼ μὲν δὴ ἄδειπνος ἀνίσταμαι κοιμησόμενος, ἡ δὲ κατὰ πόδας ὡς εἶχεν ἐφ' ἡμιτελεῖ τῷ δείπνῳ συνανίσταται. Ὡς δὲ εἰς τὸν θάλαμον παρήλθομεν, ἐγὼ μὲν ἔτι μᾶλλον ἐπέτεινον τῆς νόσου τὴν ὑπόκρισιν, ἡ δὲ ἐλιπάρει καὶ ἔλεγε· « Τί ταῦτα ποιεῖς ; Μέχρι τίνος με ἀπολλύεις ;

incroyables, mais ce n'est pas encore fait : jusqu'à ce jour Clitophon est pur de Mélité ! **4** Mais que dois-je écrire, dis-moi ; car l'événement m'a si fort ébranlé que je suis bien embarrassé. – Je ne suis pas plus savant que toi, dit Satyros, c'est Éros lui-même qui te le dictera. Seulement fais vite ! » Je commence alors à écrire :

5 « Je te salue, ô ma maîtresse, Leucippé.

Je suis infortuné dans ma bonne fortune, car bien qu'étant moi près de toi, toi près de moi, je te vois comme si tu étais loin, à travers une lettre. Si tu attends la vérité, sans me condamner par avance, tu apprendras que j'ai imité ta virginité, s'il existe une virginité aussi chez les hommes ; mais si tu me détestes déjà avant toute justification, je te jure, par les dieux qui t'ont sauvée, que, sous peu, je justifierai devant toi mon action. Porte-toi bien, ma chérie, et sois bienveillante. »

XXI. **1** Je donne alors ma lettre à Satyros et lui demande de dire les mots qu'il fallait à mon sujet à Leucippé. Quant à moi, je retournais au banquet, rempli à la fois de plaisir et de peine, car je savais que Mélité ne tolérerait pas que, au cours de la nuit, je ne consomme pas notre mariage ; mais il m'était impossible, ayant retrouvé Leucippé, ne fût-ce que de regarder une autre femme. **2** Je contraignais donc mon visage à ne pas se montrer différent de ce qu'il était auparavant ; mais je ne pus me maîtriser totalement. Vaincu, je prétexte qu'un frisson s'est emparé de moi. Elle comprit bien que je cherchais un faux-fuyant pour ne pas tenir ma promesse, mais elle ne pouvait pas le prouver. **3** Je me lève donc sans achever de dîner, pour aller me coucher. Et elle, sur mes talons, se lève sur-le-champ, en même temps que moi, le repas inachevé. Lorsque nous fûmes entrés dans notre chambre, je feignis que mon malaise s'était encore accru, mais elle se faisait pressante et dit : « Pourquoi fais-

Ἰδοὺ καὶ τὴν θάλατταν διεπλεύσαμεν· ἰδοὺ καὶ Ἔφεσος, ἡ προθεσμία τῶν γάμων. 4 Ποίαν ἔτι περιμένομεν ἡμέραν ; Μέχρι τίνος ὡς ἐν ἱερῷ συγκαθεύδομεν ; Ποταμὸν παρατίθης πολὺν καὶ κωλύεις πίνειν. Τοσοῦτον χρόνον ὕδωρ ἔχουσα διψῶ, ἐν αὐτῇ καθεύδουσα τῇ πηγῇ. Τοιαύτην ἔχω τὴν εὐνήν, οἵαν Τάνταλος τὴν τροφήν. » 5 Τοιαῦτα ἔλεγε καὶ ἔκλαεν, ἐπιθεῖσά μου τοῖς στέρνοις τὴν κεφαλὴν οὕτως ἐλεεινῶς, ὥστε συμπαθεῖν μέ τι τὴν ψυχήν. Οὐκ εἶχον δὲ ὅστις γένωμαι· καὶ γὰρ ἐδόκει δίκαια ἐγκαλεῖν. 6 Λέγω οὖν πρὸς αὐτήν· « Ὄμνυμί σοι, φιλτάτη, τοὺς πατρῴους θεούς, ἦ μὴν σφόδρα καὶ αὐτὸς ἐπείγομαί σου τὴν σπουδὴν ἀμείψασθαι. Ἀλλ' οὐκ οἶδα, ἔφην, τί πέπονθα· νόσος γάρ μοι ἐξαίφνης ἐπέπεσεν. 7 Οἶσθα δὲ ὅτι ὑγιείας χωρὶς οὐδέν ἐστιν Ἀφροδίτη. » Καὶ ἅμα λέγων ἀπέψων αὐτῆς τὰ δάκρυα καὶ ὅρκοις ἑτέροις ἐπιστούμην, ὡς οὐκ εἰς μακρὰν ὧν θέλει τεύξεται. Τότε μὲν οὖν καὶ μάλα μόλις ἠνέσχετο.

XXII. 1 Τῇ δ' ὑστεραίᾳ καλέσασα τὰς θεραπαινίδας, αἷς τὴν ἐπιμέλειαν τῆς Λευκίππης ἐνεχείρισεν, ἐπηρώτα μὲν τὸ πρῶτον, εἰ δεξιῶς αὐτῇ κέχρηνται. Φασκουσῶν δὲ μηδὲν τῶν δεόντων παραλιπεῖν αὐτῇ, ἄγειν ἐκέλευσε τὴν ἄνθρωπον πρὸς αὐτήν. 2 Ὡς δὲ ἦλθε, « Τὰ μὲν ἐμὰ ὅπως ἔσχεν, ἔφη, πρὸς σὲ φιλανθρωπίας, περισσὸν εἰδυίᾳ σοι λέγειν. Δικαία τυγχάνειν, ἀλλ' οἷς ἂν δύνῃ, τὴν ἴσην ἀπότισαί μοι χάριν. Ἀκούω τὰς Θετταλὰς ὑμᾶς ὧν ἂν ἐρασθῆτε μαγεύειν οὕτως, ὥστε μὴ πρὸς ἑτέραν ἔτι τὸν ἄνθρωπον ἀποκλίνειν γυναῖκα πρός τε τὴν μαγεύουσαν οὕτως ἔχειν, ὡς πάντα νομίζειν ἐκείνην αὐτῷ. 3 Ἐμοὶ

tu cela ? Jusqu'à quand veux-tu me faire périr ? Vois, nous avons traversé la mer ; et voici Éphèse, l'échéance de nos noces. **4** Quel jour attendons-nous encore ? Jusqu'à quand dormirons-nous ensemble comme dans un sanctuaire ? Tu mets devant moi tout un fleuve et tu m'empêches de boire. Pendant tout ce temps-là, bien qu'ayant de l'eau, j'ai soif, alors que je dors dans la source même. Mon lit est pour moi ce que sa nourriture est pour Tantale. » **5** En parlant ainsi, elle pleurait et posa sa main sur ma poitrine d'une façon si pitoyable que mon âme en conçut quelque compassion. Je ne savais que devenir, car elle me semblait se plaindre à juste titre. **6** Je lui dis alors : « Je te jure, ma chérie, par les dieux de ma patrie, qu'en vérité, j'ai fort envie de répondre à ton empressement. Mais je ne sais, continuai-je, ce qui m'arrive, car un malaise m'a pris brusquement ; **7** et tu sais que, sans la santé, Aphrodite n'est rien. » Tout en parlant, je séchais ses larmes et promettais, par de nouveaux serments, que, dans peu de temps, elle obtiendrait ce qu'elle désirait. Alors, mais à grand-peine, elle se résigna.

XXII. **1** Le lendemain, ayant fait appeler les servantes à qui elle avait confié le soin de Leucippé, elle demanda tout d'abord si elles l'avaient convenablement traitée. Et comme elles affirmaient qu'elle n'avait manqué de rien, elle donna ordre de lui amener la femme. **2** Et lorsqu'elle fut là : « Ce que furent mes actes de bienveillance envers toi, dit-elle, il serait superflu de te le dire, puisque tu le sais. Il est juste que tu les obtiennes. Allons, pour ce qui est en ton pouvoir, rends-moi une grâce similaire. J'ai entendu dire que, vous autres Thessaliennes, vous ensorcelez l'objet de votre amour, si bien que l'homme n'a plus aucune inclination pour une autre femme, mais qu'il considère l'ensorceleuse comme étant tout pour lui. **3** Ma chère,

τοῦτο, ὦ φιλτάτη, φλεγομένῃ πάρασχε φάρμακον. Τὸν νεανίσκον εἶδες τὸν ἅμα ἐμοὶ χθὲς βαδίζοντα ; » « Τὸν ἄνδρα, ἔφη, λέγεις τὸν σόν ; » ὑπολαβοῦσα πάνυ κακοήθως ἡ Λευκίππη · « Τοῦτο γὰρ ἀκήκοα παρὰ τῶν κατὰ τὴν οἰκίαν. » « Ποῖον ἄνδρα ; Μελίτη εἶπεν · οὐδὲν κοινόν ἐστιν ἢ τοῖς λίθοις. 4 Ἀλλ' ἐμὲ παρευδοκιμεῖ τις νεκρά · οὔτε γὰρ ἐσθίων οὔτε κοιμώμενος ἐπιλαθέσθαι δύναται τοῦ Λευκίππης ὀνόματος · τοῦτο γὰρ αὐτὴν καλεῖ. Ἐγὼ δέ, φίλη, μηνῶν τεσσάρων ἐν Ἀλεξανδρείᾳ δι' αὐτὸν διέτριψα, δεομένη, λιπαροῦσα, τί γὰρ οὐ λέγουσα, τί δὲ οὐ ποιοῦσα τῶν ἀρέσαι δυναμένων ; 5 Ὁ δὲ σίδηρός τις ἢ ξύλον ἤ τι τῶν ἀναισθήτων ἦν ἄρα πρὸς τὰς δεήσεις τὰς ἐμάς. Μόλις δὲ τῷ χρόνῳ πείθεται · ἐπείσθη δὲ μέχρι τῶν ὀμμάτων. Ὄμνυμι δή σοι τὴν Ἀφροδίτην αὐτήν, ὡς ἤδη πέμπτην ἡμέραν αὐτῷ συγκαθεύδουσα οὕτως ἀνέστην ὡς ἀπὸ εὐνούχου. Ἔοικα δὲ εἰκόνος ἐρᾶν · μέχρι γὰρ τῶν ὀμμάτων ἔχω τὸν ἐρώμενον. 6 Δέομαι δέ σου γυναικὸς γυνὴ τὴν αὐτὴν δέησιν, ἣν καὶ σύ μου χθὲς ἐδεήθης · δός μοί τι ἐπὶ τοῦτον τὸν ὑπερήφανον · σώσεις γάρ μου τὴν ψυχὴν διαρρεύσασαν ἤδη. » 7 Ὡς οὖν ἤκουσεν ἡ Λευκίππη, ἡσθῆναι μὲν ἐδόκει τῷ μηδὲν πρὸς τὴν ἄνθρωπόν μοι πεπρᾶχθαι · φήσασα δὲ ἀνερευνήσειν, εἰ συγχωρήσειεν αὐτῇ, βοτάνας γενομένη κατὰ τοὺς ἀγρούς, ἀπιοῦσα ᾤχετο · ἀρνουμένη γὰρ οὐκ ᾤετο πίστιν ἕξειν · ὅθεν οἶμαι καὶ ἐπηγγείλατο. 8 Ἡ μὲν δὴ Μελίτη ῥᾴων ἐγεγόνει μόνον

53. L'expression est obscure et très resserrée, avec la réduction de μᾶλλον ἢ à un simple ἢ et l'omission de αὐτῷ; E. Vilborg, suivi par K. Plepelits, suggère de comprendre *mihi quidem certe nihil amplius cum illo rei est quam cum lapide aliquo,* « je n'ai pas plus d'intimité avec lui qu'avec une pierre », que j'aurais aussi tendance à préférer.

fournis-moi cette drogue, à moi qui me consume. As-tu vu le jeune homme qui se promenait avec moi hier ? – Tu veux dire ton mari ? l'interrompit Leucippé, de fort méchante humeur : c'est en effet ce que j'ai appris de tes domestiques. – Quel mari ? dit Mélité ; il a, ma foi, tout de commun avec les pierres[53]. **4** Mais c'est une morte qui a plus de crédit que moi : ni en mangeant ni en dormant, il n'arrive à oublier le nom de Leucippé, car c'est ce nom qu'il lui donne. Et moi, ma chère, j'ai passé quatre mois à Alexandrie, à cause de lui, le suppliant, le pressant : que n'ai-je pas dit, que n'ai-je pas fait de ce qui pouvait lui plaire ! **5** Mais lui était du fer, du bois ou quelque autre matière insensible devant toutes mes prières. C'est à grand-peine, qu'avec le temps, il se laissa persuader, mais il ne se laissa pas persuader plus loin que les yeux ! Je te jure bien, par Aphrodite elle-même, que cela fait le cinquième jour que je dors avec lui, et je me suis levée, comme du lit d'un eunuque[54]. J'ai l'air d'aimer une statue, car ce n'est que jusqu'aux yeux que je possède mon bien-aimé. **6** Et je t'adresse comme femme, à une femme, la même prière que celle que tu m'as adressée hier : donne-moi quelque chose contre ce dédaigneux-là. Tu sauveras mon âme, qui déjà m'abandonne. » **7** Lorsque Leucippé l'entendit, elle sembla être ravie que rien ne se fût fait entre la femme et moi ; assurant qu'elle découvrirait, si on la laissait faire, des simples, une fois arrivée au domaine, elle sortit et partit. Elle pensait en effet qu'on ne l'aurait pas crue si elle avait dit qu'elle ne connaissait pas la magie ; c'est pourquoi je pense, elle avait promis son aide. **8** Mélité alors se sentait mieux, simplement parce qu'elle espérait ; car les plaisirs,

54. Passe le souvenir d'Alcibiade qui se relève intact de la couche de Socrate malgré tous ses efforts (*Symp.*, 217 d *sqq.*) – le décalage des situations donnant encore plus de piquant à la ressemblance.

ἐλπίσασα. Τὰ γὰρ ἡδέα, κἂν μήπω παρῇ, τέρπει ταῖς ἐλπίσιν.

XXIII. 1 Ἐγὼ δὲ τούτων ἐπιστάμενος οὐδὲν ἠθύμουν μέν, σκοπῶν πῶς ἂν διακρουσαίμην καὶ τὴν ἐπιοῦσαν νύκτα τὴν γυναῖκα καὶ πῶς ἂν συντυχεῖν Λευκίππῃ δυναίμην. 2 Ἐδόκει δέ μοι κἀκείνη τὴν ἴσην σπουδὴν ποιεῖσθαι τοῦ ἀπελθεῖν δι' αὐτὴν εἰς τοὺς ἀγροὺς καὶ περὶ τὴν ἑσπέραν αὖθις ἥκειν. Ἔμελλέ ⟨τις⟩ τῇ Λευκίππῃ παρέξειν ὄχημα· ἡμεῖς δὲ ἐπὶ τὸν πότον ᾖμεν. 3 Ἄρτι δὲ κατακλιθέντων ἡμῶν θόρυβος πολὺς κατὰ τὸν ἀνδρῶνα ἀκούεται καὶ συνδρομή, καὶ εἰστρέχει τις τῶν θεραπόντων, ἀσθμαίνων ἅμα καὶ λέγων· « Θέρσανδρος ζῇ καὶ πάρεστιν. » 4 Ἦν δὲ ὁ Θέρσανδρος οὗτος ὁ τῆς Μελίτης ἀνήρ, ὃν ἐνόμιζε τεθνηκέναι κατὰ θάλασσαν. Τῶν γὰρ συνόντων αὐτῷ τινες οἰκετῶν, ὡς περιετράπη τὸ σκάφος, σωθέντες καὶ νομίσαντες ἀπολωλέναι, τοῦτο ἀπαγγείλαντες ἔτυχον. Ἅμα οὖν ὁ οἰκέτης εἶπε καὶ ὁ Θέρσανδρος κατὰ πόδας εἰστρέχει· πάντα γὰρ τὰ περὶ ἐμοῦ πυθόμενος κατὰ τὴν ὁδόν, ἔσπευδε φθάσας καταλαβεῖν με. 5 Ἡ μὲν δὴ Μελίτη ἀνέθορεν ὑπὸ ἐκπλήξεως τοῦ παραλόγου καὶ περιβάλλειν ἐπεχείρει τὸν ἄνδρα. Ὁ δὲ τὴν μὲν ὡς εἶχεν ὤθει μάλα ἐρρωμένως, ἐμὲ δὲ ἰδὼν καὶ εἰπών· « Ὁ μοιχὸς οὗτος, » ἐμπηδᾷ καὶ ῥαπίζει με κατὰ κόρρης πληγὴν θυμοῦ γέμουσαν· ἑλκύσας δὲ τῶν τριχῶν ῥάσσει πρὸς τοὔδαφος καὶ προσπίπτων κατακόπτει με πληγαῖς. 6 Ἐγὼ δὲ ὥσπερ ἐν μυστηρίῳ μηδὲν ⟨ᾔδειν⟩, μήθ' ὅστις ἄνθρωπος ἦν μήθ' οὗ χάριν ἔτυπτεν, ὑποπτεύσας δέ τι κακὸν εἶναι, ἐδεδοίκειν ἀμύνασθαι, καίτοι δυνάμενος. 7 Ἐπεὶ δὲ ἔκαμεν ὁ μὲν

même lorsqu'ils ne sont pas encore là, réjouissent par le pouvoir de l'espérance[55].

XXIII. **1** Quant à moi, qui ne savais rien de tout cela, j'étais découragé, me demandant comment je pourrais me défaire de la femme encore la nuit suivante et comment je pourrais rencontrer Leucippé. **2** Il me semblait qu'elle avait, elle aussi, un égal désir de partir au domaine, pour le service de Mélité, pour revenir vers le soir. < On > devait fournir une voiture à Leucippé ; quant à nous, nous nous rendîmes au banquet. **3** Nous venions à peine de nous étendre sur les lits qu'un grand tumulte se fait entendre du côté de l'appartement des hommes, ainsi qu'un bruit de course ; et voici qu'entre en courant un des serviteurs, tout essoufflé, et qui dit : « Thersandre est vivant, il est ici. » **4** Ce Thersandre était le mari de Mélité, qu'elle croyait mort en mer. En effet, certains des serviteurs qui étaient avec lui, lorsque le bateau se fut retourné, s'étaient sauvés et, croyant qu'il avait péri, avaient répandu ce bruit. Le serviteur parlait encore quand Thersandre entre en courant, sur ses talons; ayant en effet appris, en route, tout ce qui me concernait, il se hâtait pour mettre la main sur moi. **5** Mélité, alors, se leva d'un bond, stupéfaite par l'imprévu, et tenta d'enlacer son mari. Mais lui, sur-le-champ, la repoussa très vigoureusement, et, me voyant, s'écria : « Voilà l'amant ! » ; il bondit sur moi et me donne une gifle pleine de colère ; me tirant par les cheveux, il me jette à terre et, tombant sur moi, me roue de coups. **6** Moi, comme dans un mystère, < je ne savais > rien, ni qui était l'homme, ni pour quelle raison il me frappait, mais présumant qu'il y avait là quelque fâcheuse affaire, je craignais de me défendre, bien que le pouvant. **7** Et lorsque nous fûmes las, lui de faire le coup de poing

55. Revient le thème de l'espérance, déjà abordé pour Charmidès (IV, 8, 5).

τύπτων, ἐγὼ δὲ φιλοσοφῶν, λέγω πρὸς αὐτὸν ἀναστάς· « Τίς ποτε εἶ, ὦ ἄνθρωπε, καὶ τί με οὕτως ᾐκίσω; » Ὁ δὲ ἔτι μᾶλλον ὀργισθείς, ὅτι καὶ φωνὴν ἀφῆκα, ῥαπίζει πάλιν καὶ καλεῖ δεσμὰ καὶ πέδας. Δεσμεύουσιν οὖν με καὶ ἄγουσιν εἴς τι δωμάτιον.

XXIV. 1 Ἐν ᾧ δὲ ταῦτα ἐπράττετο, λανθάνει μου διαρρυεῖσα ἡ τῆς Λευκίππης ἐπιστολή· ἔτυχον γὰρ αὐτὴν εἴσω τοῦ χιτωνίσκου προσδεδεμένην ἐκ τῶν τῆς ὀθόνης θυσάνων ἔχων. Καὶ ἡ Μελίτη ἀναιρεῖται λαθοῦσα· ἐδεδίει γὰρ μή τινα τῶν πρός με αὐτῆς γραμμάτων ἦν. 2 Ὡς δὲ ἀνέγνω καθ' ἑαυτὴν γενομένη καὶ τὸ τῆς Λευκίππης εὗρεν ὄνομα, βάλλεται μὲν τὴν καρδίαν εὐθέως, γνωρίσασα τοὔνομα. Οὐ μὴν αὐτὴν ἐνόμιζεν εἶναι τῷ πολλάκις αὐτὴν ἀκοῦσαι τετελευτηκέναι. 3 Ὡς δὲ προϊοῦσα καὶ τοῖς λοιποῖς τῶν γεγραμμένων ἐνέτυχε, πᾶσαν μαθοῦσα τὴν ἀλήθειαν ἐμεμέριστο πολλοῖς ἅμα τὴν ψυχήν, αἰδοῖ καὶ ὀργῇ καὶ ἔρωτι καὶ ζηλοτυπίᾳ· ᾐσχύνετο τὸν ἄνδρα, ὠργίζετο τοῖς γράμμασιν, ὁ ἔρως ἐμάραινε τὴν ὀργήν, ἐξῆπτε τὸν ἔρωτα ἡ ζηλοτυπία, καὶ τέλος ἐκράτησεν ὁ ἔρως.

XXV. 1 Ἦν δὲ πρὸς ἑσπέραν, καὶ ἔτυχεν ὁ Θέρσανδρος ἐκ τῆς πρώτης ὀργῆς πρὸς ἑταῖρόν τινα τῶν ἐγχωρίων ἐκθορών. Ἡ δὲ διαλεχθεῖσα τῷ τὴν φυλακὴν τὴν ἐμὴν πεπιστευμένῳ εἰσέρχεται πρός με λαθοῦσα τοὺς ἄλλους, θεράποντας δύο τοῦ δωματίου προκαθίσασα, καὶ καταλαμβάνει χαμαὶ καταβεβλημένον. 2 Παραστᾶσα οὖν πάντα ἤθελεν εἰπεῖν ὁμοῦ· τὸ σχῆμα τοῦ προσώπου τοσαῦτα εἶχεν, ὅσα εἰπεῖν ἤθελεν. « Ὦ δυστυχὴς ἐγὼ καὶ ἐπὶ τῷ ἐμαυτῆς κακῷ τεθεαμένη σε, τὸ μὲν πρῶτον ἀτέλεστα ἐρασθεῖσα καὶ μετὰ πάσης ἀνοίας, ἣ καὶ μισουμένη τὸν μισοῦντα φιλῶ καὶ ὀδυνωμένη τὸν ὀδυνῶν-

et moi le philosophe, je lui dis, après m'être relevé : « Qui es-tu donc, l'homme, et pourquoi m'as-tu ainsi maltraité ? » Mais lui, irrité encore davantage parce que j'avais parlé, me gifle de nouveau et fait demander fers et entraves. On me met donc les fers et on me mène dans une petite pièce.

XXIV. **1** Pendant ces événements, la lettre de Leucippé tombe à mon insu ; je l'avais en effet justement à l'intérieur de ma tunique, attachée aux franges du tissu. Mélité la ramasse sans se faire voir, car elle craignait que ce ne fût une de ses lettres à mon adresse. **2** Lorsque, demeurée seule, elle la lut et qu'elle découvrit le nom de Leucippé, elle eut aussitôt un coup au cœur en reconnaissant ce nom. Elle ne pensait assurément pas qu'elle était vivante, à force d'avoir entendu répéter qu'elle était morte. **3** Et, continuant sa lecture, elle prit connaissance du reste de la lettre, en apprenant toute la vérité, son âme se trouva partagée entre plusieurs sentiments : honte, colère, amour, jalousie ; elle avait honte devant son mari, elle était en colère contre la lettre, l'amour affaiblissait la colère, la jalousie attisait l'amour, et finalement ce fut l'amour qui l'emporta.

XXV. **1** C'était sur le soir, et Thersandre, après son premier accès de colère, s'était précipité chez un ami qui était du pays. Quant à Mélité, après avoir parlementé avec celui qui était chargé de ma surveillance, elle se précipite auprès de moi, à l'insu de tous, après avoir placé deux serviteurs devant la pièce. Elle me trouve étendu par terre. **2** Debout tout près de moi, elle voulait tout dire à la fois et l'expression de son visage portait tout ce qu'elle voulait me dire : « Infortunée que je suis, et qui ne t'ai vu que pour mon propre malheur ! moi qui, tout d'abord, t'ai aimé d'un amour vain, avec une folie sans bornes, moi qui, même haïe, aime celui qui me hait, et qui, même affligée, ai pitié de celui qui m'afflige : même l'outrage ne

τα ἐλεῶ, καὶ οὐδὲ ὕβρις τὸν ἔρωτα παύει. 3 Ὦ ζεῦγος κατ' ἐμοῦ γοήτων, ἀνδρὸς καὶ γυναικός. Ὁ μὲν τοσοῦτόν μου χρόνον κατεγέλα, ἡ δὲ ἀπῆλθε κομιοῦσά μοι φίλτρον. Ἐγὼ δὲ ἡ κακοδαίμων ἠγνόουν αἰτοῦσα παρὰ τῶν ἐχθίστων κατ' ἐμαυτῆς φάρμακον. » 4 Καὶ ἅμα τὴν ἐπιστολὴν τῆς Λευκίππης μοι προσέρριψεν. Ἰδὼν οὖν καὶ γνωρίσας ἔφριξα καὶ ἔβλεπον εἰς γῆν ὡς ἐληλεγμένος. Ἡ δὲ ἐτραγῴδει πάλιν· « Οἴμοι δειλαία τῶν κακῶν· καὶ γὰρ τὸν ἄνδρα ἀπώλεσα διὰ σέ, οὔτε γὰρ ἂν ἔχοιμί σε τοῦ λοιποῦ χρόνου κἂν μέχρι τῶν ὀμμάτων τῶν κενῶν, ἐπεὶ μὴ δεδύνησαι τούτων πλέον. 5 Οἶδα ὅτι ὁ ἀνήρ με μισεῖ καὶ μοιχείαν κατέγνωκεν ἐπὶ σοί, μοιχείαν ἄκαρπον, μοιχείαν ἀναφρόδιτον, ἧς μόνον τὴν λοιδορίαν κεκέρδακα. Αἱ μὲν γὰρ ἄλλαι γυναῖκες μισθὸν τῆς αἰσχύνης ἔχουσι τὴν τῆς ἐπιθυμίας ἡδονήν, ἐγὼ δὲ ἡ δυστυχὴς τὴν μὲν αἰσχύνην ἐκαρπωσάμην, τὸ δὲ τῆς ἡδονῆς οὐδαμοῦ. 6 Ἄπιστε καὶ βάρβαρε, ἐτόλμησας οὕτως ἐρῶσαν γυναῖκα κατατῆξαι, καὶ ταῦτα Ἔρωτος καὶ σὺ δοῦλος ὤν; Οὐκ ἐφοβήθης αὐτοῦ τὰ μηνίματα; Οὐκ ᾐδέσθης αὐτοῦ τὸ πῦρ; Οὐκ ἐτίμησας αὐτοῦ τὰ μυστήρια; Οὐ κατέκλασέ σε ταῦτα τὰ ὄμματα δακρύοντα; 7 Ὦ καὶ λῃστῶν ἀγριώτερε· δάκρυα γὰρ καὶ λῃστὴς αἰσχύνεται. Οὐδέν σε ἠρέθισεν εἰς Ἀφροδίτην κἂν μίαν, οὐ δέησις, οὐ χρόνος, οὐχ ἡ τῶν σωμάτων συμπλοκή, ἀλλά, τὸ πάντων ὑβριστικώτατον, προσαπτόμενος, καταφιλῶν, οὕτως ἀνέστης ὡς ἄλλη γυνή. 8 Τίς αὕτη τῶν γάμων ἡ σκιά; Οὐ μὲν δὴ γεγηρακυίᾳ

56. Le « vide » (κενῶν) demeure emblématique d'une intrigue entamée sous le signe du *kenotaphion* et du *kenogamion* (V, 14, 4).

fait pas cesser l'amour. **3** Ô couple de magiciens, homme et femme, ligués contre moi ! Lui, qui s'est si longtemps moqué de moi, et elle, qui est partie me chercher un philtre ! Et moi, malheureuse, j'ignorais que je demandais à mes pires ennemis un philtre contre moi-même ! » **4** En même temps, elle me lança la lettre de Leucippé. En la voyant et en la reconnaissant, j'eus un frisson et regardais à terre, comme un coupable pris en faute. Et elle reprit sa tirade tragique : « Hélas, malheureuse, quels sont mes maux ! J'ai perdu mon mari par ta faute et je ne t'aurai pas non plus désormais, ne fût-ce que par de vains regards[56], puisque tu n'as pu me donner davantage que cela. **5** Je sais que mon mari me déteste et m'a condamnée pour adultère avec toi : adultère sans fruit, adultère sans Aphrodite, dont je n'ai récolté que l'opprobre ! Les autres femmes, en effet, comme prix du déshonneur, ont le plaisir de satisfaire leur désir, mais moi, infortunée, j'ai le fruit de la honte, mais du plaisir nulle part. **6** Perfide et barbare, c'est ainsi que tu as eu le front de laisser se consumer une femme amoureuse, alors que toi aussi tu es esclave d'Éros ? Tu n'as pas craint les manifestations de son courroux ? Tu n'as pas respecté son feu ? Tu n'as pas eu d'égards pour ses mystères ? Ces yeux en pleurs ne t'ont pas fléchi ? **7** Ô plus cruel même que les brigands ! Car même un brigand respecte les pleurs[57]. Rien ne t'a poussé vers l'amour, ne serait-ce qu'une fois[58], ni prière, ni temps, ni nos corps enlacés ! Au contraire, insulte suprême, tu me touchais, tu me donnais de tendres baisers, mais tu te levais comme si tu avais été aussi une femme ! **8** Quelle est cette ombre

57. Clitophon lui-même a traité le thème à propos des brigands (III, 10, 2-3).

58. Cette plainte pathétique est aussi un discret jalon vers la requête du chapitre suivant.

συνεκάθευδες, οὐδὲ ἀποστρεφομένῃ σου τὰς περιβολάς, ἀλλὰ καὶ νέᾳ καὶ φιλούσῃ, εἴποι δ' ἂν ἄλλος ὅτι καὶ καλῇ. Εὐνοῦχε καὶ ἀνδρόγυνε καὶ κάλλους [καλοῦ] βάσκανε, ἐπαρῶμαί σοι δικαιοτάτην ἀράν· Οὕτω σε ἀμύναιτο ὁ Ἔρως εἰς τὰ σά. » Ταῦτα ἔλεγε, καὶ ἅμα ἔκλαεν.

XXVI. 1 Ὡς δὲ ἐσιώπων ἐγὼ κάτω νενευκώς, μικρὸν διαλιποῦσα λέγει μεταβαλοῦσα· « Ἃ μὲν εἶπον, ὦ φίλτατε, θυμὸς ἔλεγε καὶ λύπη· ἃ δὲ νῦν μέλλω λέγειν, ἔρως λέγει. Κἂν ὀργίζωμαι, καίομαι· κἂν ὑβρίζωμαι, φιλῶ. 2 Σπεῖσαι κἂν νῦν, ἐλέησον· οὐκέτι δέομαι πολλῶν ἡμερῶν καὶ γάμου μακροῦ, ὃν ἡ δυστυχὴς ὠνειροπόλουν ἐπὶ σοί· ἀρκεῖ μοι μία συμπλοκή· μικροῦ δέομαι φαρμάκου πρὸς τηλικαύτην νόσον. Σβέσον μοι ὀλίγον τοῦ πυρός. Εἰ δέ τί σοι προπετῶς ἐθρασυνάμην, σύγγνωθι, φίλτατε· ἔρως ἀτυχῶν καὶ μαίνεται. 3 Ἀσχημονοῦσα οἶδα, ἀλλ' οὐκ αἰσχύνομαι τὰ τοῦ Ἔρωτος ἐξαγορεύουσα μυστήρια. Πρὸς ἄνδρα λαλῶ μεμυημένον· οἶδας τί πάσχω. Τοῖς δὲ ἄλλοις ἀνθρώποις ἀθέατα τὰ βέλη τοῦ θεοῦ, καὶ οὐκ ἄν τις ἐπιδεῖξαι δύναιτο τὰ τοξεύματα· μόνοι δὲ οἴδασιν οἱ ἐρῶντες τὰ τῶν ὁμοίων τραύματα. 4 Ἔτι μόνον ἔχω ταύτην τὴν ἡμέραν· τὴν ὑπόσχεσιν ἀπαιτῶ. Ἀναμνήσθητι τῆς Ἴσιδος, αἰδέσθητι τοὺς ὅρκους τοὺς ἐκεῖ. Εἰ μὲν γὰρ καὶ συνοικεῖν ἤθελες, ὥσπερ ὤμοσας, οὐκ ἂν ἐφρόντισα Θερσάνδρων μυρίων. Ἐπεὶ δὲ Λευκίππην εὑρόντι σοι γάμος ἀδύνατος ἄλλης γυναικός, ἑκοῦσά σοι κἀγὼ τοῦτο παραχωρῶ. Οἶδα νικωμένη· οὐκ αἰτῶ πλέον ἢ δύναμαι τυχεῖν. Κατ' ἐμοῦ

59. Le βάσκανος est l'homme qui a le mauvais œil, capable de jeter un sort – on reste dans une ambiance « magique » diffuse.

60. Voir V, 14, 2.

de noces ? Ce n'est pourtant pas avec une vieille que tu dormais, ni avec une femme qui rejetait tes embrassements, mais avec une jeune, amoureuse, et belle aussi, diraient d'autres que moi ! Eunuque, homme-femme, éteignoir[59] de la beauté, je lance contre toi une malédiction des plus justes : qu'Éros te punisse de la même manière dans tes amours ! » En disant cela elle pleurait.

XXVI. **1** Et comme je gardais le silence tête basse, peu de temps après, elle change de ton et me dit : « Ce que j'ai dit, mon chéri, c'est ma colère et ma peine qui le disaient ; mais ce que je vais dire maintenant, c'est l'amour qui le dit. Même si je suis en colère, je brûle ; même si je suis outragée, j'aime. **2** Fais la trêve, du moins pour l'instant, aie pitié ; je ne te demande plus de nombreux jours et une longue union, dont, malheureuse, j'avais rêvé pour toi ; il me suffit d'une seule étreinte ; je n'ai besoin que d'un petit remède contre un si grand mal. Éteins un peu de mon feu. Et si j'ai été sans retenue envers toi, pardonne, mon chéri ; un amour malheureux va jusqu'à la folie. **3** Je sais que j'enfreins la décence, mais je ne rougis pas de divulguer les mystères d'Éros. C'est à un initié que je parle, tu sais ce que j'endure. Les traits du dieu sont invisibles pour les autres hommes, et l'on ne saurait montrer ses coups ; seuls les amoureux connaissent les blessures de leurs semblables. **4** Je n'ai plus que ce seul jour ; je réclame ta promesse. Souviens-toi d'Isis, respecte tes serments d'alors[60] ; en effet, si tu avais voulu vivre avec moi, comme tu l'as juré, je ne me serais pas souciée d'une myriade de Thersandre. Mais puisque tu as retrouvé Leucippé et qu'il t'est impossible de te marier avec une autre femme, c'est bien volontiers que je te le concède. Je me sais vaincue ; je ne demande pas plus que je ne puis obtenir. Car tous les événements

γὰρ πάντα καινά· ἀναβιοῦσι καὶ νεκροί. 5 Ὦ θάλασσα, πλέουσάν με διέσωσας, σώσασα δὲ μᾶλλον ἀπολώλεκας, δύο ἀποστείλασα κατ' ἐμοῦ νεκρούς· οὐκ ἤρκει γὰρ Λευκίππη μόνη — ζησάτω, ἵνα μηκέτι λυπῆται Κλειτοφῶν —· νῦν δὲ καὶ ὁ ἄγριος Θέρσανδρος ἡμῖν πάρεστι. 6 Τετύπτησαι βλεπούσης μου, καὶ βοηθεῖν ἡ δυστυχὴς οὐκ ἠδυνάμην· ἐπὶ τοῦτο τὸ πρόσωπον πληγαὶ κατηνέχθησαν, ὦ θεοί· δοκῶ, τυφλὸς Θέρσανδρος ἦν. 7 Ἀλλὰ δέομαι, Κλειτοφῶν δέσποτα — δεσπότης γὰρ εἶ ψυχῆς τῆς ἐμῆς —, ἀπόδος σεαυτὸν τήμερον πρῶτα καὶ ὕστατα· ἐμοὶ δὲ ἡμέραι τὸ βραχὺ τοῦτο πολλαί. Οὕτω μηκέτι Λευκίππην ἀπολέσειας, οὕτω μηκέτι μηδὲ ψευδῶς ἀποθάνοι. 8 Μὴ ἀτιμάσῃς τὸν ἔρωτα τὸν ἐμόν, δι' ὃν τὰ μέγιστα εὐτυχεῖς. Οὗτός σοι Λευκίππην ἀποδέδωκεν· εἰ γάρ σου μὴ ἠράσθην ἐγώ, εἰ γάρ σε μὴ ἐνταῦθα ἤγαγον, ἦν ἂν ἔτι σοι Λευκίππη νεκρά. 9 Εἰσίν, ὦ Κλειτοφῶν, καὶ Τύχης δωρεαί. Ἤδη τις θησαυρῷ περιτυχὼν τὸν τόπον τῆς εὑρέσεως ἐτίμησε, βωμὸν ἤγειρε, θυσίαν προσήνεγκεν, ἐστεφάνωσε τὴν γῆν· σὺ δὲ παρ' ἐμοὶ θησαυρὸν ἔρωτος εὑρὼν ἀτιμάζεις τὰ εὐεργετήματα. 10 Νόμιζέ σοι τὸν Ἔρωτα δι' ἐμοῦ λέγειν· "Ἐμοὶ χάρισαι τοῦτο, Κλειτοφῶν, τῷ σῷ μυσταγωγῷ· μὴ ἀμύητον Μελίτην ἀπέλθῃς καταλιπών· καὶ τὸ ταύτης ἐμόν ἐστι πῦρ." Ἄκουσον δὲ ὡς καὶ τἆλλα μοι μέλει περὶ σοῦ. 11 Λυθήσῃ μὲν γὰρ ἄρτι τῶν δεσμῶν, κἂν Θερσάνδρῳ μὴ δοκῇ. Καταγωγῆς δὲ τεύξῃ τοσούτων ἡμερῶν,

61. Clitophon a fait des reproches semblables à la mer en III, 10, 6 – qui a été aussi l'objet de sa première grande joute oratoire avec Mélité (*supra*, V, 16) : leur histoire va se refermer comme elle a commencé.

62. Le préverbe employé (ἀπόδος) suggère, plus précisément, l'idée d'un don *en retour*, d'une *restitution* ; on retrouvera la même forme comme dernier mot de la tirade au § 13 – après que, entre les deux, Mélité a souligné comment, en l'amenant à Éphèse, elle a elle-même contribué à *rendre* (ἀποδέδωκεν, § 8) Leucippé à Clitophon.

les plus inouïs se liguent contre moi : jusqu'aux morts ressuscitent ! **5** Ô mer[61], tu m'as sauvée pendant que je naviguais, mais en me sauvant, tu m'as perdue bien davantage : tu as envoyé contre moi deux morts. Car il ne suffisait pas de la seule Leucippé – qu'elle vive, pour que Clitophon n'ait plus jamais de peine ! mais maintenant, c'est encore ce sauvage de Thersandre qui nous arrive ! **6** Tu as été frappé sous mes yeux et, infortunée, je ne pouvais te secourir ; on a assené des coups sur ce visage, grands dieux ! Thersandre était aveugle, je suppose. **7** Mais je t'en prie, Clitophon, mon maître – car tu es le maître de mon âme –, donne-toi[62] aujourd'hui, pour la première et la dernière fois. Et pour moi, ce court instant vaudra de nombreux jours. Puisses-tu ne plus jamais perdre Leucippé, puisse-t-elle ne plus jamais mourir, même faussement ! **8** Ne méprise pas mon amour grâce auquel tu connais la plus heureuse fortune. C'est lui qui t'a rendu Leucippé, car, si moi, je ne t'avais pas aimé, si je ne t'avais pas conduit ici, Leucippé serait encore une morte pour toi. **9** Il existe aussi, Clitophon, des présents de la Fortune ! Un homme qui vient de rencontrer[63] un trésor honore le lieu de sa découverte, y élève un autel, y fait un sacrifice, orne la terre de guirlandes ; et toi, qui as découvert chez moi un trésor d'amour, tu méprises mes bienfaits. **10** Imagine que c'est Éros qui te parle par ma bouche[64] : “Accorde-moi cette faveur, Clitophon, à moi qui suis ton guide dans les mystères ; ne pars pas en laissant Mélité non initiée ; son feu est le mien.” Écoute bien, comme pour le reste je prends soin de toi. **11** Car

63. Le verbe en grec est justement de la même racine que *tychè*, la « fortune », qui désigne proprement, « ce que l'on rencontre », les circonstances extérieures auxquelles chacun se heurte.

64. La prosopopée constitue le climax de la supplique.

ὅσων ἐὰν θέλῃς, πρὸς ἐμὸν σύντροφον. Ἕωθεν δὲ καὶ Λευκίππην παρέσεσθαι προσδόκα· 12 διανυκτερεύσειν γὰρ ἔλεγεν εἰς τὸν ἀγρὸν βοτανῶν ἕνεκεν χάριν, ὡς ἐν ὄψει τῆς σελήνης αὐτὰς ἀναλάβοι. Οὕτω γάρ μου κατεγέλα· ᾔτησα γὰρ φάρμακον παρ' αὐτῆς ὡς Θετταλῆς κατὰ σοῦ. Τί γὰρ ἠδυνάμην ποιεῖν ἀποτυγχάνουσα ἢ βοτάνας ζητεῖν καὶ φάρμακα; Αὕτη γὰρ τῶν ἐν ἔρωτι δυστυχούντων ἡ καταφυγή. 13 Ὁ Θέρσανδρος, ὡς καὶ περὶ τούτου θαρρήσῃς, ἐξεπήδησε πρὸς ἑταῖρον αὐτοῦ, ἐξανιστάμενος ἐμοὶ τῆς οἰκίας ὑπὸ ὀργῆς· δοκεῖ δέ μοι θεός τις αὐτὸν ἐξεληλακέναι, ἵνα σου τὰ τελευταῖα ταῦτα δυνηθῶ τυχεῖν. Ἀλλά μοι σαυτὸν ἀπόδος. »

XXVII. 1 Ταῦτα φιλοσοφήσασα — διδάσκει γὰρ ὁ Ἔρως καὶ λόγους — ἔλυε τὰ δεσμὰ καὶ τὰς χεῖρας κατεφίλει καὶ τοῖς ὀφθαλμοῖς καὶ τῇ καρδίᾳ προσέφερε καὶ εἶπεν· « Ὁρᾷς πῶς πηδᾷ καὶ πάλλει πυκνὸν παλμὸν ἀγωνίας γέμοντα καὶ ἐλπίδος, γένοιτο δὲ καὶ ἡδονῆς· καὶ ἔοικεν ἱκετεύειν σε τῷ πηδήματι. » 2 Ὡς οὖν με ἔλυσε καὶ περιέβαλε κλαίουσα, ἔπαθόν τι ἀνθρώπινον καὶ ἀληθῶς ἐφοβήθην τὸν Ἔρωτα, μή μοι γένηται μήνιμα ἐκ τοῦ θεοῦ, καὶ ἄλλως ὅτι Λευκίππην ἀπειλήφειν, καὶ ὅτι μετὰ ταῦτα τῆς Μελίτης ἀπαλλάττεσθαι ἔμελλον, καὶ ὅτι οὐδὲ γάμος ἔτι τὸ πραττόμενον ἦν, ἀλλὰ φάρμακον ὥσπερ ψυχῆς νοσούσης. 3 Περιβαλλούσης οὖν ἠνειχόμην καὶ περιπλεκομένης πρὸς τὰς περιπλοκὰς οὐκ ἀντέλεγον· καὶ ἐγένετο ὅσα ὁ Ἔρως ἤθελεν, οὔτε στρωμνῆς ἡμῶν δεηθέντων οὔτε ἄλλου τινὸς τῶν εἰς παρασκευὴν Ἀφροδισίων. 4 Αὐτουργὸς γὰρ ὁ Ἔρως

65. L'expression est peut-être une variation, adaptée aux acrobaties rhétoriques de Mélité, du célèbre dicton tiré d'Euripide, selon lequel « même d'un rustre, Éros saura faire un poète » (*Sthénébée* fr. 2, cité *in Symp.*, 196e, entre autres).

tu seras délivré à l'instant de tes chaînes, même si cela n'est pas du goût de Thersandre. Et tu auras un refuge pour autant de jours que tu voudras chez mon frère de lait. Et, dès l'aurore, compte que Leucippé viendra aussi ; **12** car elle avait dit qu'elle passerait toute la nuit à la campagne, pour chercher des simples, afin de les cueillir sous le regard de la lune. C'est ainsi qu'elle s'est moquée de moi, car je lui avais demandé une drogue, en tant que Thessalienne, contre toi. Que pouvais-je faire devant mon échec, si ce n'est chercher des simples et des drogues ? Car c'est là le refuge quand on est malheureux en amour ! **13** Thersandre, pour que tu sois rassuré à ce sujet, est parti précipitamment chez un ami à lui, et m'a abandonné la maison sous le coup de la colère ; c'est quelque dieu, me semble-t-il, qui l'a chassé d'ici, afin que je puisse obtenir de toi cet ultime bienfait ! Allons, donne-toi à moi ! »

XXVII. **1** Sur ces savants propos – car Éros enseigne aussi l'éloquence[65]–, elle enleva mes chaînes, baisa mes mains, les pressa sur ses yeux et sur son cœur et dit : « Tu vois comme il bondit et palpite d'un battement rapide, plein d'angoisse et d'espoir et, je l'espère aussi, bientôt de plaisir ! Il semble te supplier par ce battement ! » **2** Lorsqu'elle m'eut détaché et enlacé en pleurant, je ressentis quelque humaine compassion, et aussi j'eus véritablement peur d'Éros : je craignais de m'attirer le ressentiment du dieu et je pensais en outre que j'avais retrouvé Leucippé, qu'après cela, j'allais être débarrassé de Mélité et que ce qui allait se passer n'était même plus un mariage, mais le remède, pour ainsi dire, d'une âme malade. **3** Je supportais donc ses embrassements, et, lorsqu'elle m'étreignit, je ne résistais pas à ses étreintes ; et il arriva tout ce que voulut Éros, sans que nous ayons eu besoin d'une couche ou de quelque autre préparatif d'Aphrodite. **4** Éros en effet fait

καὶ αὐτοσχέδιος σοφιστὴς καὶ πάντα τόπον αὐτῷ τιθέμενος μυστήριον. Τὸ δ' ἀπερίεργον εἰς Ἀφροδίτην ἥδιον μᾶλλον τοῦ πολυπράγμονος· αὐτοφυῆ γὰρ ἔχει τὴν ἡδονήν.

lui-même ses affaires : c'est un maître improvisateur[66] qui rend tout lieu propre à ses mystères. Le naturel, dans l'amour, est de beaucoup plus agréable que ce qui est recherché[67], car le plaisir y est spontané.

66. L'expression est difficile à rendre en français; les deux préfixes *auto-* marquent bien l'indépendance d'Éros, qui s'impose par lui-même, seul contre tous, tandis que « maître » traduit, de façon un peu insatisfaisante, *sophistès* – mot déjà employé en I, 10, 1 et qui évoque le *Banquet* de Platon.

67. Cette déclaration, au terme de deux discours de la plus grande ingéniosité, peut faire écho au débat sur le plaisir qui concluait le livre II, où art et naturel jouaient un rôle important. Le plaisir décrit pouvait alors servir de « substitut verbal » à l'union manquée des deux héros, alors qu'on a ici la réalité en acte.

ΛΟΓΟΣ ΕΚΤΟΣ

I. 1 Ἐπεὶ οὖν τὴν Μελίτην ἰασάμην, λέγω πρὸς αὐτήν· « Ἀλλ' ὅπως μοι τῆς φυγῆς παράσχῃς τὴν ἀσφάλειαν καὶ τἆλλα ὡς ὑπέσχου περὶ Λευκίππης. » « Μὴ φροντίσῃς, εἶπε, τοῦ γε κατ' ἐκείνην μέρους, ἀλλ' ἤδη νόμιζε Λευκίππην ἔχειν· σὺ δὲ ἔνδυθι τὴν ἐσθῆτα τὴν ἐμὴν καὶ κλέπτε τὸ πρόσωπον τῷ πέπλῳ· 2 ἡγήσεται δέ σοι τῆς ἐπὶ τὰς θύρας ὁδοῦ Μελανθώ· περιμενεῖ δέ σε καὶ νεανίσκος ἐπ' αὐταῖς ταῖς θύραις, ᾧ προστεταγμένον ἐστὶν ἐξ ἐμοῦ κομίσαι σε εἰς τὴν οἰκίαν, οὗ καὶ Κλεινίαν καὶ Σάτυρον εὑρήσεις καὶ Λευκίππη σοι παρέσται. » 3 Ταῦθ' ἅμα λέγουσα ἐσκεύασέ με ὡς ἑαυτὴν καὶ καταφιλοῦσα, « Ὡς εὐμορφότερος, ἔφη, παρὰ πολὺ γέγονας τῇ στολῇ· τοιοῦτον Ἀχιλλέα ποτὲ ἐθεασάμην ἐν γραφῇ. Ἀλλά μοι, φίλτατε, σῴζοιο καὶ τὴν ἐσθῆτα ταύτην φύλαττε μνήμην· ἐμοὶ δὲ τὴν σὴν κατάλιπε, ὡς ἂν ἔχοιμι ἐνδυομένη σοι περικεχύσθαι. » 4 Δίδωσι δέ μοι καὶ χρυσοῦς ἑκατὸν καὶ καλεῖ τὴν Μελανθώ· θεράπαινα δὲ ἦν αὕτη τῶν πιστῶν καὶ ἐφήδρευε ταῖς θύραις. Ὡς δὲ εἰσῆλθε, λέγει περὶ ἐμοῦ τὰ συγκείμενα καὶ κελεύει πάλιν ἀναστρέφειν πρὸς αὐτήν, ἐπειδὰν ἔξω γένωμαι θυρῶν.

1. À défaut d'*ekphrasis* on continue à avoir des références picturales : sur Achille à Scyros, voir l'Introduction, p. XXIII-XXIV.

LIVRE VI

I. **1.** Lorsque j'eus guéri Mélité, je lui dis : « Allons, veille à assurer la sécurité de ma fuite et à m'offrir tout le reste, comme tu l'as promis, pour Leucippé. – Ne t'inquiète pas de ce qui la concerne, dit-elle, mais dès maintenant, considère que tu as Leucippé; et toi, mets ce vêtement à moi et dissimile ton visage dans mon *peplos* ; **2** Mélanthô te montrera le chemin de la porte ; à cette porte même un jeune homme aussi t'attendra, à qui j'ai donné l'ordre de te mener à la maison, où tu trouveras Clinias et Satyros et où Leucippé viendra te rejoindre. » **3** Tout en disant ces mots, elle m'habilla comme elle et, en m'embrassant : « Comme tu es encore plus beau, dit-elle, avec cette robe ! C'est ainsi que j'ai vu un jour Achille sur un tableau[1]. Mon chéri, sauve-toi, je t'en prie, et conserve ce vêtement comme souvenir ; mais à moi, laisse-moi le tien, pour que je puisse, en m'en revêtant, être serrée dans tes bras. » **4** Elle me donne aussi cent pièces d'or et appelle Mélanthô – c'était une de ses fidèles servantes et elle montait la garde à la porte[2]. Celle-ci entrée, elle lui dit ce dont nous étions convenus à mon sujet et lui ordonne de revenir la trouver dès que j'aurai franchi la porte.

2. C'est aussi le nom d'une servante *infidèle* d'Ulysse (*Od.*, XVIII, 321 et XIX, 65).

II. 1 Ἐγὼ μὲν δὴ τοῦτον τὸν τρόπον ὑπεκδύομαι· καὶ ὁ φύλαξ τοῦ οἰκήματος ἀνεχώρησε, νομίσας τὴν δέσποιναν εἶναι, νευσάσης αὐτῷ τῆς Μελανθοῦς· καὶ διὰ τῶν ἐρήμων τῆς οἰκίας ἐπί τινα θύραν οὐκ ἐν ὁδῷ κειμένην ἔρχομαι, καί με ὁ πρὸς τῆς Μελίτης ταύτῃ προστεταγμένος ἀπολαμβάνει. 2 Ἀπελεύθερος δὲ αὐτὸς τῶν συμπεπλευκότων ἦν ἡμῖν καὶ ἄλλως ἐμοὶ κεχαρισμένος. Ὡς δὲ ἀνέστρεψεν ἡ Μελανθώ, καταλαμβάνει τὸν φρουρὸν ἄρτι ἐπικλείσαντα τὸ οἴκημα, καὶ ἀνοίγειν ἐκέλευεν αὖθις. 3 Ὡς δὲ ἤνοιξε καὶ παρελθοῦσα ἐμήνυσε τῇ Μελίτῃ τὴν ἔξοδον τὴν ἐμήν, καλεῖ τὸν φύλακα. Κἀκεῖνος, ὡς τὸ εἰκός, θέαμα ἰδὼν παραδοξότατον τῆς κατὰ τὴν ἔλαφον ἀντὶ παρθένου παροιμίας, ἐξεπλάγη καὶ ἔστη σιωπῇ. 4 Λέγει οὖν πρὸς αὐτόν· « Οὐκ ἀπιστοῦσά σοι μὴ οὐκ ἐθελήσῃς ἀφεῖναι Κλειτοφῶντα ταύτης ἐδεήθην τῆς κλοπῆς, ἀλλ' ἵνα σοι πρὸς Θέρσανδρον ἡ τῆς αἰτίας ἀπόλυσις ᾖ ὡς οὐ συνεγνωκότι. 5 Χρυσοῖ δέ σοι οὗτοι δῶρον δέκα, δῶρον μέν, ἂν ἐνταῦθα μένῃς, παρὰ Κλειτοφῶντος· ἐὰν δὲ νομίσῃς φυγεῖν βέλτιον, ἐφόδιον. » Καὶ ὁ Πασίων — τοῦτο γὰρ ἦν ὄνομα τῷ φύλακι —, « Πάνυ, ἔφη, δέσποινα, τὸ σοὶ δοκοῦν κἀμοὶ δοκεῖ καλῶς ἔχειν. » 6 Ἔδοξεν οὖν τῇ Μελίτῃ τὸ νῦν ἀναχωρεῖν, ὅταν δὲ ἐν καλῷ θῆται τὰ πρὸς τὸν ἄνδρα καὶ γένηται τὰ τῆς ὀργῆς ἐν γαλήνῃ, τότε μετιέναι. Καὶ ὁ μὲν οὕτως ἔπραξεν.

III. 1 Ἐμοὶ δὲ ἡ συνήθης Τύχη πάλιν ἐπιτίθεται καὶ συντίθεται κατ' ἐμοῦ δρᾶμα καινόν· ἐπάγει γάρ μοι τὸν Θέρσανδρον εὐθὺς παρελθόντα. Μεταπεισθεὶς γὰρ ὑπὸ τοῦ φίλου, πρὸς ὃν ᾤχετο, μὴ ἀπόκοιτος γενέσθαι, δειπνήσας πάλιν ἀνέστρεφεν ἐπὶ τὴν οἰκίαν. 2 Ἦν δὲ

3. C'est le sacrifice d'Iphigénie – dans la version qui suppose une substitution – qui a inspiré ce proverbe.

II. **1** C'est ainsi que je m'éclipse; et le gardien de la pièce s'écarta, croyant que c'était sa maîtresse, sur un signe que lui fit Mélanthô. Et, traversant les pièces désertes de la maison, je gagne une porte qui ne donnait pas sur la rue; le serviteur posté par Mélité m'y accueille. **2** C'était lui-même un affranchi, un de nos compagnons de voyage, que, du reste, j'aimais bien. Mais lorsque Mélanthô fut revenue sur ses pas, elle trouve le garde qui venait juste de refermer la pièce et elle lui ordonne de rouvrir. **3** Lorsqu'il eut ouvert et qu'une fois entrée elle eut fait connaître à Mélité mon départ, elle appelle le garde. Et lui, comme il est bien naturel, voyant un spectacle aussi étrange et, comme dit le proverbe, la biche au lieu de la jeune fille[3], fut frappé de stupeur et resta muet. **4** Mélité lui dit alors : « Ce n'est pas parce que j'ai douté de toi, de crainte que tu ne veuilles pas laisser partir Clitophon, que j'ai eu besoin de ce subterfuge, mais pour que tu puisses, devant Thersandre, être lavé de l'accusation, puisque tu n'étais pas au courant. **5** Voici pour toi ces dix pièces d'or, comme présent de Clitophon, si tu restes ici, et, si tu juges préférable de fuir, comme viatique. » Et Pasiôn – c'est ainsi que se nommait le garde – répondit : « Assurément, maîtresse, ce que tu juges bon, je le juge bon moi aussi[4]. » **6** Mélité fut donc d'avis qu'il se retire pour le moment, et revienne lorsque les affaires avec son mari se seraient arrangées et que ses coups de colère seraient calmés. Et c'est ce qu'il fit.

III. **1** De mon côté, voici que ma Fortune ordinaire s'en prend de nouveau à moi et trame contre moi un nouveau drame : elle conduit droit sur moi Thersandre, qui venait de rentrer. Il avait été en effet dissuadé par l'ami chez lequel il était allé de coucher hors de chez lui et, après avoir dîné, il revenait à la maison. **2** C'était la

4 . C'est-à-dire « ton avis sera le mien ».

τῆς Ἀρτέμιδος ἱερομηνία καὶ μεθυόντων πάντα μεστά, ὥστε καὶ δι' ὅλης νυκτὸς τὴν ἀγορὰν ἅπασαν κατεῖχε πλῆθος ἀνθρώπων. Κἀγὼ μὲν ἐδόκουν τοῦτο μόνον εἶναι τὸ δεινόν· ἐλελήθει δὲ καὶ ἄλλο τεχθέν μοι χαλεπώτερον. 3 Ὁ γὰρ Σωσθένης ὁ τὴν Λευκίππην ἐωνημένος, ὃν ἡ Μελίτη τῆς τῶν ἀγρῶν ἐκέλευσεν ἀποστῆναι διοικήσεως, μαθὼν παρεῖναι τὸν δεσπότην τούς τε ἀγροὺς οὐκέτι ἀφῆκε τήν τε Μελίτην ἤθελεν ἀμύνασθαι. 4 Καὶ πρῶτον μὲν φθάσας καταμηνύει μου πρὸς τὸν Θέρσανδρον — ὁ γὰρ διαβαλὼν αὐτὸς ἦν —, ἔπειτα καὶ περὶ Λευκίππης λέγει πάνυ πιθανῶς πλασάμενος. Ἐπεὶ γὰρ αὐτὸς αὐτῆς ἀπεγνώκει τυχεῖν, μαστροπεύει πρὸς τὸν δεσπότην, ὡς ἂν αὐτὸν τῆς Μελίτης ἀπαγάγοι· « Κόρην ἐωνησάμην, ὦ δέσποτα, καλήν, ἀλλὰ χρῆμά τι κάλλους ἄπιστον· 5 οὕτως αὐτὴν πιστεύσειας ἀκούων, ὡς ἰδών. Ταύτην ἐφύλαττόν σοι· καὶ γὰρ ἠκηκόειν ζῶντά σε, καὶ ἐπίστευον, ὅπερ ἤθελον. Ἀλλ' οὐκ ἐξέφαινον, ἵνα τὴν δέσποιναν ἐπ' αὐτοφώρῳ καταλάβοις καὶ μή σου καταγελᾷ μοιχὸς ἄτιμος καὶ ξένος. 6 Ἀφῄρηται δὲ ταύτην χθὲς ἡ δέσποινα καὶ ἔμελλεν ἀποπέμψειν· ἡ Τύχη δὲ ἐτήρησέ σοι, ὥστε τοσοῦτον κάλλος λαβεῖν. Ἔστι δέ γε ἐν τοῖς ἀγροῖς, οὐκ οἶδ' ὅπως πρὸς αὐτῆς ἀπεσταλμένη. Πρὶν οὖν αὖθις ἐπανελθεῖν, εἰ θέλεις, κατακλείσας αὐτὴν φυλάξω, ὡς ὑπὸ σοὶ γένοιτο. »

IV. 1 Ἐπῄνεσεν ὁ Θέρσανδρος καὶ ἐκέλευσε τοῦτο ποιεῖν. Ἔρχεται δὲ σπουδῇ μάλα ὁ Σωσθένης εἰς τοὺς

fête mensuelle d'Artémis et tout était rempli d'hommes ivres, si bien que, durant la nuit entière, il y avait foule sur toute la place. Et moi, je croyais que c'était là le seul danger, mais un autre, plus fâcheux, s'était préparé à mon insu. **3** En effet Sosthénès, l'homme qui avait acheté Leucippé, auquel Mélité avait ordonné de renoncer à son poste d'intendant du domaine, ayant appris que le maître était revenu, n'avait plus quitté le domaine et voulait se venger de Mélité. **4** Et tout d'abord, il se hâte de me dénoncer à Thersandre – c'était lui en effet qui m'avait calomnié –, puis il invente sur Leucippé une histoire tout à fait plausible. En effet, désespérant de l'obtenir lui-même, il joue l'entremetteur auprès de son maître[5], afin de le détourner de Mélité : « J'ai acheté une fille, maître, une belle fille, bien plus, un prodige incroyable de beauté. **5** Crois-en mes paroles comme tu croirais tes propres yeux. Je la gardais pour toi, car j'avais entendu dire que tu étais vivant et je le croyais, parce que je le désirais. Mais je n'en faisais rien paraître, pour que tu puisses prendre la maîtresse en flagrant délit et pour éviter qu'un infâme adultère, et un étranger, ne se rie de toi. **6** Mais la maîtresse m'a enlevé la fille hier et allait la renvoyer ; mais la Fortune te l'a réservée, pour que tu prennes possession d'une telle beauté. Ce qu'il y a de sûr, c'est qu'elle est au domaine, envoyée par Mélité je ne sais pourquoi. Avant qu'elle n'en revienne, si tu le désires, je l'enfermerai et je la garderai pour qu'elle soit en ton pouvoir. »

IV. **1** Thersandre l'approuva et lui demanda d'agir ainsi. Sosthénès se rend alors en toute hâte au domaine et,

5. On retombe dans cette nouvelle intrigue sur un personnage de comédie, et comme entremetteur et mauvais esclave, Sosthénès apparaît comme le pendant négatif du *servus callidus* Satyros.

ἀγρούς, καὶ τὴν καλύβην ἑωρακώς, ἔνθα ἡ Λευκίππη διανυκτερεύειν ἔμελλε, δύο τῶν ἐργατῶν παραλαβὼν τοὺς μὲν κελεύει τὰς θεραπαινίδας, αἵπερ ἦσαν ἅμα τῇ Λευκίππῃ παροῦσαι, περιελεῖν δόλῳ καὶ καλεσαμένους ὅτι πορρωτάτω διατρίβειν ἔχοντας ἐφ' ὁμιλίᾳ· 2 δύο δὴ ἄλλους ἀγαγών, ὡς εἶδε τὴν Λευκίππην μόνην, εἰσπηδήσας καὶ τὸ στόμα ἐπισχὼν ἁρπάζει καὶ κατὰ θάτερα τῆς τῶν θεραπαινίδων ἐκτροπῆς χωρεῖ, φέρων εἴς τι δωμάτιον ἀπόρρητον, καὶ καταθέμενος λέγει πρὸς αὐτήν· « Ἥκω σοι φέρων σωρὸν ἀγαθῶν· ἀλλ' ὅπως εὐτυχήσασα μὴ ἐπιλήσῃ μου. 3 Μὴ γὰρ φοβηθῇς ταύτην τὴν ἁρπαγήν, μηδὲ ἐπὶ κακῷ τῷ σῷ γεγονέναι δόξῃς· αὕτη γὰρ τὸν δεσπότην τὸν ἐμὸν ἐραστήν σοι προξενεῖ. » Ἡ μὲν δὴ τῷ παραλόγῳ τῆς συμφορᾶς ἐκπλαγεῖσα ἐσιώπησεν· ὁ δὲ ἐπὶ τὸν Θέρσανδρον ἔρχεται καὶ λέγει τὰ πεπραγμένα. Ἔτυχε δὲ ὁ Θέρσανδρος ἐπανιὼν εἰς τὴν οἰκίαν. 4 Τοῦ δὲ Σωσθένους αὐτῷ μηνύσαντος τὰ περὶ τῆς Λευκίππης καὶ κατατραγῳδοῦντος αὐτῆς τὸ κάλλος, μεστὸς γενόμενος ἐκ τῶν εἰρημένων ὡσεὶ κάλλους φαντάσματος, φύσει καλοῦ, παννυχίδος οὔσης καὶ ὄντων μεταξὺ τεττάρων σταδίων ἐπὶ τοὺς ἀγρούς, ἡγεῖσθαι κελεύσας ἐπ' αὐτὴν χωρεῖν ἤθελεν.

V. 1 Ἐν τούτῳ δὲ ἐγὼ τὴν ἐσθῆτα τῆς Μελίτης εἶχον ἠμφιεσμένος· καὶ ἀπερισκέπτως ἐμπίπτω κατὰ πρόσωπον αὐτοῖς, καί με ὁ Σωσθένης πρῶτος γνωρίσας, « Ἀλλ' ἰδού, φησίν, οὗτος ὁ μοιχὸς βακχεύων ἡμῖν ἔπεισι καὶ τῆς σῆς γυναικὸς ἔχων λάφυρα. » 2 Ὁ μὲν οὖν νεαν-

ayant remarqué la hutte où Leucippé devait passer la nuit, il prend avec lui deux cultivateurs et leur ordonne d'écarter les petites servantes qui étaient là avec Leucippé et après les avoir appelées, de les retenir en leur compagnie le plus loin possible ; **2** prenant donc deux autres hommes, lorsqu'il vit Leucippé seule, il se précipite sur elle, la bâillonne, l'enlève et s'éloigne du côté opposé de l'endroit où les petites servantes avaient été entraînées, pour la transporter dans une cabane retirée ; après l'y avoir déposée, il lui dit : « Je viens avec un monceau de bienfaits pour toi. Mais tâche, quand tu auras joui de cette bonne fortune, de ne pas m'oublier. **3** Ne va pas t'effrayer de ce rapt-ci ni croire que ce soit pour ton malheur ; car c'est lui qui va faire de mon maître ton amant. » Frappée de stupeur par ce malheur imprévu, elle garda le silence ; et l'autre va trouver Thersandre pour lui dire ce qui s'est passé. Il se trouva que Thersandre était en train de rentrer chez lui. **4** Quand Sosthénès lui eut fait ses révélations sur Leucippé et comme il lui vantait avec emphase sa beauté, rempli par ces paroles comme par une vision d'une beauté extraordinaire[6], comme il y avait fête toute la nuit et qu'il n'y avait que quatre stades jusqu'au domaine, il lui demanda de le conduire : il voulait aller la voir.

V. **1** À ce moment, de mon côté, je m'étais revêtu du vêtement de Mélité ; et voilà qu'à l'improviste je tombe face à eux et Sosthénès, qui m'avait reconnu le premier, dit : « Tiens, le voilà l'adultère en question, en train de faire la bacchante, qui vient à nous, portant les dépouilles de ta femme. » **2** Le jeune homme, qui justement marchait

6. Traduction conjecturale d'un texte apparemment corrompu – φύσει καλοῦ du moins est obscur : l'auteur a-t-il voulu suggérer par là une beauté telle qu'on la croirait le produit de l'imagination (φάντασμα) et qu'a pourtant réellement créée la nature ?

ίσκος ἔτυχε προηγούμενος καὶ προϊδὼν ἀποφεύγει, μὴ καιρὸν λαβὼν ὑπὸ δέους κἀμοὶ προμηνῦσαι· ἐμὲ δὲ ἰδόντες συλλαμβάνουσι, καὶ ὁ Θέρσανδρος βοᾷ, καὶ πλῆθος τῶν παννυχιζόντων προσέρρεεν· 3 Ἔτι μᾶλλον οὖν ὁ Θέρσανδρος ἐδεινοπάθει, ῥητὰ μὲν καὶ ἄρρητα βοῶν, τὸν μοιχόν, τὸν λωποδύτην· ἄγει δέ με εἰς τὸ δεσμωτήριον καὶ παραδίδωσιν, ἔγκλημα μοιχείας ἐπιφέρων. 4 Ἐμὲ δὲ ἐλύπει τούτων μὲν οὐδέν, οὔθ' ἡ τῶν δεσμῶν ὕβρις, οὔθ' ἡ τῶν λόγων αἰκία· καὶ γὰρ ἐθάρρουν τῷ λόγῳ περιέσεσθαι μὴ μοιχὸς εἶναι, γῆμαι δὲ ἐμφανῶς. Δέος δέ με περὶ τῆς Λευκίππης εἶχεν, οὔπω σαφῶς αὐτὴν ἀπολαβόντα. 5 Ψυχαὶ δὲ πεφύκασι μάντεις τῶν κακῶν, ἐπεὶ τῶν γε ἀγαθῶν ἥκιστα ἐκ μαντείας εὐτυχοῦμεν. Οὐδὲν οὖν ὑγιὲς ἐνενόουν περὶ τῆς Λευκίππης, ἀλλ' ἦν ὕποπτά μοι πάντα καὶ μεστὰ δείματος. Ἐγὼ μὲν οὖν οὕτως εἶχον τὴν ψυχὴν κακῶς.

VI. 1 Ὁ δὲ Θέρσανδρος ἐμβαλών με εἰς τὸ δεσμωτήριον, ὡς εἶχεν ὁρμῆς ἐπὶ τὴν Λευκίππην ἵεται. Ὡς δὲ παρῆσαν ἐπὶ τὸ δωμάτιον, καταλαμβάνουσιν αὐτὴν χαμαὶ κειμένην, ἐν νῷ καθεστηκυῖαν ὧν ἔτυχεν ὁ Σωσθένης εἰπών, ἐμφαίνουσαν τοῖς προσώποις λύπην ὁμοῦ καὶ δέος. 2 Ὁ γὰρ νοῦς οὔ μοι δοκεῖ λελέχθαι καλῶς ἀόρατος εἶναι τὸ παράπαν· φαίνεται γὰρ ἀκριβῶς ὡς ἐν κατόπτρῳ τῷ προσώπῳ. Ἡσθείς τε γὰρ ἐξέλαμψε τοῖς ὀφθαλμοῖς εἰκόνα χαρᾶς καὶ ἀνιαθεὶς συνέστειλε τὸ πρόσωπον εἰς τὴν ὄψιν τῆς συμφορᾶς. 3 Ὡς οὖν ἤκουσεν ἡ Λευκίππη ἀνοιγομένων τῶν θυρῶν, ἦν δὲ ἔνδον λύχνος, ἀνανεύσασα μικρὸν αὖθις τοὺς ὀφθαλμοὺς κατ-

7. Réminiscence de Sophocle (*OC*, 1001), qui se poursuit dans l'apostrophe λωποδύτης – le mot figure dans un fragment cité par Athénée (604 f) ; comme le mot signifie proprement, « celui qui se glisse dans les vêtements d'autrui », il correspond aussi au sens propre à ce qu'a fait Clitophon pour s'enfuir.

devant, les vit le premier et il s'enfuit, sans avoir le temps, sous l'emprise de la peur, de m'avertir ; et moi, lorsqu'ils me voient, ils s'emparent de moi, tandis que Thersandre pousse des cris. La foule de ceux qui célébraient la fête afflua. **3** Thersandre se déchaîna alors encore davantage, hurlant ce qui se dit comme ce qui ne se dit pas[7], « Adultère, Détrousseur ». Et il me mène en prison et me fait arrêter en intentant une accusation pour adultère. **4** Rien de cela ne m'affligeait, ni l'outrage des chaînes ni l'offense des paroles ; car j'avais confiance de pouvoir apporter la démonstration que je n'étais pas un adultère, mais que je m'étais marié officiellement. Mais une crainte ma tenait au sujet de Leucippé, car je ne l'avais pas encore retrouvée de façon sûre. **5** Les âmes ont une disposition naturelle à prédire les malheurs, alors que, pour les biens, nous ne sommes guère heureux dans nos prédictions. Je n'imaginais donc rien de bon au sujet de Leucippé, mais tout m'était suspect et plein de crainte. C'est ainsi que, moi, j'avais l'âme en peine.

VI. **1** Thersandre, après m'avoir jeté en prison, se précipite sur sa lancée auprès de Leucippé. Arrivés à la cabane, ils la trouvent étendue sur le sol, ayant à l'esprit ce que lui avait dit Sosthénès, faisant paraître sur ses traits à la fois sa peine et sa peur. **2** En effet, à mon avis, ce n'est pas à juste titre que l'on a prétendu que l'esprit était complètement invisible, car il apparaît clairement, comme en un miroir, sur le visage. Lorsqu'il est réjoui, il fait briller dans les yeux une image de joie, et, lorsqu'il est affligé, il fait se contracter le visage à la vue du malheur. **3** Lorsque Leucippé eut entendu la porte s'ouvrir – il y avait une lampe à l'intérieur de la pièce –, elle leva un peu la tête, puis rabaissa les yeux. Et Thersandre, en voyant sa beauté, en un instant, tel un éclair qui s'échappe – car c'est

έβαλεν. Ἰδὼν δὲ ὁ Θέρσανδρος τὸ κάλλος ἐκ παραδρομῆς ὡς ἁρπαζομένης ἀστραπῆς — μάλιστα γὰρ ἐν τοῖς ὀφθαλμοῖς κάθηται τὸ κάλλος — ἀφῆκε τὴν ψυχὴν ἐπ' αὐτὴν καὶ εἱστήκει τῇ θέᾳ δεδεμένος, ἐπιτηρῶν πότε αὖθις ἀναβλέψει πρὸς αὐτόν. 4 Ὡς δὲ ἔνευσεν εἰς τὴν γῆν, λέγει· « Τί κάτω βλέπεις, γύναι; Τί δέ σου τὸ κάλλος τῶν ὀφθαλμῶν εἰς γῆν καταρρεῖ; Ἐπὶ τοὺς ὀφθαλμοὺς μᾶλλον ῥεέτω τοὺς ἐμούς. »

VII. 1 Ἡ δὲ ὡς ἤκουσεν, ἐπλήσθη δακρύων, καὶ εἶχεν αὐτῆς ἴδιον κάλλος καὶ τὰ δάκρυα. Δάκρυον γὰρ ὀφθαλμὸν ἀνίστησι καὶ ποιεῖ προπετέστερον. Κἂν μὲν ἄμορφος ᾖ καὶ ἄγροικος, προστίθησιν εἰς δυσμορφίαν· ἐὰν δὲ ἡδὺς καὶ τοῦ μέλανος ἔχων τὴν βαφὴν ἠρέμα τῷ λευκῷ στεφανούμενος, ὅταν τοῖς δάκρυσιν ὑγρανθῇ, ἔοικε πηγῆς ἐγκύμονι μαζῷ. 2 Χεομένης δὲ τῆς τῶν δακρύων ἅλμης περὶ τὸν κύκλον, τὸ μὲν πιαίνεται, τὸ δὲ μέλαν πορφύρεται, καὶ ἔστιν ὅμοιον τὸ μὲν ἴῳ, τὸ δὲ ναρκίσσῳ· τὰ δὲ δάκρυα τῶν ὀφθαλμῶν ἔνδον εἱλούμενα γελᾷ. 3 Τοιαῦτα Λευκίππης ἦν τὰ δάκρυα, τὴν λύπην εἰς κάλλος νενικηκότα· εἰ δὲ ἠδύνατο παγῆναι πεσόντα, καινὸν ἂν εἶχεν ἤλεκτρον ἡ γῆ. Ὁ δὲ Θέρσανδρος πρὸς μὲν τὸ κάλλος ἐκεχήνει, πρὸς δὲ τὴν λύπην ἐξεμεμήνει, καὶ τοὺς ὀφθαλμοὺς δακρύων ἐγκύους εἶχεν. 4 Ἔστι μὲν γὰρ φύσει δάκρυον ἐπαγωγότατον ἐλέου τοῖς ὁρῶσι· τὸ δὲ τῶν γυναικῶν μᾶλλον, ὅσῳ θαλερώτερον, τοσούτῳ καὶ γοητότερον. Ἐὰν δὲ ἡ δακρύουσα ᾖ καὶ καλὴ καὶ ὁ θεατὴς ἐραστής, οὐδ' ὀφθαλμὸς ἀτρεμεῖ, ἀλλὰ τὸ δάκρυον ἐμιμήσατο. 5 Ἐπειδὴ γὰρ εἰς τὰ ὄμματα τῶν καλῶν τὸ κάλλος κάθηται, ῥέον [δὲ] ἐκεῖθεν ἐπὶ τοὺς

8. *Trag. Adesp.*, Kannicht-Snell 12 a.

9. L'oxymore de larmes qui rient peut s'appuyer sur le sens propre de la famille de γελᾶν, lié à la notion d'éclat (voir, sur ce point, *D.E.L.G.*, *sv* γελάω).

principalement dans les yeux que réside la beauté –, lui abandonna son âme et resta là, enchaîné par le spectacle, guettant le moment où elle lèverait de nouveau les yeux vers lui. **4** Mais, comme elle continuait à fixer le sol, il dit : « Pourquoi regardes-tu vers le bas, femme ? Pourquoi la beauté de tes yeux coule-t-elle vers la terre ? Qu'elle se répande plutôt vers mes yeux à moi ! »

VII. **1** Lorsqu'elle eut entendu ces paroles, ses yeux se remplirent de larmes, et ses larmes aussi avaient leur beauté propre. C'est qu'une larme fait ressortir l'œil et le rend plus saillant. S'il est sans grâce et commun, elle ajoute à sa laideur, mais s'il est plaisant, avec le noir de sa pupille légèrement couronné de blanc, lorsqu'il est humecté par les pleurs, il ressemble au sein fécondé d'une source[8]. **2** Lorsque l'eau salée des larmes se déverse autour du cercle de l'œil, celui-ci devient plus brillant, tandis que le noir vire au pourpre : ils ressemblent, le second à la violette, le premier au narcisse, et les larmes, en roulant à l'intérieur des yeux, rient[9]. **3** Telles étaient les larmes de Leucippé, triomphant de sa peine pour la changer en beauté. Et si elles avaient pu se figer en tombant, la terre aurait connu une ambre nouvelle[10]. Thersandre bouche bée devant sa beauté, hors de lui devant son chagrin, avait les yeux remplis de larmes. **4** En effet par nature, les larmes font volontiers naître la pitié chez ceux qui les voient, et celles des femmes davantage : d'autant plus séductrices qu'elles sont plus abondantes. Et lorsque celle qui pleure est aussi belle et que le spectateur est un amant, son œil même ne peut rester insensible et il imite ses larmes. **5** Comme c'est dans les yeux des belles que la beauté réside, en s'écoulant de là dans les yeux de

10. On a ici une allusion à la légende des larmes versées par les Héliades, à la mort de leur frère Phaéton, et qui se seraient changées en ambre (Ovide, *Metam.*, II, 340 *sqq.*).

ὀφθαλμοὺς τῶν ὁρώντων ἵσταται καὶ τῶν δακρύων τὴν πηγὴν συνεφέλκεται. Ὁ δὲ ἐραστὴς δεξάμενος ἄμφω τὸ μὲν κάλλος εἰς τὴν ψυχὴν ἥρπασε, τὸ δὲ δάκρυον εἰς τοὺς ὀφθαλμοὺς ἐτήρησεν, ὁραθῆναι δὲ εὔχεται, καὶ ἀποψήσασθαι δυνάμενος οὐκ ἐθέλει, ἀλλὰ τὸ δάκρυον ὡς δύναται κατέχει καὶ φοβεῖται μὴ πρὸ καιροῦ φύγῃ. 6 Ὁ δὲ καὶ τῶν ὀφθαλμῶν τὴν κίνησιν ἐπέχει, μὴ πρὶν τὸ ἐρώμενον ἰδεῖν ταχὺ θελήσῃ πεσεῖν· μαρτυρίαν γὰρ ταύτην νενόμικεν ὅτι καὶ φιλεῖ. 7 Τοιοῦτό τι τῷ Θερσάνδρῳ συμβεβήκει· ἐδάκρυε γὰρ πρὸς ἐπίδειξιν, παθὼν μέν τι, κατὰ τὸ εἰκός, ἀνθρώπινον, καλλωπιζόμενος δὲ πρὸς τὴν Λευκίππην, ὡς διὰ τοῦτο δεδακρυμένος, ὅτι κἀκείνη δακρύει. 8 Λέγει οὖν πρὸς τὸν Σωσθένην προσκύψας· « Νῦν μὲν αὐτὴν θεράπευσον· ὁρᾷς γὰρ ὡς ἔχει λύπης· ὥστε ὑπεκστήσομαι καὶ μάλα ἄκων, ὡς μὴ ὀχληρὸς εἴην. Ὅταν δὲ ἡμερώτερον διατεθῇ, τότε αὐτῇ διαλεχθήσομαι. 9 Σὺ δέ, ὦ γύναι, θάρσει· ταχὺ γάρ σου ταῦτα τὰ δάκρυα ἰάσομαι. » Εἶτα πρὸς τὸν Σωσθένην πάλιν, ἐξιών, « Ὅπως εἴπῃς τὰ εἰκότα περὶ ἐμοῦ· ἕωθεν δὲ ἧκε πρός με κατορθώσας, » ἔφη. Ἐπὶ τούτοις ἀπηλλάττετο.

VIII. 1 Ἐν ᾧ δὲ ταῦτα ἐπράττετο, ἔτυχεν ἐπὶ τὴν Λευκίππην μετὰ τὴν πρός με ὁμιλίαν εὐθὺς εἰς τοὺς ἀγροὺς νεανίσκον τὴν Μελίτην ἀποστείλασαν, ἐπείγειν αὐτὴν εἰς τὴν ἐπάνοδον, μηδὲν ἔτι δεομένην φαρμάκων. 2 Ὡς οὖν ἧκεν οὗτος εἰς τοὺς ἀγρούς, καταλαμβάνει τὰς θεραπαινίδας ζητούσας τὴν Λευκίππην καὶ πάνυ τεταραγμένας· ὡς δὲ ἦν οὐδαμοῦ, φθάσας ἀπήγγειλε τὸ συμβάν. 3 Ἡ δὲ ὡς ἤκουσε τὰ περὶ ἐμοῦ, ὡς εἴην εἰς τὸ δεσμωτήριον ἐμβληθείς, εἶτα περὶ τῆς Λευκίππης, ὡς ἀφανὴς ἐγένετο, νέφος αὐτῇ

11. Énième variation sur l'émanation de beauté du *Phèdre* ?

ceux qui les regardent, elle s'y établit et y attire la source des larmes[11]. Et l'amant, qui accueille ces deux sensations, emporte la beauté en son âme et conserve les larmes dans ses yeux : il souhaite qu'on le voie ainsi et même s'il peut les essuyer, il ne le veut pas, mais retient ses larmes de son mieux, craignant qu'elles ne s'enfuient prématurément. **6** Il va jusqu'à réprimer tout mouvement des yeux, de peur qu'elles ne veuillent tomber trop tôt avant que l'objet aimé les ait vues. Il estime en effet que c'est la preuve qu'il est amoureux. **7** C'est ce qui était arrivé à Thersandre : il pleurait pour être vu, ressentant sans doute, comme il est naturel, quelque sentiment d'humanité, mais cherchant aussi à se faire valoir auprès de Leucippé en lui montrant que, s'il pleurait, c'est parce qu'elle-même pleurait. **8** Il dit alors à Sosthénès à l'oreille : « Pour l'instant, prends soin d'elle, car tu vois comme elle a du chagrin; aussi vais-je m'en aller discrètement, bien à contre-cœur, pour ne pas être importun. Mais lorsqu'elle sera dans de meilleures dispositions, alors je l'entretiendrai. **9** Et toi, femme, aie courage, car je te guérirai bientôt de ces larmes. » Puis à Sosthénès, de nouveau, en sortant, il dit : « Tâche de dire ce qui est convenable à mon sujet ; et à l'aurore, reviens me voir après avoir réussi. » Sur ces mots, il partit.

VIII. **1** Pendant que cela se passait, Mélité, après son entretien avec moi, avait aussitôt envoyé auprès de Leucippé, au domaine, un jeune homme pour la presser de revenir, car on n'avait plus besoin de drogues. **2** Arrivé au domaine, celui-ci trouve les petites servantes en train de chercher Leucippé et fort inquiètes ; et, comme elle n'était nulle part, il s'empressa de rapporter à Mélité ce qui était arrivé. **3** Et elle, lorsqu'elle eut appris mon sort, à savoir que j'avais été jeté en prison, puis celui de Leucippé, à savoir qu'elle avait disparu, un nuage de chagrin se répandit

κατεχύθη λύπης. 4 Καὶ τὸ μὲν ἀληθὲς οὐκ εἶχεν εὑρεῖν, ὑπενόει δὲ τὸν Σωσθένην. Βουλομένη δὲ φανερὰν αὐτῆς ζήτησιν ποιήσασθαι διὰ τοῦ Θερσάνδρου, τέχνην λόγων ἐπενόησεν, ἥτις μεμιγμένην εἶχε τῷ σοφίσματι τὴν ἀλήθειαν.

IX. 1 Ἐπεὶ δὲ ὁ Θέρσανδρος εἰσελθὼν εἰς τὴν οἰκίαν ἐβόα πάλιν, « Τὸν μοιχὸν ἐξέκλεψας · σὺ τῶν δεσμῶν ἐξέλυσας καὶ τῆς οἰκίας ἐξαπέστειλας · σὸν τὸ ἔργον. Τί οὖν οὐκ ἠκολούθεις αὐτῷ ; Τί δὲ ἐνταῦθα μένεις ; Ἀλλ' οὐκ ἄπει πρὸς τὸν ἐρώμενον, ἵνα αὐτὸν ἴδῃς στερροτέροις δεσμοῖς δεδεμένον ; » Καὶ ἡ Μελίτη, « Ποῖον μοιχόν ; ἔφη, τί πάσχεις ; Εἰ γὰρ θέλεις, τὴν μανίαν ἀφείς, ἀκοῦσαι τὸ πᾶν, μαθήσῃ ῥᾳδίως τὴν ἀλήθειαν. 2 Ἓν οὖν σου δέομαι · γενοῦ μοι δικαστὴς ἴσος, καὶ καθάρας μέν σου τὰ ὦτα τῆς διαβολῆς, ἐκβαλὼν δὲ τῆς καρδίας τὴν ὀργήν, τὸν δὲ λογισμὸν ἐπιστήσας κριτὴν ἀκέραιον, ἄκουσον. Ὁ νεανίσκος οὗτος οὔτε μοιχὸς ἦν ἐμὸς οὔτε ἀνήρ. Ἀλλὰ τὸ μὲν γένος ἀπὸ Φοινίκης, Τυρίων οὐδενὸς δεύτερος. Ἔπλευσε δὲ καὶ αὐτὸς οὐκ εὐτυχῶς, ἀλλὰ πᾶς ὁ φόρτος αὐτοῦ γέγονε τῆς θαλάσσης. 3 Ἀκούσασα τὴν τύχην ἠλέησα καὶ ἀνεμνήσθην σου καὶ παρέσχον ἑστίαν, 'Τάχα, λέγουσα, καὶ Θέρσανδρος οὕτω που πλανᾶται · τάχα, λέγουσα, τὶς κἀκεῖνον ἐλεήσει γυνή. Εἰ δὲ τῷ ὄντι τέθνηκε κατὰ θάλατταν, ὡς ἡ φήμη λέγει, φέρε πάντα τιμῶμεν ⟨ὡς⟩ αὐτοῦ τὰ ναυάγια.' Πόσους καὶ ἄλλους ἔθρεψα νεναυαγηκότας ; 4 Πόσους ἔθαψα τῆς θαλάσσης νεκρούς, εἰ ξύλον ἐκ ναυαγίας τῇ γῇ προσπεσὸν ἐλάμβανον, 'Τάχα, λέγουσα, Θέρσανδρος ἐπὶ ταύτης τῆς νεὼς ἔπλει ;' 5 Εἷς δὴ καὶ οὗτος ἦν τῶν ἐκ τῆς θαλάσσης σωζομένων ἔσχατος · ἐχαριζόμην σοὶ τιμῶσα τοῦτον. Ἔπλευσεν ὥσπερ σύ · ἐτίμων, φίλτατε, τῆς ⟨σῆς⟩ συμφορᾶς τὴν εἰκόνα. Πῶς οὖν ἐνταῦθα συνεπηγόμην ; Ὁ

sur elle. **4** Et si elle ne pouvait découvrir la vérité, elle soupçonnait Sosthénès. Comme elle voulait faire rechercher Leucippé officiellement par Thersandre, elle imagina un discours artificieux qui mêlait la vérité au sophisme.

IX. **1** Lorsque Thersandre, revenu chez lui, se remit à crier : « Ton amant, tu l'as subtilisé ! C'est toi qui lui as ôté ses chaînes et qui l'as fait sortir de la maison ; c'est ton œuvre. Pourquoi donc ne l'as-tu pas suivi ? Pourquoi restes-tu ici ? Tu ne vas donc pas rejoindre ton bien-aimé, pour le voir enchaîné par de plus fortes chaînes ? » Alors Mélité : « Quel amant ? dit-elle, qu'est-ce qui te prend ? Si tu veux, laissant tomber ta fureur, écouter toute l'histoire, tu apprendras aisément la vérité. **2** Je ne te demande qu'une seule chose : sois pour moi un juge équitable, purifie tes oreilles de la calomnie, bannis de ton cœur la colère et donne à ta raison un rôle d'arbitre intègre pour m'écouter. Ce jeune homme n'était ni mon amant ni mon mari ; il est originaire de Phénicie, le premier des Tyriens. Il fit lui aussi une navigation infortunée, tout son bagage a été jeté à la mer. **3** Ayant appris son sort, je fus prise de pitié, je me souvins de toi et lui offris un foyer : "Peut-être, disais-je, Thersandre lui aussi erre-t-il ainsi quelque part ; peut-être, disais-je, quelque femme le prendra-t-elle en pitié lui aussi. S'il est vraiment mort en mer, comme la rumeur le rapporte, eh bien, honorons toutes les épaves comme si c'était la sienne !" De combien d'autres naufragés ne me suis-je pas occupée ? **4** Combien de morts en mer n'ai-je pas ensevelis, lorsque je trouvais une épave venant d'un naufrage rejetée sur la côte ? "Peut-être, disais-je, Thersandre naviguait-il sur ce bateau ?" **5** Lui aussi fut un de ces rescapés, et le dernier ; je cherchais à te complaire en l'honorant. Il avait navigué comme toi : j'honorais, mon chéri, l'image de ton malheur. Et pourquoi donc l'ai-je

λόγος ἀληθής. 6 Ἔτυχε μὲν πενθῶν γυναῖκα, ἡ δ' ἄρα ἐλάνθανεν οὐκ ἀποθανοῦσα. Τοῦτό τις αὐτῷ καταγορεύει καὶ ὡς ἐνταῦθα εἴη παρά τινι τῶν ἡμετέρων ἐπιτρόπων· Σωσθένην δὲ ἔλεγε. Καὶ οὕτως εἶχε· τὴν γὰρ ἄνθρωπον ἥκοντες εὕρομεν. 7 Διὰ τοῦτο ἠκολούθησέ μοι. Ἔχεις τὸν Σωσθένην, πάρεστιν ἡ γυνὴ κατὰ τοὺς ἀγρούς. Ἐξέτασον τῶν λεχθέντων ἕκαστον. Εἴ τι ἐψευσάμην, μεμοίχευμαι. »

X. 1 Ταῦτα δὲ ἔλεγε, προσποιησαμένη τὸν ἀφανισμὸν τῆς Λευκίππης μὴ ἐγνωκέναι, ταμιευσαμένη αὖθις, εἰ ζητήσει ὁ Θέρσανδρος εὑρεῖν τὴν ἀλήθειαν, τὰς θεραπαίνας ἀγαγεῖν, αἷς συναπελθοῦσα ἔτυχεν, ἂν ⟨μὴ⟩ παραγένηται περὶ τὴν ἕω, λεγούσας, ὅπερ ἦν, οὐδαμοῦ φαίνεσθαι τὴν κόρην· 2 οὕτω γὰρ αὐτῇ ἦν ἐγκεῖσθαι πρὸς τὴν ζήτησιν φανερῶς, ὡς καὶ τὸν Θέρσανδρον ἐπαναγκάσαι. Ταῦτα οὖν ὑποκριναμένη πιθανῶς κἀκεῖνα προσετίθει· « Πίστευσον, ἄνερ· οὐδέν μου, φίλτατε, παρὰ τὸν τῆς συμβιώσεως κατέγνωκας χρόνον· μηδὲ νῦν τοιοῦτον ὑπολάβοις. 3 Ἡ δὲ φήμη διαπεφοίτηκεν ἐκ τῆς εἰς τὸν νεανίσκον τιμῆς, οὐκ εἰδότων τῶν πολλῶν τὴν αἰτίαν τῆς κοινωνίας. Καὶ γὰρ σὺ φήμῃ τέθνηκας. 4 Φήμη δὲ καὶ Διαβολὴ δύο συγγενῆ κακά· θυγάτηρ ἡ Φήμη τῆς Διαβολῆς. Καὶ ἔστι μὲν ἡ Διαβολὴ μαχαίρας ὀξυτέρα, πυρὸς σφοδροτέρα, Σειρήνων πιθανωτέρα, ἡ δὲ Φήμη ὕδατος ὑγροτέρα, πνεύματος δρομικωτέρα, πτερῶν ταχυτέρα. 5 Ὅταν οὖν ἡ Διαβολὴ τοξεύσῃ τὸν λόγον, ὁ μὲν δίκην βέλους ἐξίπταται καὶ τιτρώσκει μὴ παρόντα καθ' οὗ πέμπεται· ὁ δὲ ἀκούων ταχὺ πείθεται, καὶ ὀργῆς

12 Pour ce sophisme, voir *supra*, l'Introduction, p. XVIII-XIX.

amené ici ? Voici la vérité : **6** il était en deuil de sa femme, mais elle, sans qu'il le sût, n'était pas morte. Quelqu'un le lui dit, lui rapportant qu'elle se trouvait ici, chez l'un de nos intendants – il voulait parler de Sosthénès. Et il en était bien ainsi : à notre arrivée nous trouvâmes la femme. **7** C'est pour cela qu'il m'a accompagnée. Tu as Sothénès sous la main, la femme se trouve au domaine. Vérifie chacun de mes propos. Si j'ai fait un seul mensonge, alors je suis adultère[12]. »

X. **1** Voilà ce qu'elle disait en feignant de ne pas avoir connaissance de la disparition de Leucippé et en se réservant, d'autre part, si Thersandre cherchait à découvrir la vérité, de faire comparaître les petites servantes avec lesquelles Leucippé était partie, si celle-ci n'était pas revenue vers l'aurore, pour leur faire dire, comme cela était, qu'il n'y avait plus trace de la jeune fille. **2** De cette manière en effet il lui était possible de poursuivre ouvertement ses recherches et d'y contraindre aussi Thersandre. Après cette tirade persuasive, elle ajouta encore : « Aie confiance, mon époux : tu n'as eu aucun reproche à me faire, mon chéri, tout le temps de notre vie commune ; ne va pas maintenant nourrir un tel soupçon ! **3** La rumeur s'est répandue à cause de mon estime pour ce jeune homme, parce que la multitude ne savait pas la raison de nos relations. Aussi bien, toi aussi, d'après la rumeur, tu étais mort. **4** Rumeur et Calomnie sont deux fléaux parents ; Rumeur est fille de Calomnie. Calomnie est plus tranchante qu'un sabre, plus impétueuse que le feu, plus persuasive que les Sirènes, tandis que Rumeur est plus fluide que l'eau, plus prompte que le vent, plus rapide que des ailes. **5** Lorsque Calomnie décoche son récit, celui-ci s'envole comme un trait et il blesse en son absence même celui contre qui on le lance. L'homme qui l'entend est aussitôt persuadé, le feu

αὐτῷ πῦρ ἐξάπτεται, καὶ ἐπὶ τὸν βληθέντα μαίνεται. Τεχθεῖσα δὲ ἡ Φήμη τῷ τοξεύματι ῥεῖ μὲν εὐθὺς πολλὴ καὶ ἐπικλύζει τὰ ὦτα τῶν ἐντυχόντων, διαπνεῖ δὲ ἐπὶ πλεῖστον καταιγίζουσα τῷ τοῦ λόγου πνεύματι καὶ ἐξίπταται κουφιζομένη τῷ τῆς γλώσσης πτερῷ. 6 Ταῦτά με τὰ δύο πολεμεῖ· ταῦτά σου τὴν ψυχὴν κατέλαβε καὶ ἀπέκλεισέ μου τοῖς λόγοις τῶν ὤτων σου τὰς θύρας. »

XI. 1 Ἅμα λέγουσα χειρός τε ἔθιγε καὶ καταφιλεῖν ἤθελεν. Ἐγεγόνει δὲ ἡμερώτερος, καὶ αὐτὸν ἔσαινε τῶν λεγομένων τὸ πιθανόν, καὶ τὸ τῆς Λευκίππης σύμφωνον τῷ λόγῳ τοῦ Σωσθένους μέρος τῆς ὑπονοίας μετέφερεν. Οὐ μέντοι τέλεον ἐπίστευσε· ζηλοτυπία γὰρ ἅπαξ ἐμπεσοῦσα ψυχῇ δυσέκλειπτόν ἐστιν. 2 Ἐθορυβεῖτο οὖν ὅτε τὴν κόρην ἤκουεν εἶναί μου γυναῖκα, ὥστε ἐμίσει με μᾶλλον. Τότε μὲν οὖν εἰπὼν ἐξετάσειν περὶ τῶν εἰρημένων, κοιμησόμενος ᾤχετο καθ' αὑτόν. Ἡ δὲ Μελίτη κακῶς εἶχε τὴν ψυχήν, ὡς ἐκπεσοῦσα πρός με τῆς ὑποσχέσεως. 3 Ὁ δὲ Σωσθένης παραπέμψας μέχρι τινὸς τὸν Θέρσανδρον καὶ καθυποσχόμενος περὶ τῆς Λευκίππης, αὖθις ἀναστρέφει πρὸς αὐτὴν καὶ σχηματίσας τὸ πρόσωπον εἰς ἡδονήν, « Κατωρθώσαμεν, εἶπε, Λάκαινα. Θέρσανδρος ἐρᾷ σου καὶ μαίνεται, ὥστε τάχα καὶ γυναῖκα ποιήσεταί σε. Τὸ δὲ κατόρθωμα τοῦτο ἐμόν. 4 Ἐγὼ γάρ σου πρὸς αὐτὸν περὶ τοῦ κάλλους πολλὰ ἐτερατευσάμην καὶ τὴν ψυχὴν αὐτοῦ φαντασίας ἐγέμισα. Τί κλαίεις; Ἀνάστηθι, καὶ θῦε ἐπὶ τοῖς εὐτυχήμασιν Ἀφροδίτῃ· μνημόνευε δὲ κἀμοῦ. »

de la colère s'allume en lui et il est fou furieux contre la victime. Et Rumeur, engendrée par ce trait, coule aussitôt en abondance, et se répand dans les oreilles de ceux qu'elle rencontre ; elle souffle, au loin, en tempête, sous le vent de la parole, et s'élance, emportée sur les ailes de la langue. **6** Voilà les deux fléaux qui me font la guerre ; ils se sont emparés de ton âme et ont fermé à mes paroles les portes de tes oreilles. »

XI. **1** Tout en parlant, elle effleurait sa main et voulait lui donner des baisers. Il s'était radouci, la vraisemblance de ses dires le flattait, et ce qui concernait Leucippé s'accordant avec le récit de Sosthénès dissipait une partie de ses soupçons. Il ne fut cependant pas entièrement convaincu, car la jalousie, une fois qu'elle s'est abattue sur une âme, s'en échappe difficilement. **2** Il était troublé lorsqu'il entendait dire que la jeune fille était ma femme, si bien qu'il m'en détestait davantage. Alors, après avoir dit qu'il vérifierait point par point ses dires, il alla se coucher tout seul. Et Mélité avait l'âme chagrine de n'avoir pu s'acquitter de sa promesse envers moi. **3** Sosthénès, qui avait accompagné pendant un certain temps Thersandre et lui avait fait des promesses concernant Leucippé, retourne la voir et, s'étant composé un visage engageant : « Nous avons réussi, dit-il, Lacaina. Thersandre t'aime à la folie, si bien qu'il va peut-être[13] même faire de toi sa femme Et cette réussite est mienne, **4** c'est moi qui lui ai dit monts et merveilles de ta beauté et qui ai rempli son âme de ton image. Pourquoi pleures-tu ? Lève-toi et sacrifie pour ta bonne fortune à Aphrodite. Mais souviens-toi aussi de moi. »

13. Ou « bientôt », τάχα a les deux sens ; mais la formule la plus dubitative est la plus courante et aussi la moins éloignée de la vérité, car un mariage aussi inégal ne semble pas possible.

XII. 1 Καὶ ἡ Λευκίππη, « Τοιαῦτά σοι, ἔφη, γένοιτο εὐτυχήματα, οἷά μοι κομίζων πάρει. » Ὁ δὲ Σωσθένης τὴν εἰρωνείαν οὐ συνείς, ἀλλὰ νομίζων αὐτὴν τῷ ὄντι λέγειν, φιλοφρονούμενος προσετίθει· « Βούλομαι δέ σοι καὶ τὸν Θέρσανδρον ὅστις ἐστὶν εἰπεῖν, ὡς ἂν μᾶλλον ἡσθείης. Μελίτης μὲν ἀνήρ, ἣν εἶδες ἐν τοῖς ἀγροῖς· 2 γένει δὲ πρῶτος ἁπάντων Ἰώνων· πλοῦτος μείζων τοῦ γένους, ὑπὲρ τὸν πλοῦτον ἡ χρηστότης· τὴν δὲ ἡλικίαν οἷός ἐστιν εἶδες, ὅτι νέος καὶ καλός, ὃ μάλιστα τέρπει γυναῖκα. » 3 Πρὸς τοῦτο οὐχ ὑπήνεγκεν ἡ Λευκίππη ληροῦντα τὸν Σωσθένην, ἀλλ'· « Ὦ κακὸν σὺ θηρίον, μέχρι τίνος μιαίνεις τὰ ὦτα; Τί μοι καὶ Θερσάνδρῳ κοινόν; 4 Καλὸς ἔστω Μελίτῃ καὶ πλούσιος τῇ πόλει, χρηστός τε καὶ μεγαλόψυχος τοῖς δεομένοις· ἐμοὶ δὲ οὐδὲν μέλει τούτων, εἴτε ἐστὶ καὶ Κόδρου εὐγενέστερος εἴτε Κροίσου πλουσιώτερος. 5 Τί μοι καταλέγεις σωρὸν ἀλλοτρίων ἐγκωμίων; Τότε ἐπαινέσω Θέρσανδρον ὡς ἄνδρα ἀγαθόν, ὅταν εἰς τὰς ἀλλοτρίας μὴ ἐνυβρίζῃ γυναῖκας. »

XIII. 1 Καὶ ὁ Σωσθένης σπουδάσας εἶπε· « Παίζεις; » « Ποῖ παίζω; ἔφη· ἔα με, ἄνθρωπε, μετὰ τῆς ἐμαυτῆς συντρίβεσθαι τύχης καὶ τοῦ κατέχοντός με δαίμονος· οἶδα γὰρ οὖσα ἐν πειρατηρίῳ. » « Δοκεῖς μοι, ἔφη, μαίνεσθαι μανίαν ἀνήκεστον. 2 Πειρατήριον ταῦτα εἶναί σοι δοκεῖ, πλοῦτος καὶ γάμος καὶ τρυφή, ἄνδρα τοιοῦτον λαβούσῃ παρὰ τῆς Τύχης, ὃν οὕτω φιλοῦσιν οἱ θεοί, ὡς αὐτὸν καὶ ἐκ μέσων τῶν τοῦ θανάτου πυλῶν ἀγαγεῖν; » Εἶτα κατέλεγε τὴν ναυαγίαν, ἐκθειάζων ὡς

XII. **1** Et Leucippé : « Que t'arrive le même genre de bonne fortune, dit-elle, que celle que tu viens m'apporter ! » Et Sosthénès, qui n'avait pas saisi l'ironie et prenait ses dires au pied de la lettre, ajouta de belle humeur : « Je veux te dire aussi qui est Thersandre, pour redoubler ton plaisir. C'est le mari de Mélité, que tu as vue au domaine ; **2** par sa naissance, c'est le premier de tous les Ioniens; sa richesse est plus considérable que sa naissance, sa bonté dépasse sa richesse. Pour l'âge, tu as vu quel homme il est, jeune et beau, ce qui plaît le plus à une femme. » **3** À ce mot, Leucippé ne supporta pas davantage le bavardage de Sosthénès : « Mauvaise bête que tu es, jusqu'à quand veux-tu souiller mes oreilles ? Qu'y a-t-il de commun entre moi et Thersandre ? **4** Qu'il soit beau pour Mélité et riche pour sa cité, bon et magnanime pour ceux qui sont dans le besoin, mais moi je ne me soucie de rien de cela, qu'il soit plus noble que Codros[14] ou plus riche que Crésus. **5** Pourquoi m'énumères-tu un monceau d'éloges d'autrui ? Je louerai Thersandre comme un homme de bien, lorsqu'il n'outragera pas les femmes d'autrui. »

XIII. **1** Et Sosthénès dit sérieusement : « Tu plaisantes ? – Où est la plaisanterie ? répliqua-t-elle ; laisse-moi seule, l'homme, me consumer en compagnie de ma mauvaise fortune et du mauvais génie qui s'attache à moi : je sais bien que je suis dans un repaire de pirates. – Tu me sembles, dit-il, être folle d'une incurable folie. **2** C'est un repaire de pirates à tes yeux que la richesse, le mariage, la volupté, quand tu as reçu des mains de la Fortune un tel homme, que les dieux aiment assez pour le ramener des portes mêmes de la mort ? » Puis il se mit à raconter le naufrage, regardant

14. Leucippé a des références de jeune femme cultivée qui connaît les premiers temps d'Athènes : sur ce roi héroïque, voir, par ex., Lycurgue, *Contre Léocrate*, 84 *sqq*.

ἐσώθη, καὶ τερατευόμενος ὑπὲρ τὸν δελφῖνα τὸν Ἀρίωνος. 3 Ὡς δ' οὐδὲν ἡ Λευκίππη οὐκέτι μυθολογοῦντα πρὸς αὐτὸν εἶπε, « Σκέψαι, ἔφη, κατὰ σοῦ τί ἄμεινον, καὶ ὅπως μηδὲν τούτων πρὸς Θέρσανδρον ἐρεῖς, μὴ παροξύνῃς χρηστὸν ἄνδρα· ὀργισθεὶς γὰρ ἀφόρητός ἐστι. 4 Χρηστότης γὰρ τυγχάνουσα μὲν χάριτος ἔτι μᾶλλον αὔξεται, προπηλακισθεῖσα δὲ εἰς ὀργὴν ἐρεθίζεται. Τὸ γὰρ περιττὸν εἰς φιλανθρωπίαν ἴσον ἔχει τὸν θυμὸν εἰς τιμωρίαν. » Τὰ μὲν δὴ κατὰ Λευκίππην εἶχεν οὕτως.

XIV. 1 Κλεινίας δὲ καὶ ὁ Σάτυρος πυθόμενοί με ἐν τῷ δεσμωτηρίῳ καθεῖρχθαι — διηγγέλκει γὰρ πρὸς αὐτοὺς ἡ Μελίτη — τῆς νυκτὸς εὐθὺς ἐπὶ τὸ οἴκημα σπουδῇ παρῆσαν. Καὶ ἤθελον μὲν αὐτοῦ καταμεῖναι σὺν ἐμοί, ὁ δὲ ἐπὶ τῶν δεσμῶν οὐκ ἐπέτρεπεν, ἀλλ' ἐκέλευεν ἀπαλλάττεσθαι αὐτοὺς τὴν ταχίστην. 2 Ὁ μὲν δὴ τούτους ἀπήλασεν ἄκοντας, ἐγὼ δὲ ἐντειλάμενος αὐτοῖς περὶ τῆς Λευκίππης, εἰ παραγένοιτο, περὶ τὴν ἕω σπουδῇ πρός με ἥκειν, καὶ τὰς τῆς Μελίτης διηγησάμενος ὑποσχέσεις, τὴν ψυχὴν εἶχον ἐπὶ τρυτάνης ἐλπίδος καὶ φόβου, καὶ ἐφοβεῖτό μου τὸ ἐλπίζον καὶ ἤλπιζε τὸ φοβούμενον.

XV. 1 Ἡμέρας δὲ γενομένης, ὁ μὲν Σωσθένης ἐπὶ τὸν Θέρσανδρον ἔσπευδεν, οἱ δὲ ἀμφὶ τὸν Σάτυρον ἐπ' ἐμέ. Ὡς δὲ εἶδεν ὁ Θέρσανδρος τὸν Σωσθένην, ἐπυνθάνετο πῶς ἔχει τὰ κατὰ τὴν κόρην εἰς πειθὼ πρὸς αὐτόν. 2 Ὁ δὲ τὸν μὲν ὄντα λόγον οὐ λέγει, σοφίζεται δέ τι μάλα

15. Hérodote, I, 24.

16. Les deux « adjuvants » de comédie se mettent en route, mais la partie de Satyros en restera là et l'on peut supposer que sa mention permet surtout d'accuser le parallélisme et la théâtralité de la situation.

comme un miracle divin la façon dont Thersandre avait été sauvé et racontant des merveilles supérieures à celles du dauphin d'Arion[15]. **3** Mais comme Leucippé ne lui répondait rien alors qu'il avait cessé ses contes fabuleux : « Examine, dit-il, en ce qui te concerne, ce qui est préférable, et tâche de n'en rien dire à Thersandre, de peur d'irriter un homme bon. Car lorsqu'il est en colère, il est insupportable. **4** La bonté en effet, lorsqu'elle rencontre de la complaisance, s'accroît encore davantage ; mais, foulée aux pieds, elle se transforme en colère : son aménité exceptionnelle n'a d'égale que sa brutalité dans les châtiments. » Voilà donc quelle était la situation de Leucippé.

XIV. **1** Clinias et Satyros, qui avaient appris qu'on m'avait mis en prison – car Mélité leur avait envoyé un message –, s'étaient hâtés de venir aussitôt, de nuit, à ma cellule. Ils voulaient rester là avec moi, mais le geôlier ne leur permit pas et leur ordonna de s'éloigner au plus vite. **2** Il les chassa alors contre leur gré, et moi, après leur avoir recommandé, en ce qui concernait Leucippé, si elle revenait, de venir vite me voir, au point du jour, et après leur avoir rapporté les promesses de Mélité, j'avais l'âme en balance, entre espoir et crainte : mon espoir était plein de crainte et ma crainte pleine d'espoir.

XV. **1** Le jour venu, Sosthénès se hâta d'aller voir Thersandre et Satyros se hâta de venir me voir[16]. Lorsque Thersandre vit Sosthénès, il demanda quels étaient les sentiments de la jeune fille et si elle se montrait docile à son égard. **2** Mais l'autre ne dit pas la chose telle qu'elle était ; il invente adroitement une réponse tout à fait plausible[17] :

17. Le texte souligne lui-même le triomphe des « sophismes », dont Mélité a déjà donné un bel échantillon aux ch. IX-X.

πιθανῶς. « Ἀρνεῖται μὲν γάρ, εἶπεν· οὐ μὴν ἡγοῦμαι τὴν ἄρνησιν αὐτῆς οὕτως ἔχειν ἁπλῶς, ἀλλ' ὑπονοεῖν μοι δοκεῖ σε χρησάμενον ἅπαξ ἀφήσειν, καὶ ὀκνεῖ τὴν ὕβριν. » 3 « Ἀλλὰ τούτου γε εἵνεκεν, εἶπεν ὁ Θέρσανδρος, θαρρείτω. Τὸ γὰρ ἐμὸν οὕτως ἔχει πρὸς αὐτήν, ὡς ἀθάνατον εἶναι. Ἓν δὲ μόνον φοβοῦμαι καὶ ἐπείγομαι μαθεῖν περὶ τῆς κόρης, εἰ τῷ ὄντι γυνὴ τυγχάνει τοῦ νεανίσκου γενομένη, ὡς ἡ Μελίτη μοι διηγήσατο. » 4 Ταῦτα διαλεγόμενοι παρῆσαν ἐπὶ τὸ τῆς Λευκίππης δωμάτιον. Ἐπεὶ δὲ πλησίον ἐγένοντο τῶν θυρῶν, ἀκούουσιν αὐτῆς ποτνιωμένης. Ἔστησαν οὖν ἀψοφητὶ κατόπιν αὐτῶν τῶν θυρῶν.

XVI. 1 « Οἴμοι, Κλειτοφῶν — τοῦτο γὰρ ἔλεγε πολλάκις —, οὐκ οἶδας ποῦ γέγονα καὶ ποῦ καθεῖργμαι, οὐδὲ γὰρ ἐγὼ τίς σε κατέχει τύχη, ἀλλὰ τὴν αὐτὴν ἄγνοιαν δυστυχοῦμεν. 2 Ἆρα μή σε κατέλαβε Θέρσανδρος ἐπὶ τῆς οἰκίας; Ἆρα μὴ καὶ σύ τι πέπονθας ὑβριστικόν; Πολλάκις ἠθέλησα πυθέσθαι παρὰ τοῦ Σωσθένους, ἀλλ' οὐκ εἶχον ὅπως πύθωμαι. Εἰ μὲν ὡς περὶ ἀνδρὸς ἐμαυτῆς, ἐφοβούμην μή τί σοι κινήσω κακόν, παροξύνασα Θέρσανδρον ἐπὶ σέ. Εἰ δὲ ὡς περὶ ξένου τινός, ὑπόνοια καὶ τοῦτο ἦν· 3 τί γὰρ μέλει γυναικὶ περὶ τῶν οὐχ ἑαυτῆς; Ποσάκις ἐμαυτὴν ἐβιασάμην, ἀλλ' οὐκ ἔπειθον τὴν γλῶσσαν εἰπεῖν· ἀλλὰ ταῦτα μόνον ἔλεγον· ‘Ἄνερ Κλειτοφῶν, Λευκίππης μόνης ἄνερ, πιστὲ καὶ βέβαιε, ὃν οὐδὲ συγκαθεύδουσα πέπεικεν ἄλλη γυνή, κἂν ἡ ἄστοργος ἐγὼ πεπίστευκα· 4 μετὰ τοσοῦτον ἰδοῦσα σε χρόνον ἐν τοῖς ἀγροῖς οὐ κατεφίλησα.’ Νῦν οὖν ἂν Θέρσανδρος ἔλθῃ πυνθανόμενος, τί πρὸς αὐτὸν εἴπω; Ἆρα ἀποκαλύψασα τοῦ δράματος τὴν ὑπόκρισιν

« Sans doute, elle refuse, dit-il, mais je ne crois assurément pas que son refus soit à prendre comme cela : elle me semble te soupçonner de vouloir la délaisser, une fois que tu auras profité d'elle, et elle recule devant l'outrage. **3** – Oh, pour cela, répondit Thersandre, qu'elle se rassure. Mon sentiment envers elle est assez fort pour ne jamais s'éteindre. La seule chose que je crains et que je suis impatient d'apprendre sur la fille, c'est si réellement elle se trouve être la femme du jeune homme, comme Mélité me l'a raconté. » **4** En dialoguant ainsi, ils arrivèrent à la cabane de Leucippé ; arrivés près de la porte, ils l'entendent se lamenter à haute voix. Ils restèrent donc arrêtés sans faire de bruit derrière la porte.

XVI. **1** « Hélas, Clitophon, répétait-elle, tu ne sais pas où je me trouve ni où je suis emprisonnée, et moi non plus, je ne sais pas quel sort te retient, mais nous partageons l'infortune d'une même ignorance. **2** Est-ce que Thersandre t'a surpris chez lui ? As-tu subi toi aussi quelque violence ? J'ai voulu à plusieurs reprises le demander à Sosthénès, mais je ne savais comment le demander : si je disais que cela concernait mon mari, je craignais de t'attirer quelque ennui, en irritant Thersandre contre toi ; et si je disais que cela concernait un étranger, cela aussi était une cause de soupçon. **3** Qu'importe en effet à une femme de savoir ce qui ne concerne pas les siens ? Combien de fois ne me suis-je pas contrainte, mais sans persuader ma langue de parler ? Je ne pouvais que dire : "Clitophon, mon mari, mari de la seule Leucippé, fidèle et constant, qu'aucune autre femme n'a pu persuader, même en couchant avec lui, même si la sans cœur que je suis n'y a pas cru. **4** Après tout ce temps, quand je t'ai vu au domaine, je ne t'ai pas embrassé." Maintenant, si Thersandre vient se renseigner, que lui dire ? Vais-je abandonner mon rôle dramatique

διηγήσομαι τὴν ἀλήθειαν; Μή με νομίσῃς ἀνδράποδον εἶναι, Θέρσανδρε. 5 Στρατηγοῦ θυγάτηρ εἰμὶ Βυζαντίων, πρώτου Τυρίων γυνή· οὔκ εἰμι Θετταλή· οὐ καλοῦμαι Λάκαινα. Ὕβρις αὕτη ἐστὶ πειρατική· λελῄστευμαι καὶ τοὔνομα. 6 Ἀνήρ μοι Κλειτοφῶν, πατρὶς Βυζάντιον, Σώστρατος πατήρ, μήτηρ Πάνθεια. Ἀλλ' οὐδὲ πιστεύσειας ἐμοὶ λεγούσῃ. Φοβοῦμαι δὲ καὶ ἐὰν πιστεύσῃς περὶ Κλειτοφῶντος, μὴ τὸ ἄκαιρόν μου τῆς ἐλευθερίας τὸν φίλτατον ἀπολέσῃ. Φέρε πάλιν ἐνδύσωμαί μου τὸ δρᾶμα· φέρε πάλιν περίθωμαι τὴν Λάκαιναν. »

XVII. 1 Ταῦτα ἀκούσας ὁ Θέρσανδρος μικρὸν ἀναχωρήσας λέγει πρὸς τὸν Σωσθένην· « Ἤκουσας ἀπίστων ῥημάτων, γεμόντων ἔρωτος; Ὅσα εἶπεν· οἷα ὠδύρατο· ὅτι ἑαυτὴν κατεμέμψατο. Ὁ μοιχός μου κρατεῖ πανταχοῦ· δοκῶ, ὁ λῃστὴς καὶ φαρμακεύς ἐστι. 2 Μελίτη φιλεῖ, Λευκίππη φιλεῖ. Ὄφελον, ὦ Ζεῦ, γενέσθαι Κλειτοφῶν. » « Ἀλλ' οὐ μαλακιστέον, ὁ Σωσθένης ἔφη, δέσποτα, πρὸς τὸ ἔργον, ἀλλ' ἐπὶ τὴν κόρην ἰτέον αὐτήν. 3 Καὶ γὰρ ἂν νῦν ἐρᾷ τοῦ καταράτου τούτου μοιχοῦ, μέχρι μὲν αὐτὸν οἶδε μόνον καὶ οὐ κεκοινώνηκεν ἑτέρῳ, ἔχει τὴν ψυχὴν ἐπ' αὐτόν· ἂν δ' ἅπαξ ἐς ταὐτὸν ἔλθῃς — πολλῷ ⟨γὰρ⟩ διαφέρεις ἐκείνου εἰς εὐμορφίαν — ἐπιλήσεται τέλεον αὐτοῦ. 4 Παλαιὸν γὰρ ἔρωτα μαραίνει νέος ἔρως· γυνὴ δὲ μάλιστα τὸ παρὸν φιλεῖ, τοῦ δ' ἀπόντος, ἕως καινὸν οὐκ εὗρε, μνημονεύει· προσλαβοῦσα δὲ ἕτερον, τὸν πρότερον τῆς ψυχῆς ἀπήλειψε. » 5 Ταῦτα ἀκούσας ὁ Θέρσανδρος ἠγέρθη. Λόγος γὰρ ἐλπίδος εἰς τὸ τυχεῖν ἔρωτος ἐς πειθὼ ῥάδιος· τὸ γὰρ ἐπιθυμοῦν, σύμμαχον ὃ θέλει λαβόν, ἐγείρει τὴν ἐλπίδα.

et raconter la vérité ? “Ne va pas t’imaginer que je sois une esclave, Thersandre. **5** Je suis la fille d’un stratège de Byzance, la femme du premier des Tyriens ; je ne suis pas thessalienne, je ne m’appelle pas Lacaina. C’est là l’outrage des pirates : on m’a volé jusqu’à mon nom ! **6** Mon mari est Clitophon, ma patrie est Byzance, mon père est Sostratos, ma mère est Panthéia.” Mais tu ne saurais même croire en mes paroles, et dusses-tu me croire à propos de Clitophon, je crains bien que ma franchise intempestive ne cause la perte de mon bien-aimé. Allons, que je reprenne mon rôle ! allons, que je reprenne le masque de Lacaina ! »

XVII. **1** Après avoir entendu ces mots, Thersandre, qui s’était quelque peu écarté, dit à Sosthénès : « As-tu entendu ces paroles incroyables, pleines d’amour ? Comme elle a parlé ! Comme elle s’est plainte ! Que de reproches elle s’est adressés à elle-même ! Partout l’adultère l’emporte sur moi : le brigand est aussi un sorcier, je crois. **2** Mélité l’aime, Leucippé l’aime : que ne puis-je, ô Zeus, devenir Clitophon ! – Allons il ne faut pas faiblir, dit Sosthénès, maître, devant l’entreprise, mais il te faut aller voir la fille elle-même. **3** Car si, pour le moment, elle aime ce maudit adultère, c’est que, tant qu’elle ne connaît que lui et n’en a pas connu d’autre, elle a l’âme fixée sur lui, mais si, une fois, tu prends sa place – < comme > tu es bien plus beau que lui –, elle l’oubliera complètement. **4** Car un nouvel amour flétrit un ancien amour, et une femme aime surtout le présent ; elle ne se souvient de l’absent que tant qu’elle n’a pas trouvé du nouveau, mais quand elle en a conquis un autre, elle efface le précédent de son âme. » **5** En entendant ces mots, Thersandre fut encouragé. En effet un mot qui donne l’espoir de la réussite en amour persuade aisément, car le désir, prenant comme allié ce qu’il souhaite, réveille l’espoir.

XVIII. 1 Διαλιπὼν οὖν ὀλίγον ἐφ' οἷς πρὸς ἑαυτὴν ἐλάλησεν ἡ Λευκίππη, ὡς μὴ δοκοίη τι κατακοῦσαι τῶν ὑπ' αὐτῆς εἰρημένων, εἰσέρχεται σχηματίσας ἑαυτὸν εἰς τὸ εὐαγωγότερον πρὸς θέαν, ὡς ᾤετο. Ἐπεὶ δὲ εἶδε τὴν Λευκίππην, ἀνεφλέγη τὴν ψυχήν, καὶ ἔδοξεν αὐτῷ τότε καλλίων γεγονέναι. 2 Θρέψας γὰρ ὅλης τῆς νυκτὸς τὸ πῦρ, ὅσον χρόνον ἀπελείφθη τῆς κόρης, ἀνεζωπύρησεν ἐξαίφνης ὕλην λαβὼν εἰς τὴν φλόγα τὴν θέαν, καὶ μικροῦ μὲν προσπεσὼν περιεχύθη τῇ κόρῃ. Καρτερήσας δ' οὖν καὶ παρακαθίσας διελέγετο, ἄλλοτε ἄλλα ῥήματα συνάπτων οὐκ ἔχοντα νοῦν. 3 Τοιοῦτοι γὰρ οἱ ἐρῶντες, ὅταν πρὸς τὰς ἐρωμένας ζητήσωσι λαλεῖν· οὐ γὰρ ἐπιστήσαντες τὸν λογισμὸν τοῖς λόγοις, ἀλλὰ τὴν ψυχὴν εἰς τὸ ἐρώμενον ἔχοντες, τῇ γλώττῃ μόνον χωρὶς ἡνιόχου τοῦ λογισμοῦ λαλοῦσιν. 4 Ἅμα οὖν συνδιαλεγόμενος καὶ ἐπιθεὶς τὴν χεῖρα τῷ τραχήλῳ περιέβαλεν ὡς μέλλων φιλήσειν. Ἡ δὲ προϊδοῦσα τῆς χειρὸς τὴν ὁδὸν νεύει κάτω καὶ εἰς τὸν κόλπον κατεδύετο. 5 Ὁ δὲ οὐδὲν ἧττον περιβαλὼν ἀνέλκειν τὸ πρόσωπον ἐβιάζετο· ἡ δὲ ἀντικατεδύετο καὶ ἔκρυπτε τὰ φιλήματα. Ὡς δὲ χρόνος ἐγένετο τῇ τῆς χειρὸς πάλῃ, φιλονεικία λαμβάνει τὸν Θέρσανδρον ἐρωτική, καὶ τὴν μὲν λαιὰν ὑποβάλλει τῷ προσώπῳ κάτω, τῇ δὲ δεξιᾷ τῆς κόμης λαβόμενος, τῇ μὲν εἷλκεν εἰς τοὐπίσω, τῇ δὲ εἰς τὸν ἀνθερεῶνα ὑπερείδων ἀνώθει. 6 Ὡς δέ ποτε ἐπαύσατο τῆς βίας, ἢ τυχών, ἢ μὴ τυχών, ἢ καμών, λέγει πρὸς αὐτὸν ἡ Λευκίππη·

XVIII. **1** Ayant laissé passer un peu de temps après le monologue que s'était adressé Leucippé, afin de ne pas paraître avoir écouté ce qu'elle avait dit, il entre, ayant composé son visage pour être plus agréable à voir, à ce qu'il croyait. À la vue de Leucippé, son âme s'enflamma et elle lui sembla être alors devenue plus belle encore. **2** Car, ayant entretenu toute la nuit sa flamme, aussi longtemps qu'il avait été loin de la jeune fille, il prit feu soudain, donnant comme aliment à sa flamme ce qu'il voyait et peu s'en fallut qu'il ne se jetât sur la jeune fille pour l'étreindre. Ayant cependant pris sur lui et s'étant assis à ses côtés, il causait, enchaînant des propos, tantôt l'un tantôt l'autre, dépourvus de signification[18] : **3** tels sont les amoureux, lorsqu'ils cherchent à parler à leur bien-aimée, car ne mettant pas de sens dans leurs propos, mais ayant l'âme fixée sur l'objet aimé, c'est seulement avec leur langue, sans le guide de la raison qu'ils bavardent[19]. **4** En même temps qu'il lui parlait, ayant posé le bras sur son cou, il l'enlaça dans l'intention de l'embrasser. Mais elle, qui avait anticipé le mouvement de son bras, courba la tête vers le sol et l'abaissa sur son sein. **5** Et lui, ne l'en ayant pas moins enlacée, tentait de lui relever le visage de force, mais elle s'obstinait à le tenir baissé et se dérobait aux baisers. La lutte du bras dura un certain temps et le désir d'une victoire amoureuse s'empare alors de Thersandre : il met sa main gauche sous le visage de Leucippé et, s'étant saisi de sa chevelure avec sa main droite, de l'une, il la tirait en arrière, tandis que, de l'autre, il cherchait à lui relever la tête en soutenant son menton. **6** Lorsqu'il eut cessé sa violence, qu'il ait réussi ou non ou qu'il soit fatigué, Leucippé lui

18. C'est l'attitude de Charmidès en IV, 3, 2.

19. La raison comme cocher rappelle le char de l'âme du *Phèdre* (246 a).

« Οὔτε ὡς ἐλεύθερος ποιεῖς οὔτε ὡς εὐγενής. Καὶ σὺ μιμῇ Σωσθένην · ἄξιος ὁ δοῦλος τοῦ δεσπότου. Ἀλλὰ ἀπέχου τοῦ λοιποῦ, μηδὲ ἐλπίσῃς τυχεῖν, πλὴν εἰ μὴ γένῃ Κλειτοφῶν. »

XIX. 1 Ταῦτα ἀκούσας ὁ Θέρσανδρος οὐκ εἶχεν ὅστις γένηται · καὶ γὰρ ἤρα καὶ ὠργίζετο. Θυμὸς δὲ καὶ ἔρως δύο λαμπάδες · ἔστι δὲ καὶ ὁ θυμὸς ἄλλο πῦρ, καὶ ἔχει τὴν μὲν φύσιν ἐναντιωτάτην, τὴν δὲ βίαν ὁμοίαν. 2 Ὁ μὲν γὰρ παροξύνει μισεῖν, ὁ δὲ ἀναγκάζει φιλεῖν · καὶ ἀλλήλων πάροικος ἡ τοῦ πυρός ἐστι πηγή. Ὁ μὲν γὰρ εἰς τὸ ἧπαρ κάθηται, ὁ δὲ τῇ καρδίᾳ περιβέβληται. 3 Ὅταν οὖν ἄμφω τὸν ἄνθρωπον καταλάβωσι, γίνεται μὲν αὐτοῖς ἡ ψυχὴ τρυτάνη, τὸ δὲ πῦρ ἑκατέρου ταλαντεύεται. Μάχονται δὲ ἄμφω περὶ τῆς ῥοπῆς · καὶ τὰ πολλὰ μὲν ὁ ἔρως εἴωθε νικᾶν, ὅταν εἰς τὴν ἐπιθυμίαν εὐτυχῇ. Ἢν δὲ αὐτὸν ἀτιμάσῃ τὸ ἐρώμενον, αὐτὸς τὸν θυμὸν εἰς συμμαχίαν καλεῖ. 4 Κἀκεῖνος ὡς γείτων πείθεται, καὶ ἀνάπτουσιν ἄμφω τὸ πῦρ. Ἂν δὲ ἅπαξ ὁ θυμὸς τὸν ἔρωτα παρ' αὑτῷ λάβῃ καὶ τῆς οἰκείας ἕδρας ἐκπεσόντα κατάσχῃ, φύσει γε ὢν ἄσπονδος, οὐχ ὡς φίλῳ πρὸς τὴν ἐπιθυμίαν συμμαχεῖ, ἀλλ' ὡς δοῦλον τῆς ἐπιθυμίας πεδήσας κρατεῖ · οὐκ ἐπιτρέπει δὲ αὐτῷ σπείσασθαι πρὸς τὸ ἐρώμενον, κἂν θέλῃ. 5 Ὁ δὲ τῷ θυμῷ βεβαπτισμένος καταδύεται, καὶ εἰς τὴν ἰδίαν ἀρχὴν

dit : « Tu n'agis ni comme un homme libre ni comme un homme bien né[20]. Toi, tu imites Sosthénès : l'esclave vaut le maître. Mais abstiens-toi à l'avenir et n'espère pas réussir, à moins que tu ne deviennes Clitophon. »

XIX. **1** En entendant ces mots, Thersandre ne sut que devenir : il était amoureux et il était en colère. La colère et l'amour sont deux torches ; la colère est bien un autre feu et a une nature tout à fait contraire, mais une violence égale. **2** Celle-ci pousse à haïr, celui-là force à aimer ; les sources de ces deux feux sont voisines l'une de l'autre : l'une réside dans le foie, l'autre est logée dans le cœur. **3** Lorsqu'ils s'emparent tous deux d'un homme, son âme devient leur balance et le feu de chacune de ces passions se trouve sur les plateaux. Elles combattent toutes deux pour la faire pencher ; la plupart du temps, c'est l'amour qui est le vainqueur, lorsqu'il réussit dans son désir, mais si l'objet aimé le méprise, de lui-même il appelle à son aide la colère. **4** Et elle, en voisine, se laisse persuader et ils allument tous deux le feu. Mais une fois que la colère a pris l'amour à son côté et qu'elle s'en est rendue maîtresse en le renversant de son siège propre, implacable comme elle est de sa nature, elle ne se bat pas comme avec un allié pour obtenir ce qu'il désire, mais, l'ayant entravé comme un esclave de son désir, elle le domine et elle ne lui permet pas de faire la paix avec l'objet aimé, même s'il le veut. **5** Submergé par la colère, l'amour sombre, et

20. Pour s'en convaincre, on peut comparer avec l'attitude du premier des Ioniens de Chariton (II, 5, 4), Dionysios, qui, éperdument amoureux, rabroue Léonas, qui lui suggère qu'il peut faire ce qu'il veut d'une femme achetée comme esclave (II, 6, 3 : « moi, je ferai violence à une personne libre, moi, Dionysios, dont on vante partout la retenue, j'outragerai une femme qui se refuse, celle justement que n'eût pas outragée même Théron le brigand ? »).

ἐκπηδῆσαι θέλων οὐκέτι ἐστὶν ἐλεύθερος, ἀλλὰ μισεῖν ἀναγκάζεται τὸ φιλούμενον. Ὅταν δὲ ὁ θυμὸς καχλάζων γεμισθῇ καὶ τῆς ἐξουσίας ἐμφορηθεὶς ἀποβλύσῃ, κάμνει μὲν ἐκ τοῦ κόρου, καμὼν δὲ παρίεται, καὶ ὁ ἔρως ἀμύνεται καὶ ὁπλίζει τὴν ἐπιθυμίαν καὶ τὸν θυμὸν ἤδη καθεύδοντα νικᾷ. 6 Ὁρῶν δὲ τὰς ὕβρεις, ἃς κατὰ τῶν φιλτάτων ἐπαρῴνησεν, ἀλγεῖ καὶ πρὸς τὸ ἐρώμενον ἀπολογεῖται καὶ εἰς ὁμιλίαν παρακαλεῖ καὶ τὸν θυμὸν ἐπαγγέλλεται καταμαλάττειν ἡδονῇ. 7 Τυχὼν μὲν οὖν ὧν ἠθέλησεν, ἵλεως γίνεται, ἀτιμούμενος δὲ πάλιν εἰς τὸν θυμὸν καταδύεται· ὁ δὲ καθεύδων ἐξεγείρεται καὶ τὰ ἀρχαῖα ποιεῖ· ἀτιμίᾳ γὰρ ἔρωτος σύμμαχός ἐστι θυμός.

XX. 1 Καὶ ὁ Θέρσανδρος οὖν τὸ μὲν πρῶτον ἐλπίζων εἰς τὸν ἔρωτα εὐτυχήσειν, ὅλος Λευκίππης δοῦλος ἦν· ἀτυχήσας δὲ ὧν ἤλπισεν, ἀφῆκε τῷ θυμῷ τὰς ἡνίας. Ῥαπίζει δὴ κατὰ κόρρης αὐτήν, « Ὦ κακόδαιμον ἀνδράποδον, λέγων, καὶ ἀληθῶς ἐρωτιῶν· πάντων γάρ σου κατήκουσα. 2 Οὐκ ἀγαπᾷς ὅτι σοι καὶ λαλῶ καὶ μεγάλην εὐτυχίαν δοκεῖς τὸν σὸν καταφιλῆσαι δεσπότην, ἀλλὰ καὶ ἀκκίζῃ καὶ σχηματίζῃ πρὸς ἀπόνοιαν ; Ἐγὼ μέν σε καὶ πεπορνεῦσθαι δοκῶ· καὶ γὰρ μοιχὸν φιλεῖς. 3 Ἀλλ' ἐπειδὴ μὴ θέλεις ἐραστοῦ μου πεῖραν λαβεῖν, πειράσῃ δεσπότου. » Καὶ ἡ Λευκίππη· « Κἂν τυραννεῖν ἐθέλῃς, κἀγὼ τυραννεῖσθαι, πλὴν οὐ βιάσῃ. » Καὶ πρὸς τὸν Σωσθένην ἰδοῦσα, « Μαρτύρησον, εἶπεν αὐτῷ, πῶς πρὸς τὰς αἰκίας ἔχω· σὺ γάρ με καὶ μᾶλλον

lorsqu'il désire s'échapper pour reconquérir son propre pouvoir, il n'est plus libre, mais contraint de haïr ce qu'il aime. Lorsque la colère a bouillonné tout son soûl et que, gorgée de sa puissance, elle a débordé, elle se lasse par la satiété, et, dans sa lassitude, s'épuise ; l'amour prend alors sa revanche, arme son désir et l'emporte sur la colère, désormais endormie. **6** Voyant les outrages qu'il a commis contre ce qui lui est le plus cher, il souffre et tente de se justifier auprès de l'objet aimé, le convie à venir s'entretenir avec lui, et promet d'apaiser sa colère à force de plaisir. **7** S'il arrive à ce qu'il a voulu, il devient aimable, mais s'il est méprisé, il sombre de nouveau dans la colère, et elle, qui dormait, se réveille et reprend ses anciens agissements, car la colère est l'alliée de l'amour méprisé.

XX. **1** Thersandre alors aussi, espérant tout d'abord être heureux dans son amour, était tout entier esclave de Leucippé, mais, n'ayant pas obtenu ce qu'il avait espéré, il lâcha les rênes à sa colère. Il la gifle alors en disant : « Misérable esclave, fille véritablement éperdue d'amour ; j'ai entendu tout ce que tu disais. **2** Tu n'es pas satisfaite, même que je te parle, et tu ne considères pas comme une grande chance que ce soit ton maître qui te donne des baisers[21], mais tu fais des façons et tu te donnes des airs de désespérée ! Moi, je pense que tu es une putain, car c'est un adultère que tu aimes. **3** Mais puisque tu ne veux pas m'essayer comme amant, tu vas m'essayer comme maître. » Et Leucippé : « Si tu veux être un tyran, je consens aussi à être tyrannisée, à ceci près que tu ne me violenteras pas. » Et regardant en direction de Sosthénès : « Témoigne, lui dit-elle, comme je me comporte sous les mauvais traitements,

21. On peut aussi comprendre l'inverse : «d'embrasser ton maître» en faisant de τὸν δεσπότην le c.o.d plutôt que le sujet de l'infinitif ; c'est l'interprétation de Vilborg.

ἠδίκησας. » 4 Καὶ ὁ Σωσθένης αἰσχυνθεὶς ὡς ἐληλεγμένος, « Ταύτην, εἶπεν, ὦ δέσποτα, ξανθῆναι μάστιξι δεῖ καὶ μυρίαις βασάνοις περιπεσεῖν, ὡς ἂν μάθοι δεσπότου μὴ καταφρονεῖν. »

XXI. 1 « Πείσθητι τῷ Σωσθένει, φησὶν ἡ Λευκίππη· συμβουλεύει γὰρ καλῶς· τὰς βασάνους παράστησον. Φερέτω τροχόν· ἰδοὺ χεῖρες, τεινέτω. Φερέτω καὶ μάστιγας· ἰδοὺ νῶτος, τυπτέτω. Κομιζέτω πῦρ· ἰδοὺ σῶμα, καιέτω. 2 Φερέτω καὶ σίδηρον· ἰδοὺ δέρη, σφαζέτω. Ἀγῶνα θεάσασθε καινόν· πρὸς πάσας τὰς βασάνους ἀγωνίζεται μία γυνὴ καὶ πάντα νικᾷ. Εἶτα Κλειτοφῶντα μοιχὸν καλεῖς, αὐτὸς μοιχὸς ὤν; Οὐδὲ τὴν Ἄρτεμιν, εἰπέ μοι, τὴν σὴν φοβῇ, ἀλλὰ βιάζῃ παρθένον ἐν πόλει παρθένου; Δέσποινα, ποῦ σου τὰ τόξα; » 3 « Παρθένος, εἶπεν ὁ Θέρσανδρος, ὢ τόλμης καὶ γέλωτος· παρθένος τοσούτοις συννυκτερεύσασα πειραταῖς; Εὐνοῦχοί σοι γεγόνασιν οἱ λῃσταί; Φιλοσόφων ἦν τὸ πειρατήριον; Οὐδεὶς ἐν αὐτοῖς εἶχεν ὀφθαλμούς; »

XXII. 1 Καὶ ἡ Λευκίππη εἶπεν· « Ἡ παρθένος, καὶ μετὰ Σωσθένην· ἐπεὶ πυθοῦ Σωσθένους· οὗτος γὰρ ὄντως γέγονέ μου λῃστής. Ἐκεῖνοι γὰρ ἦσαν ὑμῶν μετριώτεροι, καὶ οὐδεὶς αὐτῶν ἦν οὕτως ὑβριστής· 2 Εἰ δὲ ὑμεῖς τοιαῦτα ποιεῖτε, ἀληθινὸν τοῦτο πειρατήριον. Εἶτα οὐκ αἰσχύνεσθε ποιοῦντες ἃ μὴ τετολμήκασιν οἱ λῃσταί; Λανθάνεις δὲ ἐγκώμιόν μοι διδοὺς πλεῖον διὰ ταύτης σου τῆς ἀναισχυντίας· καί τις ἐρεῖ, κἂν νῦν μαινόμενος φονεύσῃς· ‘ Λευκίππη παρθένος μετὰ βουκόλους, παρθένος καὶ μετὰ Χαιρέαν, παρθένος καὶ μετὰ Σωσθένην.’

car toi, tu as été encore plus injuste envers moi. » **4** Et Sosthénès, honteux de se trouver confondu : « Celle-ci, répliqua-t-il, maître, il faut qu'elle soit déchirée par les fouets et soumise à mille tortures pour apprendre à ne pas mépriser son maître. »

XXI. **1** « Écoute, Sosthénès, dit Leucippé, car il est de bon conseil. Fais venir les supplices. Qu'on apporte la roue : voici des bras, qu'on les distende. Qu'on apporte aussi des fouets : voici un dos, qu'on le frappe. Qu'on prépare le feu : voici un corps, qu'on le brûle. **2** Qu'on apporte aussi un fer : voici une gorge, qu'on la coupe. Soyez les spectateurs d'une lutte inédite[22] : contre tous les supplices, une femme, seule, lutte et triomphe de tout. Et après cela, tu appelles Clitophon un adultère, quand tu es toi-même adultère ? Tu ne crains même pas, dis-moi, Artémis, mais tu violentes une vierge dans la ville d'une vierge ? Maîtresse, où sont tes traits ? » **3** – « Une vierge ? dit Thersandre, quelle audace et quelle bouffonnerie ! Une vierge qui a passé la nuit avec tant de pirates ? C'étaient donc des eunuques que tes brigands ? C'était un repaire de pirates philosophes ? Personne parmi eux n'avait d'yeux ? »

XXII. **1** Et Leucippé répondit : « Oui, vierge, même après Sosthénès ! Interroge donc Sosthénès ; c'est lui en vérité qui a été mon brigand ; les autres en effet étaient plus modérés que vous, et aucun d'eux n'était aussi violent. **2** Et si vous, vous commettez de tels actes, c'est ici le véritable repaire de pirates. Et après, vous n'avez pas honte de faire ce que n'ont pas osé les brigands ? Et tu ne t'aperçois pas que tu fais mon éloge bien davantage par cette impudence qui est la tienne ? On dira, même si maintenant tu me tues dans un accès de folie : “Leucippé, vierge après les bouviers, vierge aussi après Chairéas, vierge encore après

22. Toujours le thème du καινόν.

3 Ἀλλὰ μέτρια ταῦτα· τὸ δὲ μεῖζον ἐγκώμιον· ʽΚαὶ μετὰ Θέρσανδρον παρθένος, τὸν καὶ λῃστῶν ἀσελγέστερον· ἂν ὑβρίσαι μὴ δυνηθῇ, καὶ φονεύει.ʼ 4 Ὁπλίζου τοίνυν, ἤδη λάμβανε κατ' ἐμοῦ τὰς μάστιγας, τὸν τροχόν, τὸ πῦρ, τὸν σίδηρον· συστρατευέσθω δέ σοι καὶ ὁ σύμβουλος Σωσθένης. Ἐγὼ δὲ καὶ γυμνὴ καὶ μόνη καὶ γυνή, καὶ ἓν ὅπλον ἔχω τὴν ἐλευθερίαν, ἣ μήτε πληγαῖς κατακόπτεται μήτε σιδήρῳ κατατέμνεται μήτε πυρὶ κατακαίεται. Οὐκ ἀφήσω ποτὲ ταύτην ἐγώ. Κἂν καταφλέγῃς, οὐχ οὕτως θερμὸν εὑρήσεις τὸ πῦρ. »

Sosthénès !” **3** Mais ce sont là louanges modestes, en voici un plus grand : “Après Thersandre aussi, vierge, après plus impudique même que des brigands : s’il ne peut violenter, il va jusqu’à tuer.” **4** Arme-toi donc, porte désormais contre moi les fouets, la roue, le feu, le fer ; et que ton conseiller Sosthénès fasse aussi campagne avec toi. Moi je suis sans défense, je suis seule, je suis femme et je n’ai qu’une seule arme, ma liberté, qui ne peut être ni détruite par les coups, ni tranchée par le fer, ni consumée par le feu. Moi, jamais je n’y renoncerai. Et même si tu y mets le feu, tu découvriras que le feu n’est pas aussi ardent ! »

ΛΟΓΟΣ ΕΒΔΟΜΟΣ

I. 1 Ταῦτα ἀκούσας ὁ Θέρσανδρος παντοδαπὸς ἦν· ἤχθετο, ὠργίζετο, ἐβουλεύετο. Ὠργίζετο μὲν ὡς ὑβρισμένος· ἤχθετο δ' ὡς ἀποτυχών· ἐβουλεύετο δὲ ὡς ἐρῶν. Τὴν οὖν ψυχὴν διασπώμενος, οὐδὲν εἰπὼν πρὸς τὴν Λευκίππην ἐξεπήδησεν. 2 Ὀργῇ μὲν δῆθεν ἐκδραμών, δοὺς δὲ τῇ ψυχῇ σχολὴν εἰς τὴν διάκρισιν τῆς τρικυμίας, βουλευόμενος οὖν ἅμα τῷ Σωσθένει πρόσεισι τῷ τῶν δεσμῶν ἄρχοντι, δεόμενος διαφθαρῆναί με φαρμάκῳ. 3 Ὡς δ' οὐκ ἔπειθεν — ἐδεδίει γὰρ τὴν πόλιν· καὶ γὰρ ἄλλον ἄρχοντα πρὸ αὐτοῦ ληφθέντα τοιαύτην ἐργασάμενον φαρμακείαν ἀποθανεῖν —, δευτέραν αὐτῷ προσφέρει δέησιν, ἐμβαλεῖν τινα εἰς τὸ οἴκημα, ἔνθα ἔτυχον δεδεμένος, ὡς δὴ καὶ αὐτὸν ἕνα τῶν δεσμωτῶν, προσποιησάμενος βούλεσθαι τἀμὰ δι' ἐκείνου μαθεῖν. 4 Ἐπείσθη καὶ ἐδέξατο τὸν ἄνθρωπον. Ἔμελλε δ' ἐκεῖνος ὑπὸ τοῦ Θερσάνδρου δεδιδαγμένος τεχνικῶς πάνυ περὶ τῆς Λευκίππης λόγον ἐμβαλεῖν, ὡς εἴη πεφονευμένη, τῆς Μελίτης συσκευασαμένης τὸν φόνον. 5 Τὸ δὲ τέχνασμα ἦν τῷ Θερσάνδρῳ [τὸ] εὑρεθέν, ὡς ἂν ἀπογνοὺς

LIVRE VII

I. **1** Ayant entendu ces mots, Thersandre éprouva des sentiments de toutes sortes : il était fâché, il était en colère, il délibérait[1]. Il était en colère parce qu'il avait été insulté, il était fâché parce qu'il avait échoué, et il délibérait parce qu'il était amoureux. L'âme déchirée, sans rien dire à Leucippé, il sortit d'un bond. **2** Étant parti apparemment en colère, mais ayant donné à son âme le loisir de démêler la triple lame de ses sentiments, il délibère en compagnie de Sosthénès et va trouver le geôlier en lui demandant de me faire périr par le poison. **3** Mais comme il n'arrivait pas à le persuader – l'homme craignait en effet les citoyens : un autre geôlier avant lui avait été mis à mort, ayant été pris pour avoir perpétré un semblable empoisonnement –, il lui adresse une seconde requête : introduire un homme dans la cellule où j'étais enchaîné, comme s'il était lui aussi un des prisonniers, feignant de vouloir connaître par celui-ci mon aventure. **4** Le geôlier se laissa convaincre et reçut l'homme en question. Celui-ci devait, sur les instructions de Thersandre, débiter avec beaucoup d'adresse une histoire sur Leucippé, à savoir qu'elle avait été tuée et que Mélité avait machiné le crime. **5** La ruse était de l'invention de Thersandre, afin que, désespéré que ma bien-aimée ne soit plus en vie, même

1. La série en grec donne lieu à trois homéotéleutes, dont l'équivalent est difficile à trouver en français.

ἐγὼ μηκέτι ζῶσαν τὴν ἐρωμένην, κἂν τὴν δίκην φύγοιμι, μὴ πρὸς ζήτησιν αὐτῆς ἔτι τραποίμην. 6 Προσέκειτο δὲ ἡ Μελίτη τῷ φόνῳ, ἵνα μή, τετελευτηκέναι τὴν Λευκίππην δοκῶν, τὴν Μελίτην γήμας ὡς ἂν ἐρῶσαν, αὐτοῦ μένοιμι κἀκ τούτου παρέχοιμί τινα φόβον αὐτῷ τοῦ μὴ μετὰ ἀδείας Λευκίππην ἔχειν, ἀλλὰ μισήσας, κατὰ τὸ εἰκός, τὴν Μελίτην ὡς ἂν ἀποκτείνασάν μου τὴν ἐρωμένην, ἀπαλλαγείην ἐκ τῆς πόλεως τὸ παράπαν.

II. 1 Ὡς οὖν ὁ ἄνθρωπος ἐγένετό μου πλησίον, καὶ τοῦ δράματος ἤρχετο· ἀνοιμώξας γὰρ πάνυ κακούργως, « Τίνα βίον, ἔφη, βιώσομεν ἔτι ; Καὶ τίνα φυλαξόμεθα πρὸς ἀκίνδυνον ζωήν ; Οὐ γὰρ αὐτάρκης ἡμῖν ὁ δίκαιος τρόπος· ἐμπίπτουσαι δὲ αἱ τύχαι βαπτίζουσιν ἡμᾶς. Ἔδει γάρ με μαντεύσασθαι, τίς ἦν ὁ συμβαδίζων μοι καὶ τί πεπραχὼς εἴη. » 2 Καθ' ἑαυτὸν δὲ ταῦτα ἔλεγε καὶ τὰ τοιαῦτα, ζητῶν ἀρχὴν τῆς ἐπ' ἐμὲ τοῦ λόγου τέχνης, ὡς ἂν πυθοίμην τί εἴη παθών. 3 Ἀλλ' ἐγὼ μὲν ἐφρόντιζον ὧν κατὰ νοῦν εἶχον, ⟨ὧν δ'⟩ ὁ δ' ᾤμωξεν ὀλίγον. Ἄλλος δέ τις τῶν συνδεδεμένων — περίεργον γὰρ ἄνθρωπος ἀτυχῶν εἰς ἀλλοτρίων ἀκρόασιν κακῶν· ἐπεὶ φάρμακον αὐτῷ τοῦτο τῆς ὧν ἔπαθε λύπης, ἡ πρὸς ἄλλον εἰς τὸ παθεῖν κοινωνία —, « Τί δέ σοι συμβέβηκεν, εἶπεν, ἀπὸ τῆς Τύχης ; 4 Εἰκὸς γάρ σε μηδὲν ἀδικήσαντα πονηρῷ περιπεσεῖν δαίμονι· τεκμαίρομαι δὲ ἐκ τῶν ἐμαυτοῦ. » Καὶ ἅμα τὰ οἰκεῖα κατέλεγεν, ἐφ' οἷς ἦν δεδεμένος. Ἐγὼ δὲ οὐδενὶ τούτων προσεῖχον.

III. 1 Ὡς δὲ ἐπαύσατο, τὴν ἀντίδοσιν ᾔτει τοῦ λόγου τῶν ἀτυχημάτων, « Λέγοις ἄν, εἰπών, καὶ σὺ

2. Le sens normal de l'expression est « être poursuivi en justice » ; soit Achille Tatius détourne l'expression, soit le texte est corrompu (d'où la proposition de Naber d'ajouter un préverbe < ἀπο>φύγοιμι pour obtenir le sens requis).

si je réussissais à échapper au châtiment[2], je ne me mette plus à sa recherche. **6** Et Mélité avait été impliquée dans le meurtre pour éviter que, croyant Leucippé morte, je n'épouse Mélité dans l'idée qu'elle m'aimait et que je reste sur place, donnant ainsi à Thersandre quelque crainte de ne pouvoir posséder Leucippé en toute quiétude, mais aussi pour que, prenant, comme il est naturel, Mélité en haine, dans l'idée qu'elle avait tué ma bien-aimée, je m'éloigne définitivement de la ville.

II. **1** Lorsque l'homme fut près de moi, il commença son rôle ; en effet, se lamentant avec une grande fourberie : « Quelle vie, dit-il, allons-nous mener encore ? Et qui allons-nous éviter pour une vie sans périls ? Notre conduite honnête ne nous suffit pas, mais les vicissitudes du sort nous assaillent et nous submergent. Il aurait bien fallu que je devine qui était mon compagnon de route et ce qu'il avait commis. » **2** Il se disait à lui-même ces paroles et d'autres semblables, cherchant ainsi une entrée en matière à son discours rusé contre moi, afin que je lui demande ce qui lui était arrivé. **3** Mais moi, je me souciais de ce que j'avais à l'esprit, mais bien peu de ses plaintes. Mais un autre détenu – c'est en effet avec curiosité qu'un homme dans le malheur écoute les malheurs d'autrui, car c'est pour lui un remède à sa peine que la communauté de souffrances avec un autre – dit : « Que t'est-il arrivé du fait de la Fortune ? **4** Il est vraisemblable que, sans avoir rien fait, tu as rencontré un mauvais démon ; je le conjecture d'après mes propres malheurs. » Et aussitôt, il se mit à raconter ses propres affaires pour lesquelles il était enchaîné. Quant à moi, je ne prenais garde à aucun de ces propos.

III. **1** Lorsqu'il eut fini, il réclama en retour que l'autre fît le récit de ses malheurs, en disant : « Tu pourrais bien, toi

τὰ σαυτοῦ. » Ὁ δέ, « Βαδίζων ἔτυχον, εἶπε, τὴν ἐξ ἄστεος χθές· ἐποιούμην δὲ τὴν ἐπὶ Σμύρνης ὁδόν· 2 προελθόντι δέ μοι σταδίους τέτταρας νεανίσκος ἐκ τῶν ἀγρῶν προσελθὼν καὶ προσειπὼν καὶ πρὸς μικρὸν συμβαδίσας, 'Ποῖ, ἔφη, ἔχεις τὴν ὁδόν;' 'Ἐπὶ Σμύρνης,' εἶπον. 'Κἀγώ, ἔφη, τὴν αὐτήν, ἀγαθῇ τύχῃ.' Τοὐντεῦθεν ἐπορευόμεθα κοινῇ καὶ διελεγόμεθα οἷα εἰκὸς ἐν ὁδῷ.
3 Ὡς δὲ εἴς τι πανδοχεῖον ἤλθομεν, ἠριστῶμεν ἅμα· κατὰ ταὐτὸ δὲ παρακαθίζουσιν ἡμῖν τινες τέτταρες, καὶ προσεποιοῦντο μὲν ἀριστᾶν κἀκεῖνοι, ἐνεώρων δὲ ἡμῖν πυκνὰ καὶ ἀλλήλοις ἐνένευον. 4 Ἐγὼ μὲν οὖν ὑπώπτευον τοὺς ἀνθρώπους διανοεῖσθαι εἰς ἡμᾶς, οὐ μὴν ἠδυνάμην συνιέναι τί αὐτοῖς ἐθέλει τὰ νεύματα. Ὁ δὲ ὠχρὸς ἐγίνετο κατὰ μικρὸν καὶ ὀκνηρότερον ἤσθιεν, ἤδη δὲ καὶ τρόμος εἶχεν αὐτόν. 5 Ὡς δὲ ταῦτα εἶδον, ἀναπηδήσαντες συλλαμβάνουσιν ἡμᾶς καὶ ἱμᾶσιν εὐθὺς δεσμεύουσι· παίει δὲ κατὰ κόρρης τις ἐκεῖνον· καὶ παταχθείς, ὥσπερ βασάνους παθὼν μυρίας, καταλέγει μηδενὸς ἐρωτῶντος αὐτόν· 'Ἐγὼ τὴν κόρην ἀπέκτεινα, καὶ ἔλαβον χρυσοῦς ἑκατὸν παρὰ Μελίτης τῆς Θερσάνδρου γυναικός· αὕτη γάρ με ἐπὶ τὸν φόνον ἐμισθώσατο. 6 Ἀλλ' ἰδοὺ τοὺς χρυσοῦς ὑμῖν τοὺς ἑκατὸν φέρω· ὥστε τί με ἀπόλλυτε καὶ ἑαυτοῖς φθονεῖτε κέρδους;' » Ἐγὼ δὲ ὡς ἤκουσα Θερσάνδρου καὶ Μελίτης τοὔνομα, τὸν ἄλλον οὐ προσέχων χρόνον, τῷ δὲ λόγῳ τὴν ψυχὴν ὥσπερ ὑπὸ μύωπος παταχθεὶς ἐγείρω καὶ πρὸς αὐτὸν μεταστραφεὶς λέγω· « Τίς ἡ Μελίτη; » Ὁ δέ, « Μελίτη ἐστίν, ἔφη, τῶν ἐνταῦθα πρώτη γυναικῶν.
7 Αὕτη νεανίσκου τινὸς ἠράσθη· Τύριον, οἶμαι, φασὶν αὐτόν· κἀκεῖνος ἔτυχεν ἐρωμένην ἔχων, ἣν εὗρεν ἐν τῇ

aussi, raconter tes affaires. » Et l'autre dit : « Je marchais hier sur la route qui sort de la ville, et allais vers Smyrne ; **2** comme je n'avais fait que quatre stades, un jeune homme, venant de la campagne, m'aborda et, pendant quelque temps, marcha avec moi : "Où te rends-tu ? dit-il – À Smyrne, répondis-je. – Moi aussi, dit-il, s'il plaît à la Fortune." Dès ce moment, nous fîmes route ensemble en échangeant quelques propos, comme cela se fait en voyage. **3** Quand nous arrivâmes à une auberge, nous prîmes ensemble notre déjeuner ; dans la même auberge, s'installèrent, à côté de nous, quatre individus ; ils faisaient semblant de déjeuner, eux aussi, mais nous observaient sans interruption et se faisaient des signes d'intelligence. **4** Moi donc, je soupçonnais bien que ces hommes avaient de mauvaises intentions envers nous, mais je ne pouvais évidemment pas comprendre ce que signifiaient leurs signes. Mon compagnon devenait progressivement blême et mangeait de plus en plus lentement, et, déjà, un tremblement le tenait. **5** Voyant cela, ils ne font qu'un bond, s'emparent de nous et nous ligotent aussitôt avec des courroies ; l'un d'eux lui donne une gifle et lorsqu'il eut reçu le coup, comme s'il avait subi mille tortures, sans que nul l'interroge, il se met à raconter : "C'est moi qui ai tué la jeune fille, j'ai touché cent pièces d'or de Mélité, la femme de Thersandre, car c'est elle qui m'a pris à gages pour ce meurtre. **6** Tenez, je vous donne les cent pièces d'or ; aussi, pourquoi voulez-vous me tuer et vous priver d'un profit ?" » Et moi, ayant entendu les noms de Thersandre et de Mélité, alors que je n'avais pas fait attention auparavant, l'âme frappée par son propos comme par un taon, je me réveille et, m'étant tourné vers lui, je lui dis : « Qui, Mélité ? » Et lui : « Mélité est, répondit-il, l'une des premières femmes d'ici. **7** Elle a aimé un jeune homme ; il est Tyrien, je crois, à ce que

τῆς Μελίτης οἰκίᾳ πεπραμένην. Ἡ δὲ ὑπὸ ζηλοτυπίας πεφλεγμένη τὴν γυναῖκα ταύτην ἀπαντήσασαν συλλαμβάνει καὶ παραδίδωσι ᾧ νῦν ἔφην κακῇ τύχῃ μοι συνωδευκότι, φονεῦσαι κελεύσασα. 8 Ὁ μὲν οὖν τὸ ἀνόσιον ἔργον τοῦτο δρᾷ· ἐγὼ δὲ ὁ ἄθλιος, οὔτε ἰδὼν αὐτὸν οὔτε ἔργου τινὸς κοινωνήσας ἢ λόγου, συναπηγόμην αὐτῷ δεδεμένος ὡς τοῦ ἔργου κοινωνός. Τὸ δὲ χαλεπώτερον, μικρὸν τοῦ πανδοχείου προελθόντες, τοὺς ἑκατὸν χρυσοῦς λαβόντες παρ' αὐτοῦ τὸν μὲν ἀφῆκαν φυγεῖν, ἐμὲ δὲ ἄγουσι πρὸς τὸν στρατηγόν. »

IV. 1 Ὡς δὲ ἤκουσά μου τὸν μῦθον τῶν κακῶν, οὔτε ἀνῴμωξα οὔτε ἔκλαυσα· οὔτε γὰρ φωνὴν εἶχον οὔτε δάκρυα· ἀλλὰ τρόμος μὲν εὐθὺς περιεχύθη μου τῷ σώματι καὶ ἡ καρδία μου ἐλέλυτο, ὀλίγον δέ τί μοι τῆς ψυχῆς ὑπολέλειπτο. 2 Μικρὸν δὲ νήψας ἐκ τῆς μέθης τοῦ λόγου, « Τίνα τρόπον τὴν κόρην ἀπέκτεινεν, ἔφην, ὁ μισθωτός, καὶ τί πεποίηκε τὸ σῶμα ; » Ὁ δὲ ὡς ἅπαξ ἐνέβαλέ μοι τὸν μύωπα καὶ ἔργον εἰργάσατο οὕτω κατ' ἐμοῦ δι' ὃ παρῆν, ἐσιώπα καὶ ἔλεγεν οὐδέν. 3 Πάλιν δέ μου πυθομένου, « Δοκεῖς, ἔφη, κἀμὲ κεκοινωνηκέναι τῷ φόνῳ ; Ταῦτα ἤκουσα μόνα τοῦ πεφονευκότος, ὡς κτείνας εἴη τὴν κόρην· ποῦ δὲ καὶ τίνα τρόπον, οὐκ εἶπεν. » Ἦλθε δέ μοι τότε δάκρυα καὶ τοῖς ὀφθαλμοῖς τὴν λύπην ἀπεδίδουν. 4 Ὥσπερ γὰρ ἐν ταῖς τοῦ σώματος πληγαῖς οὐκ εὐθὺς ἡ σμῶδιξ ἐπανίσταται, ἀλλὰ παραχρῆμα μὲν οὐκ ἔχει τὸ ἄνθος ἡ πληγή, μετὰ μικρὸν δὲ ἀνέθορε, καὶ ὀδόντι συός τις παταχθεὶς εὐθὺς μὲν ζητεῖ τὸ τραῦμα καὶ οὐκ οἶδεν εὑρεῖν, τὸ δὲ ἔτι δέδυκε καὶ κέκρυπται κατειργασμένον σχολῇ τῆς πληγῆς τὴν

l'on dit ; et lui-même avait une bien-aimée, qu'il retrouva, vendue, dans la propriété de Mélité. Mais elle, enflammée par la jalousie, arrête cette femme qui était sur son chemin et la livre à celui, comme je le disais à l'instant, que la mauvaise fortune avait fait mon compagnon de route, en lui donnant ordre de la tuer. **8** Lui donc commet cet acte sacrilège, et moi, infortuné, qui ne l'avais jamais vu ni n'avais été son complice, pas plus en actes qu'en paroles, je fus emmené avec lui, enchaîné, comme complice de l'affaire. Mais ce qui est le plus révoltant, c'est que les hommes, s'étant retirés à quelque distance de l'auberge, prirent de sa main les cent pièces d'or et lui permirent à lui de s'enfuir, m'emmenant, moi, au magistrat. »

IV. **1** Lorsque j'entendis l'histoire de mes malheurs, je ne me lamentai ni ne pleurai, car je n'avais ni voix ni larmes ; mais un tremblement se répandit aussitôt dans tout mon corps, mon cœur se brisa et je fus près de défaillir. **2** Mais lorsque je fus un peu revenu du vertige provoqué par ce récit : « De quelle manière le tueur à gages a-t-il tué la jeune fille, dis-je, et qu'a-t-il fait de son corps ? » Mais lui, comme il avait une bonne fois jeté en moi son aiguillon et accompli de la sorte contre moi le travail pour lequel il était là, se taisait, et ne disait mot. **3** Et comme j'avais répété ma question : « Tu crois donc, dit-il, que j'ai moi aussi participé au meurtre ? Je n'ai entendu que ces seuls mots du meurtrier : qu'il avait tué la jeune fille, mais où et comment, il ne l'a pas dit. » Alors me vinrent les larmes et je fis sortir mon chagrin par mes yeux. **4** De même que, dans les blessures du corps, la meurtrissure n'apparaît pas tout de suite et que le coup ne produit pas immédiatement de bleu, mais enfle peu après, qu'un homme blessé par la dent d'un sanglier cherche aussitôt la blessure, mais n'arrive pas

τομήν, μετὰ ταῦτα δὲ ἐξαίφνης λευκή τις ἀνέτειλε γραμμή, πρόδρομος τοῦ αἵματος, σχολὴν δὲ ὀλίγην λαβὸν ἔρχεται καὶ ἀθρόον ἐπιρρεῖ. 5 οὕτω καὶ ψυχὴ παταχθεῖσα τῷ τῆς λύπης βέλει τοξεύσαντος λόγου τέτρωται μὲν ἤδη καὶ ἔχει τὴν τομήν, ἀλλὰ τὸ τάχος τοῦ βλήματος οὐκ ἀνέῳξεν οὔπω τὸ τραῦμα, τὰ δὲ δάκρυα ἐδίωξε τῶν ὀφθαλμῶν μακράν· δάκρυον γὰρ αἷμα τραύματος ψυχῆς. Ὅταν ὁ τῆς λύπης ὀδοὺς κατὰ μικρὸν τὴν καρδίαν ἐκφάγῃ, κατέρρηκται μὲν τῆς ψυχῆς τὸ τραῦμα, ἀνέῳκται δὲ τοῖς ὀφθαλμοῖς ἡ τῶν δακρύων θύρα, τὰ δὲ μετὰ μικρὸν τῆς ἀνοίξεως ἐξεπήδησεν. 6 Οὕτω κἀμὲ τὰ μὲν πρῶτα τῆς ἀκροάσεως τῇ ψυχῇ προσπεσόντα καθάπερ τοξεύματα κατεσίγασε καὶ τῶν δακρύων ἀπέφραξε τὴν πηγήν, μετὰ ταῦτα δὲ ἔρρει, σχολασάσης τῆς ψυχῆς τῷ κακῷ.

V. 1 Ἔλεγον οὖν· « Τίς με δαίμων ἐξηπάτησεν ὀλίγῃ χαρᾷ ; Τίς μοι Λευκίππην ἔδειξεν εἰς καινὴν ὑπόθεσιν συμφορῶν ; Ἀλλ' οὐδὲ ἐκόρεσά μου τοὺς ὀφθαλμούς, οἷς μόνοις ηὐτύχησα, οὐδὲ ἐνεπλήσθην κἂν βλέπων. Ἀληθής μοι γέγονεν ὀνείρων ἡδονή. 2 Οἴμοι, Λευκίππη, ποσάκις μοι τέθνηκας· μὴ γὰρ θρηνῶν ἀνεπαυσάμην ; Ἀεί σε πενθῶ, τῶν θανάτων διωκόντων ἀλλήλους ; Ἀλλ' ἐκείνους μὲν πάντας ἡ Τύχη ἔπαιξε κατ' ἐμοῦ, οὗτος δὲ οὐκ ἔστι τῆς Τύχης ἔτι παιδιά. Πῶς ἄρα μοι, Λευκίππη, τέθνηκας ; 3 Ἐν μὲν γὰρ τοῖς ψευδέσι θανάτοις ἐκείνοις παρηγορίαν εἶχον ὀλίγην, τὸ μὲν πρῶτον, ὅλον σου τὸ σῶμα, τὸ δὲ δεύτερον, κἂν τὴν κεφαλὴν δοκῶν μὴ ἔχειν εἰς τὴν ταφήν· νῦν δὲ τέθνηκας

3. Les manuscrits transmettent un génitif, τῶν κακῶν, qui marquerait au contraire un détachement des malheurs ; c'est pourquoi les éditeurs modernes préfèrent dans l'ensemble la correction par un datif (singulier pour Dindorf, pluriel pour Jacobs).

à la trouver, car elle est encore enfouie et dissimule, en se formant lentement, la trace du coup, mais que, après, soudain, apparaît une trace blanche qui annonce le sang, et que, au bout de quelques instants, celui-ci arrive et coule à flots, **5** de même une âme frappée par le trait du chagrin qu'a décoché une parole se trouve déjà blessée et porte une plaie, mais la rapidité du choc ne fait pas encore s'ouvrir la blessure et chasse les larmes loin des yeux ; les larmes sont en effet le sang des blessures de l'âme. Lorsque la dent du chagrin a peu à peu dévoré le cœur, la blessure de l'âme se déchire, dans les yeux la porte des larmes s'ouvre et, peu après son ouverture, celles-ci jaillissent. **6** C'est ainsi que les premiers mots de son récit, qui s'étaient abattus sur mon âme comme des flèches, me réduisirent au silence et obstruèrent la source de mes larmes, mais qu'ensuite, elles coulèrent, mon âme s'étant abandonnée au malheur[3].

V. **1** Je dis alors : « Quelle divinité m'a trompé d'une joie si courte ? Qui m'a montré Leucippé pour la faire partir vers de nouveaux malheurs ? Je n'ai même pas rassasié mes yeux, qui seuls ont fait ma fortune, et je ne l'ai pas au moins regardée tout mon soûl. Vrai plaisir de songes que j'ai eu là[4] ! **2** Hélas, Leucippé, combien de fois n'es-tu pas morte ? Ai-je jamais cessé de te pleurer ? Vais-je toujours mener ton deuil avec cette succession de morts ? Certes, dans toutes les précédentes la Fortune s'est jouée de moi, mais celle-ci n'est plus un jeu de la Fortune. Comment donc, ma Leucippé, es-tu morte ? **3** En effet, dans ces fausses morts, j'avais une légère consolation : la première fois, j'avais tout ton corps, la deuxième fois, je pouvais l'ensevelir, tout en croyant ne pas avoir ta tête ;

4. L'expression frôle à nouveau l'oxymore avec l'association de ἀληθής / ὀνείρων.

θάνατον διπλοῦν, ψυχῆς καὶ σώματος. Δύο ἐξέφυγες λῃστήρια, τὸ δὲ Μελίτης πεφόνευκέ σε πειρατήριον. 4 Ὁ δὲ ἀνόσιος καὶ ἀσεβὴς ἐγὼ τὴν ἀνδροφόνον σου κατεφίλησα πολλάκις καὶ συνεπλάκην μεμιασμένας συμπλοκάς, καὶ τὴν Ἀφροδίτης χάριν αὐτῇ παρέσχον πρὸ σοῦ. »

VI. 1 Μεταξὺ δέ μου θρηνοῦντος Κλεινίας εἰσέρχεται, καὶ καταλέγω τὸ πᾶν αὐτῷ καὶ ὅτι μοι δέδοκται πάντως ἀποθανεῖν. Ὁ δὲ παρεμυθεῖτο· 2 « Τίς γὰρ οἶδεν, εἰ ζῇ πάλιν; Μὴ γὰρ οὐ πολλάκις τέθνηκε; Μὴ γὰρ οὐ πολλάκις ἀνεβίω; Τί δὲ προπετῶς ἀποθνήσκεις; Ὃ καὶ κατὰ σχολὴν ἔξεστιν, ὅταν μάθῃς σαφῶς τὸν θάνατον αὐτῆς. » « Ληρεῖς· τούτου γὰρ ἀσφαλέστερον πῶς ἂν μάθοις; 3 Δοκῶ δὲ εὑρηκέναι τοῦ θανάτου καλλίστην ὁδόν, δι' ἧς οὐδὲ ἡ θεοῖς ἐχθρὰ Μελίτη παντάπασιν ἀθῷος ἀπαλλάξεται. Ἄκουσον δὲ τὸν τρόπον. Παρεσκευασάμην, ὡς οἶσθα, πρὸς τὴν ἀπολογίαν τῆς μοιχείας, εἰ κληρωθείη τὸ δικαστήριον. Νῦν δέ μοι δέδοκται πᾶν τοὐναντίον, καὶ τὴν μοιχείαν ὁμολογεῖν καὶ ὡς ἀλλήλων ἐρῶντες ἐγώ τε καὶ Μελίτη κοινῇ τὴν Λευκίππην ἀπεκτείναμεν. 4 Οὕτω γὰρ κἀκείνη δίκην δώσει, κἀγὼ τὸν ἐπάρατον βίον καταλίποιμι. » « Εὐφήμησον, ὁ Κλεινίας ἔφη· καὶ τολμήσεις οὕτως ἐπὶ τοῖς αἰσχίστοις ἀποθανεῖν, νομιζόμενος φονεύς, καὶ ταῦτα Λευκίππης; » « Οὐδὲν αἰσχρόν, εἶπον, ὃ λυπεῖ τὸν ἐχθρόν. » 5 Καὶ ἡμεῖς ἐν τούτοις ἦμεν, τὸν δὲ ἄνθρωπον ἐκεῖνον, τὸν μηνυτὴν τοῦ ψευδοῦς φόνου, μετὰ μικρὸν ἀπολύει ⟨τις⟩ τῶν δεσμῶν, φάσκων τὸν ἄρχοντα κελεῦσαι κομίζειν αὐτὸν δώσοντα λόγον ὧν αἰτίαν ἔσχεν. 6 Ἐμὲ δὲ παρηγόρει Κλεινίας καὶ ὁ Σάτυρος, εἴ πως δύναιντο πεῖσαι μηδὲν ὧν διενοήθην εἰς τὴν δίκην εἰπεῖν· ἀλλ'

5. Dernier avatar du thème déjà utilisé en I, 13 et V, 7.

mais maintenant, tu es morte d'une double mort, de l'âme et du corps[5]. Tu avais échappé à deux bandes de brigands, et c'est le repaire de Mélité qui t'a tuée. **4** Moi, sacrilège et impie, j'ai maintes fois embrassé ta meurtrière, je l'ai enlacée d'enlacements impurs et lui ai procuré les plaisirs d'Aphrodite avant toi ! »

VI. **1** Pendant que je me lamentais ainsi, Clinias entre et je lui raconte toute l'histoire, lui disant que j'avais de toute façon décidé de mourir. Il tenta de me consoler : **2** « Qui sait si elle ne va pas revivre ? N'est-elle pas souvent morte ? N'a-t-elle pas souvent ressuscité ? Pourquoi mourir si vite ? Cela te sera possible aussi à loisir, lorsque tu auras appris sa mort avec certitude. » – « Balivernes ! Comment pourrait-on l'apprendre d'une manière plus sûre ? **3** Et je crois avoir découvert la meilleure manière de mourir, par laquelle l'exécrable Mélité ne pourra pas non plus rester impunie. Écoute ma méthode : je me disposais, comme tu sais, à me défendre de l'accusation d'adultère, si j'étais assigné devant le tribunal. Mais maintenant j'ai résolu tout le contraire : convenir de l'adultère et dire que, nous aimant l'un l'autre, Mélité et moi, nous avons tous deux tué Leucippé. **4** Ainsi elle recevra son châtiment, et moi je pourrai quitter mon abominable vie. » – « Tais-toi, dit Clinias, tu oserais ainsi mourir dans ces conditions infamantes, regardé comme un meurtrier, et, qui plus est, celui de Leucippé ? » – « Rien n'est infamant, dis-je, de ce qui afflige un ennemi. » **5** Nous étions en train de discuter lorsque, peu après, < on > délivra de ses chaînes l'homme qui avait fait la révélation du faux meurtre, sous prétexte que le magistrat avait donné ordre de l'amener pour qu'il rende compte de ce dont il était accusé. **6** Clinias ainsi que Satyros tentaient de me consoler, voyant s'ils pourraient me persuader de ne rien dire au procès de ce

ἐπέραινον οὐδέν. Ἐκείνην μὲν οὖν τὴν ἡμέραν καταγωγήν τινα μισθωσάμενοι κατῳκίσαντο, ὡς ἂν μηκέτι παρὰ τῆς Μελίτης εἶεν συντρόφῳ.

VII. 1 Τῇ δ' ὑστεραίᾳ ἀπηγόμην ἐπὶ τὸ δικαστήριον. Παρασκευὴ δὲ πολλὴ ἦν τοῦ Θερσάνδρου κατ' ἐμοῦ καὶ πλῆθος ῥητόρων οὐχ ἧττον δέκα· καὶ τῆς Μελίτης σπουδῇ πρὸς τὴν ἀπολογίαν παρεσκεύαστο. 2 Ἐπεὶ δὲ ἐπαύσαντο λέγοντες, αἰτήσας κἀγὼ λόγον, « Ἀλλ' οὗτοι μέν, ἔφην, ληροῦσι πάντες, καὶ οἱ Θερσάνδρῳ καὶ οἱ Μελίτῃ συνειπόντες· ἐγὼ δὲ πᾶσαν ὑμῖν ἐρῶ τὴν ἀλήθειαν. 3 Ἦν ἐρωμένη μοι πάλαι Βυζαντία μὲν γένος, Λευκίππη δὲ τοὔνομα. Ταύτην τεθνάναι δοκῶν — ἥρπαστο γὰρ ὑπὸ λῃστῶν ἐν Αἰγύπτῳ —, Μελίτῃ περιτυγχάνω, κἀκεῖθεν ἀλλήλοις συνόντες ἥκομεν ἐνταῦθα κοινῇ καὶ τὴν Λευκίππην εὑρίσκομεν Σωσθένει δουλεύουσαν, διοικητῇ τινι τῶν Θερσάνδρου χωρίων. 4 Ὅπως δὲ τὴν ἐλευθέραν ὁ Σωσθένης εἶχε δούλην ἢ τίς ἡ κοινωνία τοῖς λῃσταῖς πρὸς αὐτόν, ὑμῖν καταλείπω σκοπεῖν. Ἐπεὶ τοίνυν ἔμαθεν ἡ Μελίτη τὴν προτέραν εὑρόντα με γυναῖκα, φοβηθεῖσα μὴ πρὸς αὐτὴν ἀποκλίναιμι τὸν νοῦν, συμβουλεύεται τὴν ἄνθρωπον ἀνελεῖν. 5 Κἀμοὶ συνεδόκει — τί γὰρ οὐ δεῖ τἀληθῆ λέγειν ; —, ἐπεὶ τῶν αὐτῆς με κύριον ἀποφαίνειν ὑπισχνεῖτο. Μισθοῦμαι ἕνα δή τινα πρὸς τὸν φόνον· ἑκατὸν δ' ὁ μισθὸς ἦν τοῦ φόνου χρυσοῖ. Καὶ ὁ μὲν δὴ τὸ ἔργον δράσας οἴχεται κἀκ τότε γέγονεν ἀφανής· ἐμὲ δὲ ὁ ἔρως εὐθὺς ἠμύνατο· 6 ὡς γὰρ ἔμαθον ἀνῃρημένην, μετενόουν καὶ ἔκλαιον καὶ ἤρων καὶ νῦν ἐρῶ. Διὰ τοῦτο ἐμαυτοῦ κατεῖπον, ἵνα με πέμψητε πρὸς τὴν ἐρωμένην. Οὐ γὰρ φέρω νῦν ζῆν, καὶ μιαιφόνος γενόμενος καὶ φιλῶν ἣν ἀπέκτεινα. »

que j'avais projeté, mais ce fut sans résultat. Ce jour-là, ils louèrent un logement et s'y établirent, pour ne plus être chez le frère de lait de Mélité.

VII. **1** Le lendemain, je fus emmené au tribunal. Thersandre avait fait contre moi de nombreux préparatifs et il y avait pléthore d'orateurs, pas moins de dix ; les préparatifs de Mélité aussi avaient été faits avec soin, en vue de sa défense. **2** Lorsque les avocats eurent cessé de parler, je demandai la parole et dis : « Mais tous ces gens-là disent des sottises, aussi bien les défenseurs de Thersandre que ceux de Mélité ; moi je vais vous dire toute la vérité : **3** j'avais autrefois une bien-aimée qui était de Byzance, nommée Leucippé. Croyant qu'elle était morte – elle avait en effet été enlevée par des brigands en Égypte –, je rencontre Mélité et, de là-bas, où nous nous fréquentions, nous revenons ici ensemble et trouvons Leucippé réduite en esclavage par Sosthénès, un administrateur des propriétés de Thersandre. **4** Comment Sosthénès avait cette femme libre pour esclave et quelles étaient ses relations avec les brigands, je vous laisse le soin de le découvrir. Lorsque Mélité eut appris que j'avais retrouvé ma première femme, craignant que mon esprit ne retourne vers elle, elle forme le projet de supprimer la femme. **5** J'en convins moi aussi – à quoi bon taire la vérité ? –, parce qu'elle promettait de me rendre maître de ses biens. Je loue donc un homme pour le meurtre ; le salaire était de cent pièces d'or. Sa besogne exécutée, il s'enfuit et, depuis lors, est introuvable ; mais l'amour m'a aussitôt puni, **6** car, lorsque j'appris qu'elle avait été supprimée, j'eus des remords, je me mis à pleurer, j'aimais et j'aime aujourd'hui encore. Voilà pourquoi je me suis dénoncé, afin que vous m'envoyiez vers ma bien-aimée. Car je ne peux supporter désormais de vivre, étant devenu un meurtrier, et aimant celle que j'ai tuée. »

VIII. 1 Ταῦτα εἰπόντος ἐμοῦ πάντας ἔκπληξις κατέσχεν ἐπὶ τῷ παραλόγῳ τοῦ πράγματος, μάλιστα δὲ τὴν Μελίτην. Καὶ οἱ μὲν τοῦ Θερσάνδρου ῥήτορες μεθ' ἡδονῆς ἀνεβόησαν ἐπινίκιον, οἱ δὲ τῆς Μελίτης ἀνεπύθοντο τί ταῦτα εἴη τὰ λεχθέντα. 2 Ἡ δὲ τὰ μὲν ἐτεθορύβητο, τὰ δὲ ἠρνεῖτο, τὰ δὲ διηγεῖτο σπουδῇ μάλα καὶ οὐ σαφῶς, τὴν μὲν Λευκίππην εἰδέναι λέγουσα καὶ ὅσα εἶπον, ἀλλὰ τόν γε φόνον οὔ· ὥστε κἀκείνους διὰ τὸ τὰ πλείω μοι συνᾴδειν ὑπόνοιαν ἔχειν κατὰ τῆς Μελίτης καὶ ἀπορεῖν ὅτῳ χρήσαιντο λόγῳ πρὸς τὴν ἀπολογίαν.

IX. 1 Ἐν τούτῳ δὲ ὁ Κλεινίας, θορύβου πολλοῦ κατὰ τὸ δικαστήριον ὄντος, ἀνελθών, « Κἀμοί τινα λόγον, εἶπε, συγχωρήσατε· περὶ γὰρ ψυχῆς ἀνδρὸς ὁ ἀγών. » 2 Ὡς δὲ ἔλαβε, δακρύων γεμισθείς, « Ἄνδρες, εἶπεν, Ἐφέσιοι, μὴ προπετῶς καταγνῶτε θάνατον ἀνδρὸς ἐπιθυμοῦντος ἀποθανεῖν, ὅπερ φύσει τῶν ἀτυχούντων ἐστὶ φάρμακον· κατέψευσται γὰρ ἑαυτοῦ τὴν τῶν ἀδικούντων αἰτίαν, ἵνα πάθῃ τὴν τῶν δυστυχούντων τιμωρίαν. 3 Ἃ δὲ ἠτύχησε διὰ βραχέων ἐρῶ. Ἐρωμένην εἶχεν, ὡς εἶπεν. Τοῦτο γὰρ οὐκ ἐψεύσατο· καὶ ὅτι λῃσταὶ ταύτην ἥρπασαν, καὶ τὰ περὶ Σωσθένους, καὶ πάνθ' ὅσα πρὸ τοῦ φόνου διηγήσατο, πέπρακται τὸν τρόπον τοῦτον. 4 Αὕτη γέγονεν ἐξαίφνης ἀφανής, οὐκ οἶδ' ὅπως, οὔτ' εἴ τις ἀπέκτεινεν αὐτήν, οὔτ' εἰ καὶ ζῇ κλαπεῖσα· πλὴν ἓν τοῦτο οἶδα μόνον, τὸν Σωσθένην αὐτῆς ἐρῶντα καὶ αἰκισάμενον βασάνοις πολλαῖς ἐφ' οἷς οὐκ ἐτύγχανε, καὶ φίλους ἔχοντα λῃστάς. Οὗτος οὖν ἀνῃρῆσθαι δοκῶν τὴν γυναῖκα ζῆν οὐκέτι θέλει καὶ διὰ

VIII. **1** À ces mots, la stupeur s'empara de tous, devant le tour imprévu que prenait l'affaire, mais surtout de Mélité. Les orateurs de Thersandre se mirent à entonner, de plaisir, un chant de victoire, et ceux de Mélité demandèrent ce que voulaient dire mes paroles. **2** Elle était déconcertée par certains points, elle en niait d'autres, elle en relatait d'autres encore, avec beaucoup d'ardeur, mais peu de cohérence : elle disait qu'elle connaissait Leucippé et reconnaissait tout ce que j'avais dit, mais pas le meurtre, si bien que ses défenseurs, comme elle se trouvait en accord avec moi sur la plupart des points, avaient des soupçons envers Mélité et ne savaient quel argument employer pour la défendre.

IX. **1** À ce moment, comme il y avait un grand tumulte dans le tribunal, Clinias monta à la tribune et dit : « Accordez-moi, à moi aussi, la parole : c'est la vie d'un homme qui est en jeu. » **2** Lorsqu'il l'eut reçue, les yeux remplis de larmes, il dit : « Citoyens d'Éphèse, ne condamnez pas à mort, avec précipitation, un homme qui désire mourir, ce qui, par nature, est le remède des malheureux ; il s'est en effet lui-même faussement accusé du crime qu'ont commis les coupables, afin de subir la peine des infortunés. **3** Quels ont été ses malheurs, je le dirai en quelques mots. Il avait une bien-aimée, comme il l'a dit ; sur ce point en effet, il n'a pas menti. Que des brigands l'aient enlevée, ce qui concerne Sosthénès et tous les faits qu'il a exposés avant le meurtre, tout cela s'est passé de cette manière. **4** Elle a soudain disparu, je ne sais comment, ni si quelqu'un l'a tuée, ni si elle vit encore après avoir été enlevée. Je ne sais qu'une seule chose, c'est que Sosthénès l'aimait et lui a fait subir de nombreux supplices parce qu'il n'arrivait pas à ses fins, et qu'il a comme amis des brigands. L'homme que voici, croyant que sa femme a péri, ne veut plus vivre et c'est

τοῦτο ἑαυτοῦ φόνον κατεψεύσατο. 5 Ὅτι μὲν γὰρ ἐπιθυμεῖ θανάτου καὶ αὐτὸς ὡμολόγησε, καὶ ὅτι διὰ λύπην τὴν ἐπὶ γυναικί. Σκοπεῖτε δὲ εἴ τις ἀποκτείνας τινὰ ἀληθῶς ἐπαποθανεῖν αὐτῷ θέλει καὶ ζῆν δι' ὀδύνην οὐ φέρει. 6 Τίς οὕτω φιλόστοργος φονεύς, ἢ ποῖον μῖσός ἐστιν οὕτω φιλούμενον ; Μή, πρὸς θεῶν, μὴ πιστεύσητε, μηδὲ ἀποκτείνητε ἄνθρωπον ἐλέου μᾶλλον ἢ τιμωρίας δεόμενον. Εἰ δὲ αὐτὸς ἐπεβούλευσεν, ὡς λέγει, τὸν φόνον, εἰπάτω τίς ἐστιν ὁ μεμισθωμένος, δειξάτω τὴν ἀνῃρημένην. 7 Εἰ δὲ μὴ ὁ ἀποκτείνας ἐστὶ μηδὲ ἡ ἀνῃρημένη, τίς ἤκουσέ ποτε τοιοῦτον φόνον ; ‘Ἤρων, φησί, Μελίτης · διὰ τοῦτο Λευκίππην ἀπέκτεινα.’ Πῶς οὖν Μελίτης φόνον κατηγορεῖ, ἧς ἤρα ; Διὰ Λευκίππην δὲ ἀποθανεῖν ἐθέλει νῦν, ἣν ἀπέκτεινεν ; 8 Οὕτω γὰρ ἄν τις καὶ μισοῖ τὸ φιλούμενον καὶ φιλοῖ τὸ μισούμενον ; Ἆρ' οὖν οὐ πολὺ μᾶλλον ἂν καὶ ἐλεγχόμενος ἠρνήσατο τὸν φόνον, ἵνα καὶ σώσῃ τὴν ἐρωμένην καὶ ὑπὲρ τῆς ἀνῃρημένης μὴ μάτην ἀποθάνῃ ; 9 Διὰ τί οὖν Μελίτης κατηγόρησεν, εἰ μηδὲν αὐτῇ τοιοῦτο πέπρακται ; Ἐγὼ καὶ τοῦτο πρὸς ὑμᾶς ἐρῶ, καὶ πρὸς τῶν θεῶν μή με νομίσητε διαβάλλειν θέλοντα τὴν γυναῖκα ποιήσασθαι τὸν λόγον, ἀλλ' ὡς τὸ πᾶν ἐγένετο · 10 Μελίτη μὲν ἐπεπόνθει ⟨τι⟩ πρὸς τοῦτον ἐρωτικὸν καὶ περὶ τοῦ γάμου διείλεκτο, πρὶν ὁ θαλάσσιος οὗτος ἀνεβίω νεκρός · ὁ δὲ οὐκ εἶχεν οὕτως, ἀλλὰ καὶ πάνυ ἐρρωμένως τὸν γάμον ἀπεκρούετο, κἂν τούτῳ τὴν ἐρωμένην εὑρών, ὡς ἔφη, παρὰ τῷ Σωσθένει ζῶσαν, ἣν ᾤετο νεκράν, πολὺ μᾶλλον πρὸς τὴν Μελίτην εἶχεν ἀλλοτριώτερον. 11 Ἡ δὲ πρὶν μαθεῖν ἐρωμένην οὖσαν αὐτῷ τὴν παρὰ τῷ Σωσθένει, ταύτην ἠλέησέ τε καὶ ἔλυσε τῶν δεσμῶν, οἷς ἦν ὑπὸ τοῦ

6. Tout l'échafaudage de vraisemblances culmine avec cet oxymore.

7. On a un nouveau jeu de mots, gratuit et intraduisible, entre ἐρρωμένως et ἐρωμένην.

pour cela qu'il s'est faussement accusé du meurtre : **5** il désire la mort, il l'a lui-même avoué, et c'est par chagrin pour une femme. Examinez donc si une personne qui en a tué une autre désire vraiment la suivre dans la mort et ne supporte pas de vivre sous la douleur. **6** Quel meurtrier est aussi tendre, quelle haine est aussi aimante[6] ? Non, au nom des dieux, ne le croyez pas et ne tuez pas un homme qui a plus besoin de pitié que de châtiment. Si c'est lui-même qui, comme il le dit, a machiné le meurtre, qu'il dise qui est le tueur à gages, qu'il montre la disparue. **7** Mais s'il n'y a ni meurtrier ni disparue, qui a jamais entendu parler d'un tel meurtre ? “J'aimais, dit-il, Mélité : c'est pourquoi j'ai tué Leucippé.” Comment se fait-il donc qu'il accuse d'un meurtre Mélité, qu'il aimait ? Et c'est pour Leucippé qu'il veut mourir à présent, elle qu'il a tuée ? **8** Peut-on ainsi haïr l'objet de son amour et aimer l'objet de sa haine ? N'aurait-il donc pas bien plutôt nié le meurtre si on l'avait accusé, afin tout à la fois de sauver celle qu'il aime et de ne pas mourir pour rien, pour celle qui a été tuée ? **9** Pourquoi donc a-t-il accusé Mélité, si elle n'a rien commis de tel ? Moi, je vais vous le dire aussi et, au nom des dieux, n'allez pas croire que je parle dans l'intention de calomnier cette femme : je ne veux que dire comment toute l'affaire est arrivée. **10** Mélité avait pour cet homme < quelque > sentiment amoureux, et avait parlé d'un mariage, avant que ce noyé-là ne ressuscite ; mais Clitophon n'était pas d'accord et repoussait le mariage avec la dernière énergie[7], et, sur ce, il retrouva, comme il l'a dit, sa bien-aimée, qu'il croyait morte, vivante, chez Sosthénès, et il devint encore plus hostile aux vœux de Mélité. **11** Mais elle, avant de savoir que la femme qui était chez Sosthénès était sa bien-aimée, l'avait prise en pitié, lui avait ôté les chaînes que lui avaient mises Sosthénès,

Σωσθένους δεδεμένη, καὶ εἰς τὴν οἰκίαν τε εἰσεδέξατο καὶ τὰ ἄλλα ὡς πρὸς ἐλευθέραν δυστυχήσασαν ἐφιλοτιμήσατο. Ἐπειδὴ δὲ ἔμαθεν, ἔπεμψεν εἰς τοὺς ἀγροὺς διακονησομένην αὐτῇ· καὶ μετὰ ταῦτά φασιν ἀφανῆ γεγονέναι. 12 Καὶ ὅτι ταῦτα οὐ ψεύδομαι, ἡ Μελίτη συνομολογήσει καὶ θεράπαιναι δύο, μεθ' ὧν αὐτὴν ἐπὶ τοὺς ἀγροὺς ἐξέπεμψεν. Ἓν μὲν οὖν πρὸς ὑπόνοιαν ἤγαγε τοῦτον, μὴ ἄρα φονεύσασα εἴη τὴν Λευκίππην αὕτη διὰ ζηλοτυπίαν· ἕτερον δέ τι αὐτῷ πρὸς τὴν τῆς ὑπονοίας βεβαίωσιν ἐν τῷ δεσμωτηρίῳ συμβὰν καὶ καθ' αὑτοῦ καὶ κατὰ τῆς Μελίτης ἐξηγρίανε. 13 Τῶν δεσμωτῶν τις ὀδυρόμενος ἑαυτοῦ τὴν συμφορὰν ἔλεγεν ⟨ἐν⟩ ὁδῷ τινι κεκοινωνηκέναι κατὰ ἄγνοιαν ἀνδρὶ φονεῖ, δεδρακέναι δὲ ἐκεῖνον γυναικὸς φόνον ἐπὶ μισθῷ. Καὶ τὸ ὄνομα ἔλεγε· Μελίτην μὲν εἶναι τὴν μισθωσαμένην, Λευκίππην δὲ τὴν ἀνῃρημένην. 14 Εἰ δὲ ταῦτα γέγονεν οὕτως, ἐγὼ μὲν οὐκ οἶδα, μαθεῖν δὲ ὑμᾶς ἔξεσται. Ἔχετε τὸν δεδεμένον· εἰσὶν αἱ θεράπαιναι· ἔστιν ὁ Σωσθένης. Ὁ μὲν ἐρεῖ πόθεν ἔσχε τὴν Λευκίππην δούλην, αἱ δὲ πῶς γέγονεν ἀφανής· ὁ δὲ περὶ τοῦ μισθωτοῦ καταγορεύσει. Πρὶν δὲ μάθητε τούτων ἕκαστον, οὔτε ὅσιον οὔτε εὐσεβὲς νεανίσκον ἄθλιον ἀνελεῖν, πιστεύσαντας μανίας λόγοις. Μαίνεται γὰρ ὑπὸ λύπης. »

X. 1 Ταῦτα εἰπόντος τοῦ Κλεινίου τοῖς μὲν πολλοῖς ἐδόκει πιθανὸς ὁ λόγος, οἱ δὲ τοῦ Θερσάνδρου ῥήτορες καὶ ὅσοι τῶν φίλων συμπαρῆσαν, ἐπεβόων ἀνελεῖν τὸν ἀνδροφόνον τὸν αὑτοῦ κατειπόντα θεοῦ προνοίᾳ. 2 Μελίτη τὰς θεραπαινίδας ἐδίδου καὶ Θέρσανδρον ἠξίου διδόναι Σωσθένην· τάχα γὰρ αὐτὸν εἶναι τὸν Λευκίππην

8. Pour la procédure de πρόκλησις, voir le lexique d'Harpocration.

l'avait accueillie chez elle et traitée avec tous les égards dus à une femme libre victime de l'infortune. Lorsqu'elle le sut, elle l'envoya au domaine pour son service, et c'est après cela qu'on dit qu'elle a disparu. **12** Que je ne dis pas de mensonges, Mélité en conviendra ainsi que deux servantes avec lesquelles elle l'avait envoyée au domaine. Voilà donc un premier fait qui a amené notre homme à soupçonner que Mélité avait tué Leucippé par jalousie ; un second événement, qui s'est produit en prison, est venu confirmer ses soupçons et c'est ce qui l'a rendu furieux contre lui-même et contre Mélité. **13** Un des prisonniers, qui déplorait son propre malheur, prétendait que, sur son chemin, il avait été rejoint par un individu, qui, ce qu'il ignorait, était un meurtrier et que celui-ci avait commis le meurtre d'une femme moyennant salaire. Et il donnait les noms : Mélité était celle qui l'avait pris à gages, Leucippé celle que l'on avait fait disparaître. **14** S'il en est ainsi, moi je n'en sais rien, mais il vous sera possible de l'apprendre. Vous avez sous la main le prisonnier ; il y a les servantes ; il y a Sosthénès. Il dira, lui, d'où il a pris Leucippé comme esclave, et elles, comment elle a disparu ; le prisonnier donnera des détails sur le tueur à gages. Mais avant d'avoir pris connaissance de chacun de ces points, il ne serait ni juste ni pieux de supprimer un jeune homme malheureux, en vous fiant à des paroles remplies de folie. Car il est fou de chagrin. »

X. **1** Après ce discours de Clinias, l'argumentation semblait plausible au plus grand nombre, mais les orateurs de Thersandre et tous ceux de ses amis qui étaient présents criaient de faire périr l'assassin qui s'était lui-même accusé grâce à la providence divine. **2** Mélité livra ses petites servantes et somma Thersandre de livrer Sosthénès[8] : peut-être en effet était-ce lui qui avait tué Leucippé ; et cette

ἀνῃρηκότα· καὶ οἱ συνηγοροῦντες αὐτῇ ταύτην μάλιστα προεφέροντο πρόκλησιν. 3 Ὁ δὲ Θέρσανδρος φοβηθεὶς λάθρα τινὰ τῶν παραστατῶν εἰς τοὺς ἀγροὺς ἀποστέλλει πρὸς τὸν Σωσθένην, κελεύσας τὴν ταχίστην ἀφανῆ γενέσθαι, πρὶν τοὺς ἐπ' αὐτὸν πεμφθέντας ἥκειν· ὃς δὴ ἐπιβὰς ἵππῳ σπουδῇ μάλα πρὸς αὐτὸν ἔρχεται καὶ τὸν κίνδυνον λέγει ὡς, εἰ ληφθείη παρών, εἰς βασάνους ἀπαχθήσεται. 4 Ὁ δὲ ἔτυχε μὲν ἐν τῷ τῆς Λευκίππης δωματίῳ παρών, κατεπᾴδων αὐτῇ· κληθεὶς δὲ ὑπὸ τοῦ παρόντος σὺν βοῇ καὶ ταραχῇ πολλῇ προέρχεται, καὶ ἀκούσας τὰ ὄντα, μεστὸς γενόμενος δέους καὶ ἤδη νομίζων τοὺς δημοσίους ἐπ' αὐτὸν παρεῖναι, ἐπιβὰς ἵππῳ σπουδῇ μάλα ἐξελαύνει ἐπὶ Σμύρνης· ὁ δὲ ἄγγελος πρὸς τὸν Θέρσανδρον ἀναστρέφει. Ἀληθὴς δέ ἐστιν, ὡς ἔοικεν, ὁ λόγος, ὅτι μνήμην ἐκπλήσσειν πέφυκε φόβος· 5 ὁ δ' οὖν Σωσθένης περὶ ἑαυτοῦ φοβηθεὶς ἁπαξαπάντων ἐπελάθετο τῶν ἐν ποσὶν ὑπ' ἐκπλήξεως, ὡς μηδὲ τοῦ τῆς Λευκίππης δωματίου κλεῖσαι τὰς θύρας. Μάλιστα γὰρ τὸ τῶν δούλων γένος ἐν οἷς ἂν φοβηθῇ σφόδρα δειλόν ἐστιν.

XI. 1 Ἐν τούτῳ δὲ ὁ Θέρσανδρος, πρώτης προκλήσεως ἀπὸ τῆς Μελίτης οὕτω γενομένης, παρελθών, « Ἱκανῶς μὲν οὗτος, εἶπεν, ὅστις ποτέ ἐστι, κατελήρησε μυθολογῶν. Ἐγὼ δὲ ὑμῶν τεθαύμακα τῆς ἀναλγησίας, εἰ φονέα ἐπ' αὐτοφώρῳ λαβόντες — μεῖζον γὰρ τῆς φωρᾶς τὸ αὐτὸν ἑαυτοῦ κατειπεῖν — οὐ δὴ κελεύετε τῷ δημίῳ, καθέζεσθε δὲ γόητος ἀκούοντες πιθανῶς μὲν ὑποκρινομένου, πιθανῶς δὲ δακρύοντος· ὃν νομίζω καὶ αὐτὸν

9. Voir Thucydide, II, 87.

sommation fut particulièrement appuyée par ses défenseurs. **3** Thersandre, pris de peur, envoie secrètement un de ses partisans au domaine, auprès de Sosthénès, avec ordre de disparaître le plus rapidement possible, avant l'arrivée des gens qu'on avait envoyés contre lui. Cet homme donc monte à cheval et s'en va en toute hâte lui exposer le danger ; si, restant là, il était pris, il serait emmené à la torture. **4** Sosthénès était dans la cabane de Leucippé, tâchant de la charmer ; appelé à grands cris par l'homme qu'on avait envoyé, il va vers lui et, ayant appris la situation, rempli de crainte et s'imaginant déjà que les bourreaux étaient arrivés sur lui, il monte à cheval en toute hâte et galope vers Smyrne, tandis que le messager s'en retourne auprès de Thersandre. Et le proverbe se vérifie, à ce qu'il semble, selon lequel la peur naturellement trouble la mémoire[9] : **5** Sosthénès, pris de peur pour lui-même, avait oublié toute la situation présente sous l'emprise de la terreur, au point de ne pas même refermer la porte de la cabane de Leucippé. C'est que, plus que toute autre, la gent servile, lorsqu'elle craint, se montre extrêmement lâche.

XI. **1** À ce moment, Thersandre, alors que la première sommation avait été ainsi lancée par Mélité, s'avança et dit : « En voilà assez de celui, quel qu'il soit, qui a débité ces contes absurdes, et moi, je m'étonne de votre engourdissement : vous avez pris le meurtrier sur le fait – car il est plus décisif que le flagrant délit qu'il se soit lui-même accusé du fait [10]–, et vous ne donnez pas d'ordre au bourreau, vous restez assis à écouter un imposteur plein de conviction dans son jeu, plein de conviction dans ses larmes ; je crois que, lui aussi, ayant été complice

10. Ce qui est une autre manifestation de la prédominance des paroles sur les faits en cette fin de roman, où, d'une certaine manière, le *logos* s'affole.

κοινωνὸν γενόμενον τοῦ φόνου περὶ ἑαυτοῦ φοβεῖσθαι· ὥστ' οὐκ οἶδα τί δεῖ βασάνων ἔτι περὶ πράγματος οὕτω σαφῶς ἐληλεγμένου. 2 Δοκῶ δὲ καὶ ἄλλον τινὰ ἐργάσασθαι φόνον. Ὁ γὰρ Σωσθένης οὗτος, ὃν αἰτοῦσι παρ' ἐμοῦ, τρίτην ταύτην ἡμέραν γέγονεν ἀφανής, καὶ ἔστιν οὐ πόρρω τινὸς ὑπονοίας μὴ ἄρα τῆς τούτων ἐπιβουλῆς γέγονεν ἔργον· αὐτὸς γὰρ ἐτύγχανεν ὁ τὴν μοιχείαν μοι κατειπών. Ὥστε εἰκότως ἀποκτεῖναί μοι δοκοῦσιν αὐτόν, καὶ τοῦτ' εἰδότες, ὡς ἂν οὐκ ἔχοιμι παρασχεῖν τὸν ἄνθρωπον, πρόκλησιν περὶ αὐτοῦ πεποίηνται πάνυ κακούργως. 3 Εἴη μὲν οὖν κἀκεῖνον φανῆναι καὶ μὴ τεθνάναι· τί δέ, καὶ εἰ παρῆν, ἔδει παρ' αὐτοῦ μαθεῖν; Εἴ τινα κόρην ἐωνήσατο; Τοιγαροῦν ἐωνημένος ἔστω καὶ εἰ ταύτην ἔσχε Μελίτη; Λέγει καὶ τοῦτο δι' ἐμοῦ. Ἀπήλλακται μὲν δὴ Σωσθένης ταῦτα εἰπών· τοὐντεῦθεν δὲ ὁ λόγος μοι πρὸς Μελίτην καὶ Κλειτοφῶντα. 4 Τί μου τὴν δούλην λαβόντες πεποιήκατε; Δούλη γὰρ ἦν ἐμή, Σωσθένους αὐτὴν ἐωνημένου· καὶ εἴπερ ἦν καὶ μὴ πρὸς αὐτῶν ἐπεφόνευτο, πάντως ἂν ἐδούλευεν ἐμοί.» 5 Τοῦτον δὲ τὸν λόγον ὁ Θέρσανδρος πάνυ κακοήθως παρενέβαλεν, ἵνα κἂν ὕστερον ἡ Λευκίππη φωραθῇ ζῶσα, πρὸς δουλείαν αὐτὴν ἀγάγῃ. Εἶτα προσετίθει· « Κλειτοφῶν μὲν οὖν ὡμολόγησεν ἀνῃρηκέναι καὶ ἔχει τὴν δίκην, Μελίτη δὲ ἀρνεῖται· πρὸς ταύτην αἱ τῶν θεραπαινῶν εἰσι βάσανοι. 6 Ἂν γὰρ φανῶσι παρὰ ταύτης λαβοῦσαι τὴν κόρην, εἶτ' οὐκέτι πάλιν ἀγαγοῦσαι, τί γέγονε; Τί δ' ὅλως ἐξεπέμπετο; Καὶ πρὸς τίνα; Ἆρ' οὐκ εὔδηλον τὸ πρᾶγμα, ὡς συσκευασάμενοι μὲν ἦσάν τινας ὡς κτενοῦντας; 7 Αἱ δὲ θεράπαιναι τούτους μέν, ὡς εἰκός, οὐκ ᾔδεσαν, ἵνα μὴ μετὰ πλειόνων μαρτύρων γενόμενον τὸ ἔργον κίνδυνον ἔχῃ μείζονα· κατέλιπον δὲ

du meurtre, craint pour lui-même si bien que je ne sais pourquoi on a encore besoin de torture pour une affaire aussi clairement prouvée. **2** Et je crois que l'on a commis aussi un autre meurtre : ce Sosthénès qu'ils me réclament, cela fait deux jours qu'il a disparu et je ne suis pas loin de soupçonner qu'il a été victime de leur complot ; il se trouve en effet que c'est lui qui m'a dénoncé l'adultère. Ainsi, je pense qu'ils l'ont probablement tué, et, sachant bien que je pourrais faire comparaître l'homme, ils ont lancé à son sujet une sommation avec la dernière fourberie. **3** Mais supposons que lui aussi paraisse et qu'on ne l'ait pas tué ! Même s'il était présent, que devrait-on apprendre de lui ? Qu'il a acheté une jeune fille ? Eh bien, reconnaissons qu'il l'a achetée ; et que Mélité l'avait ? Il dit cela aussi par ma bouche. Sosthénès peut être congédié après avoir dit ces mots ; et, de ce moment, commence mon discours contre Mélité et Clitophon. **4** Après avoir pris mon esclave, qu'en avez-vous fait ? Car elle était mon esclave, Sosthénès l'ayant achetée ; et si elle était vivante et n'avait pas été tuée par eux, elle serait de toute façon mon esclave à moi. » **5** Cette parole, Thersandre l'avait insérée avec une grande malignité, afin que, même si plus tard, Leucippé était retrouvée vivante, il puisse l'emmener comme esclave. Puis il ajouta : « Clitophon a reconnu l'assassinat, sa cause est entendue, mais Mélité nie. C'est pour elle qu'on soumettra à la torture les servantes ; **6** s'il apparaît qu'elles ont reçu la jeune fille de ses mains et qu'ensuite elles ne l'ont plus ramenée, que s'est-il passé ? Pourquoi, en un mot, l'a-t-on fait sortir ? Et pour voir qui ? La chose n'est-elle pas tout à fait évidente, qu'ils avaient disposé des gens pour la tuer ? **7** Les servantes ne les connaissaient probablement pas, pour ne pas augmenter les risques en augmentant le nombre des témoins ; elles l'ont quittée là où se trouvait,

αὐτὴν ἔνθα ἦν ὁ τῶν λῃστῶν λόχος λανθάνων, ὥστε ἐνεχώρει μηδὲ ἐκείνας τὸ γενόμενον ἑωρακέναι. Ἐλήρησε δὲ καὶ περὶ δεσμώτου τινός, ὡς εἰπόντος περὶ τοῦ φόνου. 8 Καὶ τίς ὁ δεσμώτης οὗτος, ὃς τῷ στρατηγῷ μὲν οὐδὲν εἶπε, τούτῳ δὲ μόνῳ τὰ ἀπόρρητα διελέγετο τοῦ φόνου, πλὴν εἰ μὴ κοινωνοῦντα ἐγνώρισεν; Οὐ παύσεσθε φληνάφων ἀνεχόμενοι κενῶν καὶ τηλικοῦτον ἔργον τιθέμενοι παιδιάν; Οἴεσθε χωρὶς θεοῦ τοῦτον ἑαυτοῦ κατειπεῖν; »

XII. 1 Ταῦτα λέγοντος τοῦ Θερσάνδρου καὶ διομνυμένου περὶ τοῦ Σωσθένους οὐκ εἰδέναι τί γέγονεν, ἔδοξε τῷ προέδρῳ τῶν δικαστῶν — ἦν δὲ τοῦ βασιλικοῦ γένους καὶ τὰς μὲν φονικὰς ἐδίκαζε δίκας, κατὰ δὲ τὸν νόμον συμβούλους ἐκ τῶν γεραιτέρων εἶχεν, οὓς ἐπιγνώμονας ἐλάμβανε τῆς γνώσεως — ἔδοξεν οὖν αὐτῷ διασκοπήσαντι σὺν τοῖς παρέδροις αὐτοῦ θάνατον μὲν ἐμοῦ καταγνῶναι κατὰ τὸν νόμον, ὃς ἐκέλευσε τὸν αὑτοῦ κατειπόντα φόνον τεθνάναι, περὶ δὲ Μελίτης κρίσιν γενέσθαι δευτέραν ἐν ταῖς βασάνοις τῶν θεραπαινίδων, Θέρσανδρον ἐπομόσαι περὶ τοῦ Σωσθένους ἐν γράμμασιν, ἦ μὴν οὐκ εἰδέναι τί γέγονε, κἀμὲ δέ, ὡς ἤδη κατάδικον, βασανισθῆναι περὶ τοῦ Μελίτην τῷ φόνῳ συνεγνωκέναι. 2 Ἄρτι δέ μου δεθέντος καὶ τῆς ἐσθῆτος τοῦ σώματος γεγυμνωμένου μετεώρου τε ἐκ τῶν βρόχων κρεμαμένου καὶ τῶν μὲν μάστιγας κομιζόντων, τῶν δὲ πῦρ καὶ τροχόν, ἀνοιμώξαντος δὲ τοῦ Κλεινίου καὶ ἐπικαλοῦντος

11. Ces explications juridiques ont été diversement commentées : le détail de la famille royale apparaît à Gaselee comme une référence à l'empire perse, tandis que Jacobs y voit un reflet, mal compris, du rôle de l'archonte-roi à Athènes (qui s'occupe des poursuites pour meurtre), l'ensemble de la terminologie semblant renvoyer plus ou moins aux institutions athéniennes. Ici comme ailleurs le romancier semble se contenter d'une vague teinture historique.

à leur insu, une troupe de brigands, si bien qu'elles ont pu ne pas voir ce qui s'est passé. Cet individu a raconté aussi des boniments à propos d'un prisonnier qui aurait parlé du meurtre. **8** Et quel est ce prisonnier, qui n'a rien dit au magistrat, mais qui, à cet homme seulement, a raconté les secrets du meurtre, à moins qu'il ne l'ait reconnu comme un complice ? Ne cesserez-vous pas de tolérer ces sornettes vides de sens, et de transformer une affaire aussi importante en enfantillage ? Croyez-vous que, sans la volonté d'un dieu, cet homme se serait accusé lui-même ?

XII. **1** Comme Thersandre disait ces mots et jurait, au sujet de Sosthénès, qu'il ne savait pas ce qu'il était devenu, le président du tribunal décida – il était de la famille royale et jugeait les procès pour meurtre et, conformément à la loi, il avait des conseillers parmi les anciens, qu'ils prenaient comme arbitres de sa décision[11]–, il décida donc, après avoir fait un examen approfondi avec ses assesseurs, de me condamner à mort conformément à la loi qui stipulait que celui qui avoue spontanément un meurtre doit mourir ; et, pour Mélité, que l'on ferait un second procès sur la base des tortures des petites servantes, que Thersandre affirmerait sous serment et par écrit, au sujet de Sosthénès, qu'il ignorait ce qu'il était devenu, et que moi-même, en tant que déjà condamné[12], je serais torturé au sujet de ma complicité avec Mélité dans le meurtre. **2** Je venais d'être enchaîné, mon corps n'avait déjà plus de vêtements, j'étais suspendu en l'air à des cordses, les uns préparaient les fouets, les autres le feu et la roue[13], Clinias, éclatant en sanglots, invoquait

12. On ne peut soumettre à la torture un homme libre, mais la condamnation lève l'interdiction.

13. Le voilà enfin, après Leucippé, dans la situation annoncée par le diptyque d'Andromède et Prométhée.

τοὺς θεούς, ὁ τῆς Ἀρτέμιδος ἱερεὺς δάφνην ἐστεμμένος προσιὼν ὁρᾶται. 3 Σημεῖον δὲ τοῦτό ἐστιν ἠκούσης θεωρίας τῇ θεῷ. Τοῦτο δὲ ὅταν γένηται, πάσης εἶναι δεῖν τιμωρίας ἐκεχειρίαν ἡμερῶν τοσούτων, ὅσων οὐκ ἐπετέλεσαν τὴν θυσίαν οἱ θεωροί. Οὕτω μὲν δὴ τότε τῶν δεσμῶν ἐλύθην. Ἦν δὲ ὁ τὴν θεωρίαν ἄγων Σώστρατος, ὁ τῆς Λευκίππης πατήρ. 4 Οἱ γὰρ Βυζάντιοι, τῆς Ἀρτέμιδος ἐπιφανείσης ἐν τῷ πολέμῳ τῷ πρὸς τοὺς Θρᾷκας, νικήσαντες ἐλογίσαντο δεῖν αὐτῇ θυσίαν ἀποστέλλειν τῆς συμμαχίας ἐπινίκιον. Ἦν δὲ καὶ ἰδίᾳ τῷ Σωστράτῳ νύκτωρ ἡ θεὸς ἐπιστᾶσα· τὸ δὲ ὄναρ ἐσήμαινε τὴν θυγατέρα εὑρήσειν ἐν Ἐφέσῳ καὶ τἀδελφοῦ τὸν υἱόν.

XIII. 1 Παρὰ δὲ τὸν αὐτὸν χρόνον καὶ ἡ Λευκίππη, τὰς μὲν τοῦ δωματίου θύρας ἀνεῳγμένας ὁρῶσα, τὸν δὲ Σωσθένην μὴ παρόντα, περιεσκόπει μὴ πρὸ θυρῶν εἴη. Ὡς δ' ἦν οὐδαμοῦ, θάρσος αὐτὴν καὶ ἐλπὶς ἡ συνήθης ἐπεισέρχεται· μνήμη γὰρ αὐτῇ τοῦ πολλάκις παρὰ δόξαν σεσῶσθαι πρὸς τὸ παρὸν τῶν κινδύνων τὴν ἐλπίδα προὐξένει ἀποχρῆσθαι τῇ Τύχῃ. 2 Ἦν γὰρ τῶν ἀγρῶν πλησίον τὸ τῆς Ἀρτέμιδος ἱερόν, ἐκτρέχει τε ἐπ' αὐτὸ καὶ ἔχεται τοῦ νεώ. Τὸ δὲ παλαιὸν ἄβατος ἦν γυναιξὶν ἐλευθέραις οὗτος ὁ νεώς, ἀνδράσι δὲ ἐπετέτραπτο καὶ παρθένοις. 3 Εἰ δέ τις εἴσω παρῆλθε γυνή, θάνατος ἦν ἡ δίκη, πλὴν εἰ μὴ δούλη τις ἦν ἐγκαλοῦσα τῷ δεσπότῃ. Ταύτην δὲ ἐξῆν ἱκετεύειν τὴν θεόν, οἱ δὲ ἄρχοντες ἐδίκαζον αὐτῇ τε καὶ τῷ δεσπότῃ. Καὶ εἰ μὲν ὁ δεσπότης οὐδὲν ἔτυχεν ἀδικῶν, αὖθις τὴν θεράπαιναν ἐλάμβανεν, ὀμόσας μὴ μνησικακήσειν τῆς καταφυγῆς· εἰ δὲ ἔδοξε τὴν θεράπαιναν δίκαια λέγειν, ἔμενεν αὐτοῦ δούλη τῇ θεῷ.

14. De nouveau, le souvenir de Socrate passe dans une situation aussi étrangère que possible au sage, puisque le délai est le même que celui dont il bénéficia (*Phédon* 58 a-c).

les dieux, lorsque l'on voit s'avancer le prêtre d'Artémis, couronné de laurier. **3** C'est là le signe de l'arrivée d'une ambassade sacrée pour la déesse ; et quand cela survient, « il faut surseoir à tout châtiment aussi longtemps que les ambassadeurs n'ont pas accompli leurs sacrifices[14] ». C'est ainsi que je fus alors délivré de mes chaînes. Or celui qui conduisait l'ambassade était Sostratos, le père de Leucippé. **4** Les gens de Byzance en effet, comme Artémis leur était apparue pendant la guerre contre les Thraces, après avoir été victorieux, avaient pensé que l'on devait envoyer à la déesse un sacrifice de victoire pour son aide. La déesse s'était présentée de nuit aussi à Sostratos en particulier ; le songe indiquait qu'il trouverait sa fille à Éphèse ainsi que son neveu.

XIII. **1** C'est vers le même moment que Leucippé, voyant la porte de la cabane ouverte, et constatant que Sosthénès n'était pas là, regarda attentivement s'il n'était pas devant la porte. Comme il n'était nulle part, son courage et son espérance habituels lui revinrent : le souvenir que, souvent, elle avait été sauvée contre toute attente, lui faisait espérer que, dans les dangers présents, elle pourrait tirer profit de la Fortune. **2** Le sanctuaire d'Artémis était proche du domaine : elle y court et met la main sur le mur du temple. Depuis les temps anciens ce temple était inaccessible aux femmes libres, mais il était permis aux hommes et aux vierges d'en franchir le seuil. **3** Si une femme y entrait, la mort était son châtiment, à moins que ce ne fût quelque esclave se plaignant de son maître. À elle, il était permis de devenir une suppliante de la déesse et les magistrats décidaient entre elle et son maître. Si le maître n'était coupable de rien, il reprenait la servante, après avoir fait le serment de ne pas lui garder rancune d'avoir cherché refuge ; mais si la décision était en faveur de la servante,

4 Ἄρτι δὲ τοῦ Σωστράτου τὸν ἱερέα παραλαβόντος καὶ ἐπὶ τὰ δικαστήρια προσελθόντος, ὡς ἂν ἐπίσχῃ τὰς δίκας, εἰς τὸ ἱερὸν ἡ Λευκίππη παρῆν, ὥστε μικροῦ τινος ἀπελείφθη τοῦ μὴ τῷ πατρὶ συντυχεῖν.

XIV. 1 Ὡς δὲ ἀπηλλάγην ἐγὼ τῶν βασάνων, διελέλυτο μὲν τὸ δικαστήριον ὄχλος τε ἦν περὶ ἐμὲ καὶ θόρυβος, τῶν μὲν ἐλεούντων, τῶν δὲ ἐπιθειαζόντων, τῶν δὲ ἀναπυνθανομένων. Ἔνθα καὶ ὁ Σώστρατος ἐπιστὰς ὁρᾷ με καὶ γνωρίζει. 2 Καὶ γάρ, ὡς ἔφην ἐν ἀρχῇ τῷ λόγῳ, ἐν Τύρῳ ποτὲ ἐγεγόνει περὶ τὴν τῶν Ἡρακλείων ἑορτὴν καὶ χρόνου πολλοῦ διατρίψας ἔτυχεν ἐν Τύρῳ πρὸ πολλοῦ τῆς ἡμετέρας φυγῆς· ὥστε ταχύ μου τὴν μορφὴν συνεβάλετο, καὶ διὰ τὸ ἐνύπνιον φύσει προσδοκῶν εὑρήσειν ἡμᾶς. 3 Προσελθὼν οὖν μοι· « Κλειτοφῶν οὗτος, Λευκίππη δὲ ποῦ ; » Ἐγὼ μὲν οὖν γνωρίσας αὐτὸν εἰς γῆν κατένευσα, οἱ δὲ παρόντες αὐτῷ διηγοῦντο ὅσα εἶπον κατ' ἐμαυτοῦ· καὶ ὃς ἀνοιμώξας καὶ κοψάμενος τὴν κεφαλὴν ἐμπηδᾷ μου τοῖς ὀφθαλμοῖς καὶ μικροῦ δεῖν ἐξώρυξεν αὐτούς· οὐδὲ γὰρ ἐπεχείρουν κωλύειν ἐγώ, παρεῖχον δὲ τὸ πρόσωπον εἰς τὴν ὕβριν. 4 Ὁ δὲ Κλεινίας προσελθὼν εἶργε παρηγορῶν αὐτὸν ἅμα καὶ λέγων· « Τί ποιεῖς, ἄνθρωπε ; Τί μάτην ἠγρίωσαι κατ' ἀνδρός, ὃς μᾶλλον σοῦ Λευκίππην φιλεῖ ; Θάνατον οὖν ὑπέστη παθεῖν, ὅτι τεθνάναι ταύτην ἔδοξεν. » Ἄλλα τε πολλὰ ἔλεγε παραμυθούμενος αὐτόν. 5 Ὁ δὲ ὠδύρετο καλῶν τὴν Ἄρτεμιν· « Ἐπὶ τοῦτό με, δέσποινα, ἤγαγες ἐνταῦθα ; Τοιαῦτά σου τῶν ἐνυπνίων τὰ μαντεύματα ; Κἀγὼ μὲν ἐπίστευόν σου τοῖς ὀνείροις καὶ εὑρήσειν παρὰ σοὶ προσεδόκων τὴν θυγατέρα. Καλὸν δέ μοι δῶρον δέδωκας· εὗρον τὸν ἀνδροφόνον αὐτῆς παρὰ σοί. »

elle restait là pour servir la déesse. **4** Comme Sostratos venait de prendre avec lui le prêtre et s'était approché des tribunaux, afin de faire suspendre le procès, Leucippé arrivait au temple, si bien qu'elle ne manqua que de peu de rencontrer son père.

XIV. **1** Lorsque je fus soustrait à la torture, le tribunal se sépara et il se forma autour de moi une foule bruyante : les uns éprouvaient de la pitié, les autres en appelaient aux dieux, d'autres encore posaient des questions. C'est alors que Sostratos, qui était tout près, me voit et me reconnaît. **2** En effet, comme je l'ai dit au début de mon récit, il avait été autrefois à Tyr, pour les fêtes solennelles d'Héraclès, et y avait séjourné longtemps, bien avant notre fuite : aussi m'identifia-t-il rapidement à mon aspect, et, grâce au songe, il s'attendait naturellement à nous trouver. **3** S'étant donc approché de moi : « Voici Clitophon, mais Leucippé, où est-elle ? » Moi, le reconnaissant, je baissai la tête vers le sol, tandis que les personnes présentes lui racontaient ce que j'avais dit contre moi-même ; et lui, ayant poussé un long gémissement et s'étant frappé la tête, bondit sur mes yeux et il faillit me les arracher, car je ne tentais même pas de résister et offrais mon visage à ses violences. **4** Mais Clinias, qui s'était approché, l'en empêcha en essayant de le calmer et en disant : « Que fais-tu, l'homme ? Pourquoi te déchaînes-tu sans raison contre un homme qui, plus que toi, aime Leucippé ? Il s'est exposé à subir la mort parce qu'il a cru qu'elle était morte. » Il disait encore beaucoup d'autres choses pour essayer de le calmer, **5** mais Sostratos se lamentait en invoquant Artémis : « C'est donc pour cela, maîtresse, que tu m'as amené ici ? C'était donc cela que prédisaient mes rêves ? Et moi, j'ajoutais foi à mes songes et je m'attendais à retrouver ma fille auprès de toi. Quel beau présent tu m'as fait : c'est son meurtrier que

6 Καὶ ὁ Κλεινίας ἀκούσας τοῦ τῆς Ἀρτέμιδος ἐνυπνίου περιχαρὴς ἐγένετο καὶ λέγει· « Θάρρει, πάτερ, ἡ Ἄρτεμις οὐ ψεύδεται· ζῇ σοι Λευκίππη· πίστευσόν μου τοῖς μαντεύμασιν. Οὐχ ὁρᾷς καὶ τοῦτον ὡς ἐκ τῶν βασάνων νῦν κρεμάμενον ἐξήρπασεν ; »

XV. 1 Ἐν τούτῳ δὲ ἔρχεταί τις τῶν τοῦ ναοῦ προσπόλων ἐπὶ τὸν ἱερέα σπουδῇ μάλα θέων καὶ λέγει πάντων ἀκουόντων· « Κόρη τις ἐπὶ τὴν Ἄρτεμιν ξένη κατέφυγεν. » Ἐγὼ μὲν δὴ τοῦτο ἀκούσας ἀναπτεροῦμαι καὶ τὰ ὄμματα ἀνεγείρω καὶ ἀναβιοῦν ἠρχόμην· ὁ δὲ Κλεινίας πρὸς τὸν Σώστρατον, « Ἀληθῆ μου, πάτερ, εἶπε, τὰ μαντεύματα· » καὶ ἅμα πρὸς τὸν ἄγγελον εἶπε· « Μὴ καλή ; » 2 « Οὐκ ἄλλην τοιαύτην, ἔφη, μετὰ τὴν Ἄρτεμιν εἶδον. » Πρὸς τοῦτο ἐγὼ πηδῶ καὶ βοῶ· « Λευκίππην λέγεις. » « Καὶ μάλα, ἔφη· καλεῖσθαι γὰρ τοῦτο ἔλεγεν αὕτη, καὶ πατρίδα Βυζάντιον καὶ πατέρα Σώστρατον ἔχειν. » 3 Ὁ μὲν δὴ Κλεινίας ἀνεκρότησε παιανίσας, ὁ δὲ Σώστρατος ὑπὸ χαρᾶς κατέπεσεν, ἐγὼ δὲ ἐξάλλομαι μετὰ τῶν δεσμῶν εἰς ἀέρα καὶ ἐπὶ τὸ ἱερὸν ὡς ἀπὸ μηχανῆς βληθεὶς ἐπετόμην· οἱ δὲ φυλάσσοντες ἐδίωκον, νομίζοντες ἀποδιδράσκειν, καὶ ἐβόων τοῖς ἐντυγχάνουσι λαβέσθαι. 4 Ἀλλ' εἶχον οἱ πόδες μου τότε πτερά· μόλις οὖν τινες μαινομένου μου πρὸς τὸν δρόμον λαμβάνονται· καὶ οἱ φύλακες ἅμα παρῆσαν καὶ ἐπεχείρουν με τύπτειν. Ἐγὼ δὲ ἤδη θαρρῶν ἠμυνόμην· οἱ δὲ εἷλκόν με εἰς τὸ δεσμωτήριον.

XVI. 1 Καὶ ἐν τούτῳ παρῆν ὁ Κλεινίας καὶ ὁ Σώστρατος. Καὶ ὁ μὲν Κλεινίας ἐβόα· « Ποῖ ἄγετε τὸν ἄνθρωπον ; Οὐκ ἔστι φονεὺς ἐφ' ᾗ καταδεδίκασται. » Καὶ ὁ Σώστρατος ἐν μέρει ταὐτὰ ἔλεγε καὶ ὡς εἴη αὐτὸς τῆς

j'ai retrouvé auprès de toi ! » **6** Et Clinias, en entendant parler du songe d'Artémis, fut joyeux à l'extrême et dit : « Courage, père, Artémis ne ment pas : ta Leucippé est vivante, fie-toi à mes prédictions. Ne vois-tu pas comme elle l'a, lui aussi, arraché à la torture, alors qu'il était déjà suspendu ? »

XV. **1** C'est à ce moment qu'arrive vers le prêtre un serviteur du temple, courant à toutes jambes, et il dit aux oreilles de tous : « Une jeune étrangère s'est réfugiée auprès d'Artémis. » Moi, à ces mots, je me sens pousser des ailes, je me réveille et me mets à revivre, tandis que Clinias dit à Sostratos : « Mes prédictions, père, sont véridiques. » Puis il dit au messager : « Est-elle belle ? » **2** – « Après Artémis, dit-il, je n'ai pas vu sa pareille. » À ces mots, je bondis et m'écrie : « Tu parles de Leucippé ! » – « Tout à fait, répondit-il, c'est bien ce nom qu'elle disait porter et avoir pour patrie Byzance et pour père Sostratos. » **3** Alors Clinias se mit à applaudir en chantant le péan et Sostratos défaillit de joie ; quant à moi, je bondis en l'air, avec mes chaînes, et volai vers le sanctuaire, comme propulsé par une machine ; mais ceux qui me gardaient se mirent à ma poursuite, s'imaginant que je voulais m'enfuir, et ils criaient aux passants de m'attraper. **4** Mais mes pieds avaient alors des ailes et c'est donc à grand-peine que des gens m'arrêtent dans ma course folle ; en même temps les gardiens arrivèrent et tentèrent de me frapper. Moi, qui avais désormais repris courage, je me défendais, mais ils me traînèrent vers la prison.

XVI. **1** À ce moment arriva Clinias, accompagné de Sostratos. Clinias cria : « Où emmenez-vous cet homme ? Il n'a pas commis le meurtre pour lequel il a été condamné. » Et Sostratos, à son tour, disait la même chose, ajoutant

ἀνῃρῆσθαι δοκούσης πατήρ. Οἱ δὲ παρόντες, μαθόντες τὸ πᾶν, εὐφήμουν τε τὴν Ἄρτεμιν καὶ περιΐσταντό με καὶ ἄγειν εἰς τὸ δεσμωτήριον οὐκ ἐπέτρεπον. 2 Οἱ δὲ φύλακες οὐκ εἶναι κύριοι τοῦ μεθεῖναι καταδικασθέντα πρὸς θάνατον ἄνθρωπον ἔλεγον, ἕως ὁ ἱερεύς, τοῦ Σωστράτου δεηθέντος, ἐνεγυήσατο αὐτὸν ἔχειν καὶ παρέξειν εἰς τὸν δῆμον, ὅταν δέῃ. Οὕτω μὲν δὴ τῶν δεσμῶν ἀπολύομαι καὶ ἐπὶ τὸ ἱερὸν ταχὺ μάλα ἠπειγόμην· καὶ ὁ Σώστρατος κατὰ πόδας, οὐκ οἶδα εἰ τὰ ὅμοια ἐμοὶ χαίρων. 3 Οὐκ ἔστι δὲ οὕτως ἄνθρωπος δρομικώτατος, ὃν οὐ τῆς φήμης φθάνει τὸ πτερόν· ἣ καὶ τότε ἡμᾶς ἐπὶ Λευκίππην προὔλαβεν, ἀπαγγέλλουσα πάντα καὶ τὰ τοῦ Σωστράτου καὶ τἀμά. Ἰδοῦσα δὲ ἡμᾶς ἐξεπήδησε τοῦ νεὼ καὶ τὸν μὲν πατέρα περιεπτύξατο, τοὺς δὲ ὀφθαλμοὺς εἶχεν ἐπ' ἐμέ. 4 Ἐγὼ δὲ εἱστήκειν, αἰδοῖ τῇ πρὸς τὸν Σώστρατον κατέχων ἐμαυτόν —καὶ ἅπαντα ἔβλεπον εἰς τὸ ἐκείνης πρόσωπον— ἐπ' αὐτὴν ἐκθορεῖν. Οὕτως ἀλλήλους ἠσπαζόμεθα τοῖς ὄμμασιν.

qu'il était le propre père de celle que l'on croyait morte. Les personnes qui étaient là, ayant appris toute l'affaire, glorifiaient Artémis et m'entouraient, empêchant que l'on m'emmenât en prison. **2** Mais les gardes répliquaient qu'ils n'étaient pas maîtres de relâcher un homme condamné à mort, jusqu'au moment où le prêtre, à la demande de Sostratos, s'engagea à prendre le condamné et à le présenter au peuple, lorsqu'il le demanderait. C'est donc ainsi que je fus délivré de mes chaînes et que je me précipitai à toute vitesse vers le sanctuaire ; Sostratos était sur mes talons, mais je ne sais s'il était aussi joyeux que moi. **3** Mais il n'y a pas d'homme si rapide à la course que l'aile de la Renommée ne le devance : elle était arrivée avant nous auprès de Leucippé, avec toutes les nouvelles des affaires de Sostratos et des miennes. Quand elle nous vit, elle bondit hors du temple et embrassa son père, mais elle avait les yeux fixés sur moi. **4** Moi, je restai là, me retenant par respect[15] envers Sostratos – mais je regardais son visage de tous mes yeux – de me précipiter vers elle. C'est ainsi que nous nous saluâmes l'un l'autre par nos regards.

15. Première occurrence de l'*aidôs* dans ce mouvement final, où elle va être un thème majeur (voir VIII, 4, 1 et 2 ; 5, 3; 7, 3; 10, 8).

ΛΟΓΟΣ ΟΓΔΟΟΣ

I. 1 Ἄρτι δὲ ἡμῶν μελλόντων καθέζεσθαι καὶ περὶ τούτων διαλέγεσθαι Θέρσανδρος σπουδῇ μάλα, μάρτυρας ἄγων τινάς, ἔρχεται πρὸς τὸν νεὼ καὶ μεγάλῃ τῇ φωνῇ πρὸς τὸν ἱερέα, « Μαρτύρομαι, ἔφη, τῶνδε ἐναντίον, ὅτι μὴ δεόντως ἐξαιρῇ δεσμῶν καὶ θανάτου κατεγνωσμένον ἄνθρωπον ἐκ τῶν νόμων ἀποθανεῖν. 2 Ἔχεις δὲ καὶ δούλην ἐμήν, γυναῖκα μάχλον καὶ πρὸς ἄνδρας ἐπιμανῆ· ταύτην ὅπως μοι φυλάξῃς. » Ἐγὼ δὲ πρὸς τὸ 'δούλην καὶ γυναῖκα μάχλον' ὑπεραλγήσας τὴν ψυχὴν οὐκ ἤνεγκα τῶν ῥημάτων τὰ τραύματα, ἀλλ' ἔτι λαλοῦντος αὐτοῦ. « Σὺ μὲν οὖν, ἔφην, καὶ τρίδουλος καὶ ἐπιμανὴς καὶ μάχλος· αὕτη δὲ καὶ ἐλευθέρα καὶ παρθένος καὶ ἀξία τῆς θεοῦ. » 3 Ὡς δὲ ταῦτα ἤκουσε, « Καὶ λοιδορεῖς, φήσας, δεσμῶτα καὶ κατάδικε; » Παίει με κατὰ τῶν προσώπων μάλα βιαίως καὶ ἐπάγει δευτέραν· οἱ δὲ τῶν ῥινῶν αἵματος ἔρρεον κρουνοί· ὅλον γὰρ αὐτοῦ τὸν θυμὸν εἶχεν ἡ πληγή. 4 Ὡς δὲ καὶ τρίτην ἀπροφυλάκτως ἔπαισε, λανθάνει μου τῷ στόματι περὶ τοὺς ὀδόντας προσπταίσας τὴν χεῖρα, καὶ τρωθεὶς τοὺς δακτύλους μόλις τὴν χεῖρα συνέστειλεν ἀνακραγών. Καὶ οἱ ὀδόντες ἀμύνουσι τὴν τῶν ῥινῶν ὕβριν. Τιτρώσκουσι γὰρ αὐτοῦ τοὺς παίοντας δακτύλους, καὶ ἃ πεποίηκεν ἔπαθεν ἡ χείρ. 5 Καὶ ὁ μὲν ἐπὶ τῇ πληγῇ μάλ' ἄκων ἀνακραγὼν συνέστειλε τὴν χεῖρα καὶ οὕτως ἐπαύσατο· ἐγὼ δὲ ἰδὼν οἷον ἔχει κακὸν τοῦτο μὲν οὐ προσεποιη-

LIVRE VIII

I. **1** Juste comme nous allions nous asseoir et discuter de ces événements, Thersandre, en grande hâte, vient au temple, avec des témoins, et, d'une voix forte, dit au prêtre : « Je proteste solennellement devant eux que, sans en avoir le droit, tu as affranchi de ses liens et de la mort un homme légalement condamné à mort. **2** Et tu détiens aussi une esclave à moi, une débauchée et une coureuse : veille à me la conserver ! » Et moi, aux mots « esclave et débauchée », l'âme très affligée, je ne pus supporter la blessure de ses mots, mais, alors qu'il parlait encore : « C'est toi, dis-je, qui es un triple esclave, un coureur et un débauché ! Mais elle, elle est libre, vierge et digne de la déesse ! » **3** Lorsqu'il entendit cela, il répondit : « Et tu m'injuries, gibier de potence, condamné ? » Et il me frappe au visage avec une grande violence, puis m'assène un deuxième coup ; des fontaines de sang coulèrent alors de mes narines, car le coup renfermait toute sa rage. **4** Mais quand il m'en porta un troisième, sans faire attention, voilà qu'il heurte, à son insu, sa main contre ma bouche et rencontre mes dents ; blessé aux doigts, il retire sa main avec beaucoup de peine en hurlant. Mes dents vengent la violence faite à mon nez : elles blessent ses doigts qui frappaient et sa main souffrit ainsi ce qu'elle avait fait. **5** Lui, après le coup, en criant involontairement, retira sa main et c'est ainsi qu'il s'arrêta. Quant à moi, bien que

σάμην, ἐφ' οἷς δὲ ἐτυραννήθην ἐτραγῴδουν· καὶ ἐνέπλησα βοῆς τὸ ἱερόν.

II. 1 « Ποῖ φύγωμεν ἔτι τοὺς βιαίους ; Ποῖ καταδράμωμεν ; Ἐπὶ τίνα θεῶν μετὰ τὴν Ἄρτεμιν ; Ἐν αὐτοῖς τυπτόμεθα τοῖς ἱεροῖς· ἐν τοῖς τῆς αὐλείας παιόμεθα χωρίοις. Ταῦτα ἐν ἐρημίαις μόναις γίνεται, ὅπου μηδεὶς μάρτυς μηδ' ἄνθρωπός ἐστι. Σὺ δὲ αὐτῶν ἐν ὄψει τυραννεῖς τῶν θεῶν. 2 Καὶ τοῖς μὲν πονηροῖς αἱ τῶν ἱερῶν ἀσφάλειαι διδόασι καταφυγήν, ἐγὼ δὲ μηδὲν ἀδικήσας, ἱκέτης δὲ τῆς Ἀρτέμιδος γενόμενος, τύπτομαι παρ' αὐτῷ τῷ βωμῷ, βλεπούσης, οἴμοι, τῆς θεοῦ. Ἐπὶ τὴν Ἄρτεμιν αἱ πληγαί. 3 Καὶ οὐ μέχρι πληγῶν ἡ παροινία, ἀλλὰ καὶ ἐπὶ τῶν προσώπων τις λαμβάνει τραύματα, ὡς ἐν πολέμῳ καὶ μάχῃ, καὶ μεμίανται τὸ ἔδαφος ἀνθρωπίνῳ αἵματι. Τοιαῦτα σπένδει τίς τῇ θεῷ ; Οὐ βάρβαροι τοῦτο καὶ Ταῦροι καὶ ἡ Ἄρτεμις ἡ Σκυθῶν ; Ὁ παρ' ἐκείνοις μόνος ναὸς οὕτως αἱμάσσεται· τὴν Ἰωνίαν Σκυθίαν πεποίηκας, καὶ ἐν Ἐφέσῳ ῥεῖ τὰ ἐν Ταύροις αἵματα. 4 Λαβὲ καὶ ξίφος κατ' ἐμοῦ. Καίτοι τί δέῃ σιδήρου ; Τὰ τοῦ ξίφους πεποίηκεν ἡ χείρ. Ἀνδροφόνος αὕτη καὶ μιαιφόνος δεξιὰ τοιαῦτα δέδρακεν οἷα ἐκ φόνου γίνεται. »

III. 1 Ταῦτά μου βοῶντος ⟨ὁ⟩ ὄχλος συνερρύη τῶν ἐν τῷ ἱερῷ παρόντων· καὶ οὗτοι ἐκάκιζον αὐτὸν καὶ ὁ ἱερεὺς αὐτὸς ⟨ὅτι⟩ οὐκ αἰσχύνεται τοιαῦτα ποιῶν οὕτω

1. Le texte pose problème ; αὐλαίας, « voile », transmis par l'ensemble des manuscrits, n'est guère intelligible ; il faudrait supposer qu'il est fait allusion au voile séparant l'*adyton* du reste du temple, mais c'est là un aménagement rare ; *la* leçon αὐλείας, donnée par le seul *Vaticanus gr.* 1349 (conjecture probable), désigne la porte de la cour et situe donc

voyant quel mal il avait, je fis semblant de ne pas m'en être aperçu et je jouais une grande scène tragique sur la tyrannie que j'avais subie, remplissant le sanctuaire de mes hurlements.

II. **1** « Où fuir encore ceux qui nous font violence ? Où chercher refuge ? Auprès de quelles divinités, après Artémis ? On nous frappe dans son sanctuaire même, on nous bat sur ce seuil[1] inviolable ! Cela n'arrive que dans les déserts, où il n'y a ni témoin ni être humain ! Et toi, tu fais le tyran à la face des dieux mêmes ! **2** C'est aux criminels que le refuge des temples offre un asile, et moi, qui ne suis coupable de rien, mais qui suis devenu suppliant d'Artémis, on me frappe près de son autel même, sous le regard, hélas, de la déesse ! Mais c'est à Artémis que les coups sont portés. **3** Et sa fureur ne se limite pas aux coups, on reçoit aussi des blessures au visage comme dans une guerre et un combat, et le sol se retrouve souillé de sang humain. Qui offre de telles libations à la déesse ? N'est-ce pas des barbares qui font cela, les Taures, l'Artémis des Scythes ? Il n'y a que leur seul temple qui soit ainsi ensanglanté ! Tu as transformé l'Ionie en Scythie et, dans Éphèse, coulent les ruisseaux de sang de la Tauride[2] ! **4** Prends aussi un glaive contre moi ! Mais à quoi bon un fer ? L'œuvre du glaive, ta main l'a faite. Cette main meurtrière et homicide a accompli des actions semblables à celles que produit le meurtre ! »

III. **1** Pendant que je hurlais ainsi, <la> foule des personnes présentes dans le temple afflua ; elles vitupéraient contre Thersandre comme le faisait le prêtre lui-même,

la scène à l'entrée ; mais il semble, d'après III, 2, *infra*, qu'on soit à l'intérieur. K. Plepelits (1980, note *ad loc.*) suggère que l'on se trouve dans l'espace entre la porte d'entrée du temple et l'autel. Pour résoudre le problème, Vilborg a proposé la conjecture ἀσυλίας.

2. Comparer à Euripide, *IT*, 617-621.

φανερῶς καὶ ἐν τῷ ἱερῷ. Ἐγώ τε τεθαρρηκώς, « Τοιαῦτα, ἔφην, ὦ ἄνδρες, πέπονθα, ἐλεύθερός τε ὢν καὶ πόλεως οὐκ ἀσήμου, ἐπιβουλευθεὶς μὲν εἰς τὴν ψυχὴν ὑπὸ τούτου, σωθεὶς δὲ ὑπὸ τῆς Ἀρτέμιδος, ἥ τοῦτον ἀπέφηνε συκοφάντην. 2 Καὶ νῦν προελθεῖν με δεῖ καὶ ἀπονίψασθαι τὸ πρόσωπον ἔξω. Μὴ γὰρ ἔνδον τοῦτο ποιήσαιμι ἔγωγε, μὴ καὶ τὸ ἱερὸν ὕδωρ τῷ τῆς ὕβρεως αἵματι μιανθῇ. » 3 Τότε μὲν δὴ μόλις ἑλκύσαντες αὐτὸν ἐξάγουσι τοῦ ἱεροῦ. Τοσοῦτον δ' εἶπεν ἀπιών· « Ἀλλὰ τὸ μὲν σὸν ἤδη κέκριται, καὶ ὅσον οὐδέπω πείσῃ δίκην· τὸ δὲ τῆς ψευδοπαρθένου ταύτης ἑταίρας ἡ σύριγξ τιμωρήσεται. »

IV. 1 Ὡς δὲ ἀπηλλάγη ποτέ, κἀγὼ ἐξελθὼν ἐκάθηρα τὸ πρόσωπον. Τοῦ δὲ δείπνου καιρὸς ἦν, καὶ ὑπεδέξατο ἡμᾶς ὁ ἱερεὺς μάλα φιλοφρονούμενος. Ἐγὼ δὲ εἰς τὸν Σώστρατον ὀρθοῖς τοῖς ὀφθαλμοῖς ἰδεῖν οὐκ ἠδυνάμην, συνεὶς οἷα αὐτὸν διατεθείκειν· καὶ ὁ Σώστρατος δὲ τὰς τῶν ὀφθαλμῶν ὁρῶν ἀμύξεις τῶν ἐμῶν, ἃς ἔτυχον ὑπ' αὐτοῦ παθών, ἀντῃσχύνετό με βλέπειν· καὶ ἡ Λευκίππη δὲ τὰ πολλὰ εἰς γῆν ἔβλεπε· καὶ ἦν ὅλον τὸ συμπόσιον αἰδώς. 2 Προϊόντος δὲ τοῦ πότου καὶ τοῦ Διονύσου κατὰ μικρὸν ἐξιλασκομένου τὴν αἰδῶ — ἐλευθερίας γὰρ οὗτος πατήρ — ἄρχει λόγου πρῶτος ὁ ἱερεὺς πρὸς τὸν Σώστρατον· « Τί οὐ λέγεις, ὦ ξένε, τὸν περὶ ὑμᾶς μῦθον ὅστις ἐστί; Δοκεῖ γάρ μοι περιπλοκάς τινας ἔχειν οὐκ ἀηδεῖς· οἴνῳ δὲ μάλιστα πρέπουσιν οἱ τοιοῦτοι λόγοι. » 3 Καὶ ὁ Σώστρατος προφάσεως λαβόμενος ἄσμενος, « Τὸ μὲν κατ' ἐμὲ τοῦ λόγου μέρος ἁπλοῦν, εἶπεν, ὅτι Σώστρατος ὄνομα, Βυζάντιος τὸ γένος, τούτου θεῖος, πατὴρ ταύτης· τὸ δὲ λοιπόν, ὅπερ ἐστὶ μῦθος,

<de ce qu'>il n'avait pas honte de commettre de telles actions aussi ouvertement, et dans le sanctuaire. Quant à moi, qui avais repris courage, je dis : « Voilà quels sévices j'ai subis, messieurs, moi qui suis un homme libre et d'une cité qui n'est pas sans renommée, victime d'un complot ourdi par lui contre ma vie, mais sauvé par Artémis, qui a prouvé qu'il était un délateur. **2** Et maintenant, il faut que je sorte pour me laver le visage à l'extérieur : dieu me garde de le faire à l'intérieur, pour éviter à l'eau sacrée d'être souillée par le sang de la violence ! » **3** Alors on l'entraîna à grand-peine et on le fit sortir du sanctuaire. En s'en allant il dit seulement : « Ton affaire est déjà jugée et sous peu tu subiras ton châtiment ; quant à cette pseudo-vierge-là, cette courtisane, la syrinx en tirera vengeance ! »

IV. **1** Lorsqu'il fut enfin parti, je sortis et me purifiai le visage. C'était l'heure du dîner et le prêtre nous accorda l'hospitalité avec beaucoup de cordialité. Quant à moi, je ne pouvais regarder Sostratos en face, me rendant compte de la manière dont je l'avais traité ; et Sostratos, en voyant les égratignures aux yeux que j'avais reçues de lui, avait honte à son tour de me regarder ; et Leucippé, la plupart du temps, regardait à terre ; et le banquet tout entier ne fut que gêne. **2** Mais au fur et à mesure que nous buvions et que Dionysos atténuait peu à peu notre gêne – car il est le père de la liberté –, le prêtre, le premier, se mit à parler à Sostratos : « Pourquoi ne dis-tu pas, mon hôte, quelle est votre histoire ? Elle me semble en effet comporter des tours et des détours qui ne sont pas sans agrément, et de tels récits accompagnent très bien le vin. » **3** Et Sostratos, s'étant emparé du prétexte avec plaisir, dit : « Ma part dans ce récit est fort simple : je m'appelle Sostratos, je suis originaire de Byzance, oncle de celui-ci, père de celle-là ; pour le reste, l'histoire proprement dite, parle,

λέγε, τέκνον Κλειτοφῶν, μηδὲν αἰδούμενος. 4 Καὶ γὰρ εἴ τί μοι συμβέβηκε λυπηρόν, μάλιστα μὲν οὐ σόν ἐστιν, ἀλλὰ τῆς Τύχης· ἔπειτα τῶν ἔργων παρελθόντων ἡ διήγησις τὸν οὐκέτι πάσχοντα ψυχαγωγεῖ μᾶλλον ἢ λυπεῖ. »

V. 1 Κἀγὼ πάντα τὰ κατὰ τὴν ἀποδημίαν τὴν ἀπὸ Τύρου διηγοῦμαι, τὸν πλοῦν, τὴν ναυαγίαν, τὴν Αἴγυπτον, τοὺς βουκόλους, τῆς Λευκίππης τὴν ἀπαγωγήν, τὴν παρὰ τῷ βωμῷ πλαστὴν γαστέρα, τὴν Μενελάου τέχνην, τὸν ἔρωτα τοῦ στρατηγοῦ καὶ τὸ Χαιρέου φάρμακον, τὴν τῶν λῃστῶν ἁρπαγὴν καὶ τὸ τοῦ μηροῦ τραῦμα· καὶ ἔδειξα τὴν οὐλήν. 2 Ἐπεὶ δὲ κατὰ τὴν Μελίτην ἐγενόμην, ἐξῇρον τὸ πρᾶγμα ἐμαυτοῦ πρὸς σωφροσύνην μεταποιῶν καὶ οὐδὲν ἐψευδόμην, τὸν Μελίτης ἔρωτα καὶ τὴν σωφροσύνην τὴν ἐμήν, ὅσον ἐλιπάρησε χρόνον, ὅσον ἀπέτυχεν, ὅσα ἐπηγγείλατο, ὅσα ὠδύρατο· τὴν ναῦν διηγησάμην, τὸν εἰς Ἔφεσον πλοῦν, καὶ ὡς ἄμφω συνεκαθεύδομεν, καί, μὰ ταύτην τὴν Ἄρτεμιν, ὡς ἀπὸ γυναικὸς ἀνέστην γυνή. 3 Ἓν μόνον παρῆκα τῶν ἐμαυτοῦ δραμάτων, τὴν μετὰ ταῦτα πρὸς Μελίτην αἰδῶ· ἐπεὶ καὶ τὸ δεῖπνον εἶπον καὶ ὡς ἐμαυτοῦ κατεψευσάμην, καὶ μέχρι τῆς θεωρίας τὸν λόγον συνεπέρανα, καί, « Τὰ μὲν ἐμὰ ταῦτα, ἔφην· τὰ δὲ Λευκίππης τῶν ἐμῶν μείζονα. 4 Πέπραται, δεδούλευκε, γῆν ἔσκαψε, σεσύληται τῆς κεφαλῆς τὸ κάλλος· τὴν κουρὰν ὁρᾷς. » Καὶ καθ' ἕκαστον ὡς ἐγένετο διηγούμην. 5 Κἂν τῷδε κατὰ τὸν

3. Tel un nouvel Ulysse – mais qui, lui, la cachait.

4. L'euphémisme est à la limite du contre-emploi, qui utilise αἰδώς, pudeur et respect (de soi-même et des autres), pour qualifier la « guérison » de Mélité. Pour donner une idée de la tonalité, un chrétien parlerait peut-être, dans le même cas, de « charité », à ceci près que le mot grec insiste aussi sur des valeurs de convenance que précisément Mélité et Clitophon ont enfreintes sans vergogne.

mon petit Clitophon, sans éprouver aucune gêne. **4** Car s'il m'est arrivé quelque événement pénible, ce n'est pas principalement ton œuvre, mais celle de la Fortune; et puis le récit des actions passées divertit celui qui n'en souffre plus, plus qu'il ne l'afflige. »

V. **1** Et moi, je raconte tout ce qui concerne notre voyage en venant de Tyr, la traversée, le naufrage, l'Égypte, le bouvier, le rapt de Leucippé, l'histoire du ventre postiche près de l'autel, la ruse de Ménélas, l'amour du stratège et la drogue de Chairéas, l'enlèvement par les brigands et la blessure de ma cuisse ; et j'en montrai la cicatrice[3]. **2** Mais lorsque j'en fus arrivé à Mélité, j'exaltai mon propre rôle dans le sens de la chasteté, mais sans dire aucun mensonge : je racontai l'amour de Mélité et ma chasteté à moi, combien de temps elle avait persisté, comme elle avait échoué, tout ce qu'elle avait promis, tout ce dont elle s'était plainte ; je parlai du navire, de la navigation vers Éphèse, et comme tous deux nous dormions ensemble et, par Artémis que voilà, comme je me levai du lit d'une femme comme une femme. **3** Il n'y a qu'une seule de mes actions que je passai sous silence, le respect humain[4] que j'avais par la suite manifesté à Mélité ; lorsque j'eus aussi parlé du dîner[5] et dit combien je m'étais calomnié , une fois arrivé à l'ambassade sacrée, je mis fin à mon récit. « Voilà mes aventures, dis-je, mais celles de Leucippé sont plus importantes que les miennes. **4** Elle a été vendue, elle a été esclave, elle a creusé la terre, la beauté de sa tête lui a été ravie : tu vois sa tête rasée ! » Et je racontai par le menu comment cela s'était produit. **5** Et arrivé à l'endroit concernant Sosthénès et Thersandre,

5. On voit mal à quoi il fait allusion – le dîner interrompu par l'irruption de Thersandre (V 23) ? Dans l'ordre chronologique, on pense plutôt à la prison, d'où les conjectures proposées δεσμωτηρίον (Castiglioni) ou δεσμόν (Jacobs).

Σωσθένην καὶ Θέρσανδρον γενόμενος ἐξῇρον καὶ τὰ αὐτῆς ἔτι μᾶλλον ἢ τἀμά, ἐρωτικῶς αὐτῇ χαριούμενος ἀκούοντος τοῦ πατρός· ὡς πᾶσαν αἰκίαν ἤνεγκεν εἰς τὸ σῶμα καὶ ὕβριν πλὴν μιᾶς, ὑπὲρ δὲ ταύτης τὰς ἄλλας πάσας ὑπέστη· « Καὶ ἔμεινε, πάτερ, τοιαύτη μέχρι τῆς παρούσης ἡμέρας, οἵαν αὐτὴν ἐξέπεμψας ἀπὸ Βυζαντίου. 6 Καὶ οὐκ ἐμὸν τοῦτο ἐγκώμιον, ὅτι φυγὴν ἑλόμενος οὐδὲν ἔδρασα ὑπὲρ ὧν ἔφυγον, ἀλλ' αὐτῆς, ὅτι καὶ ἐν μέσοις λῃσταῖς ἔμεινε παρθένος καὶ τὸν μέγαν ἐνίκησε λῃστήν, Θέρσανδρον λέγω, τὸν ἀναίσχυντον, τὸν βίαιον. 7 Ἐφιλοσοφήσαμεν, πάτερ, τὴν ἀποδημίαν· ἐδίωξε γὰρ ἡμᾶς ἔρως, καὶ ἦν ἐραστοῦ καὶ ἐρωμένης φυγή· ἀποδημήσαντες γεγόναμεν ἀλλήλων ἀδελφοί. Εἴ τις ἄρα ἔστιν ἀνδρὸς παρθενία, ταύτην κἀγὼ μέχρι τοῦ παρόντος πρὸς Λευκίππην ἔχω· ἡ μὲν γὰρ ἤρα ἐκ πολλοῦ τοῦ τῆς Ἀρτέμιδος ἱεροῦ. 8 Δέσποινα Ἀφροδίτη, μὴ νεμεσήσῃς ἡμῖν ὡς ὑβρισμένη. Οὐκ ἠθέλομεν ἀπάτορα γενέσθαι τὸν γάμον. Πάρεστιν οὖν ὁ πατήρ· ἧκε καὶ σύ· εὐμενὴς ἡμῖν γενοῦ. » 9 Ταῦτα ἀκούοντες ὁ μὲν ἱερεὺς ἐκεχήνει, θαυμάζων ἕκαστον τῶν λεγομένων, ὁ δὲ Σώστρατος καὶ ἐπεδάκρυεν, εἴ ποτε [τὸ] κατὰ Λευκίππην ἐγεγόνει ⟨τὸ⟩ δρᾶμα. Καὶ ἐπεί ποτε ἐπαυσάμην, « Τὰ μὲν ἡμέτερα, εἶπον, ἠκούσατε· ἓν δὲ αἰτῶ κἀγὼ μαθεῖν παρὰ σοῦ, ἱερεῦ, μόνον· τί ποτέ ἐστιν ὃ τελευταῖον ἀπιὼν ὁ Θέρσανδρος κατὰ Λευκίππης προσέθηκε, σύριγγα εἰπών; » « Ἀλλὰ σύ γε, ἔφη, καλῶς ἀνήρου· καὶ γὰρ εἰδότας ἡμᾶς τὰ περὶ τὴν σύριγγα τοῖς παροῦσιν

6. La chose a déjà été envisagée en V, 20, 5 – mais alors il l'avait vraiment conservée.

7. C'est-à-dire « par rapport à Leucippé », mais pas « au profit exclusif de Leucippé ».

j'exaltai ses aventures encore plus que les miennes afin de lui complaire, en homme amoureux, pendant que son père écoutait ; je dis comme elle avait supporté tous les sévices dans son corps, et les violences, à l'exception d'une seule, mais que c'était pour se protéger de celle-là qu'elle avait enduré toutes les autres. « Et elle est restée, père, jusqu'à aujourd'hui, telle que tu l'avais fait sortir de Byzance. **6** Et cela n'est pas faire mon éloge, qu'après avoir pris la fuite, je n'aie rien fait de ce pourquoi je m'étais enfui, mais le sien, puisque, même au milieu des brigands, elle est restée vierge et a triomphé du grand brigand, je veux dire Thersandre, l'impudent, le brutal. **7** Nous fûmes sages, père, durant notre voyage : c'était l'amour qui nous poursuivait et c'était la fuite d'un amant et d'une bien-aimée ; mais une fois loin du pays, nous devînmes l'un pour l'autre frère et sœur. S'il existe une virginité de l'homme[6], je l'ai conservée moi aussi jusqu'à maintenant pour Leucippé[7]; quant à elle, elle désirait depuis longtemps arriver au sanctuaire d'Artémis. **8** Maîtresse Aphrodite, ne t'irrite pas contre nous, en te croyant outragée[8] ! Nous ne voulions pas que notre mariage ait lieu sans père. Le père est donc là, viens toi aussi, sois-nous favorable. » **9** En entendant ces mots, le prêtre était bouche bée, admirant chacune de mes paroles, et Sostratos pleurait, lorsque l'histoire venait à concerner Leucippé. Et lorsque j'eus terminé, je dis : « Vous avez entendu nos malheurs ; il y a une chose, prêtre, que moi aussi je désire apprendre de toi, une seule : qu'est-ce donc que la dernière menace que Thersandre, en s'en allant, a ajoutée au sujet de Leucippé, en parlant d'une syrinx ? » – « Assurément, répliqua-t-il, tu me poses là une bonne question, et il convient que nous, qui sommes au courant de ce qui concerne la syrinx, nous rendions ainsi service

8. Le spectre de l'*Hippolyte* d'Euripide passe…

οὕτως ἁρμόσασθαι προσήκει· κἀγὼ τὸν σὸν ἀμείψομαι μῦθον εἰπών. »

VI. 1 « Ὁρᾷς τουτὶ τὸ ἄλσος τὸ κατόπιν τοῦ νεώ. Ἐνθάδε ἐστὶ σπήλαιον ἀπόρρητον γυναιξί, καθαραῖς δὲ εἰσελθούσαις οὐκ ἀπόρρητον παρθένοις· ἀνάκειται δὲ σύριγξ ὀλίγον ἔνδον τῶν τοῦ σπηλαίου θυρῶν. 2 Εἰ μὲν οὖν τὸ ὄργανον καὶ παρ' ὑμῖν ἐπιχωριάζει τοῖς Βυζαντίοις, ἴστε ὃ λέγω· εἰ δέ τις ὑμῶν ἧττον ὡμίλησε ταύτῃ τῇ μουσικῇ, φέρε καὶ οἷόν ἐστιν εἴπω καὶ τὸν ταύτῃ τοῦ Πανὸς πάντα μῦθον. 3 Ἡ σύριγξ αὐλοὶ μέν εἰσι πολλοί, κάλαμος δὲ τῶν αὐλῶν ἕκαστος· αὐλοῦσι δ' οἱ κάλαμοι πάντες ὥσπερ αὐλὸς εἷς. Σύγκεινται δὲ στιχηδὸν ἄλλος ἐπ' ἄλλον ἡνωμένος· 4 τὸ πρόσωπον ἰσοστάσιον καὶ τὸ νῶτον. † Καὶ ὅσοι εἰσὶ τῶν καλάμων βραχὺ μικρῷ λειπόμενοι, τούτων μείζων ὁ μετὰ τοῦτον, καὶ ἐπὶ τῷ δευτέρῳ τοσοῦτον, ὅσον τοῦ δευτέρου μείζων ὁ μετὰ τοῦτον τρίτος, καὶ κατὰ λόγον οὕτως ὁ λοιπὸς τῶν καλάμων χορὸς ἕκαστον τοῦ πρόσθεν ἴσον ἔχων, τὸ δὲ ἔσω μέσον ἐστὶ τῷ περιττῷ. † 5 Αἴτιον δὲ τῆς τοιαύτης τάξεως ἡ τῆς ἁρμονίας διανομή. Τόσον μὲν γὰρ ὀξύτατον ⟨τὸ⟩ ἄνω ὅσον τὸ κάτω πρῶτον βαρύτατον, καὶ κατὰ κέρας ἑκάτερον ὁ ἄκρος ἔλαχεν αὐλός· τὰ δὲ μεταξὺ τῶν ἄκρων τοῦ ῥυθμοῦ διαστήματα, πάντες οἱ μεταξὺ κάλαμοι, ἕκαστος ἐπὶ τὸν πέλας τὸ ὀξὺ καταφέρει, ἔστε τῷ τελευταίῳ συνάπτει βαρεῖ. 6 Ὅσα δὲ ὁ τῆς Ἀθηνᾶς αὐλὸς ἐντὸς λαλεῖ, τοσαῦτα καὶ ὁ τοῦ Πανὸς ἐν τοῖς στόμασιν αὐλεῖ. Ἀλλ' ἐκεῖ μὲν οἱ δάκτυλοι κυβερνῶσι τὰ αὐλήματα, ἐνταῦθα δὲ τοῦ τεχνίτου τὸ στόμα μιμεῖται τοὺς δακτύλους· κἀκεῖ μὲν κλείσας ὁ αὐλητὴς τὰς ἄλλας ὀπὰς μίαν ἀνοίγει μόνον, δι' ἧς τὸ πνεῦμα καταρρεῖ, ἐνταῦθα δὲ τοὺς μὲν ἄλλους ἐλευθέ-

9. Le texte est très corrompu et la traduction conjecturale.

à nos hôtes : moi aussi je vais répondre par une histoire à la tienne. »

VI. **1** « Tu vois ce bois sacré, derrière le temple. Il y a là une grotte interdite aux femmes, mais qui n'est pas interdite aux vierges qui y entrent pures ; une syrinx y est suspendue, à quelque distance, derrière les portes de la grotte. **2** Si donc l'instrument est en usage aussi chez vous à Byzance, vous savez de quoi je parle ; mais si l'un d'entre vous est moins familier avec ce genre de musique, eh bien, je vais dire ce que c'est, ainsi que toute l'histoire de Pan qui s'y rattache. **3** La syrinx est formée de plusieurs flûtes, et chacune de ces flûtes est un roseau ; tous les roseaux résonnent comme une seule flûte. Ils sont assujettis sur un rang, unis l'un à l'autre ; **4** l'avant est identique à l'arrière. Et tous les roseaux sont de longueur légèrement inégale : le deuxième est plus long que le premier, et le troisième est plus long que le deuxième, dans la même proportion que le deuxième par rapport au premier, et ainsi de suite pour le reste des roseaux, chacun dépassant le précédent d'une égale proportion[9]. **5** Et la raison d'une telle disposition est le partage de l'échelle harmonique. En effet le tuyau qui se trouve en haut de l'instrument a le son le plus aigu, de même que le premier tuyau, en bas, a le son le plus grave ; et, à chaque extrémité, le dernier tuyau donne l'un et l'autre son ; et quant aux intervalles du chant entre les tuyaux extrêmes, pour tous les tuyaux intermédiaires, chacun d'eux fait descendre le son aigu vers le roseau suivant, jusqu'à ce qu'on atteigne le son grave final. **6** Les sons que la flûte d'Athéna produit en elle, la flûte de Pan la fait résonner aux orifices. Là, ce sont les doigts qui règlent les notes, ici, c'est la bouche de l'artiste qui imite les doigts ; là, le flûtiste bouche tous les autres trous pour n'en ouvrir qu'un seul, à travers

ρους ἀφῆκε καλάμους, μόνῳ δὲ τὸ χεῖλος ἐπιτίθησιν, ὃν ἂν ἐθέλῃ μὴ σιωπᾶν, μεταπηδᾷ τε ἄλλοτε ἐπ' ἄλλον, ὅποι ποτ' ἂν εἴη τοῦ κρούματος ἡ ἁρμονία καλή· 7 οὕτως αὐτῷ περὶ τοὺς αὐλοὺς χορεύει τὸ στόμα. Ἦν δὲ ἡ σύριγξ οὔτε αὐλὸς ἀπ' ἀρχῆς οὔτε κάλαμος, ἀλλὰ παρθένος εὐειδὴς οἵαν εὐχὴν κινεῖν. Ὁ Πὰν οὖν ἐδίωκεν αὐτὴν δρόμον ἐρωτικόν, τὴν δὲ ὕλη τις δέχεται δασεῖα φεύγουσαν· ὁ δὲ Πὰν κατὰ πόδας ἐκθορὼν ὤρεγε τὴν χεῖρα ὡς ἐπ' αὐτήν. 8 Καὶ ὁ μὲν ᾤετο τεθηρακέναι καὶ ἔχεσθαι τῶν τριχῶν, καλάμων δὲ κόμην εἶχεν ἡ χείρ. Τὴν μὲν γὰρ εἰς γῆν καταδῦναι λέγουσι, καλάμους δὲ τὴν γῆν ἀντ' αὐτῆς τεκεῖν. 9 Τέμνει δὴ τοὺς καλάμους ὑπὸ ὀργῆς ὁ Πὰν ὡς κλέπτοντας αὐτοῦ τὴν ἐρωμένην. Ἐπεὶ δὲ μετὰ ταῦτα οὐκ εἶχεν εὑρεῖν, εἰς τοὺς καλάμους δοκῶν λελύσθαι τὴν κόρην ἔκλαιε τὴν τομήν, νομίζων τεθνηκέναι τὴν ἐρωμένην. 10 Συμφορήσας οὖν τὰ τετμημένα τῶν καλάμων ὡς μέλη τοῦ σώματος καὶ συνθεὶς εἰς ἓν σῶμα, εἶχε διὰ χειρῶν τὰς τομὰς τῶν καλάμων καταφιλῶν ὡς τῆς κόρης τραύματα· ἔστενε δὲ ἐρωτικὸν ἐπιθεὶς τὸ στόμα καὶ ἐνέπνει ἄνωθεν εἰς τοὺς αὐλοὺς ἅμα φιλῶν· τὸ δὲ πνεῦμα διὰ τῶν ἐν τοῖς καλάμοις στενωπῶν καταρρέον αὐλήματα ἐποίει, καὶ ἡ σύριγξ εἶχε φωνήν. 11 Ταύτην οὖν τὴν σύριγγά φασιν ἀναθεῖναι μὲν ἐνθάδε τὸν Πᾶνα, περιορίσαι δὲ εἰς σπήλαιον αὐτήν, θαμίζειν τε αὐτοῦ καὶ τῇ σύριγγι συνήθως αὐλεῖν. Χρόνῳ δὲ ὕστερον χαρίζεται τὸ χωρίον τῇ Ἀρτέμιδι, συνθήκας ποιησάμενος πρὸς αὐτήν, μηδεμίαν ἐκεῖ καταβαίνειν γυναῖκα. 12 Ὅταν οὖν αἰτίαν ἔχῃ τις οὐκ εἶναι παρθένος, προπέμπει μὲν αὐτὴν ὁ δῆμος μέχρι τῶν τοῦ σπηλαίου θυρῶν, δικάζει δὲ ἡ σύριγξ τὴν δίκην. Ἡ μὲν

10. Ultime variante sur le thème du baiser.

lequel se glisse le souffle, mais ici, il laisse libres les autres tuyaux et applique sa lèvre au seul tuyau qu'il ne veut pas laisser muet, et il saute, tantôt sur l'un, tantôt sur l'autre, là où la beauté de la mélodie l'exige ; **7** c'est ainsi que sa bouche danse sur les tuyaux. Mais la syrinx n'était, à l'origine, ni une flûte ni un roseau, mais une vierge de toute beauté qui excitait les désirs. Pan donc la poursuivait d'une course amoureuse, mais quelque forêt touffue accueillit la fuyarde ; Pan, qui s'était élancé sur ses talons, étendit la main dans sa direction. **8** Il croyait l'avoir prise et la tenir par les cheveux, mais sa main ne tenait qu'une chevelure de roseaux. On raconte en effet qu'elle s'enfonça dans la terre, et que la terre enfanta, à sa place, des roseaux. **9** Pan coupe alors les roseaux de colère, dans l'idée qu'ils cachaient sa bien-aimée ; mais comme, après cela, il ne pouvait la découvrir, croyant que la jeune fille s'était dissoute dans les roseaux, il déplora de les avoir coupés, pensant que sa bien-aimée était morte. **10** Ayant donc rassemblé les morceaux des roseaux, comme si c'étaient les membres de son corps et les ayant réunis en un seul corps, il tenait entre ses mains les roseaux mutilés et les embrassait comme si c'étaient les blessures de la jeune fille ; et il poussait des soupirs amoureux en y appliquant la bouche et soufflait sur le haut des flûtes tout en les embrassant[10] ; et son souffle coulant à travers les orifices des roseaux produisait des sons et la syrinx prenait voix. **11** C'est cette syrinx, dit-on, que Pan consacra ici et qu'il enferma dans une grotte ; on dit qu'il vient là souvent et qu'il a coutume de jouer de la syrinx. Mais quelque temps après, il fit présent de l'endroit à Artémis, étant convenu avec elle qu'aucune femme ne pourrait y descendre. **12** Lorsque donc une vierge est accusée de ne pas l'être, le peuple

γὰρ παῖς εἰσέρχεται κεκοσμημένη μόνῃ στολῇ τῇ νενομισμένῃ, ἄλλος δὲ ἐπικλείει τὰς τοῦ σπηλαίου θύρας. 13 Κἂν μὲν ᾖ παρθένος, λιγυρόν τι μέλος ἀκούεται καὶ ἔνθεον, ἤτοι τοῦ τόπου πνεῦμα ἔχοντος μουσικὸν εἰς τὴν σύριγγα τεταμιευμένον, ἢ τάχα καὶ ὁ Πὰν αὐτὸς αὐλεῖ. Μετὰ δὲ μικρὸν αὐτόμαται μὲν αἱ θύραι ἀνεῴχθησαν τοῦ σπηλαίου, ἐκφαίνεται δὲ ἡ παρθένος ἐστεφανωμένη τὴν κεφαλὴν πίτυος κόμαις. 14 Ἐὰν δὲ ᾖ τὴν παρθενίαν ἐψευσμένη, σιωπᾷ μὲν ἡ σύριγξ, οἰμωγὴ δέ τις ἀντὶ μουσικῆς ἐκ τοῦ σπηλαίου πέμπεται, καὶ εὐθὺς ὁ δῆμος ἀπαλλάττεται καὶ ἀφίησιν ἐν τῷ σπηλαίῳ τὴν γυναῖκα. Τρίτῃ δὲ ἡμέρᾳ παρθένος ἱέρεια τοῦ τόπου παρελθοῦσα τὴν μὲν σύριγγα εὑρίσκει χαμαί, τὴν δὲ γυναῖκα οὐδαμοῦ. 15 Πρὸς ταῦτα παρασκευάσασθε ὅπως ἂν αὐτοὶ σχοῖτε τύχης συνειδότες. Εἰ μὲν γὰρ ἡ Λευκίππη ἐστὶ παρθένος, ὡς ἔγωγε βουλοίμην ἄν, ἄπιτε χαίροντες τῆς σύριγγος τυχόντες εὐμενοῦς· οὐ γὰρ ἄν ποτε ψεύσαιτο τὴν κρίσιν· εἰ δὲ οὔ, αὐτοὶ γὰρ ἴστε οἷα εἰκὸς ἐν τοσαύταις αὐτὴν ἐπιβουλαῖς γενομένην ἄκουσαν... »

VII. 1 Καὶ ἡ Λευκίππη, πρὶν τὸν ἱερέα εἰπεῖν τὸν ἑξῆς λόγον, ὥς γέ μοι δοκεῖ· « Μηδὲ εἴπῃς, φησίν, ἐγὼ γὰρ ἑτοίμη εἰς τὸ τῆς σύριγγος σπήλαιον καὶ χωρὶς κλήσεως κατακεκλεῖσθαι. » « Ἀγαθά γε λέγεις, ὁ ἱερεὺς εἶπε, καί σοι συνήδομαι ὑπὲρ σωφροσύνης καὶ τύχης. » 2 Τότε μὲν οὖν ἑσπέρας γενομένης ἕκαστος ἡμῶν ἀπῄει κοιμησόμενος ἔνθα ὁ ἱερεὺς παρεσκεύασεν. Ὁ Κλεινίας δὲ οὐκ ἦν ἡμῖν συνδειπνῶν, ὡς ἂν μὴ φορτικοὶ δοκοίημεν εἶναι τῷ ξενοδόχῳ, ἀλλ' ἔνθα καὶ τὴν πρόσθεν ἡμέραν καὶ τὴν τότε. 3 Τὸν μέντοι Σώστρατον ἑώρων ὑποθορυβηθέντα τῷ τῆς σύριγγος διηγήματι, μὴ ἄρα τὰ περὶ τῆς

11. Le pin renvoie à une autre aimée de Pan, Pitys, qui fut ainsi métamorphosée.

l'escorte jusqu'aux portes de la grotte, et c'est la syrinx qui juge la cause. La jeune fille entre seule, parée de la robe consacrée, et quelqu'un d'autre ferme les portes de la grotte. **13** Si elle est vierge, un air mélodieux et divin se fait entendre, soit parce que l'endroit possède un souffle musical qui est enfermé dans la syrinx, soit peut-être parce que c'est Pan lui-même qui joue. Peu après, les portes s'ouvrent d'elles-mêmes, et la jeune fille apparaît, la tête couronnée de feuillage de pin[11]. **14** Mais si elle a menti sur sa virginité, la syrinx garde le silence, et c'est un gémissement au lieu d'une musique qui sort de la grotte ; le peuple s'écarte aussitôt et abandonne la femme dans la grotte. Le troisième jour, une vierge prêtresse de ce lieu entre, trouve la syrinx à terre, mais la femme nulle part. **15** Cela étant, faites vos préparatifs, afin d'avoir la fortune avec vous, en toute connaissance de cause. En effet, si Leucippé est vierge, comme pour moi je le voudrais, partez de bon cœur, vous aurez une syrinx favorable, car elle ne saurait jamais rendre un verdict mensonger ; sinon, car vous savez vous-mêmes assurément ce que, vraisemblablement, au milieu de tant d'intrigues, malgré elle…»

VII. **1** Et Leucippé, avant que le prêtre n'eût prononcé le mot suivant, du moins à ce qu'il me semble : « N'ajoute rien, dit-elle, car je suis prête à être enfermée dans la grotte de la syrinx, même sans sommation. » – « Tu parles bien, dit le prêtre, et je te félicite de ta chasteté et de ta chance. » **2** Alors, le soir étant venu, chacun d'entre nous alla se coucher, à l'endroit que le prêtre avait fait préparer. Clinias ne resta pas dîner avec nous, pour que nous ne paraissions pas être un fardeau pour notre hôte, mais il resta où il était la veille, encore ce jour-là. **3** Je voyais cependant Sostratos un peu troublé par le récit de la syrinx, de peur que nous

παρθενίας δι' αἰδῶ τὴν πρὸς αὐτὸν ψευδώμεθα. 4 Διανεύω δὲ τῇ Λευκίππῃ νεύματι ἀφανεῖ τὸν φόβον τοῦ πατρὸς ἐξελεῖν, ἐπισταμένην οἵῳ δὴ τρόπῳ μάλιστα οἴεται πείσειν. Κἀκείνη δὲ ἐδόκει μοι ταὐτὸν ὑποπτεύειν, ὥστε ταχὺ μὲν συνῆκε· διενοεῖτο δὲ καὶ πρὸ τοῦ παρ' ἐμοῦ νεύματος, πῶς ἂν κοσμιώτατα προσενεχθείη τῷ πιστώματι. 5 Μέλλουσα οὖν πρὸς ὕπνον ἀναχωρεῖν καὶ ἀσπαζομένη τὸν πατέρα ἠρέμα πρὸς αὐτόν, « Θάρρει, πάτερ, ἔφη, περὶ ἐμοῦ, καὶ πίστευε τοῖς εἰρημένοις. Μὰ τὴν γὰρ Ἄρτεμιν, οὐδέτερος ἡμῶν οὐδὲν ἐψεύσατο. » 6 Τῇ δ' ὑστεραίᾳ περὶ τὴν θεωρίαν ἦσαν ὅ τε Σώστρατος καὶ ὁ ἱερεύς, καὶ ηὐτρεπισμέναι ἦσαν αἱ θυσίαι· παρῆν δὲ καὶ ἡ βουλὴ μεθέξουσα τῶν ἱερειῶν. Εὐφημίαι δὲ ἦσαν εἰς τὴν θεὸν πολλαί· καὶ ὁ Θέρσανδρος — ἔτυχε γὰρ καὶ αὐτὸς παρών — τῷ προέδρῳ προσελθών, « Πρόγραψον εἰς αὔριον, ἔφη, τὰς περὶ ἡμῶν δίκας, ἐπεὶ καὶ τὸν καταγνωσθέντα σοι χθὲς ἤδη τινὲς ἔλυσαν, καὶ ὁ Σωσθένης ἐστὶν οὐδαμοῦ. » Προγέγραπτο μὲν οὖν εἰς τὴν ὑστεραίαν ἡ δίκη· παρεσκευαζόμεθα δὲ ἡμεῖς μάλα εὐτρεπῶς ἔχοντες.

VIII. 1 Ἠκούσης δὲ τῆς κυρίας ὁ Θέρσανδρος εἶπεν ὧδε· « Οὐκ οἶδα τίνος ἄρξωμαι λόγου καὶ πόθεν, οὐδὲ τίνων κατηγορήσω πρῶτον καὶ τίνων δεύτερον· τά τε γὰρ τετολμημένα πολλὰ ὑπὸ πολλῶν, καὶ οὐδὲν οὐδενὸς τῷ μεγέθει δεύτερον. Πάντα δὲ ἀλλήλων γυμνά, καὶ ἔστιν ὧν οὐδ' ἂν ἅψαιμι κατηγορῶν. 2 Ἅτε γὰρ τῆς ψυχῆς κρατούσης φοβοῦμαι μὴ ἀτελής μοι ὁ λόγος γένηται, τῆς τῶν ἄλλων μνήμης τὴν γλῶτταν ἐφ' ἕκαστον ἑλκούσης. Ἡ γὰρ εἰς τὸ μήπω λεχθὲν ἔπειξις τοῦ λόγου τὸ ὁλόκληρον τῶν ἤδη λεχθέντων παραιρεῖται. 3 Ὅταν

n'ayons menti, par respect pour lui, sur la virginité. **4** Je fais à Leucippé un signe de tête discret, pour qu'elle éloigne la crainte de son père, car c'était elle qui saurait le mieux s'y prendre pour le persuader. Et elle semblait avoir le même soupçon que moi, si bien qu'elle comprit rapidement. Elle songeait avant même que je lui fasse signe, à la façon la plus convenable de se faire croire. **5** Comme elle était sur le point de se retirer pour aller dormir, en embrassant son père, elle lui dit tout bas : « Aie confiance, père, à mon sujet, et crois à mes paroles ; non, par Artémis, aucun de nous deux n'a dit de mensonge. » **6** Le lendemain, Sostratos et le prêtre s'occupèrent de la procession et les sacrifices furent célébrés. Y assistait aussi le Conseil qui devait participer aux sacrifices. On chanta de nombreux chants de louange en l'honneur de la déesse ; et Thersandre – il se trouvait là lui – s'avança vers le président et dit : « Inscris pour demain les causes qui nous concernent, puisque certaines personnes ont déjà libéré celui que tu avais condamné hier, et que Sosthénès n'est nulle part. » Le procès fut donc inscrit pour le lendemain. Quant à nous, nous nous disposions à être tout prêts.

VIII. **1** Le jour fixé étant arrivé, Thersandre parla de la sorte : « Je ne sais par quel argument commencer, ni par où, ni même quels individus je dois accuser en premier et lesquels en second ; car de nombreux actes criminels ont été perpétrés par de nombreuses personnes et aucun n'est inférieur à aucun autre en importance. Tous sont indépendants les uns des autres et il en est quelques-uns que je ne pourrais même aborder dans mes accusations. **2** En effet, comme ce sont mes sentiments qui l'emportent, je crains que mon discours ne soit incomplet, le souvenir des uns entraînant ma langue vers chacun des autres. C'est que l'impatience de discourir sur ce qui n'a pas encore été dit anéantit l'ensemble de ce qui a déjà été dit : **3** lorsque

μὲν γὰρ φονεύωσι τοὺς ἀλλοτρίους οἰκέτας οἱ μοιχοί, μοιχεύωσι δὲ τὰς ἀλλοτρίας γυναῖκας οἱ φονεῖς, λύωσι δ' ἡμῖν τὰς θεωρίας οἱ πορνοβοσκοί, τὰ δὲ σεμνότατα τῶν ἱερῶν μιαίνωσιν αἱ πόρναι, τὰς ἡμέρας λογιζόμεναι ταῖς δούλαις καὶ τοῖς δεσπόταις, τί δράσειέ τις ἔτι, τῆς ἀνομίας ὁμοῦ καὶ μοιχείας καὶ ἀσεβείας καὶ μιαιφονίας κεκερασμένης ; 4 Κατεγνώκατέ τινος θάνατον ἐφ' αἷς δή ποτ' οὖν αἰτίαις — οὐδὲν γὰρ διαφέρει — καὶ δεδεμένον εἰς τὸ δεσμωτήριον ἀπεστείλατε φυλαχθησόμενον τῇ καταδίκῃ · οὗτος δὲ παρέστηκεν ὑμῖν, ἀντὶ τῶν δεσμῶν λευκὴν ἠμφιεσμένος στολήν, καὶ ἐν τῇ τάξει τῶν ἐλευθέρων ἕστηκεν ὁ δεσμώτης. Τάχα δὲ τολμήσει καὶ φωνὴν ἀφεῖναι καὶ ἐπιρρητορεῦσαί τι κατ' ἐμοῦ, καὶ τῆς ὑμετέρας ψήφου. 5 Λέγε δὲ ὧδε τῶν προέδρων καὶ τῶν συμβούλων τὸ δόγμα. Ἀκούετε καθάπερ ἐψηφίσασθε καὶ τὴν περὶ τούτου μοι γραφήν · ἔδοξεν ἀποθνῄσκειν Κλειτοφῶντα. Ποῦ τοίνυν ὁ δήμιος ; Ἀπαγέτω τοῦτον λαβών. Δὸς ἤδη τὸ κώνειον. 6 Ἤδη τέθνηκε τοῖς νόμοις · κατάδικός ἐστιν ὑπερήμερος. Τί λέγεις, ὦ σεμνότατε καὶ κοσμιώτατε ἱερεῦ ; Ἐν ποίοις ἱεροῖς γέγραπται νόμοις τοὺς ὑπὸ τῆς βουλῆς καὶ τῶν πρυτάνεων κατεγνωσμένους καὶ θανάτοις καὶ δεσμοῖς παραδοθέντας ἐξαρπάζειν τῆς καταδίκης καὶ τῶν δεσμῶν ἀπολύειν καὶ κυριώτερον σαυτὸν ποιεῖν τῶν προέδρων καὶ τῶν δικαστηρίων ; 7 Ἀνάστηθι τοῦ θώκου, πρόεδρε, παραχώρησον τῆς ἀρχῆς αὐτῷ καὶ τοῦ δικαστηρίου. Οὐκέτι οὐδενὸς εἶ κύριος · οὐδὲν ἔξεστί σοι κατὰ τῶν πονηρῶν ψηφίσασθαι, καὶ σήμερον ὅ τι δόξει λύεται. Τί ἕστηκας,

12. La forme λογιζόμεναι, qui rapporte l'action aux πόρναι, est une correction de Vilborg ; les manuscrits donnent (τὰς ἡμέρας) δὲ λογιζόμενος ᾖ.

les adultères tuent les serviteurs d'autrui, que les meurtriers commettent l'adultère avec les femmes d'autrui, que les tenanciers de bordel interrompent nos ambassades sacrées et que les putains souillent les plus augustes des temples, et fixent[12] le jour du procès entre les esclaves et leurs maîtres, que pourrait-on commettre encore, devant l'illégalité mêlée à l'adultère, au sacrilège et à la souillure d'un assassinat ? **4** Vous avez condamné un homme à mort pour quelque cause que ce soit – peu importe –, et vous l'avez envoyé enchaîné à la prison pour y être gardé jusqu'à l'exécution de la sentence ; mais cet homme se tient parmi vous ; au lieu de chaînes, il porte une robe blanche et le prisonnier se trouve au rang des hommes libres. Peut-être osera-t-il même prendre la parole, et prononcer quelque blâme contre moi et contre votre verdict. *(Au greffier)* **5** Lis maintenant l'arrêt du président et des assesseurs. Vous entendez dans quel sens vous avez décidé, et la sentence que vous avez rendue en ma faveur contre cet homme : il a été décidé de faire mourir Clitophon. Où donc est le bourreau ? Qu'il le prenne et l'emmène ! Donne tout de suite la ciguë[13]. **6** Il est déjà légalement mort ; c'est un condamné qui a laissé passer le terme ! Que dis-tu, prêtre très auguste et très modeste ? Dans quelles lois sacrées est-il écrit d'arracher au châtiment les personnes condamnées par le Conseil et les Prytanes et qui sont livrées aux morts et aux chaînes, de les libérer de leurs chaînes, de te rendre toi-même plus souverain que les présidents et les tribunaux ? **7** Lève-toi de ton siège, président, cède-lui ta charge et ton tribunal ; tu n'es plus maître de personne ; il ne t'est même plus permis de prononcer contre les criminels, et ce que tu décideras aujourd'hui est annulé. Pourquoi restes-tu debout, prêtre,

13. Ce type d'exécution ne peut qu'évoquer Socrate.

ἱερεῦ, σὺν ἡμῖν ὡς τῶν πολλῶν εἷς; 8 Ἀνάβηθι καὶ κάθισον ἐν τῷ τοῦ προέδρου θρόνῳ, καὶ σὺ δίκαζε λοιπὸν ἡμῖν, μᾶλλον δὲ κέλευε τυραννικῶς· μηδὲ ἀναγινωσκέσθω σοί τις νόμος μηδὲ γνῶσις δικαστηρίου, μήθ' ὅλως ἄνθρωπον σεαυτὸν ἡγοῦ. Μετὰ τῆς Ἀρτέμιδος προσκυνοῦ· καὶ γὰρ τὴν ἐκείνης τιμὴν ἐξήρπασας. 9 Αὐτῇ μόνῃ τοὺς ἐπ' αὐτὴν καταφεύγοντας ἔξεστι σῴζειν, καὶ ταῦτα πρὸ δικαστηρίου γνώσεως· δεδεμένον δὲ οὐδένα λέλυκεν ἡ θεός, οὐδὲ θανάτῳ παραδοθέντα ἠλευθέρωσε τῆς τιμωρίας. Τῶν δυστυχούντων εἰσίν, οὐ τῶν ἀδικούντων οἱ βωμοί. 10 Σὺ δὲ καὶ τοὺς δεθέντας ἐλευθεροῖς καὶ τοὺς καταδίκους ἀπολύεις· οὕτως παρευδοκίμησας καὶ τὴν Ἄρτεμιν. Τίς ᾤκησεν ἀντὶ δεσμωτηρίου τὸ ἱερόν; Φονεὺς καὶ μοιχὸς παρὰ τῇ καθαρᾷ θεῷ· οἴμοι μοιχὸς παρὰ τῇ παρθένῳ. Συνῆν δὲ αὐτῷ καὶ γυνή τις ἀκόλαστος, ἀποδρᾶσα τοῦ δεσπότου. 11 Καὶ γὰρ ταύτην, ὡς εἴδομεν, ὑπεδέχου, καὶ μία γέγονεν αὐτοῖς ἑστία παρὰ σοὶ καὶ συμπόσιον· τάχα δὲ καὶ συνεκάθευδες, ἱερεῦ· οἴκημα τὸ ἱερὸν ἐποίησας. Ἡ τῆς Ἀρτέμιδος οἰκία μοιχῶν γέγονε καὶ πόρνης θάλαμος. 12 Ταῦτα μόλις ἐν χαμαιτυπείῳ γίνεται. Εἷς μὲν δή μοι λόγος κατ' ἀμφοῖν· τὸν μέντοι ἀξιῶ τῆς αὐθαδείας δοῦναι τιμωρίαν, τὸν δὲ ἀποδοθῆναι κελεῦσαι τῇ καταδίκῃ. Δεύτερος δέ ἐστί μοι πρὸς Μελίτην μοιχείας ἀγών, πρὸς ὃν οὐδὲν δέομαι λόγων· ἐν γὰρ τῇ τῶν θεραπαινῶν βασάνῳ τὴν ἐξέτασιν γενέσθαι δέδοκται. 13 Ταύτας οὖν αἰτῶ, αἳ κἂν βασανιζόμεναι φήσωσιν οὐκ εἰδέναι τοῦτον τὸν κατάδικον χρόνῳ πολλῷ συνόντα αὐτῇ καὶ ἐν ἀνδρὸς χώρᾳ ⟨ἐν⟩ τῇ οἰκίᾳ τῇ ἐμῇ, οὐκ ἐν μοιχοῦ μόνον, καθεστηκότα, πάσης αἰτίας αὐτὴν

parmi nous, comme un homme du vulgaire ? **8** Monte à la tribune et assieds-toi sur le siège du président, et toi, sois à l'avenir notre juge, ou bien plutôt, donne tes ordres en maître absolu. Que ni la loi, ni même l'arrêt du tribunal ne soit reconnu par toi, ne te regarde absolument pas comme un homme. Que l'on t'adore avec Artémis ; et ce sont en effet ses honneurs que tu as usurpés. **9** À elle seule il est permis de sauver ceux qui se réfugient chez elle, et cela, avant un arrêt du tribunal ; mais la déesse ne délivre aucun prisonnier, n'affranchit pas non plus du châtiment un homme livré à la mort. Ce sont aux malheureux, non aux criminels qu'appartiennent ses autels. **10** Mais toi, tu affranchis les prisonniers, et tu acquittes les condamnés ; ainsi tu as pris le pas même sur Artémis ! Qui a habité, en place de prison, le sanctuaire ? Un meurtrier adultère près de la déesse pure ! Hélas, un adultère chez la vierge ! Et il y avait aussi avec lui une débauchée, qui a fui son maître. **11** Et celle-là, comme nous l'avons vu, tu l'as reçue, et ce fut un même foyer pour eux et pour toi, et un même banquet ; peut-être même as-tu couché avec, prêtre ; tu as transformé le sanctuaire en lieu d'habitation. Et la maison d'Artémis est devenue une chambre pour adultères et putain. **12** C'est à peine si cela arrive dans un bordel ! J'adresse donc une seule et même accusation contre ces deux-là : je demande que l'on punisse l'un de son arrogance, et qu'on ordonne à l'autre de se livrer au châtiment. Mon deuxième procès est mon accusation pour adultère contre Mélité, contre laquelle je n'ai pas besoin de parler ; c'est en effet sur la torture des servantes que vous avez décidé de faire reposer l'enquête. **13** Je les réclame donc : si, sous la torture, elles affirment ne pas savoir que ce condamné la fréquentait depuis longtemps et tenait < dans > ma propre maison le rôle d'un mari, et pas seulement celui d'un amant, je la

ἀφίημι. Ἂν τοίνυν τοὐναντίον, τὴν μὲν κατὰ τὸν νόμον ἀφεῖσθαι τῆς προικός φημι δεῖν ἐμοί, τὸν δὲ ὑποσχεῖν τὴν ὀφειλομένην τοῖς μοιχοῖς τιμωρίαν· θάνατος δέ ἐστιν αὕτη· ὥστε ὁποτέρως ἂν ἀποθάνῃ οὗτος, ὡς μοιχὸς ἢ ὡς φονεύς, ἀμφοτέροις ἔνοχος ὤν, δίκην δεδωκὼς οὐ δέδωκεν· ἀποθανὼν γὰρ ὀφείλει θάνατον ἄλλον. 14 Ὁ δέ μοι τρίτος τῶν λόγων πρὸς τὴν δούλην ἐστὶ τὴν ἐμὴν καὶ τὸν σεμνὸν τοῦτον πατρὸς ὑποκριτήν, ὃν εἰς ὕστερον, ὅταν τούτων καταψηφίσησθε, ταμιεύσομαι. » Ὁ μὲν δὴ ταῦτα εἰπὼν ἐπαύσατο.

IX. 1 Παρελθὼν δὲ ὁ ἱερεὺς — ἦν δὲ εἰπεῖν οὐκ ἀδύνατος, μάλιστα δὲ τὴν Ἀριστοφάνους ἐζηλώκει κωμῳδίαν — ἤρξατο αὐτὸς λέγειν πάνυ ἀστείως καὶ κωμῳδικῶς εἰς πορνείαν αὐτοῦ καθαπτόμενος, « Παρὰ τὴν θεόν, λέγων, λοιδορεῖσθαι μὲν οὕτως ἀκόσμως τοῖς εὖ βεβιωκόσι στόματός ἐστιν οὐ καθαροῦ. 2 Οὗτος δὲ οὐκ ἐνταῦθα μόνον, ἀλλὰ καὶ πανταχοῦ τὴν γλῶτταν μεστὴν ὕβρεως ἔχει. Καί τοί γε νέος ὢν συνεγίνετο πολλοῖς αἰδοίοις ἀνδράσι καὶ τὴν ὥραν ἅπασαν εἰς τοῦτο δεδαπανήκει. Σεμνότητα δ' ἔδρακε καὶ σωφροσύνην ὑπεκρίνατο, παιδείας προσποιούμενος ἐρᾶν καὶ τοῖς εἰς ταύτην αὐτῷ χρωμένοις πάντα ὑποκύπτων καὶ ὑποκατακλινόμενος ἀεί. 3 Καταλιπὼν γὰρ τὴν πατρῴαν οἰκίαν, ὀλίγον ἑαυτῷ μισθωσάμενος στενωπεῖον, εἶχεν

14. Aristophane était un modèle d'atticisme, mais il était aussi l'incarnation d'une comédie salace, l'opposée de l'urbanité bien élevée (ἀστείως *infra*), apanage de Ménandre : voir, sur l'opinion du *papaideumenos* bien élevé, l'épitomé de la *Comparaison d'Aristophane et de Ménandre* de Plutarque et le *Propos de Table*, VII, 8.

décharge de toute accusation. Mais si c'est bien le contraire, j'affirme qu'elle doit, selon la loi, me faire remise de sa dot ; et, que lui, doit subir le châtiment réservé aux adultères : c'est la mort, si bien que, de quelque façon qu'il meure, comme adultère ou comme meurtrier, étant passible des deux charges, tout en étant châtié il n'est pas châtié, puisque, une fois mort, il est redevable d'une seconde mort. **14** La troisième de mes accusations est contre mon esclave et ce vénérable acteur qui joue son père ; je la garderai pour plus tard lorsque vous aurez condamné ceux-là. » Ayant dit ces mots, il s'arrêta de parler.

IX. **1** Le prêtre s'avança – il n'était pas sans éloquence et c'était un émule, avant tout, de la comédie d'Aristophane[14]– et commença à parler en personne, avec beaucoup d'esprit et dans le style des Comiques, en s'attaquant à la prostitution de Thersandre par ces mots : « En présence de la déesse, injurier de façon aussi indécente ceux qui vivent convenablement est le signe d'une bouche impure. **2** Mais ce n'est pas seulement ici, mais en tous lieux que sa langue est pleine d'impudence. Et certes, dans sa jeunesse, il avait des relations avec nombre d'hommes bien montés … dans la société[15]. Et il a consacré toute la fleur de son âge à cette occupation. Mais il s'est donné des airs de dignité et a joué la sagesse, affectant la passion de l'étude, s'inclinant en tout et se soumettant toujours à ceux qui entraient en rapport avec lui pour cela. **3** Car, après avoir déserté la maison paternelle, il loua pour son propre usage un petit réduit où il avait sa maison,

15. Le passage « dans le ton d'Aristophane » ne comporte pas de citation proprement dite, mais multiplie les équivoques obscènes : συνεγίνετο se comprend de lui même; avec αἰδοίοις, Achille Tatius joue sur l'adjectif αἰδοῖος, « respectable », et le neutre substantivé, τὰ αἰδοῖα, « parties honteuses » : ce que j'ai essayé de rendre de mon mieux.

ἐνταῦθα τὸ οἴκημα, ὁμηρίζων μὲν τὰ πολλά, πάντας δὲ τοὺς χρησίμους πρὸς ἅπερ ἤθελε προσηταιρίζετο δεχόμενος. Καὶ οὕτω μὲν ἀσκεῖν τὴν ψυχὴν ἐνομίζετο, ἦν δ' ἄρα τοῦτο κακουργίας ὑπόκρισις. 4 Ἔπειτα κἀν τοῖς γυμνασίοις ἑωρῶμεν, πῶς τὸ σῶμα ὑπηλείφετο καὶ πῶς πλῆκτρον περιέβαινε καὶ τοὺς μὲν νεανίσκους, οἷς προσεπάλαιε, πρὸς τοὺς ἀνδρειοτέρους μάλιστα συμπλεκόμενος· οὕτως αὐτοῦ κέχρηται καὶ τῷ σώματι. 5 Ταῦτα μὲν οὖν ὡραῖος ὤν· ἐπεὶ δὲ εἰς ἄνδρας ἧκε, πάντα ἀπεκάλυψεν, ἃ τότε ἀπέκρυπτε. Καὶ τοῦ μὲν ἄλλου σώματος ἔξωρος γενόμενος ἠμέλησε, μόνην δὲ τὴν γλῶτταν εἰς ἀσέλγειαν ἀκονᾷ καὶ τῷ στόματι χρῆται πρὸς ἀναισχυντίαν, ὑβρίζων πάντας, ἐπὶ τῶν προσώπων φέρων τὴν ἀναίδειαν, ὃς οὐκ ᾐδέσθη τὸν ὑφ' ὑμῶν ἱερωσύνῃ τετιμημένον οὕτως ἀπαιδεύτως βλασφημεῖν ὑμῶν ἐναντίον. 6 Ἀλλ' εἰ μὲν ἄλλῃ που βεβιωκὼς ἔτυχον καὶ μὴ παρ' ὑμῖν, ἔδει μοι λόγων περὶ ἐμαυτοῦ καὶ τῶν ἐμοὶ βεβιωμένων· ἐπεὶ δὲ σύνιστέ μοι πόρρω τῶν τούτου βλασφημιῶν τὸν βίον ἔχοντι, φέρε εἴπω πρὸς ὑμᾶς περὶ ὧν ἐγκέκλημαι. 7 "Ἔλυσας, φησί, τὸν θάνατον κατεγνωσμένον·" καὶ ἐπὶ τούτῳ πάνυ δεινῶς ἐσχετλίασε, τύραννον ἀποκαλῶν με καὶ ὅσα κατετραγῴδησέ μου. Ἔστι δὲ οὐχ ὁ σῴζων τοὺς συκοφαντηθέντας τύραννος, ἀλλ' ὁ τοὺς μηδὲν ἀδικοῦντας, μήτε βουλῆς, μήτε δήμου κατεγνωκότος. 8 Ἢ κατὰ ποίους

16. Le prêtre joue d'une équivoque intraduisible fondée sur la paronymie entre ὁμηρίζειν, « chanter, étudier Homère » et μηρός, la « cuisse ». À nouveau la traduction n'est qu'un à peu près.

17. Le πλέκτρον des manuscrits a été corrigé en πλῆκτρον, qui désigne peut-être un agrès, mais qui a surtout, à l'évidence, un sens obscène.

18. La phrase est délicate ; si, comme E. Vilborg, on essaie d'interpréter le texte transmis, il faut supposer que l'articulation οὐ … ἀλλά… ne recouvre pas une opposition, mais un renchérissement et que la négation équivaut à « non *seulement* » ; dans cette hypothèse, c'est l'attitude du

se pénétrant … d'Homère[16] la plupart du temps, recevant et prenant pour bons amis tous ceux qui étaient utiles à ce qu'il désirait. C'est ainsi qu'il passait pour exercer son âme – mais ce n'était que comédie déguisant sa perversité. **4** Ensuite, nous vîmes dans les gymnases comment il se faisait graisser le corps et comment il enfourchait un aiguillon[17] ; et, quand il luttait avec les jeunes gens, en venait aux prises de préférence avec les plus virils : c'est ainsi qu'il a exercé aussi son corps. **5** Cela quand il était dans sa fleur ; mais lorsqu'il arriva dans la classe des hommes faits, il dévoila tout ce qu'il cachait jusqu'alors. La fleur de l'âge passée, il laissa de côté le reste de son corps : il n'aiguise plus que sa langue pour ses débauches, se servant de sa bouche pour son impudence, outrageant tout le monde, portant sur le visage son effronterie, lui qui a eu le front de diffamer devant vous, aussi grossièrement, celui qui a été par vous honoré d'un sacerdoce. **6** Certes, si j'avais vécu ailleurs et non parmi vous, il m'aurait fallu parler de moi-même et de la vie que j'ai menée. Mais puisque vous savez que ma vie est à l'abri des calomnies de cet individu, allons, il me faut vous parler des accusations dont je suis l'objet. **7** “Tu as libéré, dit-il, le condamné à mort !” À cause de cela, il a prononcé avec la dernière violence des plaintes indignées, me traitant de tyran et tous les grands noms tragiques qu'il a débités contre moi. Mais le tyran ici n'est pas < seulement > le sauveur de gens accusés à tort, mais celui de complets innocents, que n'ont condamnés ni le Conseil ni le peuple[18]. **8** Et en vertu de quelles lois,

prêtre et la situation des victimes de Thersandre qui sont seules dépeintes. Pour avoir une opposition entre les deux membres de phrase, la première décrivant l'attitude du prêtre et la seconde celle de Thersandre, il faut supposer qu'un participe de sens opposé à σῴζων est tombé – et l'on a proposé de réintroduire ἀπολλύων : « le tyran n'est pas qui sauve les gens faussement accusés, mais qui perd les innocents… ».

νόμους, εἰπέ, τοῦτον τὸν ξένον νεανίσκον κατέκλεισας πρῶτον εἰς τὸ δεσμωτήριον; Τίς προέδρων κατέγνω; Ποῖον δικαστήριον ἐκέλευσε δεθῆναι τὸν ἄνθρωπον; Ἔστω γὰρ πάντα ἀδικήσας, ὅσα ἂν εἴπῃς, ἀλλὰ καὶ κριθήτω πρῶτον, ἐλεγχθήτω, λόγου μεταλαβών· ὁ νόμος αὐτόν, ὁ καὶ σοῦ καὶ πάντων κύριος, δησάτω. 9 Οὐδενὸς γὰρ οὐδείς ἐστιν ἄνευ κρίσεως δυνατώτερος. Κλεῖσον οὖν τὰ δικαστήρια, κάθελε τὰ βουλευτήρια, ἔκβαλε τοὺς στρατηγούς· πάντα γὰρ ὅσα σὺ πρὸς τὸν πρόεδρον εἴρηκας ἔοικε δικαιότερον ἐρεῖν κατὰ σοῦ ἀληθῶς. Ἐπανάστηθι Θερσάνδρῳ, πρόεδρε· μέχρι μόνον ὀνομάτων πρόεδρος εἶ. 10 Οὗτος τὰ σὰ ποιεῖ, μᾶλλον δὲ ὅσα οὐδὲ σύ. Σὺ μὲν γὰρ συμβούλους ἔχεις, καὶ οὐδὲν ἄνευ τούτων ἔξεστί σοι· ἀλλ' οὔτε τι τῆς ἐξουσίας δράσειας πρὶν ἢ ἐλθεῖν ἐπὶ τοῦτον τὸν θρόνον· οὐδὲ ἐπὶ τῆς σῆς οἰκίας δεσμὸν ἀνθρώπου ποτὲ κατέγνως. Ὁ δὲ γενναῖος οὗτος πάντα ἑαυτῷ γίνεται, δῆμος, βουλή, πρόεδρος, στρατηγός. 11 Οἴκοι κολάζει καὶ δικάζει καὶ δεθῆναι κελεύει, καὶ ὁ τῆς δίκης καιρὸς ἑσπέρα ἐστί· καλός γε καὶ ὁ νυκτερινὸς δικαστής. Καὶ νῦν πολλάκις βοᾷ· 'Κατάδικον ἔλυσας θανάτῳ παραδοθέντα.' Ποίῳ θανάτῳ; Ποῖον κατάδικον; Εἰπέ μοι τοῦ θανάτου τὴν αἰτίαν. 12 'Ἐπὶ φόνῳ κατέγνωσται,' φησί. Πεφόνευκεν οὖν; Εἰπέ μοι τίς ἐστιν; Ἣν ἀπέκτεινε καὶ ἔλεγες ἀνῃρῆσθαι, ζῶσαν βλέπεις, καὶ οὐκ ἂν ἔτι τολμήσειας τὸν αὐτὸν αἰτιᾶσθαι φόνον. Οὐ γὰρ δὴ τοῦτο τῆς κόρης ἐστὶν εἴδωλον· οὐδ' ἀνέπεμψεν ὁ Ἀϊδωνεὺς κατὰ σοῦ τὴν

19. Cette attaque peut évoquer au lecteur cultivé successivement Philocléon, le juge maniaque des *Guêpes* jugeant chez lui, puis le Conseil nocturne de Platon (P. LIVIABELLA FURIANI, « Achille Tazio VIII 9. 9 *sqq*.

dis-moi, as-tu tout d'abord emprisonné ce jeune étranger ? Quel président l'a condamné ? Quel tribunal a donné ordre d'enchaîner cet homme ? Admettons donc qu'il ait commis tout les crimes que tu peux dire ; mais, dans ce cas, qu'il soit d'abord jugé, qu'il soit confondu après avoir pris la parole : que ce soit la loi, qui règne sur toi comme sur tout le monde, qui le fasse enchaîner. **9** Personne en effet ne l'emporte sur personne sans jugement. Ferme donc les tribunaux, supprime les salles du Conseil, chasse les magistrats ! Car tout ce que tu as dit au président, il apparaît plus juste de le retourner contre toi, en vérité. Cède ton siège à Thersandre, président : tu n'es président que de nom. **10** C'est lui qui remplis ta charge – que dis-je ? qui l'outrepasse même. Toi en effet, tu as des conseillers et rien ne t'est permis sans eux ; tu ne saurais exercer ton pouvoir avant de venir sur ce siège , tu n'as pas non plus, dans ta maison, jamais condamné un homme aux fers ! Mais ce noble personnage est tout par lui-même, Assemblée du Peuple, Conseil, président, magistrat. **11** C'est dans sa maison qu'il châtie, juge et ordonne la prison, et le moment du procès est le soir. Ah le beau juge nocturne[19] ! Et maintenant il répète en criant : "Tu as libéré un condamné livré à la mort !" À quelle mort ? Quel condamné ? Donne-moi la raison de sa condamnation à mort ! **12** "Il a été condamné pour meurtre", dit-il. Il a donc tué ? dis-moi, qui est-ce ? Celle qu'il a tuée et que tu disais disparue, tu la vois vivante, et tu ne pourrais avoir l'audace de persister dans ton accusation de meurtre. Car ce n'est assurément pas là le fantôme de la jeune fille et Aidonée n'a pas fait

e Platone, *Leggi* 961 a-b: un esempio di imitazione e deformazione », *Prometheus* 11 (1985), p. 179-182) qui, vu les exploits attribués à Thersandre, évoque surtout l'heure des débauches.

ἀνῃρημένην. 13 Δυσὶ μὲν φόνοις ἔνοχος εἶ. Τὴν μὲν γὰρ ἀπέκτεινας τῷ λόγῳ, τὸν δὲ τοῖς ἔργοις ἠθέλησας, μᾶλλον δὲ καὶ ταύτην ἔμελλες· τὸ γὰρ δρᾶμά σου τὸ ἐπὶ τῶν ἀγρῶν ἠκούσαμεν. Ἡ δὲ Ἄρτεμις ἡ μεγάλη θεὸς ἀμφοτέρους ἔσωσε, τὴν μὲν ἐκ τῶν Σωσθένους χειρῶν ἐξαρπάσασα, τὸν δὲ τῶν σῶν. 14 Καὶ τὸν μὲν Σωσθένην ἐξήρπασας, ἵνα μὴ κατάφωρος γένῃ. Οὐκ αἰσχύνῃ δέ, ὅτι κατηγορῶν τοὺς ξένους ἄμφω συκοφαντῶν ἐλήλεγξαι; Τὰ μὲν ἐμὰ ἐπὶ τοσοῦτον εἰρήσθω πρὸς τὰς τούτου βλασφημίας, τὸν δὲ ὑπὲρ τῶν ξένων λόγον αὐτοῖς τούτοις παραδίδωμι. »

X. 1 Μέλλοντος δὲ ὑπὲρ ἐμοῦ καὶ τῆς Μελίτης ἀνδρὸς οὐκ ἀδόξου μὲν ῥήτορος, ὄντος δὲ ⟨τῆς⟩ βουλῆς, λέγειν, φθάσας ῥήτωρ ἕτερος, ὄνομα Σώπατρος, Θερσάνδρου συνήγορος, « Ἀλλ' ἐμός, εἶπεν, ἐντεῦθεν ὁ λόγος κατὰ τούτων τῶν μοιχῶν, ὦ βέλτιστε Νικόστρατε » — τοῦτο γὰρ ἦν ὄνομα τῷμῷ ῥήτορι — « εἶτα σός· ὁ γὰρ Θέρσανδρος ἃ εἶπε πρὸς τὸν ἱερέα μόνον ἀπετείνατο, ὀλίγον ἁψάμενος ὅσον ἐπιψαῦσαι καὶ τοῦ κατὰ τὸν δεσμώτην μέρους. 2 Ὅταν οὖν ἀποδείξω δυσὶ θανάτοις ἔνοχον ὄντα, τότε ἂν εἴη καὶ σοὶ καιρὸς ἀπολύσασθαι τὰς αἰτίας. » Ταῦτα εἰπὼν καὶ τερατευσάμενος καὶ τρίψας τὸ πρόσωπον. « Τῆς μὲν τοῦ ἱερέως κωμῳδίας, ἔφη, ἠκούσαμεν, πάντα ἀσελγῶς καὶ ἀναισχύντως ὑποκριναμένου τὰ εἰς τὸν Θέρσανδρον προσκρούσματα· 3 καὶ τοῦ λόγου τὸ προοίμιον μέμψεις εἰς Θέρσανδρον ἐφ' οἷς ⟨εἰς⟩ αὐτὸν εἶπεν. Ἀλλὰ Θέρσανδρος μὲν οὐδὲν ὧν

20. Voir Eschine, *S. amb. inf.*, 49.

remonter la morte pour témoigner contre toi. **13** C'est de deux meurtres que tu es coupable : tu as tué l'une par la parole, tu as voulu le tuer, lui, par tes actes ; bien plus, tu allais la tuer elle aussi ; nous avons en effet entendu parler de ton action au domaine. Artémis, la grande déesse, les a sauvés l'un et l'autre : elle l'a arrachée des mains de Sosthénès, et lui, des tiennes. **14** Et tu as fait disparaître Sosthénès pour ne pas être pris en flagrant délit. Tu n'as donc pas honte d'avoir été convaincu de calomnie dans tes accusations contre ces deux étrangers ? En ce qui me concerne, en voilà assez, en réponse aux calomnies de cet individu ; quant à la défense de ces étrangers, je leur laisse le soin de le faire eux-mêmes. »

X. **1** Comme notre défenseur, à Mélité et à moi, un orateur qui n'était pas sans réputation et était membre du Conseil, allait prendre la parole, un autre orateur, nommé Sopatros, avocat de Thersandre, le devança et dit : « Mais c'est à moi maintenant de parler contre ces deux adultères-là, mon excellent Nicostratos – c'était là le nom de mon avocat –, et après, ce sera à toi : Thersandre, dans ce qu'il a dit, ne s'est expliqué longuement que sur le compte du prêtre, n'abordant que pour l'effleurer ce qui concerne le prisonnier. **2** Lorsque donc j'aurai prouvé qu'il est passible de deux morts, alors ce pourra être pour toi le moment de réfuter mes accusations. » Après avoir dit ces mots, tout en gesticulant et se frottant le visage[20], il dit : « Nous avons entendu la comédie du prêtre, qui a déclamé[21] toutes ses offenses envers Thersandre de façon impudente et éhontée, **3** et le début de son discours n'était que blâmes envers Thersandre sur les points qu'il lui avait reprochés. Mais Thersandre n'a pas fait un mensonge dans ce qu'il a dit

21. On retrouve le verbe qui exprime le jeu théâtral, ὑποκρίνομαι.

εἶπεν εἰς τοῦτον ἐψεύσατο· καὶ γὰρ δεσμώτην ἔλυσε καὶ πόρνην ὑπεδέξατο καὶ συνέγνω μοιχῷ· ἃ δὲ αὐτὸς μᾶλλον ἀναιδῶς ἐσυκοφάντησε, διασύρων τὸν Θερσάνδρου βίον, οὐδεμιᾶς ἀπήλλακται συκοφαντίας. 4 Ἱερεῖ δὲ ἔπρεπεν, εἴπερ ἄλλο, καὶ τοῦτο, καθαρὰν ἔχειν τὴν γλῶτταν ὕβρεως — χρήσομαι γὰρ τοῖς αὐτοῦ πρὸς αὐτόν —. Ἃ δὲ μετὰ τὴν κωμῳδίαν ἐτραγῴδησεν ἤδη φανερῶς καὶ οὐκέτι δι' αἰνιγμάτων, σχετλιάζων εἰ μοιχόν τινα λαβόντες ἐδήσαμεν, ὑπερτεθαύμακα [καὶ] τί τοσοῦτον ἴσχυσε πρίασθαι πρὸς τὴν τοσαύτην σπουδήν. 5 Ὑπονοεῖν γὰρ τἀληθὲς ἔστιν· εἶδε γὰρ τῶν ἀκολάστων τούτων τὰ πρόσωπα, τοῦ τε μοιχοῦ καὶ τῆς ἑταίρας. Ὡραία μὲν αὕτη καὶ νέα, ὡραῖον δὲ καὶ τοῦτο τὸ μειράκιον καὶ οὐδέπω τὴν ὄψιν ἀργαλέον, ἀλλ' ἔτι χρήσιμον πρὸς τὰς τοῦ ἱερέως ἡδονάς. 6 Ὁπότερός σε τούτων ἐωνήσατο; Κοινῇ γὰρ πάντες ἐκαθεύδετε καὶ ἐμεθύετε κοινῇ, καὶ τῆς νυκτὸς ὑμῶν οὐδεὶς γέγονε θεατής. Φοβοῦμαι μὴ τὸ τῆς Ἀρτέμιδος ἱερὸν Ἀφροδίτης πεποιήκατε, καὶ περὶ ἱερωσύνης κρινοῦμεν, εἰ δεῖ σε τὴν τιμὴν ταύτην ἔχειν. 7 Τὸν δὲ Θερσάνδρου βίον ἴσασι πάντες καὶ ἐκ πρώτης ἡλικίας μετὰ σωφροσύνης κόσμιον, καὶ ὡς εἰς ἄνδρας ἐλθὼν ἔγημε κατὰ τοὺς νόμους, σφαλεὶς μὲν εἰς τὴν περὶ τῆς γυναικὸς κρίσιν — οὐ γὰρ εὗρεν ἣν ἤλπισε —, τῷ δὲ ταύτης γένει καὶ τῇ οὐσίᾳ πεπιστευκώς. 8 Εἰκὸς γὰρ αὐτὴν καὶ πρὸς ἄλλους τινὰς ἡμαρτηκέναι τὸν πρόσθεν χρόνον, λανθάνειν δὲ ἐπ' ἐκείνοις χρηστὸν ἄνδρα· τὸ δὲ τελευταῖον τοῦ δράματος πᾶσαν ἀπεκάλυψε τὴν αἰδῶ, πεπλήρωται δὲ ἀναισχυντίας. 9 Τοῦ γὰρ ἀνδρὸς στειλαμένου τινὰ μακρὰν

contre cet homme ; oui, il a bien délivré un prisonnier ; oui, il a accueilli une putain ; oui, il a été le complice d'un adultère. Mais dans ce que lui, avec bien plus d'impudence, a imaginé comme infamies, en essayant de décrier la vie de Thersandre, il ne s'est abstenu d'aucune calomnie. **4** Pourtant, à un prêtre, il convenait plus qu'à tout autre de garder la langue pure de toute impudence – je me servirai de ses propres mots contre lui. Mais de ce qu'il a déclamé sur le mode tragique, après sa comédie, parlant alors en clair et non plus par énigmes, s'irritant que nous ayons saisi et emprisonné un adultère, j'ai été grandement surpris : qu'est-ce qui a pu avoir assez de pouvoir pour le gagner à un si grand zèle ? **5** On peut subodorer la vérité : il a vu le visage de ces débauchés, l'adultère et la courtisane. Elle est dans la fleur de l'âge et jeune et ce garçon est aussi dans la fleur de l'âge, pas encore désagréable à regarder et toujours utilisable pour les plaisirs du prêtre. **6** Lequel d'entre eux t'a-t-il acheté ? Car c'est tous ensemble que vous avez dormi et vous vous êtes enivrés ensemble, et de votre nuit, nul n'a été spectateur. Je crains que vous n'ayez fait du temple d'Artémis un temple d'Aphrodite, et nous jugerons, au sujet de ton sacerdoce, s'il faut que tu conserves cette charge. **7** Quant à la vie de Thersandre, tout le monde la connaît, une vie rangée depuis son plus jeune âge et pleine de sagesse ; on sait comment, parvenu dans la classe des hommes, il se maria selon les lois, se trompant dans le jugement qu'il porta sur sa femme – car il ne trouva pas en elle ce qu'il avait souhaité –, en se fiant à sa naissance et à sa fortune. **8** Il est en effet vraisemblable qu'elle a failli aussi avec d'autres dans le passé, mais sans se faire prendre pour ceux-là par son excellent époux. À la fin, elle a dévoilé toute la honte de sa conduite et mis le comble à son impudence : **9** son mari s'étant préparé pour

ἀποδημίαν, καιρὸν τοῦτον ἐνόμισεν εὔκαιρον μοιχείας [καὶ αὔχημα] καὶ νεανίσκον εὑροῦσα πόρνον — τοῦτο γὰρ τὸ μεῖζον ἀτύχημα, ὅτι τοιοῦτον ηὗρε τὸν ἐρώμενον, ὃς πρὸς μὲν γυναῖκας ἄνδρας μιμεῖται, γυνὴ δὲ γίνεται πρὸς ἄνδρας — οὕτως μετὰ ἀδείας οὐκ ἤρκεσεν ἐπὶ τῆς ξένης αὐτῷ συνοῦσα φανερῶς, ἀλλὰ καὶ ἐνταῦθα ἤγαγε διὰ τοσούτου πελάγους συγκαθεύδουσα κἀν τῷ σκάφει φανερῶς ἀσελγαίνουσα πάντων ὁρώντων. 10 Ὢ μοιχείας γῇ καὶ θαλάττῃ μεμερισμένης· ὢ μοιχείας ἀπ' Αἰγύπτου μέχρις Ἰωνίας ἐκτεταμένης. Μοιχεύεταί τις, ἀλλὰ πρὸς μίαν ἡμέραν· ἂν δὲ καὶ δεύτερον γένηται τὸ ἀδίκημα, κλέπτει τὸ ἔργον καὶ πάντας ἀποκρύπτεται· αὕτη δὲ οὐχ ὑπὸ σάλπιγγος μόνον ἀλλὰ καὶ κήρυκι μοιχεύεται. 11 Ἔφεσος ὅλη τὸν μοιχὸν ἔγνωκεν· ἡ δὲ οὐκ ᾐσχύνετο τοῦτο ἀπὸ τῆς ξένης ἐνεγκοῦσα τὸ ἀγώγιμον, ὡς φορτίον κάλλος ἐωνημένη ἦλθε, μοιχὸν ἐμπεπορευμένη. 'Ἀλλ' ᾤμην, φησί, τὸν ἄνδρα τετελευτηκέναι.' 12 Οὐκοῦν, εἰ μὲν τέθνηκεν, ἀπήλλαξαι τῆς αἰτίας· οὐδὲ γάρ ἐστιν ὁ τὴν μοιχείαν παθών, οὐδὲ ὑβρίζεται γάμος οὐκ ἔχων ἄνδρα· εἰ δὲ ὁ γάμος τῷ τὸν γήμαντα ζῆν οὐκ ἀνῄρηται, τὴν γαμηθεῖσαν διαφθείραντος ἄλλου λελῄστευται. Ὥσπερ γὰρ μὴ μένοντος ὁ μοιχὸς οὐκ ἦν, μένοντος δὲ μοιχός ἐστιν. »

XI. 1 Ἔτι τοῦ Σωπάτρου λέγοντος ὑποτεμὼν αὐτοῦ τὸν λόγον ὁ Θέρσανδρος, « Ἀλλ' οὐκ, ἔφη, λόγων δεῖ. Δύο γὰρ προκαλοῦμαι προκλήσεις, Μελίτην τε ταύτην καὶ τὴν δοκοῦσαν εἶναι τοῦ θεοπρόπου θυγατέρα — οὐκέτι βασανίσων, ὡς μικρῷ πρόσθεν ἔλεγον —, τῷ δὲ ὄντι δούλην ἐμήν », καὶ ἀνεγίνωσκε· 2 « Προκαλεῖται Θέρσανδρος Μελίτην καὶ Λευκίππην — τοῦτο γὰρ ἤκου-

un long voyage, elle crut ce moment favorable à l'adultère et, ayant découvert ce jeune prostitué – car c'est bien là la plus grande infortune, qu'elle ait trouvé un tel amant, qui auprès des femmes joue les hommes et devient femme pour les hommes –, c'est ainsi que, en toute sécurité, elle ne se contenta pas de s'unir à lui ouvertement à l'étranger, mais l'amena ici, à travers une si grande mer, couchant avec lui, même sur le bateau, se montrant sans pudeur ouvertement, aux yeux de tous. **10** Oh ! l'adultère partagé entre terre et mer ! Oh, l'adultère qui s'est prolongé d'Égypte jusqu'en Ionie ! On commet l'adultère, mais pour un seul jour ! Et si la faute se reproduit, on dissimule la chose et on la cache à tous ! Mais elle, ce n'est pas seulement au son de la trompette, mais encore par la voix du héraut qu'elle commet l'adultère ! **11** Éphèse tout entière a connu son amant ! Et elle ne rougissait pas de rapporter cette marchandise de l'étranger, car c'est après avoir acheté sa beauté comme une cargaison qu'elle est revenue en important un amant ! "Mais je croyais, dit-elle, que mon mari était mort." **12** Donc, s'il est mort, sois lavée de l'accusation, car il n'y a alors pas plus de victime de l'adultère que d'outrage à un mariage sans mari ; mais si le mariage n'est pas annulé parce que l'époux est vivant, il y a eu acte de brigandage sur la femme mariée si un autre l'a séduite ; de même que, si le mariage ne perdure pas, il n'y aurait pas adultère, s'il perdure, il y a adultère. »

XI. **1** Sopatros parlait encore lorsque Thersandre lui coupa la parole : « Non, il n'est pas besoin de discours ; je lance deux sommations, contre Mélité que voici et contre celle qui passe pour la fille du député de l'ambassade sacrée – on n'utilisera plus la torture, comme je le disais tout à l'heure –, mais qui est en fait mon esclave. » Et il lut : **2** « Thersandre somme Mélité et Leucippé – j'ai en effet

σα τὴν πόρνην καλεῖσθαι —. Μελίτην μέν, εἰ μὴ κεκοινώνηκεν εἰς Ἀφροδίτην τῷδε τῷ ξένῳ παρ' ὃν ἀπεδήμουν χρόνον, εἰς τὸ τῆς ἱερᾶς Στυγὸς ὕδωρ εἰσβᾶσαν καὶ ἐπομοσαμένην ἀπηλλάχθαι τῶν ἐγκλημάτων, τὴν δὲ ἑτέραν, εἰ μὲν τυγχάνει γυνή, δουλεύειν τῷ δεσπότῃ — δούλαις γὰρ μόναις γυναιξὶν ἔξεστιν εἰς τὸν τῆς Ἀρτέμιδος ναὸν παριέναι —, εἰ δέ φησιν εἶναι παρθένος, ἐν τῷ τῆς σύριγγος ἄντρῳ κλεισθῆναι. » 3 Ἡμεῖς μὲν οὖν εὐθὺς ἐδεξάμεθα τὴν πρόκλησιν· καὶ γὰρ ᾔδειμεν αὐτὴν ἐσομένην. Ἡ δὲ Μελίτη θαρρήσασα τῷ παρ' ὃν ἀπεδήμει χρόνον ὁ Θέρσανδρος μηδέν μοι κοινὸν πρὸς αὐτὴν γεγονέναι πλὴν λόγων, « Ἀλλὰ καὶ ἔγωγε, ἔφη, ταύτην δέχομαι τὴν πρόκλησιν, καὶ ἔτι πλέον αὐτὴ προστίθημι· τὸ δὲ μέγιστον, οὐδὲ εἶδον τὸ παράπαν μήτε πολίτην μήτε ξένον ἥκειν εἰς ὁμιλίαν καθ' ὃν λέγεις καιρόν. Σὲ δὲ τί δεῖ παθεῖν, ἂν συκοφάντης ἁλῷς ; » 4 « Ὅ τι ἄν, ἔφη, δόξῃ προστιμῆσαι τοῖς δικασταῖς. » Ἐπὶ τούτοις διελύθη τὸ δικαστήριον, καὶ εἰς τὴν ὑστεραίαν διώριστο τὰ τῆς προκλήσεως ἡμῖν γενέσθαι.

XII. 1 Τὸ δὲ τῆς Στυγὸς ὕδωρ εἶχεν οὕτως. Παρθένος ἦν εὐειδής, ὄνομα Ῥοδῶπις, κυνηγίων ἐρῶσα καὶ θήρας· πόδες ταχεῖς, εὔστοχοι χεῖρες, ζώνη καὶ μίτρα καὶ ἀνεζωσμένος εἰς γόνυ χιτὼν καὶ κατὰ ἄνδρας κουρὰ τριχῶν. Ὁρᾷ ταύτην Ἄρτεμις καὶ ἐπῄνει καὶ ἐκάλει καὶ σύνθηρον ἐποιήσατο, καὶ τὰ πλεῖστα κοινὰ ἦν αὐταῖς θηράματα. 2 Ἀλλὰ καὶ ὤμοσεν ἀεὶ παραμένειν καὶ τὴν πρὸς ἄνδρας ὁμιλίαν φυγεῖν καὶ τὴν ἐξ Ἀφροδίτης ὕβριν μὴ παθεῖν. Ὤμοσεν ἡ Ῥοδῶπις, καὶ ἤκουσεν ἡ Ἀφροδίτη καὶ ὀργίζεται καὶ ἀμύνασθαι θέλει τὴν κόρην τῆς ὑπεροψίας. 3 Νεανίσκος ἦν Ἐφέσιος, καλὸς ἐν μειρακίοις ὅσον Ῥοδῶπις ἐν παρθένοις· Εὐθύνικον αὐτὸν

22. C'est évidemment la précision importante, puisqu'il ne s'est rien passé avant son retour, comme le rappelle le paragraphe suivant.

appris que c'est là le nom de la putain : que Mélité, si elle n'a pas partagé les plaisirs d'Aphrodite avec cet étranger durant le temps que j'étais absent[22], entre dans l'eau du Styx et, après avoir prêté serment, se disculpe des chefs d'accusation portés contre elle, et que l'autre, si elle est femme, soit l'esclave de son maître – aux seules femmes esclaves il est permis d'entrer dans le sanctuaire d'Artémis –, et si elle se prétend vierge, qu'elle soit enfermée dans l'antre de la syrinx. » **3** Quant à nous, nous acceptâmes d'emblée la sommation, car nous savions qu'elle serait lancée. Mélité, encouragée par le fait que, durant le temps que Thersandre était absent, je n'avais partagé avec elle que des paroles, répondit : « Eh bien, moi, j'accepte la sommation, et j'y fais moi-même encore cette addition : chose essentielle, je n'ai laissé aucun citoyen ni étranger m'approcher pour avoir commerce avec moi pendant la période que tu dis. Mais toi, quel châtiment dois-tu subir, si tu te vois convaincu d'être un calomniateur ? » – « **4** Celui, répondit-il, que les juges décideront de m'infliger. » Sur ces entrefaites, le tribunal se sépara et l'on décida que serait renvoyée pour le lendemain la question de notre sommation.

XII. **1** L'histoire de l'eau du Styx était la suivante : il était une gracieuse jeune fille, du nom de Rhodopis, qui aimait les poursuites et la chasse ; pieds rapides, mains sûres au tir, ceinture et bandeau, tunique relevée au genou et les cheveux coupés à la manière des hommes. Artémis la vit, l'admira, l'appela et en fit sa compagne de chasse : le plus souvent, elles chassaient ensemble. **2** La jeune fille fit même serment de rester toujours avec elle, de fuir le commerce des hommes et de ne point subir la violence d'Aphrodite. Rhodopis fit ce serment et Aphrodite l'entendit : elle se met en colère et veut punir la jeune fille de son arrogance. **3** Il était un jeune homme d'Éphèse, beau parmi les garçons comme

ἐκάλουν· ἐθήρα δὲ καὶ αὐτὸς ὡς Ῥοδῶπις, καὶ τὴν Ἀφροδίτην ὁμοίως οὐκ ἤθελεν εἰδέναι. 4 Ἐπ' ἀμφοτέρους οὖν ἡ θεὸς ἔρχεται καὶ τὰς θήρας αὐτῶν εἰς ἓν συνάγει· τέως γὰρ ἦσαν κεχωρισμένοι· ἡ δὲ Ἄρτεμις τηνικαῦτα οὐ παρῆν. Παραστησαμένη δὲ τὸν υἱὸν τὸν τοξότην ἡ Ἀφροδίτη εἶπε· « Τέκνον, ζεῦγος τοῦτο ὁρᾷς ἀναφρόδιτον καὶ ἐχθρὸν ἡμῶν καὶ τῶν ἡμετέρων μυστηρίων; Ἡ δὲ παρθένος καὶ θρασύτερον ὤμοσε κατ' ἐμοῦ. Ὁρᾷς δὲ αὐτοὺς ἐπὶ τὴν ἔλαφον συντρέχοντας. 5 Ἄρξαι καὶ σὺ τῆς θήρας ἀπὸ πρώτης τῆς τολμηρᾶς κόρης· καὶ πάντως τὸ σὸν βέλος εὐστοχώτερόν ἐστιν. » Ἐντείνουσιν ἀμφότεροι τὰ τόξα, ἡ μὲν ἐπὶ τὴν ἔλαφον, ὁ δὲ Ἔρως ἐπὶ τὴν παρθένον· καὶ ἀμφότεροι τυγχάνουσι, καὶ ἡ κυνηγέτις μετὰ τὴν θήραν ἦν τεθηραμένη. 6 Καὶ εἶχεν ἡ μὲν ἔλαφος εἰς τὰ νῶτα τὸ βέλος, ἡ δὲ παρθένος εἰς τὴν καρδίαν· τὸ δὲ βέλος, Εὐθύνικον φιλεῖν. Δεύτερον δὲ καὶ ἐπὶ τοῦτον ὀϊστὸν ἀφίησι. 7 Καὶ εἶδον ἀλλήλους Εὐθύνικος καὶ ἡ Ῥοδῶπις. Καὶ ἔστησαν μὲν τὸ πρῶτον τοὺς ὀφθαλμοὺς ἑκάτεροι, μηδέτερος ἐκκλῖναι θέλων ἐπὶ θάτερα· κατὰ μικρὸν δὲ τὰ τραύματα ἀμφοῖν ἐξάπτεται, καὶ αὐτοὺς ὁ Ἔρως ἐλαύνει κατὰ τουτὶ τὸ ἄντρον, οὗ νῦν ἐστιν ἡ πηγή, καὶ ἐνταῦθα τὸν ὅρκον ψεύδονται. 8 Ἡ Ἄρτεμις ὁρᾷ τὴν Ἀφροδίτην γελῶσαν καὶ τὸ πραχθὲν συνίησι, καὶ εἰς ὕδωρ λύει τὴν κόρην, ἔνθα τὴν παρθενίαν ἔλυσε. Καὶ διὰ τοῦτο, ὅταν τις αἰτίαν ἔχῃ Ἀφροδισίων, εἰς τὴν πηγὴν εἰσβᾶσα ἀπολούεται· ἡ δέ ἐστιν ὀλίγη καὶ μέχρι κνήμης μέσης. 9 Ἡ δὲ κρίσις· ἐγγράψασα τὸν ὅρκον γραμματείῳ μηρίνθῳ δεδεμένον περιεθήκατο τῇ δέρῃ. Κἂν μὲν ἀψευδῇ τὸν ὅρκον, μένει κατὰ χώραν ἡ πηγή· ἂν δὲ ψεύδηται, τὸ ὕδωρ ὀργίζεται καὶ ἀναβαίνει μέχρι τῆς δέρης καὶ τὸ γραμμα-

Rhodopis parmi les filles ; on l'appelait Euthynikos ; il chassait, lui aussi, comme Rhodopis, et, comme elle, refusait de connaître Aphrodite. **4** La déesse, marchant contre l'un et l'autre, conduit en un seul et même endroit leurs chasses, car jusque-là ils étaient séparés l'un de l'autre ; Artémis à ce moment n'était pas là. Aphrodite, ayant pris avec elle son fils, l'archer, dit : « Mon enfant, vois-tu ce couple qui repousse Aphrodite, hostile à nous et à nos mystères ? la jeune fille a même renchéri d'arrogance en prononçant un serment contre moi. Tu les vois courir ensemble la biche. **5** Commence, toi aussi, ta chasse, d'abord par cette jeune fille présomptueuse ; et, de toute façon, ton trait est plus sûr que le sien. » Ils bandent tous deux leur arc, elle contre la biche, lui contre la jeune fille ; ils font mouche l'un et l'autre, et c'est la chasseresse, après la chasse, qui s'avère avoir été chassée. **6** La biche avait la flèche dans le dos, la jeune fille dans le cœur, et cette flèche était l'amour d'Euthynicos. En second, Éros décoche aussi un trait contre lui. **7** Et Euthynicos et Rhodopis se virent. Et tout d'abord ils fixèrent leurs yeux l'un sur l'autre, sans qu'aucun des deux consente à les détourner ; peu à peu les blessures de tous deux s'enflamment et Éros les conduit dans l'antre que voici, où se trouve maintenant la source, et là ils trahissent le serment. **8** Artémis voit Aphrodite rire et comprend ce qui s'est passé ; elle change la jeune fille en eau, là où elle avait abandonné sa virginité. Voilà pourquoi, chaque fois qu'une femme est accusée dans une affaire amoureuse, elle entre dans la source et s'y baigne ; celle-ci est peu abondante et vient jusqu'à mi-jambe. **9** L'épreuve est la suivante : après avoir inscrit son serment sur une tablette, elle la suspend à son cou, reliée par un fil. Si elle ne ment pas dans son serment, la source reste en place; mais si elle ment, l'eau se met en colère, monte jusqu'au cou et recouvre la tablette.

τεῖον ἐκάλυψε. Ταῦτα εἰπόντες καὶ τοῦ καιροῦ προελθόντος εἰς ἑσπέραν ἀπῄειμεν κοιμησόμενοι, χωρὶς ἕκαστος.

XIII. 1 Ἐπὶ δὲ τῇ ὑστεραίᾳ ὁ δῆμος μὲν ἅπας παρῆν· ἡγεῖτο δὲ Θέρσανδρος φαιδρῷ τῷ προσώπῳ καὶ εἰς ἡμᾶς ἅμα βλέπων σὺν γέλωτι. Ἐστόλιστο δὲ ἡ Λευκίππη ἱερᾷ στολῇ· ποδήρης χιτών, ὀθόνης ὁ χιτών, ζώνη κατὰ μέσον τὸν χιτῶνα, ταινία περὶ τὴν κεφαλὴν φοινικοβαφής, ἀσάνδαλος ὁ πούς. 2 Καὶ ἡ μὲν εἰσῆλθε πάνυ κοσμίως· ἐγὼ δὲ ὡς εἶδον, εἱστήκειν τρέμων, καὶ ταῦτα πρὸς ἐμαυτὸν λέγων· « Ὅτι μὲν παρθένος εἶ, Λευκίππη, πεπίστευκα, ἀλλὰ τὸν Πᾶνα, ὦ φιλτάτη, φοβοῦμαι. 3 Θεός ἐστι φιλοπάρθενος, καὶ δέδοικα μὴ δευτέρα καὶ σὺ Σύριγξ γένῃ. Ἀλλ' ἐκείνη μὲν ἔφυγεν αὐτὸν διώκοντα ἐν πεδίῳ καὶ ἐδιώκετο ἐν πλάτει· σὲ δὲ καὶ εἴσω θυρῶν ἀπεκλείσαμεν ὡς ἐν πολιορκίᾳ, ἵνα, κἂν διώκῃ, μὴ δύνῃ φυγεῖν. 4 Ἀλλ', ὦ δέσποτα Πάν, εὐγνωμονήσειας καὶ μὴ παραβαίης τὸν νόμον τοῦ τόπου· ἡμεῖς γὰρ αὐτὸν τετηρήκαμεν. Ἐξίτω πάλιν ἡμῖν Λευκίππη παρθένος· ταύτας πρὸς τὴν Ἄρτεμιν συνθήκας ἔχεις· μὴ ψεύσῃ τὴν παρθένον. »

XIV. 1 Ταῦτά μου πρὸς ἐμαυτὸν λαλοῦντος μέλος ἐξηκούετο μουσικόν, καὶ ἐλέγετο μηδεπώποτε λιγυρώτερον οὕτως ἀκουσθῆναι· καὶ εὐθὺς ἀνεῳγμένας εἴδομεν τὰς θύρας. 2 Ὡς δὲ ἐξέθορεν ἡ Λευκίππη, πᾶς μὲν ὁ δῆμος ἐξεφώνησεν ὑφ' ἡδονῆς καὶ τὸν Θέρσανδρον ἐλοιδόρουν, ἐγὼ δὲ ὅστις ἐγεγόνειν οὐκ ἂν εἴποιμι λόγῳ. Μίαν μὲν ταύτην καλλίστην νίκην νενικηκότες ἀπῄειμεν· ἐπὶ δὲ τὴν δευτέραν κρίσιν ἐχωροῦμεν, τὴν Στύγα. 3 Καὶ ὁ δῆμος οὕτως μετεσκευάζετο πρὸς ταύτην τὴν θέαν, καὶ πάντα συνεπεραίνετο κἀκεῖ. Ἡ Μελίτη τὸ γραμματεῖον περιέκειτο· ἡ πηγὴ διαυγὴς καὶ ὀλίγη· ἐνέβη δὲ εἰς

Après avoir parlé ainsi et comme le soir s'avançait, nous allâmes nous coucher, chacun de notre côté.

XIII. **1** Le lendemain, le peuple tout entier était présent ; Thersandre était à sa tête, le visage radieux et nous regardant en riant. Et Leucippé avait été parée d'une robe sacrée ; la tunique descendait jusqu'aux pieds, cette tunique était de lin, une ceinture était au milieu de la tunique ; elle avait sur la tête un bandeau teint de pourpre, son pied était nu. **2** Elle entra très calmement, mais moi, quand je la vis, je restai immobile en tremblant, me disant : « Que tu sois vierge, Leucippé, j'en suis certain, mais c'est Pan, ma chérie, que je crains. **3** C'est un dieu qui est amateur de vierges et j'ai peur que tu ne deviennes, à ton tour, une seconde Syrinx. Elle a fui le dieu qui la poursuivait en plaine et on la poursuivait à l'air libre, tandis que toi, nous t'avons enfermée derrière des portes, comme pendant un siège, afin que, même s'il te poursuit, tu ne puisses t'enfuir. **4** Seigneur Pan, puisses-tu être bienveillant et ne pas transgresser la loi de ce lieu : nous, nous l'avons observée. Que Leucippé nous ressorte vierge ; car c'est là la convention que tu as avec Artémis : ne trompe pas la vierge ! »

XIV. **1** Comme je me disais ces mots, une harmonieuse mélodie se fit entendre et jamais encore, disait-on, l'on n'avait entendu plus suave mélodie ; et aussitôt nous vîmes les portes grandes ouvertes. **2** Quand Leucippé sortit d'un bond, le peuple tout entier poussa des cris de joie et injuria Thersandre, mais moi, je ne saurais exprimer l'état dans lequel j'étais. Après avoir remporté cette première magnifique victoire, nous nous éloignâmes ; nous allâmes vers la seconde épreuve, le Styx. **3** Et la foule se déplaça de même pour voir ce spectacle, et toute l'affaire trouva sa conclusion à ce moment. Mélité avait attaché sa tablette autour du cou ; la source était limpide et son niveau bas ;

αὐτὴν καὶ ἔστη φαιδρῷ τῷ προσώπῳ. 4 Τὸ δὲ ὕδωρ οἷον ἦν κατὰ χώραν ἔμενε, μηδὲ τὸ βραχύτατον ἀναθορὸν τοῦ συνήθους μέτρου. Ἐπεὶ δὲ ὁ χρόνος, ὃν ἐνδιατρίβειν τῇ πηγῇ διώριστο, παρεληλύθει, τὴν μὲν ὁ πρόεδρος δεξιωσάμενος ἐκ τοῦ ὕδατος ἐξάγει, δύο παλαίσματα τοῦ Θερσάνδρου νενικημένου. Μέλλων δὲ καὶ τὸ τρίτον ἡττᾶσθαι, ὑπεκδὺς εἰς τὴν οἰκίαν ἐκδιδράσκει, φοβηθεὶς μὴ καταλεύσειεν αὐτὸν ὁ δῆμος. 5 Τὸν γὰρ Σωσθένην εἷλκον ἄγοντες νεανίσκοι τέτταρες, δύο μὲν τῆς Μελίτης συγγενεῖς, δύο δὲ οἰκέται· τούτους γὰρ ἐπεπόμφει ζητήσοντας αὐτὸν ἡ Μελίτη. Συνεὶς δὲ ὁ Θέρσανδρος πόρρωθεν καὶ καταμηνύσειν τὸ πρᾶγμα εἰδώς, ἂν ἐν βασάνοις γένηται, φθάσας ἀποδιδράσκει καὶ νυκτὸς ἐπελθούσης τῆς πόλεως ὑπεξέρχεται. 6 Τὸν δὲ Σωσθένην εἰς τὴν εἱρκτὴν ἐκέλευσαν οἱ ἄρχοντες ἐμβληθῆναι, τοῦ Θερσάνδρου φυγόντος. Τότε μὲν οὖν ἀπηλλαττόμεθα, κατὰ κράτος ἤδη νικήσαντες καὶ ὑπὸ πάντων εὐφημούμενοι.

XV. 1 Τῇ δὲ ὑστεραίᾳ τὸν Σωσθένην ἦγον ἐπὶ τοὺς ἄρχοντας οἱ ταύτην ἔχοντες τὴν πίστιν. Ὁ δὲ ἐπὶ βασάνους ἑαυτὸν ἀγόμενον ἰδὼν πάντα σαφῶς λέγει, ὅσα τε ἐτόλμησεν ὁ Θέρσανδρος καὶ ὅσα αὐτὸς ὑπηρέτησεν· οὐ παρέλιπε δὲ οὐδὲ ὅσα ἰδίᾳ πρὸ τῶν τῆς Λευκίππης θυρῶν διελέχθησαν πρὸς ἀλλήλους περὶ αὐτῆς. 2 Καὶ ὁ μὲν αὖθις εἰς τὴν εἱρκτὴν ἐβέβλητο, δώσων δίκην, τοῦ δὲ Θερσάνδρου φυγὴν ἀπόντος κατέγνωσαν. Ἡμᾶς δὲ ὁ ἱερεὺς ὑπεδέχετο πάλιν τὸν εἰθισμένον τρόπον. 3 Καὶ μεταξὺ δειπνοῦντες ἐμυθολογοῦμεν ἅ τε τὴν προτέραν ἐτύχομεν εἰπόντες καὶ εἴ τι ἐπιδεέστερον ἦν ὧν ἐπάθομεν. Ἡ Λευκίππη δέ, ἅτε δὴ μᾶλλον τὸν πατέρα μηκέτι αἰδουμένη ὡς ἂν σαφῶς παρθένος εὑρεθεῖσα, τὰ συμβάντα μετὰ ἡδονῆς διηγεῖτο. 4 Ἐπεὶ δὲ κατὰ τὴν Φάρον ἐγεγόνει καὶ τοὺς λῃστάς, λέγω πρὸς

elle y entra et y resta, le visage radieux. **4** L'eau resta à sa place, comme elle était, sans sortir le moins du monde de ses limites habituelles. Et lorsque se fut écoulé le temps que l'on avait fixé que Mélité devait passer dans la source, le président la prend par la main et la fait sortir de l'eau : Thersandre avait été vaincu à deux reprises ; et comme il allait avoir le dessous la troisième fois, il s'échappe discrètement et s'enfuit chez lui, craignant que le peuple ne le lapide. **5** En effet quatre jeunes gens ramenaient Sosthénès en le traînant – deux étaient des parents de Mélité et les deux autres, des serviteurs ; Mélité en effet les avaient envoyés à sa recherche. Et Thersandre, qui les avait remarqués de loin, et qui savait qu'il révélerait l'affaire, s'il était mis à la question, prend les devants et s'enfuit secrètement et, la nuit venue, il quitte furtivement la ville. **6** Les autorités donnèrent ordre de jeter Sosthénès en prison, Thersandre ayant pris la fuite. Alors donc nous partîmes, l'ayant désormais emporté de vive force et approuvés par tous.

XV. **1** Le lendemain ceux qui en avaient la charge conduisirent Sosthénès aux autorités. Mais lui, en voyant qu'on le menait à la torture, dit tout, sans détours, à la fois ce qu'avait osé Thersandre et ce qu'il avait lui-même exécuté ; il n'omit même pas ce qu'ils s'étaient dit en privé, devant la porte de Leucippé, à son sujet. **2** Il fut de nouveau jeté en prison, dans l'attente de la sentence, et l'on condamna Thersandre à l'exil, par contumace. Le prêtre nous reçut de nouveau, de la manière accoutumée. **3** Et pendant que nous dînions, nous racontâmes ce que nous avions dit la veille et surtout ce qui manquait des aventures que nous avions subies. Et Leucippé, comme elle n'était plus gênée devant son père, puisqu'elle avait été reconnue vierge de façon manifeste, raconta avec plaisir ses mésaventures. **4** Lorsqu'elle fut arrivée à Pharos et aux brigands, je lui

αὐτήν· « Οὐκ ἐρεῖς ἡμῖν τὸν μῦθον τῶν τῆς Φάρου λῃστῶν καὶ τῆς ἀποτμηθείσης ἐκεῖ τὸ αἴνιγμα κεφαλῆς, ἵνα σου καὶ ὁ πατὴρ ἀκούσῃ; Τοῦτο γὰρ μόνον ἐνδέει πρὸς ἀκρόασιν τοῦ παντὸς δράματος. »

XVI. 1 « Γυναῖκα, ἔφη, κακοδαίμονα ἐξαπατήσαντες οἱ λῃσταὶ τῶν ἐπὶ μισθῷ πωλουσῶν τὰ Ἀφροδίτης ὡς δὴ ναυκλήρῳ τινὶ γυναῖκα συνεσομένην ἐπὶ τοῦ σκάφους, ταύτην εἶχον ἐπὶ τῆς νεώς, ἀγνοοῦσαν τὴν ἀλήθειαν ἐφ' ᾧ παρῆν, ὑποπίνουσαν δὲ ἡσυχῇ σύν τινι τῶν πειρατῶν·
2 λόγῳ δ' ἦν ἐραστὴς ὁ λῃστής. Ἐπεὶ δὲ ἁρπάσαντές με, ὡς εἶδες, ἐνέθεσαν τῷ σκάφει καὶ πτερώσαντες αὐτὸ ταῖς κώπαις ἔφυγον, ὁρῶντες τὴν διώκουσαν ναῦν, περιελόντες τόν τε κόσμον καὶ τὴν ἐσθῆτα τῆς ταλαιπώρου γυναικὸς ἐμοὶ περιτιθέασι, τοὺς δὲ ἐμοὺς κιθωνίσκους ἐκείνῃ· καὶ στήσαντες αὐτὴν ἐπὶ τῆς πρύμνης, ὅθεν διώκοντες ὄψεσθε, τὴν κεφαλὴν ἀποτέμνουσιν αὐτῆς, καὶ τὸ σῶμα ἔρριψαν, ὡς εἶδες, κατὰ τῆς θαλάσσης, τὴν δὲ κεφαλήν, ὡς ἔπεσεν, εἶχον ἐπὶ τῆς νεὼς τότε. 3
Μικρὸν γὰρ ὕστερον καὶ ταύτην ἀποσκευάσαντες ἔρριψαν ὁμοίως, ὅτε μηκέτι τοὺς διώκοντας εἶχον. Οὐκ οἶδα δὲ πότερον τούτου χάριν προπαρασκευάσαντες ἔτυχον τὴν γυναῖκα ἢ διεγνωκότες ἀνδραποδίσαντες πωλῆσαι, ὥσπερ ὕστερον πεπράκασι κἀμέ· τῷ δὲ διώκεσθαι πρὸς ἀπάτην τῶν διωκόντων ἀντ' ἐμοῦ σφάττουσι, νομίζοντες πλέον ἐμπολήσειν ἐκ τῆς ἐμῆς πράσεως ἢ τῆς ἐκείνης.
4 Διὰ τοῦτο γὰρ καὶ τὸν Χαιρέαν τὴν ἀξίαν δόντα δίκην ἐπεῖδον· αὐτὸς γὰρ ἦν ὁ συμβουλεύσας ἀντ' ἐμοῦ τὴν ἄνθρωπον ἀποκτείναντας ῥῖψαι. 5 Ὁ δὲ λοιπὸς τῶν λῃστῶν ὄχλος οὐκ ἔφασάν με αὐτῷ ἀφήσειν μόνῳ·

dis : « Ne nous diras-tu pas l'histoire des brigands de Pharos et l'énigme de la tête qui y fut coupée, pour que ton père l'apprenne aussi ? Ce seul point manque au récit de toute l'action. »

XVI. **1** « C'est une malheureuse femme, répondit-elle, de celles qui vendent contre salaire les plaisirs d'Aphrodite, que les brigands avaient abusée, sous prétexte de devenir la femme d'un armateur qui était sur le bateau : ils l'avaient sur le navire, ignorante de la vraie raison pour laquelle elle était là, en train de s'enivrer tranquillement avec l'un des pirates ; **2** et le brigand disait qu'il était son amant. Lorsqu'ils m'eurent enlevée, comme tu l'as vu, ils me mirent dans le bateau ; après lui avoir mis ses rames, ils s'enfuirent ; voyant le navire qui les poursuivait, ils arrachent sa parure et ses vêtements à cette malheureuse femme, me les mettent et lui mettent mes habits ; et, après l'avoir placée sur la poupe, d'où vous pourriez la voir en les poursuivant, ils lui tranchent la tête et jettent le corps, comme tu l'as vu, à la mer, tandis que la tête, une fois tombée, ils la gardaient sur le navire pour le moment. **3** Peu après, ils s'en débarrassèrent aussi, en la jetant de la même manière, lorsqu'ils n'eurent plus de poursuivants. Je ne sais si c'est pour cette raison qu'ils s'étaient procuré à l'avance cette femme ou s'ils avaient décidé de la vendre comme esclave, comme plus tard ils m'ont vendue moi aussi ; mais comme ils étaient poursuivis, afin de tromper leurs poursuivants, ils l'égorgèrent à ma place, pensant qu'ils tireraient un plus grand profit de ma vente que de la sienne. **4** C'est pour cela que je vis Chairéas subir un juste châtiment, car c'était lui qui avait conseillé de jeter par-dessus bord la femme qu'ils avaient tuée à ma place. **5** Mais le reste de la bande des brigands refusa de me laisser à lui seul, car, disaient-ils, il avait déjà eu auparavant une

φθάνειν γὰρ ἤδη λαβόντα σῶμα ἕτερον, ὃ πραθὲν ἂν παρέσχεν αὐτοῖς ἀφορμὴν κέρδους· δεῖν δὲ ἀντὶ τῆς θανούσης ἐμὲ πραθεῖσαν κοινὴν ἅπασιν αὐτοῖς γενέσθαι μᾶλλον ἢ ἐκείνῳ μόνῳ. 6 Ὡς δὲ ἀντέλεγε, δικαιολογούμενος δῆθεν καὶ τὰς συνθήκας προφέρων, ὡς οὐκ εἰς πρᾶσιν ἁρπάσειεν αὐτοῖς, ἀλλ' ἐρωμένην αὑτῷ, καί τι θρασύτερον εἶπε, τὶς τῶν λῃστῶν — καλῶς ποιῶν — ὄπισθεν ἑστὼς ἀποκόπτει τὴν κεφαλὴν αὐτοῦ. 7 Ὁ μὲν οὖν δίκην οὐ μεμπτὴν δοὺς τῆς ἁρπαγῆς ἔρριπτο καὶ αὐτὸς κατὰ τῆς θαλάσσης· οἱ δὲ λῃσταί, δύο πλεύσαντες ἡμερῶν, ἄγουσί με οὐκ οἶδ' ὅπου γε καὶ πιπράσκουσιν ἐμπόρῳ συνήθει, κἀκεῖνος Σωσθένει. »

XVII. 1 Λέγει δὴ καὶ ὁ Σώστρατος· « Ἐπεὶ τοίνυν τοὺς ὑμετέρους μύθους, ὦ παιδία, κατελέξατε, φέρε ἀκούσατε, ἔφη, καὶ παρ' ἐμοῦ τὰ οἴκοι πραχθέντα περὶ Καλλιγόνην τὴν σήν, ὦ Κλειτοφῶν, ἀδελφήν, ἵνα μὴ ἀσύμβολος ὦ μυθολογίας παντάπασι. » 2 Κἀγὼ ἀκούσας τὸ τῆς ἀδελφῆς ὄνομα πάνυ τὴν γνώμην ἐπεστράφην καί, « Ἄγε, πάτερ, εἶπον, λέγε· μόνον περὶ ζώσης ἂν λέγοις. » Ἄρχεται δὴ λέγειν ἃ φθάνω προειρηκὼς ἅπαντα, τὸν Καλλισθένην, τὸν χρησμόν, τὴν θεωρίαν, τὸν λέμβον, τὴν ἁρπαγήν. 3 Εἶτα προσέθηκεν ὅτι « Μαθὼν κατὰ τὸν πλοῦν ὡς οὐκ εἴη θυγάτηρ ἐμή, διημαρτηθείη δὲ τὸ πᾶν ἔργον αὐτῷ, ἤρα δὲ ὅμως καὶ σφόδρα τῆς Καλλιγόνης. Προσπεσὼν αὐτῆς τοῖς γόνασι, 'Δέσποινα, εἶπε, μή με νομίσῃς λῃστὴν εἶναί τινα καὶ κακοῦργον· ἀλλὰ γάρ εἰμι τῶν εὖ γεγονότων, γένει Βυζάντιος, δεύτερος οὐδενός. Ἔρως δέ με λῃστείας ὑποκριτὴν πεποίηκε καὶ ταύτας ἐπὶ σοὶ πλέξαι τὰς

23. Sostratos respecte les usages du banquet.

24. Le texte exige un souhait : le ἄν transmis par les manuscrits a donc été athétisé par Cobet ; si on le maintient, il faut supposer un flottement dans son emploi à cette époque.

autre esclave, dont la vente leur aurait fourni une source de gain, et il fallait me vendre à la place de la morte, pour que le profit en soit commun à tous, plutôt qu'à lui seul. **6** Et comme il protestait, alléguant son bon droit, à l'en croire, et produisant leurs conventions, à savoir que ce n'était pas en vue d'une vente à leur profit qu'il m'avait enlevée, mais en tant que sa maîtresse à lui, il dit une parole un peu trop hardie, et voilà que l'un des brigands – il fit bien –, qui se trouvait derrière, lui coupe la tête. **7** Il reçut ainsi un châtiment irréprochable pour m'avoir enlevée et il fut jeté lui aussi à la mer ; et les brigands, après deux jours de navigation, m'emmènent je ne sais où et me vendent à leur marchand habituel, et lui à Sosthénès. »

XVII. **1** Sostratos prend alors la parole : « Puisque, ainsi, vous avez, mes enfants, conté vos histoires, eh bien, écoutez, dit-il, de moi, ce qui s'est passé chez nous au sujet de Calligoné, ta sœur, Clitophon, afin que je ne sois pas sans avoir versé ma contribution au récit[23]. » **2** Quant à moi, en entendant le nom de ma sœur, je devins très attentif et dis : « Allons, parle, père : pourvu que tes paroles concernent une vivante[24] ! » Il commence alors à raconter tout ce que j'ai dit précédemment, l'histoire de Callisthénès, l'oracle, la procession, la chaloupe, le rapt[25]. **3** Puis il ajouta : « Comprenant, pendant la traversée, que ce n'était pas ma fille, et que, dans toute l'affaire, il s'était trompé, il n'en aimait pas moins Calligoné ; se jetant à ses genoux, il dit : "Maîtresse, ne va pas croire que je sois un brigand et un malfaiteur ; car je fais partie des nobles, je suis de Byzance et je ne suis inférieur à personne. C'est Éros qui m'a fait jouer le rôle d'un brigand et m'a fait tramer cette

25. Racontés *supra*, II, 13-18.

τέχνας. Δοῦλον οὖν με σεαυτῆς ἀπὸ ταύτης τῆς ἡμέρας νόμιζε. Καί σοι προῖκα ἐπιδίδωμι, τὸ μὲν πρῶτον ἐμαυτόν, ἔπειτα ὅσην οὐκ ἂν ὁ πατὴρ ἐπέδωκέ σοι. Τηρήσω δέ σε παρθένον μέχριπερ ἂν σοὶ δοκῇ.' 4 Καὶ ταῦτα εἰπὼν καὶ ἔτι τούτων πλείονα ἐπαγωγότερα τὴν κόρην αὐτῷ γενέσθαι παρεσκεύασεν. Ἦν δὲ καὶ ὀφθῆναι καλὸς καὶ στωμύλος, πιθανώτατος· καὶ ἐπειδὴ ἧκεν εἰς τὸ Βυζάντιον, συμβόλαιον ποιησάμενος προικὸς μεγίστης καὶ τὰ ἄλλα πολυτελῶς παρασκευάσας, ἐσθῆτά τε καὶ χρυσὸν καὶ ὅσα εἰς κόσμον γυναικῶν εὐδαιμόνων, περιεῖπεν εὖ καὶ καλῶς, ἄχραντον τηρῶν, ὡς ἐπηγγείλατο· ὥστε καὶ αὐτὴν ᾐρήκει τὴν κόρην ἤδη. 5 Ὁ δὲ καὶ τὰ ἄλλα πάντα παρεῖχεν ἑαυτὸν κοσμιώτατον καὶ ἐπιεικῆ καὶ σώφρονα, καὶ ἦν τις ἐξαίφνης περὶ τὸν νεανίσκον θαυμαστὴ μεταβολή. Ἕδρας τε γὰρ ἐξανίστατο τοῖς πρεσβυτέροις καὶ ἐπεμελεῖτο φθάνειν προσαγορεύων τοὺς ἐντυγχάνοντας, καὶ τὸ τέως ἄκριτον πολυτελὲς ἐκ τῆς πρὶν ἀσωτίας εἰς τὸ εὔβουλον μεταπίπτον, τὸ μεγαλόφρον ἐφύλαττε πρὸς τοὺς ἐν χρείᾳ τοῦ λαβεῖν διὰ πενίαν ὄντας· ὥστε θαυμάζειν ἅπαντας τὸ αἰφνίδιον οὕτως ἐκ τοῦ χείρονος εἰς τὸ πάνυ χρηστὸν μετελθόν. 6 Ἐμὲ δ' οὖν ᾐρήκει πάντων μᾶλλον, καὶ ὑπερηγάπων αὐτὸν καὶ τὴν πρὶν ἀσωτίαν φύσεως ἐνόμιζον εἶναι θαυμαστὴν μεγαλουργίαν, ἀλλ' οὐκ ἀκρασίαν. 7 Κἀμὲ οὖν ὑπεισῄει τὸ τοῦ Θεμιστοκλέους, ὅτι κἀκεῖνος τὴν πρώτην ἡλικίαν σφόδρα δόξας ἀκόλαστος εἶναι πάντας ὑπερέβαλεν Ἀθηναίους ὕστερον σοφίᾳ τε καὶ ἀνδραγαθίᾳ. Καὶ δὴ μετενόουν ἀποσκορακίσας αὐτόν, ὅτε μοι περὶ τοῦ τῆς

26. La traduction est conjecturale, le participe neutre se rattache malaisément au reste de la phrase –Vilborg a suggéré une corruption, qui cacherait un participe masculin, comme μεταλλάττων.

ruse contre toi. Considère-moi donc comme ton esclave à partir de ce jour. Et je te donne en dot, d'abord moi-même, puis une dot égale à celle que ton père t'aurait donnée. Et je te garderai vierge aussi longtemps que tu le jugeras bon." **4** En lui disant ces mots et encore beaucoup d'autres beaucoup plus séduisants, il prépara la jeune fille à être à lui. Il était beau à regarder et enjoué, tout à fait persuasif. Lorsqu'il fut arrivé à Byzance, il convint d'une dot considérable, lui fournit, entre autres, de somptueux vêtements, une parure en or et tout ce qui forme l'ornement des femmes riches, il la traita bien et honnêtement, la gardant sans tache, comme il l'avait promis, si bien que, déjà, il avait conquis la jeune fille elle-même. **5** Pour lui, du reste, il se montrait, en toutes choses, tout plein de réserve, mesuré et sage, et c'était tout à coup, chez ce jeune homme, un changement extraordinaire. En effet, il se levait de son siège devant les anciens, veillait à saluer le premier les personnes qu'il rencontrait ; sa prodigalité, jusqu'alors inconsidérée, passa[26] des débordements antérieurs à la prudence, il garda sa générosité pour ceux que leur pauvreté mettait dans la nécessité de recevoir d'autrui, si bien que tout le monde s'étonnait de ce passage si soudain du pire à l'excellence. **6** Et je n'étais pas le dernier à être séduit : je lui portais une affection extrême et pensais que le dérèglement précédent de son caractère était en fait une générosité singulière et non du vice. **7** L'exemple de Thémistocle me revenait alors à l'esprit : lui aussi, dans sa prime jeunesse, avait fortement donné l'impression d'être intempérant, mais il avait surpassé plus tard tous les Athéniens en sagesse et en vaillance[27]. Et je regrettais dès lors de l'avoir envoyé au diable, lorsqu'il

27. Plutarque, *Them.*, 2, 7.

θυγατρὸς διελέχθη γάμου· 8 καὶ γάρ με σφόδρα ἐθεράπευε καὶ ἐκάλει πατέρα καὶ κατὰ τὴν ἀγορὰν ἐδορυφόρει καὶ τῶν εἰς πόλεμον γυμνασίων οὐκ ἠμέλει, ἀλλὰ καὶ πάνυ ἐρρωμένως ἐν ταῖς ἱππασίαις διέπρεπεν. 9 Ἦν μὲν οὖν καὶ παρὰ τὸν τῆς ἀσωτίας χρόνον τούτοις χαίρων καὶ χρώμενος, ἀλλ' ὡς ἐν τρυφῇ καὶ παιδιᾷ· τὸ δὲ ἀνδρεῖον ὅμως αὐτῷ καὶ τὸ ἔμπειρον λεληθότως ἐτρέφετο. Τέλεον δὲ ἦν αὐτῷ τὸ ἔργον πρὸς τὸ καρτερῶς καὶ ποικίλως διαπρέπειν ἐν τοῖς πολεμικοῖς. 10 Ἐπεδίδου δὲ καὶ χρήματα ἱκανὰ τῇ πόλει. Κἀκεῖνον ἅμα ἐμοὶ στρατηγὸν προεβάλοντο· ὅθεν ἔτι μᾶλλον ὑπερησπάζετό με, ὑπήκοόν μοι κατὰ πάντα παρέχων ἑαυτόν.

XVIII. 1 Ἐπεὶ δὲ ἐνικήσαμεν τὸν πόλεμον ἐπιφανείᾳ τῶν θεῶν, ὑποστρέψαντες εἰς τὸ Βυζάντιον, εὐφημοῦντες τὸν Ἡρακλέα καὶ τὴν Ἄρτεμιν, ἐχειροτονήθημεν, ἐγὼ μὲν ἐνταῦθα τῇ Ἀρτέμιδι, ὁ δὲ εἰς Τύρον Ἡρακλεῖ, λαβόμενός μου τῆς δεξιᾶς ὁ Καλλισθένης διηγεῖται πρῶτον τὰ πεπραγμένα αὐτῷ περὶ τὴν Καλλιγόνην. 2 ‘Ἀλλὰ ἅπερ ἐποιήσαμεν, πάτερ, εἶπε, τὰ μὲν νεότητος φύσει πέπρακται βίᾳ, τὰ δὲ μετὰ ταῦτα προαιρέσει. Παρθένον γὰρ τὴν κόρην μέχρι τούτου τετήρηκα, καὶ ταῦτα πολέμοις ὁμιλῶν, ἐν οἷς οὐδεὶς ἀναβάλλεται τὰς ἡδονάς. 3 Νῦν οὖν εἰς τὴν Τύρον αὐτὴν ἀπαγαγεῖν ἔγνωκα πρὸς τὸν πατέρα καὶ νόμῳ παρ' ἐκείνου λαβεῖν τὸν γάμον. Ἂν μὲν οὖν ἐθελήσῃ μοι δοῦναι τὴν κόρην, ἀγαθῇ τύχῃ δέξομαι· ἂν δὲ σκαιὸς γένηται καὶ δύσκολος, παρθένον αὐτὴν ἀπολήψεται. 4 Ἐγὼ γὰρ προῖκα ἐπιδιδοὺς οὐκ εὐκαταφρόνητον ἀγαπητῶς ἂν λάβοιμι τὸν γάμον.’ Ἀναγνώσομαι δέ σοι καὶ τὸ συμβόλαιον, ὃ φθάνω πρὸ τοῦ πολέμου γράψας, δεόμενος

28. C'est l'anti-Charmidès (IV, 7, 3).

m'avait parlé de se marier avec ma fille. **8** Il prenait en effet grand soin de moi, m'appelait "père", m'escortait sur la place publique et ne négligeait pas les exercices militaires, mais se distinguait aussi particulièrement dans les manœuvres de cavalerie ; **9** déjà du temps de sa vie dissolue, il prenait plaisir à ces exercices et les pratiquait, mais comme un luxe et un amusement ; néanmoins son courage et son expérience avaient grandi en lui sans que l'on s'en aperçût. Et son dessein final fut de se distinguer courageusement, en diverses occasions, dans les arts de la guerre. **10** Il fit aussi don de sommes considérables à la cité. On le proposa comme stratège en même temps que moi : de ce fait, il me fut encore plus dévoué, se montrant en tout docile à mon égard.

XVIII. **1** Lorsque nous eûmes gagné la guerre, grâce à l'apparition des dieux, étant retournés à Byzance pour adresser des louanges à Héraclès et à Artémis, nous fûmes élus, moi pour venir ici sacrifier à Artémis, lui pour aller à Tyr sacrifier à Héraclès ; Callisthénès, me prenant alors par la main, raconte d'abord ce qu'il a fait à l'égard de Calligoné : **2** "Mais ce que j'ai fait, père, dit-il, était dû à la fougue de ma jeunesse, tandis que ce qui a suivi est le fruit d'un choix délibéré : j'ai gardé vierge la jeune fille jusqu'à maintenant, et cela, au milieu des guerres, circonstances où personne ne diffère ses plaisirs[28]. **3** Maintenant j'ai donc décidé de l'emmener à Tyr chez son père et d'obtenir légalement, de lui, le mariage. Si donc il veut me donner sa fille, je la recevrai avec bonheur, mais s'il se montre défavorable et me fait mauvais accueil, il la reprendra vierge. **4** Moi en effet, en lui donnant une dot qui n'est pas négligeable, c'est avec joie que je conclurais ce mariage." Je te lirai aussi la recommandation que je me suis empressé d'écrire avant

συνοικίσαι τῷ Καλλισθένει τὴν κόρην, τό τε γένος αὐτοῦ καταλέγων καὶ τὸ ἀξίωμα καὶ τὰς ἐν τοῖς πολέμοις ἀριστείας. Τοῦτο γάρ ἐστιν ἡμῖν τὸ συγκείμενον. Ἐγὼ δέ, ἣν τὴν ἔφεσιν ἀγωνισώμεθα, διέγνωκα πρῶτον μὲν εἰς τὸ Βυζάντιον διαπλεῦσαι, μετὰ ταῦτα δὲ εἰς τὴν Τύρον. » Καὶ ταῦτα διαμυθολογήσαντες ἐκοιμήθημεν τὸν αὐτὸν τρόπον.

XIX. 1 Τῇ δ' ὑστεραίᾳ παραγενόμενος ὁ Κλεινίας ἔφη Θέρσανδρον διὰ τῆς νυκτὸς ἀποδεδρακέναι· τὴν γὰρ ἔφεσιν οὐχ ὡς ἀγωνιούμενον πεποιῆσθαι, βουλόμενον δὲ μετὰ προφάσεως ἐπισχεθῆναι τὸν ἔλεγχον ὧν ἐτόλμησε. 2 Μείναντες οὖν τῶν ἑξῆς τριῶν ἡμερῶν, ὅσων ἦν ἡ προθεσμία, προσελθόντες τῷ προέδρῳ καὶ τοὺς νόμους ἀναγνόντες, καθ' οὓς οὐδεὶς ἔτι τῷ Θερσάνδρῳ λόγος πρὸς ἡμᾶς ἦν, νεὼς ἐπιβάντες καὶ οὐρίῳ χρησάμενοι πνεύματι κατήραμεν εἰς τὸ Βυζάντιον, κἀκεῖ τοὺς πολυεύκτους ἐπιτελέσαντες γάμους ἀπεδημήσαμεν εἰς τὴν Τύρον. 3 Δύο δὲ ὕστερον ἡμερῶν τοῦ Καλλισθένους ἐλθόντες εὕρομεν τὸν πατέρα μέλλοντα θύειν τοὺς γάμους τῆς ἀδελφῆς εἰς τὴν ὑστεραίαν. Παρῆμεν οὖν ὡς καὶ συνθύσοντες αὐτῷ καὶ εὐξόμενοι τῷ θεῷ τούς τε ἐμοὺς καὶ τοὺς ἐκείνου γάμους σὺν ἀγαθαῖς φυλαχθῆναι τύχαις. Καὶ διεγνώκαμεν ἐν τῇ Τύρῳ παραχειμάσαντες ἐπανελθεῖν εἰς τὸ Βυζάντιον.

la guerre[29], en demandant d'unir la jeune fille à Callisthénès, énumérant sa naissance, son mérite et ses exploits dans les combats. C'est ce dont nous étions convenus entre nous. **5** Quant à moi, une fois l'appel plaidé, s'il y a lieu[30], j'ai décidé de faire tout d'abord voile vers Byzance, puis vers Tyr. » Et lorsque nous eûmes ainsi conversé, nous allâmes nous coucher comme auparavant.

XIX. **1** Le lendemain, Clinias arriva pour nous dire que Thersandre avait pris la fuite dans la nuit et qu'il avait interjeté appel sans intention de soutenir sa partie, mais voulant, sous ce prétexte, différer la preuve de ce qu'il avait commis. **2** Nous attendîmes donc encore trois jours, comme le voulait l'échéance fixée, avant de nous présenter devant le président et de faire lire les lois en vertu desquelles il n'y avait plus aucune affaire contre nous de la part de Thersandre ; après nous être embarqués et avoir eu un vent favorable, nous abordâmes à Byzance, et, après y avoir célébré nos noces si longtemps désirées, nous allâmes vers Tyr. **3** Arrivés deux jours après Callisthénès, nous trouvâmes mon père sur le point de faire le sacrifice pour les noces de ma sœur[31] pour le lendemain. Nous étions donc présents pour faire les sacrifices avec lui et adresser des prières aux dieux pour que mes noces et les siennes soient sous la protection de la bonne Fortune. Nous prîmes la décision de passer l'hiver à Tyr, puis de revenir à Byzance[32].

29. Ou « avant l'embarquement », si on corrige le πολέμου des manuscrits en πλοῦ, avec Jacobs.

30. Il ne semble pas que ἀγωνίζομαι puisse marquer la victoire en appel (voir son emploi *infra*, XIX, 1).

31. On revient au point où l'on en était en II, 12, mais le marié devait être Clitophon.

32. Sur cette fin abrupte du récit, voir l'Introduction, p. XXV.

APPENDICE I

LOGOI ET *MYTHOI* AMOUREUX

I. Extraits de l'*Europe* de Moschos (63-76 et 89-130, tr. Ph.-E. Legrand légèrement modifiée)

Arrivées dans les prés (λειμῶνας) fleuris, les jeunes filles se divertissaient à chercher chacune telle ou telle sorte de fleur ; l'une prenait le narcisse odorant, une autre l'hyacinthe, celle-ci la violette, celle-là le serpolet ; car sur le sol foisonnaient les pétales qui ornent les prairies au printemps. Elles coupaient ensuite, luttant à qui en couperait le plus, les touffes parfumées du jaune safran ; mais la princesse, cueillant à pleines mains les roses resplendissantes à la couleur de flamme, attirait parmi elles les regards comme parmi les Charites la déesse née de l'écume. Elle ne devait pas longtemps prendre plaisir à des fleurs, ni conserver intacte sa ceinture virginale. Aussitôt que le fils de Cronos l'eut aperçue, aussitôt il fut saisi de vertige, dompté par les traits imprévus de Cypris, seule capable de dompter jusqu'à Zeus ! [...]

Il vint dans la prairie et son apparition n'effraya point les jeunes filles ; toutes furent prises du désir de s'approcher, de toucher le joli animal, dont la divine odeur, se répandant au loin, dominait même le souffle embaumé de la prée. Il s'arrêta en face de l'irréprochable Europe ; il lui lécha le cou, et la jeune fille fut sous le charme. Elle le flattait de la main et, avec elles, essuyait doucement l'écume

qui lui tombait, abondante, de la bouche ; et au taureau, elle donna un baiser. Lui, poussa un tendre mugissement, on aurait cru entendre résonner le chant harmonieux de l'*aulos* mygdonien. Il s'agenouilla aux pieds d'Europe ; tournant le col, il la regardait et lui montrait son large dos. Elle dit alors, au milieu des vierges aux longues tresses : « Venez, chères compagnes, compagnes de mon âge ; asseyons-nous sur ce taureau, pour notre divertissement ; à coup sûr, il nous recevra toutes sur son dos étalé, tant il a l'air paisible et doux et aimable, sans aucune ressemblance avec les autres taureaux ; un esprit intelligent l'anime, comme un humain ; il ne lui manque que la parole. » Elle dit, et elle s'assit sur le dos du taureau, souriante ; et les autres jeunes filles allaient en faire autant, mais il se releva d'un bond, enlevant celle qu'il voulait, et gagna rapidement la mer. Europe, se retournant en arrière, appelait ses compagnes et leur tendait les bras ; mais elles ne pouvaient pas l'atteindre. Le taureau parvint au rivage et poursuivit sa course, comme un dauphin, marchant sans mouiller ses sabots sur la vaste étendue des vagues. Sur son passage la mer se faisait calme ; les énormes poissons, alentour, s'ébattaient devant les pas de Zeus ; le dauphin, sorti de l'abîme, cabriolait joyeux au-dessus de l'eau qui s'enflait. Les Néréides surgirent du fond de l'onde, et, assises sur le dos de poissons, défilaient en cortège ; à la surface des flots, qu'il gouvernait, le dieu sonore qui ébranle la terre[1] guidait en personne son frère sur la route marine ; autour de lui s'assemblaient les Tritons, bruyants musiciens de la mer ; soufflant dans de longs coquillages, ils faisaient retentir le chant nuptial. Assise sur le dos taurin de Zeus, Europe, d'une main, serrait la grande corne de l'animal ;

1. Poséidon.

de l'autre, elle maintenait contre sa poitrine le pli pourpré de son giron, pour éviter que, traînant derrière elle, il ne fût mouillé par l'onde immense de la mer blanchissante. Aux épaules, le péplos d'Europe se gonfla en une poche profonde, comme la voile d'un navire, et allégeait le poids de la jeune fille.

II. « Tu pourrais raconter tous les *mythoi* dont les femmes ont rempli la scène… » (I, 8, 4)

• Euboulos, *Chrysilla* : fr. 117 K, in J.-Cl. Carrière, *Le Carnaval et la politique* (ive s. av. J.-C.)

Zeus très vénéré, moi, je pourrais dire jamais du mal des femmes ? Par Zeus, plutôt mourir ! De tous les trésors, c'est le plus précieux ! Si **Médée** fut une méchante femme, **Pénélope** était une belle affaire. On dira : **Clytemnestre** était méchante. Je lui oppose **Alceste**, qui fut bonne. Peut-être dira-t-on du mal de **Phèdre** ? Oui, mais, par Zeus, il y en a une bonne à lui opposer … Laquelle au fait ? Malheur ! Bien vite, les femmes bonnes me font défaut. Et les mauvaises, je peux en citer encore beaucoup !

• Juvénal, *Satires* VI 634 *sqq*. (début IIe apr. J.-C.)

Sans doute inventé-je ces atrocités, **sans doute ma satire se juche-t-elle sur le cothurne** et, sortant des limites et des règles fixées par mes devanciers, imaginé-je emphatiquement, **tel un Sophocle**, de grandes fictions inconnues aux montagnes des Rutules et au ciel latin ? Plût au ciel que tout cela fût chimère ! Mais voici Pontia qui clame : « Je l'ai fait, je l'avoue, j'ai préparé de l'aconit pour mes propres enfants. On m'a prise sur le fait, la chose est claire. » […]

Donc ajoutons foi à tout ce qu'on raconte **de la sinistre Colchidienne et de Procné** [...]. Elles assistent au spectacle d'**Alceste** mourant à la place de son mari : si une substitution du même genre s'offrait à elles, elles aimeraient mieux sauver la vie de leur chienne au prix de celle de leur mari. Tu rencontreras le matin quantité de **Danaïdes et d'Ériphyle**. Il n'est point de rue qui n'ait sa **Clytemnestre**. Toute la différence est que la fille de Tyndare tenait de ses deux mains une sotte et maladroite hache. Maintenant, avec un tout petit poumon de crapaud, l'affaire est réglée. Elles n'auront recours au fer que si leur Atride, à l'instar du roi trois fois vaincu [Mithridate], s'est prémuni sagement d'un antidote venu du Pont.

III. « C'est ainsi que nous philosophions... » (I, 12, 1) : thèmes platoniciens

— Le privilège de la Beauté, *Phèdre* 250 b-c (trad. L. Brisson)

[b] Ce qu'il y a de sûr, c'est que la justice, la sagesse (σωφροσύνη) et tout ce qu'il peut encore y avoir de précieux pour l'âme, tout cela perd son éclat (φέγγος) dans ce qui se trouve ici-bas en être l'image. Voilà pourquoi seul un petit nombre d'êtres humains arrivent, non sans difficulté – car ils se servent d'organes qui ne donnent pas des choses une représentation nette –, à contempler à travers les images de ces réalités, les « airs de famille » qui y subsistent (τὸ τοῦ εἰκασθέντος γένος). **La beauté, elle, était resplendissante à voir, en ce temps** où, mêlés à un chœur bienheureux – nous à la suite de Zeus et d'autres à la suite d'un autre dieu –, nous en avions une vision bienheureuse et divine**, en ce temps où nous étions initiés** à cette initiation dont il est permis de dire qu'elle mène à la

béatitude suprême (μακαριωτάτην). [c] Cette initiation, nous la célébrions dans l'intégrité de notre nature, à l'abri de tous les maux qui nous attendaient dans le temps à venir. Intègres, simples, immuables et bienheureuses étaient les apparitions (φάσματα) dont nous étions comblés en tant que mystes et époptes, car, dans une lumière pure, nous étions purs ; nous ne portions pas la marque de ce tombeau que, sous le nom de « corps » nous promenons à présent avec nous, attachés à lui comme l'huître à sa coquille !

Le souvenir mérite sans doute cet hommage, mais, en nous donnant le regret de ce passé, il vient de nous faire parler trop longuement. Revenons à la beauté. Comme nous l'avons dit, [d] **elle resplendissait au milieu de ces apparitions ; et c'est elle encore que, après être revenus ici-bas, nous saisissons avec celui de nos sens qui fournit les représentations les plus claires, brillant elle-même de la plus intense clarté**. En effet, la vision est la plus aiguë des perceptions qui nous viennent par l'intermédiaire du corps, mais la pensée ne peut être perçue par la vue. Quelles terribles amours en effet ne susciterait pas la pensée, si elle donnait à voir d'elle-même une image sensible qui fût claire (ἐναργὲς εἴδωλον), et s'il en allait de même pour toutes les autres réalités qui suscitent l'amour (ἐραστά). **Mais non, seule la beauté a reçu pour lot d'être ce qui se manifeste avec le plus d'éclat et ce qui suscite le plus d'amour** (ἐκφανέστατον καὶ ἐρασμιώτατον).

L'*innamoramento* platonicien, éveil de la réminiscence, *Phèdre*, 251 a-b3

Celui qui est un initié de fraîche date, celui qui a les yeux pleins des visions de jadis, celui-là, quand il lui arrive de voir un visage d'aspect divin, qui est une heu-

reuse imitation de la beauté ou la forme d'un corps, commence par frissonner, car quelque chose lui est revenu de ses angoisses de jadis. Puis il tourne son regard vers cet objet, **il le vénère à l'égal d'un dieu**, et s'il ne craignait de passer pour complètement fou, il offrirait au jeune homme des sacrifices comme à la statue d'un dieu (ἀγάλματι), comme à un dieu. Or, en l'apercevant, **il frissonne**, et ce frisson, comme il est naturel, produit en lui une réaction : **il se couvre de sueur**, car il éprouve [b] une chaleur inaccoutumée. En effet, lorsque, par les yeux, **il a reçu les effluves** (τὴν ἀπορροήν) de la beauté, alors il s'échauffe et son plumage s'en trouve vivifié [...].

— La psychologie de l'amoureux, *Phèdre*, 251 c-e

Chaque fois donc que, posant ses regards sur la beauté du jeune garçon et recevant de cet objet des particules qui s'en détachent pour venir vers elles (μέρη ἐπιόντα καὶ ῥέοντα) – d'où l'expression « vague du désir » (ἵμερος)[2] –, l'âme est vivifiée et réchauffée, elle se repose de sa souffrance [d] et elle est toute joyeuse. **Mais quand elle se trouve seule** et qu'elle se flétrit, les orifices des conduits par où jaillissent les plumes se dessèchent tous en même temps et, parce qu'ils sont fermés, bloquent la première pousse de la plume, Or, cette pousse, emprisonnée avec le désir, palpite comme un pouls qui bat fort ; elle vient frapper contre ce qui obstrue les orifices, et cela orifice par orifice, **si bien que l'âme, aiguillonnée de toutes parts, est transportée de douleur** (οἰστρᾷ καὶ ὀδύναται). Mais, parce que le souvenir de la beauté lui revient, elle est toute joyeuse. **Le mélange de ces deux sentiments la tourmente** ; elle enrage de se trouver démunie devant cet état

2. Voir *Cratyle*, 420 a-b.

e qui la déroute (ἀτοπίᾳ τοῦ πάθους). Et, prise de folie (ἐμμανὴς οὖσα), **elle ne peut ni dormir la nuit ni rester en place le jour, mais, sous l'impulsion du désir, elle court là où, se figure-t-elle, elle pourra voir celui qui possède la beauté**. Quand elle l'a aperçu, quand elle a laissé pénétrer en elle la vague du désir (ἐποχετευσαμένη), elle dégage les issues naguère obstruées.

— L'*anteros* ou amour de retour, *Phèdre*, 255 b7-d

Quand l'amoureux persévère dans cette conduite et qu'il approche le bien-aimé, en y ajoutant le contact physique que favorisent les gymnases et les autres c lieux de réunion, le flot jaillissant dont j'ai parlé, et que Zeus appela « désir » (ἵμερον) quand il aimait Ganymède, se porte en abondance vers l'amoureux ; une part pénètre en lui, et, lorsqu'il est rempli, le reste coule au dehors. Et, de même qu'un souffle ou un son, renvoyés par des objets lisses et solides, reviennent à leur point de départ, ainsi le flot de beauté revient vers le beau garçon en passant par ses yeux, lieu de passage naturel vers l'âme. Il y parvient, la remplit, et dégage les passages par où jaillissent les ailes, qu'il fait pousser ; et c'est au tour de l'âme du bien-aimé d'être remplie d'amour. Le voilà qui aime, mais il est bien en peine de dire quoi. Il ne comprend pas ce qu'il éprouve et il ne peut pas en rendre raison non plus. Comme quelqu'un qui a attrapé une ophtalmie de quelqu'un d'autre, il ne peut effectivement déterminer la cause de son émoi, et il oublie qu'il se voit lui-même dans son amoureux comme dans un miroir. Et lorsque l'autre est là, il cesse comme lui de souffrir ; **mais lorsque l'autre est absent, le regret** (ὀδύνη) **qu'il ressent et celui qu'il inspire se confondent ; il éprouve le « contre-amour »** (ἀντέρωτα), **image réfléchie de l'amour** (εἴδωλον ἔρωτος).

— L'« enfantement » amoureux dans la beauté, *Banquet* 206 c-e (trad. Ph. Jaccottet)

Tous les hommes, Socrate, sont féconds (κυοῦσι), selon le corps et selon l'âme, et, arrivés à un certain âge, éprouvent naturellement un besoin d'enfanter (τίκτειν) … [d] la Beauté est pareille à la Parque et à l'Ilythie, qui président à toute naissance. C'est pourquoi l'être fécond (τὸ κυοῦν) que son approche apaise, fascine, épanouit, peut enfanter et procréer ; tandis que devant la laideur, brusquement sombre et chagrin, il se rétracte, se détourne et se replie sur lui-même, sans procréer, portant à grand mal le fardeau de sa fécondité (τὸ κύημα) ; d'où vient que l'être fécond, déjà gonflé de sève, éprouve de si violents transports pour la beauté [e] qui le délivrera d'une pareille charge. Car l'objet de l'amour, Socrate, n'est point la beauté, comme tu l'imagines…

— Mais quoi donc ?

— … mais la procréation et l'enfantement dans la beauté (τῆς γεννήσεως καὶ τοῦ τόκου ἐν τῷ καλῷ).

— Allons donc !

— Exactement, poursuivit Diotime. Et pourquoi la procréation ? Parce qu'elle est tout ce qu'un mortel peut obtenir d'éternité et d'immortalité.

IV. Éros étend sa puissance « non seulement aux oiseaux, mais encore aux reptiles, aux plantes… » (I, 17, 1)

— Philostrate, *Images* I, 9, 6, le Marécage (coll. La Roue à livres)

L'artiste a jeté sur le fleuve un palmier pour servir de pont et c'est une idée fort ingénieuse ; **connaissant en effet ce que l'on dit des palmiers,** à savoir qu'il y a parmi

eux mâles et femelles ; renseigné sur leurs amours, sur la façon dont le mâle se dirige vers la femelle, l'enveloppe de ses branches et se presse contre elle, il a peint deux palmiers de l'un et l'autre sexe, un sur chaque rivage ; le mâle se baisse amoureusement, franchit le fleuve et ne pouvant encore atteindre le palmier femelle qui est loin, il se couche servilement, et unissant ainsi les deux rives, il devient un pont sur lequel le pied, maintenu par les rugosités de l'écorce, ne saurait glisser.

— Ménandre le Rhéteur, 401-402, Comment louer le dieu Gamos dans un épithalame

Tu commenceras de haut, en disant que, dès la dissipation du chaos, la nature a aussitôt créé *Gamos,* le Mariage et, si tu veux, selon Empédocle, *Éros,* l'Amour, aussi. Une fois né, ce dieu unit le ciel à la terre, unit Cronos à Rhéa, avec pour auxiliaire dans cette tâche l'amour ; puis, à la suite, tu diras que c'est grâce au mariage qu'a été réalisée la mise en ordre de l'univers, de l'air, des étoiles, de la mer. C'est lorsque ce dieu eut mis fin à la discorde et uni dans la concorde et les rites *(teletè)* conjugaux le ciel à la terre que toute chose se distingua et reçut sa place propre. Continuant, tu diras dans la suite logique que c'est lui-même aussi qui a créé et fait Zeus roi de l'univers, **et il ne s'est pas arrêté aux dieux**, mais c'est lui aussi qui a produit les demi-dieux en persuadant les dieux de s'unir à des femmes ou à des nymphes. Après quoi tu diras encore que c'est toujours lui qui, de même, a ménagé la naissance de l'homme et a trouvé moyen de le rendre presque immortel … puis, loin de t'en tenir là, tu ajouteras **que le dieu atteint jusqu'aux sources et aux fleuves, jusqu'aux créatures marines, terrestres et aériennes.** Dans tout cela tu introduiras des narrations : pour les fleuves, tu diras qu'**Al-**

phée, le fleuve de Pise, aime Aréthuse, la source de Sicile, qu'il fait violence à la nature et, tel un fiancé amoureux, traverse bruyamment la mer, gagne en bouillonnant l'île de Sicile **402** et se jette dans le sein de sa bien-aimée Aréthuse pour s'unir à elle. Passons aux animaux qui nagent – car, à l'évidence, les animaux marins aussi connaissent les rites du mariage, de même que les animaux terrestres et la gent ailée tout entière : il a amené à ses rites le lion farouche au terrible rugissement et l'a soumis à la loi d'Aphrodite, comme aussi les sauvages panthères et tous les animaux de ce genre. **Pour les arbres, tu diras qu'eux non plus ne sont pas sans prendre part au mariage : les entrelacs** *(syndesmoi)* **de leur feuillage sont les ingénieux procédés du mariage des arbres**, et ce sont là des inventions du dieu. Remontant encore, te référant aux dieux, tu ajouteras une ou deux histoires, Poséidon épousant Tyro aux bouches de l'Énipée, **ou Zeus épousant Europe** ou encore Iô et toutes les histoires qui y ressemblent. Nombreuses sont les histoires de ce genre chez les poètes et les historiens, auxquels tu pourras emprunter aussi ta matière. **Tu puiseras encore dans les œuvres amoureuses de Sappho, dans celles d'Homère et d'Hésiode**, lequel donne de nombreux éléments dans son Catalogue des femmes sur les unions et mariages des dieux.

— Plutarque, *Dialogue sur l'amour*, 770 A

La loi, d'une part, protège les époux et la nature, d'autre part, montre que les dieux eux-mêmes ne sauraient se passer de l'amour pour la propagation générale de la vie. Ainsi les poètes disent que

La Terre est de la pluie amoureuse (Euripide, fr. 898)

et que le Ciel l'est de la Terre, tandis qu'au dire des philosophes naturalistes le Soleil est amoureux de la Lune et

s'unit à elle pour la féconder. Et puisque la Terre est la mère de tous les hommes et donne aussi naissance à tous les animaux et végétaux, n'est-il pas fatal qu'elle périsse un jour et disparaisse complètement quand le puissant amour ou le désir du dieu aura abandonné la matière et que celle-ci aura cessé de rechercher et de poursuivre l'impulsion et le mouvement qui ne lui viennent que de là ?

V. *Topoi* amoureux dans l'*Anthologie Palatine* V (trad. P. Waltz) et XII (trad. R. Aubreton)

La femme fleur parmi les fleurs

• **V, 144 (Méléagre)** : Voici que la giroflée fleurit, que fleurit le narcisse avide de pluie et que fleurissent les lis sur les collines. Voici de même que, fleur fraîche éclose parmi les fleurs, s'est épanouie l'aimable Zénophila, douce rose de Peithô. Prairies, pourquoi rire ainsi sans raison ? Pourquoi vous moquer en agitant vos chevelures ? Oui, oui, l'enfant vaut mieux que des couronnes parfumées.

• **V, 152 (Méléagre) :** La couronne d'Héliodora sur sa tête se flétrit ; mais elle même elle resplendit, couronne de sa couronne.

Chant et amour

• **V, 138 (Dioscoride)** : Athénion m'a chanté le cheval de Troie ; malheur ! Ilion était tout en feu, et moi en même temps qu'elle je brûlais, sans renouveler les dix ans d'efforts des Danaens : en un seul jour, cette fois-là, les Troyens et moi, nous avons succombé.

Éros et Dionysos invincibles

• **V, 93 (Rufin)** : Je me suis armé contre Éros d'une cuirasse : la raison ; il ne me vaincra pas, s'il doit lutter avec

moi seul à seul ; et mortel, je tiendrai tête à un immortel. Mais si Bacchus vient à son secours, que puis-je moi seul contre deux ?

Le baiser

• **V, 32 (Marcus Argentarius, trad. légèrement modifiée)** : Tu fais, Mélissa, tout ce que fait l'abeille, amie des fleurs ; je le sais, femme, et je le porte à ton crédit dans le registre de mon cœur. C'est du miel que tes lèvres distillent, quand tu donnes un doux baiser ; mais quand tu demandes de l'argent, c'est un coup d'aiguillon que tu portes, et c'est mal.

• **V, 78 (attribué à Platon)** : Lorsque j'embrassais Agathon, j'avais mon âme sur les lèvres ; elle y était venue, la malheureuse, comme pour passer en lui.

• **V, 171 (Méléagre)** : La coupe doucement s'est réjouie ; elle a touché, dit-elle, la lèvre gazouillante de l'amoureuse Zénophila. Quelle chance pour elle ! Oh, si maintenant Zénophila, mettant ses lèvres sur mes lèvres, d'un seul trait me tirait l'âme !

• **XII, 133 (Méléagre)** : Quand j'eus, mourant de soif, l'été, baisé la bouche d'un garçon à la peau tendre, faisant passer ainsi cette soif desséchante, je dis : « Zeus, notre père, le baiser de Ganymède, est-ce donc le nectar que tu bois ? Le verse-t-il sur tes lèvres ? » Car moi, en embrassant le jeune et bel Antiochos, c'est le doux miel de son âme que je bois.

Supériorité des filles ou des garçons

• **V, 277 (Ératosthène le Scholastique**[3]) : À d'autres, les mâles ! Moi je ne sais faire l'amour qu'avec les femmes,

3. Même si l'auteur est du VIe s. apr. J.-C., le thème est très ancien.

car on les garde pour un amour de longue durée. Vilaine chose qu'un adolescent ! J'ai horreur de ces poils, ces méchants poils qui poussent si vite !

• **XII, 7 (Straton[4])** : Chez la fille, point d'anneau qui vous enserre, point de simple baiser, ni cette bonne odeur naturelle de la peau, ni tous ces mots lascifs, délicieux, ni le regard candide. Fille mise au courant en devient pire encore ! Et prises par derrière, elles sont froides, toutes ! Mais le plus grave, c'est ceci : pas d'endroit où poser la main qui vagabonde.

• **XII, 192 (Straton)** Je n'aime pas ces chevelures, ces bouclettes à foison, effets de l'artifice et non de la nature ; mais j'aime un garçon tout sali de la poussière de la palestre, avec, sur tout le corps, la peau luisante d'huile. Mon amour se plaît sans fard ; beauté truquée sent la Cypris féminine.

4. L'auteur cette fois est quasi contemporain d'Achille Tatius (1re moitié du IIe s. apr. J.-C.).

APPENDICE II

LE ROMAN VU PAR LES BYZANTINS

Les épigrammes de Léon le Philosophe (IXᵉ s.) : *AP* IX 203 (trad. G. Soury légèrement modifiée)

L'amertume de l'amour, mais une vie chaste, voilà ce que l'histoire de Clitophon nous met en quelque sorte sous les yeux. La vie si chaste (σωφρονέστατος) de Leucippé ravit tout le monde en extase ; on admire comment, battue, les cheveux coupés, outragée, et, par-dessus tout, trois fois en butte à la mort (θανοῦσα), elle tenait bon. Si tu veux aussi être vertueux, ami, ne t'attache pas aux à-côté du tableau, mais retiens avant tout le dénouement de l'histoire : il unit les amoureux raisonnables (τοὺς ποθοῦντας ἐμφρόνως).

Le jugement de Photius (IXᵉ s.): cod. 87 (trad. R. Henry)

Lu de l'Alexandrin Achille Tatius les Aventures de Leucippé et Clitophon en huit livres. C'est un roman (δραματικόν) qui met en scène d'étranges amours. Par son vocabulaire et sa construction, il me paraît remarquable et il adopte des figures appropriées quand il s'en sert. La plupart de ses périodes sont brèves, claires, engendrant l'agrément (τὸ ἡδύ) et elles ont une harmonie douce à entendre. Mais l'indécence extrême et l'impureté des sentiments (ἐννοιῶν) avilissent partout la pensée et le sérieux

de l'écrivain ; quand on veut le lire, elles en rendent la lecture exécrable et la font fuir. Beaucoup de ressemblances subsistent dans la structure et l'invention des récits – à part les noms des personnages et cette détestable obscénité – avec les romans d'Héliodore[5].

Extraits de la comparaison avec Héliodore de Michel Psellos (XIe s.) : II, 66-71

Je pense que l'histoire de Leucippé a été polie à l'imitation de Chariclée, mais le peintre n'a pas fait passer tous les éléments de sa peinture modèle dans sa propre écriture : surpassé sur certain points, il est plus suave dans son style (γλυκύτερος τὴν φράσιν) que son prédécesseur ; c'est que, ne se souciant pas de grandeur (μεγαλοπρεπείας), il gagne plus de clarté à cet abandon et plus d'agrément grâce à son style, qui est populaire et théâtral au plus haut point (δημωτικωτάτην καὶ θεατρικωτάτην).

5. La croyance, fausse, en une antériorité d'Héliodore remonte à l'époque byzantine.

BIBLIOGRAPHIE SÉLECTIVE

Texte et / ou traduction

F. CICOLELLA, *Achille Tazio : Leucippe e Clitofonte*, Turin, 1999.

S. GASELEE, *Achilles Tatius*, The Loeb Classical Library, 1917, 2e éd., 1969.

P. GRIMAL, *Romans grecs et latins* (traduction seule), Paris, Gallimard, La Pléiade, 1958.

K. PLEPELITS, *Achilleus Tatios. Leukippe und Kleitophon* (trad. allemande seule), Stuttgart, 1980.

E. VILBORG, *Achilles Tatius. Leucippe and Clitophon* (texte seul), Stockholm, 1955.

T. WHITMARSH & H. MORALES, *Achilles Tatius, Leucippe and Clitophon* (trad. anglaise seule), Oxford, 2001.

Instruments de travail

F. CONCA, E. DE CARLI & G. ZANETTO, *Lessico dei romanzieri greci,* I, Milan, 1983, II-IV, Hildesheim, 1989-1997.

J. N. O' SULLIVAN, *A Lexicon to Achilles Tatius*, Berlin-New York, 1980.

E. VILBORG, *Achilles Tatius. Leucippe and Clitophon. A Commentary*, Stockholm-Götteborg, 1962.

Études générales sur le roman

G. ANDERSON, *Eros Sophistes. Ancient Novelists at Play*, Scholars Press, 1982.

—, « Perspectives on Achilles Tatius », *ANRW* II, 34, 3, 1997, 2278-2299.

S. BARTSCH, *Decoding the Ancient Novel*, Princeton, 1989.

A. BILLAULT, *La Création romanesque dans la littérature grecque d'origine impériale*, Paris, PUF, 1991.

E. L. BOWIE, « The chronology of the earlier Greek novels since B. E. Perry : revisions and precision », *Ancient Narrative* 2 (2002), 47-63.

M. FUSILLO, *Naissance du roman*, trad. fr. de *Il Romanzo greco. Polifonia ed Eros* (Venise, 1989), 1991.

—, « Le conflit des émotions : un topos du roman grec érotique », *M.H.* 47 (1990), 201-221.

—, « Il romanzo antico come paraletteratura ? Il topos del racconto di ricapitulazione », in O. Pecere et A. Stramaglia (dir.), *La letteratura di consumo nel mondo greco-latino*, Cassino, 1996, 49-67.

T. HÄGG, *Narrative Technique in Ancient Greek Romances : Studies of Chariton, Xenophon Ephesius, and Achilles Tatius*, Stockholm, 1971.

—, *The Novel in Antiquity*, Oxford, 1983.

N. MARINI, « Δρᾶμα, possibile denominazione per il romanzo greco d'amore », *S. I. F. C.*, 84 (1991), 232-243.

J. R. MORGAN, « Erotika mathemata : Greek romance as sentimental education », in A. H. Sommerstein & C. Atherton (éd.), *Education in Greek Fiction*, Levante, 1996, 163-189.

S. NIMIS, « The Sense of Open-Endedness in the Ancient Novel », *Arethusa* 32 (1999), 215-238.

B. PERRY, *The Ancient Romances. A Literary-Historical Account of their Origins*, Univ. of California Press, 1967.

K. PLEPELITS, « Achilles Tatius », in G. Schmeling (éd.), *The Novel in the Ancient World, Mnemosyne*, Suppl. 159 (1996), 387-416.

B. P. REARDON, « The Greek Novel », *Phoenix* 23 (1969), 291-309.

—, *The Form of Greek Romance*, Princeton, 1991.

C. RUIZ-MONTERO, « The Rise of the Greek Novel », in G. Schmeling (ed.), *The Novel in the Ancient World, Mnemosyne Suppl.* 159, (1996) 29-85.

T. WHITMARSH, « Dialogues in love: Bakhtin and his critics on the Greek novel », in R. Barcht Branham (éd.), *The Bakhtin Circle and Ancient Narrative*, Groningen, 2005, 107-129.

Études de détail sur *Leucippé et Clitophon*

J.-M. BERTRAND, « Les *Boucoloi* ou le monde à l'envers », *REA*, CX (1988), 139-149.

A. BILLAULT, « Rhétorique et récit dans le roman d'Achille Tatius », in J. Peygney & B. Pouderon (éd.), *Discours et débats dans l'ancien roman*, CMO, 2006, 77-86.

J. BOUFFARTIGUE, « Un triangle symbolique : Éros, Aphrodite et Artémis dans le roman de *Leucippé et Clitophon* », in A. Billault (éd.), *'ΟΠΩΡΑ. La belle saison de l'hellénisme. Études de littérature antique offertes au recteur J. Bompaire*, Paris, 2002, 125-138.

R. BRETHES, « Clitophon ou une anthologie de l'anti-héros », in B. Pouderon, C. Hunzinger & D. Kasprzyk (éd.), *Les Personnages du roman grec,* Lyon, CMO, 2001, 181-191.

Fr. BRIQUEL-CHATONNET, « L'image des Phéniciens dans les romans grecs », in M.-Fr. Baslez, Ph. Hoffmann

& M. Trédé (éd.), *Le Monde du roman grec*, Paris, PENS, 1992, 189-197.

P. Chuvin, « Retour aux marais », in C. Zivie-Coche et I. Guermeur (dir.), *« Parcourir l'éternité ». Hommage à Jean Yoyotte*, t. I, Brepols, 2012, 313-321.

L. Cresci, « La figura di Melite in Achille Tazio », *Atene e Roma* 23 (1978), 74-82.

Cl. Delhay, « Achille Tatius fabuliste ? », *Pallas*, XXX-VI (1990), 117-131.

Fr. Frazier, « Le jeu de l'Amour et de la littérature dans le *Roman de Leucippé et Clitophon* d'Achille Tatius », *L'Information littéraire,* juin 2001, 21-31.

J.-Ph. Guez, « Achille Tatius ou le paysage-monde », in B. Pouderon (éd.), *Lieux, décors et paysages dans l'ancien roman*, Lyon, MOM, 2005, 299-308.

M. Laplace, « Légende et fiction chez Achille Tatius : les personnages de Leucippé et Io », *B.A.G.B.*, XLII (1983), 311-318.

—, *Le Roman d'Achille Tatios : « discours panégyrique » et imaginaire romanesque*, Berne, 2007.

P. Liviabella Furiani, « *Gamos* e *kenogamia* nel romanzo di Achille Tazio », *Euphrosyne*, n. s. 16 (1988), 271-280.

A. M. G. Mc Leod, « Physiology and Medicine in a Greek Novel. Achilles Tatius' *Leucippe and Clitophon* », *JHS*, 89 (1969), 97-105.

D. Maeder, « Au seuil des romans grecs : Effets de réel et effets de création », in H. Hofman (éd.), *Groningen Colloquia on the Novel*, vol. IV, Groningen, 1992, 1-33.

R. Martin, « A Good Place to Talk : Discourse and Topos in Achilles Tatius and Philostratus », in M. Paschalis & S. Frangoulidis (éd.), *Space in the Ancient Novel, Ancient Narrative*, Suppl. 1, Groningen, 2002, 143-160.

E. MIGNOGNA, « Roman und Paradoxon : Die Metamorphosen der Metapher in Achilles Tatios' *Leukippe und Kleitophon* », *Groningen Colloquia on the Novel,* VI, 1995, 21-37.

H. MORALES, « The Taming of the View : Natural Curiosities in Leukippe and Kleitophon », *Groningen. Colloquia on the Novel*, VI, 1995, 39–50

—, *Vision and Narrative in Achilles Tatius'* Leucippe and Clitophon, Cambridge, 2004.

G. W. MOST, « The Stranger's Stratagem : Self-Disclosure and Self-Sufficiency in Greek Culture », *JHS*, CIX (1989), 114-133.

B. P. REARDON, « Achilles Tatius and Ego-Narrative », in J. R. Morgan & R. Stoneman (éd.), *Greek Fiction : The Greek Novel in Context*, Londres-New York, 1994, 80-96.

J. ROUGÉ, « Romans grecs et navigation : le voyage de Leucippé et Clitophon de Beyrouth en Égypte », *Archaeonautica* 2 (1978), 265-280 (http://www.persee.fr/web/revues/home/prescript/article/nauti_0154-1854_1978_num_2_1_877).

A. M. SCARCELLA, « Caratteri e funzione delle *gnômai* in Achille Tazio », *Euphrosyne*, n. s. 15 (1987), 269-280.

—, « Affari di cuore : Achille Tazio e l'erotologia greca dell' età (alto) imperiale », *Mélanges Monaco*, I, Palerme, 1991, 455-470.

Ch. P. SEGAL, « The Trials at the End of Achilles Tatius' *Clitophon and Leucippe*. Doublets and Complementaries », *S.I.F.C.*, 3ª s. II (1984), 83-91.

T. WHITMARSH, « Reading for Pleasure ; Narrative Irony and Erotics in Achilles Tatius », in S. Panayotakis, M. Zimmerman & W. Keulen (éd.), *The Ancient Novel and Beyond*, *Mnemosyne*, Suppl. 241, 2003, 191-205.

M. Woronoff, « La nouvelle de ma mort est très exagérée », *Ktèma* 27 (2002), 345-351.

—, « Leucippé ou les infortunes de la vertu. Volupté et souffrance dans le roman d'Achille Tatius », in B. et C. Pouderon (éd.), *Passions, vices et vertus dans l'ancien roman*, Lyon, 2009, 257-267.

TABLE DES MATIÈRES

Ce volume,
le cent dixième
de la collection « Classiques en poche »,
publié aux Éditions Les Belles Lettres,
a été achevé d'imprimer
en juin 2013
sur les presses
de la Nouvelle Imprimerie Laballery
58500 Clamecy

Dépôt légal : juillet 2013
N° d'édition : 7652 - N° d'impression : 306152
Imprimé en France